U0107071

文
景

Horizon

社科新知　文艺新潮

"天命"如何转移

清朝『大一统』观的形成与实践

杨念群 著

上海人民出版社

目　录

绪论："中国""天下"与"大一统"比较论纲

　　"大一统"与"中国""天下"这三个概念近些年来在中国历史研究中备受瞩目，如果从内涵与外延加以观察，三者既有联系又有区别。一般而言，对"中国"涵义的解释多从追溯文明起源的角度入手，结合考古新发现，阐释华夏民族的诞生和迁徙发展的过程，以及少数族群如何逐渐融合进以华夏为核心的多元民族共同体的历史轨迹。对"天下观"的研究更多集中在古人对周边世界的想象与构造这个方面，一般而言，"中国"与"天下"这两个概念很难对应于一种具体的实践行为。与之相比，"大一统"观在其发明之初就是为帝王获取"正统"地位服务的，其中包含着更为复杂的思想与行动内涵，"大一统"不仅是一种思想形态，更是具体的政治实践活动。因此，如何理解"大一统""中国""天下"这三个观念的异同，理应成为当前历史研究的核心议题。

界定"中国"不易

　　"中国"和"天下"无疑是近年学术界热议频度最高的两个概

念，特别是有关"中国"的讨论，近期出现了大量的研究著作，从最原始的考古发现到"中华民族"观念的分析，都与"中国"这个议题相关。[1]然而，众说纷纭之下，"何谓中国"似乎并未清晰可鉴而是更加模糊难辨，原因何在？

先秦时代的"中国"大致是一个依靠地理方位和礼仪文化区分族群边界的概念。其范围指的是以周王室为核心的"诸夏"侯国及其活动区域，那些地处偏远地带的诸侯像楚、越、吴只能算是"蛮夷"。[2]在不同历史时期，"中国"特性的某一面相就会凸显出来，如西周早期，王室往往强调以姬姓宗族关系的远近为标准确认诸侯的"中国"身份；战国晚期，则相对突出以遵守文化礼仪的程度而非族群差异来辨析其"中国"身份。然而在先秦大多数情况下，"诸夏"只有在与"蛮夷"对峙之时，才能凸显其代表"中国"的意义。

检视先秦典籍，每当检索到"中国"时，大多与"蛮夷"或相关词语混搭出现，这是因为"中国"多指诸夏人群分布的地区。秦以前，"中国"的范围基本限于黄河与淮河流域大部，秦、楚、吴、越并不在"中国"地界之内。在空间分布上，"诸夏"代表的"中国"与周边分布的夷狄多呈地理对峙格局。据学者统计，先秦典籍

---

1 约略可举出葛兆光：《宅兹中国：重建有关"中国"的历史论述》，北京：中华书局，2011年；许倬云：《说中国：一个不断变化的复杂共同体》，桂林：广西师范大学出版社，2015年；许宏：《何以中国：公元前2000年的中原图景》，北京：生活·读书·新知三联书店，2016年；黄兴涛：《重塑中华：近代中国"中华民族"观念研究》，北京：北京师范大学出版社，2017年；等等。

2 略举一例，《韩非子·孤愤》中有一句话："夫越虽富兵强，中国之主皆知无益于己也。"（王先慎撰：《韩非子集解》卷第四《孤愤第十一》，钟哲点校，北京：中华书局，1998年，第81—82页。）在这句话里，"越"与"中国"被分别表述，明显属于"夷狄"之列。越国的地盘大致包括浙江大部分和江苏、江西部地区，可见在春秋战国时期，这些地区仍不被看作是"中国"。

所载有关"中国"的称谓中,谓诸夏之领域,凡一百四十五次,远超过标举其他涵义的次数。[1] 可知"中国"主要指称诸夏列邦及其活动范围。在文化意义上,"中国"的形成源自与异族文化的对立,才相对构成了对自我的认同,从而确立本族之文化特色。[2]

易言之,"夷狄"就像"诸夏"的一面镜子,没有它作参照,就无法显现"中国"的形象,两者是互为镜像的关系。以下所引的几段著名言论,均可证明"诸夏"只有在与"夷狄"对照时才能彰显"中国"的涵义。如《论语·八佾》:"子曰:夷狄之有君,不如诸夏之亡也。"这是明确以"诸夏"和"夷狄"相对峙。又如《论语·卫灵公》中孔子所云:"言忠信,行笃敬,虽蛮貊之邦行矣。言不忠信,行不笃敬,虽州里行乎哉?"这里把"州里"与"蛮貊"置于内外对立的地位,同样喻示的是"诸夏"之区与"蛮夷"之域的差异。《孟子·梁惠王上》:"然则王之所大欲可知已。欲辟土地,朝秦楚,莅中国而抚四夷也。"《左传·僖公二十五年》,"德以柔中国,刑以威四夷"。《史记·魏世家》:"其后绝封,为庶人,或在中国,或在夷狄。"《史记·楚世家》楚君熊渠曰:"我蛮夷也,不与中国之号谥。"种种言论数不胜数。

如果参照中国古代周天星区与地理区域相互对应的天文分野学说来观察,有关"中国"观念的变化就更加明晰可辨。源起自《周礼》的星占理论构造出的"在天成象,在地成形"的宇宙观,天地之间互为映象,地理区域与星宿分布一一对应。与星宿对应的区域

---

1 参见王尔敏:《中国近代思想史论》,北京:社会科学文献出版社,2003年,第371—372页。
2 参见同上。

大小不仅反映出古人对地理世界的认知状况，更是一种政治观念的表达。正是这种相互映照的认知框架，使得古人对"中国"的理解长期限于相对狭小的空间之内。汉代"自《淮南子·天文训》及《史记·天官书》始将二十八宿分别对应于东周十三国及汉武帝十二州地理系统"，此说逐渐风靡，成为影响深远的经典分野体系。然而，"无论是十三国，还是十二州地理系统，就其整体地域格局而言"，传统分野体系所涵盖的区域基本限于"诸夏"规定范围内的"中国"，而并"不包括周边四夷及邻近国家"。

"分野止系中国"的概念一直延续至唐宋时期，反映的是"中国即世界"甚至"中国即天下"的理念。即使如具有恢弘开放气度的唐代，有士人如李淳风仍"贱视"周边四夷，不必与华夏同日而语。真正把星野学说扩及朝鲜、安南等周边国家的时代还要迟至明清时期。[1]

"诸夏"与"夷狄"的对峙既然成为界定"中国"概念的一个前提条件，那么就存在伸缩性大小的问题。在先秦，这个标准可以灵活变通，对此认识孔孟之间有较大差异。孔子主张淡化两者界线，夷夏可以互通互变，夷狄可进为中国，中国亦可退为夷狄。孟子则坚持夷狄大多冥顽不化，必须实施单向的灌输教化，才能改变其气质，所谓："吾闻用夏变夷者，未闻变于夷者也。"[2]所以梁启超曾明言"故言史学者，当从孔子之义，不当从孟子之义"[3]。孔孟夷

---

1 参见邱靖嘉：《"普天之下"：传统天文分野说中的世界图景与政治涵义》，载《中国史研究》2017 年第 3 期，第 175—193 页。

2 《孟子》卷五《滕文公上》，四部丛刊景宋大字本。

3 梁启超：《新史学》，见汤志钧、汤仁泽编：《梁启超全集·第二集·论著二》，北京：中国人民大学出版社，2018 年，第 503 页。

夏观的分歧，说明"中国"概念经常处于自我封闭和多元开放的交替演化之中。汉秦人本属夷狄之列，其统一疆域后并不存在夷夏之别的身份焦虑；汉代君主虽与匈奴长期对峙抗衡，但长期呈压倒性优势；唐代因李姓帝王具有胡人血统，故能展示出包容华夏夷狄的宏大帝国气象，孟子自闭式的夷夏观自然被边缘化；宋代因军事实力大大削弱，被迫采取严厉识别华夷界线的策略，时时刻意把少数族群贬斥为需要汉人教化的野蛮对象，孟子夷夏观随此风气之转移渐有复兴迹象。[1]

宋代以后，"用夏变夷"的思想就慢慢地演化成了今人所概括的"汉化论"。如果从文献学的角度考察，在先秦和宋明时期，凡是谈论"中国"的言论基本上都把少数族群排斥在外。除了汉唐及元清这几个朝代外，大量有关"中国"的主流舆论都没有跳脱出"夷夏"对立的论说框架，尤其是在宋明时期，"中国"就是一个理学士人集中进行"夷夏之辨"想象的概念，比较容易给人造成一种种族优越论的极端印象。"汉化论"不过就是这个传统思路的一个现代变种而已。

---

1 参见罗志田：《夷夏之辨与道治之分》，见王守常、汪晖、陈平原主编：《学人》第11辑，南京：江苏文艺出版社，1997年。有些学者认为宋代"夷夏观"具有清晰的领土边界意识，表现出的是现代民族主义的倾向和气质，这是借用现代观点评判古代思想，不尽符合宋朝学者的原意。中国古人历来主张夷夏身份可以相互转换，而不是恪守严格的族群边界，但某些现代学者如宫崎市定即认为宋朝与辽国的外交具有现代国际关系交往的性质。澶渊之盟后，两国之间展开和平外交的时间长达百余年。宋朝为维系国与国的关系，特别制定了一套礼仪，见之于《宋史·礼志·宾礼》，这套礼仪承认宋辽的对等国交，维持的是国与国之间的平等交际，这种与现代欧洲国际关系相类似的交往现实的出现，首见于东洋。（参见［日］宫崎市定：《东洋的近世》，见刘俊文主编：《日本学者研究中国史论著选译·第一卷·通论》，黄约瑟译，北京：中华书局，1992年，第207页。）

"汉化论"以汉人历史为中心的解释模式，大体来源于孟子的"夷夏观"，认定文明的吸纳和普及只具有单向传播的性能。具体而言，只能借助"诸夏"礼仪文明去改造习俗落后的"蛮夷"，绝不可能出现相反倒置的情况。

美国"新清史"的某些学者把清朝与"中国"区别开来就是借用了宋明"夷夏"互不通融的思维方法。部分新清史学者指出，满洲统治东北与西北的模式与汉人王朝迥然不同，宋明因与辽金和满洲长期敌对，根本没有实际统治过关外的北方地区。

受宋明夷夏之辨思想的影响，一些当代中国学者往往仍然沿用"汉化论"裁量历史，经常不假思索地为自己挖掘逻辑陷阱，贸然跃入其中，反而给新清史的批评制造了口实。以往研究者持续沿袭了一个执念，那就是以"中国"为中心，以"四夷"为边缘，"四夷"必须接受中国式的礼仪，方可步入华夏文明圈。[1]其实，汉代已出现了否认邹鲁之乡是唯一文明来源的观点，《淮南子》中有一段话说："胡、貊、匈奴之国，纵体施发，箕倨反言，而国不亡者，未必无礼也。楚庄王裾衣博袍，令行乎天下，遂霸诸侯。晋文君大布之衣，牂羊之裘，韦以带剑，威立于海内，岂必邹、鲁之礼之谓礼乎？"[2]意思是邹鲁之礼不能作为判断"夷狄"教化程度的唯一标

1　"汉化论"固然是一种僵化的讨论方式，理所当然会遭到质疑，但是目前西方史学界流行找寻与"汉民族"（Chinese nation）的差异为研究取向，由此引申出"汉与非汉"截然对立的观点亦容易走入另一种偏颇，同样值得商榷。（参见祁美琴、马晓丹：《"汉与非汉"二元划分的概念陷阱和逻辑悖论》，载《中央社会主义学院学报》2020年第1期，第118—130页。）
2　《淮南子》上册，第十一卷《齐俗训》，陈广忠译注，北京：中华书局，2012年，第585页。

准，这亦可看作是文明多地起源论的一种最早表述。

宋明时期，因为受到北方异族军事力量的持续压迫，并未实现疆域的真正"大一统"，理学士大夫阶层不得已才转而强调对"中国"身份的认同，以此作为号召抵拒北方异族的旗帜。他们只是在心理上通过把异族妖魔化获得某种满足和自尊。夷夏对立观念在晚清一度被革命党当作"反满"的思想利器。

夷夏之间所造成的心理困境最终还是因清朝皇帝的介入才得以化解。清帝在论述华夏与夷狄关系时仍然尊奉先秦古义，如雍正帝引孟子"舜为东夷之人，文王为西夷之人"这句经典语录作为满人入主大统的根据。区别在于，清帝辨析"夷夏"之别，并非在意其是否为"中国"身份，而是喜欢从"大一统"的角度论证清朝夺取天下的理由。值得注意的是，清帝很少使用"中国"概念，即便在官方文书中偶尔出现"中国"字样也多是从"统一"疆域的角度谨慎表述，如雍正帝比较"满洲"与"中国"之关系时就称："不知本朝之为满洲，犹中国之有籍贯。"[1]

籍贯是统一的地域性概念而非区分夷夏的种族记号，清帝使用"中国"这个名称，并不是为了论证自己拥有像宋明士人那样的"中国"身份，而更多突出的是满人所扮演的天下一统角色。在汉人经典中，"中国"身份往往代表着种族优越感，而清帝在颁布谕旨时使用更为频繁的是"大一统"而非"中国"，其深层考量是拟通过标示"中国"的"地区性"而非特指汉人的单一聚居地，借

---

1 《大义觉迷录》卷一，见中国社会科学院历史研究所清史研究室编：《清史资料》第四辑，北京：中华书局，1983年，第4页。

此抗拒和修正宋明以来的"夷夏观"。即使像《大义觉迷录》这样的典型官方文本，雍正帝虽然在其中多处提到"中国"，却恰恰是在与"大一统"对立的语义上加以表述的。因为曾静刻意以"中国人"自居，斥满人为"夷狄"，采用的还是宋明的夷夏之辨思想，故雍正帝每次提到"中国"，语气中总流露出把它当作负面概念加以批评的意思。

乾隆帝亦和雍正帝一样，当他强调"东夷西戎，南蛮北狄，因地而名，与江南河北，山左关右何异？孟子云，舜为东夷之人，文王为西夷之人。此无可讳，亦不必讳"[1]时，仍不忘针对汉人"未闻以夷狄居中国治天下者也"的偏见发出批评的声音，他直接用"夫天下者，天下人之天下也，非南北中外所得而私"，以表达对汉人私占解释"中国"涵义的不满。[2]从其语气可大致推知，雍正帝、乾隆帝的头脑中仍挥之不去"中国"身份被汉人有意垄断而残留下的心理阴影。

这里还可举例说明清帝心目中的"中国"仍与汉人生活的地域密切相关。"'中国'一名在满文史料中的较早出现，大致可以追溯到满人入关之前的清太宗天聪三年（1629）《满文老档》的相关记事中"，但当时的"中国"仍然特指明朝。[3]即使到了顺治朝，"中国"一词仍多指"明朝"，而且基本沿袭了明代"夷夏之辨"的语义。如以下一段史料所示，顺治十三年（1656）顺治帝传谕厄鲁特

---

1 《清高宗实录》卷一一六八，乾隆四十七年十一月庚子。
2 《清高宗实录》卷一二二五，乾隆五十年二月辛丑。
3 参见钟焓：《北族王朝没有中国意识吗——以非汉文史料为中心的考察》，载《中国社会科学评价》2018年第2期，第109—110页。

巴图鲁台吉、土谢图巴图鲁戴青等处理"番夷"归属纠纷时云："倘番夷在故明时原属蒙古纳贡者，即归蒙古管辖，如为故明所属者，理应隶入中国为民，与蒙古又何与焉？"[1]以往有学者把这段话解读为清朝已自认为"中国"，实则顺治帝想要表达的意思是，"中国"乃是明代遗留下来的称谓，因为其处理的是"番夷"与"故明"在"夷夏之辨"旧体系下的交往关系，而不是清朝的"自称"，此意不可不详加辨析。

另一个例证是皇太极曾指责明朝不秉公办事时亦称"明既为中国，则当秉公持平，乃他国侵我，则置若罔闻"[2]。这显然还是把自己摆在与代表"中国"的明朝为敌的"夷狄"位置上。其中仍隐含着对汉人使用"中国"概念时所表达出的优越心理的反感，流露出与之对抗的微妙情绪。

即使入主中原后，清帝仍然沿袭了宋明"中国"仍指中原地区的基本定位。如雍正帝下面这段话说道："自我朝入主中土，君临天下，并蒙古极边诸部落俱归版图，是中国之疆土，开拓广远，乃中国臣民之大幸。"[3]雍正帝所说的"中国"范围指的是满人入关前汉人统治区域，所以他才刻意夸耀清朝把"中国"的原有版图扩及蒙古等明朝无法统治之地，基本采取的仍是"中国"与"夷狄"对立的旧思路。

一般而言，清朝初期官书里的"中国"一词往往更多出现在与外国谈判边界、拟定条约的时候。康熙朝与俄国签订《尼布楚条

---

1 《清世祖实录》卷一〇三，顺治十三年八月壬辰。
2 《清太宗实录》卷一八，天聪八年三月甲辰。
3 《清世宗实录》卷八六，雍正七年九月癸未。

约》时，条约文本中凡与"俄国"对称，一律用"中国"表述，以表明清朝拥有正统主权。但对内标榜治国武功时，清帝更喜用"大一统"这个概念，明显区别于宋明士人的表达习惯。

清帝多在对外关系中使用"中国"称谓还有几则史料可资证明：雍正元年（1723）刊行的图里琛所著《异域录》满文本中，"中国"（dulimba-i gurun）一词先后出现了二十三次用例；雍正五年（1727）九月清政府与俄国签订《恰克图条约》以"确定清属蒙古地方与俄国的政治边界线的走向"，在《恰克图条约》的蒙文本和满文本中都出现了"中国"一词的用法，恰可证明"中国"一词的使用多频繁出现在清朝的外交文献之中。[1]

鸦片战争以后，当清帝与外国交涉时，也会偶尔使用"中国"一词，其意与康熙时的语气相近，都是为了显示自己对于广袤疆域拥有绝对自主权。这里所指的"中国"更近似于"大一统"的另外一种表达形式。[2]

正是因为"中国"自带特定的种族对抗蕴义，如果作为研究历代王朝演化的基本分析"单元"，往往会受到某类特殊群体（主要是宋明理学士人）思想视野的制约，也许只适用于某个特殊历史阶

1　参见钟焓：《北族王朝没有中国意识吗——以非汉文史料为中心的考察》，载《中国社会科学评价》2018 年第 2 期，第 111—115 页。黄兴涛所举满人"中国"认同的史例，也大多表述于清朝对外交涉的具体情形之中，参见黄兴涛：《清代满人的"中国认同"》，载《清史研究》2011 年第 1 期，第 1—12 页。相关讨论亦可见 Gang Zhao, "Reinventing China: Imperial Qing Ideology and the Rise of Modern Chinese National Identity in the Early Twentieth Century", in *Modern China*, Vol. 32, No. 1, 2006, pp. 8-10, 14。

2　参见郭成康：《清朝皇帝的中国观》，见刘凤云、刘文鹏编：《清朝的国家认同——"新清史"研究与争鸣》，北京：中国人民大学出版社，2010 年，第 222 页。

　　　　　　　　　　　　"天命"如何转移

段的解释，却难以说明满人作为异族何以能入主大统的复杂历史原因。近世学人对此有近似的看法，如梁启超就直接批评宋代的"夷夏观"，说"后世之号夷狄，谓其地与其种族，《春秋》之号夷狄，谓其政俗与其行事"，又说宋学解《春秋》之义为"攘夷"是错误的读法，主张回到孔子有关夷夏相互可以进退的原始观念。他说："然则《春秋》之中国夷狄，本无定名，其有夷狄之行者，虽中国也，靦然而夷狄矣；其无夷狄之行者，虽夷狄也，彬然而君子矣。然则藉曰攘夷焉云尔，其必攘其有夷狄之行者，而不得以其号为中国而恕之，号为夷狄而弃之，昭昭然矣！"[1]

不少研究者业已指出，因为"中国"的边界一直在不断发生移动，历来难以确定其准确范围，且这种移动性不仅体现在地理空间方面，而且涉及文化心理的变迁和适应问题，不宜笼统加以把握。[2]近年中国学界陆续出现了几种新的诠释方法，这些方法并非纠缠于"何谓中国"这个话题，而是另辟蹊径，试图绕开"内涵分析"的陈旧框架，尝试变换出新的解释角度。其中比较有影响的大致包括以下几种观点，即"从周边看中国""华夏边缘说"和"东亚连带论"。

"从周边看中国"的主要倡导者葛兆光坚持认为，"中国"作为"民族国家"的形成进程，在宋代就已经开始启动。因为受到北方异族的挤压，宋代士人逐渐形成了明晰的边界意识和内聚式的"文化认同感"。正是因为有异族作为"他者"式的参照，宋代已经初

---

1 梁启超：《〈春秋中国夷狄辨〉序》，见汤志钧、汤仁泽编：《梁启超全集·第一集·论著一》，北京：中国人民大学出版社，2018年，第250—251页。
2 参见罗志田：《夷夏之辨的开放与封闭》，载《中国文化》1996年第14期，第213—224页。

步构成了具有现代民族国家观念的空间主体性，这种类似国际关系意识的形成并不一定与西方的"近代性"有关。[1]

这种论述表面上是想把宋朝的"中国观"赋予类似"民族国家"的性质，其潜藏的用意是与西方争夺现代国家诞生的东方话语权。这种通过明晰界定与异族边界的关系，以凸显宋代作为"中国"主体的思路，与宋朝士人的"夷夏观"其实并无根本性区别。宋儒亦是迫于北方外部压力才主张夷夏不可通约、相互隔绝，进而确立疆域边界的，这完全是被迫做出的无奈选择，并非主动进取加以构造的结果。通过周边异族的存在和不断与之发生对抗来定义宋朝的"国家"性质，难以避免一个问题，那就是夷夏之争并不是一种现代民族意义上的冲突，如果把古代族群的边界意识等同于现代民族自觉意义上的国家观念，显然有些时代错位的感觉。

王明珂则提出，要准确回答"何谓中国"这个问题，就必须深入研究异民族的"历史心性"。他试图重构华夏边缘族群主要是羌族的历史记忆与自我认同，具体而言就是通过追溯弟兄与祖先神话的传播方式，探讨"中国"在周边族群记忆中的蕴意。广义上讲，这也是一种"从周边看中国"的观察视角。王明珂曾经形容，一个"圆圈"之所以成立，正是因为观察者首先看到的是圆形的边界，才最终形成了一个"圆圈"的印象和认识。

王明珂进一步以凹凸镜做比喻称，"移动此透镜，观察镜面上

---

1 参见葛兆光：《宅兹中国：重建有关"中国"的历史论述》，第25—26页。近期一些学者如谭凯（Nicolas Tackett）也提出在宋代就已出现了"国族"的迹象，借此批评把"国族"产生的时间限定在近代西方世界的观点。（参见［瑞士］谭凯：《肇造区夏：宋代中国与东亚国际秩序的建立》，殷守甫译，北京：社会科学文献出版社，2020年。）

的表相变化，发现其变化规则，以此我们就能知道此镜的性质（造成我们'偏见'的凹镜或凸镜），以及约略知道镜下之物的状貌"。[1] 以凹凸镜为比喻的观察方法有助于理解"华夏边缘"的形成历史，却终究无法替代对"中国"内部自身历史特质的把握和认知。他讲述的边缘人群华夏化的经历如吴太伯故事在羌族地区的记忆构造过程，恰恰说明对华夏中心在边缘地区传播样态的把握，可能最终仍取决于我们对中国历史核心问题的认识程度。[2]

另一个观察"中国"的视角是"东亚论"或者称"东亚连带论"。这种观点大致表现为三种类型。一是儒学的视角，以高度抽象的方式把中国、朝鲜半岛和日本通过"儒学"的框架统一为一个整体，突出论证儒学中最基本的抽象价值在上述地区拥有的普遍性。二十世纪八十年代流行的"儒家第三期发展说"及"东亚四小龙"崛起源于儒学价值观的论断，就基本属于这个理论假设。其最大问题是把儒学思想抽离历史脉络，试图延续中国作为东亚领袖的历史幻觉，似乎朝贡体系的幽灵仍然会以儒学的形式继续在当代东亚地区游荡，并发挥着至关重要的主导作用。德里克对此观点曾有精彩的批评，他形容这套理论是"制造儒学"。[3]

第二种类型是把东亚视为一个赶超和对抗西方以求实现现代化的特殊区域，这是日本在明治以后一直以曲折方式追求的思路。在

1　王明珂：《反思史学与史学反思：文本与表征分析》，上海：上海人民出版社，2016年，第246页。

2　参见王明珂：《华夏边缘：历史记忆与族群认同》，北京：社会科学文献出版社，2006年，第163—184页。

3　参见［美］阿里夫·德里克：《后革命氛围》，王宁等译，北京：中国社会科学出版社，1999年，第227—262页。

这个思路中，"中国"作为一个落后国家被纳入了以日本为领头雁的"东亚现代化"秩序之中，成为东亚整体对抗西方的一个"地区性单元"。"中国"叙述就这样被"东亚"概念给消解掉了。孙歌曾经指出，日本通过论述东亚，为现代化在东亚的形态找到了某种表现形式，从而也就形成了潜在的共识，但同时也面临着谁代表东亚这个一直潜在的问题，其中蕴藏着争夺东亚现代化主导权的思想暗战，这极易唤醒中国人对日本侵华时期推行"大东亚共荣圈"理论的惨痛记忆。

与之相关，"东亚论"的第三种视角就是关于战争的创伤记忆，这构成了东亚整体论述的心理背景。由于这个"战争记忆"视角建立于中、日、韩（朝鲜半岛）三个民族国家的组合框架之内，如何诠释和消解战争的痛苦常常演变成了一种政治博弈，或者强化了"东亚视角的抽象性"，导致本来与"中国"历史最为贴近的"东亚"在我们的精神与思想世界中无法找到确切位置，从而使得大量具体个案研究缺乏有效转化为中国知识界思想资源的媒介。[1]

论述"天下"之难

与"中国"不同，"天下"在源起时就是一个广义上的空间概念。在金文和《诗经》《尚书》中，"天下"与"四方"是可以相互替代的，而"中国"更倾向于突出其"中心"的意思。《诗经》云：

---

1 参见孙歌：《我们为什么要谈东亚：状况中的政治与历史》，北京：生活·读书·新知三联书店，2011年，第18—23页。

　　　　　　　　　"天命"如何转移

"民亦劳止，汔可小康；惠此中国，以绥四方。"[1]"中国"与"四方"并列而书，"中国"即王都与诸夏国，"四方"就相当于殷商及东夷和原来宗周之同盟国。[2]胡厚宣发现，"四方"的涵义就是中国四周诸国的总称。而作为"四方"中心的"中国"，在殷代是商邑，在周代是镐京或者洛邑即首都的意思，至多意味着王畿附近的地方。[3]若从空间立论，"九州"的范围到底有多大，先秦就有人提出疑问，如《楚辞·天问》中就追问九州如何安置于天地之间，曾云："九州安错？川谷何洿？……东西南北，其修孰多？南北顺隋，其衍几何？"还有《庄子·秋水》中那段著名的庄子论中国如太仓之粒米的比喻："计中国之在海内，不似稊米之在太仓乎？"[4]可见"天下"的涵盖范围应该广于"中国"，但"中国"作为中心确有统摄"四方"，吸纳天下资源的蕴意。今人赵汀阳将"天下观"概括为一种"旋涡模式"，大致与此古义相合。[5]

"天下"大于"中国"在邹衍发明"九州"之义时已经说得十分明白，如《史记·孟子荀卿列传》所引称："以为儒者所谓中国者，于天下乃八十一分居其一分耳。……中国外如赤县神州者九，乃所谓九州也。于是有裨海环之，人民禽兽莫能相通者，如一区中

1 朱熹集撰：《诗集传》卷十七《生民之什·民劳》，赵长征点校，北京：中华书局，2018年，第304页。
2 参见杨向奎：《大一统与儒家思想》，北京：北京出版社，2011年，第2页。
3 参见胡厚宣：《论五方观念及"中国"称谓之起源》，见《甲骨学商史论丛初集》，收入《民国丛书》编辑委员会：《民国丛书》第一编第八十二册，上海：上海书店出版社，1989年，第383—388页。又见［日］安部健夫：《中国人的天下观念——政治思想史试论》，宋文杰译，见周伟洲主编：《西北民族论丛》第十五辑，北京：社会科学文献出版社，2017年，第183页。
4 转引自邢义田：《天下一家：皇帝、官僚与社会》，北京：中华书局，2011年，第107页。
5 参见赵汀阳：《天下的当代性：世界秩序的实践与想象》，北京：中信出版社，2016年，第73—88页。

者，乃为一州。如此者九，乃有大瀛海环其外，天地之际焉。"[1]这是司马迁较早转述的邹衍"九州论"大义。

邹衍的"九州说"自汉代就被诟病为"迂大而闳辩"。[2]东汉王充更是说"邹衍之书，言天下有九州……此言诡异，闻者惊骇，然亦不能实然否，相随观读讽述以谈。故虚实之事，并传世间，真伪不别也。世人惑焉，是以难论"[3]。王充这段话明言邹衍"九州"之说无法求证，基本属于荒诞不经之论。按照司马迁的说法，邹衍还把"九州"分为两类，一类是所谓"禹序九州"，基本范围相当于"中国"地界，约占天下的八十分之一；另外一类是所谓"域外九州"，其范围当属"中国"之外。[4]

有学者认为"九州"应该是"四方"（五方）结合体的别名，或者是"四方"观念的直接残存形态。汉武帝时期的"天下观"是一个"中国＋蛮夷"的世界。[5]无独有偶，我们在清帝雍正的文字中也

1　《史记》卷七十四《孟子荀卿列传第十四》，北京：中华书局，1982年，第 2344 页。
2　同上书，第 2348 页。
3　王充著、黄晖撰：《论衡校释（附刘盼遂集解）》中册，卷第十一《谈天篇》，北京：中华书局，2017 年，第 551—552 页。
4　在邹衍的"天下"论述框架里，"九州"范围显然要远大于"中国"。故邹衍的"九州说"一直被历代视为奇谈怪论而遭厌弃，乃至利玛窦于明末来中国展示世界地图时，即被晚明士人视为与邹衍"九州说"的荒诞颇为相似，是一种"小中国而大四夷"的妄说。（李纪祥：《再现"大九州"——〈春秋〉邹氏学"与"中国居中"之经学前景图像建构》，载《文史哲》2020 年第 5 期，第 45 页。）可见，"中国"与"天下"之范围大小一直在士林中争讼不断，难有定论。
5　参见［日］安部健夫：《中国人之天下观念——政治思想史试论》，宋文杰译，见周伟洲主编：《西北民族论丛》第十五辑，第 209—210 页。邢义田也认为，"天下"与"四方"有密切关系，如他发现以天下为四方的用法见于《吕刑》以及《孟子·梁惠王下》引《书经》的一段话："天降下民，作之君，作之师，惟曰其助上帝，宠之四方，有罪无罪惟我在，天下曷敢有越厥志？"在这段话里，"天下"即是"四方"。（参见邢义田：《天下一家：皇帝、官僚与社会》，第 95 页。）

发现了一段话，与邹衍对"天下"与"中国"关系的理解相近，都判定"天下"大于"中国"。雍正帝说："九州四海之广，中华处百分之一，其外东西南朔，同在天覆地载之中者，即是一理一气。"[1]

这从一个侧面印证，清帝并不认为"中国"是描述"大一统"清朝最合适的地理和政治文化单位。不妨对比一下明太祖即位前的檄文和即位后的诏敕所称"自古帝王临御天下，中国居内以制夷狄，夷狄居外以奉中国，未闻以夷狄居中国治天下者也"[2]，就会明白，明太祖的"天下"范围其实仅指排斥异族的"中国"，与汉朝初年包容夷狄的"天下观"截然不同。汉初强调的更近于一种"正四方"的观念，意即把华夏和夷狄统合在同一疆域之中，而不是做出截然不同的划分，清帝对"天下"的认识反而更加接近汉朝对"大一统"的解释。[3]

我们通常所说的"天下"，实际源起于《禹贡》中的地理观。《禹贡》有"九州""五服"的划分，"九州"分区偏于自然地理的格局，以名山大川为标志，划天下为九大区域，即冀、兖、青、徐、扬、荆、豫、梁、雍九州，详载各州物产与到达王都的路线，叙述多偏于对自然环境和条件的描述。汪之昌有言："《禹贡》特《尚书》百篇之一……则以大书山川为各州标识，使人一望而知

---

1 《大义觉迷录》卷二，见中国社会科学院历史研究所清史研究室编：《清史资料》第四辑，第 55 页。

2 《明太祖实录》卷二六，吴元年十月丙寅，台北："中研院"历史语言研究所校印本，1962 年，第 401 页。

3 在这个观点上，明遗民如顾炎武与明太祖的"天下观"比较接近。顾炎武把"亡国"与"亡天下"做出区分，但他心目中的"天下"仍是排斥异族的，所以他所说的"天下"仍是狭义的"中国"，或者仅局限于"夷夏之辨"观念中的"天下"，不是真正汉朝的"天下"。

也。"[1] "五服"以王都四面五百里为甸服，每隔五百里，往外增扩一个圈层，形成甸服（中心统治区）、侯服（诸侯统治区）、绥服（绥抚地区）、要服（边远地区）、荒服（蛮荒地区）。[2]

由于《禹贡》成书年代在战国时期，各国分裂割据，每个王者都不可能实际控制自身境外的广大领土。九州制的布局基本上是南三北六，说明北方政治单位多于南方，这也与当时南方尚处于蛮荒状态的情形有关。有人已提出疑问：《禹贡》对南海的地理"载之甚略"，"岂非以其阔远而不胜纪乎？抑其无与中国生民之休戚而略之乎？"[3]

据此而论，以"九州"为基础的天下观仅仅是士人对周边世界的想象。《淮南子·地形训》中有"九州""八殥""八纮""八极"等说法，比喻王权涉及的范围一圈比一圈向外扩展，但这些描述圈

---

1 汪之昌：《禹分九州以山川为疆界论》，见谭其骧主编：《清人文集地理类汇编》第二册，杭州：浙江人民出版社，1986年，第2页。

2 参见周振鹤：《中国历史政治地理十六讲》，北京：中华书局，2013年，第78页。在以先秦文献为主的中国古代典籍中，"四海之内"与"九州"并存，二者虽然都被称为"天下"，但是在很多场合，二者代表的范围并不一致。从地理学的角度来看，"九州"更是一个难以把握的概念。因为随时代的变化，"九州"所代表的地域和范围，甚至各州的名称都在不断变化。将"天下"分为"五服"，就是通过血缘的亲疏以表现"天下"内部的政治关系。这种思想，主要体现在各个王朝成立之初以血缘关系为基本原则进行分封的制度上。尽管自远古就有以血缘亲疏区分天下的思想，但是"天下"分为"五服"，即分为五个等级之说，则纯属虚构。由甸服、侯服、宾服、要服、荒服构成的"五服制"，虽然兼顾了与"天子"的血缘关系、政治关系、地理关系和文化异同等因素，细致地划分了"天下"的构造，但是很难说它是否真正成为过一种正式的政治制度，或者说，它是一种从来就没有被实现过的政治制度。（[日]王柯：《从"天下"国家到民族国家：历史中国的认知与实践》，上海：上海人民出版社，2020年，第19—25页。）

3 毛晃：《禹贡指南》，见李勇先主编：《禹贡集成》第一册，中国历史地理文献辑刊第一编，上海：上海交通大学出版社，2009年，第31页。

层状态的数字都属虚数，无法与真实的地理位置匹配对应。如说："天地之间，九州八极。土有九山，山有九塞，泽有九薮，风有八等，水有六品。"[1]这里提及的"六""八""九"肯定是一种约数，不是准确的统计数字。

与"九州"相比，"五服制"则又像是一种政治隐喻。随着秦朝建立郡县制，历代王朝不断开疆拓土，"九州"版图所设计的想象世界也在逐步变为现实。不过有一点必须澄清，地理版图的扩张与实际控制程度并不是一回事，中央对边远地带的占有往往采取羁縻形式，而不是复制内地的行政管理。圈层内外的区分基本上是以向中央交纳赋税还是仅纳贡品划界。如说"九州各则其壤之高下以制国用，为赋入之多少，中邦诸夏也，贡篚有及于四夷者，而赋止于诸夏也"[2]。有学者认为，"五服"结构也是一种王朝贡赋体系，因为"大一统"中央集权的国家版图幅员辽阔，生态条件与物产资源差异很大，向中央集权输送贡赋必须形成区域性分工才能满足王朝消费多样化的需求。同时贡赋输出地与京畿的距离差别，以及中央与地方的不同关系，形成一个由贡赋关系构成的政治地理体系。"五服"虽然不一定是实际存在的状况，却可以视为一种由贡赋供应构成的国家空间的抽象模型。[3]这种看法还是认为"五服"是一种并非可以和实际历史状态相对应的体系架构。

《禹贡》只记载中央诸夏的赋税收入，忽略其他诸服的情况，

---

1 《淮南子》上册，第四卷《地形训》，陈广忠译注，第193页。
2 傅寅：《禹贡集解》卷二，见李勇先主编：《禹贡集成》第一册，《中国历史地理文献辑刊第一编》，第283页。
3 参见刘志伟：《贡赋体制与市场：明清社会经济史论稿》，北京：中华书局，2019年，第20页。

在这一点上，"九州"概念与"中国"略为相近。如《法言·问道》中有一句话表达了同样的意思，其中说："或曰：'孰为中国？'曰：'五政之所加，七赋之所养，中于天地者为中国。'"[1] 这句话是想说明，"中国"不仅居于天地之中，而且还应该以财赋收入的范围作为边界。至于"五政之所加"与政治实际控制能力所及到底有多大关系，则说得较为模糊。

另一方面，我们只有领会了"五服制"圈层图景中包含的文化意涵，才能理解九州地理版图构造背后的深意。如《国语》中谈"五服制"基本上还是一种诸夏与夷狄共享空间的叙说框架。《国语·周语》云："夫先王之制，邦内甸服，邦外侯服。侯、卫宾服，蛮、夷要服，戎、狄荒服。甸服者祭，侯服者祀，宾服者享，要服者贡，荒服者王。"[2] 这强调的还是统治秩序应该由王都一层层往外推展，显然谈论的不是实际行政控制，而是按文化传播的程度划分亲疏关系。

还有一种说法是按流放人犯的远近判断五服的距离。有如下描述："中国之人有积恶罪大而先王不忍杀之者，则投之于最远之地，故于要荒二服取其最远者言之，以见流放罪人于此者，其为蛮夷之地。"按流罪远近测量蛮夷教化的程度也是一种人文地理观。按此估计，有人认为五服之名与其每服之内远近详略的安排都是"天下之实迹也"，"故于侯服则言其建国大小之制，至于要荒则言其蛮夷

1　转引自钱锺书：《钱锺书集：管锥编（四）》第二三七条，"全后魏文卷二一"，北京：生活·读书·新知三联书店，2007年，第2311页。

2　《国语》，尚学锋、夏德靠译注，北京：中华书局，2007年，第5页。

远近之辨，与夫流放轻重之差，皆所以纪其实也"[1]。

"九州"疆域观也是一种经学意义上的想象设计，古文经学与今文经学的理解颇有差异。两者比较，今文经学展示的疆土范围只有方三千里，基本与古"中国"的地境叠合，古文经学则把四夷的地盘也包括在内，标识的是方万里的范围。[2]与"中国"相比较，"九州""五服"更关注层序格局下的共容共处，而不是对峙抗衡。"天下观"有时也与"中国"的涵义重叠，韩国学者金瀚奎曾统计《史记》《汉书》和《后汉书》三史中所列"天下"总数为3375例，单指"中国"的有2801例，达83%，指"中国"加上其他异民族之"天下"的有64例，只占1.9%。[3]

这说明，最早的"天下"表述也蕴涵着排斥夷狄的意思，只是表达得不明显也不坚决。如司马迁在《史记·天官书》中就有"内冠带，外夷狄，分中国为十有二州"的说法，把夷狄与十二州的范围关连在一起观察，[4]拒斥夷狄的意思并不明显。有人认为在《禹贡》中，蛮夷戎狄并没有方向感，《禹贡》之蛮，似为外族之通称，故五服之中，四方皆有之，非专指某地之人。两汉以后典籍，逐渐以蛮夷戎狄严整地分配至四方，以后多沿两汉旧说，而掩盖了古义。[5]

1　傅寅：《禹贡集解》卷二，见李勇先主编：《禹贡集成》第一册，《中国历史地理文献辑刊第一编》，第292页。
2　参见［日］渡边信一郎：《中国古代的王权与天下秩序：从日中比较史的视角出发》，徐冲译，北京：中华书局，2008年，第52页。
3　转引自同上书，第13页。
4　《史记》卷二十七《天官书第五》，第1342页。
5　参见袁钟㠖：《自〈禹贡〉至两汉对于异民族之观念》，载《禹贡》第一卷第三期，1934年。

居于"中国"范围之外的"夷狄"如果渐染文风,亦可转变为"华",不是那么严格地按地域划分文化与种族的优劣,更不是那么规整地筑起一个中央的圈子,四周围绕着蛮夷戎狄,两者截然对峙,老死不相往来。特别是魏晋至宋朝这段时期,钱锺书曾云,汉人自称"华"而把鲜卑视为"胡虏";魏鲜卑又自称"华",把柔然看作"夷虏";先登之齐鲜卑又视晚起之周鲜卑是"夷狄";北齐人自称"华",目南朝为"夷";后来南宋时北方的金人对蒙古,俨然自命"汉节""华风"都是例子。[1]

宋朝以前对种族关系的理解更接近于"天下"观念,不太突出"中国"的涵义。因为在不同族群的眼里,华夏的边界一直在不断游移迁徙,不一定总是处于一个固定地点。统治者只是在无法形成疆域一统的情况下,才会强调"中国"与汉人在诸民族中的核心位置,并对种族界限严加区隔。马端临《文献通考》坚持《禹贡》规定的九州范围就在长城以内地区,目的是区别于元朝的"大一统"观念,其实是暗中为宋朝虽疆域狭小却拥有德性之正统困局辩护。明代张志复的《皇舆考》,万历时王士性的《广志绎》,顾炎武的《天下郡国利病书》《肇域志》,顾祖禹的《读史方舆纪要》,均持以上观点。[2]

还有一种星土分野说亦与"九州"观念颇有关联。星土分野说意指地上的地理区域与天上星宿分布之间构成某种对应关系,如《周

---

1 参见钱锺书:《钱锺书集:管锥编(四)》第二三七条,"全后魏文卷二一",第2310页。

2 王士性对明朝疆域的认识就很实际,他自认:"古今疆域,始大于汉,最阔于唐,复狭于宋,本朝过于宋而不及于唐。"(王士性撰:《广志绎》卷之一《方舆崖略》,吕景琳点校,北京:中华书局,1981年,第2页。)这实际是承认明代不具备"大一统"的资格。

礼·保章氏》中曾云:"以星土辨九州之地",但"九州"一直属于"中国"地界,完全把"蛮夷"生活的地区排斥在外。[1] 故"九州"不包括"四夷"的星野分类体系自明清时期就已遭到士人批评,晚明谢肇淛就说九州只占天地十分之一,这是按照华夷之别设计的图景,从天的角度观察,应该平衡地加以看待,"何独详于九州而略于四裔耶"。[2]

到清乾隆年间,随着清军的兵锋击败准噶尔,版图归于一统。乾隆帝在《题毛晃〈禹贡指南〉六韵》的"自注"里说:"今十二州皆中国之地,岂中国之外,不在此昭昭之内乎?……而今拓地远至伊犁、叶尔羌、喀什噶尔,较《禹贡》方隅几倍蓰,其地皆在甘肃之外,将以雍州两星概之乎?抑别有所分属乎?"[3] 乾隆帝的疑问是,若遇到地少而星多,或地多而星少的情况,传统的分野说很难合理呈现出天地之间一一对应的格局。特别是清朝已拓展疆域到新疆地区,本不在九州分野之列,如何对应描述就更成问题,故他得出分野之说不足信的结论。清代的各类政书自此均奉行乾隆帝的批评,基本都视分野说为荒诞不经之论。如乾隆年间的续修"三通"和清"三通",除《续文献通考》沿袭了马端临《文献通考》等前代文献中部分分野之说外,其他五通均不记天文分野之说。[4]

乾隆帝还认为,那些"境为亘古所未通,事属生民所未有"的地界,并不在古九州的想象范围之内,但在清朝却应有所修正。因

---

1 参见邱靖嘉:《天地之间:天文分野的历史学研究》,北京:中华书局,2020年,第258页。
2 谢肇淛:《五杂俎》卷之三《地部一》,明万历四十四年潘膺祉如韦馆刻本。
3 清高宗:《题毛晃〈禹贡指南〉六韵》,见《御制诗四集》卷十七,清文渊阁四库全书本。
4 参见邱靖嘉:《天地之间:天文分野的历史学研究》,第234—236页。

为"自昔所称，近有龙堆，远则葱岭，天所以界别区域者，今则建官授职，因地屯田，耕牧方兴，边氓乐业。其境且远及二万余里"。在这种情况下，如果还坚持宋明以来的"九州观"，"仍以九州为纲，则是赢出之地，多于正数，转失分纲之本意矣"[1]。

这样看来，"天下"比"中国"应该具有更为广阔的空间延展性，然而"天下"作为一种分析单位也有其一定局限，主要是因为它基本上仍属于一个士人想象的政治地理概念，与实际历史图景尚存在相当大的距离。

"大一统"之重要性何在？

与"中国""天下"持续被关注的热度相比，"大一统"在历史研究中一度处于缺席状态。以往对"大一统"个别零星的研究主要集中于经书诠释和思想史的脉络梳理，很少把它当作一种统治思想和治理实践相结合的古代政治文化现象予以全面分析，观察视野受到了严重局限。

"大一统"与"中国""天下"的区别在于，它不像"夷夏观"这般强调"诸夏"与"四夷"之间的对立，也不像"九州""五服"那样想象古代王朝的统治秩序，而更多是把疆域治理与政教关系的

1　张廷玉等撰：《皇朝文献通考》卷二百六十九《舆地考（一）》，清文渊阁四库全书本。另，对乾隆帝"九州观"的具体分析可参见赵刚：《早期全球化背景下盛清多民族帝国的大一统话语重构——以〈皇朝文献通考·舆地考、四裔考、象纬考〉的几个问题为中心》，见杨念群主编：《新史学》第五卷《清史研究的新境》，北京：中华书局，2011年，第3—45页。

构造结合起来，形成了更为细密深邃的政治主张。

"大一统"思想较为晚出，孔子言及天子和诸侯之关系时，声明礼乐征伐如果出自天子，则属于"天下有道"；如果礼乐征伐之权落入了诸侯甚至大夫陪臣之手，则会陷入天下无道的状态。这种判断已经初步蕴涵了"大一统"思想。[1]直至战国晚期，《春秋公羊传》才揭橥"大一统"之义云：隐公"元年，春，王，正月。元年者何？君之始年也。……王者孰谓？谓文王也。曷为先言王而后言正月？王正月也。何言乎王正月？大一统也"[2]，明确地把"大一统"当作王者获取"正统性"的思想与实践基础。鲁隐公作为鲁国国君，其记载继位年号需将"王"字冠于月份之前，"王"即指周文王，这是奉周文王为"大一统"之主，昭示自己为其诸侯之意。

概而言之，"大一统"至少在以下几个方面为帝王君临天下制定规则：

第一，"大一统"是中国古代政教关系形成的起点，也可以说是中国"正统论"发明之首义。何休即云："夫王者始受命改制，布政施教于天下，自公侯至于庶人，自山川至于草木昆虫，莫不一一系于正月，故云政教之始。"[3]大意是说，帝王不但统领着广大的自然地理疆域，同样也统治着人间社会，通过规定时间起始及其运行准则建构出一套政教秩序。

1　参见朱熹撰：《四书章句集注·论语集注》卷第八《季氏第十六》，徐德明校点，上海：上海古籍出版社；合肥：安徽教育出版社，2001年，第201页。

2　《春秋公羊传注疏》上册，卷一《隐公第一》，何休解诂，徐彦疏，刁小龙整理，上海：上海古籍出版社，2014年，第6—12页。

3　同上书，第12页。

第二，"大一统"倡言"王者无外"的理想，通过创制"三世说"，把"诸夏"与"夷狄"置于一种动态演变的诠释框架之中，突破了"华夷之辨"限定的种族区隔界线。《公羊传》继承的是孔子"夷夏可以互变"的思想，与孟子严分夷夏的主张有别。故《公羊传》虽诞生于战国乱世，却构造出了一统天下的未来图景。这一构想经何休对"公羊三世说"的发挥得以发扬光大。

何休"三世说"以传闻世为据乱世，所闻世为升平世，所见世为太平世。通过这三个阶段的递进演化，"诸夏"与"夷狄"之关系慢慢呈现出开放交融的态势。据乱世"内其国而外诸夏"，这是周王室处理内部事务的时期，升平世"内诸夏而外夷狄"，这时候"中国"与"夷狄"严分界线，处于敌对状态；太平世则达到了"王者无外而夷狄进于爵"的阶段，最终实现了大同理想境界。

正如杨向奎所言："三世有别，所传闻世，虽主一统而实不一统，夷夏有别，保卫中国乃是大一统的先决条件，以'中国'为中心，而诸夏而夷狄，然后完成大一统的事业。"[1]

在某些论述中，"大一统"观是与"天下"观重叠在一起的。根据"三世说"的安排，未来大同天下的远景就是"大一统"实现的表现。梁启超阐述的"大三世"与"小三世"的划分就是从"大一统"向"天下"大同的方向转换的一种看法，"小三世"中的"太平世"就相当于"大一统"的实现，因为清朝"北尽蒙古，西尽西藏，南尽交趾，皆定于一"。这只是在"中国"范围内底定"大一统"空间规模，所以只能称"小三世"中的"太平世"，与"大三世"相比，这

---

1 杨向奎：《大一统与儒家思想》，第 63 页。

　　　　　　　　　　　　　　　　　　　"天命"如何转移

种"大一统"仍属于"据乱世"阶段，只有从中国乃至亚洲一隅放大扩及五大洲，才算是实现真正的太平盛世。因为"必越千数百年后地球五洲皆合为一，然后大一统局乃成，此谓之'大三世'"。[1]

"大一统"观突破了"中国"与"夷狄"相对峙的诠释理路，"三世说"体现出的历史规划图景，其宏阔深邃远超"中国"论述的想象力。与此同时，凡是有关"中国"的政治文化构想也被容纳进了"大一统"观的阐释框架，成为讨论政教关系的起点和前提。

第三，"大一统"观既包含着空间与疆域拓展的意蕴，同时又强调任何军事扩张行动都必须具备足够的道德合法性。借此昭示"大一统"与"大统一"之差异，界分"王道"与"霸道"之别。

秦朝虽然在整合广大疆域方面实现了"大统一"目标，却因缺乏德性支持而迅速败亡，故不时被摒除出"正统"之列，后人阐述"大一统"之性质时经常引以为戒。如明朝人张志淳曾区分"大统""一统""正统"之义云："能合天下于一，谓之大统；合而有道，谓之正统；虽能合天下，而不以道，若秦、晋、隋，只谓之大统、一统可也。"[2] 按此标准，秦朝自然不可视之为"大一统"。以此类推下去，元朝应承"大统"之名，却难入"正统"之序，理由是"彼于道甚逆，而以势一之故也"，意思是元朝单靠疆域一统的暴力强势占据天下，是不足以称"正统"的。[3]

---

1 梁启超：《湖南时务学堂答问》，见汤志钧、汤仁泽编：《梁启超全集·第一集·论著一》，第 340 页。
2 张志淳：《正统》，见《南园漫录》卷八，收入陈福康辑录、整理、标点：《历代正统论百篇：饶宗颐〈国史上之正统论〉史料部分增补》，北京：商务印书馆，2020年，第 44 页。
3 同上。

还有人区分出有正统而不必一统者，有一统而不必正统者，以及既非正统亦非一统者，等等，若干不同情况。与此相对应，明代加上汉唐是"正统而兼一统"，其他政权如元代只有"一统"而非"正统"，坚持"一统"之说者往往凭借"势"，强调"正统"之义者大多依据"理"。一般来说，"理定可以胜势，势定不可以胜理"。结论当然是"主于理而已矣，势云乎哉？"，其基本态度还是以是否拥有"正统"之"理"为"大一统"最终成立与否的判定标准。[1]

当然，对"大一统"内涵的理解在各朝各代均有不同，所持标准也常有变化，如有人习惯以族群认同划分"一统"与"分裂"之局，有人则更看重疆域扩张与维系的完整性，以之作为"一统"的首要条件。还有人强调道德涵育对于"大一统"形成的关键作用。

宋元以后，以华夏为中心区分内外正统的观点时刻弥漫在一些士人的议论当中，如明人王廷相就把宋元明的"正统性"进行了以下分类：在他看来，统一华夷或可称之为"大统"，但有"正""变"之分，只有如三代、汉唐和明代这样的王朝，因为"居中国而统及四夷"才当得起"顺也，正也"的名号。至于元朝，因为是从北方之地"入中国而统及四夷"，则属于"逆也"，理应归之于"变统"。还有一种情况是宋朝与辽金等夷狄共处同一空间，"统中国不尽而与夷狄并长"，所以可称之为"小正统"。[2]

另一位明代文人钟羽正则只认汉唐宋为正统，在他的眼里，东

1　文德翼：《正统论》，见《求是堂文集》卷十一，收入陈福康辑录、整理、标点：《历代正统论百篇：饶宗颐〈国史上之正统论〉史料部分增补》，第70页。
2　王廷相：《慎言（一则）》，见《慎言》卷九，收入陈福康辑录、整理、标点：《历代正统论百篇：饶宗颐〈国史上之正统论〉史料部分增补》，第50页。

周君、蜀汉刘备、晋元帝、宋高宗是"正而不统"；秦始皇、晋武帝、隋文帝，是"统而不正"。他的看法是，即使"统而不正"，但天下太平无论如何需要有一个皇帝，不能虚而不设，这些非正统的帝王也就自然有其存在合理性了。[1] 以此标准类推，蜀汉、东晋、南宋均属正而不统，西晋、隋朝则属统而不正。[2]

与明人相比，清朝帝王与士人均特别强调混一天下为"正统"成立之第一要素，而相对忽略"正""偏"对峙的蕴意。如有以下说法认为"一统"之含义乃是"已混天下于一，而无正、偏之可言也"[3]。作者罗列出唐、虞、夏、商、周、秦、西汉、东汉、晋、隋、唐、宋、元、明和清等数朝。清代是最后一个拥有"一统"资格的朝代。

与"一统"相对照，为什么会出现"正统"与"偏统"之别呢？那是因为"正"乃是与"偏"相比较而言，在蜀汉、前五代、后五代这些天下分裂的时刻，无疑需要甄别"正统""偏统"，而在"大一统"时期如清朝，就不存在"正统"还是"非正统"的问题。每逢论及帝王之统时，应采取论"位"不论"德"的态度，以避免对"正统"的论述聚讼纷纭。[4]

清人倾向于在"一统"规模的大小上面做文章，故有如下议论

1 钟羽正：《正统论》，见陈福康辑录、整理、标点：《历代正统论百篇：饶宗颐〈国史上之正统论〉史料部分增补》，第 63 页。
2 参见郑郊：《正统论》，见《史统》卷首，收入陈福康辑录、整理、标点：《历代正统论百篇：饶宗颐〈国史上之正统论〉史料部分增补》，第 84 页。
3 廖燕：《三统辨》，见《二十七松堂文集》卷二，收入陈福康辑录、整理、标点：《历代正统论百篇：饶宗颐〈国史上之正统论〉史料部分增补》，第 132 页。
4 参见同上。

云："夫正统者，所以正天下之位，一天下之心也。一则无取偏安，正则深恶僭窃。故其为说也，上有所承、下有所受，为一例；居中夏，为一例；有道德，为一例。"并引司马光之言为佐证云："苟未能混一天下，此三端者皆不可承统也。"这是明显以"一统"为首要标准。[1]

以是否占据广大空间为"正统"基本原则，在清朝士人的言论中相当普遍，如有人云："举中国之大全而受之，堂堂乎得之正而享之久者，乃可以奉为'正统'而无疑矣。其余，凡偏安之朝，虽蜀汉之正，仅称三国；割据之国，虽元嘉之始，终等齐、梁。皆谓之余分闰位可也。"这明显是把南宋作为偏统，与清朝的"大一统"相对照比拟。[2]

还有一种说法更直截了当，认为只要是偏安之局的政权都无"正统"可言，批评朱熹以蜀汉刘备为"正统"的目的是为了维护南宋偏安格局的合理性，如说"紫阳生南宋之世，高宗南渡中兴与蜀同，故其书宗习凿齿。平心论之，似均未协于史法也"。真正实现"大一统"的理由只有一个，那就是"夫必合万国而君之，乃得谓之王。王者大一统，反是则皆为割据，皆为偏安也"，所以历史上符合"大一统"要求的只有周、秦、汉、晋、隋、唐、宋、元、明、清这几个朝代。[3]

1　胡承诺：《兼采篇》，见《绎志》卷十六，收入陈福康辑录、整理、标点：《历代正统论百篇：饶宗颐〈国史上之正统论〉史料部分增补》，第104页。
2　王汝骧：《读魏叔子正统论》，见《国朝文汇》甲集卷五三，收入陈福康辑录、整理、标点：《历代正统论百篇：饶宗颐〈国史上之正统论〉史料部分增补》，第123页。
3　方濬颐：《三国编年问答》，见《二知轩文存》卷二五，收入陈福康辑录、整理、标点：《历代正统论百篇：饶宗颐〈国史上之正统论〉史料部分增补》，第199页。

还有人更是直接认为，"统"是不言而喻的，因为"统之为言，犹曰有天下而能一云尔。有天下而一，与有天下而不能一"在史书中记载得很明确，不待言而自明，而"正"则众说纷纭，不可轻易论定。[1]

在此值得辨析的是，强调空间疆域的"一统"并不意味着清帝忽略对"道统"的继承性，如有一段清人所引乾隆帝谕旨云："天之生人，贤愚不分畛域，惟有德可主天下。如嫡子不堪承位，则以支庶之贤者入继正统。中国，天之嫡子；外夷，天之庶子。我朝有德，当为天下主。本奋迹于东胡，而又何讳哉？"[2]这段话明显是说满人帝王虽出身夷狄，与汉地君主相比，其身份犹如一家之内的嫡庶之别，并非势不两立的异族仇人，故满人同样有资格继承大统。

第四，"大一统"不仅是思想意识的单纯呈现和表达，同时也是复杂的政治践履过程，是一整套治理技术和统治经验的实施方式。故不可局限于思想史内在意义的讨论，必须同时深入探究其具体的外化实践活动及其表现形态。"大一统"是个"动词"，与之相比，无论"天下"还是"中国"都像是"名词"。[3]有些西方学者也注意

1　储欣：《正统论》，见《在陆草堂集》卷二，收入陈福康辑录、整理、标点：《历代正统论百篇：饶宗颐〈国史上之正统论〉史料部分增补》，第107页。

2　许起：《圣襟开豁》，见《珊瑚舌雕谈初笔》卷三，收入陈福康辑录、整理、标点：《历代正统论百篇：饶宗颐〈国史上之正统论〉史料部分增补》，第256页。

3　梁启超在讲"天下"这个词时，一定要在前面加个"治"字，他解释道：《春秋》之治天下也，天下为公，选贤与能，讲信修睦，禁攻寝兵，勤政爱民，劝商惠工，土地辟，田野治，学校昌，人伦明，道路修，游民少，废疾养，盗贼息。"(《《春秋战国夷狄辨》序》，见汤志钧、汤仁泽编：《梁启超全集·第一集·论著一》，第250—251页。)这句话里的"天下"就是被当作"名词"使用的，而前面的"治"字是"动词"，后面的那些经世内容必须靠"治天下"才能真正实现。所谓"治天下"就是"大一统"作为践履行动的动态表现。

到，"中国"这个概念不容易加以界定，而如果改换一种思路，从"大一统"的具体实践中进行观察则似乎更有益于破解"何谓中国"这个难题。谭其骧曾经如此界定"什么是中国"，他把"清朝完成统一以后，帝国主义侵入中国以前的清朝版图，具体说，就是从十八世纪五十年代到十九世纪四十年代鸦片战争以前这个时期的中国版图作为我们历史时期的中国的范围"。[1]他指出，这样做的理由是因为我们是现代的中国人，不能拿古人心目中的"中国"作为当下中国的范围。在他的视界里，唐宋人眼里的中国均不能作为当今判断"中国"范围的标准。这容易给人一种错觉，似乎谭其骧并没有把清朝当"古代"，反而把清朝的"中国"与唐宋的"中国"对立了起来。其实在我看来，谭其骧正好发现了清朝"大一统"观念下的"中国"与以往朝代特别是宋明时期强调"夷夏之别"观念下的"中国"实际存在着巨大差异。清朝人眼里的"中国"范围更接近于现今中华人民共和国的疆域版图，因为清朝的"中国观"涵括了内地十八行省之外的边疆各民族区域，这正是真正实现了"大一统"之后所形成的结果。同时也从侧面说明，对与现代国家观念相衔接的"中国观"的认识，更应从清朝"大一统"观的形成与实践过程中加以把握，而不可拘泥于对"中国"语义的认知。

美国汉学家薛爱华（Edward Hetzel Schafer）则认为"中国"概念纯粹是一种"虚构"，因为所谓"中国"一直处于四分五裂的状态，"中国"（China）这个概念实际上是一个"神话"（myth）、

---

1 谭其骧：《历史上的中国和中国历代疆域》，载《中国边疆史地研究》1991年第1期，第2页。

　　　　　　　　　　　　　　　　　　　　　　"天命"如何转移

一个不存在的"幻想"（non-existent chimaera），正如欧洲也同样时而统一、时而分裂那样，"中国"这个概念并不比"欧洲"更具启发意义或更具成效。所以在薛爱华看来，"中国"这个概念同"欧洲"一样都只能充当地理意义上的术语。在他的理解中，"中国"和"欧洲"的共同之处就在于它们在历史上历来都是四分五裂的（fragmented），由此否定了"大一统"的成效。这明显是以传统的"夷夏之辨"思维框架理解"中国"的形成过程，如有学者认为，这是基于对十六国时期的认识，并非对中国整体历史的观察，而且也并未把清代以后疆域的变化考虑在内。

另一位汉学家鲁惟一（Michael Loewe）与薛爱华不同，在他看来，早期帝国时代的"大一统"并非仅止于单纯的观念，更是秦汉帝国时代政治治理所力图实现的现实目标之一。因而"大一统"就不是薛爱华所认为的"想象"和"虚构"之物，而是从中国早期帝国时期就已经真实存在着的历史功绩。[1] 这个观点比较接近于我对"大一统"并非仅仅是观念而且也是一种实践过程的看法。

以清朝为例，清帝说"君临天下"时，总会接着阐述一些具体的事实予以说明，往往排在第一位的就是不厌其烦地述说清朝实现了前古未有的"大一统"业绩。"天下"只是一种构想，一种美好的象征，具体必须通过"大一统"实践才能真正予以实现。

清朝最为引人注目的思想变动，在于提出了一种新的地缘政治构想方案。一个突出的例子是，清朝在真正实现了疆域"大一

---

1 参见金方廷：《近30年来西方汉学学者关于中国古代"大一统"的争讼》，载《东方学刊》2020年第4期，第106—114页。

统"之后，清帝虽继承了以往的星象分野学说，却开始突破"诸夏""中国"的地域限制，把星象与地理的对应范围延伸到了更为广大的边疆地区。明代已有"分野既明，疆域乃奠"的说法，亦有"画分野以正疆域"的意识，然而清代因为疆域拓展到了东北、西北、西南等更为广大的地区，故星象分野的格局自然大有变化。邱靖嘉即发现，东北方向，传统星野分区只及辽东，清朝疆域已达松花江、黑龙江流域及库页岛等地，《大清一统志》即以之划归燕—幽州分野区。北部蒙古原非"中国"之地，故长期不在分野之内，清朝蒙古五十一旗则被纳入了赵—冀州及燕—幽州分野区；西藏、新疆则属秦—雍州分野区，甚至台湾也被划入了扬州分野区。因此，只有到了清代，传统的星象分野地理与真正的疆域一统格局才最终达至了高度契合。[1]

满人统治集团通过军事征伐和羁縻控制相结合的手段，实现了南北疆域统一，他们对"大一统"内涵的理解已经完全不同于汉人王朝。到了乾隆时代，清朝对疆域面积的占有和实际控驭展现出了一种前所未及的"绩效"特点，乾隆帝曾经得意地概括为十全武功。后人对这些战争的评价有高有低，如平准之役就被公认为是成本低廉的高效军事行动，清军采取"因粮于敌"的策略，进兵途中就地取材，以免消耗太多军粮，使得进军速度不因粮草的供应而受到耽搁。乾隆帝也曾多次表示，平准战争规模虽大，但还是尽量做到不增加民众的赋役负担，赋予了这场战争为和平而战的道德意义。

相反，在川藏交界处进行的大小金川之役则被史家讥讽为劳

---

1 参见邱靖嘉：《"普天之下"：传统天文分野说中的世界图景与政治涵义》，载《中国史研究》2017 年第 3 期，第 183—184 页。

师糜饷，得不偿失，如狮子搏兔。从边疆一统的角度评估其战略选择，屡次凭数万之师累年攻打一个弹丸之地，似有失策的嫌疑。然而从边疆一统版图的奠定这个角度观察，却又可能得出另一番评价，这次战役至少基本底定了西南边陲，为推进藏区的内地化开辟了道路。

清朝的疆域治理成就远超前代，在完成土地占领后，清廷采取行政渗透与尊崇地方习俗相混合的统治方略，在许多方面继承了辽金元时期的"二元治理模式"。清朝皇帝兼有多重世俗和宗教身份，建立起了年班朝觐等具有文化象征意义的多样化交往机制。

紫禁城曾是汉人王朝的首都，清帝登基并理政其中，表示与汉人政权之间保持着连续继承关系，在避暑山庄接受蒙古王公和藏区喇嘛的朝贡膜拜，又喻示着满洲皇帝与关外其他少数族群频繁发生亲密互动，彰显出的是前朝从未有过的"宫廷—园林二元理政"制度，这显然是紫禁城相对单一的统治功能所无法替代和涵盖的。如果把皇帝假设成一名不断操演宫廷礼仪戏剧的顶级演员，那么，清帝则扮演着历朝皇帝所欠缺的多元象征角色。

从治理实践的角度观察，"大一统"还是一套文本建构和历史书写技术，是清廷"阐教同文"政策的有机组成部分。乾隆帝汇集全国精英文人编纂《四库全书》，同时把卷帙浩繁的《大藏经》翻译成满文，这项工程几乎与《四库全书》的纂修同步进行。《四库全书》的编纂与《大藏经》的满语翻译均是从整体上构建多民族政治文化共同体的尝试，昭示着内地与藩部"正统观"的建立基本处于同步阶段。

除此以外，乾隆帝还亲自撰写《评鉴阐要》眉批，评点各类史事人物，树立统一的历史评判标准，各地的地方志纂修在内容和体例上也逐渐趋于一体化，这些举措都是实施"大一统"文治政策的重要步骤。与之相配合，《四库全书》对违碍书籍的甄别删选，完全可以看作是一套文化意识形态地图的精心绘制过程。清代文字狱的频繁发生，不可归结为一般性的舆论控制，而是清朝试图建立起一套兼容不同族群的"大一统"文化认知体系。

清朝奄有最广大的疆土，为避免被讥讽为蛮武有力却缺乏教养，就必须彻底清除汉人通过南宋或晚明历史记忆重构身份认同的文化心理优势。

清帝以"大一统"之名不断整合异见的同时，其荼毒压抑私言的情形日趋峻烈。比如在编纂《四库全书》过程中对"夷""虏""胡"等违碍字样的删改，大规模波及株连到对多元文化论点的剿杀，许多优秀的著述作品从此便湮灭无闻，遂造成了长时间万马齐暗的黑暗局面。

清代"大一统"观念不仅具有其独特性，而且犹如一个巨大的磁场，几乎具有收编、删改知识界各类异见的超强吸纳能力。它不但营造出清朝上层政治秩序和地方治理模式，而且也形塑着中国人的日常心理状态。这种影响虽然经过晚清革命的剧烈冲击，却至今犹存不灭。

"大一统"观不但锻造了中国人对整体政治稳定性的需要远大于追求个人心灵自由的认知心态，而且成为近代民族主义者抵抗西方最值得信赖的思想资源。令人深思的是，为什么只有"大一统"具有如此超强的制度、身体和心理规训能力？而其他的思想观念却没有或者只具备相对孱弱的规范力？直到今天，"大一统"都是中

　　　　　　　　　　　　　　"天命"如何转移

国人启迪凝聚民族主义抗议情绪或进行社会动员的最实用口号，这与西方民族主义社会动员所依据的思想模式并不相同，这确实需要我们认真加以思考。

本书主旨概要

本书拟围绕"大一统"在"观念"与"实践"两个方面的表现展开讨论，一方面探究"大一统"观的产生与演变过程及其在清代展现出的独特历史形态；另一方面探讨"大一统"观在清代政治、社会与文化实践过程中到底如何发挥其作用和影响力。

从思想史角度观察，"大一统"观的形成与"正统论"的诞生密切相关。中国传统意义上的"正统论"大致可概括为三大要素：空间疆域上的大一统，此乃正统论之首义，时间上的五德终始与阴阳五行天命模式的转换，以及德性的持有。汉代董仲舒率先把《公羊传》中的"大一统"之义大加发挥，除了突出"圣王改制"这一《春秋》即已开始书写的"政治神话"之外，特别强调在帝王建构"正统"谱系时，对"大一统"空间的占有所具有的重要性，目的是为汉武帝开疆拓土的政治实践提供思想依据。

程朱理学的兴起和传播使得以"天谴论"为诠释背景的五德终始说在宋代以后渐趋沦落不振，国家军事实力的孱弱和统治地域的日渐狭小倒逼理学家放弃"大一统"论述，改以建立"道德主体性"为主要运思方式，在宋代以后发展出一套成熟的伦理教化体系，通过凸显汉人文明优越性，把"中国"与"蛮夷"之间的对立状态推向了极致。

其后果是，非汉人族群建立的政权很难进入"正统"叙述谱系，"正统论"所包含的空间扩展涵义被刻意遮蔽，代之以道德的自我修炼与完善。这种观念显然不利于清朝皇帝建立适合自身特点的正统性。为了修正和超越道德至上、严分华夷的理学正统论，清帝采取了两大策略，一是回归汉代"正统论"首义，重提"大一统"对空间疆域占有的重要性；二是打破"夷夏"界限，重回《春秋》"尊王"本义。

"大一统"观的重构与清朝官学的复古阐释活动紧密联系在一起。通过恢复《春秋》"大一统"古义，清帝把开疆拓土的功绩转述成建立"正统性"的必要条件，由此途径重新定义"正统"内涵。

宋明以后之"正统观"多笼罩在理学道德修养命题的支配之下，清代朝野上下对此亦有所继承，清朝士人中流行的"有征无战"论便是显例。然而宋明理学中的有些论述对清朝树立"正统性"多有不利，如理学思想提倡面对皇权时士人本应拥有"道统"的独立批判性，甚至不惜挑战"政统"权威，这种想法对清帝的专制集权体系构成了威胁，故必欲除之而后快。为此，清帝对儒家信条进行了全面改造，从某种程度上改变了理学"道统"的内涵与传承方式。

其中最明显的例子，便是雍正帝颠倒了传统儒家的"五伦"秩序，将"五伦"中本来排在第二位的"君臣关系"挪移到"父子关系"之上，使得"尊王"要义从中脱颖而出，具有了至高无上的地位，完成了"移孝作忠"思想体系的建构，彻底逆转了宋明士大夫

　　　　　　　　　　　　　"天命"如何转移

与皇帝的"双向制衡"机制。

中国历代王朝的正统论均建立在"承天授命"和"以德化人"的儒家思想基础之上，主要依赖汉族士人予以继承和阐释。清朝与前朝的区别是其版图已延伸至许多非汉人族群聚居地区，特别是东北、西北和西南的广大疆域，显然儒家正统观无法全面涵盖这些地区的民众信仰和宗教习俗。如何理解清朝对藩部的统治仍然是目前清史研究的一项重要议题。

本书提出，清帝分别吸纳融合了内地与边疆的若干思想因素，创造出了一种新型"正统观"。清代以前的"正统论"基本上依赖单一的儒家道德教化观念，并以此作为在汉人地区实施统治的思想基础。清朝在内地虽然延续了儒家的道德治理原则，但对藩部的思想控制则主要依靠边疆少数族群对藏传佛教的信奉，据此建立起了另一种对前朝正统观的补充性诠释框架，与其"二元理政"的治理模式相互配合。

清朝"大一统"观念在底层如何具体落地离不开中层官僚的参与和实践，乾隆帝曾经亲自在谕旨中反复阐明"教"与"养"的辩证关系，逐渐形成了一套适宜于地方治理的新式"教养论"，"教养论"的推行主要依靠地方官吏的有效配合与具体运作。本书其中一章即集中探讨了清中期的一批"学者型官僚"是如何具体贯彻执行由清帝亲自督导的"教养论"主旨的。在清代，一些基层官僚似乎更加有意突出自己的理学家身份，并自觉把长期积累的儒家学识当作治理技术在民间推广，这与以往官僚偏向于运用行政化手段处理地方事务似有较大区别。

"学者型官僚"的身份意识推动和强化了基层管理实践的道德

化程度，在清前中期以陈宏谋和李绂为代表，晚清则以曾国藩为代表。他们对政教关系的处理更具有常态化的"经世"品格，与鼎革时期主张进行剧烈变革的"经世观"颇有差异。

"大一统"政策的实施与中央和基层关系的重组密切相关，且取决于"官—绅"势力的消长变化。本书通过分析"乡约"和"宗族"作为地方社会细胞如何发挥作用的过程，概要探讨了清代"地方自治"的基本样貌及其实施限度。

"乡约"最初是由南宋地方士绅自愿发起的民间契约组织，宋明时期，"乡约"的主要功能是负责民众的道德教化，与"保甲""里甲"等较具行政化色彩的组织承担着不一样的责任。

自清帝倡导新型"教养观"以来，"乡约"即被纳入了官方治理轨道，主要以聚众宣读圣谕十六条作为首要任务，大多先由地方官僚倡导，基层士绅响应。随着西方入侵和地方叛乱频发，乡约日益和保甲、团练、税收、刑事等制度功能混融在了一起，在抵御太平军时更增添了守卫家乡的准军事化职能，以至于和基层行政机构的运行越来越难以做出明确划分。

"宗族"自明代以来本身就是里甲赋役制度的产物，与"乡约"自发自觉的聚会初衷相比，"宗族"具有更加严密的组织形式，制定了更为严格的族训规条，又辅之以族田、祭田、义学、书院等经济和文化设施。表面上看，"宗族"似乎具有高度的自治性，貌似只要涉及宗族内部的事务，包括诉讼案件和邻里纠纷等等都能够依靠自身力量协调解决，不必惊动官府。实际上，"宗族"首领大多是科举出身，科举制就是官僚机构在基层社会的一种延伸，他们所操控的权力与县一级行政组织有着极为密切的联系，甚至某种程度上就是官僚集团在基层的代理人。

本书通过对"乡约"与"宗族"运行机制的分析，初步探讨在晚清的特殊时局下，中国传统意义上的基层自治力量到底是增强了还是削弱了，以反省目前社会史研究中由于过度移植和模仿西方"市民社会"学说，刻意强调中国基层团体曾经在历史上发挥强大自治作用所造成的理论偏失。

晚清以来，其中一个现象十分引人注意，那就是作为泱泱大国的清朝常常遭到一些领土狭小的西方国家不断入侵，最后居然完败于邻邦岛国日本，更是直接触发了一大波舆论抗议热潮，最终逼使清廷开始进行一系列的政治经济文化变革。其中末代科举士子与新型知识分子常常争相议论的话题之一就是：疆域大小能否决定国运的兴衰？

以此为契机，晚清士人开始质疑"大一统"观在近代列国竞争的局势下是否仍然具有生命力。各种政体变革的选择方案如"联邦制""地方自治说""民族自决论"等等纷纷出台参与角逐，兴起了一场又一场有关政体与国体变更道路选择的大讨论，从此开启了对"大一统"观专制特性的全面批判。西方变革的冲击也迫使晚清思想家对"大一统"的经学基础做出重新诠释，如康有为通过对《春秋》"三世三统说"的改造，在《春秋》古义里注入了进化论的近代因子，同时他还往中国古代历史循环论里添加了面向未来远景设计的改良药方。

清朝"大一统"格局随着清帝逊位遭到终结，但"大一统"的精神内核并没有随着时代变局彻底消失，而是通过某些特定的阐释渠道得以复兴和变相传播。清朝"正统性"的证成既依赖于"大一统"疆域的完整维系，又依赖于政教关系对政治权威的有效支持，如果彻底摧毁了这两个要素，那么任何新政权建立的合法性就会受到质疑，并为此付出代价。

中华民国在诠释其自身立国合法性的过程中，恰恰没有充分注意到应该合理汲取清朝"正统性"核心要素中的有益成分，民国党人既没有充分考虑如何解决清帝作为多民族共主形象的作用被消解后所遗留的疆域与民族问题，又没有积极关注如何解决传统政教关系解体后产生的道德文化真空问题，最终导致民初的政治混乱和社会失序。经过一番辩论和政策调整，才重新汲取了清朝"大一统"观及其实践的精髓。

　　　　　　　　　　　　　　　"天命"如何转移

第一章　清朝以前的"正统论"及其与"大一统"之关系

引言："正统"释义

"正统"顾名思义是帝王专享之概念，历代帝王无论是出身于贵族还是平民，在登基之初都必须勉力论证自身权力获得了天意的支持，同时还要经受世人对其执政得失的评价，以检验其统治是否具有足够的世俗正当性，否则就难逃王朝解体的命运。秦朝建立之后不久就迅速走向溃灭，即被后世史家看作是"正统性"缺失的典型表现。

天意影响和人心规训相互角力，考验着中国帝王是否具备均衡治理王朝的能力。从西汉开始直到明代，"正统论"的主题和内涵发生了一个从依赖外力支配逐渐转入内心自省的剧烈变化，深刻影响了中国传统政治的特性。

"正统"之义取天地事物归于一，本于"一统"的观念。但"一统"有大小之别，"正统"首先描摹出的是一个空间疆域不断扩张延展的状态。孟子、荀子都表达过"天下"定于"一"的思想。当梁襄王召见孟子时曾突然发问："天下恶乎定？"孟子的回答是："定于一。"朱熹把这三个字解释成："合于一，然后定也。"[1]《荀子·仲尼》说"文王载百里地而天下一"[2]，明白指出"天下一"是个地理空间的范围。

至秦汉时期，论者更明确以"大一统"说"正统"，李斯称誉秦始皇"足以灭诸侯、成帝业，为天下一统，此万世之一时也"。[3]群臣为秦始皇议定"皇帝"之号时，理由就是始皇帝"平定天下，海内为郡县，法令由一统，自上古以来未尝有，五帝所不及"。[4]李斯也认为"一统"与"郡县"这个政治地理概念有关，"今海内赖陛下神灵一统，皆为郡县"[5]，这也是从疆域治理的角度立论。饶宗颐认为："夫一统之事，始于秦，而从空间以言'天下一统'之称，恐亦导源于此。"[6]王吉上汉宣帝疏，更是把"一统"所包含的空间扩展这层意思升格为"大一统"之义，说："《春秋》所以大一统者，六合同风，九州共贯也。"[7]

同样是诠释《春秋》大义，董仲舒强调的是"《春秋》谓一元之意，一者万物之所从始也，元者辞之所谓大也。谓一为元者，视大始而欲正本也"[8]。这段话释"元"为"一"，"一"即为"大"，还

1　朱熹撰：《孟子集注》卷第一《梁惠王章句上》，见《四书章句集注》，徐德明校点，上海：上海古籍出版社，2001年，第240页。
2　王先谦撰：《荀子集解》卷三《仲尼篇第七》，沈啸寰、王星贤点校，北京：中华书局，1988年，第109页。
3　《史记》卷八十七《李斯列传第二十七》，第2540页。
4　《史记》卷六《秦始皇本纪第六》，第236页。
5　《史记·秦始皇本纪第六》，第239页。
6　饶宗颐：《中国史学上之正统论》，上海：上海远东出版社，1996年，第4页。
7　《汉书》卷七十二《王贡两龚鲍传第四十二·王吉》，北京：中华书局，1962年，第3063页。
8　《汉书》卷五十六《董仲舒传第二十六》，第2502页。

是从空间看正统的意义。再如他向武帝申说了一系列建议，包括正君心、正朝廷、正百官、正万民，最后落脚点仍是"正四方"，表示"四方正，远近莫敢不一于正，而亡有邪气奸其间者"[1]。意即所有的政治道德教化问题都必须在四方归一的基础上才能得到解决，所以颜师古注才说："一统者，万物之统皆归于一也。"[2]汉代纬书同样把疆域归属作为"一统"的前提，帝王从上天得到的神秘"符验"，需对应于获取的地理区域以为验证。《春秋感精符》云："地为山川，山川之精上为星，各应其州城分野为国，作精神符验也。"[3]《易纬乾凿度》则说"王者，天下所归。四海之内，曰天下"，又说"统者在上，方物常在五位，应时群物遂性"。[4]圣王受命时得到的"河图"，上面显示出的其实也是一幅地图，意指新王应该拥有天下的地理疆域方位。《春秋命历序》云："河图，帝王之阶图，载江河山川州界之分野。后尧坛于河，作握河记。逮虞舜、夏、商，咸亦受焉。"[5]

"正统"的另一个要义是时间的"一统"，这一点在《公羊传》中表达得十分清楚，《公羊传》"隐公元年"有一段被反复引用的话："元年，春，王，正月。元年者何？君之始年也。……曷为先言王而后言正月？王正月也。何言乎王正月？大一统也！"[6]主要意思讲的就是时间统一于王者。

---

1 《汉书·董仲舒传第二十六》，第 2503 页。
2 同上，第 2523 页。
3 《春秋感精符》，见安居香山、中村璋八辑：《纬书集成（中）》，石家庄：河北人民出版社，1994 年，第 739 页。
4 《易纬乾凿度》，见安居香山、中村璋八辑：《纬书集成（上）》，第 60 页。
5 《春秋命历序》，见安居香山、中村璋八辑：《纬书集成（中）》，第 886 页。
6 《春秋公羊传注疏》上册，卷一《隐公第一》，何休解诂，徐彦疏，刁小龙整理，第 6—12 页。

董仲舒进一步发挥此义说："正者，正也，统致其气，万物皆应，而正统正，其余皆正，凡岁之要，在正月也。"[1] 阐明的也是"正月"这个时间点是"正统"之始。

真正的"大一统"是空间与时间的完美结合，董仲舒概括"大一统"之义时说："《春秋》大一统者，天地之常经，古今之通谊也。"[2] "大一统"分别包含了"空间"（天地）和"时间"（古今）两个维度。[3]

东汉何休注《公羊传》就把这层意思表达了出来，他说"夫王者始受命改制，布政施教于天下，自公侯至于庶人，自山川至于草木昆虫，莫不一一系于正月，故云政教之始"[4]。何休所说山川草木与正月的关系指的就是时间与空间的结合。

古人历法有所谓"三正"之说，"三正"是指建寅、建丑和建子这三种记录时间初始的方法，三种记法分属于夏商周三代。每逢新朝初立有"改正朔"的举措。"朔"指农历（一般指夏历）每月初一日，朔日分成平旦、鸡鸣、夜半三种算法。新朝要建立"正统"必须改变前朝的历法时间，这就是"改正朔"的由来。[5] 汉武帝元封七年（前104）改用太初历，以建寅之月为岁首，此后只有王莽和魏明

---

1 苏舆撰：《春秋繁露义证》卷第七《三代改制质文第二十三》，钟哲点校，北京：中华书局，2015年，第193页。
2 《汉书·董仲舒传第二十六》，第2523页。
3 "大一统"之义还有禁绝百家异论的用意。关于此点，儒家与法家意旨相通，故钱锺书曾举例称李斯与董仲舒之论有惊人相似之处，并指其"均欲'禁私学'，'绝异道'，'持一统'，'定一尊'；东西背驰而遵路同轨，左右异位而照影随形"（钱锺书：《钱锺书集：管锥编（一）》，第429—430页。）
4 《春秋公羊传注疏》上册，卷一《隐公第一》，何休解诂，徐彦疏，刁小龙整理，第12页。
5 参见林聪舜：《儒学与汉帝国意识形态》，上海：上海人民出版社，2017年，第181页。

帝一度改用建丑殷正，武则天和唐肃宗一度改用建子周正外，其他帝王均用"夏正"。[1]汉武帝改元时值孟春，《史记·历书》说在孟春的日子里"雌雄代兴，而顺至正之统也"[2]。这是把孟春当作了"正统"的时间源头。

董仲舒参照"三正"发明了"三统说"，所谓"三统"指的是黑统、白统、赤统，分别对应夏商周三代。朝代更替均在三统中循环往复地进行周转，改朝换代后必须对应某个"统"进行制度改造，在历法、服色、礼乐等方面更新变制，以适应新朝的统治。"易服色"就是以穿衣为标志改变旧朝的颜色，衣服色泽必须与"三统"更替和气候变化相匹配。《春秋繁露》讲述"易服色"与天统的关系称："天统气始通化物，物见萌达，其色黑。故朝正服黑，……。正白统者，……天统气始蜕化物，物始芽，其色白，故朝正服白……。正赤统者，……天统气始施化物，物始动，其色赤，故朝正服赤。"[3]三统之设与历法上的所谓"三正"相互匹配，如黑统与建寅相应，白统与建丑相配，赤统与建子相对。

按照"三统"标准衡量，秦朝以十月为正朔，采用的是建亥时间，完全跳脱出了"三正"范围之外，不符合三代循环的规则，这就为汉代把秦朝摈弃于"正统"之外提供了理由。与此同时，西汉时期还活跃着另外一种"正统"循环理论，那就是邹衍发明的"五德终始说"。"五德终始说"以金木水火土五个要素排列朝代循环

---

1 改用"夏正"亦符合孔子用"夏时"的古义，孔子亦云："行夏之时，乘殷之辂，服周之冕，乐则韶、舞。"所谓"行夏之时"即意指用"夏正"（朱熹撰：《论语集注》卷第八《卫灵公第十五》，徐德明校点，第193页）。

2 《史记》卷二十六《历书第四》，第1255页。

3 苏舆撰：《春秋繁露义证·三代改制质文第二十三》，钟哲点校，第188—190页。

规则，在论证汉代"正统性"时与主张黑、白、赤三色循环系统的"三统说"发生了冲突。

从"易服色"的角度而言，秦号称代周而兴，周是火德，色尚赤，按五德终始的循环周期，秦是水德，色尚黑。刘邦最初认为汉朝代秦而起，直接继承秦之水德比较方便。后来发现这样做与五德终始规则相悖，遂开始改水德为土德，尚黄色，取以汉克秦之意。但这样一改，就违背了"三统说"的排列次序，按"三统"循环规则，汉朝应脱离继承周朝的秦代，返回夏代，色尚黑。最终汉武帝做了一个折中的选择，他在服色上遵循"五德终始说"，在正朔上仍维持"三正"中的夏代时间"建寅"。

清人苏舆曾对董仲舒解读《春秋》应天做新王之事，却仍然坚持"时正黑统。王鲁，尚黑"的说法有些不解。他推测说，鲁国是侯国，虽然假托文王行事，但级别偏低，如果汉朝承继鲁国，就等于"以侯拟帝，嫌于不恭"。汉帝继承鲁国这样的侯国建立正统，似乎在正统位置上不相对应。因秦朝以黑统自居，"故有讬王之说。云黑统则讬秦尤显"[1]。汉朝人显然不齿于直接继承秦朝的"黑统"，所以董仲舒采取一个办法，那就是"夺黑统归《春秋》"，这样给人的印象似乎继承了《春秋》，而不是秦朝的正统。苏舆的看法是"不以秦为受命王，斯不得不归之《春秋》以当一代。尊《春秋》即所以尊汉也"[2]。他还猜测，汉朝用夏时而不用周正，还有"敬授民时，巡狩祭享"，是遵守自然时间的便民考虑。[3]

1 苏舆撰：《春秋繁露义证·三代改制质文第二十三》，钟哲点校，第 184 页。
2 同上书，第 185 页。
3 同上书，第 186 页。

西汉儒生认为《春秋》纪事有"五始"之说，所谓"五始"指"元年一，春二，王三，正月四，公即位五"[1]。王褒云："共惟《春秋》法五始之要，在乎审己正统而已。"[2]颜师古解释说："元者气之始，春者四时之始，王者受命之始，正月者政教之始，公即位者一国之始，是为五始。"谈论的是"正统"发生的起始点。董仲舒一再强调"元"具有"初始"的本意，说《春秋》何贵乎元而言之？元者，始也，言本正也"。[3]他把时间、空间和即位问题串联成一个系列链条，使之相互感应，构成了以下递进关系："以元之深正天之端，以天之端正王之政，以王之政正诸侯之即位，以诸侯之即位正竟内之治。""隐公元年"注更说得明确："诸侯不上奉王之政，则不得即位，故先言正月而后言即位。政不由王出，则不得为政，故先言王而后言正月也。王者不承天以制号令，则无法，故先言春而后言王。天不深正其元，则不能成其化，故先言元而后言春。五者同日并见，相须成体。乃天人之大本，万物之所系，不可不察也。"[4]

王者即位必须符合天意，日常行事的时间选择也必须按照"三正"的要求进行。纬书中把"五始"渊源一直追溯到黄帝，说"黄帝受图，有五始；元者气之始，春者四时之始，王者受命之始，正月者政教之始，公即位者一国之始"[5]。书写的依次排序是，先书元年，这是初始时间，其次书"春"，代表一年季节的开始，再写"王"字。西汉儒者释

1　苏舆撰：《春秋繁露义证》卷第三《玉英第四》，钟哲点校，第69页。
2　《汉书》卷六十四下《严朱吾丘主父徐严终王贾传第三十四下·王褒》，第2823—2824页。
3　苏舆撰：《春秋繁露义证》卷第四《王道第六》，钟哲点校，第96页。
4　苏舆撰：《春秋繁露义证·玉英第四》，钟哲点校，第68页。
5　《春秋元命包》，见安居香山、中村璋八辑：《纬书集成（中）》，第605页。

读《春秋》时，故意把"王"指称周文王，而不是周平王，之所以选文王而弃平王，乃是因为文王是周朝的开创者，周平王深陷诸侯纷争的乱局，无法一统天下，故《春秋》纪事以文王为起点，"正月"亦取文王的"三正"时间。鲁隐公只有尊奉周文王的正朔才有即位资格。

孔子书写《春秋》的目的是帮助汉代新王树立"正统"，这件事看上去有些荒诞，出生于春秋的孔子怎么可能为数百年后的汉代改制立法？可是在公羊学的叙述中，孔子本来就是神秘的预言家，一个先知式的人物，虽然明眼人一望便知，孔子从先秦古墓中一跃而出，为汉帝制法，纯粹就是则神话故事，这则故事却又的确是汉朝建立"正统"的思想基础。孔子本身没有权位，只能称"素王"，"素"是"空"的意思，却被赋予超凡能力，伪托周文王预言汉代帝王的"改制"规模和路线。事实上，改正朔、易服色这些具体事务仍然必须经由帝王亲自完成。故"素王"负责"立义"，"实王"负责"改制"，各司其职，各专其位。汉代制度变革须遵循"义"和"道"并行不悖的双轨制安排。苏舆在评论董仲舒"素王改制说"时云："制可改者也，惟王者然后能改元立号，制礼作乐，非圣人所能诧。道不变者也，周德既弊，而圣人得假王者以起义而扶其失，俟来者之取鉴。故曰孔子立新王之道，犹云为后王立义尔。义者，道之宗也。"[1]

董仲舒想表达的意思是，先王的道理不可改，制度则必须改，这是有继承有更易的辩证关系。因为"今所谓新王必改制者，非改其道，非变其理，受命于天，易姓更王，非继前王而王也。若一因前制，修故业，而无有所改，是与继前王而王者无以别"。他举例

1　苏舆撰：《春秋繁露义证》卷第一《玉杯第二》，钟哲点校，第 27 页。

说:"若夫大纲、人伦、道理、政治、教化、习俗、文义尽如故，亦何改哉？"如此一来，"故王者有改制之名，无易道之实"。苏舆的评注说："申制度之可改，以明道理之决不可改。"[1]《盐铁论·尊道》则说"上自黄帝，下及三王，莫不明德教，谨庠序，崇仁义，立教化，此百世不易之道也。殷周因修而昌，秦王变法而亡"[2]。前朝的教训不可不记取。

总结而言，汉儒释读《春秋》，大多绕不过去两个问题：一是时间统一与王位正统的关系，即"春王正月"如何排序；二是王位的宗法传承问题。第一个问题意味着孔子从尊周平王改尊周文王，因周文王乃一统之君，周平王是分裂之主，两者的分量是不一样的，汉代以前把《春秋》解释成尊奉周平王显然不符合孔子为汉代立法的思路，必须加以修正。故"春王正月"中的"王"就被置换成了"周文王"，预示着汉帝接续的是文王遗脉，是一统之主，而非尊奉被春秋诸侯严重忽视，已呈衰败之象的周平王。

第二个问题需要解决的是，如何更加合理地安排春秋宗族统系的承继脉络。宗族统系应传于嫡系，嫡系子孙理所当然世代继统，这是为大宗立的规矩。小宗从大宗分出旁支，经历五世就会分化衍变，但正统之源仍应追溯至大宗嫡系，厘定身份名分，嫡系为本位正是"正"的本义之一，各宗支系均应奉为"统"之所在，这是宗法体制中的"正统"原则，需要在树立新王时加以遵守。

在春秋周室衰微，诸侯蜂起的历史情境下，没人会指望周朝万

1 苏舆撰：《春秋繁露义证》卷第一《楚庄王第一》，钟哲点校，第16—18页。
2 桓宽撰：《盐铁论》卷第五《尊道第二十三》，四部丛刊景明嘉靖本。

世一系，若以宗法传嫡解释"正统"之意只能在道理上立言，无法在现实世界应验。鲁隐公名分非嫡系，只能以尊奉周王为名书写自己的历史，以博得正统称号。[1]

汉朝代秦而兴，就是要在宗法传嫡已经完全失效的前提下，为自己找出一个明确的当政理由。从周朝宗法体系外部寻找汉王登基的"正统"依据，随即成为汉室称帝的一条新路。雷家骥称此转变是由"内继"转为"外继"。如果一个朝代世系相沿，那么只关注内继子嗣能否继承就行了，自然维持正统不变。但如果出现两个王权，"正统"之争必然难以避免，新政权就必须寻找外在因素证明前者的"内继"不合情理和"天意"，只有新王受命才能实现天命转移。[2]

"春王正月"的政治蕴意

何谓"三正"？

作为一种特定的纪时表述，"春王正月"是《春秋》起始蕴涵"正统"信息的第一句话，对它的解释也众说纷纭。《公羊传》首先把其中的"王正月"三个字与"大一统"联系了起来，这是后来汉儒对《春秋》时间历法的解读。实际上，在朝纲解纽的春秋战国时代，诸侯国大多已不听从周王的指令，从未按照周朝的官定历法行事，而是纷纷建立起了自己的纪时系统，甚至不仅标明自己的纪

1　参见雷家骥：《中国古代史学观念史》，北京：北京师范大学出版社，2018年，第176页。
2　参见同上书，第176—188页。

月建正，还设计出独特的纪月名称。[1]诸侯在时间秩序上各自为政，一国之内，一器之上的纪时历法也未能统一。

　　还有一种说法认为，诸侯国分别根据需要选择夏商周三代的"三正"订立自己的历法时间。对于"三正"，司马迁已有记载，他在《史记·历书》中说："夏正以正月，殷正以十二月，周正以十一月。"又说："盖三王之正若循环，穷则反本。"[2]可是古历中的夏历、殷历、周历实际创制于战国以后，春秋时期尚不存在。更有人认为，夏商周三种历法只是三个民族地区的历法，而不是三个王朝的历法。[3]况且夏朝的确切历史年代一直存疑，何谈其历法的真伪准确？真实情况有可能是司马迁把"三代"设计当作汉朝制法的一个依据，以便和董仲舒的"三统论"互相配合，只不过是一种理想化的表述而已，而无法整齐划一的历法触犯了汉家制度设计的"大一统"终极目标，故必须请出孔子登场来加以协调统一。司马迁说"王者易姓受命，必慎始初"，历法的作用是"推本天元，顺承厥意"。[4]孔子笔削《春秋》，立褒贬之法的用意是，把世间流转的"自然时间"明确赋予"政治时间"的意义，以"四时"记录自然时间秩序，而以周王的权威统摄政治时间。

　　因为"自然时间"与农时节奏有关，而人事时间则为统治者所操控，对时间起点的掌握昭示的是一种"集权"理念，具有对权威

---

1 参见薛梦潇：《早期中国的月令与"政治时间"》，上海：上海古籍出版社，2018年，第230页。

2 《史记·历书第四》，第1258页。

3 参见关立行、关立言：《春秋时期鲁国历法研究》，北京：电子工业出版社，2007年，第58—59页。

4 《史记·历书第四》，第1256页。

占有的象征涵义，不仅仅是历法技术的使用和顺应自然时序那么简单。时令历法的确定具有强烈的政治意图，殷商时期将一年分为春秋两季，西周晚期才细分为春夏秋冬四季。明确将"四时"观念纳入纪年法的文献是记载鲁国历史的《春秋》，"元年春王正月"是标准的纪时格式。

《左传》对《春秋》书"春王正月"的解释是："言'王正月'者，王者革前代，驭天下，必改正朔，易服色，以变人视听。"因为"三代异制，正朔不同"，春秋秩序"正是时王所建，故以'王'字冠之，言是今王之正月也"。[1]

东周以后王朝不再颁朔，列国诸侯遂纷纷弃用周正，各自习用自己的历法。孔子修《春秋》必书春王正月，就是特别提醒恢复使用周正的重要性。若各国均禀周正，就不用特意在春正月中示以"王"字。

以古代时令而言，所谓"三正"即夏代建寅之月（农历正月）为正。殷代建丑之月（农历十二月）为正，周代建子之月（农历十一月）为正。如果按照这样的时间顺序，《春秋》隐公元年的"春王正月"，表面上应该采用的是夏历，因夏历是以正月为正，时间正当春天，但孔子一直声称"吾从周"，用的是周历，周历之始应是十一月，时值冬天，似乎与"春王正月"标识的时间不符。

今人杨伯峻以为，鲁国是周王"最亲近之国，奉周历唯谨"。当时修历者不密，观测亦难准确，虽曰"建子"，有时实非建子之时，故"周以建子之月为正，而仍以正月为春，则殷、周之春皆

1　杜预注、孔颖达疏：《春秋左传正义》卷第二，清嘉庆二十年南昌府学重刊宋本十三经注疏本。

今之冬"。[1]《汉书·五行志》云："刘向以为周春，今冬也。"[2]甚至《论语·卫灵公》载孔子之言也说："主行夏之时"。可见"春王正月"有可能就是施行的建寅夏正，而貌似以建子为名。

清人赵翼在《论语》中发现了鲁国使用"夏正"的例子，《论语》中说"暮春者春服既成"，如果按周正"则暮春尚是夏正之正月，安得有换春衣浴且风之事？是曾点所云暮春，即夏正之三月，夏正之三月在周应作仲夏，而曰暮春，则鲁亦久用夏正可知也"。[3]像《左传》这样的史书，都会"杂取当时诸侯史策之文，其用三正，参差不一，故与经多歧。可见是时列国各自用历，不遵周正，固已久矣"。[4]为何诸侯表面上遵行周正，实际上却多行夏正呢？赵翼给出的解释是："盖周初虽改岁首，而农事仍以夏正并行"，意思是从适宜农事的角度看，奉行夏正更符合时令，这样便于"敬授民时，巡狩烝享"。[5]这是从历法科学的角度解释春秋诸侯用历混乱和不统一的现象。

"政治时间"的诞生："尊王"与"一统"

后世议论"春王正月"之涵义者，多从孔子主观意图入手加以窥测，如程颐就说："周正月，非春也，假天时以立义尔。"[6]其意是，从季节上看，"春王正月"的季节实际是冬天，而非春天，孔

1　杨伯峻编著：《春秋左传注》，北京：中华书局，2018 年，第 5 页。

2　《汉书》卷二十七中之下《五行志第七中之下》，第 1407 页。

3　赵翼：《陔余丛考》卷二，"春不书王"条，栾保群、吕宗力校点，石家庄：河北人民出版社，1990 年，第 32 页。

4　同上。

5　同上书，第 32—33 页。

6　程颐：《河南程氏经说》卷第四《春秋传》，见程颢、程颐：《二程集》下册，王孝鱼点校，北京：中华书局，2004 年，第 1086 页。

子只不过是借春天之意而已，而非挪用夏历。明人胡广发挥了程颐的看法，因为平王东迁之时，王道沦落不振，《春秋》不过是借用周天子权威，书写是非褒贬之义，以正王法。隐公不书即位是表明诸侯权力必须经王命认定，隐公是自立为君，故隐而不写。所以胡广才说："孔子作《春秋》，然后以天时加王月，以明上奉天时，下正王朔之义，而加春于建子之月，则行夏时之意，亦在其中。"[1]

明人针对"春王正月"的《春秋》笔法有一个"特笔说"的解释。如金瑶的看法是："冬不可为春，以春而加诸正月之上，夫子特笔也，夫子以夏时冠周月也。"[2] 杨于庭也说："古者诸侯国必有史，史必以其君即位之岁纪元，元年春正月，鲁史也；元年春王正月，系之王者，圣人之特笔也。"[3]

为什么不直接书写周历十一月，而非要写成"春正月"呢？原来是因为冬十一月是王朝天子之制。天子即位当书其年冬十一月，当时颁正朔，是以周平王四十九年十一月为岁首（鲁隐公元年），而以十二月至来年十月以次系于下，十一月书仲冬，正月书孟春，十月书孟冬，冬冬相续，就构成了"一岁"（一年）的周期。但列国诸侯虽有史官却不按周王颁朔纪事，往往各按自己的朔历记录，鲁国史就是这样记载的，孔子作《春秋》是根据鲁史旧文为底本，特意加上一个"王"字，以示"大一统"之义。这种写法与鲁国朔历相违背，却具有某种政治象征意义，不可不加以关注。[4]

1　胡广等撰：《春秋大全》卷一，清文渊阁四库全书本。
2　金瑶：《辩阳明先生元年春王正月论》，见《金栗斋先生文集》卷之十，明万历刻本。
3　杨于庭：《春秋质疑》卷一《隐公·春王正月下》，清文渊阁四库全书本。
4　参见金瑶：《辩阳明先生元年春王正月论》，见《金栗斋先生文集》卷之十，明万历刻本。

明人童品也同意子丑非春，须以王者之意为准的意图，他说："然子丑非春月而谓之春，故加王于正月之上，以见正月乃时王之正月，虽曰尊王，而行夏时之意，亦在言表矣。"[1] 至于为什么孔子用夏历，以冬为春，明人杨于庭有一个解释是："以冬为春，此周正也，鲁人世遵之"，意即这并非孔子的首创。那么，十一月是否可以当作春天？他回答为什么不可以？理由是"春之为言蠢也"，意即"春"字可与"蠢"字相通，取其万物蠢蠢欲动之意。"一阳初生，管灰吹动，即以为春，何不可也。"这样看来，孔子不取子丑而独取夏时，似乎未尝不可。[2]

清人基本延续明人看法，承认孔子作《春秋》目的是"合百国之春秋以奉君天下一人之垂法，礼乐征伐虽出自诸侯大夫，而书天王以正其名，书王正月以谨其始，无异出自天子，斯则天子之事矣"[3]。

特别值得关注的是宋人对"春王正月"涵义的"理学化"解释。胡安国说"王正月"表示的是"道术"归于一，这似乎延续了董仲舒的理解，同时又强化了思想控制方面的蕴意。他说："王正月之定于一，何也？天无二日，土无二王，家无二主，尊无二上，道无二致，政无二门，故议常经者，黜百家，尊孔氏，诸不在六艺之科者勿使并进，此道术之归于一也。"这是从"道术"统一上立论。他又进一步归纳其意："若乃辟私门，废公道，各以便宜行事，是人自为政，谬于春秋大一统之义矣。"[4]

1　童品：《春秋经传辨疑》卷上《春王正月》，清文渊阁四库全书本。
2　杨于庭：《春秋质疑》卷一《隐公·春王正月中》，清文渊阁四库全书本。
3　朱彝尊：《春秋论四》，见《曝书亭集》卷五十九《论》，四部丛刊景清康熙本。
4　胡安国纂：《春秋传》卷第三《隐公下》，四部丛刊续编景宋本。

围绕"春王正月"涵义的争论，反映出的是后人对春秋周王与诸侯联系的紧密程度做出的一种估测和评价。以历法的制定为例，春秋时期周室权力衰微，从道理上讲，周王应该尽快颁布统一朔历，敦促诸侯国一体遵守，以昭周室拥有足够的权威，尽管《周礼·春官》中说到过统一颁例，曾称"正岁年以序事，颁之于官府及都鄙，颁告朔于邦国"。《礼记·月令》也说过："合诸侯，制百县，为来岁受朔日"这样的话，然而历史上却并无诸侯国遵守周室颁朔的确切记载。相反，列国纷争时，诸国原以爵位纪年，此时纷纷称王，这时"改元"遂演变成一种时尚，以区别于周王纪年。

所谓"改元"的目的，就是把平常时历中的日常年月如一年一月，改成元年元日，这等于在自然时间之上加入了"政治"意图。身处元明之际的王祎认为，古代只有改正朔而没有"改元"之说，并不是没有改元的行为，只是对改换时间记录不以为怪，不觉得有多么重要。新君登位，要明确一代之制度，记述某君"元年"只是一般意义上的纪事而已，并没有什么特殊涵义。春秋于鲁公即位之始，皆称元年，《公羊传》称："君之始年也。"春秋战国各国诸侯改元也非重要之事，属于例行程序。孔子究心于诸侯"三正"之不统一，才强调以周代建子之制为首岁，后世开始使用孔子书元年为春秋大法，遂以改元为大事。[1] 从此历史记录上由"一"变为"元"的时间记载被正式赋予了政治象征的意义。

赵翼对于这点转变看得很清楚，于是说："《春秋》谓一元之意，万物所从始也。元者，辞之谓大也。谓一为元者，视大始而欲

---

1 参见王祎：《改元论》，见《王忠文集》卷四《论》，清文渊阁四库全书本。

正本也。是建元为重事，由来远矣。"[1] 赵翼说到所谓"改元"一事被真正重视起来的时间并非从春秋时期算起，而应是汉代以后。古时天子与诸侯皆终身以一元年纪事，无所谓改元者，第一次改元开始于秦惠王十四年，此年变更为元年，实为后世改元之始。

秦国一统天下，首要关注的焦点问题是如何统一纪年，秦始皇并未采用新的"始皇帝纪年"，而是将各国纪年法统摄在秦王纪年序列之中，即统一于秦王政二十七年（前 220）、二十八年（前 219），这就终止了战国诸侯的各自纪年，所有诸侯记录的大事从此失去了"时间符号"的意义。[2] 秦始皇终止战国诸侯分散的历法时间，却选择了"三正"之外的"建亥"即夏历十月为岁首，秦朝置郡县废封建，表面在疆域上实现了"大一统"，但在颁朔上并未有实质进展。这是因为在疆域扩大后，颁朔指令无法迅速波及更广大地区，反而尚不如领土狭小的诸侯国内部的颁朔行动可以迅速贯彻执行，地区差异又导致民间私历制作和流通难以抑止。

汉初重新分封诸王，导致颁朔体系再度分散，甚至有可能复归春秋各颁其历之乱象。汉武帝遂于元封七年（太初元年）以正月为岁首，正式取代秦朝以建亥为岁首的制度。为武帝改元做准备，汉代儒者虚构出了一套夏商周三代都曾颁布统一正朔的故事，似乎自古就具有将历朔颁布天下，敦使诸侯一致遵行的能力。后来时历无法统一，完全是因为诸侯各行其私，致使统一颁朔制度最终瓦解。司马迁在《史记·历书》中重复春秋"三正"叙述，把夏商周三代

1　赵翼：《陔余丛考》卷二十五，"改元"条，栾保群、吕宗力校点，第 426 页。
2　参见薛梦潇：《早期中国的月令与"政治时间"》，第 238 页。

当作实际存在过的统一王朝，坚持夏商周曾具体颁布过"三正"历法，暗示汉代不可能再允许诸侯各行其是，不尊汉君正统，汉武帝更是实际统一天下的君王。至此儒家对"新王"制度的理想设计与现实王朝的"大一统"局面有可能重合为一。[1]

辛德勇发现，武帝改元与收归诸侯权力的过程几乎同步进行。武帝用"推恩法"缩减诸侯封地，收归汉廷管辖，同时扩展关中区域等汉廷腹心重地范围，增强汉帝雄踞关中、俯控诸侯的实力。然后通过追记纪元名称，收缴诸侯使用在位王年的纪元体系，改变周天子不颁朔制以致诸侯纪年方式无法与汉天子区分的状况。皇帝使用年号纪年后，诸侯无纪年，往往并称帝年与王年，开始凸显汉天子凌驾于诸侯之上的神圣地位。[2]

从春秋到秦汉的颁朔改元行为中我们可以发现，建元和改元的事实往往在理想与现实之间形成了强烈反差。周王室统一颁朔的故事基本是汉朝儒生虚构出来的一种理想制度，这套虚拟故事与孔子为汉代制法的思路完全一致，形成了汉代建立"正统性"的思想基础。正是有鉴于诸侯各国之颁朔常常各行其是的情形，才倒逼出了汉儒对夏商周古史连续完整的历史想象。孔子作《春秋》也被升格成了神秘的预言行为，"春王正月"的记述笔法由此成为汉代"统一"的时间起点。汉儒对三代历史的虚构和想象，在汉朝以后逐渐转化成了一种相当现实的"大一统"制度设计。汉武帝改元的动力

1　参见陈侃理：《秦汉的颁朔与改正朔》，见余欣主编：《中古时代的礼仪、宗教与制度》，上海：上海古籍出版社，2012年，第448—470页。

2　参见辛德勇：《建元与改元：西汉新莽年号研究》，北京：中华书局，2013年，第38—41页。

大致与此虚构风气的持续影响有关。

从"说灾异"到"释符命"：方士化儒生的崛起

西汉儒家何以被边缘化？

人们惯常认为，因武帝实施罢黜百家、独尊儒术的政策，西汉王朝成为儒家重新得宠和跻身权贵阶层的历史起点。表面上，董仲舒成功把汉代的"正统"谱系接续进了夏商周的圣王一脉之中，踏出了一条儒家为汉代制法的政治路线。儒家思想似乎也借此机会完全支配了汉朝帝王的政治思维。[1] 实际上儒家当时到底在多大程度上影响了汉武帝的思想倾向大可值得怀疑。皮锡瑞就对此看得十分清楚，他发现："武帝罢黜百家，表章六经，孔教已定于一尊矣。然武帝、宣帝皆好刑名，不专重儒。盖宽饶谓以法律为《诗》《书》，不尽用经术也。"[2] 与儒家的失落表现相比，活跃于齐地的各类方士仙人反而频繁簇拥在武帝周围，通过不断讲述各种玄妙新奇的仙怪神话，骗取汉武帝的青睐与信任。理由并不复杂，因为武帝最关心的是如何"延年益寿"，这包含两层意思，一是作为皇权象征的肉体如何不朽；另外一层意思是皇权永祚如何实现。肉身延绵永生与神圣权力的维系相辅相成，紧密扣连在一起。汉朝"正统论"之所以沾染上

---

1 参见杨勇：《"罢黜百家，独尊儒术"的历史考察——以"六艺之科"与"孔子之术"的分合为中心》，载《文史哲》2019年第6期，第79—93页，文中似乎还是秉承类似的观点。
2 皮锡瑞：《经学历史》，周予同注释，北京：中华书局，1959年，第103页。

了浓厚的神秘色彩，大多与汉帝执迷于此密不可分。

董仲舒虽号称秉持孔子道义之言，为汉家改正朔，易服色，在正统的"立义"层面竭心尽力，武帝也或多或少采纳其建议，以为汉家"立制"的参考，但董仲舒因执着于道德教化的力量，对延续武帝肉身的不朽根本起不到任何助力作用。这方面燕齐方士显然更具优势，他们不断编造各种神异奇迹，诱骗汉帝深陷幻境玄想之中，期待自己的肉身一朝之内就可长生不老，尽管这类景象的构造大多虚幻无根，难以验证。面对皇帝的长寿诉求，儒家的表现反而显得不得要领，他们书生气十足的谏言经常无法击中汉帝敏感神经的要害。

西汉儒生的政治劣势在武帝改元这件事上表现得相当明显，武帝改元明显有延年之祚，祈求汉家皇权无限延长的意图，但改元这个复杂的操作是建立在各种神秘吉兆不断涌现的基础之上的。改元之际获得了两个重要征兆的加持，一是获麟，元狩五年（前118）武帝西行郊雍，获得异兽白麟，与《春秋》"西狩获麟"之记载极其相似。按董仲舒的解释，这次异象的出现"有非力之所能致而自至者，西狩获麟，受命之符是也"[1]。在这件事上，儒生似乎发挥出了一点预言家的作用。

但在另一个"获鼎"灵异事件中，儒生反而无法像方士那样迅速做出反应，抢先发布预言。"获鼎"是吉人天相的表现，与武帝企求成仙的愿望非常吻合。一年夏天，汾阴巫者发现了一个鼎，其尺寸比一般鼎要大许多，上面并无款识。武帝派人把鼎迎至甘

1　苏舆撰：《春秋繁露义证》卷第六《符瑞第十六》，钟哲点校，第154页。

泉，行到半途，有黄云现天。武帝对此时获鼎提出疑问，称今年水灾，收成不好，我到处巡祭是为了祈福百姓多收粮食，如今并无丰收消息，这鼎却在此时出现，到底意味如何？方士不是从安抚民生的角度回应这个问题，而是说"获鼎"这件事与收成是否好坏并无直接对应关系，这是武帝获得"正统"之佳兆。在武帝之前，太昊帝"兴神鼎一，一者壹统，天地万物所系终也"，后来"黄帝作宝鼎三，象天地人。禹收九牧之金，铸九鼎"，都是古帝王得到上天佑护的反映。当鼎转移到周朝时，因为"周德衰""鼎乃沦没，伏而不见"，一直等到武帝才又出现"鼎至甘泉，光润龙变，承休无疆，合兹中山，有黄白云降盖"的祥瑞景象，说明"唯受命而帝者心知其意而合德焉"。[1]

齐人公孙卿更是直接把武帝获鼎与黄帝当年得鼎这两件事十分生硬地嫁接拼贴在一起，置于一个轮回系统中加以解释。他论证说，武帝获鼎的时间是在冬辛巳朔旦冬至日，与黄帝得鼎时间相同，黄帝因得鼎而成仙。公孙卿又伪称申公留下一本《鼎书》，里面有"汉兴复当黄帝之时"这样的话，申公还说："汉主亦当上封，上封则能仙登天矣。"他接着讲了一则黄帝仙化的离奇故事，说什么黄帝有上万个诸侯，神灵封了七千人。地处中国的五座名山，华山、首山、太室、泰山和东莱，都是黄帝常与神仙约会的地方，百余岁时，黄帝终与神通。黄帝采集首山之铜，铸鼎于荆山之下，鼎铸成后，有一条龙从云中降下迎接，黄帝骑龙而去，百姓仰望龙驭上天，纷纷号啕，故后世称此处为鼎湖。这番玄谈直听得武帝龙颜

---

1 《史记》卷二十八《封禅书第六》，第 1392 页。

大悦，感叹自己如能化身为黄帝该有多好。公孙卿趁机利用武帝的艳羡成仙之心，获得了郎官之位，专司候神之事。[1]一些官员借此机会怂恿武帝改元，"言宝鼎出为元鼎，以今年为元封元年"[2]。可见方士往往能够抓住武帝崇奉神仙圣迹的猎奇心理，以左右其政治行为的选择。

与公孙卿等方士相比，儒生们的表现又如何呢？按照司马迁的评价，"群儒既已不能辨明封禅事，又牵拘于《诗》《书》古文而不能骋"[3]。当武帝把封禅祭器交予群儒观看时，他们或者说这器皿与古代形制不同，或者说行礼诸生不如鲁国做得到位。惹得武帝一怒之下"而尽罢诸儒不用"[4]。太史公述及此事时，大概觉得在武帝眼里，儒生的地位只是文饰方士之举而已。若了解儒生与方士地位孰高孰低，司马迁以下这段话可以略见端倪："天子既闻公孙卿及方士之言，黄帝以上封禅，皆致怪物与神通，欲放黄帝以上接神仙人蓬莱士，高世比德于九皇，而颇采儒术以文之。"[5]最后一句直接挑明儒术只能扮演文饰方术的边缘角色。

谶纬制作与儒家身份的转变

汉代儒家如果想要摆脱文饰附和方士的尴尬处境，就必须改变过度关注道德教化的世俗思路，与方士比拼神话故事的想象与制作，才有希望真正打动汉帝，获得与方士竞争献言的机会。汉儒对

1　参见《史记·封禅书第六》，第1393—1394页。

2　同上书，第1399页。

3　同上书，第1397页。

4　同上。

5　同上。

谶纬的发明和制作就是一个转折点。西汉晚期突然出现了大量被称为谶纬的儒家典籍，里面充满了怪力乱神的奇迹故事，其风格完全不符合春秋以来流行的一些儒家经典如《论语》《孟子》的叙述风格。谶纬内容除天文地理、历法星象、灾异占验之外，最重要的就是帝王世系和受命之符的记载，这比较贴近汉朝君主更为关切的核心事务。广义的"谶"泛指一切讲术数占验的文字，多涉君王受命之符的征验情况，狭义则专指"河图""洛书"等预言神话的典籍。"纬"也分为广狭两种类型，广义之"纬"泛指术数占验之书，狭义之"纬"则专指"七纬"，即《易》《书》《诗》《礼》《乐》《春秋》《孝经》的"纬"，这些著述掺入了大量术数之学。[1]

《四库全书总目提要》概括"谶纬"之义说："谶者诡为隐语，预决吉凶；纬者经之支流，衍及旁义。"有人因为纬书掺杂太多神怪故事，非常不理解这种做法出于何种动机，他们误把经、纬分开，讥评汉儒采用纬说，觉得春秋战国时期人文化程度颇高的儒家，如果在经书中加入神秘传说，一定是对传统经书的背叛。其实纬书作者亦属"先儒"。[2]汉儒制作谶纬之书，乃是故意使儒经神秘化。他们认识到，只有如此，儒家才能在汉帝面前具备与方士竞争话语权的能力。对汉儒的日益神秘化现象，前辈学者如顾颉刚称之为"儒生的方士化"。[3]

顾颉刚心中有一个疑问是，今文学从孔子到董仲舒不过经历

<hr />

1　参见周予同：《周予同经学史论著选集》，朱维铮编，上海：上海人民出版社，1983年，第42—44页；钟肇鹏：《谶纬论略》，沈阳：辽宁教育出版社，1991年，第2页。

2　参见李学勤：《序》，见安居香山、中村璋八辑：《纬书集成（上）》，第3页。

3　周予同则有"孔经的方士化"这一说法。（参见周予同：《周予同经学史论著选集》，朱维铮编，第41页。）

了三百年时光，本不该出现如此剧烈的一百八十度大转弯，汉儒与孔子当年莫谈鬼神的态度截然相反，大讲"怪力乱神"。[1] 他的推测是，汉儒要靠近中央政权，就必须制造出一套神秘的东西，所以才有《洪范五行书》之类的"天书"和邹衍五德终始说的流行。皇帝的神性越浓厚，儒生的地位就越优越。光武帝用《赤伏符》受命，西汉经学加上谶纬就变成统治者装饰自己身份的宗教，方士与儒生的结合从此有了理由。[2]

其实早有学者发现，儒家的产生本来就与"巫祝"密不可分，并不能完全凭据春秋战国时期类似孔孟这样的师儒形象来确认儒家的特征。章太炎把"儒"定义为三种类型，其中第一种"达名为儒"，就引《说文解字》，直称"儒者，术士也"。司马迁《儒林列传》曰"秦之季世阬术士"，后人以为就是坑杀儒生。章太炎质疑把秦朝坑杀术士与儒生混淆起来不加区别的看法，这是因为"古之儒知天文占候，谓其多技。其后施易，故号遍施于九流，诸有术者悉赅之矣"。[3] 从第二种"私名为儒"的角度观察，章太炎引《七略》云："儒家者流，盖出于司徒之官，助人君顺阴阳，明教化者也。"儒家本来就有两种职能，一种是近于知天文、识旱潦的术士，另一种则近于灌输道德训条的教师。前者是殷商时期的身份，后者属于春秋战国的角色。按胡适的说法，殷商盛时，祝宗卜史自有专家，因为他们拥有专门的知识技能，往往依靠专长

1 参见顾颉刚：《秦汉的方士与儒生》，上海：上海古籍出版社，1998年，第5页。

2 参见同上书，第5—6页。

3 章太炎：《原儒》，见张枬、王忍之编：《辛亥革命前十年间时论选集》第三卷，北京：生活·读书·新知三联书店，1977年，第447—450页。

"天命"如何转移

换得衣食之资，与后来的"士"阶层不同，殷人只是保存故国文化遗风的一个特殊阶级。"儒"作为衣古服说古音的殷代遗民，就是具有特殊宗教祭祀技能的那批人。他们在治丧相礼之外，还要帮乡人打鬼，助国君求雨。[1]

生于春秋时代的孔子也不是一个纯粹的人文主义者，他对神秘预言与王者受命之类的说法一直怀有兴趣。纬书的产生正是因为孔子虽不谈鬼神但言语中常杂糅术数，如他说过"祭如在，祭神如神在""君子有三畏，畏天命"之类的话，还发出过符命受之于天的预言，如说"凤鸟不至，河不出图，洛不出书，吾已矣夫"，这些只言片语均可视为孕育图谶之学的源头。只不过在孔子活跃的春秋时代，他一时还找不到接近王者的办法，而汉初帝王喜好求仙问道，恰恰激活了儒生潜意识里的"巫祝"情结，至此，儒生与方士的结合就显得顺理成章了。[2]

尽管早期儒者有"巫祝"的遗留身份，但方士与儒生在汉代帝王政治中仍扮演着不同角色。儒者为的是明受命，方士为的是求不死。[3]"不朽"与"受命"又是相互关联的。有了受命之符就幻想天祚绵长持久，不甘过早放弃求仙卜筮，故方士与儒生有时各司其职，相互攻讦，有时又协调合作，互相渗透。周予同曾引夏曾佑之言诠释两者的关系："儒者尊君，君者，王者之所喜也。方士

1　参见胡适：《说儒》，载《"中研院"历史语言研究所集刊》1932年第4本第3分，第255页。李泽厚亦认为，以孔子为代表的儒家，也正是由原始礼仪巫术活动的组织者、领导者（所谓巫、尹、史）演化而来的"礼仪"的专职监督保存者。（李泽厚：《中国古代思想史论》，北京：人民文学出版社，2021年，第4页。）
2　参见周予同：《周予同经学史论著选集》，朱维铮编，第53页。
3　参见顾颉刚：《秦汉的方士与儒生》，第18页。

长生，生者，亦王者之所喜也。二者既同为王者之所喜，则其势必相妒，于是各盗敌之长技，以谋独擅，而二家之糅合成焉。"[1]

汉武帝郊祀求仙达五十年，因真正灵验的事例少之又少，尽管杀了不少方士，最终在肉身不朽方面仍毫无所获，于是开始把注意力慢慢转移到皇权如何承接天命这个话题之上。儒生受命改制的作用才逐渐地显现出来。与方士相比，早期儒生本来就有襄助王者举行祭祀的"巫祝"身份，关键在于何时唤醒和恢复他们身上潜藏的这些原始功能。《春秋繁露》就列有董仲舒求雨、止雨的诸多幻术表现，其诡异行为还包括暴巫、聚蛇、埋中段蟆、烧雄鸡老猪、烧死人胃等种种匪夷所思的怪诞举动，统统带有强烈的巫术色彩。说明董仲舒早有重拾"巫祝"身份，以便更有利地介入和参与汉家"正统性"建构过程的意图。[2]

"方士化儒生"与燕齐方士相比，其区别在于，他们试图用一套天变灾异的理论制约君王的行为，后世称之为"天谴论"。天象气候种种无常变化，被方士化儒生操控和解释成上天的示警，他们希望君王受到天意警告后，能够更加严谨地修德理政，从而恢复人间的正常秩序。此处应予辨别的是，"天人感应观"影响下的"灾异天谴论"与谶纬支配下的"符命授受说"有很大区别。大致说来，"灾异天谴论"是警告王者治理失败，"符命授受说"则是喻示君王将与先圣一样获得天命垂顾。同为儒者，西汉董仲舒比较倾向

1　周予同原著、朱维铮编校：《群经通论》，上海：上海人民出版社，2012年，第97页。

2　《汉书》记载："仲舒治国，以《春秋》灾异之变推阴阳所以错行，故求雨，闭诸阳，纵诸阴，其止雨反是；行之一国，未尝不得所欲。"（《汉书·董仲舒传第二十六》，第2524页。）《春秋繁露》也有专卷讲"求雨""止雨"之道。

于前一种思路，东汉何休则偏于后一种思维。

把儒者的"巫祝"身份追溯到殷商时期，是因为殷人眼中的上帝只具有降灾和佑福的能力，不具备周人上帝那般明辨是非惩恶扬善的"道德性"。故西周班簋铭文中已刻有"唯民亡拙哉，彝昧天命，故亡。允哉，显，唯敬德，毋攸违"这样的文字。[1] 其中"天神神格"中的"道德性"是区别商周两朝的最显著界线，表明儒者在殷商是"祝官"身份，在周朝则可能完全沦为世俗教师的角色。《汉书·董仲舒传》载天人三策云："国家将有失道之败，而天乃先出灾害以谴告之，不知自省，又出怪异以警惧之，尚不知变，而伤败乃至。以此见天心之仁爱人君而欲止其乱也。"[2]

由于西汉"天谴论"蕴涵着很强的道德性，明显不如东汉谶纬中的天命授受观那么动听实用和见效快捷，这导致董仲舒在构建西汉"正统观"时陷入了矛盾。一方面他深切体会到，在西汉皇权热衷于寻仙长生的氛围之下，仅仅依靠春秋战国儒家道德教化的思想遗产显然是不够的，他想反向追索原始儒家的"巫祝"传统，在西汉儒学思想中加入"灾异天谴"的内容，以便迎合汉代皇权的需要；另一方面他又不甘于完全放弃儒家的人文遗产，总是试图用道德训诫规范汉帝的行为，却基本归于失败。

董仲舒与汉武帝之间曾为此展开过一番思想博弈。在这场对话中，汉武帝率先发出了著名的"武帝三问"：第一问是"三代受命，其符安在"；第二问是"灾异之变，何缘而起"；第三问是如何解决

---

1 参见郭沫若：《先秦天道观之进展》，见《青铜时代》，收入《郭沫若全集·历史编》第一卷，北京：人民文学出版社，1982年，第336页。
2 《汉书·董仲舒传第二十六》，第2498页。

"性命之情，或夭或寿"的难题。[1] 这三问分别涉及"符命""灾异"和"生死"，其中"符命"和"生死"又是武帝最关心的两个核心议题，如何处理"灾异"示警被摆在了最为次要的位置。可见内心的道德修养如何完善基本不在武帝的考量范围之内。

董仲舒的对策却犯了方向性错误，他把主要精力放在了回答皇权如何应对灾异与天变的问题上，基本没有回应"受命符瑞"如何出现和接续的问题，更没有涉及求仙长寿之类的内容。从汉武帝的反应来看，董仲舒的灾异论并未引起他的太大兴趣。与此同时，公孙弘盛世无灾异的言论倒似乎更合乎汉武帝的口味。[2] 这也间接证明西汉儒家在汉代上层官僚机构中并非处于核心位置。司马迁就曾评价说早期知识阶层与"文史星历"等职业地位相当，"近乎卜祝之间，固主上所戏弄，倡优畜之，流俗之所轻也"[3]，其中也包括儒士。这也是东汉儒生最终选择造作谶纬与圣人政治神话的一个内在动因。[4]

汉宣、元帝以后，皇帝开始鼓励儒臣大谈如何应对灾异天变，其原因是一方面汉运衰微，新帝急需革新弊政，元帝承认生当乱世，企望振兴变革，甚至汉家德运将尽及易姓改制之说也流行了起来，王莽篡位即与此转向有关。成帝时齐人甘忠可制造《天官历》和《包元太平经》，汉哀帝想借此终止汉家历运中衰的势头，再次承天受命，此举虽未成功，却直接诱发了王莽变制。东汉帝王的一

1　参见《汉书·董仲舒传第二十六》，第 2496—2498 页。

2　参见《汉书》卷五十八《公孙弘卜式兒宽传第二十八·公孙弘》，第 2617 页。

3　《汉书》卷六十二《司马迁传第三十二》，第 2732 页。

4　参见王尔敏：《当代学者对于儒家起源之探讨及其时代意义》，见《中国近代思想史论》，第 401—432 页。

　　　　　　　　　　　　　　"天命"如何转移

系列诡异操作表明，汉朝君主最为关注的是"天命更始"问题，而不是灾异示警和道德训化，这也是为什么董仲舒和以后出现的京房灾异论并未打动帝王，而齐人和方士化儒生却屡屡进言奏效的真正原因。[1]

"圣王"与"圣人"政治神话的构造与分流

"圣王"神话的产生与传播

从儒生和方士受到汉帝不同待遇的历史可以知晓，方士操控下的"圣身仙化说"一度比"灾异天谴论"更符合帝王建立"正统性"的现实需要。董仲舒以灾异警示武帝的做法并未取得成功，显然是因为这套说辞昭示的神启迹象只能短暂起到约束帝王行动的作用。从帝王心理推测，恐怕没人喜欢总有一些人借助天谴的力量，指手画脚地指责其执政的失败，而是更多希望其尊贵的身心总能得到神灵佑护。明白这个道理后，方士化儒生意识到必须想方设法建立起皇帝与神圣事务之间的联系，构造出一套帝王喜闻乐见的完整"政治神话"体系。那么，神化古代圣王的相貌和出生方式，并编造出汉帝的各种神迹与之互相匹配，就成为方士化儒生一项最重要的职责，形形色色的儒家谶纬著述就承担起了这一使命。

在各类纬书中，古代圣王要获得正统资格必备三项祥瑞即感生、受命和封禅。

---

1 参见陈侃理：《儒学、术数与政治：灾异的政治文化史》，北京：北京大学出版社，2015 年，第 99—102 页。

感生是指圣王均非人间父亲所生，而是天帝之子。如尧、舜母亲皆受孕于赤帝命星，伏羲母华胥氏踩神人脚印而生伏羲。《孝经钩命诀》的描述是："华胥履迹，怪生皇牺。"[1] 黄帝母亲附宝则是感应了天电而生黄帝，《河图握矩记》写道："附宝之郊，见电绕斗，轩星照郊野，感而生轩。"[2] 一些纬书还记载了圣王诞生的其他神迹：

《诗含神雾》："汤之先为契，无父而生。契母与姊妹浴于元丘水，有燕衔卵坠之，契母得，故含之，误吞之，即生契。"[3]

《春秋元命包》："姜嫄游闭宫，其地扶桑，履大迹，生后稷。神始行从道，道必有迹，而姜原履之，意感，遂生后稷于扶桑之所出之野。"[4]

有了天帝之子的资格，才能受命到人间改制。如说后稷"长而推演种生之法，而好农，知为苍神所命也"[5]。还有著名的周文王遇赤鸟衔丹书的神奇故事，《尚书中候》："周文王为西伯，季秋之月甲子，赤雀衔丹书入丰鄗，止于昌户。"[6] 后来则有周武王渡河时白鱼跃入王舟的故事，《洛书灵准听》云："武王伐纣，度孟津，中流白鱼跃入王舟。王俯取鱼，长三尺，目下有赤文成字，言纣可伐。王写以世字，鱼文消。燔鱼以告天，有火自天止于王屋，流为赤鸟，鸟衔谷焉。谷者，纪后稷之德；火者，燔鱼以告天，天火流

---

1 《孝经钩命诀》，见安居香山、中村璋八辑：《纬书集成（中）》，第 1005 页。
2 《河图握矩记》，见安居香山、中村璋八辑：《纬书集成（下）》，第 1144 页。
3 《诗含神雾》，见安居香山、中村璋八辑：《纬书集成（上）》，第 462 页。
4 《春秋元命包》，见安居香山、中村璋八辑：《纬书集成（中）》，第 593 页。
5 同上。
6 《尚书中候》，见安居香山、中村璋八辑：《纬书集成（上）》，第 411 页。

下，庆以吉也。遂东伐纣，胜于牧野，兵不血刃，而天下归之。"[1]

纬书中对古圣王的神化描写也被频繁移植到了对现实帝王的描摹之中，比如在"感生"这个环节，刘邦就被说成是其母感赤龙孕所生。《诗含神雾》云："含始吞赤珠，刻曰玉英，生汉皇。后赤龙感女媪，刘季兴。"[2]这完全是模仿古帝王受孕的传说。再如《河图》中载称："汉高祖观汶水，见一黄釜，惊却反。化为一翁，责言曰：刘季何不受河图？"[3]显然是戏仿圣王受命的故事。

特别值得注意的是，纬书中出现了大量孔子招引祥瑞的各类神话传说，与古圣王的感生受命故事极其相似，这显然是汉儒刻意伪造的结果。因为唯有那些降临在圣王身上的各种吉祥征兆，也同样在孔子身上发生了感应，他才能具备预言汉帝受命改制的神性资格。

与古帝王的出生风格相似，纬书记载孔子母亲游大泽之陂，梦交黑帝而生孔子于空桑之中。《春秋演孔图》载："孔子母徵在，游大泽之陂，睡梦黑帝使，请己已往梦交，语曰：汝乳必于空桑之中。觉则若感，生丘于空桑。"[4]孔子故有"玄圣"之名。

至于圣王领受天命的记载就更是离奇诡秘，以河图洛书的授受为例，就附会演化出了各种神奇怪异的故事。"河图"可由龙子、神鱼、凤鸟、神雀所赐，接受者即为替代旧王的一代新主。但是到底由何种神兽运送递交河图，则记载差异颇大，如黄帝受命就有黄

---

1 《洛书灵准听》，见安居香山、中村璋八辑：《纬书集成（下）》，第1259页。

2 《诗含神雾》，见安居香山、中村璋八辑：《纬书集成（上）》，第463页。

3 《河图》，见安居香山、中村璋八辑：《纬书集成（下）》，第1223页。

4 《春秋演孔图》，见安居香山、中村璋八辑：《纬书集成（中）》，第576页。

龙和凤凰负图授受的不同说法，还有赤龙大龟负图而出的记录等等，不一而足。实际上汉帝寻求承天受命的缘由时，已不太关心到底是哪只神兽降瑞托命，以至于到了王莽称帝时，为了转移汉家刘姓之运，制作奇奇怪怪的符命之物已到了疯狂的地步。《汉书》曾统计过王莽用了十二种"申命之瑞"，包括武功丹石、三能文马、铁契、石龟、虞符、文圭、玄印、茂陵石书、玄龙石、神井、大神石、铜符帛图等五花八门的神器。[1]

孔子被神圣化也发生在同一时期。孔子受命最有名的事迹应该是在鲁国端门接受血书的逸事。有一天天上突然飘落一篇血书，上面写着周朝败亡，秦政突起，孔学星散而不绝，孔子本人暂时退隐而等待作法复兴的谶言。第二天子夏前往观看，血书腾飞化作赤鸟，再化为白书，"署曰演孔图，中有作图制法之状"。[2]另一段记载是："鸟化为书，孔子奉以告天，赤雀集书上，化为黄玉，刻曰：孔提命，作应法，为制雀集。"[3]这是上天专门降下孔子受命改制的征兆。

纬书中孔子还模仿古帝王的"封禅"仪式，身穿绛色衣袍向北辰告拜，此时白雾笼罩大地，有赤虹化为黄玉。孔子跪读其上文字曰："宝文出，刘季握，卯金刀，在轸北。字禾子，天下服。"[4]这已是相当直白地表明孔子受命为刘家改制。然而孔子与今古帝王的最大区别是，他具备帝王感生与受命的征瑞之象，却无帝王的正统之

---

1 参见《汉书》卷九十九中《王莽传第六十九中》，第 4113 页。

2 《春秋演孔图》，见安居香山、中村璋八辑：《纬书集成（中）》，第 578 页。

3 同上。

4 《孝经右契》，见安居香山、中村璋八辑：《纬书集成（中）》，第 1001 页。

位，没有实际执政的权力，故称之为"素王"，即"空王"之意。方士化儒生如此安排其位置自有深意，表明孔子虽不在其位，却掌握着为后来君王的立法之权，现实帝王需按孔子所立制度实施统治。

孔子刚一出生，胸前就印有"制作定世符运"这几个字。纬书中对此现象解释得十分明白："圣人不空生，必有所制，以显天心。丘为木铎，制天下法。"[1]甚至《春秋》一书都是孔子专为汉代制法而作，如说："孔子曰：丘作春秋，天授演孔图，中有大玉，刻一版曰：璇玑一低一昂，是七期验败毁灭之征也。"[2]

"立义"与"立制"："圣人"与"圣王"形象的分化

各种有关孔子的神秘谶语均暗含着以下蕴意，那就是现世帝王虽有各类吉瑞天象的佑护和实施现实改制的资格，却均是孔子多少年前发出预言之后才应验的结果。从某种意义上说，作为现世君王的汉帝正是孔子受命的获益者，也是孔子制法的具体执行人。"圣人"的形象也随之从"圣王"的角色中慢慢剥离出来，这种以"素王"辅"新王"的思路以后逐渐成为儒家重建与"政统"并立之"道统"的最有力依据。

正是因为在汉代出现了"圣人"与"圣王"分流的现象，使得方士化儒生创造出来的纬书"政治神话"出现了裂变。从其演变脉络来看，"圣人"与"圣王"的形象在三代以前是统一在一起的。自周公和孔子开始，圣人与圣王开始分流为两系。圣人无法拥有天

---

1 《春秋演孔图》，见安居香山、中村璋八辑：《纬书集成（中）》，第580页。
2 同上，第577页。

下，有天下者又非圣人，故圣人立教，王者立政，政教最终分立。两者经常相离又相即，属于互为统摄的关系。[1]

既然圣人和圣王神话在先秦之前完全合体，为什么到了汉代却分流为两个并列的"政治神话"系统呢？比较合理的解释是，周平王东迁后失去了绝对权威，诸侯群起的结果不仅瓜分了周王的政治权力，其道德权力亦被分割殆尽，春秋诸侯已发出"唯德是辅"的离心说辞，意即每个诸侯都可以凭借个人的功绩获取神灵的降福保佑，不需要在行动之前统一由周王奉天授权，这标志着周王已经彻底失去了对天意的垄断权。

秦汉君主登基时皆为肉身凡人，他们均是从现实征战中冲杀出来而获得帝位的，身上不具有多少神圣性。刘邦尽管登基时刻意制造斩蛇起义的传言，但在"正统"的神性确认方面少有作为。汉高祖因标榜马上得天下，又常有鄙视儒者的言行，很难在儒家心目中树立起理想的道德形象。武帝感觉到自己不过是肉身在位，时时忧惧权威的流转丧失，其求仙问卜的举动本身就是一种太过功利计算的现实行为，他拼命征调方士寻找长生不死之药的故事，充分显示其无法凭借凡人肉身维系世俗权威的焦虑和恐惧。在这种情况下，武帝根本无法想象能表现出古帝王承天受命般的从容，尽管这种从容是神话写作者心目中的幻象，却是古圣王与现世帝王之间的根本差异之所在。

汉帝自知并不具备集"圣人"与"圣王"于一身的神性资格，

1　参见冷德熙：《超越神话：纬书政治神话研究》，"自序"，北京：东方出版社，1996年，第4页。

"天命"如何转移

故而迫切需要儒生和方士联手制作出各种谶言神话，以论证其获取正统的合理性，这就为儒生建立制约"圣王"政治的"圣人"道德谱系创造了基本条件。"圣人"承担的是为汉朝受命转运的任务，这个使命不可能由春秋战国时期遗留下来的那些世俗化儒生担当起来，而是要由上天赋予过神力的儒家圣人加以完成。由此可知，孔子被神化乃是势所必然，儒生的方士化自然应运成势。汉帝祈求如古圣王那般集"圣人"与"圣王"为一体，然而古代圣王本来就是儒生杜撰的产物，汉帝肉身无法承载神话人物的双重职能。

比较稳妥的办法是把古圣王的二重角色分离开来，把"圣人"角色出让给儒家，在方士化儒生的帮助下，通过谶言的制作传播，从外部赋予其肉身之躯以神性，于是"圣人"与"圣王"的张力由此形成。儒生介入"圣人"神话制作有两层动因，一是反向跨越春秋时期已经人文化的儒学发展阶段，逆向倒退回殷商的巫祝角色之中汲取神秘力量；二是借纬书预言分离远古帝王"圣人"与"圣王"合一的神话系统，攫取对"圣人"神话制作的话语权。这是汉代儒生与那些单凭寻仙问药魅惑君王的方士所扮演的角色的不同。

儒生要博得汉帝的青睐，首先必须摆脱以往书生意气的进言方式，他们过去总喜欢喋喋不休地述说"道德"的重要性，或者大谈灾异天变对帝王的示警作用，这都是皇帝不感兴趣的话题，觉得不堪实用。汉儒逐渐学会了齐燕方士的一套骗术，通过编纂神秘化的谶纬预言，把祖师孔子的形象抬高到与远古"圣王"比肩的"圣人"位置，而不是仅仅把他塑造成一个普通的民间教师，他们经此渠道开始回归汉朝的政治中心。

在《论语》中孔子并不敢自诩为"圣人"，甚至觉得达不到君子的标准，曾谦虚地说："躬行君子，则吾未之有得。"[1] 到了战国时代，孟子逐渐开始说孔子做《春秋》乃是"天子之事"也，又说"孔子成《春秋》而乱臣贼子惧"[2]，孔子已能代行周天子褒贬之事，尽管其无王者之位，却能行王者之言。虽然在孟子眼里，孔子仍属于世俗世界的儒者，并没有太多见证奇迹的文字，但孔子的神秘身份仍然是纬书预言生产的重要源头。公羊家把孔子做《春秋》与"当一王之法"[3] 关联起来，其在官方体制中的政治地位有所提升。加上《春秋公羊传》里出现了"西狩获麟"的故事，孔子受命的传统也就仿佛变成了一个可以反复陈说的事实。

　　纬书比公羊学更近了一步，那就是把孔子描画成拥有与远古帝王相似的异形异貌。对"圣王"异于常人相貌的描写源于秦汉之际，大批出现在西汉末年成哀之后伪造的各种谶纬之书里。如黄帝在《孝经援神契》中的形象是："身逾九尺，附函挺朵，修髯花瘤，河目龙颡，日角龙颜。"[4] 对帝尧的描绘是："尧眉八彩，是谓通明。历象日月，璇玑玉衡。"[5] 我们已经很难用现代语言来准确地复原这些古帝王相貌的确切含义了。以帝舜的"重瞳子"形象为例，我们大致知道"重瞳"的意思就是多了几层眼珠，更确切的含义不得而知。

　　汉儒对孔子形象的塑造完全模仿了远古"圣王"的神秘形象，《春秋演孔图》描绘孔子长相颇似"龙颜"，这与神农、黄帝有"龙

1　朱熹撰：《四书章句集注·论语集注》卷第四《述而第七》，徐德明校点，第117页。
2　朱熹撰：《四书章句集注·孟子集注》卷第六《滕文公章句下》，徐德明校点，第319—320页。
3　《史记》卷一百三十《太史公自序第七十》，第3299页。
4　《孝经援神契》，见安居香山、中村璋八辑：《纬书集成（中）》，第965页。
5　《春秋元命包》，见安居香山、中村璋八辑：《纬书集成（中）》，第591页。

"天命"如何转移

颜"相貌的记载是一致的。他的体型和身高"长十尺，大九围，坐如蹲龙，立如牵牛，就之如昂，望之如斗"[1]，形如一个巨人。更有文字说他"面如蒙倛，手垂过膝，耳垂珠庭，眉十二采，目六十四理。……手握天文，足履度字。望之如朴，就之如升，视若营四海，躬履谦让。腰大十围，胸应矩，舌理七重，钧文在掌"[2]。

纬书对汉高祖形象的设计也显然模仿了"圣王"形象，如《河图稽命征》里就说："帝刘季，日角，戴北斗，胸龟背龙，身长七尺八寸。"[3]

孔子"素王"地位的确定还可从春秋以后儒者对"西狩获麟"这则著名故事的不同解读方式中体现出来。比较早的一些儒家经典，从《春秋》《左传》《公羊》一直到《史记》基本都把"西狩获麟"这个事件当作悲剧看待，描写的是孔子看到麒麟这只代表祥瑞的神兽受到伤害后表达出的绝望心情。如《史记·孔子世家》说到鲁哀公十四年（前481）春，叔孙氏的驾车人获得麒麟后以为是不祥之物，孔子看到后认出是麒麟，随即发出一连串的长吁短叹，先说"河不出图，洛不出书，吾已矣夫！""吾道穷矣"，又喟然叹曰"莫知我夫！"，觉得自己这辈子生不逢时，遭遇周室倾颓，虽素有抱负却难遇明主。[4]

————————————

1 《春秋演孔图》，见安居香山、中村璋八辑：《纬书集成（中）》，第576页。

2 同上，第577页。

3 《河图稽命征》，见安居香山、中村璋八辑：《纬书集成（下）》，第1179页。又见同书《河图提刘篇》。塑造现世帝王的"异象"传统一直延续到了十六国时期，多位君主被描摹为有诞载之异与奇表之异。（参见胡鸿：《能夏则大与渐慕华风——政治体视角下的华夏与华夏化》，北京：北京师范大学出版社，2017年，第223—232页。）

4 参见《史记》卷四十七《孔子世家第十七》，第1942页。

《公羊传》则把麒麟当作非中国出产的奇异之兽，说："麟者，仁兽也。有王者则至，无王者则不至。"可是在孔子眼里遇到如此吉祥之兽却仍然不是什么好事，所以才反复感叹"孰为来哉！孰为来哉！"，又说"吾道穷矣"，居然悲伤到"反袂拭面，涕沾袍"的地步。[1]

可是在纬书里，孔子西狩获麟的形象却有了极大改变。在《孝经援神契》中基本上被重述成了一则喜剧故事。在这则新故事中，以往经典中发现麒麟的主要人物叔孙氏及驾车人统统都消失了，孔子成为麒麟现身的直接见证人。这则新故事首先说孔子在鲁哀公十四年的一天梦见"三槐之间，沛丰之邦，有赤烟气起"。孔子于是叫上颜渊和子夏驱车赶到楚西北的范氏街查看，正好看到一个孩童捕捉到了一只麒麟，并打伤了它的左前足，用薪柴把它覆盖了起来。孔子问小孩，你看到什么了吗？孩童答说，看到一只头上有角，角的末端有肉的动物。[2]这就确认孩子看到的正是麒麟，据称"麟"是"中央轩辕大角之神"，其模样被形容为"麇身、牛尾、狼项、马蹄，高六尺，身备五色，腹下茹黄，角端带肉"，集合了许多动物的特征，行动方式则带有一些拟人化的特点，如"含仁怀义，居不群，行不侣"。[3]

这则故事最为关键的情节是孔子遇到麒麟后的反应与传统经典的记载大为不同，他发出了几句由衷的感慨，表示麒麟的出现预示着新王的诞生，这个"新王"就是刘氏汉帝。纬书是这样说的：

---

1 《春秋公羊传注疏》下册，卷二十八《哀公第二十八》，何休解诂，徐彦疏，刁小龙整理，第1190—1195页。
2 《孝经援神契》，见安居香山、中村璋八辑：《纬书集成（中）》，第992页。
3 《论语摘衰圣》，见安居香山、中村璋八辑：《纬书集成（中）》，第1076页。

"天命"如何转移

"子曰：天下已有主也，为赤刘，陈项为辅。五星入井，从岁星。"[1]孔子还见到了以往经书中没有记录的麒麟口吐丹书的异象，文曰："麟蒙其耳，吐三卷，图广三寸，长八寸，每卷二十四字，其言赤刘当起，曰周亡赤气起，火燿兴，玄丘制命，帝卯金。"[2]按照这个故事的说法，孔子不但不会为周室灭亡、新王不继伤心哭泣，反而预言了新王的诞生，并亲自出面为其制法，这场获麟的奇遇有了一个皆大欢喜的结局。

纬书中孔子"西狩获麟"被重新转述成了一个喜剧故事，说明汉代末年的儒生已变得更加聪明，他们直接把孔子的角色定位成为汉代制法的"素王"，以免僭越而引起帝王的猜忌。故《孝经钩命诀》说孔子"以素王无爵禄之赏，斧钺之诛，与先王以托权，目至德要道，以题行"[3]。

比较有意思的是，纬书中记载圣王参与沉璧观河之类的封禅大典首先从伏羲开始，三皇中除伏羲外不见其他二皇的授受记录，五帝自黄帝至尧舜均有类似记载，而世间君主中接受河图洛书的帝王还有周文王、武王、秦王政、汉高祖。[4]但孔子作为唯一一位非帝王式的人物，却同样有资格举行祭告天地的仪式，如他亲率七十弟子向北辰而拜，接受自天而降的血书或者麒麟口中吐出的丹书等等。尽管形象如此光鲜荣耀，但孔子作为"素王"，其做出的这些

---

1 《孝经援神契》，见安居香山、中村璋八辑：《纬书集成（中）》，第 992 页。

2 同上。

3 《孝经钩命诀》，见安居香山、中村璋八辑：《纬书集成（中）》，第 1010 页。

4 关于圣王参与封禅大典的各种描述可参见《尚书纬·中侯·我应》《春秋元命包》《礼纬稽命征》《尚书中侯合符后》《尚书中侯挝洛戒》《孝经右契》《春秋演孔图》等纬书文字的记载。

举动仍然仅仅是为新朝制法，为帝王打义工，这种低调的姿态当然是汉朝统治者所喜欢的。汉儒很识时务，他们想方设法把现任汉帝的事迹与远古圣王事迹相互比附，不断尝试建立起两者之间的相互关联性。如《后汉书·光武帝纪》载，光武帝同舍生强华，自关中奉《赤伏符》而来，内云："刘秀发兵捕不道，四夷云集龙斗野，四七之际火为主。"[1] 儒臣纷纷把这受命之符夸耀为"万里合信"，甚至"周之白鱼，曷足比焉"，就是那周武王龙跃舟中的祥瑞神迹都不能与之相比。如此谀词却少有异议者。

"天谴论"的退隐与"新功德论"的兴起

"文治"兴盛与"正统论"涵义的变化

西汉"正统论"的蕴生和形成表明，王权要想获得天命的支持必须具备三个要素：拥有足够广阔的疆域；服膺阴阳五行和五德终始说主导下的历史循环论法则；实施任何重大政治行动必须遵循德性的指导。但汉朝皇帝大多只关心自己是否具有承天受命的资格，他们更加热衷上天昭显出的各种祥瑞征象，对自身统治是否真正拥有道德基础仍然采取漠视的态度。董仲舒在对策汉武帝时关于君王道德修养的阐说，基本上没有得到积极回应即是证明。在皇帝态度的左右下，汉儒的"方士化"倾向十分明显，他们刻意掩饰自己曾经扮演的师儒教化角色。这一身份认同的尴尬处境在唐宋以后特别

---

1 《后汉书》卷一上《光武帝纪第一上》，北京：中华书局，1965 年，第 21 页。

是南宋时期发生了根本性的转变。

沟口雄三曾经发现，欧阳修纂修《新唐书》时，把《旧唐书》有关天谴事实的记述全部删除了，这个标志性事件说明北宋儒者已从单纯信奉灾异天象对人事秩序的影响，开始向注重内心道德修省的方向转移。天灾异象尽管对帝王施政的优劣仍有警示作用，却更多与帝王人格修养的高低程度联系在了一起。[1]作为天意执行者的帝王，其道德实践水准开始被纳入执政的评价范围。与此相关，原本对汉帝具有支配性影响的"圣王"神话传说和异象光环在唐宋皇帝的身上也逐渐消失不见了。如宋人有云："窃谓国之兴也在乎德，不在乎瑞；国之亡也在乎乱，不在乎妖。"[2]

"天人感应"等灾异思想之所以在宋代以后逐渐退隐，乃是因为宋儒更强调君主在受到上天警告后所承担的政治责任应落脚于人的身上，君王较之恐惧天谴，更害怕未尽人事，所以每逢天降凶兆，反省执政失误的重心就慢慢转移到道德修炼的内在层面，而并非仅仅做一些避居偏殿与衣食俭素之类的表面文章。当帝王充分发挥出自我的道德本性，并有步骤地扩展到各个方面时，政治领域或社会秩序就会依循道德教化的指示，有条不紊地趋向安定与和谐。[3]

关于"天谴论"如何向"道德论"转移，史料多有记载，如叶清臣上宋仁宗书谈及日食发生原因，即言君王与天地相感应不取决

---

1 参见［日］沟口雄三：《中国思想史——宋代至近代》，龚颖、赵士林等译，北京：生活·读书·新知三联书店，2014年，第28—29页。

2 余靖：《正瑞论》，见《宋文选》卷十二《余元度文》，清文渊阁四库全书本。

3 参见［日］沟口雄三：《中国思想史——宋代至近代》，龚颖、赵士林等译，第204页。

于世事盛衰，而在于修德与否，他说："盖天人相与之际，系君德之感通。奉天子民，义实一体。昌治之世，未必无灾，欲治之主，能以德应，则变灾为福。衰乱之世，未必无祥，庸暗之主，德不能堪，则反祥为妖。故治乱灾祥不可常，在德之厚薄耳。"[1]宋神宗时发生涝灾和地震，有儒臣进言说："至于后世，乃以为天地灾眚，皆有常数，或专修外事，或归过于下，则是坐视天灾，无复自饬，此所谓简诬以致败者也。"[2]突出的还是君王应以修德应对灾异，而不是仅仅在处理外在事务上下功夫。类似的上书进言可谓比比皆是。

宋儒也看出汉朝君主因迷信求仙不朽之道，并未真正听从儒家有关道德修养的建议，于是开始批判汉帝忽视对"真儒生"的使用，如说"汉元帝亲近儒生，乃优游不断，孝宣之业衰焉，用儒何为若此，特不得真儒用之耳"[3]。这是因为汉宣帝"不识帝王远略"，对儒生充满偏见，"故鄙之曰俗儒好是古非今，使今眩于名实，不知所守，何足委任？"[4]元帝即位后又"徒有好儒之名，复无用儒之实"，才导致"奸邪日进，纪纲日乱，风俗日坏，灾异日见，孝宣之业，职此而衰矣"[5]。这里所说的"真儒生"应是指那些在"方士化儒生"之外，主张以道德修养为中心的儒者。

对宋朝皇帝的言行，宋儒也往往用是否遵守道德内省的准则加

1　叶清臣：《上仁宗论日食》，见赵汝愚编：《宋朝诸臣奏议》上册，卷三十九《天道门·灾异三》，北京大学中国中古史研究中心校点整理，上海：上海古籍出版社，1999年，第393页。

2　吕公著：《上神宗论淫雨地震》，见赵汝愚编：《宋朝诸臣奏议》上册，卷四十二《天道门·灾异六》，北京大学中国中古史研究中心校点整理，第431页。

3　袁甫：《中书舍人内引第二劄子》，见《蒙斋集》卷七《奏疏》，清文渊阁四库全书本。

4　孙复：《书汉元帝赞后》，见《宋文选》卷八《孙明复文》，清文渊阁四库全书本。

5　同上。

以衡量，南宋宰相杜范就批评宋理宗在遇到彗星时"徒为减善殿避之虚文，而无反躬修德之实意也"。[1] 对于君王怀疑儒生空谈无用的偏见，杜范有如下驳正之语云："不可以其言为清谈无益实用而欲委而弃之也。"并指出："窃闻近有好议论者，从而诋訾讪笑之，是将以不致之知，不诚之意，不正之心而欲有为于天下，万无是理。"担心皇帝受此舆论影响，"一惑其言，则将有厌薄儒学之意"，最终导致"人心失而国本摇"。[2]

宋儒以为，被动敬畏上天是人之常情，但是仅存恐惧之心是没有用的，明智的帝王"以为在德，德修而灾异销，然后愈知天之明而德之盛也"，不明智的昏闇之主"思之以为在数，故任数而不修德"[3]。一些宋朝皇帝显然受到了儒臣谏言的影响，宋仁宗曾对大臣们说："国家虽无灾异，亦当常自修警，则非但因异而见也。"[4]

吕公著更是在《上哲宗论修德为治之要十事》中大力指责西汉每当遭遇灾变，君王"恐惧内省，欲侧身修道"时，"左右之臣乃据经传，或指外事为致灾之由，或陈虚文为消变之术，使主意怠于应天"，这都是不忠的表现。[5] 范祖禹则对哲宗言道，圣人事天并不在于"七日戒，三日斋"，每天忙于形式上的敬天举措。上天保佑圣人，也并非"在于祭则降福之时也"，因为"圣人无一日而不事天，天无一日而不佑圣人……，夫帝王之兴，受天眷命，岂一朝一

---

1 杜范：《嘉熙四年被召入见第一劄》，见《杜清献公集》卷之九《奏劄》，清钞本。
2 杜范：《军器监丞轮对第一劄·贴黄》，见《杜清献公集》卷之五《奏劄》，清抄本。
3 《群书会元截江网》卷三《敬天》，"诸儒至论"条，清文渊阁四库全书本。
4 《群书会元截江网》卷三《敬天》，"偶句"条，清文渊阁四库全书本。
5 吕公著：《上哲宗论修德为治之要十事》，见赵汝愚编：《宋朝诸臣奏议》上册，卷三《君道门·君道三》，北京大学中国中古史研究中心校点整理，第23页。

夕哉"。原因则是君王"积行累功,素合于天也"。[1] 敬天不是临时起意,而是日常不断自警修德所致。

宋代"天谴论"的日渐边缘化,促使"正统论"的阐述重心发生了位移。宋儒开始从汉儒热衷于构造王权获取符命天意的政治神话,或者依赖灾异示警调整政事安排的思路,转移到了从"格君心"出发,强调道德修养与人格塑造对于维系政治秩序的重要性。淳熙七年(1180),宋孝宗与大臣之间曾发生过一场对话,孝宗先说近期雨水稀少,昨晚刚要祈祷求雨,结果半夜就降雨了,他笑问,这雨到底从何而来? 赵雄奏称此雨乃是"从陛下方寸中来,人主一念克诚,天实临之"。[2] 更有一个极端说法是"一人修德于上,则可以弭天变,可以安人心。覆载所及,亿兆生灵将自此而有生全安堵之望"[3]。

宋朝儒臣的职责也随之发生了变化,郑湜《相体论》有一段话是这样说的:"大臣欲相其君大有为于天下者,必自正其君心始。何者,心者,将大有为之本也。心正则天下之事无不可为者矣。小人不待逐而去也,政事不待更而修也。心不先正,今日逐一小人,明日复用一小人,今日修一政事,明日复害一政事,用力戛戛而势愈疏矣。"[4] 陈谦《礼乐论》亦云:"心准则身准,身准则国家准,国犹家,天下犹国,一心易治,天下非难治;一心易正,天下非难

---

1 范祖禹:《上哲宗论畏天》,见赵汝愚编:《宋朝诸臣奏议》上册,卷四十四《天道门·灾异八》,北京大学中国中古史研究中心校点整理,第456页。
2 《群书会元截江网》卷三《敬天》,"皇朝事实"条,清文渊阁四库全书本。
3 楼钥:《雷雨应诏封事》,见《攻媿集》卷二十四《奏议》,清武英殿聚珍版丛书本。
4 郑湜:《相体论》,见王霆震编:《古文集成》卷三十二《前戊集二·论》,清文渊阁四库全书本。

正；君一心正，天下自定；一心准，人伦百事准矣。"[1]

儒家士人从伪造符命畏惧灾异的外向操控，转入对内心道德的主动修省，并不完全取决于主观的认知过程，而是与宋朝的政治生态转型存在着密切关系。针对如此剧烈的变化，内藤湖南曾总结出以下数条原因：首先是从政治上观察，郡望世家的衰落与贵族失势的结果，加之科举制度令民众有更多机会通过官僚选拔机制进入政治系统，使得新型庶民阶层有可能升位至官僚体系之中担任要职，新式"士人"更容易接近帝王，双方产生更加亲密的关系。

其次从朋党政治的角度观察，庶民通过科举制摆脱贵族控制后，使得以婚姻和亲戚关系结成的党派团体渐次衰落，士人社团和组织成立之目的往往倾向于表达政治意见，这又促成士人与君王有更多机会在一起探讨政治变革和社会问题，形成所谓"议政共同体"。

再次，表达自身思想的经典书写文体变得更加自由。唐代中叶以后的士人写作开始趋向散文体，文章由重形式改为自由表达，这亦是庶民文化流行的结果。[2]宋代以后出现大量语录体著述，行文更加简洁精练，即与此表达风气的盛行有关。宋儒也借助语录体著述更加自如地表达有关道德修养的观点。以上几个因素对"正统观"在宋代的转型起着强烈的背景衬托作用。

包弼德（Peter K. Bol）则觉得这种转变曾发生过一种由上及下的贯通播迁过程。士人在跻身官僚阶层的同时，还具备了"地方

---

1 陈谦：《礼乐论》下，见王霆震编：《古文集成》卷四十六《前巳集八·论》，清文渊阁四库全书本。
2 参见［日］内藤湖南：《概括的唐宋时代观》，见刘俊文主编：《日本学者研究中国史论著选译·第一卷·通论》，黄约瑟译，第15—17页。

精英"的身份，形成上下流动的关系网络。[1]宋代士人在被断定是否属于同一阶层时，已不再依赖血缘关系和家族背景这些贵族必备的条件，而是依据其所受经典教育的状况，或者浸淫儒家教育的程度，实际上是凭借其道德涵养的高下来评判某人最终应该获得怎样的政治权力。

由迷信外力转向修炼内心，导致士阶层从崇奉帝王应该天然拥有至高权威，转而相信个人成德成圣不必依靠神秘外在力量的导引和支配，必须通过自我道德修养获得自主性。因为士人越来越倾向于通过严格的身心训练去协调万事万物的彼此联系和运转状态，进而使之演变成一个统一的机体，他们确信个人道德能够推己及人，其影响将扩充到整个政治制度和基层社会。

从宋代开始，价值认定的终极基础从外在的宇宙迁徙到了内在的自我之中，人格修养和道德训诫成为处理世界秩序的出发点，尽管在形式上宋帝之言行仍以先王的宇宙观为依据。若将义理转化为人事，道德规训变成了必由之路，神秘天意和外在的"理"仅仅成为个人成圣的参照系。因此，拥有道德原创力的儒家士人构筑了一系新的"道统"，与王权一系的"政统"分庭抗礼。这与汉代儒者通过伪造"政治神话"以博得帝王信任的方士化途径截然不同。从"正统观"的构造方式而言，宋代与前朝形成了巨大断裂，个人的内在道德修养不仅成为教化帝王的资本，而且具有泛化为治理社会的能力，甚至部分替代了原有王权体系控制的职能，成为统一凝聚政治社会联系的原发性动力。

---

1 参见［美］包弼德：《唐宋转型的反思》，见刘东主编：《中国学术》第三辑，北京：商务印书馆，2000年，第72页。

宋代文武关系的转变与"功德合一论"

如果从军制变化与政治生态演变的相关性这一角度观察，"文人领军"体制的出现与士大夫政治的形成，乃是宋朝两个最为突出的特点，这两个要素常常互为制约影响。宋朝士大夫对文治重要性的推崇远过于武功，其有关国家治理的信念迥异于前代。宋朝在文治与武功两极表现出了极大反差，士大夫以德治天下成绩斐然，武将在军事攻守方面却多表现拙劣，与汉唐两朝差距明显。汉唐虽由文臣官僚治理，却在文治武功两方面处理得较为均衡。唐朝后半期为抑制藩镇跋扈，君主有意提拔文臣，武将亦开始研读经史，产生了所谓"文儒化"现象。文臣得到统领军队和参与军事决策的机会，他们同样会研读兵书，习学武艺。[1] 文武分途在唐玄宗时期已经发生，玄宗一方面废除府兵制，大量雇佣非汉人族群作为职业军人承担守卫边疆之责，把汉人从强制性兵役中解放了出来，士人研习经史诗文蔚为风气，玄宗本人亦是艺术家，这间接促成了重文风气的流行弥散，同时也造成了蕃将权势过重，直接引爆了安史之乱。

宋初太祖赵匡胤因是武人出身，担忧武将篡权，故采"强干弱枝"之统治策略，他将官僚分为文武两类，将文臣视为比武将更有处理政治议题能力与资格的群体，不断削弱武将对地方政府和边疆守卫机构的控制力。宋太宗因继位问题惹出争议，对武将更加猜忌，开始倾向于通过士大夫阶层培养亲信势力。他强调复兴文化对政治治理的意义，以区别于五代军人当权的局面。通过科举考试培养"天子门生"，入仕官僚有了更多与帝王建立亲密关系的机会，这也

1　参见方震华：《权力结构与文化认同：唐宋之际的文武关系（875—1063）》，北京：社会科学文献出版社，2019年，第4页。

是士大夫阶层有可能进行"格君心"教化步骤的现实基础。太宗不仅重视文治，自己也乐此不疲地与儒士反复讨论阅读儒家经典的心得体会，并亲自作诗和展示书法，这不仅提高了士大夫的地位，也强化了其政治影响力，士人借此渠道加紧向帝王灌输儒家治国理政的学说。这种君臣的亲密关系到徽钦二宗统治时期达到了顶点。[1]

宋朝文治转为兴盛发生在宋辽缔结澶渊之盟这一时期，宋朝君主从此把大部分注意力放在了内部的文治层面，武臣日益丧失了施展开疆拓土抱负的机会，其影响力开始锐减。真宗对契丹党项采取绥靖政策，虽使北宋三十余年无边患威胁，却令军事实力进一步弱化。特别在宋仁宗统治年间，文臣替代武将占据朝廷中枢地位的现象达到历史最高值。无论是中央还是地方机构，儒士文官几乎全面取代职业军人，出掌各个重要职位，文官权力与政治声望全面压倒了武人同僚。[2]士大夫阶层逐渐形成了以天下为己任的强烈自我担当意识，这种意识是建立在道德教化可以改变整个世界的使命感基础之上的，借此区别于武臣单纯追求政治功利目标的看法。宋朝"道统"的构建过程大体可从这个时代背景中加以审视。

文武身份关系的转变，对宋朝政治制度、社会构造和文化风尚乃至王朝气质都发生了决定性影响，文臣有意抬高文化品位和道德修养之意义，与武将的隔阂日益加深。其造成的后果是，大量上奏皇帝的谏言不是军事财政方面的具体建议，而是道德修为得当与否的监督劝诫之言。另一方面，宋朝军事实力弱化的结果只能通过强

1　参见方震华：《权力结构与文化认同：唐宋之际的文武关系（875—1063）》，第132页。
2　参见同上书，第3页。

化边界意识与种族差异，高扬汉文明的优越感，才能勉强维持与北方异族相对峙的均衡守势。这套保守逻辑构成了一个异常强大的思想体系，其基本预设是，以往那些凭恃军事力量取胜的王朝，虽能逞一时之勇，却终因缺少道义支持而不具正统性。反之，只要占领道德制高点，奠基好"道统"的传承根脉，就能化解异族军事威胁带来的困惑和不安，先秦形成的"夷夏之辨"观念正是在这个背景之下获得了生长的土壤，从而成功融入了宋朝"正统观"的构造。[1]

换一种说法就是南宋帝王已经对恢复北宋原有疆域不抱任何希望，彻底放弃了"大一统"的政治诉求。按照杨向奎的判断，南宋因为偏安江南一隅，形势实非一统而偏安，"于是变大一统为正统，正统为大一统之别称"[2]，开始以"正统论"代替"大一统"叙述。这并不意味着南宋帝王没有自己独特的政治思维，他们反而更加强调南北对峙下种族区隔的界线，突出汉族文化的优势地位，强化"夷夏之辨"的论述模式，甚至以"攘夷"观念作为"尊王"的主体内容。正如杨向奎所概括的那样：南宋"实不能一统而文一统，遂倡正统，以为宋虽非大一统国家，实为正统"。[3]

南宋彻底放弃"大一统"希望与收复失地的军事行动屡屡受挫有关，亦与士大夫政治占据主流与武将失宠的历史大趋势颇为吻合。

1　日本宋史专家寺地遵教授发现南宋时期的集权主义本身就是目的，集权主义的自我目的化，造成其整体性为之稀薄化，结果使得特定政治势力与国家权力结合在一起，政治权力的组成遂变得更加狭隘。维护民族整体的想法日趋淡薄，成为南宋政权的基本特质之一。［日］寺地遵：《南宋初期政治史研究》，刘静贞、李今芸译，上海：复旦大学出版社，2016年，第233—235页。

2　杨向奎：《大一统与儒家思想》，第152页。

3　同上。

与之相关，宋朝渐渐盛行起了一种"非兵论"。苏轼就曾明言："宋兴百三十年，四方无虞，人物岁滋，盖自秦汉以来未有若此之盛者。虽所以致之非一道，而其要在于兵不用，用不久，常使智者谋之，而仁者守之，虽至于无穷可也。"[1]陈师道则直接点明了宋朝与汉唐的区别，反驳以往一些论者高度评价汉唐交替使用"文武之道"的做法，认为"故汉取以诈力，守以仁义，文武迭用，而各得其宜也"的说法，不过是一种"霸王道杂之"的认识，真正正确的做法是"文武同出于道"。他说，"故君子修身而天下平，修身非以致天下而天下归之"，这就像"林非慕鸟也，渊非召鱼也。而鱼鸟从之者，从其所也"。他批评"后之取天下者以兵，兵者争而已矣，以诈胜诈，以力胜力，致其争也，至其尽敌则无所与争，而君臣相屠矣"。[2]

宋代文人中间还流传着理学宗师由尚武转而习文的故事，如有一则张载的传说云："横渠张公载少喜谈兵"，后来听从范仲淹的规劝，"公责以儒者自有名教，何事于兵，勉之读《中庸》。横渠公退而变所习，卒为河南学者宗师。自末言之，讲学之功大于谈兵固矣。"[3]这则故事是真是假其实并不重要，重要的是它生动映射出了宋人重文轻武的心态。[4]

---

1 苏轼：《富郑公弼显忠尚德之碑》，见杜大珪编：《新刊名臣碑传琬琰之集》卷五，宋刻元明递修本。

2 陈师道：《取守论》，见《后山居士文集》卷第七《论》，宋刻本。

3 曾丰：《送罗以宁上书归乡序》，见王霆震编：《古文集成》卷一《前甲集一·序》，清文渊阁四库全书本。

4 关于宋代以后文人地位高于武人的现象，宫崎市定认为与科举制的完善有关。经过科举制选拔的士人及其构成的文官制体系成功地抑制了武人势力的扩张，就连当下一些世界最发达国家都难以解决军队对于政治的插手与置喙。（[日]宫崎市定：《科举》，宋宇航译，杭州：浙江大学出版社，2018年，第150页。）

孝宗朝在儒臣与皇帝之间曾发生过一场如何对待士人及和战问题的争议，最终结果表明，孝宗逐渐接受了士人以仁德治天下的统治基调。史料称"孝宗尝自拟馆职策，极言取士用人之弊，大要谓国朝过于忠厚"。一位近臣奏对说"太祖不忍杀一不辜以得天下，累朝仁德，至仁宗而大备，夫忠厚岂有过耶。乞改曰一于忠厚"。孝宗对此言的反应是感叹："非卿不能为此言。"[1] 孝宗还赐宴给这位近臣，并指心而言曰："于此甚有功，朕学力坚固，心术明正，皆卿之力也。"[2]

　　当有人论及本朝以仁立国，兵非不用，而以禁暴安人为本时，孝宗担心这样一来"兵势似弱"，这个看法马上遭到士人反驳，理由是"仁故似弱，实非弱也，社稷灵长，职此之由"。孝宗只好顺着这个语气说"所以并无祸乱"，得到的回答是："本朝似周，彼秦兵虽强，兴衰竟如何？"[3] 这段君臣对话反映出宋朝君主已承认疆域分割难称一统，必须以"仁德"的力量来改变世界的新思路。

　　在宋人的眼中，"武"字甚至都不一定指的是"武力""武备"这层意思，而被看作是仁义道德的延伸。有儒生引司马光为例，说他"论天下事未及其他，而先之以人君修心治国之要，其言曰：修心之要有三，一曰心，二曰明，三曰武。修政治，兴教化，育万物，养百姓，此人君之仁也。知道义，识安危，别贤愚，辨是非，此人君之明也。惟道所在，断之不疑，奸不能惑，佞不能移，

1　楼钥：《纯诚厚德元老之碑》，见《攻媿集》卷九十三《神道碑》，清武英殿聚珍版丛书本。
2　同上。
3　楼钥：《少傅观文殿大学士致仕益国公赠太师谥文忠周公神道碑》，见《攻媿集》卷九十四《神道碑》，清武英殿聚珍版丛书本。

此人君之武也"。[1]

有些宋儒说得更加极端，断言"武"就藏于"文"中，不必单独拿出来展示其功用，两者是一种"体"和"用"的紧密关系，无法截然分开。一篇题为《帝王文武德威如何》的文章断言："帝王惟知其有文而已，而文之中未尝无武，惟知其有德而已，而德之中何尝无威。……自或者观之，帝王之治内外，若专主于文德而阔略于威武也，而不知帝王之所谓专一者，非后世之所谓一偏也。何也？武固不可废，而武特不可先于文。（文之中有武，）威固不可弛，而威特不可先于德。文施于此而武自行，德用于此而威自著（德是体，威是用），有此体则有此用，本末先后，自有次第，此固所以置文于武之上，置威于德之下，且曰本末有序，厥有意哉！"[2]这种观念无疑会影响宋代士人对"武"之内涵的理解，以致每当遭遇外敌入侵而欲奋起抵抗时，却缺乏具体实战经验而流于空谈。钱锺书论南宋陆放翁诗时，亦戏言其自负甚高，好出豪情壮概之语，喜谈匡救之略，又无雄才远谋之术，以致诗里常放言横扫北虏，多显矜诞无当之病。[3]这从另一个侧面证实，南宋文人流行立言之外，急欲立功立德的整体风气，颇可作为宋代文人领军状况的一个注解。

从汉唐推崇武功，忽视"德性"培养，到宋朝以道德统摄武功之意义，再到"功"与"德"合而观之，视二者为一事，经历了一

1　张纲：《乞修心治国劄子》，见《华阳集》卷第十六《劄子·奏状》，四部丛刊三编景明本。

2　季应旅：《帝王文武德威如何》，见魏天应编选、林子长笺解：《论学绳尺》卷三，清文渊阁四库全书本。

3　参见钱锺书：《谈艺录》，北京：生活·读书·新知三联书店，2008年，第334—338页。

个漫长的演变过程。至宋代，在理学家们的反复申说之下，"功"与"德"的界线已经交融不分，形成了一种"新功德论"。宋儒有以下说法："功即德，德即功也，功与德本不可分，成己处便是德，成物处便是功。……如正心诚意便能治国平天下，此岂二物。自后世功德始分，所以有功德兼隆之论，只缘有功者未必有德，有德者未必有功，故有此等议论，三代以前无此议论。"[1]"功""德"相较，"德"比"功"更为重要，功业越多造成的混乱越多，"然岂知功之多者生事亦多，而无功者则天下无事也。生事则天下受其病"[2]。

功德不分的论证思路极大地影响了宋人对"正统"涵义的理解，"正统"之"正"应植根于心而不可求之于外在事功的显赫，是宋代帝王推行政事的基本原则。"正统"之"正"乃"政事"之"正"。其理由是"政者正也，所以正人之不正也，人君以一心运量乎天下，使惟吾政之所统，则在乎主宰于中者，一出于正而已。……为政而先之以德，则自然默感人心，使皆不失其同然之善，故能尊居皇极五位之中，正一心以为万化之原。……人主之治天下，使民有惧心，不若使民有愧心，驱之而后从，不若化之而不忍犯。盖德著于躬行践履，所以率先乎民者也"[3]。与汉唐相比，宋儒给本朝的定位是"国朝兵不如汉，富不如隋，土地不如唐"[4]。虽然如此，他们仍自信"三代而下，治体纯粹，莫如我朝，立国不以力胜仁，理财不以利伤义，

---

[1] 袁燮：《絜斋家塾书钞》卷二，清文渊阁四库全书本。
[2] 欧阳起鸣：《孝宣优孝文》，见魏天应编选、林子长笺解：《论学绳尺》卷四，清文渊阁四库全书本。
[3] 徐元杰：《梅野集》卷一《经筵讲义》，清文渊阁四库全书本。
[4] 李昴英：《淳祐丙午十二月正言奏劄》，见《文溪集》卷之九《奏议》，清粤十三家集本。

御民不以权易信，用人不以财胜德，社稷长远，赖此而已”[1]。宋孝宗也说过：“本朝文物家法远过汉唐，独用兵差为不及。”[2]宋儒与帝王合力营造出的“新功德论”成为支配宋朝内政外交的基本思想原则。[3]

“进故事”与“纪纲”重整

从“前朝”到“本朝”：帝王故事里的教化寓意

为了让“新功德论”更有说服力，宋儒发明了一套宣讲前朝故事的办法，主要先由儒臣为皇帝讲几个前朝的历史事迹，然后再围绕故事阐说相应的道理，后来故事的内容从前朝延伸到了本朝史事。“进故事”一般选择在经筵御讲和朝廷轮对之时举行。早期“进故事”主要集中讲述汉唐皇帝所犯错误和他们如何反躬自省的情形。故事一般都经过儒臣精心挑选，内容经常会暗示和投射到宋帝当时所处的历史情境之中，暗讽其执政之得失，以达成警示王者心理的效果。在宋儒不断启发督促下，宋朝君主似乎业已养成了从前朝故事中汲取经验以为镜鉴的习惯。如元祐二年（1087）十一月吏部尚

---

1 刘克庄：《西山真文忠公行状》，见《后村先生大全集》卷之一百六十八《行状》，四部丛刊景旧钞本。

2 《中兴两朝圣政》卷五四，“淳熙三年十月己卯”条，转引自邓小南：《祖宗之法：北宋前期政治述略》，北京：生活·读书·新知三联书店，2006年，第477页。

3 如果追溯源头，宋朝的“新功德论”大体应与孟子的“王霸之别”理念相当接近。孟子曾云：“以力假仁者霸，霸必有大国。以德行仁者王，王不待大。汤以七十里，文王以百里。以力服人者，非心服也，力不赡也；以德服人者，中心悦而诚服也，如七十子之服孔子也。”（朱熹撰：《四书章句集注·孟子集注》卷第三《公孙丑章句上》，徐德明校点，第274页。）

书兼侍读苏颂就在《上哲宗乞诏儒臣讨论唐故事以备圣览》一文中，通过回忆仁宗下诏检讨唐朝故事，恳请哲宗予以效法，当时仁宗讲唐朝故事"日进五条，曾未期岁，省阅殆遍"[1]。他建议哲宗采择《新唐书》《旧唐书》中若干唐朝皇帝之言行，每日上奏数事，以为议政的参考。哲宗听从苏颂之言，"诏讲读官日进汉唐故事二件"，苏颂"每于逐事后论其得失大旨，同列遂以为例"[2]。苏颂还分门编辑成册进呈，花费了四年时间，纂修了一本名为《迩英要览》的著作。

"德"是文武的共同来源，这几乎成为宋代君臣的共识，他们以此为据，批评前代帝王只知炫耀武功，而不知以德治国之术。宋臣为了验证汉唐两朝君臣缺乏必要的道德训练，开始通过"进故事"的方式颠覆以往被奉为明主的一些著名帝王的完美形象。

如有人质问唐太宗不知事功之价值需要道德衡量的道理，"抑岂知帝王平治天下之功，虽出于文武并行而不相悖，而德也者，乃文武之所自出欤！"批评他"好大而勤兵于远，武之黩也"，唐代治国功绩不及三代，其病源实出于此。[3]

对于汉武帝晚年颁布《轮台诏》以自省这件事，宋儒的评价是早知如此何必当初，讽刺"帝王不足与知道德，而且不与言仁义也"。[4]宋儒质疑汉武帝"外攘四夷，内改法度，号令文章，焕然可

1　苏颂：《上哲宗乞诏儒臣讨论唐故事以备圣览》，见赵汝愚编：《宋朝诸臣奏议》上册，卷六《君道门·帝学中·阅经史》，北京大学中国中古史研究中心校点整理，第55页。
2　同上。
3　参见丁应奎：《太宗文武德功如何》，见魏天应编选、林子长笺解：《论学绳尺》卷三，清文渊阁四库全书本。
4　李雷奋：《上圣道德仁义如何》，见魏天应编选、林子长笺解：《论学绳尺》卷三，清文渊阁四库全书本。

述，其功亦非不高也，曾足以补海内之虚耗乎？"[1]。他们对汉朝各个皇帝的评价有高有低，其原因即在于"君子论人亦当论其德如何耳，以功而论则武优于宣，宣优于文，以德而论则文优于宣，宣优于武"。[2] 宋儒对汉武帝普遍评价较低，就是因为与其他皇帝相比其过于好大喜功之故。

在宋朝各种教化帝王的言论中，汉武帝都是作为负面"榜样"被反复讥讽。与圣王的经典形象周文王相比，汉武帝不但黩武祸民，而且迷信天谴，宋儒要求宋帝"以文王为法，以武帝为戒，端厥心居，以为化本，非正勿视，非正非（勿）听，非正勿言，非正勿动"。[3]

对唐太宗的批评则往往归咎于魏征的谏言，指责他"能使其君信力行仁义之说，而不能救其晚节穷兵之失"。[4] 还有的士人认为唐太宗倾慕仁义之名却不得其实，根源在于"喜其文而不究其本，知求之于纪纲政事，而不知反之于吾身方寸之间，知之求于外廷朝著，而不知行之于宫闱隐微之际"，遂造成"内外扞格，终始衡决，其于圣人之仁义，盖外似而内违，名同而实乖也"的困局。[5] 宋儒认为唐太宗虽有言行自省的精神，但多限于"居安思危，戒奢俭德"的"修身"层面，有"缘饰"敷衍之意，说他"非不谈仁义，亲君子，

1 欧阳起鸣：《孝宣优孝文》，见魏天应编选、林子长笺解：《论学绳尺》卷四，清文渊阁四库全书本。

2 同上。

3 王十朋：《御试策》，见《梅溪先生文集·梅溪先生廷试策并奏议》卷第一，四部丛刊景明正统刻本。

4 郑湜：《相体论》，见王霆震编：《古文集成》卷三十二《前戊集二·论》，清文渊阁四库全书本。

5 吴兢撰、戈直集论：《贞观政要》卷一《政体第二》，四部丛刊续编景明成化刻本。

"天命"如何转移

然而缘饰之意多，真实之诚寡"[1]，远未达到"修心诚敬"这一层。

魏征在应对太宗如何加强修养之道时，表明德仁功利应该兼而行之。可正是这种允许"德仁"与"功利"可以分开达致的观点与宋儒的理想相悖。宋儒们坚持"功利"之心必须被融入"仁德"之中，不可单独列出，两者不是并行不悖的关系，一个是基础，是"体"；另一个是应用，是"体"之延伸，不可并列视之。元人戈直对魏征与太宗的讨论曾评论说："太宗以德仁功利歧而言之，而魏征之对亦未得为知言也。盖德仁，本也；功利，用也；有德与仁，则功利在其中，所谓不求利而未尝不利也。外德与仁而言功利，则非圣贤所谓功利矣。"[2] 称太宗的见识只达到了"未大异于五霸"的水准。

在日常的"进故事"活动中，有一段唐太宗与弓工的对话经常被人反复提起，甚至清朝乾隆皇帝都曾注意和引用过这个故事。故事讲的是有一次唐太宗与宰相萧瑀聊天，说到自己有收藏良弓的爱好，已存有十数张之多，曾不无得意地向一个弓工展示。弓工拿起来端详了一阵说，这些弓均非优质材料制成，太宗惊问是何缘故，弓工回答道："木心不直则脉理皆邪，弓虽劲而发矢不直。"对于弓工的这段话，后人常有不同的解释。洪咨夔就曾夸赞这位弓工"独得古意"，表示"其言盖以规太宗功业虽盛，而治心之道实未尝讲也"，那是因为"太宗天资高而学问不足，其得在于好名，其失亦在于好名，好名故能矫揉为善，惟名之好而观省存养之不加，故矫揉之力怠，而禀受之偏者不能掩"，故这位弓工"可谓善窥其君心术

1　袁甫：《蒙斋集》卷一《经筵进讲故事》，清文渊阁四库全书本。
2　吴兢撰、戈直集论：《贞观政要》卷第三《君臣鉴戒第六》，四部丛刊续编景明成化刻本。

之微矣，太宗亦可于此进格物正心之功矣"。[1]这完全是一番理学家的口气；后世戈直曾针对唐太宗"人无常俗，但政有治乱""为国之道必须抚之以仁义，示之以威信"的看法写下一段按语："风俗有古今，人心无古今，人心之不如古，以风俗之不如古也。然欲美风俗者，则在于正人心，人心正而风俗美矣。"讥刺太宗的所作所为不过表面近似于仁义而已，并没有真正触及道德教化的核心问题。[2]这语气很像是一位宋儒在说话。若把唐太宗和戈直的言论看成一场君臣问答，那颇像是会发生在一个宋朝皇帝与理学宗师之间的事。

再看一段胡寅对这个故事的解读，他指出太宗只关心这张弓在射向敌人时是否能一击命中，完全抱的是功利实用的想法。而弓工则是"借弓为喻"，"犹曰，君心不正，则言行皆邪，势虽尊严，而出政不善云尔"，感叹以弓矢不直隐喻"君心不正"，太宗却未必能知其深意。他最后又加上一句评语："执艺之言，所谓伯牙之弹，而太宗闻之，异乎子期之听邪！"[3]可见这个弓工教化太宗的故事不排除是宋人为阐扬理学思想刻意编造出来的传奇。

在宋儒影响之下，宋帝经常借用唐太宗故事大谈治心体会。除了著名的太宗与弓工之辩外，宋帝亦曾瞩目于太宗与魏征有关"德性"与"功利"之别的对话。如前所述，宋儒始终坚持"功利"出于"道德"，而非两者并行不悖的原则。李心传《建炎以来朝野杂记·乙集》中有"孝宗与近臣论德仁功利"条目，其中谈及宋孝宗曾召见王之奇、陈良翰等人，向他们出示一通御笔书写的《贞观政要》片段，

---

1 洪咨夔：《平斋文集》卷第二十九《故事》，四部丛刊续编景宋钞本。
2 吴兢撰、戈直集论：《贞观政要》卷第五《仁义第十三》，四部丛刊续编景明成化刻本。
3 参见吴兢撰、戈直集论：《贞观政要·政体第二》，四部丛刊续编景明成化刻本。

"天命"如何转移

选录的是一段魏征答唐太宗有关德仁功利关系之问。孝宗声明要以魏征之言为龟鉴，反省自己的言行。过了几天，孝宗又问及臣僚对此的看法，陈良翰退而上疏曰，"仁德者，治之本也，功利者，治之效也，大有为之君务其本而效自至，未有无其本而有其效者也"，表示"愿陛下无以仁德为难，而忘为治之本，无以功利为易，而速为治之效"。[1]可见"仁德"为体与"功利"为用的思想在南宋已达成共识。

"进学"与帝王的道德修养

通过"进故事"，宋儒对汉唐帝王形成了一个基本判断，那就是他们普遍缺乏必要的道德修养，原因即在于这些帝王太少涉猎儒家经典，观察事务往往限于表象，不能洞悉人心世故。程颐断言："大抵人主受天之命，禀赋自殊，历考前史，帝王才质，鲜不过人。然而完德有道之君至少，其故何哉？皆辅养不得其道。"[2]以往历朝帝王不乏禀赋过人之辈，却因缺乏对儒家经典的研习，大多无法成为"有道之君"。

范祖禹则把君主是否好学与天下治乱的大势联系在一起加以评断，他发现"自古以来，治日常少，乱日常多，推原其本，由人君不学故也。天下治乱，皆系于人君之心，君心正则朝廷万事无不正，故天地顺而嘉应降，阴阳合而风雨时。……如欲心正，未有不由稽古好学而能致也"。[3]鉴于以往君王品行有亏皆因不习儒典所

---

1 李心传：《建炎以来朝野杂记·乙集》卷三《上德三》，清武英殿聚珍版丛书本。
2 程颐：《上太皇太后书》，见程颢、程颐：《二程文集》卷七《伊川文集二·奏疏》，清文渊阁四库全书本。
3 范祖禹：《上哲宗论学本于正心》，见赵汝愚编：《宋朝诸臣奏议》上册，卷五《君道门·帝学上》，北京大学中国中古史研究中心校点整理，第46页。

致，范祖禹劝诫哲宗"今日学与不学，系天下他日之治乱"。皇帝是否好学会影响整个天下世风的好坏，因为"陛下如好学，则天下君子皆欣慕愿立于朝，以直道事陛下，辅助德业，而致太平矣"，反过来可能出现的糟糕情况是"陛下如不好学，则天下之小人皆动其心，欲立于朝，以邪谄事陛下，窃取富贵而专权利矣"。[1]学习儒家经典由此成为"格君心"的首要任务，故宋儒进言经常督促宋帝勤习经书，培育好学深思的品性以为先务。

许多儒臣上书要求君主广泛阅读经史子集，或亲自节选先儒语录上呈备览。如田锡曾向真宗讲述唐宪宗将《前代君臣事迹》十四篇书于六扇屏风的故事，希望真宗也能将自己进呈的《经史子集要语》"书于屏，置之御座，出入观省"，起到"圣德日新"的效果。[2]

文彦博则专门上呈了一幅《无逸图》，在殿内张挂，置于几案之上，以便御览。范祖禹希望哲宗仿效仁宗朝故事，把《无逸》《孝经》和蔡襄所书图序置于御座之后，时加警省。[3]范祖禹在给哲宗进讲《尚书》时，节略《尚书》《论语》《孝经》要切之言二百一十九事，以备皇上览阅。[4]徽宗朝陈瓘上书乞观《无逸》及汉文宣、唐太宗事，又有陈师锡《上徽宗论宣取画图》，仍以《无逸》置圣位左右等等记载，不一而足。

1　范祖禹：《上哲宗论学本于正心》，见赵汝愚编：《宋朝诸臣奏议》上册，卷五《君道门·帝学上》，北京大学中国中古史研究中心校点整理，第46页。

2　参见田锡：《上真宗进经史子集要语》，见赵汝愚编：《宋朝诸臣奏议》上册，卷六《君道门·帝学中·阅经史》，北京大学中国中古史研究中心校点整理，第53页。

3　参见范祖禹：《上哲宗乞置无逸孝经图》，见赵汝愚编：《宋朝诸臣奏议》上册，卷六《君道门·帝学中·阅经史》，北京大学中国中古史研究中心校点整理，第54页。

4　参见范祖禹：《上哲宗进经书要言以备圣览》，见赵汝愚编：《宋朝诸臣奏议》上册，卷六《君道门·帝学中·阅经史》，北京大学中国中古史研究中心校点整理，第56页。

哲宗年间不仅时常重温反思汉唐事例，而且把本朝故事也列入了御览之列。丁骘就有《上哲宗乞讲筵开陈祖宗故事》一文，主张在讲《论语》《孝经》之外，"既讲罢经义，更以祖宗故事一二端为陛下开陈"。范祖禹建议哲宗专法仁宗，专门采集仁宗圣政三百二十七事，编辑成书，名曰《仁皇训典》凡六卷进呈。[1] 说本朝故事遂在宋代朝廷之上逐渐浸淫弥漫成了一股相当普遍的风气。[2]

宋朝皇帝大多热衷于书画文章，史载"以文章化人成俗者，自太宗始也。……太宗在南宫留意翰墨，断行片简，得之于外则争求之，宝为楷法，自是学者书体立变"，时人认为这是"圣教所至"。[3] 宋帝不仅常常召见儒臣讨论经史，还不时书写圣贤语录赠与儒臣。如真宗草书《孝经》和回鸾诗，高宗书《中庸》《大学》《白鹿洞书院学规》等赐予大臣。与此同时，宋儒则时刻不忘告诫宋帝，吟诗赏画之目的绝非贪欢逸乐，而是为了涵养身心。陈师道就对只因仁宗"留神翰墨"，导致"三府百吏，内宗外姻，下逮近习，莫不好书"的现象深感忧惧。他担心皇帝掀起的这股品鉴文章书法的风气，一旦在世间流行就会遭到扭曲，失去"格君心"的初衷。他警

1　丁骘：《上哲宗乞讲筵开陈祖宗故事》，见赵汝愚编：《宋朝诸臣奏议》上册，卷十二《君道门·法祖宗》，北京大学中国中古史研究中心校点整理，第108页。

2　朱鸿林认为，针对宋理宗的权威受史弥远等权相的挟制，真德秀在《大学衍义》中强调"诚心"的重要，因此发挥《大学》精义尤重"内心"的部分，而对"齐家""治国"等部分分疏较略，也对朱熹《大学章句》中"格致穷理"的部分有所忽略。其实更加突出强调"诚心"的作用，并非真德秀一人所为，而是南宋士人区分于北宋儒家的重要特点。（参见朱鸿林：《理论型的经世之学：真德秀〈大学衍义〉之用意及其著作背景》，见《儒者思想与出处》，北京：生活·读书·新知三联书店，2015年，第80—101页。）

3　谢维新：《古今合璧事类备要后集》卷一《君道门》，"圣翰"条，清文渊阁四库全书本。

告仁宗说："夫士大夫阿主之好而为书，未害于政，而臣惧小人因书以进也。故君子于其所好又有慎焉。"[1] 当宋哲宗御书唐人诗一首赐予范祖禹，范祖禹上书谢恩时仍不忘提醒哲宗"愿笃志学问，亦如好书，益进道德，皆若游艺"，阅读经书乃是充实自身的学问修为，练习书法也是为了促成道德修为有所进境，最终达于"将见风云出于掌握，宇宙入于胸怀，发灵光之蕴而森为众形，收雷霆之动而归于精象"的境界。[2]

"纪纲"与"正统"

从"正统论"构建的角度看，宋儒对"纪纲"的理解亦发生了新的变化。古义中"统"字与"纪"同义，常合称。《说文解字》又说："纪，别丝也。"段玉裁的解释是，统纪的原义是，茧盘结成丝，由女工以热汤煮后，抽捡为统纪，否则不能成丝，故"纪"乃统丝之首，隐约喻示着世间人物与各类事务需有系统，且须归于"首领"统摄之意。又有开统之后线索相承不绝的意思。延伸到王朝政治中的"正统论"，若比附取譬于丝之统纪，往往喻指统一天下而一系相承，不绝如缕，实指开统与继统之终始关系而言。[3]

宋儒理解"统"与"纪"之关系，虽仍取"首领"贯穿统摄之意，但其正统来源已大为不同，汉唐之"统"更倾向于直承天意符命，宋朝之"统"则更强调作为首领的君王如何涵育"道德人心"。一般而言，有君王牵头，由制度结丝成网，就会弥漫成一种统治风

1　陈师道：《御书后序》，见《后山居士文集》卷第十五《记》，宋刻本。
2　《群书会元截江网》卷二《圣翰》，"结尾"条，清文渊阁四库全书本。
3　参见雷家骥：《中国古代史学观念史》，第 175 页。

格。对"纪纲"本义的看法在南北宋亦有分殊，难称定论。比较早的说法是"纪纲"就是"法度"的转义，北宋年间宋帝对"纪纲"的认识大致停留在这个语义之上，如端拱元年（988）宋太宗对儒臣言道："国之兴衰，视其威柄可知矣，朕思与卿等谨守法度，务振纪纲，以致太平。"[1] 宋太宗仍把"纪纲"理解为一种制度层面的治理技术。南宋以后，"纪纲"蕴意大变，以"格君心"为核心步骤构造出了一整套推衍道德教化的体系，基本失去了"法度"的原始义。其中尤以朱熹的言论最为典型，他对"纪纲"有如下定义："治天下莫先于正心术以立纪纲。夫所谓纲者，犹网之有纲也；所谓纪者，犹丝之有纪也。网无纲则不能以自张，丝无纪则不能以自理。故一家则有一家之纲纪，一国则有一国之纲纪。乃若乡总于县，县总于州，州总于诸路，诸路总于台省，台省总于宰相，而宰相兼总众职，以与天子相可否而出政令，此天下之纲纪也。"[2]

这是朱熹对"纪纲"做出的全新解释，要旨在于"纪纲"不仅限于"法度"这个治理层面，而且是一种"心术"，"心术"也不限于上层，同时可贯穿至基层社会，成为政令之源。朱熹反复强化"纪纲"与君主"心术"的对应关系："纲纪不能自立，必人主之心术公平正大，无偏党反侧之私，然后纪纲有所系而立。"他批评当朝君主"今日纪纲不正于上，是以风俗颓靡于下，盖其为患久矣"。[3]

重释"纪纲"之意蕴，自然免不了反省汉唐皇帝理政之阙失，程明道就讥讽唐太宗有"夷狄之风，三纲不正，无君臣父子夫

---

1 《群书会元截江网》卷十七《纪纲》，"皇朝事实"条，清文渊阁四库全书本。
2 《群书会元截江网·纪纲》，"名臣奏议"条，清文渊阁四库全书本。
3 同上。

妇，……故其后世子弟皆不可使，君不君，臣不臣"，种种"纪纲"不振的表现，终于酿成了"藩镇不宾，权臣跋扈陵夷，有五代之乱"的惨痛局面。[1]

有人更是把立国规模与治心之术分而视之，前者需受后者支配制约，如说："善用天下者必有一定之规模，善扶天下者必有先定之纲纪。曷谓规模，治是也，曷谓纪纲，心是也。……夫立规模者在纪纲，立纪纲者在君心。"纪纲的真义"非但制度法令而已也，品式条目而已也"，"纪纲"乃是贯穿身家、宗庙、朝廷，构成上下一心、家国一体的一条主线。[2]如果把"纪纲"蕴义置于汉唐宋历史演变的脉络里，就会看得更加清楚。有论者曾做过以下比较云："汉唐本朝纲目，汉以规模为纪纲，故大纲正而众目未张，唐以法令为纪纲，故众目张而大纲未正，我朝以礼乐为纪纲，纪纲既正而众目复张，此古今治乱之所由分也。"因为以"仁义立国"，所以才有"土地不如汉，户口不如唐，纪纲修明，与周比隆，齐家治国平天下之道，千载一日也"的自信心态。[3]

在宋代的《春秋》学中，宋儒还借助对"纪纲"的新理解，重新讨论过"春王正月"这个老话题。有一段话是这样诠释的："王禀于春，正禀于王，以载行事，以立纲纪，纲纪立，而后条贯举，条贯举，而后褒贬作，褒贬作而后君君臣臣父父子子之道定。"[4]这已经完全是宋代理学视野里的《春秋》经学观了。

---

1 《群书会元截江网·纪纲》，"诸儒至论"条，清文渊阁四库全书本。
2 《群书会元截江网·纪纲》，"主意"条、"警段"条，清文渊阁四库全书本。
3 《群书会元截江网·纪纲》，"事证"条，清文渊阁四库全书本。
4 章如愚编：《群书考索续集》卷十二《经籍门》，"桓公"条，清文渊阁四库全书本。

先"自治"后"治外"：宋代"新夷夏论"

"自治"与"制夷"

宋儒大力主张"功"蕴积于"德"，"武"藏拙于"文"，面对北方少数族群的压迫，面对军事上的屡战屡败，士大夫开始对传统经典中的"夷夏之辨"论题进行重新诠释。宋代"新夷夏论"的最重要特征，是根据宋朝与辽金长期对峙的历史处境，重整"正统论"之次序，淡化"正统论"中疆域一统之要素，刻意彰扬其中"德性"修养之一面。

与前朝相比，宋朝在思想和制度方面出现了两个变化，一是"君道"出于"师道"；二是法制出于礼乐。前者需受后者的制约。宋儒常说："惟其因彼礼乐之和顺，而立我法度于无穷。"或云："法度礼乐，三王岂有他技巧哉，盖以尽君师之道而已。"[1]

由理学宗师们更新诠释过的新"道统"，恰恰是宋朝帝王与北方异族相对抗的有利思想工具，所谓"夫中国之所以异于外裔者，以经常不易之道存焉耳"。[2] 从"道统"的各种诠释中很容易引申出一个重要理念，那就是士大夫和帝王只要内心不为异族压迫所动，具有足够强大的自我管理能力，就能完成治国安邦的使命。宋朝文献中屡屡出现的一个词就是"自治"。

"自治"不是表层意义上的故作姿态，而是依靠道德自省修炼出的一种处事不惊、安稳沉静的心理常态。时人论曰："圣人所以自治

1　常挺：《三王法度礼乐如何》，见魏天应编选、林子长笺解：《论学绳尺》卷一，清文渊阁四库全书本。

2　彭方迥：《帝王要经大略》，见魏天应编选、林子长笺解：《论学绳尺》卷一，清文渊阁四库全书本。

其中国者，初岂以远人之变而易吾之常也哉。如其舍我之常，徇彼之变，扰扰然求其治于彼，以为制敌之略，而所以自治者，不以定力持之，则要经不立，在我固已失其制之之本矣，而安能使彼之帖然受制于我，盍观诸帝王乎！"[1]这是不按外敌增压的程度而变更"天下家国之常经"的泰然姿态，亦是"中国之所以为中国之道"。若要真正克服北方异族的威胁，达成"四裔自服"的局面，唯"常道修明"一条路可走。"自治"之道延伸出来的另一个说法是"爱民"，所谓"制夷狄之道，在于爱民，……兵书无不本诸爱民者"。[2]那些心旌摇曳没有定力的人，乃是"不知中国之异于外裔者，以其经常不易之道尔"。[3]

反复提及"自治"是"制夷"之道者尚不在少数，如孙觉就说："反复以自治为先，故能周道中兴，夷狄远迹。"即使遭遇夷狄之患，也是王朝在所难免的境遇，"唯知自治者，为能胜之"。[4]魏了翁在另一篇御夷之策中，更是在标题里直接标示出"自治"两个字。在《进故事论夷狄叛服无常力图自治之实》一文中，他建议皇帝"与大臣力图所以自治之实，而常为不可胜之势，则叛服去来，吾皆有以待之也"。[5]这句话的大意是说，只需坚持"自治"的信念，不必在胜负大势上多

---

1 彭方迥：《帝王要经大略》，见魏天应编选、林子长笺解：《论学绳尺》卷一，清文渊阁四库全书本。

2 王庶：《论制夷狄之道奏（绍兴八年［一］）》，见曾枣庄、刘琳主编：《全宋文》第一八四册，卷四〇五一《王庶一》，上海：上海辞书出版社；合肥：安徽教育出版社，2006年，第307页。

3 彭方迥：《帝王要经大略》，见魏天应编选、林子长笺解：《论学绳尺》卷一，清文渊阁四库全书本。

4 孙觉：《论自治以胜夷狄之患奏（熙宁元年五月）》，见曾枣庄、刘琳主编：《全宋文》第〇七二册，卷一五八二《孙觉一》，第343页。

5 魏了翁：《进故事论夷狄叛服无常力图自治之实》，见曾枣庄、刘琳主编：《全宋文》第三一〇册，卷七〇九三《魏了翁四一》，第251页。

做计较，就能取得"制夷"的效果。

"自治"理念与宋代理学思想的形成密不可分。在下面一段论述中，吴潜讲了一大段格物致知修齐治平的大道理，然后把"致知"的"致"字加以引申，所谓"致"相当于达到了一种至高的境界，"致则至矣，至则举天下之外境万种万类，皆不能动之矣。举天下之万种万类不能动之，则意自诚"。[1] 所谓"外境万种万类"当然包括北方的少数族群。对待这些人只需皇帝和臣民"意诚而心正"，"益守此静，以造于纯粹之地。纯粹生高明，高明生广大，道且在我矣"。[2] 这种自信完全出自理学家的治国理想，他们坚信可以把内心的道德修为无限扩张，推广至诸夏和夷狄居住的所有地区。

在另一篇文字中，"理"成了一个"制夷"的关键词。其言曰："然中国夷狄，自古常对立于天下，夷狄之所恃者力，中国之所恃者理。在彼者有彼之可恃，而或窃我之所恃；在我者无彼之可恃，而又失我之所恃，则胜负之形已判矣。"中国之"理"包括畏天命、结民心和进贤才等项。[3] 这个"理"字与"道"是相辅相成、互为表里的关系。

以"文治一统"替代"疆域一统"

对"道统"意义的新认识重整了宋朝的"内外观"。宋儒深信，获得"正统"的条件不在"地"之大小，而在"德"之厚薄。有

1　吴潜：《内引第一劄论今日处时之难治功不可以易视及论大学治国平天下之道（淳祐九年）》，见曾枣庄、刘琳主编：《全宋文》第三三七册，卷七七七○《吴潜六》，第178页。

2　同上。

3　吴潜：《冬十月一日内引奏劄论夷狄恃力中国恃理四事》，见曾枣庄、刘琳主编：《全宋文》第三三七册，卷七七七二《吴潜八》，第207—208页。

"德"则"自治","自治"则内心会变得强大。这涉及对历史上各朝治理疆域政策的评价，吕祖谦就批评宋以前受制于夷狄动态的弊端，他在《匈奴论》中说："当夷狄之强则自以为危，危则戒，戒则治，当夷狄之弱，则自以为安，安则怠，怠则乱。故夷狄之强弱，虽不足为中国之安危，而实兆中国之治乱，此无他，为人君不能自治中国，而每以夷狄为轻重也。"[1]夷狄之强弱不在军力强大，而在汉人君主内心"自治"之程度。

宋代"新夷狄论"之形成实肇始于北宋年间，苏轼就曾修正了先秦的"夷狄观"，断言夷狄不可教化，也无法转化为诸夏之中的一员。这与先秦孔子认为夷夏身份可以互换的观点完全不同。他说："夷狄不可以中国之治治也，譬若禽兽然，求其大治，必至于大乱，先王知其然，是故以不治治之，治之以不治者，乃所以深治之也。……夫以戎之不可以化诲怀服也，彼其不悍然执兵，以与我从事于边鄙，固亦幸矣。"[2]杨时还有一种近似的说法是："盖夷狄之战，与中原之战异，难与较曲直是非，惟恃力耳。但以禽兽待之可也。"[3]视"夷狄"为"禽兽"，通过"自治"把汉人文化敬奉到夷狄无法企及的高度，以封闭自我的姿态打造军事失败的心理补偿机制，这正是宋儒不断经营的一种新型治理术。

在这种思维的支配下，"治夷狄"好像纯粹变成了"中国"的内部事务，与对外军事行动似乎没有什么关联。中国治理好了，夷

1　吕祖谦：《匈奴论》，见王霆震编：《古文集成》卷四十三《前巳集五·论》，清文渊阁四库全书本。

2　苏轼：《王者不治夷狄论》，见王霆震编：《古文集成·前巳集五·论》，清文渊阁四库全书本。

3　转引自徐问：《读书札记》卷六，清文渊阁四库全书本。

"天命"如何转移

狄自然构不成威胁。故陈公辅有言："所以胜夷狄者，必在于治中国，所以治中国者，必在于得民心。"[1]"夷狄"显然不是"中国"内部需要处理的对象。

梁焘的话更是说得直接，宋朝没有必要寻求多么辽阔的土地，所谓"以辟地为强也"不应该是宋朝的处事方式，而是应该"以夷虏怀德畏威为强"，采取"以先制人为安，不以受制于人为安"的策略，具体办法是"谨守疆场，宝有土地，明信重威，制贪御侮。兵戢而时动，不得已而用之"。[2]再如苏洵曾对仁宗说，对付夷狄不在众险而在人心。在《上仁宗皇帝书》中曾言："臣闻古者敌国相观，不观于其山川之险，士马之众，相观于人而已。……今以中国之大，使夷狄视之不畏甚者，敢有烦言以渎乱吾听，此其心不有所窥，其安能如此之无畏也。"[3]

宋儒还从天象星野的角度论证夷狄不属于华夏九州之域，故无能力奉行中国君臣父子之义。石介在《中国论》中首先定义"九州"界域，他说："仰观于天，则二十八舍在焉；俯观于地，则九州分野在焉；中观于人，则君臣父子夫妇兄弟宾客朋友之位在焉。"在这样的政治地理框架之内，凡是不属于二十八舍九州分野之内的地方，不居于"君臣父子夫妇兄弟宾客朋友之位"的人群，均属"夷狄"。而"二十八舍"之外的人要干预中国内部事务则是"乱天

---

1 陈公辅：《上钦宗论致太平在得民心》，见赵汝愚编：《宋朝诸臣奏议》上册，卷四《君道门·君道四》，北京大学中国中古史研究中心校点整理，第 42 页。

2 梁焘：《上哲宗论四者归心之道》，见赵汝愚编：《宋朝诸臣奏议》上册，卷三《君道门·君道三》，北京大学中国中古史研究中心校点整理，第 34 页。

3 苏洵：《上仁宗皇帝书》，见苏洵、苏轼、苏辙撰：《宋婺州本三苏先生文粹》上册，卷第八《老泉先生·书》，上海：上海古籍出版社，2017 年，第 198 页。

常也"。更进一步说，"九州分野之外入乎九州分野之内，是易地理也。非君臣父子夫妇兄弟宾客朋友之位，是悖人道也"。结论自然是："苟天常乱于上，地理易于下，人道悖于中，不为中国矣。"[1]

明代"大一统"观对宋朝理学思想的继承

明代士林对元朝"大一统"观的评价

明代帝王从蒙古统治者手里取得天下，在明初的"正统性"建构中继承了元朝的一些理念。元朝是第一个由非汉人当政实现了"大一统"的朝代，元帝常常自诩对广大疆域的占有和控制远迈前代。在忽必烈决定是否讨伐南宋、一统中国的关键时刻，正是南宋降将刘整的一席话使他坚定了平宋的决心。刘整的献策说："自古帝王，非四海一家，不为正统。圣朝有天下十七八，何置一隅不问，而自弃正统耶！"[2]刘整打出的旗号重新唤醒了士人对汉唐疆域"大一统"的历史记忆，揭橥的乃是"正统观"中空间一统之义。

元朝改国号为"大元"也是取自《易经》乾元之义。萧启庆认为《易经》中的本义为"大"，元朝应即"大朝"之义。刘秉忠等人建议以"元"为国号时，显然就是着眼于此义。[3]《经世大典》明

---

1 石介：《中国论》，见《宋文选》卷十五《石守道文》，清文渊阁四库全书本。关于星象与"正统"建立之关系，参见胡鸿：《能夏则大与渐慕华风——政治体视角下的华夏与华夏化》第三章"帝国符号秩序中的夷狄"第二节"星空中的华夷秩序：两汉至南北朝时期有关华夷的星占言说"，第88—96页。

2 《元史》卷一百六十一《列传第四十八·刘整》，北京：中华书局，1976年，第3786页。

3 参见萧启庆：《内北国而外中国：蒙元史研究》上册，北京：中华书局，2007年，第76页。

确揭示："自古有国家者，未若我朝之盛大者矣。盖闻世祖皇帝初易'大蒙古'之号而为'大元'也。……元也者，大也。'大'不足以尽之，而谓之'元'者，大之至也。"[1]

元朝立国取"大一统"为"正统"之首义，也为明朝士人所注意。杨士奇等人编纂的《历代名臣奏议》中就收录了一条元成宗时期的士人郑介夫的奏议，这篇文字把元朝与秦汉晋隋唐比较，认为只有这几个朝代真正实现了"大一统"，其中并不包括宋代。其文云："钦惟圣朝，布威敷德，临简御宽，极地际天，罔不臣服，混一之盛，旷古所无。三代以降，自周至今二千年间，得大一统者，惟秦汉晋隋唐而已。秦隋晋以贻谋不远，旋踵败亡，汉唐虽传数十世，其间又乱日常多，治日常少。古今一统，其难如此，而能保于长且久者，又难如此。"他警告元帝"毋谓四海已合，民生已泰，可以安意肆志，而不思否泰相因，离合相仍，大有可忧可虑者存也"。[2]

然而让郑介夫担心的事到底还是发生了，元朝政权因为德性未足，不到一百年就崩塌灭亡了。明朝最初在"正统性"的建构方面仍然承接了元朝士林的一些思想遗产，比如某些士大夫的舆论仍

---

1 《〈经世大典〉序录·帝号》，见苏天爵编：《国朝文类》第三册，卷第四十《杂著》，收入《日本宫内厅书陵部藏宋元版汉籍选刊》编委会编：《日本宫内厅书陵部藏宋元版汉籍选刊》第169册，上海：上海古籍出版社，2012年，第210页。近期有学人认为，《经世大典》以疆域广大为依据，把"元"释为"大"，主要体现的应该是对汉文化认识不深的蒙古统治集团知识层对国号内涵的理解。而多数汉人儒生常"以仁解元"，把"大元"理解为元帝依从天地大德，生生不已，走的是制作"理学化国号"的路子。（参见李春圆：《"大元"国号新考——兼论元代蒙汉政治文化交流》，载《历史研究》2019年第6期，第59—77页。）此解似嫌牵强。因为中国典籍中释"元"为"大"之例比比皆是，而且"正统观"之内涵尽管在宋代被"理学化"，较为倾向于从"德性"角度阐释"正统"之义，但其汉代原始义中本来就包括空间"大一统"之蕴意，绝非蒙古统治集团知识层率先发明。

2 杨士奇等编：《历代名臣奏议》卷之六十七《治道》，清文渊阁四库本。

然比较强调对"大一统"疆域的占有这一正统要素，甚至有意与宋代历史划清界限。明英宗被瓦剌也先俘虏后，朝野舆论视为奇耻大辱，不少人把"英宗北狩"比拟为北宋靖康之难。但也有人以为此二事性质迥异，不可等同评价。如有人为英宗辩护云："英庙之北狩因轻敌而陷，比与宋徽钦之事不同。是时天下大一统，我中国既已立君，北虏执一天子将安用之，反动中国之兵矣。"[1]

在一些民间笔记里面，明朝皇帝仍然是元朝"大一统"的合格接替人。《西湖二集》有一段话说，"我洪武爷这位圣人，不数年间成就了大明一统之业"。因为洪武帝"运筹帷幄之中，决胜千里之外"，才导致"元朝失之而亡天下，我明得之而大一统"。[2]

"在德不在险"的地缘政治观

在评论宋朝历史得失时，明朝士人也力求平衡疆域占有与德性修养之间的关系。在评价宋太祖与太宗关于定都取舍的争议时，他们就坚持太祖的决定具有预见性。宋初太祖拟定都洛阳，目的是"据山河之险而去冗兵，循周汉故事以安天下"，这是据险而守的地缘政治策略。

太宗则奉行"在德不在险"的儒家理念，反对定都洛阳。宋太祖说，如果采纳时为晋王的太宗意见，"不出百年，天下民力殚矣"。后来的历史进程验证了太祖的看法。明人评价宋人李纲"以关中为本位"的观点与太祖接近，当时"李纲议关中为上，襄阳次之，即太祖当日之谋也。舍关中襄邓，顺流东南，一失中原而不可

1　顾应祥：《静虚斋惜阴录》卷之十二《杂论三》，明刻本。
2　周清源：《西湖二集》卷之十七《刘伯温荐贤平浙中》，明崇祯刊本。

复，惜哉！且立国者谁不先德，然险亦不可失也"[1]。这段议论表示德性固然重要，但仍多少延续了守险固疆的地缘政治思维。

尽管明朝在"大一统"观方面继承了元朝的一些思想，然而另一方面，明太祖又确实在夺取王位时打出了"驱除鞑虏，恢复中华"的旗号，以倾覆蒙古异族政权为目标，刻意突出了明朝作为汉人政权的正统色彩。明朝士人在涉及南北政权对峙的状况时，仍继续采纳宋朝士人有关"夷夏之辨"的正统论述模式。明代著名学者叶春及的观点最为典型，他的看法是"王者无外志有外"，意指"王者无外"是一种理想设计，可是一旦记录现实情况时，还是要分清内外之别。对异端采取"外之"的态度是因为他们蔑视王法，不服教化。如果换个角度则应采取"内之"的办法，就是要把其容纳在华夏体制之内，这层意思标示出的是春秋"大一统"之义。所谓"志而外之所以明有义也，外而志之所以明有仁也。仁义立而王道备矣"。[2]

因为与北方"夷狄"长期对峙这一历史境况和宋代十分相似，而且同样屡遭蒙古帝国残余与满洲的侵扰压迫，军事实力日益孱弱，故明代士人处理北方异族与疆域守备之间的关系基本继承了宋儒的思路。明朝建立之初，其"正统论"中似乎已很少提及疆域拓展作为"大一统"要素的重要性，即使偶有提及"大一统"这个话题，也是从思想文化的一统性方面立论。下面这类说法大致代表了明代士人的普遍心态，他们估计明代儒学教化的程度已经远超宋代，这也应该是"大一统"的另类表现方式。如说"天启皇明大一统文明之治，开万载太平之业。在内则立胄监，在外则府州若县，莫不有学，而

1　姚舜牧：《来恩堂草》卷之十，"论太祖先见"条，明刻本。

2　叶春及：《外志论》，见《石洞集》卷十一《志论四》，清文渊阁四库全书本。

学之教法规制，盖已超轶汉唐宋，而娓娓乎唐虞三代之隆矣"。[1]

这就是所谓"文治大一统"的思路，与宋朝突出"德性"统一的想法十分相似。明代皇帝在这一方面似与士人的观点比较接近。如洪武十八年（1385）三月，明太祖浏览舆图，有大臣进言称："今天下一统，海外蛮夷无不向化，舆图之广，诚古所未有。"太祖回答说："地广，则教化难周，人众，则抚摩难遍。此正当戒慎。天命人心，惟德是视。纣以天下而亡，汤以七十里而兴。所系在德，岂在地之大小哉？"[2]明太祖特意强调明朝获得天下的决定性因素仍在于赢得人心，而不在于疆域拓展的规模。

明太祖的观点在明代士人中多有响应，如孙鼎即认同下述观点"王者惟能备天下之德，而后足以系天下之心。天下之心非可以力服也，以德服人者，中心悦而诚服也。……四方以为纲者，以德不以力也"。[3]又如徐问也曾抄录以下议论"兵所以毒天下，帝王不得已而用之，惟用于中国，以定祸乱，而不轻用于四夷，以倖边功，盖不欲以夷狄禽兽伤吾民也。至秦皇汉武，始事远夷，以贻后患，中国财力，于斯敝矣"。[4]这仍是承袭了宋朝"进故事"的遗风，以讥刺秦汉炫耀武力，为自己的保境护民之说辩护。

明代帝王与士人强调德性在御边守境当中的核心作用，实有其不得已之苦衷。明代疆域虽广于南宋，但与元朝占有领土之广袤不可同日而语。况且明代肇建时并没有根本消灭蒙古势力，只是把他们驱逐

---

1 杨荣：《常熟县重修庙学记》，见《文敏集》卷十《记》，清文渊阁四库全书本。
2 参见田艺蘅：《留青日札》卷之十一，"舆地图"条，朱碧莲点校，上海：上海古籍出版社，1992年，第196页。
3 孙鼎编：《诗义集说》卷之三，南京：江苏古籍出版社，1988年，第364—365页。
4 徐问：《读书札记》卷六，清文渊阁四库全书本。

到了北方地带，随后明朝又面临满洲崛起的威胁，南北长期对峙的战事格局与宋朝极其相似，明代江山最终也如南宋那样被北方异族所倾覆。因军事实力不强，明帝对北方异族的进攻始终被迫采取守势，只能把目光转移到对西南少数族群的征服和治理方面。明朝有关开疆拓土的"大一统"论述往往与对西南之"夷"的剿抚密切相关。嘉靖年间，毛伯温平复安南内乱就是个著名例子。当年安南内部发生了莫登庸篡夺王位的事件，毛伯温奉命赴广西处理此事。毛伯温的看法是，这属于安南内部发生的政治斗争，对于旧国王而言，莫登庸虽是篡位之臣，但无论何方掌权，只要通使朝贡，尊奉明朝正朔，就应予以承认。这就是明朝士人坚持的夷夏"内外观"。

在毛伯温的视野里，安南内部就如一个不断变换角色的大舞台，各方势力你方唱罢我登场，哪一方都不能确认自己拥有绝对的正统性，即使是叛臣篡位，也不能断言一定犯了大逆不道之罪，这与中国内部曾经发生过的帝王分封诸侯的历史状况大为不同。因为"兴灭继绝"之类的使命感，只能"为帝王子孙封建诸侯而言，非以施以夷狄"。[1] 对异族不适宜运用内地的分封之策。基于以上认识，毛伯温在边境聚集了大量军队，其最终目的并非对安南开战，而是胁迫莫登庸奉旨称臣。

在毛伯温的兵威震慑之下，莫登庸最终献上了安南的地图户籍，并归还了钦州四峒地区。明廷则在安南设置安南都统使司，等于把明代统治疆域扩展进了安南国内。这次不战而胜使得毛伯温的制夷策略备受推崇，并被视为明朝实现"大一统"的最佳范例。史馆为

---

1 李文凤编：《越峤书》卷之十三《书疏文移》，明蓝格钞本。

其立传时称："安南之征，尊我国体大矣。议者谓当弃而弗问，不几于延寇养患乎！春秋大一统，莅中国以御四夷，叛则讨之，服则舍之，王者仁义之师也。"[1] 还有人专门写诗吹捧毛伯温云："华夷一统勋名盛，金石镌崖万古传。"[2] 不过，明朝在处理"南夷"事务方面虽偶有成功之例，可是面对"北狄"入侵却显得一筹莫展，最终丢掉了江山，可见明朝在处理"夷夏"关系时与南宋颇有相似对应之处。

御敌于国门之外而惟恃修道以自保是明代对付北方异族的基本策略。丘濬就引述班固之语云，《春秋》内诸夏而外夷狄。夷狄之人，贪而好利，被发左衽，人面兽心。其与中国殊章服，异习俗，饮食不同，言语不通"，并加按语云："自古帝王，皆以能致外夷以为盛德，殊不知德在华夏文明之地，而与彼之荒落不毛之区无预焉。固所谓'得之不为益，弃之不为损，盛德在我，无取于彼'。"[3] 这还是宋朝先"自治"而后制"夷狄"思想的一种延伸。先恃文明以治内，异族自然服膺而奉正朔，由"内"统"外"，天下方能归于太平。下面这段话几乎在完全重述宋儒的"自治论"，他说"人君为治，先内而后外，始近而终远，内华而外夷。然必内者修，而后外者治，近者悦，而后远者来，华人安，而后夷人服。苟吾德之不修，食之不足，君子不用，小人不远，则近而在吾之内者，有不修矣。内治之不修，而徒外夷之攘，难矣。是故王者之驭夷狄，以自治为上策"。[4]

1　毛伯温：《毛襄懋先生别集》卷之四《平南录·纪类》，"邵勋"条，清乾隆三十七年毛仲愈等刻毛襄懋先生集本。

2　毛伯温：《毛襄懋先生别集》卷之三《平南录·诗类》，"刘桂"条，清乾隆三十七年毛仲愈等刻毛襄懋先生集本。

3　丘濬：《大学衍义补》下册，林冠群、周济夫校点，北京：京华出版社，1999 年，第 1248—1249 页。

4　同上书，第 1257 页。

丘濬专门回应朱熹"内治修，然后远人服，有不服，则修文德以来之，亦不当勤兵于远"的"制夷"之策云："所谓文德者，德即《虞书》'惟德动天'之德，文即《禹贡》'揆文教'之文也。文德与武功对。所谓文德之修，即内治之有条理者是也。"[1] 如此解释无异于默认了明朝虽不具备"大一统"能力，却仍具有"正统"之地位。基本上奉守的是理学治疆的老路子，没有多少自己的见地。

　　更有极端言论认为"大一统"核心主旨须以"心性"之修炼程度为标准。如说："吾儒亦有大一统者，大以心性，统以心性，所云放之四海，行乎蛮貊者也，可遂谓此蛮貊之学乎！"[2]

　　明代在论述"正统"与"大一统"之关系方面继承了宋儒观点的代表人物还有方孝孺。方孝孺在《释统》一文中直接质疑"正统"与拥有广大土地之间应有必然联系。他的看法是："正统之说，何为而立耶？苟以其全有天下，故以是名加之，则彼固有天下矣，何不加以是名也？苟欲假此以寓褒贬，正大分，申君臣之义，明仁暴之别，内夏外夷，扶天理而诛人伪，则不宜无辨而猥加之以是名。"[3] 对于那些仅仅借助"全有天下"的"大一统"之名而行事之人，是否真正具有"正统"之位是需要加以辨析的，并不具备理所当然的正当性。否则就会造成如下后果："不能探其邪正逆顺之实，以明其是非，而概以正统加诸有天下之人，不亦长侥幸者之恶，而为圣君贤主之羞乎！"[4]

1　丘濬：《大学衍义补》下册，林冠群、周济夫校点，第 1260 页。
2　丁绍轼：《修池州府学孔子庙碑记》，见《丁文远集》卷八《记文》，明天启刻本。
3　方孝孺：《释统上》，见《逊志斋集》卷之二《杂著》，四部丛刊景明本。
4　同上。

不能仅仅以统一疆域作为"正统"成立的唯一标准，乃是因为"古之能统一宇内，而动不以正者多矣"，那些打着一统旗号，僭冒正统之名的王朝不在少数，秦隋两朝就是鲜明的例子。不符合正统标准的朝代只能称之为"变统"。在方孝孺看来，"三代"是标准的正统年代，汉唐宋虽不及"三代"，"然其主皆有恤民之心，则亦圣人之徒也"[1]，只能勉强列入"正统"之序。在评判是否拥有正统标准方面，方孝孺比朱熹还要严苛。朱熹以为，从"大一统"的首义标准判断，周、秦、汉、晋、隋、唐都该算是"全有天下"的朝代，这些王朝占有最广大的疆域，均可列入"正统"谱系。方孝孺对此不以为然，他觉得"所贵乎为君者，岂谓其有天下哉？以其建道德之中，立仁义之极，操政教之原，有以过乎天下也。有以过乎天下，斯可以为正统。不然，非其所据而据之，是则变也"[2]。那么，周、汉、唐、宋才真正符合"正统"标准，至于晋、秦、隋、女主政权及夷狄因各有缺陷，只能归于"变统"。

方孝孺并不认为拥有广大疆域就一定据有"正统"之位，尤其是只具备军事强势却"德性"有阙者，就更无"正统"资格。《春秋》书写的深意即在于周室衰微，而各方诸侯仍尊周室为王，不敢轻易篡位的原因乃是因为，"夫中国之为贵者，以有君臣之等，礼义之教，异乎夷狄也。无君臣则入于夷狄，入夷狄则与禽兽几矣"[3]。方孝孺更是严格区分夷狄与华夏的界线，说"彼夷狄者，侄母烝杂，父子相攘，无人伦上下之等也，无衣冠礼文之美也。故先王以禽兽畜之，不

---

1 方孝孺：《释统上》，见《逊志斋集》卷之二《杂著》，四部丛刊景明本。

2 方孝孺：《释统中》，见《逊志斋集》卷之二《杂著》，四部丛刊景明本。

3 方孝孺：《后正统论》，见《逊志斋集》卷之二《杂著》，四部丛刊景明本。

与中国之人齿。苟举而加诸中国之民之上，是率天下为禽兽也"[1]。

除了针对"夷狄"仍奉行"夷夏之辨"原则外，在对内统一思想的认知方面，明朝士人依据宋儒的理解，对董仲舒曾经阐释过的原始"大一统"思想加以发挥。丘濬就把"治道""政教""纪纲"等等概念关联在一起，当作"正统"的实践要素，同时也以之作为统一思想的意识形态框架。他说："政有纪纲，教有枢要。为政而振其纪纲，为教而撮其枢要，治道张矣。"[2] 要统摄那些"人各一心，心各一见"的四海兆民，必须按照圣人指示"总摄而整齐之，使一其归"，以便统一"道德之说"，否则势必"人人必济其所欲，物物必遂其所私，事事必行其所见，天下何由而统于一也"。[3]

即使统一了道德思想，仍可能面临"其为用则不一焉"的问题。因为大家各执己见，都以为自己奉行的是最为合理的道德准则，结果极易造成"然皆似是而非，是故以非为是者，滔滔皆是也"的局面。那些研习申韩、杨墨、佛老思想的人纷纷觉得自己找到了真理，只有圣人出面来统一思想，才能杜绝歧义，若"非上之人示之以真是，而明其所以为非，彼安肯非己之所是，而是人之所非哉？"。[4]

丘濬据此大赞汉武帝罢黜百家的功劳，表示"而世之学者，因是而知尊孔氏之道。自后建太学、立博士、明经术，使儒者之道大明于天下，一洗秦人之陋。至今儒道盛行，经术大明，皆武帝振作之功"。[5]

丘濬的赞美在明朝的现实世界中常常转化为对异议者的追查和

1　方孝孺：《后正统论》，见《逊志斋集》卷之二《杂著》，四部丛刊景明本。
2　丘濬：《大学衍义补》中册，林冠群、周济大校点，第668页。
3　同上。
4　同上。
5　同上。

迫害，这些对异端声音的抑制往往借助的正是"大一统"名义。万历时的礼部尚书冯琦曾在一份奏疏中声援给事中张问达，因为张问达要求焚烧李贽著作，清算其"惑世诬民之罪"。冯琦首先打出的就是春秋大一统旗号。他是这样解读"大一统"与思想钳制之间如何发生关联的："窃惟春秋大一统，统者，统于一也，统于圣真，则百家诸子无敢抗焉，统于王制，则卿大夫士庶无敢异焉。国家以经术取士，自五经四书，性鉴正史而外，不列于学官，不用于课士，而经书传注，又以宋儒所订者为准。盖即古人罢黜百家独尊孔氏之旨，此所谓圣真，此所谓王制也。"[1]

在"大一统"标准的权衡之下，凡是不符宋儒理学宗旨者，均可视为异端邪说予以规诫惩处。冯琦正是痛心于李贽等异议之徒的不端言论到处流行，才指斥其"始犹附诸子以立帜，今且尊二氏以操戈，背弃孔孟，非毁程朱，惟南华西竺之语是宗，是竟以实为空，以空为实，以名教为桎梏，以纪纲为赘疣，以放言恣论为神奇，以荡弃行检，扫灭是非廉耻为广大"。[2]这一连串对异端言论的指控，在信守程朱理学的旗号下几乎变成了明朝思想界的一种常态，亦可看作明朝士人对"大一统"道德建设涵义的明确认知。

哪怕是素以持守气节著称的东林党人，在谈及如何以"大一统"名义统一思想时也瞬间变得相当迂腐。如以下高攀龙的一席话，就给人以卫道者的酸腐印象。在《〈东林志〉序》这篇文字中，他先是大讲一番颂圣之语，表示"我太祖高皇帝、成祖文皇帝大明

---

1 冯琦：《为重经术祛异说以正人心以励人材疏》，见《宗伯集》卷之五十七《奏疏·礼部稿》，明万历刻本。

2 同上。

其道，家诵其书，人通其义"，感恩明朝皇帝如何重视圣学。继而又祭出董仲舒"春秋大一统"之义，赞誉其使得"诸子百家，无得而奸其间，即有邪说，士得执所守而拒之。呜呼！盛矣，此何以故？洙泗之学，洛闽得其宗，学者由是而入，皆可不畔于道，传之万世无敝也"。[1] 据以上言论而观，明朝士林在"夷夏之辨"与卫道一统方面昭示出的内容大体仍近似于宋儒的思想风格。

结　语

"正统论"之产生实缘起于西汉帝王树立统治权威之需要，刘邦以小吏出身入承大统，其底层身份难以服众，故需经历一个自我形象神化的过程。原始儒家虽有施行"巫祝"之术的身份，却在春秋战国时期经过人文"去魅化"的洗礼，蜕变为世俗教师，其满口仁义，虽彰显理想情怀，却不切实用，与帝王现实需求完全脱节，难以承担神秘化王权的职责。西汉皇帝急于寻求肉身不朽与长生不老，多以齐地方士为沟通中介，企盼获得与远古圣王相似的神秘体验。

西汉儒家最初仍信守春秋时代尊崇道德力量的旧规条，希图用仁义道德的感化力量打动帝王，董仲舒进天人三策，大谈"天谴灾异论"与"道德养成论"，没想到武帝只对长寿仙境深感兴趣，对修德养心的建议无动于衷。董氏的谏言基本归于失败，其唯独成功之处在于为"正统性"找到了与"大一统"观念接轨的路径，分别

1　高攀龙：《〈东林志〉序》，见《高子遗书》卷九上《序》，清文渊阁四库全书本。

从空间、时间和德性三个方面定位汉代"正统"之局。因为以董仲舒为代表的西汉儒者企图以"灾异天谴论"感动帝王的思路，完全不及齐地方士的"符命授受说"那般快捷有效，所以自西汉末年起，儒者开始效法方士，通过编纂谶纬经书，重新唤醒早已弱化的"巫祝"身份，把立论中心转移到寻求帝王符命的思路上来，形成了"方士化儒生"群体。

"方士化儒生"与齐地方士相区别的一个显著特色是，孔子从人文教师形象重新被塑造成神秘教主，自远古诡异现身，出面为汉朝制法。齐地方士主要伪造圣王仙化故事魅惑汉帝，或者直接鼓动寻找仙方药物，蒙骗帝王可凭此长寿，走的仍是快捷速效的路线。因为方士随意承诺帝王能够立竿见影得道升天，在与儒家竞争中更具诱惑力，但亦常因诡术失灵而迅速失宠。况且汉帝后来渐有所悟，从仅仅关心肉身延命，转而祈求帝位永恒。借此机会，"方士化儒生"终于成功渗入了汉代的政治中枢体系。

"方士化儒生"借助了齐地方士的"圣王神化"传说，将之比附于孔子身上，使得原来早已人文世俗化的孔子，一变而为充满神迹的形象。孔子不仅承担了为汉帝承继大统昭告符命的神启角色，还在《春秋》这本史学著作中提前预言了汉帝当"新王"的许多祥瑞征兆。本来《春秋》记载的孔子"西狩获麟"是个悲剧故事，表现的是孔子虽身怀道德理想却无机会实现抱负的悲怆情景，《公羊传》仍沿袭了这个故事的悲剧涵义。但在"方士化儒生"制作的纬书中，"西狩获麟"却被改写成了一出喜剧。孔子见到麒麟珍兽，意味着找到了承接天命的"新王"，这位"新王"当仁不让就是刘姓皇帝。与齐地方士短期谋利行为相比，"方士化儒生"更有高远的政治追求，他们为皇家制作系统的"政治神话"，成为预告汉朝帝位永祚的意识形态专家。儒家从此全面超越齐地方士，上升到了主导"正统"思想的地位。

董仲舒最初设定"正统"实现之条件，理应包括时间、空间的一体化和德性修养之完善等几大要素。然而从实际历史中观察，似乎没有任何一个王朝有能力同时具备这几大要素。秦朝虽首次实现了疆域"大一统"，但因施政暴戾而迅速崩亡，汉武帝表面崇儒，但穷兵黩武、德性有阙，唐帝容纳谏言，却重用胡人，裂土分封，最终亡于藩镇势力。

宋朝儒者汲取前朝教训，专注于发挥阐扬"正统"德性之一面，开掘的是董仲舒"大一统"论中为汉帝所忽视之道德教化内涵。理学"道统"直承先秦孔孟一脉的柔性风格于此形成，宋儒彻底摘掉一度佩戴的那副"方士"面具，重归人文化儒生面貌，以师者面目示人传道，理学"道统"播衍于后世，蔚成风气。

汉唐时期，儒家一直与佛道两教持续争夺对"正统性"构建的控制权，却始终寻找不到一条有效路径。这是因为汉唐皇家基本上仍沉浸在符命授受和阴阳五行学说之中，对先秦儒家道德说教始终提不起真正兴趣，直到北宋初年情况才发生根本性变化。

宋太祖以军人黄袍加身，忌讳将领日后效法夺权，故多重用文人领军，太祖又汲取唐末藩镇割据之教训，采取强干弱枝的政治布局。宋太宗重视科举取士，积聚大批出身庶民的士人进入官僚阶层，使其多有机会接近王权，发表见解。宋儒通过"进故事"和"格君心"的渠道逐渐迫使"正统论"主题发生转移。原本流行的谶纬"政治神话"和五德终始、阴阳五行之类的历史循环论逐渐退隐消失，在"正统论"里位于边缘的"德性"教化因素被有意彰扬出来。"格君心"的主要功课就是贬损汉唐帝王不学无术、贪婪功利、举止粗野、疏于文雅，这些帝王因道德缺失丧失江山社稷。反之，劝导宋朝皇帝大量研习儒家经典以提高自我修养成为理学家们的重要职责，这是一个把求仙爱好者转变为世俗道德信奉者的过程，汉唐"正统观"经此番改造，其神秘性大大降低。

宋儒刻意凸显"正统"之道德性一面，实另有其不得已之苦衷。宋朝与辽金长期对峙，军事抗御实力却每况愈下。靖康之难后南宋帝王更是避居江南，无法实现"大一统"目标，只得退而求其次，通过凸显"正统性"中的"道德"教化优势，以遮掩和补偿军事失利的窘境。宋儒一直强调"功"与"德"之关系并非处于平行状态，"德"是"体"，"功"是"用"，"功"须源于"德"，具有贬低政治军事行动力价值的倾向。这也是后人诟病理学空谈误国，缺乏经世精神的一个重要缘由。明朝因南北分立态势近似于宋朝，在"正统观"的建构上基本继承了宋学对待异族的态度，总是期望以"道德优越感"强化族群之别，以此作为建立正统性的可靠依据。"正统性"中之"大一统"原则虽无法在疆域一统方面真正得到实现，但董仲舒原义中的那句"诸不在六艺之科、孔子之术者，皆绝其道，勿使并进"[1]的构想，倒是越来越在宋明理学主导下的举国体制钳压下变成了现实，最终达成了思想"大一统"的目标。

1 《汉书·董仲舒传第二十六》，第 2523 页。

　　　　　　　　　　　"天命"如何转移

第二章 清朝"大一统"观再诠释

引言：清帝对汉人王朝"正统观"的改造

清朝统治到底有哪些特点迥异于前代，可以讨论的内容非常多，从独特的八旗制度到军机处的设置，从皇帝与大臣私人联络的密折制度到萨满教的蛮性遗留，始终都是热度不减的焦点话题。然而令人奇怪的是，清朝皇帝建立"正统性"的特殊操作模式及其意义这样重要的问题却很少有人关注。[1]

一个王朝要想获得统治的正当性，就必须构造出不同于前朝的"正统观"。宋明以来，"正统观"阐释大多垄断于汉人儒者之手，

---

[1] 虽有个别学者从侧面涉及清朝建立"正统"的问题，如有研究从曾静案折射出的社会反应探讨清帝对王权的维护。（参见王汎森：见《权力的毛细管作用：清代的思想、学术与心态》第七章"从曾静案看十八世纪前期的社会心态"，台北：联经出版公司，2013年，第341—392页。）或者着重讨论雍正帝的夷夏观与中国观的结构。（最近的论文有韩东育：《清朝对"非汉世界"的"大中华"表达：从〈大义觉迷录〉到〈清帝逊位诏书〉》，载《中国边疆史地研究》2014年第4期，第1—16页。）但正面讨论清帝"正统观"之构造者仍然寥寥无几，似乎仅有刘浦江《"倒错"的夷夏观？——乾嘉时代思想史的另一种面相》一篇文章。（参见刘浦江：《正统与华夷：中国传统政治文化研究》，北京：中华书局，2017年，第172—203页。）目前我所见尚未正式出版的对清代"帝王经学"最为详细的研究当数萧敏如：《从"满汉"到"中西"：1644—1861清代〈春秋〉学华夷观研究》，台湾大学博士论文，2008年。

含有非常鲜明的排斥异族色彩。明清鼎革，清帝以满族统治者身份入主大统，在汉人眼里实属异端，除筹划制度建设外，如何应对士林思想挑战遂成为清帝化解文化冲突的首要难题。事后而论，"正统观"的建立必须经由帝王动议，士林配合方能达致。

"正统观"的原始蕴意大致包含三项内容：一是任何王朝要想真正获得"居正"的地位，就必须尽可能拥有广大疆域，这是从空间上立论；二是位居"正统"必须依循"五德终始"和"阴阳五行"的运思逻辑，把王朝纳入一个周而复始的循环系统，这是从时间上立论；三是必须拥有足够的"德性"。宋明以来形成的"正统观"多倾向于"攘夷"排外，强化种族之别，这是从内外关系上立论。在此种情况下，帝王是否真正拥有"德性"就极易上升为能否维系王朝正当性的关键因素。

让历代王者持续感到焦虑的是，一个政权的建立很难同时具备"正统观"这三大要素。从字面上看，"一统"本应是"正统观"之首义，其说源自《史记·秦始皇本纪》"议海内为郡县，法令由一统"。"大一统"之义自秦朝兼并六国的实践中就已经得到了印证。然而秦汉以后历代王朝却少有真正占据广袤空间者，北宋欧阳修虽然坚持"正者，所以正天下之不正也，统者，所以合天下之不一也"[1]，仍视"天下一统"为"正统观"首义，却已经明显感觉力不从心。南宋频繁地遭受北方异族入侵，长期处于南北对峙的分立状态，高调奢谈"大一统"更是不切实际。故宋代儒者谈论"正统"大多突出第三义即道德教化的力量，希望在"攘夷"的背景下

---

1 欧阳修：《正统论上》，见饶宗颐：《中国史学上之正统论》，第99页。

努力彰扬"德性"优势，对于"正统"包含的空间广大之义多避而不言。

清朝"正统观"异于前朝的一个最重要特点是重新引入"一统"这个空间概念，集中论证疆域合一而无内外之别是"大一统"的核心要义。清帝首先关注的是"正"与"统"如何再度合二为一，这恰恰是宋明帝王刻意回避的要害问题。清代以前，只有元朝部分实现了"正统"的首义目标，占据了以往朝代所没有的广大疆域。尽管在汉人士大夫眼中，元朝是否具有"正统性"一直存在争议，如明代章潢就认为元代的"混一之势""非古帝王之中华混一也，乃夷之混华为一也"，据此否定元朝的"正统"地位。[1]但也有少数士人表达了不同看法，承认元朝具备了"合天下于一"的能力，的确当得起"正统"之名。如王祎就说过"自辽并于金，而金又并于元，及元又并南宋，然后居天下之正，合天下于一，而复正其统"，与之相反，宋金均不具备"正统"条件，因为"金虽据有中原，不可谓居天下之正。宋既南渡，不可谓合天下于一"。[2]可见虽同为明朝士人，王祎显然认可"大一统"首义应是疆域扩张归一，元朝虽由蒙古人统治，身份属于夷狄，却无碍于拥有"正统"名号。

明代亦有论者开始否定把宋儒"道统"作为衡量正统之标准，觉得朱熹之后"道统"已无人继承，许衡仕元"欲以明道，不免枉寻直尺之讥"，难以承担"万世之道统"的责任。[3]

1　章潢：《论宋元正统》，见饶宗颐：《中国史学上之正统论》，第169页。

2　王祎：《正统论》，见饶宗颐：《中国史学上之正统论》，第149页。

3　方凤：《读三史正统辨》，见《改亭存稿》卷四，收入陈福康辑录、整理、标点：《历代正统论百篇：饶宗颐〈国史上之正统论〉史料部分增补》，第51页。

更有论者把"统"细分为"正统""霸统""僭统""余统""变统"五种，分别指认汉唐明（正统），秦（霸统），晋、隋、宋（僭统），后汉、东晋、南宋（余统），元（变统）。其他分裂各朝均不入此"五统"之列。[1]值得注意的是，宋祖在此被列为"僭统"。

清朝"正统观"的第二个特点是，清帝以非汉人的异族身份入主中原，曾一度纠结于明代遗民对其统治资格的质疑。因此清帝必须在诠释"正统观"的第三义上做出有说服力的自我辨正。清帝一方面奉行任何政治行动都必须依靠"道德"指引的理学命题，同时又对宋明理学进行了修正和改造，以适应建立多民族共同体的需要。以往论者多习惯于从"文化"而非"种族"视角评价清朝弥平华夷界线的各项举措，这是继承了陈寅恪对唐代政治文化的判断，大方向并无错谬，但清朝与唐代相比毕竟差异很大，不可简单移用陈寅恪的看法。[2]与宋明两朝相比，清朝君臣之间互相对立博弈的思想张力完全消失殆尽，清代士人为论证清帝虽为异族却同样拥有"正统性"，往往从先秦典籍故事中汲取依据。如有人以周文王不得已暂时依附商朝统治的例子比附满族统治集团入关前与明朝的关系，说"古今得统之正，莫如本朝""迨后太宗势已无敌，屡屡求和于明，

1　参见徐师曾：《世统纪年序》，见《湖上集》卷八，收入陈福康辑录、整理、标点：《历代正统论百篇：饶宗颐〈国史上之正统论〉史料部分增补》，第55页。

2　学界引述得最多的观点不外乎陈寅恪有关唐代统治阶级需遵循"种族"与"文化"二问题的论述，"而此问题实李唐一代史事关键之所在"。（参见陈寅恪：《唐代政治史述论稿》，上海：上海古籍出版社，1997年，第1页。）这一观点也深刻影响了以后学者有关夷夏之辨研究的基本走向。如杨向奎即指出，《公羊》中的夷夏之分是可变的，不是种族上的区别，而是政治和文化上的分野。（杨向奎：《大一统与儒家思想》，第65页。）

不从，屈己下人，乃文王事殷之心，爱民无己之意也"。[1] 以此论证满人虽系"夷狄"，却仍有获取"正统性"之资格。以往论者并没有深入辨析此现象发生的缘由何在，本章试图对此议题有所推进。

第三，个别论者已经发现，清帝开始逐步构建起了独特的"帝王经学"和历史观，其思想体系与士人多有区别。大多数学者依然强调士大夫具有支配王权的强大道德力量，似乎帝王即使劫夺了理学家独自拥有的"道统"继承权，也难以摆脱理学话语的控制，清帝本人同样并不具备独立诠释儒家经典的能力，他们只不过是"汉化"施予的对象而已。然而揆诸史料，清帝并非理学思想的被动接受者，他们通过一系列的文化思想改造步骤，一步步全面掌控了阐释儒家经典的主动权。

清帝不断通过各种渠道建立起了具有鲜明帝王特色的经学解释体系，并据此作为指导士林历史观的统一指南。我无法判断宋明帝王是否具有与清帝类似的独立"正统"解释体系，或是仅仅作为士大夫思想被动传输的傀儡。毋庸置疑的是，作为清朝构建"正统观"基本思想来源的《春秋》和《资治通鉴》等儒家经典，均曾被清代帝王予以深度诠释，康熙帝、乾隆帝都组织编纂过《春秋》官学读本，乾隆帝还完整披阅过《资治通鉴》及《续编》《三编》，亲自撰写了多达八百余条的眉批，这些读本和批注明确被指定为撰史者必须遵从的书写圭臬。因此，研究清朝"帝王经学"和历史观，似应采取与惯常认识士林哲学不一样的路径和方法，至少需要

1　王培荀：《正统论》，见《管见举隅》，收入陈福康辑录、整理、标点：《历代正统论百篇：饶宗颐〈国史上之正统论〉史料部分增补》，第 194 页。

洞悉两者之间的差异。不宜仅仅把"正统观"理解成士大夫阶层专享的思想形态，或者仅仅视为"政统—道统"各据一端相互博弈的产物。在更多情况下，清朝"帝王经学"虽然仍与士林思想时有互动，却越来越占据主导地位，这是清朝区别于以往朝代的新现象，至今未被透彻地加以认识。

"正统观"古义解释的回归与清朝的地缘政治学

宋明南北"正统观"之争与"大一统"观的退隐

清帝刚一登基即遭遇困窘之事，他们无法马上确知自己在以往各朝正统谱系中到底应该处于什么位置，急需对这条脉络进行仔细梳理，以便甄别挑选出有利于己的内容，再尝试加以改造。

据学者考证，隋唐时期曾经存在着"北朝正统论"与"南朝正统论"两种"正统观"，所谓"北朝正统观"是指从西晋经过北魏—北周一直接续到隋唐一脉的正统谱系，这条线索明确承认北方异族政权是"正统"脉络中的组成部分。"南朝正统论"则从西晋开始，勾勒出了一条东晋、宋、齐、梁、北周、隋、唐的演变线索。两者的区别在于，是承认正统的传递必须经由南方政权过渡到隋唐，还是忽略宋齐梁陈等南方势力，直接与隋唐历史相对接。其实，南北朝正统观最后都归流至隋唐一脉，从结果来看似乎并无太大差异，但南宋儒者无法轻易容忍"北朝正统观"包容异族政权的做法，于是就出现了欧阳修的"绝统说"和朱熹的"无统说"。

欧阳修坚持"正统"之成立必须符合"居天下之正，合天下

"天命"如何转移

于一"的"大一统"标准，按照这个尺度衡量，从西晋到隋朝统一之前"正统"已绝。朱熹则认为从周秦汉晋一直到隋唐可视为"正统"，周秦、秦汉、汉晋、晋隋、隋唐之间为"无统"时期。欧阳修和朱熹制作出的正统谱系越过了所有南北分裂时期的政权，特别是把北方异族如北魏、北周的政权摈除在了正统序列之外。南北对立的那段历史就这样被消抹掉了。[1]

"绝统"与"无统"论之提出，其缘由乃在于宋代尤其是南宋迫于北方异族不断进逼的形势，定都偏安于江南一隅，不得不刻意回避"正统观"三大要素中的"大一统"话题，被迫突出"正统观"第三要义，即通过反复阐发"德性"修养的核心地位，抵消疆域狭小造成的心理窘迫感。宋朝虽然在疆域上无法做到统一，但在道德建设上却具有文化心理优势，构造出的是一种自我安慰的回避机制。他们相信，在偏安江南的地缘格局之下，只有依靠"道德"凝聚起来的强大精神力量，而不是凭借开疆拓土的军事实力，才能维系"正统"一脉而不坠。这是宋人不厌其烦地借用道德尺度严分夷夏的苦衷。宋人对疆域占有的不敏感和回避态度，在朱熹的言论中曾有表现，他认为，正统之建立不一定凭借土地占有的多寡，针对有人问及各朝均出现过或有统而无正，或有正而无统的情况时，朱熹表示："何必恁地论？只天下为一，诸侯朝觐，狱讼皆归，便是得正统。其有正不正，又是随他做，如何恁地论？"[2]

---

1 参见刘浦江：《南北朝的历史遗产与隋唐时代的正统论》，见《正统与华夷：中国传统政治文化研究》，第1—34页。

2 朱熹：《论自注书·通鉴纲目》，见《朱子语类》卷一〇五，收入陈福康辑录、整理、标点：《历代正统论百篇：饶宗颐〈国史上之正统论〉史料部分增补》，第25页。

尽管如此，宋代一些士人已开始发现一个历史定律，那就是谁定都北方，占据东西延伸线上的广大疆土，谁就能真正实现"大一统"目标，否则就只能被归类为偏安政权。最突出的例子可见于宋代名将宗泽对"大一统"之义的反复陈说。宗泽曾二十多次上书宋高宗，认定"大一统"之奠定必须以开封洛阳等一线山陕地区为中心，不能有所偏移，否则就是"偏安"而非"一统"。他在《乞回銮疏》中慷慨陈词道，"且我京师是祖宗二百年积累之基业，是天下大一统之本根"，并引《论语》中"为政以德，譬如北辰，居其所而众星拱之"为据，在《上乞毋割地与金人疏》中批评高宗定都临安"是欲蹈西晋东迁既覆之辙耳，是欲裂王者大一统之绪为偏霸耳"。[1] 可见在宋人眼里，占据山陕之地才可称之为"大一统"。故陆游有诗云，"国家四纪失中原，师出江淮未易吞，会看金鼓从天下，却用关中作本根"[2]，企望的仍是由江淮出发直捣中原，视北方为一统之本，江南为偏安之地。即使是宋朝的对手金朝在占据燕云地区后也引欧阳修对"正统"的定义称"自古帝王之兴，必有圣德以受天命"，表示"本朝之兴，混一区宇，正欧阳修所谓'大居正''大一统'者也"[3]，表达的还是北方为"大一统"根基之所在这个道理。

　　明代士人大体继承了宋人的地缘观念，如明末名臣陈邦彦即指出，如果从"定国势"的角度而言，"复燕云而后可以大一统，复

1　宗泽：《乞回銮疏（建炎元年九月）》《乞回銮疏（建炎元年十月）》《上乞毋割地与金人疏》，见《宗泽集》卷一，杭州：浙江古籍出版社，1984年，第15、18、31页。

2　陆游：《山南行》，见《剑南诗稿》卷第三，收入《陆游集》第一册，北京：中华书局，1976年，第73页。

3　《德运议·王仲元议》，饶宗颐：《中国史学上之正统论》，第278页。

金陵而后可以奠偏安。向者守在淮南，图在淮北"。[1]谢肇淛曾反思北宋失去北方都城后造成的弊害云，"汴京既失，江北不可守，其势不得不阻江为固，镇江则太逼，杭州则太远"，凭险可守的城池只有建康一地算是勉强合格，李纲、宗泽建议立都建康未被采纳，甚为可惜，高宗因贪图西湖周边的繁华景致而定都临安绝对是个错误，理由是"临安虽有山有水，然其气散而不聚，四面受攻，无险可凭"。当年元兵就是借道湖州攻击而下，如入无人之境。虽说王朝命运自有天数而定，但都城位置选择不当肯定是南宋覆灭的一个重要地理因素。与之相比，建康城"外以淮为障，内以江为藩，虽中主庸将，足以自守"[2]，占据建康至少足以维持偏安之局。

建康和燕京孰为最宜定都之地的争议一直在宋元明三朝的士林中延续，其背后折射出的宏大议题是，到底应以南方还是北方作为"正统"根基。元朝陈孚曾做《大一统赋》，又曾咏《咏神京八景》，明确昭示元帝一旦居大都城君临天下，就自然构成"大一统"之势。宋濂则站在明朝开国的立场，全力论证明太祖定都金陵的历史意义，金陵以往虽为偏安之地，然而经明朝王气的笼罩熏染，其气象已生变化。他说："金陵为帝王之州，自六朝迄于南唐，类皆偏据一方，无以应山川之王气。"言外之意是金陵本来就适宜作为王都，只不过前朝没有出现适居其地之王者，只有明太祖定鼎于此，才真正使金陵具备了王都气质，"由是声教所暨，闾阎朔南，存神穆清，与道同体"，这岂不是因为金陵那天造地设的特质"以俟大

1　陈邦彦：《代某相国上监国唐殿下启》，见《陈邦彦诗文集校注》，王传龙校注，广州：广东人民出版社，2018年，第369页。
2　谢肇淛：《五杂俎》卷之三《地部一》，明万历四十四年潘膺祉如韦馆刻本。

一统之君，而开千万世之伟观者欤"。[1]

宋濂的观点在明代颇有附和者，谢肇淛就反驳"金陵山形散而不聚，江流去而不留，非帝王都也"的看法，他比拟说天下就如一个人的躯体，帝都如不设在头部，也当置于胸间的位置。如果按照明朝已经实现了"大一统"的目标来考量，金陵的位置相当于人的左腋之下，表面上看此地无法运筹四方，人君之位应该设在"天之北极"，北京最接近正中近北的方位，似乎更宜定都，但建康位居长江上游，虽然江左六朝的统治失去了淮河以北的土地，毕竟承接了二百余年的正朔，仍可作为王都。此"正朔"大致指的是南宋以来延续下来的精神根基。[2] 尽管力挺金陵为帝都的言论在明代不在少数，却总让人感觉论证底气不足，难脱为偏安政权辩护的嫌疑。直到永乐帝定都北京，士人舆论才开始转向，大力鼓吹北京适于建都的言论迅速增加，这些文字大多在标题中就已直接表露出北京乃是"大一统"之中枢的蕴意。以下仅举两例为证。

永乐帝迁都北京后，大批文人曾集中撰文颂圣，诩为英明之举。这些文字常冠以"皇都大一统赋"之名。如杨荣就说永乐帝绍继明太祖先志，目的是"做成周卜洛之规，诏建两京，以肇国家万万世之鸿基，以开天下万万世之太平"。开两京之制实际上是把北京作为主都，"北京实当天地之中，山川形势之壮，帝王基业之盛莫逾于此"。与北京相比，金陵自然沦为偏都。更为重要的是，永乐帝定都北京彻底改变了南宋以来政治中轴线长期沦于南北对峙的旧格局，

1　宋濂：《阅江楼记》，见《宋学士文集》卷第二十《銮坡集·卷第十》，四部丛刊景明正德刊本。

2　参见谢肇淛：《五杂组》卷之三《地部一》，明万历四十四年潘膺祉如韦馆刻本。

自此反转为以统驭东西为主轴的新思路。因为只有燕京才能"真足以临四方朝万国",北控西北东北之边陲,南临江淮富庶之胜地。

在一篇同样题为《皇都大一统赋》的文字中,作者金幼孜认为永乐建都燕京是仿周代肇建两京的古制,说"北京实当天下之中,阴阳所和,寒暑弗爽,四方贡赋,道里适均。……真有以卓冠四方,为万国之都会",突出言及的是北京云集四方之财富和聚拢各地政治势力的核心象征意义。文章又强调永乐帝"大朝海内文武群臣"之时,"四方蛮夷酋长,率皆在庭",显示出永乐帝御极燕京以后开始改变南北对峙的地缘关系,启动经营东西走向政治格局的大思路。[1]

对永乐帝的崇高评价亦往往与其选择北京为帝都的举措相关,如说他"迨于圣皇嗣大一统,刚健日新,聪明天纵,囿四海以为家,登群贤而致用"。这与对明太祖起兵江南定都金陵的评语显然有着微妙的差异,言外之意是只有定都燕京,方能成"大一统"之局,偏安于金陵之地,终难成混一天下之势。[2]

从以上文字透露出的讯息来看,只有定都北京以后,明代文人似乎才具备了"大一统"的心理自信。一位游历燕郊西北的文人就发出这样的感叹,称"自唐虞以来,上下数千年,或为列国,或为名藩,或割据于英雄,或侵并于夷狄,咸未有大一统如今日者"。[3]这类谀词在当时并不少见。如胡广撰有《北京八景图诗序》,表达

---

1 金幼孜:《皇都大一统赋(有序)》,见《金文靖集》卷六《赋、赞、颂》,清文渊阁四库全书本。

2 杨荣:《皇都大一统赋(有序)》,见《文敏集》卷八《赋》,清文渊阁四库全书本。

3 乔宇:《游西山记》,见何镗辑:《古今游名山记》卷之一《西苑》,明嘉靖四十四年庐陵吴炳刻本。

了自己陪侍永乐帝游历京郊时的心境，说"吾辈幸生太平之世，当大一统文明之运，为圣天子侍从之臣，以所业而从游于此，纵观神京，郁葱佳丽，山川草木，衣被云汉，昭回之光，而昔与今，又岂可同观哉？"[1]，这些辞藻艳丽的诗文均刻意彰显北京作为"大一统"枢纽的象征价值。

"大一统"观的重构：清朝官学的复古式阐释

如前所言及，"正统论"之古义包括空间、时间和内外观等几个要素，汉代儒生谈"正统"已开始从"大一统"角度立论，最常见的论述源自董仲舒所言："《春秋》大一统者，天地之常经，古今之通谊也。"王吉上汉宣帝《疏》更是云："《春秋》所以大一统者，六合同风，九州共贯也。"[2]此话直接点明"大一统"就是要统领"六合""九州"规模的地理空间，哪怕这些地理观念大多只是停留在儒生的想象层面。然而，"大一统"这层蕴意在宋代却被严重忽略了，宋代理学家声称只要拥有"道统"和"德性"，即使偏安亦可获正统之位。甚至那些曾经占据广大疆域的王朝，若显现出"德性"之不足，照样会被指为奉行"霸道"而被打入"闰统"之列。考虑到当时南宋偏安江南的具体处境，这类看法更像是一种迫不得已的权宜选择。

按照"正统观"的逻辑，同时拥有空间与德性本是题中应有之义，却被宋儒缩窄为"道统"获得与否是"正统"既必要又充分的条件，至于占据空间大小反倒可以忽略不计。理学家改篡"正统"

1　胡广：《北京八景图诗序》，见孙承泽：《春明梦余录》下册，卷之六十五《名迹二》，王剑英点校，北京：北京出版社，2018年，第1250页。
2　《汉书·王贡两龚鲍传第四十二·王吉》，第3063页。

要义，乃是由于宋代帝王并没有获得过真正意义上的"大一统"疆域，即使是北宋鼎盛时期，北方仍面临辽金等少数族群的反复袭扰，遂在构造本朝"正统"时不免故意突出"道统"传承的作用，并逐渐扎紧夷夏种族隔离的藩篱，以掩饰其偏安统治造成的窘境。这就是为什么辽金虽然在领土规模上接近宋朝，却难以列入"正统"的原因。同样道理，元朝虽拥有"大一统"规模，却因其异族身份，照样难以迈进儒家设置的"正统"殿堂。

清朝帝王以非汉人身份定鼎中国之后，其建立"正统"面临的最大挑战就是如何冲破宋明儒家严分夷夏之别的叙述陈规。理学"正统观"具有两个特点：一是以"道"系"统"，把道德优越性突出到最高位置，甚至不惜虚拟出一系"道统"，号称自北宋周敦颐开始才接续先秦思想遗脉。二是以"族"系"统"，严分夷狄华夏之界线，非我族类难入我"统"；同时把"种族"与"地域"的关系进行刻板化关联，北方蛮荒之地与江南丰饶之区分别代表野蛮和文明族群居住的不同景观。对关外北方风貌的想象常常与"蛮荒族群"的生活特征紧密关联在一起，满人入关前居住于东北地区本身就给自身打上了先天的蛮荒印记。获取"正统"的首要任务就是要彻底斩断关外"北方地域"必然生活着"蛮荒族群"这个被理学想象固化的思维链条。

清帝的具体做法是，首先让人们相信，尽可能占有广大疆域才是实现"大一统"的必备先决条件；[1]其次是把《春秋》中的"尊王

---

1 梁启超即已发现，得地多寡是一些王朝树立"正统"的必备考量条件，他分析说："以地之多寡而定其正与不正也。凡混一宇内者，无论其为何等人，而皆奉之以正。"（梁启超：《新史学》，见汤志钧、汤仁泽编：《梁启超全集·第二集·论著二》，第506页。）这非常符合清朝帝王恢复"大一统"为"正统"之首义的构想。

攘夷"古义加以变通改造,使之符合满人政权统治的需要。下文拟先从第一方面入手展开分析。

清帝心里非常清楚,自己作为异族入主大统,其优势在于疆域恢弘远迈前代,这实为"大一统"原初首要之义,凭此成就即可避免宋朝流于偏安的弊端。其劣势在于满族统治集团以异族身份踏入汉地,难免会遭受礼仪文化欠缺之讥。所以清帝在"正统性"论述中必然刻意发挥"大一统"古义中"大统一"之内涵,以彰显疆域宏阔的心理优势,然后再赋予一统之举以"道德"涵义,以期合并宋元明三朝"正统观"的各自优长为一体。

为达此目标,清帝与士人相互配合,不遗余力地共同抒发对疆域广大的自豪感。且看乾隆帝一番得意的自我表白:"惟上天眷顾我大清,全付所覆,海隅出日,罔不率俾,列祖列宗,德丰泽溥,威铄惠滂,禹迹所奄,蕃息殷阜,瀛壖炎岛,大漠蛮陬,咸隶版图,置郡筑邑。声教风驰,藩服星拱,禀朔内附,六合一家,远至开辟之所未宾,梯航重译,历岁而始达者,慕义献琛图于王会,幅员袤广,古未有过焉。"[1]对一统天下的沾沾自诩可谓膨胀到了极致。文中"六合一家"的说法直追王吉所云"六合同风"之义,可见其对"大一统"须优先占据广大空间的认知多来源于汉代思想。

清帝诠释"大一统"古义,显然有意与明代定都北京的历史认识相互衔接。乾隆帝就曾说:"燕地负山带海,形势雄伟,临中夏而控北荒,诚所谓扼天下之吭而拊其背者,故金元皆以此龙兴虎视,其比建康偏安之地,相去迥若天渊。"永乐帝"即位以后决计

---

[1] 清高宗:《〈大清一统志〉序》,见《御制文初集》卷十《序》,清文渊阁四库全书本。

迁都，定其规模而后从事，卓识独断诚非近虑者所可及"。[1]乾隆帝明确建康为偏安之地，贬低明太祖而推崇永乐帝，同时声称永乐"自就封北平，屡经出塞，凡天险地利所在筹之已熟"，毕竟没有解决宋朝以来南北族群冲突的老问题，实为暗示清帝定都北京，完成了前朝帝王无法实现的一统伟业。

乾隆帝自称实现了旷古未有之"大一统"的言论，激发出清朝士人不少跟风之作，许多肉麻谀词刻意褒扬放大清朝在疆域拓展方面的贡献，与清帝的自我期许若合符节。如何绍基有如下说法："大清之受天命有天下，增式廓而大一统者"，首先在于"幅员之广"，"祖德宗功，直继五帝三王之盛"，其次才是"政教之隆，地利物华之盛，官方民事之详"，其要诀在于"心法治统不异地异民"。[2]清帝与前代政绩比赛，其殊异之点必会强调舆图面积之大小，再于"道统""德性"的拥有和提升方面追慕前朝，这既能充分昭显远迈前代的事功伟绩，又不至于堕入"霸道""闰统"一途。

再看毛奇龄的一段颂词："是故功德大者地亦大，功德小则地亦小，乃自五帝三王以后，汉魏迄今，其历国已一十七姓，而大一统者亦复有几，即汉唐元明四代嵬然式廓，而唐以藩服僭处，中致歉损。"汉唐元明受阻于边塞警事不断，都没有在与少数民族政权打交道时完全取得成功。与前朝相比，"惟我皇清，辟土浩阔，西隃崦嵫，东近日出，虽复继世，兼创始漠，再夺昆诏，三开叶榆，甫复东越，旋收番禺，声暨南服，教讫海隅，遂扩疆宇，至于彭

1　刘统勋编：《评鉴阐要》卷十，"明·成祖·帝迁都北京言事者皆云不便萧仪与李时勉言尤峻切因杀仪下时勉狱目"，清文渊阁四库全书本。

2　何绍基：《恭拟增修〈一统志〉御叙》，见《东洲草堂文钞》卷三《叙》，清光绪刻本。

湖"[1]。这一连串文字几乎把清代以前大大小小的王朝贬损无余。最可注意者，毛奇龄说"功德"之多寡与得地之大小成正比关系，这恰是宋明儒者最为忌讳的地方。宋儒一直强调统治四方的秘诀在德而不在险，"大一统"要义在人心不在地势。

下面高士奇这段话恰好讨论的是"大一统"到清代"始能兼容并包，博施广济，浩浩乎靡垠，恢恢乎无外也"，对以往朝代之偏安守成局面痛加针砭，说"三代以后混一区宇，然汉则匈奴数入定襄，唐则吐蕃窃据陇右，宋失西夏，明亡河套，时无圣人，功德未洽也"。这正戳中宋明儒者因幅员未广而产生自卑心理的要害，结论自然是"我圣清受天景命，继历代之正统而光大之"。[2] 袁枚则认为古圣人即使"握金镜，秉神机"，也未能做到统摄八方六合之地，"未有我武惟扬，穷天之界，如今日者"[3]，阿谀吹捧实已到了无以复加的地步。

袁枚甚至直接把拥有疆域之大小视为拥有"正统"的唯一要素，因为其实际效果直观可见，至于宋代以来流传下来的所谓"道统"谱系则显得缥缈无据，难以把握。他说："然论正统者，犹有山河疆宇之可考；而道者，乃空虚无形之物。曰某传统，某受统，谁见其荷于肩而担于背欤？尧、舜、禹、皋并时而生，是一时有四统也，统不太密欤？孔孟后，直接程朱，是千年无一统也，统不太

---

1 毛奇龄：《圣德神功颂（有序）》，见张廷玉等编：《皇清文颖》卷三十四《颂》，清文渊阁四库全书本。

2 高士奇：《神功圣德诗（有序）》，见《清吟堂全集》卷第九，收入《清代诗文集汇编》编纂委员会编：《清代诗文集汇编》第一六六册，上海：上海古籍出版社，2010年，第51页。

3 袁枚：《为尹太保贺伊里荡平表》，见《小仓山房外集》卷一，清乾隆刻增修本。

"天命"如何转移

疏欤？"袁枚的结论是，"毋亦废正统之说，而后作史之义明；废道统之说，而后圣人之教大欤？"[1]

下面这个说法也是以疆域之拥有为获取"正统"的第一要素，说"上有圣主，车书一统，自然海隅向化，原无正统、偏统之分。即有偏统，亦需仍居其地，特地不全，如六朝与南宋是也。若其地远不相属而目之，则迂见也"[2]。

对于"正统"首先乃是合一四海之意，李光地表达得更为直接露骨，他说："彼其一四海，为天下君，或传世数百年而未改，而吾不谓之正统，其将能乎？且夫正也者，非必其得之之正，而后谓之正。盖异于割壤画地而偏焉。"又说："然则统之说何据？曰：一四海，为天下君，传世数百或数十年，是之谓统也已。莫与争统，是之谓正也已。"推究其意，只要君主能统一天下之地域，就拥有了正统之名，不必纠缠于是否具备道义上的理由，这是个完全基于现实考量的解说，虽有过于功利之嫌，但又颇符合于满洲皇帝的口味。

至于"夷夏"之别与"正统"的关系，李光地更是直捷地表示"夷狄"亦可居正统之位。针对方孝孺"外国、女后，不可以为统""将不处以天子之礼，而国号、纪年、称名、行事皆异其辞"的观点，李光地认为：方孝孺的正统观"不可行"，理由是"惟圣人为无弊，是故或去其名，或存其实，恶恶止于其身，迁善广于其

1　袁枚：《策秀才文》，见《小仓山房集》文集卷二四，收入陈福康辑录、整理、标点：《历代正统论百篇：饶宗颐〈国史上之正统论〉史料部分增补》，第172页。
2　李文桂：《三国正统论》，见《坦室遗文》，收入陈福康辑录、整理、标点：《历代正统论百篇：饶宗颐〈国史上之正统论〉史料部分增补》，第174页。

路，中国而夷礼则夷之，夷而进于中国则中国之，抑扬予夺，而人心服，后世安之"。这已明确是借先秦夷夏相互转化之古义为满人入主大统辩护了。[1]

当有人问及元朝取得宋代天下时，宋是否还具备正统资格时，李光地的答复是，明代纂修的《续纲目》并不符合朱熹的本意，金朝以宋代为正统尚且存在争议，因为宋已向金称臣，再称宋拥有正统之位究属勉强。元代实现了天下一统后，明朝史书描述那些反叛势力为"起兵"，就殊为不妥，因为这些人皆是元朝治下之臣民，并非宋代的子孙臣子，多数并无大志，称之为"起兵"，难免有教人时时刻刻反叛做贼的嫌疑。[2]

清人中存在不少为元代正统性做辩护的言论，表示应该改变以往夷夏区隔的旧思路，把元代纳入历朝正统之谱系。其论证方式是以中国疆域逐渐扩大为依据，因为"古之中国，止有冀、豫、青、兖"，以后才逐渐往南伸展，扩及的空间范围越来越大，遂造成"天下之文明日益启，中国之辟日益南"之局面。在这种情况下，唯独把元朝排除在外似乎不符常理，他们呼吁"何独至于元而外之！后世之中国，果不同于古之中国；孔子《春秋》之义，果不可以绳后世之天下。特有士人之德者可居之耳"，断定元朝"实则天之所子，即人之所君。自天视之，其无中外也久矣"。[3]

---

1 李光地：《方正学释统辨》，见《榕村集》卷十七，收入陈福康辑录、整理、标点：《历代正统论百篇：饶宗颐〈国史上之正统论〉史料部分增补》，第129页。
2 参见李光地：《榕村语录（一则）》，见《榕村语录续集》卷七，收入陈福康辑录、整理、标点：《历代正统论百篇：饶宗颐〈国史上之正统论〉史料部分增补》，第130页。
3 张符骧：《续古今正统大论》，见《依归草》卷七，收入陈福康辑录、整理、标点：《历代正统论百篇：饶宗颐〈国史上之正统论〉史料部分增补》，第143—144页。

"天命"如何转移

一些士人心里非常清楚，清朝立统的根基主要在于握有地理空间的优势，最终导致天命的转移。清代史家赵翼别出心裁地勾画出了一条"地气迁徙"的路线，试图证明"王气"之兴衰轨迹大体可从"地气"漂移的征兆中获知。要想洞悉这条线索，须从唐朝开元、天宝年间讲起，那时候长安地气出现了一个从蕴积成势到衰弱无闻的走势，一直到满洲崛起东北并吞天下，才实现了"王气"自西北转向东北的大变局。

赵翼发现，陕西中部自古为帝王统治中枢，周、秦、西汉、苻秦、姚秦、西魏、后周相继建都于此，隋文帝迁都龙首山下，仍属秦地，从此混一天下，终成"大一统"之业。至唐代定都长安，统治规模达于鼎盛，然不幸盛极而衰，契丹建辽，地气开始自西趋东迁移，因契丹只据有幽蓟之地，王气尚未蕴积成形，无力一统中原，地气随后流向东北，中间经洛阳、汴梁作为过渡，借用某些堪舆家的神秘说法，这是一条绵延曲折的"过峡"之路。经过一二百年，东北王气始累聚成势，方有金朝占据中国半壁江山的短暂辉煌，至元明两朝最终天下合一，到大清"不惟有天下之全，且又扩西北塞外数万里，皆控制于东北"。在赵翼看来，"此王气全结于东北之明证也"。[1]

赵翼的这段地缘政治学解释，其意义在于彻底改变了宋明儒生所构造出的以"南—北"政权对峙为主轴的"正统观"，而代之以清帝凭恃东北"王气"崛起走势重构清朝"大一统"正当性的新

1　赵翼：《廿二史劄记》卷二十，"长安地气"条，见赵翼撰：《赵翼全集》第一册，曹光甫校点，南京：凤凰出版社，2009年，第377页。

思路。在这套新型地缘政治学叙述中，宋明儒生以持守"道统"为由，替偏安政权寻找"正统"根据的说法不断遭到否定，如朱熹在《资治通鉴纲目》中赋予蜀汉为"正统"的断论就颇受诟病，清人早已看出其是为南宋的偏安之局张目，如说"是以晦庵当宋南渡之后，始进偏安之汉，使得下比东晋，上拟衰周"[1]。又有人说："欧阳公若在南渡后论正统，司马公若在南渡后作《通鉴》，亦必不肯帝魏，正以时势使然。"[2]

在一篇题为《蜀汉非正统说》的文章中，俞樾指斥朱熹黜魏帝蜀不是出于公意，而是囿于一己之私。俞樾质疑说，当时中原之地尽归于魏国，怎么能说天下之统不在中原，反在区区一州之地的蜀国，"若夫据一州之地，而欲窃天下之统，君子不许也"。[3]蜀主刘备不但身份可疑，即使他果真是汉室后裔，汉朝桓灵两帝之后，朝纲紊乱、政局衰败，早已失去天道支持，天命不常，岂能坚持汉室天下仍是一姓所得之私。俞樾质问道："百世之王奈何徇一二人之私而废天下之公乎？天下重器，王者大统，天实主之，亦岂儒者所能敛彼以与此乎？"[4]这对朱熹这位理学宗师来说无疑是相当严厉的指控。

对于司马光和朱熹分别把魏国和蜀国列为正统，也有一部分士人颇能从"同情之理解"出发加以评定，但其核心思想仍是从"偏安"难以成为"正统"的角度加以辨析的，如说："殊不知，温公

1　周篆：《正统论》，见《草亭先生集》文集卷一，收入陈福康辑录、整理、标点：《历代正统论百篇：饶宗颐〈国史上之正统论〉史料部分增补》，第126页。

2　光聪谐：《蜀为正统》，见《有不为斋随笔》乙，收入陈福康辑录、整理、标点：《历代正统论百篇：饶宗颐〈国史上之正统论〉史料部分增补》，第183页。

3　俞樾：《蜀汉非正统说》，见饶宗颐：《中国史学上之正统论》，第346页。

4　同上。

"天命"如何转移

之以魏为正统者，以北宋乃受异姓之禅而得天下者也；文公之以蜀为正统者，以南宋乃宗室子弟而偏安于一隅者也。其君极似魏，安得不尊曹家？其君极似蜀，何得不与刘氏？"[1]

一般论者往往强调宋以后的士大夫阶层"以道抗势"，刻意昭扬其"从道不从君"的气节，但从历史实际状况观察，大多数士大夫更易采取一种权宜变通的策略，对"正统"的解释也充满了追求现实目的的功利权衡，黄中坚即认为，当鼎革之际"夫大命既革，而敷天之下已群戴一人而为君，则虽君子所不乐予者，亦不得不以正统归之。何者？贬斥之权更无所托也"[2]。

在另一段文字中，黄中坚更是辩称某位帝王是否仁慈或暴虐并非要事，关键在于必须承认那些已经称帝的君王都是秉承天命而立，这就好像人们对那些贪官污吏总是痛心疾首，意欲铲除而后快，却不得不承认他们同样是官僚体系中的一分子。那么，在道德家的眼里似乎恶迹昭彰的秦隋两朝，归入"正统"之列似乎亦无不可。其文云："天下之不可一日而无主也久矣，天既命之为天下主，则虽仁暴不同，而其为帝与王一也。譬如官吏，其贤者人爱之，其贪且污者则人莫不疾首蹙额而欲去之，然不可谓之非官吏也。彼秦、隋之恶，不过如所谓贪官污吏，而乃欲没其一统之实，亦已过矣。苟从其实而论，则谓之正统也何不可哉？"[3]

---

1 徐时栋：《烟屿楼读书志（一则）》，见《烟屿楼读书志》卷十二，收入陈福康辑录、整理、标点：《历代正统论百篇：饶宗颐〈国史上之正统论〉史料部分增补》，第196页。

2 黄中坚：《正统论下》，见《蓄斋集》卷一，收入陈福康辑录、整理、标点：《历代正统论百篇：饶宗颐〈国史上之正统论〉史料部分增补》，第139页。

3 黄中坚：《续正统论》，见《蓄斋集》卷十三，收入陈福康辑录、整理、标点：《历代正统论百篇：饶宗颐〈国史上之正统论〉史料部分增补》，第141—142页。

以"地"系"统"：山川祭祀与地志纂修中的"正统观"

在清代，占据广大空间才能得统之正这一"正统观"的原初要义逐步得到了重新揭示。与之相对应的是，如何根据山川地貌界定和标识四方统治疆界，同样受到历代帝王的高度重视，山岳祭祀作为皇家必备礼仪每每按既定程序反复上演。清朝定鼎北京以后，顺治帝已开始考虑祭祀五岳，以昭显"正统"归属大清之意。第一个祭祀目标是靠近北京的北岳恒山，然而，就在选择确认祭祀地点时，却出现了争议。

经清朝礼仪官员考证，宋代以前的公祭地点本来在山西大同附近的浑源境内。浑源地处北京西北，恒山作为塞外高原通向冀中平原之咽喉要冲，其主峰天峰岭正对浑源县城南，占据屏障京师的位置。北宋浑源因属契丹辖境，宋代祭祀恒山的仪式才不得已改在曲阳举行，元明两朝均延续此旧例。明代祭祀恒山的庙宇坐落在河北保定附近的曲阳县境内，其实在明代曾经两次有大臣建议更易北岳祭祀地点。如明臣马文升曾疏请把北岳祀典从曲阳移至浑源，遭到倪岳反对而罢。万历十四年（1586），大同巡抚胡来贡又疏请改变北岳祀典位置，遭礼部尚书沈鲤的驳议而未成。

从地理方位来看，曲阳在北京之南，浑源在北京之北，这两处地点虽相距不远，但就其与京师的关系而言却有微妙差异。如果仍把祭祀恒山的地点置于曲阳，等于象征性地承认了北宋迫于契丹压力重新界定南北边界的合理性，无异于间接沿袭了宋朝以偏安为"正统"的认知路线。反之，如选择浑源为祭祀地点，就寓示着在地理位置上打破了宋辽对抗遗留下来的南北分立政治格局，最终实现了"大一统"。

"天命"如何转移

清朝臣子进言顺治帝也大体遵循了这一思路，他们奏称，浑源不在祭祀版图之内乃是因为宋朝并未混一天下，只好因陋就简，别择他地。这样的做法"似非一统盛治所宜"。清帝则完全不应有此顾虑，因为从地理位置观察，"浑源于四岳为正北，曲阳稍在其东，国家建都于燕，曲阳在神京之南，浑源在神京之北，为国家藩屏……我朝统一华夏，版图益前代，不祀浑源而祀曲阳，似为未协"[1]。如清帝改置祭祀地点，就能通过"辨方正位"达成"因时制宜，以厘讹谬，至明也，以崇岳，至正也，举千百年之旷典，成大一统之弘规"[2]。

顺治朝改变北岳祭祀地点的举措曾经在清初士林中引起很大争议。顾炎武就曾考证，《尔雅》《史记》《汉书》《后汉书》《风俗通》等前朝典籍中都有祭祀恒山于曲阳的记载，唐宋以后更是存留多通碑文为证。他坚持"帝王之都邑无常，而五岳有定。历代之制，改都而不改岳"的原则，指出"自唐以上，征于史者如彼，自唐以下，得于碑者如此，于是知北岳之祭于上曲阳也，自古然矣"。[3]陶正靖则直接批驳浑源乃是舜巡狩之处的说法，认定是流俗附会之言。[4]阎若璩也援引《周礼》《禹贡》等史料考证出夏商周三代均载于曲阳行北岳祭礼。他反对因清朝定都北京，就从方位角度考虑更改祭祀地点，并引孔颖达之言称："天子不据己所都

---

1 粘本盛：《复祀奏议》，见蔡永华、张崇德纂修：《恒岳志》卷之下，"疏记"，清顺治十八年刻本。

2 同上。

3 顾炎武：《北岳辨》，见贺长龄、魏源等编：《清经世文编》中册，卷五十五《礼政二》，"大典上"，北京：中华书局，1992年，第1386页。

4 参见陶正靖：《考祀典正礼俗疏》，见贺长龄、魏源等编：《清经世文编》中册，卷五十五《礼政二》，"大典上"，第1397页。

以定方岳。"[1]这些论点与清帝更多基于"大一统"考量的政治视野相比，显然属于书生之见。当然，在当时也有迎合清帝改祀决定者，如徐乾学在讨论如何选择北海祭祀地点时就曾举明代北岳祀典争议为例，以此间接认定清朝改浑源为祭祀地点的决定是正确的，主张"若以为历世既久，不可辄改，亦非通论也"。[2]

以"地"系"统"的另一个表现是，把各地舆图风情和政教得失载于方志，这也是清朝在拥有广袤疆域后广泛实施的治理技术之一。庆桂表述志书编纂与"大一统"之关系时曾云："志乘之书，昭大一统之模，稽建置，详封域，备风俗，析源流，数典之资在是。"志书编纂的目的之一是彰扬乾隆帝辟地阐功，殊方星拱的一统伟业[3]，当然要紧紧抓住空间拓展辽阔这个关键指标大力宣传，于是何秋涛才会说《皇舆西域图志》把《皇舆全图》置于"图考"之首，是"所以昭声教之遐而示范围之大也"。[4]阐述仍侧重"范围之大"，清朝与前代特异之处表现在扩及藩服地理，以昭示"无外"之意。其言曰："纂辑是编，言藩服之地，必推本于大一统之盛，敬发明其梗概，于以见圣代幅员之广，骈繣无外，实迈越万古云。"[5]李绂《〈广西通志〉序》则说："地必有志，所以大一统。征文献、备王会之盛，而尊朝廷也。"[6]曾在康熙朝任云贵总督的范承勋在《〈通志〉序》中发挥了同样的意思：

1　阎若璩：《论北岳中岳》，见贺长龄、魏源等编：《清经世文编》中册，卷五十五《礼政二》，"大典上"，第1387页。
2　徐乾学：《北海祀典或问》，见贺长龄、魏源等编：《清经世文编》中册，卷五十五《礼政二》，"大典上"，第1390页。
3　庆桂纂：《国朝宫史续编》卷之九十一《书籍十七·志乘》，清嘉庆十一年内府钞本。
4　何秋涛：《〈皇舆全图〉说》，见《朔方备乘》卷第六十八《图说》，清光绪刻本。
5　同上。
6　李绂：《〈广西通志〉序》，见张廷玉等编：《皇清文颖》卷十七《序》，清文渊阁四库全书本。

"天命"如何转移

"抚今追昔，未有如我国家之声灵遐畅，远迈千古者也。当此之时，使滇《志》犹然阙略，其何以扬太平之盛治，昭大一统之弘规也哉！"[1]

下面这段话则不忘对比宋朝疆域狭小的窘态与清代盛世的恢弘气象，隐晦批评杜佑、马端临受限于夷夏之辨的陈旧思维，记载西南之地不够详尽，说"然唐宋时西南叛服不常，若浮若沉，负版不载，以是杜马亦所从略。盖《春秋》谨严于内外之辨者，此物此志也"。与之相反，只有清朝"诞膺天命，统一华夷，幅员之广，古今莫及"，这几句颇带韵味节奏的文字大谈疆土宏阔达致万国来朝的盛世，修纂志书目的就是为了展示这前无古人的胜绩，所谓"蟠木流沙，无雷向日，靡不来庭而来王，则合诸志之全而大一统焉，盖于斯为极盛者也"。[2]

清帝以开疆拓地之广作为摄位"正统"之必要条件，确实比宋明凭借"道统"阐说来构筑华夷壁垒，以掩饰疆域狭小之困境的言辞更具震撼力。南宋流于偏安局面以后，宋代士人似乎也感到配不上"大一统"的称号，于是才有如下自嘲的诗句："禹贡之别九州，冀为中国；春秋之大一统，宋亦称臣。"[3] 其反讽语气里流露出的自卑感已经深入宋人骨髓，难以排遣。尽管如此，这并不意味着清帝敢于与宋明正统谱系彻底决裂，肆意依赖开疆拓土的功绩重新厘定"大一统"内涵，而全然罔顾宋明理学打造出来的道德箴言。

清帝清醒地意识到，单独依靠疆域征服和军事控制，并不能在心理上完全折服具有极端道德优越感的汉人士大夫阶层，反而会

---

1 范承勋：《通志〈序〉》，鄂尔泰等监修：（雍正）《云南通志》卷二十九之十二，"序·本朝"，清文渊阁四库全书本。

2 张允随：《〈赵州志〉序》，鄂尔泰等监修：（雍正）《云南通志》卷二十九之十二，"序·本朝"，清文渊阁四库全书本。

3 周密：《癸辛杂识别集》卷下，"德祐表诏"条，清文渊阁四库全书本。

强化满洲统治者好勇斗狠的蛮夷形象，难免招惹上凌霸无行和不尊王化的恶名。元宋政权交替即是前车之鉴，元朝并未因表面实现了"大一统"就获得汉人士大夫阶层的尊敬。哪怕是歌颂元朝的士人，也有意将宋朝的失败归因于"宋邦弗遵声教"而自食其果，似乎不愿承认元朝扩展领土的能力。[1] 雍正帝特别注意汲取元朝教训，有意淡化清朝武力征服的色彩，曾引《尚书》"皇天无亲，惟德是辅"的古训，说明"本朝之得天下，非徒事兵力也"。[2]

清帝之所以顾虑过度夸耀武功会带来负面影响，不排除其思维仍受限于宋代忌谈以"地"系"统"的惯例。宋人根本不具备以"大一统"为切入点谈论"正统"的资本，经常故意正话反说地讥刺那些天下混一的朝代不一定真能获得"正统"资格，下面这段话就是个明显的例子。宋元之际学者刘友益在"正统"书法凡例中辩称，"混一止可谓大统，不可谓正统。正不在大，如以大统为正，则蜀汉偏安宁得为正统乎？"[3] 刘友益的言外之意是，除了疆域宏大这一独特条件之外，是否拥有足够的德性仍是获取"正统"不可忽视的一个要素。清帝自然深知这个道理，在阐明发动战争的理由时常常不遗余力地为其罩上道德的光环，臣子对皇上的心思往往心领神会，如纪昀在列举前朝平定疆域的战绩时不忘加上一句，这些辉煌事业均不属"扬天声于万里"的"有征无战"之举。[4]

---

1 参见孟祺：《贺平宋表》，见胡松编：《唐宋元名表》卷下之三，"元"，清文渊阁四库全书本。

2 《大义觉迷录》卷一，见中国社会科学院历史研究所清史研究室编：《清史资料》第四辑，第 21 页。

3 刘友益：《书法凡例》，见饶宗颐：《中国史学上之正统论》，第 184—185 页。

4 参见纪昀：《平定准噶尔赋（谨序）》，见董诰辑：《皇清文颖续编》卷三十九《赋》，清嘉庆武英殿刻本。

所谓"有征无战"的意思就是以德服人，不纯靠蛮霸之力肆行征讨，夸耀武功。按照袁枚的说法："取流沙为附庸之国，惟圣人之德大，斯不怒而威，亦王者之功高，故有征无战。践龙庭之草，露偃春风，出玉门之关，花开内地。"[1] 凡属"大一统"的征伐行动，都会在事前事后被赋予合理合法的道德定义，至少在不劳民费财这一点上要反复加以声明。清朝士人曾经这样表述准噶尔之战的意义："皇上字小之仁，伐暴之义，平戎之勇，决几之智，至是昭然大白，而兴师十余万，拓地数千里，不劳民，不加赋，不淹时日，不疲士卒。"[2] 清廷在云南藩属之区的治理也被视为声教传播的典范，鄂尔泰"改设流官，渐同腹地"的实验，均被看成是"国家声教遐敷"的步骤，结果"滇南万里，如在几席，革藩镇之制，大一统之模，旷古独隆焉"[3]。鄂尔泰的一席话与宋明儒生"在德不在险"的理学宗旨相距并不遥远。

清朝皇家举行科举考试时，也会不时涉及"正统性"与军事攻防之关系这类话题。如有一则殿试题问道："控驭天下者，必先审形势之所在，今天下大一统矣，西北东南，率多险要，防卫之方，抚绥之术，当以何处为先，其详言之。"一位考生的回答是"无象之形势"比"有象之形势"更为重要，"有象之形势固在金汤，而无象之形势不恃疆域，则取一方之形势而计之，不若取天下之形势而谋之，取一日之形势而策之，不若取百年之形势而图之也。"[4]

---

1 袁枚：《为尹太保贺伊里荡平表》，见《小仓山房外集》卷一，清乾隆刻增修本。

2 高士奇：《神功圣德诗（有序）》，见《清吟堂全集》卷第九，收入《清代诗文集汇编》编纂委员会编：《清代诗文集汇编》第一六六册，第51页。

3 鄂尔泰等监修：（雍正）《云南通志》卷十七《封建》，清文渊阁四库全书本。

4 徐旭旦：《世经堂初集》卷之二十三，"策"，见《清代诗文集汇编》编纂委员会编：《清代诗文集汇编》第一九七册，上海：上海古籍出版社，2010年，第821页。

在这位考生的眼里，"有象之形势"是山川险峻地理形势，只能是一时图取的对象，"无象之形势"则关涉世道人心与王朝的百年安危。故结论必然是："无象之形势所当预为之谋也，揽天下之大势，必先得天下之人心，人心者，安危之所由兆，而天命之所攸归也。故古圣王在德不在险，而山川虽固，不若声教覃敷也，兵革虽威，不若仁义遍洽也。诚以爱民之心为图治之本，则四海一家，措天下于磐石之安，而建万年不拔之业，又何形势之不可恃哉！"[1] 这番回答不得不说已相当接近宋人有关"正统"的语义了。

综上，清帝建构"大一统"思想框架，一方面用复古考证的方式揭橥其疆域广大之古义，为清朝统治消弭南北夷夏界线大造舆论；另一方面又标榜对宋明理学道统的继承性，把"大一统"的军事征伐行动赋予柔性的道德涵义，从而为清朝的王权统治奠定较为均衡的政教意识形态基础。

从"攘夷"到"尊王"：清帝如何解读宋明理学要义

"圣人不必出于一地"：满人何以有资格承接"天命"

"圣人不必出于一地"是雍正朝头号思想犯曾静因谋反罪被关进大牢后，说出的一句颂圣的马屁话。曾静承认圣人称号不应全由关内之人独享，圣人也有几率诞生于关外。这分明颂扬的不是

1　徐旭旦：《世经堂初集》卷之二十三，"策"，见《清代诗文集汇编》编纂委员会编：《清代诗文集汇编》第一九七册，第 822 页。

汉人君主，而是曾被他鄙视为"蛮夷"的满人皇帝。曾静有一段话发挥此中深意："夫麒麟凤凰，不必尽出中土，奇珍大贝，何尝不产海滨，同在此天此地之中，一大胚胎，或左或右，孰分疆界，安得歧而二之。"[1] 说的是圣人既可能诞生于中原地带，也有机会出现在偏远地区，那些刻意标榜出的所谓"中心"与"偏远"的地理划分标准，与圣人诞生和分布的概率完全无关，大多是虚构出来的自我想象。

曾静继续论证说，原来被看作中心的"中国"，产生圣人的能力一旦势衰气竭，"天命"随时可能转移。圣人的诞生不一定在中土汉人之地自行封闭地循环周转，很有可能发生在"偏远"荒蛮之地。唐虞三代时的圣人，已有不尽生于中土者。《春秋》虽然主张分辨华夷身份，但"在礼义之有无，不在地之远近"。[2] 曾静还讥讽邹衍发明的"九州说"是汉唐悖谬之论，因为"天地本至大无外，而人自以为有外。正如尧舜之治，不过九州，而人遂以为九州之外不复有九州"。[3] 好像只有他们认定的九州范围内才可产生圣人，而没有想到"九州"的边界是可以重新划定的。满人虽源自东北，却成功入主大统，正是昭示其足以承接"天命"。

有意思的是，这套振振有辞的表白完全不是曾静入狱前的真实想法，在他隐居湖南所写的著作《知新录》中，还满纸洋溢着对满人当政的不屑之辞。受江南名儒吕留良思想的影响，曾静视清帝

1　曾静：《归仁说》，见《大义觉迷录》卷四，收入中国社会科学院历史研究所清史研究室编：《清史资料》第四辑，第153页。

2　同上，第155页。

3　同上，第168页。

为蛮夷，认定其完全没有资格在汉人居住之地领受天命，位居大统之位。可就在短短一年的时间里，曾静的思想却发生了一次惊人逆转，他从一个持守"夷夏之辨"的"反满论"信徒，迅速转变成了清朝政权的坚定支持者。

那么除了雍正帝"出奇料理"所发挥的强大震慑力之外，到底是什么原因促成了曾静这次思想转变呢？过去不少学者对《大义觉迷录》中审讯曾静的文字详加辨析，多有创获，然似仍有意犹未尽之处。

实际上，春秋时的"天命观"即已把人事之失视为造成西周乱政的主要因素，而不会归咎于上天本身，这就维护了上天的崇高性。另一方面，"天命属周"之观念发生动摇，春秋霸主频频代行周天子王事，意味着"天命观"随时可以发生转移，而且并非易姓换代之举，秉承周天子一家的"天命"而来，而是呈现出多元化的局面。承受天命须持有德性乃是对西周天命观的延续，而须辅以祥瑞吉兆则是春秋所增之"天命"转移之要素。[1] 这就为以后的帝王构建新的"天命观"提供了理论基础，同时也间接喻示着异族同样具有入主大统的机会和资格，并非绝对异端。

然而时至宋代，"天命"发生转移的情况只发生于汉人之区，"圣人"诞生只限于"中国"之地的看法极为流行，其深层原因乃是在于，构筑夷夏之防的壁垒日益成为宋人获取文化道德资本的主要手段。其中以郑思肖的观点最为极端，中国历史上那些异族政权，如拓跋珪建立的北魏，都被郑思肖骂为"夷国"。即使他们模

1　参见罗新慧：《春秋时期天命观念的演变》，载《中国社会科学》2020 年第 12 期，第 99—118 页。

仿中原汉人践行礼乐文化，也是属于"僭行中国之事以乱大伦"。[1]
少数族群只能待在边蛮之域从事夷狄应行之事，这就是古今素分华
夷之别的道理。华夷之辨关涉正统，其关键在于：一是必须严格辨
析种族类别；二是必须按照地域分布对种族加以间隔区分，不得混
淆界线。在这两个标准的约束下，汉人相对于"夷狄"才有机会获
得"正统"，中国才能诞生圣人，"夷狄"的存在犹如华夏的一面镜
子，映照出圣人的光辉形象，因为"唯圣人始可以言天下、中国、
正统而一之"。或者换句话说"圣人、正统、中国本一也"，如果分
开讨论那一定是迫不得已，那些夷狄"得天下者，未可以言中国；
得中国者，未可以言正统；得正统者，未可以言圣人"。[2]这就把诸
夏之外的夷狄彻底排除出了诞生圣人的名录之外。

　　曾静当年就是受此类思想激发，一时冲动写下了谋反逆书。从
审讯笔录上看，曾静仍然沿袭了郑思肖以"地"区隔华夷的看法，
如说"中土得正，而阴阳合德者为人；四塞倾险，而邪僻者为夷
狄"。[3]基本被宋明理学的惯性思维定式所牵引。可是其中一个关键
问题他却未予深究：如果中土君王并不守德行义，是否仍有资格继
续位列"正统"，边野地区的异族即使慕仁向善，是否也始终没有
获得"正统"的机会？

　　雍正帝正是从这个论证盲点切入，最终突破了曾静的心理防
线。他一语点中要害说，如果中土君王不守德性，那么"将使中

1　郑思肖：《古今正统大论》，见饶宗颐：《中国史学上之正统论》，第 122 页。
2　同上。
3　《大义觉迷录》卷一，见中国社会科学院历史研究所清史研究室编：《清史资料》第
　　四辑，第 27 页。

国之君，以为既生中国，自享令名，不必修德行仁，以臻郅隆之治，而外国人承大统之君，以为纵能夙夜励精，勤求治理，究无望于载籍之褒扬，而为善之心因而自怠，则内地苍生，其苦无有底止矣"。[1]不得不说，此处论证逻辑并无疏漏之处，的确使曾静难以反驳，他开始慢慢觉悟到自己是"妄意以地之远近分华夷，初不知以人之善恶分华夷"。[2]

至于说到满人的"夷狄"身份问题，雍正帝则通过给舜与文王贴上夷狄标签，为自己获取"正统"制造说辞。雍正帝指出，孟子早已说过，舜与文王都不属于纯粹的华夏人种，两人身份只是东夷西夷之别而已。雍正帝还不惜借孔子之口，为夷狄有缘成为君主的观点张目。他解释孔子"夷狄之有君，不如诸夏之亡也"这句话的意思是"夷狄之有君，即为圣贤之流；诸夏之亡君，即为禽兽之类，宁在地之内外哉！"[3]，关注焦点还是集中在圣人诞生不限于内地。这与雍正帝反复声明"岂以地之中外分人禽之别乎！"[4]的看法可以相互叠合印证。

从孔子所说原意来看，雍正帝的解读不能算是精准无误，更容易让人引起联想的是，为什么雍正帝很少引用孟子的话做佐证，此处其实大有玄机。杨向奎发现，孔子和孟子在"尊王攘夷"的观点上颇有分歧，在评论春秋史事时两人的看法完全相左。[5]孔子仍尊周王，孟子则拥诸侯为"新王"。孟子说过，"吾闻用夏变夷者，未

---

1 《大义觉迷录》卷一，见中国社会科学院历史研究所清史研究室编：《清史资料》第四辑，第7—8页。
2 同上，第28页。
3 同上，第21页。
4 同上，第28页。
5 参见杨向奎：《大一统与儒家思想》，第23页。

闻变于夷者也"，又说"吾闻出于幽谷，迁于乔木者，未闻下乔木而入于幽谷者"。[1]"幽谷"寓意着夷狄居住的荒蛮之地，"乔木"就如沐浴过汉人文化雨露的植被，蛮夷从边缘之地迁往文明之区，正如出幽谷而见阳光，怎么可能还会返归阴暗角落呢？其背后指涉的意思是，文化传播只能是单向性的，即从华夏一方播迁流入夷狄之区，不可能反向而行，故只能用夏变夷，不可能用夷变夏。

孟子推崇"新王"乃是鉴于周末战乱诸侯并起无法统一的历史现状，才不得已说诸侯可当"新王"，这恰恰符合南宋帝王和士人的保守偏安心态。南宋统治远离中原地带，辽金西夏政权环伺周边，其境遇恰似周末某个诸侯国，无法以"一统"天下的王者自居，只有凭借孟子诸侯当"新王"的理论做支撑，还可略作心理安慰，这与南宋士人贬魏帝蜀的心态极其相似。

更为重要的是，即使南宋君主以"新王"自喻，其统治中心因位居江南，极易让人联想起春秋时的吴国，而吴国当年恰恰属于夷狄。即便如此，南宋士人仍自信地认为，北宋本来就拥有中原核心区域，并长期浸淫于儒家传统，南宋君主流落江南，原属北方的儒学一脉仍不绝若线，且有发扬光大之势。辽金虽占据北方大片国土，毕竟属于未开化的异类，与之相比，生活在那里的汉人民众由于长期受儒家熏陶，一旦宋兵反攻，必将重新回归，因为"中原皆礼乐衣冠之俗，所尚者圣贤之事，所习者礼义之教"[2]。南宋倪朴《拟上高宗皇帝书》就

---

1 朱熹撰：《四书章句集注·孟子集注》卷第五《滕文公章句上》，徐德明校点，第305页。
2 倪朴：《拟上高宗皇帝书》，见《倪石陵书》，收入四川大学古籍所编：《宋集珍本丛刊》第59册，北京：线装书局，2004年，第534页。

表达过一种非常不切实际的想法，觉得如果北方夷狄政权强行要求汉人改变礼俗陈规，必定违背其本心，势将引起反抗，流落在北方的汉人"夫以礼乐衣冠之俗，而驱之为披发左衽，大者必不愿为夷狄之臣，小者必不愿为夷狄之民，今若以其所愿，易其所不愿，彼不叛而归我者，吾不信也"。[1] 揣摩这话的语气尚未越出夷狄不可教化的老一套思路，近似于在做返归中土的意淫大梦。这是南宋汉人文化根深蒂固、深入人心的表现，也是针对北方蛮夷之国的最大心理本钱。

与孟子的观点不同，孔子认为夷夏的身份可以互换，夷狄可以进为中国，中国也可退为夷狄。《论语·子罕》把这层意思表达得很明确："子欲居九夷，或曰陋，如之何？子曰：君子居之，何陋之有？"这句话可以辨析出两层意思，一是君子居陋所，可以对居民教而化之，不必担心被鄙陋之地同化，夷狄经教化之后可以转换身份，成为诸夏之民；另一层意思是华夏之人若不守道德则可能退化为夷狄，诸夏与夷狄的身份完全可以相互转化，不是无法通融的刻板实体。

孔子夷夏可以互为进退的观念在《公羊传》里得到了发挥，《公羊传》中理想的"大一统"状态是"王者无外"，"中国"的内涵和范围不断伸缩变化，在名义上仍然统一于周王。《公羊传》把历史和未来设计成"三世"，分别以"传闻世"对应"据乱世"，"所闻世"对应"升平世"，"所见世"对应"太平世"。在"据乱世"时期，以周王为中国核心，诸夏居外；到"升平世"，诸夏为内，夷狄居外，双方虽仍属敌对族群，但已开始互有往来；只有"太平世"，才到了"王者无外而夷狄进于爵"的阶段。夷狄有资格

1　倪朴：《拟上高宗皇帝书》，见《倪石陵书》，收入四川大学古籍所编：《宋集珍本丛刊》第 59 册，第 534 页。

受到周王赏予爵位的荣耀，诸夏与夷狄的界线进一步模糊直至趋于合一，这时候实现"大一统"的时机就成熟了。

按理来说，《公羊传》产生于战国乱世，此时诸侯纷争不休，华夷严格对峙，似乎根本看不到"一统无外"的影子。春秋末年，吴楚秦这几个原先被当作蛮夷的国家开始有"进于爵"的资格，战国时期渐渐融入了华夏的核心圈子，到秦朝最终实现了"大一统"之局。可见"王者无外"并非只是一个经书纸面上虚构出来的神话或想象图景。《公羊传》所抒发的诸夏与夷狄相处的一些基本原则，往往为各朝的君主反复陈说和遵循。

孔子语录和《公羊传》中构筑的夷夏交往规则为雍正帝提供了论证满人获取正统之位的思想资源。雍正帝刻意强调孔子允许夷夏身份互换，声称夷狄可进阶为华夏的观点，正是遵循孔子的古义，与宋明儒者选择孟子推崇"新王"的思想有着根本差异。雍正帝又根据《公羊传》中"华夏可退为夷狄"之义，批评明代君主丧失仁德，为清朝所取代是罪有应得，满人因深得上天眷顾，民心拥戴，从而具备了夷狄"进于爵"的资格。如此叙述不但从回归经典的意义上颠覆了宋明理学严分夷夏界线的种族文化决定论，而且又借恢复孔子和"公羊学"古义为名，在与曾静的思想交锋中抢占了道德制高点。后来曾静也不得不承认"天地精英之气，日散日远，而且循环无常。今日二五之精华，尽钟于东土，诸夏消磨，荡然空虚"。[1] 这明显是在指摘位居中土的明代君主元气已散，崛起于东北的满人则尽享精华之气。又说，"东海有圣人出，此心同，此理同，西海有圣人

---

1 《大义觉迷录》卷一，见中国社会科学院历史研究所清史研究室编：《清史资料》第四辑，第29页。

出，此心同，此理同者，今日方实信得"。"东海"暗指满洲东北龙兴之地，"西海"则隐喻明代江山社稷。曾静断言，当今世界恰恰是东海之人具备尧舜先王之德，西海处于衰落之中，颓势尽显。"东海之圣人，其心理果与尧舜同也，若中国人物，则久已沦落不堪问。"[1]

经过与雍正帝的反复切磋辨正，曾静从回归《春秋》本义出发，渐渐领悟夷夏之别不以种族划分，圣人出身不以地界为限的道理。他表示《论语》所云"攘"者只指楚国而言，"谓僭王左衽，不知大伦，不习文教，而《春秋》所摈，亦指吴楚僭王，非以其地远而摈之也"[2]。这完全是《公羊传》的看法，同时说"且我皇上道隆德盛，亘古所未见，即僻处在东海、北海之隅，凡声名所到，犹尊之亲之，而无思不服"[3]，承认"总因错认本朝为夷狄，而不知圣人之生，原无分于东西也"[4]，衷心忏悔之意溢于言表。

曾静在与雍正帝的对话博弈中，其思想始终处于蜕变的过程里。此间有坚持有动摇有疑惑有反驳，最终豁然开悟，学会了变通屈从。他不但巧妙迎合雍正帝的观点，还颇善于引申发挥其旨意。比如"圣人不必出于一地"这条看法，被曾静概括成了一种类似"文明多地起源论"的见解。曾静以为，满洲崛起于东北不仅是异地出圣人的典范，而且满人发明了另一种文明形态，其意义在于"盖我朝龙兴，不由中土而起于满洲，由满洲而至中国，地之相去数千余里，

---

1 《大义觉迷录》卷二，见中国社会科学院历史研究所清史研究室编：《清史资料》第四辑，第65页。

2 《大义觉迷录》卷一，见中国社会科学院历史研究所清史研究室编：《清史资料》第四辑，第37页。

3 《大义觉迷录》卷二，见中国社会科学院历史研究所清史研究室编：《清史资料》第四辑，第53页。

4 同上，第54页。

162　　　　　　　　　　　　　　　　　　　　　　　"天命"如何转移

而德化之盛，及于中土，薄海内外，无不倾心爱戴。由是天与人归，使大统一朝而成"。最关键的是，满人入关打破了中原单一向外传播文明的历史，因为"并非汤武之居中渐化，而后民心乐从，始有天下者可比。其规模更大更远，所以为亘古莫及"。[1]满人当权的最大意义是在中原古典文明之外，又增加了一个新的文明生长点，这是雍正帝旨意中所未曾深论的地方，由曾静予以特别提示与阐明。事到如今，至尊皇上和大逆囚犯一唱一和，双方观点诡异地日趋同调。

更为重要的是，雍正帝在与曾静反复进行的诛心较量中，终于锁定了"正统"继承的最优对象。我们过去总是从乾隆帝对杨维桢表示元朝"正统"应接续宋朝而非辽金的支持态度，断言清帝继承"正统"的目光一定落在了宋朝，因为清帝想承接汉人政权的传承谱系，借此洗刷自己的异族身份。[2]可是如果我们仔细阅读雍正帝留下的文字，就会发现，其中对清朝"正统"来源最为有力的申辩，其目的并非接续宋朝正统，而是要恢复元朝作为"大一统"帝国的声誉。雍正帝多次表示，必须纠正明朝士人对元朝的污名化指控，并对元朝的"大一统"功绩大为赞赏。雍正帝认为，元朝除了拥有"混一区宇，有国百年，幅员极广"等超越前代的地理优势之外，"其政治规模，颇多美德，而后世称述者寥寥"，这是因为后人"故为贬词，概谓无人物之可纪，无事功之足复"。[3]于是雍正帝决

1　《大义觉迷录》卷三，见中国社会科学院历史研究所清史研究室编：《清史资料》第四辑，第118页。

2　关于杨维桢"正统观"的相关讨论，可以参看贝琼：《铁崖先生传》，见薛熙纂：《明文在》卷八十三《传》，清康熙三十二年古渌水园刻本。

3　《大义觉迷录》卷一，见中国社会科学院历史研究所清史研究室编：《清史资料》第四辑，第7页。

心打破宋明理学对元朝的污名化解释，为其历史功绩正名。

熟悉清初历史的人都知道，顺治年间满人入关，为自己寻找到的一个正当理由是"为明讨贼"，多尔衮致史可法书即云："《春秋》之义，有贼不讨，则故君不得安葬，新君不得即位。"[1]这套讨伐"闯贼"，为明代皇室报仇雪恨的逻辑受制于明朝"正统"叙述的羁绊，给人的印象是清帝似乎仍在维护明朝统治的延长线上发声，并没有建立起清朝具有独立"正统性"的解释框架，正因如此，史可法才对多尔衮"为明讨贼"的说法回应得相当从容，他建议"今贼未伏天诛，卷土西秦，方图报复，此不独本朝不共戴天之仇，亦贵国除恶未尽之虑。伏祈合师进讨，问罪秦中"。[2]史可法的意思很明确，满洲在大明君臣的眼里不过是北方蛮夷政权，为明室出兵剿贼理所应当，哪里有什么资格僭越明朝大谈"正统"。雍正帝清醒地意识到，满人政权作为异族入主大统，如果仅仅论证清朝延续汉人政权的合理性，尚不足以跻身其中，更不能凸显自身的独特性，而元朝在拥有广大疆域的规模上与清朝有相似之处，但在汉人"正统"叙述中，元朝统治者的蒙古异族身份一直为汉人所忌惮，到底是否能列入历朝"正统"谱系一直存有争议，只有洗刷掉元朝蒙古统治者的夷狄身份，才能为清朝真正获得"正统"地位奠定舆论基础。

雍正帝在与曾静的辩论中，对曾静贬低元朝的言论集中加以申斥，称明太祖修《元史》，对元世祖称赏有加，对儒学、循良、忠义、孝友诸传，《元史》均标列甚众，"且元一代之制作及忠孝节义

1　杨陆荣撰：《三藩纪事本末》卷一，"四镇"条，吴翊如点校，北京：中华书局，1985年，第12页。
2　同上书，第13页。

之人物，亦史不胜书"[1]。你一介书生胆敢如此讥讽元朝，就是对明太祖的不敬。清朝统治下的蒙古人早已摆脱了"夷狄"身份，"今日蒙古四十八旗喀尔喀等，尊君亲上，慎守法度，盗贼不兴，命案罕见，无奸伪盗作之习，有熙皞宁静之风，此安得以禽兽目之乎？"[2]这就证明原来被称为北狄的蒙古至今已向化慕诚，蜕变为诸夏文明圈的一分子，这个融入过程从元朝就已开始，到清朝则臻于圆满。

雍正帝指斥明朝始终存在南北界分的戒心，不能从"大一统"的角度处理好蒙人与汉人的关系，"先有畏惧蒙古之意，而不能视为一家，又何以成中外一统之规！"[3]只有清帝"合蒙古、中国成一统之盛，并东南极边番彝诸部俱归版图，是从古中国之疆宇，至今日而开廓"。[4]雍正帝为元朝正名，把清朝的"正统性"与蒙古统治历史衔接起来，有利于讲述出一套蒙满前后入主中原建立"正统"的新故事，这条线索既可以承接唐宋明等一脉"正统"，又可使蒙满这些本属"蛮夷"的异族在其中确立自己的位置，同时亦能特别突出元清两朝统治地域恢弘广阔的"大一统"优势。

"移孝作忠"：清帝对"五伦"关系的颠倒式叙述

前人解读《大义觉迷录》多已注意到雍正帝如何激烈指斥曾静"华夷之分大于君臣之论，华之与夷乃人与物之分界，为域中第

---

1 《大义觉迷录》卷一，见中国社会科学院历史研究所清史研究室编：《清史资料》第四辑，第 25 页。
2 同上，第 21 页。
3 《大义觉迷录》卷二，见中国社会科学院历史研究所清史研究室编：《清史资料》第四辑，第 84 页。
4 同上，第 85 页。

一义"的论调。但多数学人尚未意识到，雍正帝阐释"君臣之义"，并没有一味拘泥宋明理学家法，而是对理学的核心命题"五伦"进行了精心改造，甚至不惜颠倒"五伦"次序，重加表述。

"五伦"的提出最早可以追溯到孟子，孟子在《孟子·滕文公上》里首先提出"父子有亲，君臣有义，夫妇有别，长幼有序，朋友有信"这五种人际关系。后世儒家基本没有越出孟子的说法。在介绍雍正帝的"五伦"观之前，不妨先来看看宋代理学家是如何讲述"五伦"关系的：在雍正五年（1727）定制的《御定小学集注》中，朱熹对"五伦"的排序完全复制了孟子的说法，即"父子有亲，君臣有义，夫妇有别，长幼有序，朋友有信"[1]，并在《立教》之后的《明伦》一节中按以上次序排列"五伦"分别加以讲解。

朱熹在解读儒家经典的各类论著中多次谈及"五伦"，如在《周易本义》中说："有天地然后有万物，有万物然后有男女，有男女然后有夫妇，有夫妇然后有父子，有父子然后有君臣，有君臣然后有上下，有上下然后礼义有所错，夫妇之道不可以不久也。"[2]在一篇上呈皇帝的奏劄中，朱熹仍然把"父子"关系摆在"君臣"关系的前面，他说："仁莫大于父子，义莫大于君臣，是谓三纲之要，五常之本，人伦天理之至，无所逃于天地之间。"[3]

程颐在解读《周易》时曾提及"五伦"，排序方法与朱熹近似。他说："有天地然后有万物，有万物然后有男女，有男女然后有夫

1　朱熹撰：《御定小学集注》卷一《内篇·立教第一》，清文渊阁四库全书本。

2　朱熹撰：《周易本义》，"周易序卦传第九"，宋咸淳刻本。

3　朱熹撰：《垂拱奏劄二》，见《晦庵先生朱文公文集》卷第十三《奏劄》，四部丛刊景明嘉靖本。

妇，有夫妇然后有父子，有父子然后有君臣，有君臣然后有上下，有上下然后礼义有所错。"[1]由上述引文可知，宋代理学家在排列"五伦"之序时，一般都会把"父子关系"摆在"君臣关系"的前面。[2]

程朱述说的"五伦"思想经过百年演绎传承，不仅在帝王心中，而且在一般士人百姓眼里业已成为常识，其次序不容轻易置疑和更改。[3]可是在雍正帝对曾静案的出奇料理中，"五伦"关系的排

1　程颐撰：《伊川易传·伊川程先生周易下经传卷之五》，元刻本。

2　当然也有些例外情况出现，如北宋石介在《中国论》中就把"君臣"列于"父子"之前。曾云："仰观于天，则二十八舍在焉；俯观于地，则九州分野在焉；中观于人，则君臣、父子、夫妇、兄弟、宾客、朋友之位在焉。非二十八舍、九州分野之内，非君臣、父子、夫妇、兄弟、宾客、朋友之位，皆夷狄也。"（参见石介：《中国论》，见《徂徕文集》卷第十，清张位钞本。）但总体上说，宋儒仍基本恪守孟子对"五伦"的排序。

3　在古典文献中，当然也不乏颠倒"父子""君臣"次序的例子，《礼记·中庸》即云："天下之达道五，所以行之者三。曰君臣也、父子也、夫妇也、昆弟也、朋友之交也。五者，天下之达道也。"其中已把"君臣"排在第一位。宋人《近思录》中亦有"常思天下君臣、父子、兄弟、夫妇，有多少不尽分处"的说法。（叶采集解：《近思录集解》卷一《论性之本原、道之体统》，程水龙校注，北京：中华书局，2020年，第16页。）似乎已经把君臣排在了父子之前，但这种排列法有其随意性，不是刻意强调的意思。如朱熹在解释这段话时就颠倒了父子与君臣的次序。《四书章句集注》解释上引"君臣也、父子也、夫妇也、昆弟也、朋友之交也五者"后，又回到了孟子的解释云："达道者，天下古今所共由之路，即《书》所谓五典，孟子所谓'父子有亲、君臣有义、夫妇有别、长幼有序、朋友有信'是也。"明代亦有个别把"君臣"关系排在"父子"之前的言论，如陈献章有诗云"五伦首重君臣义，一体元同骨肉恩"（陈献章：《次韵张侍御叔亨见寄》，见《白沙子》卷之八，四部丛刊三编景明嘉靖刻本），隆庆初年阁臣李春芳云"五伦莫大于君臣"（李春芳：《五乞休》，见《贻安堂集》卷之一《奏疏类》，明万历十七年李戴刻本），万历时阁臣沈一贯亦称"五伦之序，君臣居其首"（沈一贯：《乞休再疏》，见《敬事草》卷十四，明刻本）。可见自古就存在两种排序方式。只是雍正帝更为系统化地阐述了五伦以"君臣"为先对于建立清朝皇权"正统性"的绝对意义。

清初也有个别言论提及君臣之间的关系应区别于父子关系，父子是血缘关系，君臣更像是一种共事关系，前者天生有尊卑，后者则应相对平等。如黄宗羲在《明夷待访录·原臣》中即持此论，可惜这种声音极其微弱，很快就被压抑而无闻。（参见李泽厚：《中国古代思想史论》，第238页。）

序却遭到了根本性的动摇。

要明了雍正帝与曾静反复论辩交锋的复杂性，我们必须首先从曾静被捕前的原初思想状态入手观察。曾静以煽动叛逆的罪名入狱，最初只是感觉自己身犯谋反重罪，必遭极刑处死，对自己在思想意识方面犯有何罪却认识模糊。雍正帝于是顶着诸臣要求尽速处决曾静的舆论压力，花费大量精力对之进行思想改造。然而出乎意料，这番精心布置的洗脑计划一开始就遭到曾静的抵触，并没有达到立竿见影的效果。以下对话就是个明显例子：在一次审讯中，针对曾静著作《知新录》里"若是夷狄，他就无许多顾虑了，不管父子之亲，君臣之义，长幼之序，夫妇之别，朋友之信"这段话，雍正帝质问道："你说中国之人虽恶，究竟天经地义不致扫灭，今你这等逆乱，君臣上下之义荡然无存，且身罹重罪，有衰老之母，而毫不相顾，犯赤族之诛，门无噍类而不恤，殃及子孙，害及朋友，尚得谓之有君臣、父子、长幼、夫妇、朋友之伦理乎？"[1]

这是指责曾静作为中国之人，理当遵循"五伦"规训，但仔细比对曾静与雍正帝这两段话里的"五伦"排列次序，我们就会发现，曾静所说的"五伦"仍以"父子"一伦为首，"君臣"之义为次，这是严格按照宋代理学家法做出的陈述。[2] 而雍正帝所言"五伦"却被悄悄颠倒了次序，"君臣"一伦列于"父子"关系之上。雍正帝的意

---

1 《大义觉迷录》卷二，见中国社会科学院历史研究所清史研究室编：《清史资料》第四辑，第 64 页。

2 如按照孔子的意思，父亲与君王的排序也应该是由近及远的，而非绝对同构同体的关系，《论语》中谈及"诗"的作用时，孔子即云："诗，可以兴，可以观，可以群，可以怨。迩之事父，远之事君。"（朱熹撰：《四书章句集注·论语集注》卷第九《阳货第十七》，徐德明校点，第 209 页。）

　　　　　　　　　　　"天命"如何转移

思是，曾静你口口声声要遵守"五伦"，既然我们满人当了皇帝，你就应该把清帝当作父母一样无条件地加以爱戴，尊崇君主就相当于孝敬父母，你却不守君臣之义，违背程朱先贤的教导。

　　曾静显然没有从中领会到雍正帝颠倒"五伦"顺序的用意，双方的思想分歧在一次笔谈对话中暴露了出来。有一次雍正帝把山西巡抚石麟的奏折交给曾静阅看，这份折子表彰的是山西士绅百姓自备车马运送军需物资，却不肯领取"脚价"工钱的事迹。雍正帝披阅奏折后大受感动，急切想与曾静分享心得。他委托审讯官质问曾静，与山西百姓如此高尚的觉悟相比，为什么湖南民风恶劣浇薄，士绅言行猖狂悖逆。雍正帝不断暗示曾静，湖南地处偏远，少沾君王雨露，更应加强对"君臣之义"的教化训诫，希望曾静对此看法积极呼应。事后推测，雍正帝大概预想，身为湖南人的曾静读此奏折后应同样深受触动，会顿感惭愧和无地自容，并痛心疾首地开始深究自己谋反的思想动因。结果曾静的反应让雍正帝大失所望，他的思路并未亦步亦趋地钻入雍正帝设计好的轨道，也并未因山西士绅的忠君表现感到自责。

　　让雍正帝最感不满的是，曾静居然主张君臣之间应该保持一种"付出—回报"的互利关系，曾静信奉"抚我则后，虐我则仇"的义利观，尽管他仍声称"君臣一伦，至大至重，分虽有尊卑之别，情实同父子之亲；本于天命之自然，无物不有，无时不在，通古今，遍四海而未尝有异也"。[1]曾静的自信其来有自，因为在先秦儒家中往往不乏类似的言论，曾静完全可以之为思想奥援，如荀子曾

1　《大义觉迷录》卷二，见中国社会科学院历史研究所清史研究室编：《清史资料》第四辑，第 82 页。

提及"君臣关系"应该是"从道不从君，从义不从父，人之大行也"。这似乎与日常标准下的儒家君臣孝行观不符。其中又说到鲁哀公问孔子曰："子从父命，孝乎？臣从君命，贞乎？"问了三次，孔子都没有回答。孔子直到在与子贡的对话中，才说出自己的真实想法，其言曰："父有争子，不行无礼；士有争友，不为不义。故子从父，奚子孝？臣从君，奚臣贞？审其所以从之之谓孝、之谓贞也。"[1]大意是说，一定要面对具体情况做变通选择，不存在君臣父子、上下尊卑的绝对等级和服从关系。孟子也曾告齐宣王曰："君之视臣如手足，则臣视君如腹心；君之视臣如犬马，则臣视君如国人；君之视臣如土芥，则臣视君如寇雠。"[2]

可是在雍正帝看来，曾静把"君臣关系"等同于"父子关系"的表达不但了无新意，不过是引述一些儒学教条里的陈词滥调，而且其中隐隐约约流露出的孤傲态度有藐视皇权至上的嫌疑。

让雍正帝更为恼火的是，曾静虽身陷囹圄，话锋里却潜藏着犀利的违逆之音。他坚持说，君主扮演的角色虽等同于父母，在处理君臣关系时却应首先对臣属以礼相待，臣民才会报以衷心拥戴之情。湖南民风浇漓固然是"民之无良"，"然亦半由在上者不以民为子，或子焉而德惠偶有未洽于民，或及民而有司不能宣扬上意，以致民或不能以君为后，即或后戴其君，而不能至诚赤忠，实尽我赤子之道者，往往有之"。[3]这语气分明是说民众的桀骜不驯乃是由君

---

1 王先谦撰：《荀子集解》卷二十《子道篇第二十九》，沈啸寰、王星贤点校，第 529—530 页。

2 朱熹撰：《四书章句集注·孟子集注》卷第八《离娄章句下》，徐德明校点，第 342 页。

3 《大义觉迷录》卷二，见中国社会科学院历史研究所清史研究室编：《清史资料》第 四辑，第 82 页。

"天命"如何转移

主官员执政不当所致，与民风浇薄无关。

曾静继续抱怨说："若果能以民为子，食思民饥而为之谋其饱，衣思民寒而为之谋其煖，痌瘝一体，每念不忘其民，则君民一体，民自不敢有其身，不敢私其财，不敢恤其力。虽赴汤蹈火，亦不肯避矣。"[1]这番话简直像为民请命的斗士在呐喊，或如热血喷涌的士人在搏命谏言，苦口婆心地劝诫帝王应尊重民意，不可恣意妄为，哪里看得出是位戴罪狱中的死囚发出的自责声音。曾静又回溯历史，断定真能做到视民如赤子的帝王实在少得可怜，不仅汉唐宋明的极盛时期如文景、贞观、熙宁之治不曾出现过这样的帝王，即使是三代隆兴之时也似罕见，算来算去也就周文王一人能负此盛名。这分明是在暗示雍正帝，其治国业绩不仅难追三代圣王，恐怕也难望汉唐盛世之项背，这与雍正帝指望曾静洗心革面彻底臣服的目标显然相距甚远。曾静如此倔强不屈的陈述无异给雍正帝出了一道难题，就如两人弈棋，雍正帝先输掉一局，不得不重新蓄力，伺机反攻。经过一番深思熟虑，他发表了如下一番训诫之辞，力求挽回颓势。

雍正帝首先抓住曾静供词中"抚我则后，虐我则仇"这个说法展开绵密分析，回击曾静的观点。他举证说，山西民俗淳良，湖南民风浇悍，并非因为清帝厚此而薄彼，康雍两朝一向对天下一视同仁，皆施予赤子待遇。两地民风之所以出现巨大反差，完全是因为曾静这样的文人自以为满腹经纶，却偏偏不懂君臣关系不仅等同于

---

1 《大义觉迷录》卷二，见中国社会科学院历史研究所清史研究室编：《清史资料》第四辑，第82页。

父子，而且应该高于父子这个道理。雍正帝借审问曾静的机会，虚拟出了一种君臣交往不需任何互利原则支撑的绝对主奴关系。其基本要义是，皇上对臣子好，臣子应该尽心尽力服侍；皇上对臣子不好，臣子也须极力忍耐，不可表达不满情绪，做出任何反抗举动。

雍正帝从基本的亲情关系出发，深入阐发这套谬理，指出自古以来亲情之间互相隐恶才是孝道的表现，更何况是君臣关系。他说："人情于亲戚朋友，素相契厚者，或闻其子孙有过失，则必曲为之掩护；或闻其子孙被谤议，则必力为之辩白。况于君臣之间乎！"[1] 言外之意是父母犯法，子女尚且为其掩饰，君主言行有不当之处，臣子就更应曲意维护。雍正帝接着貌似推心置腹地质问曾静，你既然知道君臣之间情同父子的道理，如果今天有人诬陷你的父亲是盗贼，捏造你的母亲有淫荡行为，你难道不挺身而出为之抗辩吗？怎么能够忍心用极尽丑恶的语言唾骂父母，还著书立说把父母的丑事到处散播，这等行为简直与禽兽无异也。

雍正帝如此动情地与曾静争辩如何践行人伦孝道的一个背景是，曾静投递的逆书里充斥着雍正帝肆行作恶的道听途说，雍正帝曾对此严加斥责："况以毫无影响之流言，不察真伪而便肆为诬蔑，敢行悖逆，尚得谓有人心者乎！"[2] 只有把皇帝当父母一样对待，必要的时候还要为之抗辩护短，才是做臣子的本分，恪守为臣之道就这样被曲解到了不问是非的荒唐地步。下面这段训诫更是直白昭昭："且'抚我则后，虐我则仇'之语，亦非正论。夫君臣、父子

---

1 《大义觉迷录》卷二，见中国社会科学院历史研究所清史研究室编：《清史资料》第四辑，第 83 页。
2 同上。

　　　　　　　　　　　　　　"天命"如何转移

皆生民之大伦，父虽不慈其子，子不可不顺其亲；君即不抚其民，民不可不戴其后。所谓抚我则后，虐我则仇者，在人君以此自警则可耳，若良民必不忍存是心，唯奸民乃得以借其口。"[1]

细品其意，皇帝对百姓有生杀予夺之威，百姓却无反抗争辩之权；至于说到皇帝要抚民不要虐民，否则会遭到谴责这种道理只不过是在字面上说说而已，也许偶尔对皇帝有些心理警示作用，却没有行动上的约束力量。皇帝无论是否抚民全在一念之间，百姓必须无条件接受，不得质疑对抗。雍正帝的这番表白彻底逆转了宋明士阶层与皇帝之间的相互制衡关系，君臣之间"君使臣以礼，臣事君以忠"的双向约束机制至此彻底失灵。[2] 这套颠覆性辩白对本来属于底层士人的曾静形成了巨大的心理冲击。雍正帝自诩为民众之父，把君臣关系拟构成父子人情伦理的言说本无甚新见，这是宋明理学的题中应有之义，然而雍正帝同时进一步强化君臣之间的不平等关系，并使之合理化，这就违背了自称拥有"道统"权威的理学士绅担负教化王者之责的儒学传统。

由于时隔太久，我们很难猜测曾静到底出于什么心理接受了雍正帝颠倒"五伦"次序的谬言。当时的情形是，在接到这份谕旨训诫后，曾静表现出了与以往截然不同的态度，完全放弃了不久前

---

1 《大义觉迷录》卷二，见中国社会科学院历史研究所清史研究室编：《清史资料》第四辑，第84页。

2 经典中关于君臣之间微妙的相处之道，除了《孟子·离娄章句下》中孟子与齐宣王的那段对话外，仍有一些相关论述，如《尚书·泰誓下》："古人有言曰：'抚我则后，虐我则仇。'"《战国策·燕策一》郭隗对燕昭王言道："帝者与师处，王者与友处，霸者与臣处，亡国与役处。"更多相似言论可参见钱锺书：《钱锺书集：管锥编（一）》，第527—528页。

还坚持的君臣关系应遵从"付出—回报"双向互利原则的观点。他不但拼命论证"五伦"中君臣一伦高于父母之情，而且反复表示即使君父不仁，臣下子女亦应缄默忍受，不得妄议，因为"君"与"臣"的位置是不能平等摆放在一起的。君上之位是为尽"天职"所设，拥有世间草民无法想象的神圣性，皇上代表公意，故而"为臣为民者，一身之生杀，唯君所命"，如果产生了忤叛之心，那就是与"公意"对立的"私怨"，必须加以清除。[1]

"臣之忠君"是天命所赋自然之责，不能依托于君对臣施之于礼而臣才得以回报忠诚的因果互利关系。尽管圣人说过"君使臣以礼，臣事君以忠"这样的话，好像要把君臣位置"两边平放"，其实双方"不相期待"，根本不是平等对应的关系。忠君是"天命"赐予臣子的自然担当，是一种"天性"的流露，不是人间伦理意义上的报答君恩。故"君加恩于臣，在臣固当忠君，即不加恩于臣，而臣亦当忠"。[2]"盖臣之忠君，乃天命之当然，所性之自然，岂计君恩之轻重哉！"[3]"忠君"变成了人伦关系中一个无条件的选择项，这是对宋明儒家道德伦理的一次背叛和逆转。

曾静不但高调宣扬雍正帝的"无条件忠君论"，而且在诠释臣子所应担负之责时比雍正帝提出的要求还要苛刻。与他最初入狱的言论相比，这种自我鞭挞犹如一次思想自残。他主动概括发挥君臣关系为"五伦"之首的旨意说："其实君臣之伦，大过父子之亲。盖以

---

1 《大义觉迷录》卷二，见中国社会科学院历史研究所清史研究室编：《清史资料》第四辑，第85页。

2 同上。

3 同上书，第86页。

父则对子，其尊只在子一身之上；君乃天下万物之大父大母，其尊与天配，在万物之上，故五伦以君臣为首。"[1]这些谄媚的语言完全曲解了理学对父子君臣关系的解释。理学家认为，父子之伦是做人的基础，是人生的起点，君臣关系经此人情之孕育才能生长出来，两者是一种递接关系。曾静则认为皇帝位置来自天的授予，本来就超越于人世间的所有关系之上，也必然超越于一般意义的父子关系之上，不应该放在同一平面上加以认识。这样解读雍正帝旨意无疑把皇权"承天受命"的程度推向了极致，让人很难想象是出自曾静这样的逆天重犯之口。[2]

曾静为表示彻底领悟皇上谕旨之意，又举周文王为例，对君臣关系的单向制约性予以进一步说明。周文王即使身遭纣王酷政的迫害，也不改小心服事之节，这才是圣人之至德。至于说到"抚我则后，虐我则仇"这句话的涵义，那是武王誓师伐纣时喊出的鼓动士气的口号，表示奉行天意除暴安良，可我等普通人哪有周武王这

---

1 《大义觉迷录》卷二，见中国社会科学院历史研究所清史研究室编：《清史资料》第四辑，第85页。

2 当代新儒家全然没有历史感，他们总是在一种虚拟的语境下阐释"五伦"关系，而丝毫没有顾及"五伦"在具体历史状况下的变异过程。如杜维明坚持说："这五种最基本关系（五伦）的实质并不是依赖，而是'报'。儿子的孝是通过父亲的慈爱得到回报的；臣的忠是通过君的圣明公正得到回报的，如此等等。"（杜维明：《新儒家的宗教信仰和人际关系》，见杜维明：《儒家思想新论：创造性转换的自我》，曹幼华、单丁译，南京：江苏人民出版社，1996年，第147页。）达尔迈耶则将杜维明的观点表述为"这种关系的核心在'信用共同体'（fiduciary community）这一概念中能得以把握，该类社群不是建立在统治或控制之上，而是建立在信任和相互学习之上的。"（［美］达尔迈耶：《儒学与公共空间——五伦外出现一种新关系？》，张绍良译，见曾亦、唐文明主编：《中国之为中国：正统与异端之争辩》，收入《思想史研究》第九辑，上海：上海人民出版社，2012年，第222页。）这种一厢情愿式的对"报"的解释，完全漠视了具体历史情境下的君臣关系中君主所起的范导作用。

般应天承命的资格，此种道理非大圣人不能用，普通百姓只是知道有这回事也就罢了，不可真以为自己也能像圣人那样与皇上讨价还价，"所以圣人说个未可与权，虚悬此理于天地间，而未敢轻以许人耳"。[1] 既然像文王这样的圣人仍恪守君臣上下之序，那么今人还有什么理由不无条件地叩拜当今皇上，诚心感念其恩德呢？于是作为"小民"的曾静进一步自省到："既食毛而践土，君即不抚其民，民不可不仰戴其君者乎！"[2] 表示深刻体悟到了"揆以君臣之义，情同父子之亲"的道理。曾静的一番自白完全呼应了雍正帝对君臣关系所做的新解释，雍正帝曾相当强悍地表示："故以在下言之，则曰：抚我则后，虐我则仇。而以在上言之，则曰：忠我则臣，背我则敌。"[3]

雍正帝对灾异起因一厢情愿的推诿态度也是历代帝王中颇为少见的，古代帝王每逢遭灾均视为上天对自己执政不利的惩罚，多会采取避席于偏殿，或简衣素食，屡下罪己诏等自我问责的举措。雍正帝好大喜功，臣子经常报告某地某时出现祥瑞，以讨其欢心，他曾经不无得意地给曾静阅看地方官奏报祥瑞的奏折，难以掩饰盛世之下吉兆频现带来的欣喜之情。雍正帝有喜闻祥瑞、讳谈灾异的毛病，即使偶闻底层发生灾情，也往往找出各种理由推诿卸责，好

---

1 《大义觉迷录》卷二，见中国社会科学院历史研究所清史研究室编：《清史资料》第四辑，第 86 页。

2 同上。

3 《大义觉迷录》卷三，见中国社会科学院历史研究所清史研究室编：《清史资料》第四辑，第 130 页。乾隆皇帝在御纂《春秋》的文字里也有和雍正帝类似的看法，如解释《春秋》鲁定公十一年（前 499）宋公之弟反叛，乾隆帝的意见是，尽管宋公"宠嬖蔑亲"，混乱纪纲，"其咎大矣"，但《春秋》依然申斥宋公之弟的叛逆行为"以明君臣之义也"。乾隆帝认为，这才是"君虽不君，臣不可以不臣"的春秋笔法，只有遵循此义"而后天下之为君臣者定"。（参见清高宗御纂：《御纂春秋直解》卷十一《定公》，清摛藻堂四库全书荟要本。）

"天命"如何转移

像与自己的治理失误无关，各地官员遂养成了报喜不报忧的习惯。[1]
雍正帝曾经以山西巡抚石麟的奏报为据，居然把湖南受灾原因归罪
于地方民风浇漓、士绅心怀不轨。他说山西绅士庶民踊跃为公奉献
的事迹被披露之后，当地马上降临祥瑞之象，证明上天确实表现出
眷顾山西民众尊王亲上之心。

与山西相比，湖南屡遭水灾，恰恰是因为曾静、张熙这样的无
耻之人不记盛世皇帝的恩德，致使乖戾之气上干天和，惹得苍天震
怒，降灾示警。在历数湖南士绅的劣迹之后，雍正帝跟着又轻描淡写
地加上一句话，反省自己作为皇上德性未足，不能化导湖南百姓趋善
避恶，亦难辞其咎。此话语气给人感觉并非真心担责，而是借此激发
曾静的感恩戴德之心，诱导其在做出回应时变本加厉地输诚自贱，加
倍颂扬皇上得天恩宠，对逆贼犯下的滔天大罪反而宽宥有加。

果然曾静对皇上的旨意心领神会，他把灾异发生的原因归结
为两种情况，一种是"若君心稍有一点与天心不相符合，则戾气致
异"[2]，这更像是传统帝王所遭遇的天谴，却完全不可能发生在雍正
帝这样宵旰勤政、"天人感孚，成自古未有之治功"的英明君主身

---

[1] 比如雍正七年（1729）九月丙戌，《清世宗实录》就记载了一条史料，说的是雍正
帝发现直隶宣化府属宣化、西宁、蔚县三处遭受冰雹之灾，加上雍正六年（1728）
宣化府宣化、怀来、保安三地亦曾遭受旱灾，在寻究灾情原因时，雍正帝虽然也从
"天人感应"的角度解释受灾缘由，却一点也没有承揽责任的意思，而是把受灾原
因统统推诿给了地方官员。他说："朕思天人感应之理，纤毫不爽，连年以来，直
隶通省，雨泽应时，西成丰稔，而宣化府属之数州县地方，两年之内，有亢旱冰雹
之灾，此必地方官民政治有缺，风俗不淳，是以上天显示儆戒，欲其警醒悔悟，翻
然悛改于将来也。官斯土者宜敬谨修省，以免过愆。"（《清世宗实录》卷八十六，
雍正七年九月丙戌。）
[2] 《大义觉迷录》卷二，见中国社会科学院历史研究所清史研究室编：《清史资料》第
四辑，第91页。

上。那么第二种天降灾异的原因只能往底层追究，因为那些"与天心相违"的庶民们"不能仰体君心"，或者难以领会"以君为天，君心为天心""圣心与天心合一，君德与天德无间"的大道理。

具体说到湖南，曾静言辞峻烈地谴责当地士绅"不能仰体我皇上之心，加恩而不以为恩，被德而竟忘其德"。[1] 因为自己是湖南人，曾静更是痛加自责："不惟不知我皇上之大德合天，而竟不能安业顺化。是湖南庶兆之心多与我皇上之圣心相违。"[2] 这才是湖南灾害不断，遭受"厉气致异"的本因。他最后总结道："是君之心即天之心，君之德即天之德。凡天所欲为者，君体天之心为之，天所欲行者，君体天之德行之。君未尝参一毫己意于其中，事事仰承天之命而已。所以大君之号曰天子，言善继善述，与天不分两体，实一气贯注，如子之承父也。"[3] 这段不遗余力的倾诉把雍正帝承天受命的正当性提升到了最高等级，即天心与君心合一的高度。这套"天命观"与雍正帝对"五伦"中君臣一伦居于首位[4] 的认定密切配合，构成了清朝"正统观"的独特体系，成为清朝统治的主体性思想。

---

1 《大义觉迷录》卷二，见中国社会科学院历史研究所清史研究室编：《清史资料》第四辑，第92页。

2 同上。

3 《大义觉迷录》卷三，见中国社会科学院历史研究所清史研究室编：《清史资料》第四辑，第115页。

4 关于雍正帝对"忠""孝"解释次序的调整，日本学者曾初步进行了简要论述，如有以下看法："忠之所以未能居于孝之上，乃是由于负有道德义务的人的范围即道德幅度的大小，因为忠只限于臣僚，而孝则以此相反，是一切为人子的义务。而且这是贯彻清朝正统派朱子学的精神，当时要想把忠放在孝之上，必须采取某种断然的非常手段。清朝便使用权力这样做了。雍正帝在《大义觉迷录》中，并未提出任何理论根据，而主张君臣为五伦之首，纵君不抚民，民亦应拥戴之。"（参见［日］东亚研究所编：《异民族统治中国史》，韩润棠等译，孙毓棠校订，北京：商务印书馆，1964年，第233—234页。感谢曹新宇教授提示笔者注意此著。）

《春秋》释读与帝王经学

清帝对《春秋》注疏要旨的反省与发挥

清朝帝王欲立"正统",绕不开诠释《春秋》经义这一关,孟子早就说过,"《春秋》天子之事也";董仲舒更是直言"为人臣者不可以不知《春秋》,守经事而不知其宜,遭变事而不知其权,为人君父而不通于《春秋》之义者,必蒙首恶之名,为人臣子而不通于《春秋》之义者,必陷死罪之名"[1],寥寥几句话里不乏"首恶""死罪"这类严厉指控。在董仲舒看来,读不读《春秋》绝非可以随便敷衍潦草之事,而是历代君臣治国理政的必备功课。对《春秋》包含的帝王经世意义,清朝皇帝多有自觉,康熙帝就说过:"朕惟春秋者,帝王经世之大法,史外传心之要典。"[2]

清朝皇帝特别重视《春秋》的编纂释义工作,自康熙至乾隆朝持续纂修了《钦定春秋传说汇纂》《日讲春秋解义》《御纂春秋直解》等释经之作,形成了独特的"帝王经学"诠释体系。[3]《春秋》历来阐发之作甚多,最有名者当属《左传》《公羊传》《穀梁传》三家,宋代以后胡安国所注《春秋》流行最广也最具权威性。但是在康熙帝眼里,《左传》《公羊》《穀梁》"三传"都犯有"以一字为褒

---

1 转引自库勒纳等撰:《日讲春秋解义》卷首《日讲春秋解义总说》,"纲领",清摛藻堂四库全书荟要本。

2 清圣祖:《圣祖仁皇帝御制〈日讲春秋解义〉序》,见库勒纳等撰:《日讲春秋解义》卷首,清文渊阁四库全书本。

3 邓国光《康熙与乾隆的"皇极"汉宋义的抉择及其实践:清代帝王经学初探》,首次提出从"帝王经学"角度探讨"皇极"问题对"正统"构造之作用。(参见彭林编:《清代经学与文化》,北京:北京大学出版社,2005年,第101—150页。)

贬，以变例为赏罚"的毛病，《胡传》在明代立于学宫，作为科举取士的必读教材，与"三传"并行升格为"四传"，同样"宗其说者率多穿凿附会，去经义逾远"。[1]

至于康熙帝为什么厌弃《胡传》，他自己并没有明说，而是借推崇朱子表明了态度。朱子以《春秋》为"明道正谊，据实书事，使人观之，以为鉴戒，书名书爵，亦无意义"[2]。也就是说，朱子把《春秋》当作据实书事的史书。朱子曾说，"想孔子当时只是要备二三百年之事，故取史文写在这里，何尝云某事用某法、某事用某例邪"[3]，这一态度似乎有意回避孔子以一字为褒贬的旧例；他坦言：《春秋》"只据旧史文，若谓添一个字减一个字便是褒贬，某不敢信"，又批评"今人看《春秋》，必要谓某字讥某人，如此则是孔子专任私意，妄为褒贬，孔子但据直书而善恶自著"。[4] 但如果因为康熙帝推崇朱子的观点，就果真相信他是个只认事实不问是非的古文经学家，那可就大错特错了。康熙帝的心里对于春秋时代的史事评价一直有一个明确的褒贬尺度，只不过"三传"与胡安国的《春秋》解释并不符合他的评价标准而已。

以下是两个具体例子：《钦定春秋传说汇纂》对"隐公元年"之"元"字的解释，引胡安国注"乃训元为仁，训仁为心"，康熙帝认为这样解释《春秋》开篇中"元"字的涵义太过"支离"，太有理学味道，胡安国动不动就谈心谈性，根本抓不住问题的要害。

---

1 清圣祖：《圣祖仁皇帝御制〈春秋传说汇纂〉序》，见王掞等纂：《钦定春秋传说汇纂》，清文渊阁四库全书本。

2 同上。

3 黎靖德辑：《朱子语类》卷八十三《春秋》，"纲领"，明成化九年陈炜刻本。

4 同上。

康熙帝特意对比了同为宋人的胡宏的看法，胡宏的解读是："诸侯奉天子正朔便是一统之义，有事于天子之国，必用天子之年，其国史纪政必自用其年，不可乱也。"[1] 康熙帝认为这才是《春秋》对"元"字解释的本义。

另一个例子是《汇纂》所收孙复对"郑人伐卫"条的解释，文中先引了孔子的一段话："天下有道则礼乐征伐自天子出，非诸侯可得专也，诸侯专之犹曰不可，况大夫乎？"接着评论："吾观隐桓之际，诸侯无大小，皆专而行之；宣成而下，大夫无内外，皆专而行之，其无王也甚矣。"[2] 这哪里还有欣赏《春秋》据实而书，不论褒贬的意思，分明是昭示《春秋》的"尊王"之意。

因《春秋》的核心主旨分"尊王""攘夷"二端，各朝对《春秋》这两层义理的关系应该如何处理一直众说纷纭，争论不休。宋明以后，胡安国的《春秋》注释被奉为士林主流。胡安国根据宋代特殊的历史境况，倾向于主张"尊王"与"攘夷"联动，鉴于南北分立的现状，有时还刻意突出"攘夷"的重要性，这对于以异族身份入主大统的清帝显然十分不利，也促成清帝对《春秋》的解读与宋明理学的标准解释渐行渐远。

《钦定春秋传说汇纂》（简称《汇纂》）、《日讲春秋解义》（简称《解义》）、《御纂春秋直解》（简称《直解》）这三部官修经书的体例和内容编排有较大差异。《汇纂》是先列《春秋》原文，然后简短摘录《左传》《公羊》《穀梁》《胡传》这"四传"的注疏文字，再附上评论。《解义》因是经筵御讲教材，在《春秋》原文后编排了

1　王掞等纂：《钦定春秋传说汇纂》卷一《隐公（元年之二年）》，清文渊阁四库全书本。
2　同上。

相当繁复的"三传"引文，与《汇纂》的区别是胡安国注释没有单独列出，估计是经筵讲官尽量想让康熙帝接触了解"三传"原典内容，以期达到自然呈现其原义的效果。乾隆时期编纂的《直解》则完全不引"三传"和"胡注"原文，在《春秋》原典的每个条目下只列出简要评论。尽管帝心难测，我们仍然不妨从康熙、乾隆两帝的序言文字中尝试比较他们对《春秋》要旨的不同诠释态度。

　　如前所述，康熙帝曾间接表达过对胡安国的不满，主张《春秋》不寓褒贬，纯为记史之书，这显然不是康熙帝内心的真实想法。因《春秋》"尊王攘夷"之褒贬意图太过明显，无法轻易忽略，康熙帝虽有意拒斥胡安国偏于"攘夷"的观念，却一时找不到有效的反驳办法，只好剿袭其旧说，不做确论。《汇纂》《解义》这两本康熙年间修纂的《春秋》读本似乎并没有从宋学的阴影下摆脱出来。雍正朝没有专门的官修《春秋》读本，雍正帝对于《春秋》经义的理解主要集中在《大义觉迷录》之中。而《直解》中乾隆帝对《春秋》要旨的态度就非常明确，他在序言中公开指斥《左传》"身非私淑，号为素臣，犹或详于事而失之诬"。《公羊传》《穀梁传》则"去圣逾远"，导致聚讼纷纭，人自为师。《胡传》则"傅会臆断，往往不免"。[1] 编纂《直解》的目的就是"意在息诸说之纷歧以翼传，融诸传之同异以尊经"[2]。

　　与康熙帝的犹疑摇摆态度有所不同，乾隆帝相当坚决地把"四传"聚讼未定的注释统一到自己对《春秋》的解释上来，其要点是强调《春秋》的核心主旨就是"尊王"，"攘夷"并非其要义。《直

1　清高宗：《〈御纂春秋直解〉序》，见清高宗御纂：《御纂春秋直解》卷首，清摛藻堂四库全书荟要本。

2　同上。

解》完全不引"三传"和《胡传》原文，也表明了乾隆帝力图整合《春秋》多种权威注释的明确态度。这就导致《直解》中有关"攘夷"的语句大大减少，虽然仍不时出现诸如"荆蛮""夷狄"之类的旧式表述，但指斥语气的激烈程度却大大降低。不像《汇纂》和《解义》中因大量引述"三传"和胡注原文，仍相当频繁地充斥着"攘夷"的文字，《直解》则全无此顾虑。因篇幅短小、文字简明，不排除乾隆帝对《直解》内容亲加裁定润色的可能，至少全篇经由他通读精审，应属确定无疑。

以"尊王"为中心构建"帝王经学"体系，在乾隆帝为《御纂春秋直解》起首御书的"题辞"中体现得相当明显。"题辞"专解《春秋》中"春秋元年春王正月事"一条，云"盖言公之元年，乃禀王之春王之正而得，是非尊王之义乎？"又说："言春王而不言王春，月可改而春不可改，亦隐寓夏之时与王之元，所谓大一统足以一天下之心，而不可任其纷，有不能行之叹矣。兹为开宗始义，乃贯春秋之本末而绝笔于获麟，盖圣人之道在万世，即圣人之忧在万世。"[1]这段话的重点在于点明了"春王正月"的书写与"大一统"之间存在密切关系，这是对《春秋》主旨的另一种发挥，无疑为清朝的《春秋》解释学定下了基调。这与《汇纂》解"春王正月"条，先引胡宏的《春秋》"天下一统"之义，再延伸发挥"尊王"之旨的做法相比，显得更加明确坚定，毫不摇摆犹疑。

更有甚者，乾隆帝直接改写《春秋》纪年规则，把周王的年号置于鲁王年号之上，以示"尊王"之义。本来《春秋》之作乃是孔

1　清高宗：《御制〈书春秋元年春王正月事〉》，见清高宗御纂：《御纂春秋直解》卷首，清摛藻堂四库全书荟要本。

子借书写鲁国历史阐发尊崇周王义旨，但《春秋》的纪年书写在形式上还是以记载鲁国编年为基本体例，乾隆帝却在《春秋》"鲁国隐公元年"之上，加上周平王年号，大书"平王四十有九年，在位五十有一年，孙桓王立"，他解释这样修改的理由说："春秋为尊王而作，而用鲁纪年者，本鲁史也，后人因以干支与天王之年冠其上，其意善矣。第经所无而增之则混经，且鲁公之年大书而王年分注，岂圣人尊王之意哉，今特立王年于鲁君元年之前而大书之，所以别经也，抑以著尊王之义，不失圣人之旨云尔。"[1]乾隆帝置王年于鲁年之前的做法就是要改变《春秋》体例，故意与"三传"、《胡传》的观点区别开来，以凸显出"尊王"的重要性。

"夷狄"是否能"进于爵"：清季官修《春秋》的诠释体系

《春秋》以周王为中心，构造出一个圈层系统，素有内外之别。凡是周王姬姜嫡系及有军功者，封为公爵、侯爵、伯爵，属"中国"内圈，其他位于华夏边缘的诸侯国则被视为"夷狄"，如楚王为祝融之后，虽封为子爵，在诸夏国人的眼里仍是"楚蛮"。《公羊传》说"南夷与北狄交，中国不绝若线"，春秋时期，姬姓王朝面临南北夷狄的强势包围，勉强保持着周室的圈层格局，就像维系一根快要断掉的细线一样。

对吴楚秦等夷狄之国，《春秋》在陈述其事迹时一般不称爵号，它们只有在奉命勤王，多行"义举"的情况下才有"进爵"资格。在后来各种版本的"春秋学"解释中，对待"夷狄"应该采取什么

1　清高宗御纂：《御纂春秋直解》卷一《隐公》，清摛藻堂四库全书荟要本。

样的评价标准，怎样拿捏分寸，就变成了一个十分敏感的问题。

对于清帝而言，如何叙述楚吴秦等国的历史十分重要，直接关涉满人的身份认同与"正统性"的建立等问题。比如曾静就曾表示错解了《春秋》经义，把清朝比拟为"夷狄"楚国，妄加排斥，直到经过雍正皇帝点拨，才明白楚国只要"尊王"即可加入周王室阵营，孔子并不在意楚君是否为"夷狄"。他反省说，"其实到今日方晓得经文所说，只因楚不尊王，故攘之，而本朝之兴与经文之所指，天悬地隔"[1]，认为原先的两相比较纯粹是文不对题。

《汇纂》与《解义》的特点是大量保留了胡安国的《春秋》注释。《汇纂》中胡安国以比较激烈的"攘夷"态度对待楚国，如称楚为"荆楚"，又称在"楚人暴横，陵蔑诸侯"的境况下，"其君当倚于法家拂士，以德修国政，其臣当急于责难陈善，以礼格君心，内结外攘，复悼公之业"[2]。其中谈到的"内结外攘""格君心"等等均属理学观念。在表述士人与王者的关系时，理学的核心思想特别强调士人如何教化帝王，关注重点仍不时落在"道统"如何发挥影响力上，并未突出君王对臣子的支配，这肯定是清帝所无法接受的。《解义》里也有不少类似的观点，康熙帝面对理学思想的冲击，一时感到有些茫然，并未及时提出合适的应对之策。结果在《解义》中仍"大约以胡氏为宗，而去其论之太甚者"[3]。

---

1 《大义觉迷录》卷一，见中国社会科学院历史研究所清史研究室编：《清史资料》第四辑，第28—29页。

2 王掞等纂：《钦定春秋传说汇纂》卷三十《昭公（七年之十三年）》，清文渊阁四库全书本。

3 清圣祖：《圣祖仁皇帝御制〈日讲春秋解义〉序》，见库勒纳等撰：《日讲春秋解义》卷首，清文渊阁四库全书本。

康熙帝对宋代《春秋》学心存疑惑，这点被乾隆帝看在眼里，他在给《解义》做序时就直接指斥胡安国"以义理穿凿则非义理之真，而于圣人笔削之旨未能吻合明矣"。雍正帝也认为《解义》系"廷臣当日所进讲义，一遵胡氏之旧者，于圣心自多未洽，是以迟之又久，未尝宣布"[1]。

尽管如此，《解义》对楚国的评价还是与胡安国及"三传"的观点有所区别，如说"春秋于楚始书荆，继书荆人，继书楚子，著其渐盛也"[2]。这等于承认楚国作为化外"夷狄"开始逐渐被周王嫡系圈子所慢慢接受。

在《春秋》和"三传"、胡注中，对楚国的称谓有时书"荆楚""楚蛮"，有时又书"楚人"，经历了一个从蔑视到正常对待的变化，当称楚王为"楚子"时就开始带有尊敬的意味了。在什么情况下采取什么样的称呼颇有讲究，也喻示着对楚国地位和角色评价的转变。鲁僖公《楚人伐郑》条开始改"荆"称"楚"，《解义》的解释是："荆自庄公之世，败蔡伐郑，皆举其号，惟来聘改称人，至是伐郑称楚人者。盖时兵众地大，骎骎乎将与齐晋争衡，诸侯畏之。故旧史皆称人，而孔子不革，俾论世者有考焉。"[3]这是指《春秋》在据实写史，孔子只是沿袭原来的记述，并不含褒贬之义。

又如鲁僖公二十七年（前633）冬，楚国联合陈、蔡、郑国围攻

1　清高宗：《御制〈日讲春秋解义〉序》，见库勒纳等撰：《日讲春秋解义》卷首，清摛藻堂四库全书荟要本。
2　库勒纳等撰：《日讲春秋解义》卷十二《庄公（二十年之二十六年）》，清摛藻堂四库全书荟要本。
3　库勒纳等撰：《日讲春秋解义》卷十五《僖公（元年之四年）》，清摛藻堂四库全书荟要本。

宋国，《公羊传》《穀梁传》都认为称楚王为"楚人"是贬义，因为他绑架宋王，是夷狄侵犯中国的行径，理当加以指斥。《解义》则以为，此处将楚王写成"楚人"，无涉褒贬。因为"先儒谓书人为贬，书爵为褒"，鲁史记载楚穆王、楚灵王时皆书其爵号，到了楚成王这里却改书"人"，这种前后矛盾的态度解释不通。唯一的可能是，孔子沿袭了鲁国旧史的记载，僖公二十七年十二月，鲁僖公见楚国势力渐强而与之结盟，次年晋军在城濮之战中大胜楚军，鲁国旧史为隐晦鲁僖公与楚国结盟的这段历史，遂故意称楚为"人"而不称其爵，《春秋》据鲁史直书其事，沿用旧史字句，并未含有笔削褒贬的深意。[1]鲁文公九年（前618），《解义》重申称"楚人"无涉褒贬的态度，说"盖中国无霸，楚势日张，鲁人畏其凭陵，喜于来聘，而以待齐晋之礼待之。故旧史备其辞，孔子仍而不革，以著诸侯畏楚之情实耳"[2]。

相反，对于齐国不尊王道的行为，《解义》却不留情面地加以批评。如评论鲁僖公十五年（前645）齐国"以霸主合七国之君，尚畏楚而不敢前，诸大夫之志能毋怯，士众之气尚可鼓乎？用此知帝王之道，至诚无息，故盛德大业，克保于终，霸者假仁义以为名，则始勤终怠，德衰而业亦堕矣"[3]。

《解义》曾有多处讨论楚王难以进爵的原因，其结论是，楚王不被诸夏之国承认，并不在于其"夷狄"身份，而是楚王窥伺周王

1　库勒纳等撰：《日讲春秋解义》卷二十《僖公（二十四年之二十七年）》，清摛藻堂四库全书荟要本。

2　库勒纳等撰：《日讲春秋解义》卷二十四《文公（五年之九年）》，清摛藻堂四库全书荟要本。

3　库勒纳等撰：《日讲春秋解义》卷十七《僖公（十年之十五年）》，清摛藻堂四库全书荟要本。

室的权力，有僭越之嫌。鲁宣公三年（前606），楚王讨伐陆浑之戎，"观兵周疆，且问鼎之轻重"。《解义》称楚王犯了"黜髦无王之罪"。以往的解经之辞"皆以楚庄为贤，不知其终身之小善，不足以盖此大恶也，先儒以称爵为褒，观此，则知其必不可通矣"。[1]可见楚王问鼎之轻重，直接威胁到了周王的权威，这才是"大恶"，借周王之名讨伐戎狄，只不过属于"小善"而已，不足以获得"进爵"的资格，这与楚国是否为"夷狄"无关。

鲁僖公二十一年（前639）十一月，宋与楚交战，宋军败绩。对于这场战争，《左传》讲了一段郑文公夫人的劳军故事。因楚国出兵救郑，郑夫人亲自在郑国一个叫柯泽的地方犒劳楚军，楚王向郑夫人展示割下的俘虏耳朵，以夸耀军威。《左传》直指楚王行为不当，表示"君子曰：非礼也，妇人送迎不出门，见兄弟不踰阈，戎事不迩女器（器物也，言俘馘非近妇人之物）"[2]，意思是：妇女平常要遵守送迎不出门，见兄弟不得逾越门限，逢战事不应接近的规矩，现在楚王却向郑夫人展示俘虏耳朵，实在是无礼之举。《左传》接着评论："为礼卒于无别，无别不可谓礼，将何以没，诸侯是以知其不遂霸也。"[3]楚王如此非礼，所以霸业无法持久。

我们再来看《解义》对此事的评价："此战三传皆称楚人，先儒或谓楚子在师，贬而称人。盖据左氏郑夫人劳楚子于柯泽而言，不知楚之军法，每使大夫前进，而君次于后，以为之援，其在柯

1　库勒纳等撰：《日讲春秋解义》卷二十七《宣公（元年之四年）》，清摛藻堂四库全书荟要本。

2　库勒纳等撰：《日讲春秋解义》卷十九《僖公（二十一年之二十三年）》，清摛藻堂四库全书荟要本。

3　同上。

泽，不足为临敌之徵。"[1] 这是对楚王向郑夫人展示军威的解释，明显有为楚王辩护的意图。并且说"楚师救郑而不书，则恶楚可知矣"[2]，直指"三传"有故意丑化楚国之嫌。那对于楚国的对手宋国又当如何评价呢？《解义》批评《公羊传》偏袒宋国："书宋及外楚而内宋也。公羊氏以不鼓不成列，为临大事不忘大礼，误矣。宋襄多行不义，而独爱重伤与二毛，徇末遗本，其道大悖，何所取哉！"[3] 在《解义》书写者的笔下，本属诸夏国之列的宋襄公，其"不鼓不成列"的愚行与其"多行不义"的假仁义形象被揭露无遗，其观点与《公羊传》针锋相对。

《解义》在鲁宣公十一年（前598）冬天楚国杀陈国夏徵舒一事上也与《穀梁传》的解释有冲突。因夏徵舒有弑君之罪，楚人入陈杀之，一度吞并陈国之地设为楚县。经楚大夫申叔时劝说，楚王才改变主意，恢复陈国的封号和领地，《左传》称为"得礼"之举，这与《穀梁传》的看法有异。《穀梁传》认为楚国入陈是夷狄侵中国之地，故书"楚子入陈"。为何用"入"而不用"取"字，乃是因为"入者，内弗受也，曰入，恶入者也；何用弗受也，不使夷狄为中国也"[4]。

《解义》的释读则是："然当时楚实利陈，后虽听申叔时之说，能复封陈，而置夏州，纳乱臣，存亡兴灭，顾若是乎！舜跖之分，其始在善利之间耳。"[5] 这是肯定了楚国为陈国"兴灭继绝"的作用。

1　库勒纳等撰：《日讲春秋解义·僖公（二十一年之二十三年）》，清摛藻堂四库全书荟要本。

2　同上。

3　同上。

4　库勒纳等撰：《日讲春秋解义》卷二十九《宣公（十一年之十三年）》，清摛藻堂四库全书荟要本。

5　同上。

关于鲁宣公十二年（前597）楚国围郑事件，《解义》更是多番回护楚国，冠以"义师"之名，云："以传考之，凡入国者，必陵暴残毁，有所俘获。楚子入郭门，至于逵路，而退师许盟，秋毫无犯，义不得书入。胡氏安国谓即其国都而书围，为从轻典，非也。"[1]

对待同为"夷狄"的吴国，《解义》仍然持相似态度，并不以"夷狄"视之。如鲁成公七年（前584）吴国首次进入《春秋》记载就"即以国举，继乃称人，继乃称爵"[2]，楚国当年首见于经书时先称"州"，继称"国"，可见吴国被诸侯国认可的速度比楚国要快很多，《解义》的解释是"皆旧史之文，圣人因之以著世变者也"[3]。

针对《公羊传》中诸多贬斥吴国的言论，《解义》也时有辩护之词，如鲁成公十五年（前576），晋齐宋等国与吴国盟会，《春秋》原文是这样写的："叔孙侨如会晋士燮、齐高无咎、宋华元、卫孙林父、郑公子鳍、邾人会吴于钟离。"[4] 这是吴国第一次参加诸侯国的盟会，此句话暗含的微妙之处在于用了两个"会"字，第一个"会"字指的是鲁国大夫叔孙侨如与齐国等诸侯国的盟会，第二个"会"字是指鲁国齐国等作为诸夏国的一方一起参与吴国盟会，以示对待吴国应有别于其他国家。《公羊传》把这层意思表达得十分明确："曷为殊会吴，外吴也，曷为外也，《春秋》内其国而外诸夏，内诸夏而外夷狄，王者欲一乎天下，曷为以外内之辞言之，言

1 库勒纳等撰：《日讲春秋解义·宣公（十一年之十三年）》，清摛藻堂四库全书荟要本。

2 库勒纳等撰：《日讲春秋解义》卷三十三《成公（七年之九年）》，清摛藻堂四库全书荟要本。

3 同上。

4 库勒纳等撰：《日讲春秋解义》卷三十五《成公（十五年之十六年）》，清摛藻堂四库全书荟要本。

"天命"如何转移

自近者始也。"[1] 这仍是把鲁国等"诸夏"之国与作为"夷狄"的吴国区别对待的思维。

《解义》对两次使用"会"字是故意"外吴"的解释持有异议，认为："圣人之恶吴，不宜过于楚。诸侯与楚会，何以无异文乎？"[2] 与楚国相比，圣人怎么可能更加嫌恶吴国呢？如果是故意贬低吴国，那么以往记述与楚国会盟为什么没有采取这样特殊的写法？而且《春秋》其他地方也有描写吴国参加诸侯会盟的例子，如吴国也参与了鲁襄公五年（前568）的戚城会盟（今河南省濮阳市北戚城），就没有用两次"会"字予以区别对待。原因是钟离这个会盟地点离吴国比较近，"而晋合诸侯以会之，非会又会，无以见事情"。戚城则属于卫国地界，"晋合诸侯于戚，而吴人来会，安得用会又会之文哉！"意思是吴国参与戚城会盟根本没有必要重复使用两次"会"字特别加以说明，也没有故意把吴国当作"诸夏"之外"夷狄"的意思。因为《春秋》笔法"乃事殊文异，义各有当，而无庸曲说者也"[3]。

《解义》还有一些为吴国辩护的文字，如认为"《春秋》据事直书，而蔡人累世之仇，赖吴以复，晋失其政，不足以宗诸侯，举可见矣"[4]。与晋国的政局紊乱相比，吴国为蔡国复仇的举动，还是值得称道的。在吴国是否书"爵"的问题上，《解义》的意见是"诸侯积忿于楚，吴能败之，故旧史喜其事而称爵，或未可知"[5]。吴国击败楚

1　库勒纳等撰：《日讲春秋解义·成公（十五年之十六年）》，清摛藻堂四库全书荟要本。

2　同上。

3　同上。

4　库勒纳等撰：《日讲春秋解义》卷五十七《定公（元年之四年）》，清摛藻堂四库全书荟要本。

5　同上。

国后，《公羊传》《穀梁传》均揣测《春秋》对吴不称"子"是"反夷狄"的表现，《解义》则持反对意见，称："吴不称子，从其恒称，《穀梁》以为不正其乘人之败而深为利，则诸入国者皆然，何独贬于吴乎？"[1] 吴国与他国的某些行径相比并不显得特殊，不应该把吴国事迹仍按夷夏之别的旧思路进行描写，在纪事上故意加以贬低。

乾隆帝监修的《御纂春秋直解》不少地方基本延续了《解义》的"尊王"思路，却有意继续淡化《春秋》"攘夷"色彩。如鲁庄公十年（前684）楚国击败蔡国的书法，《春秋》仍称楚国为"荆"，《直解》就认定是"纪实"之笔，"彼以荆来书荆，以楚来书楚，纪实也"，没有什么后人臆想出来的内外区隔之类的深意。但是在是否"尊王"的态度上却不能含糊其词，因为楚君僭越称王，所以"周有楚子而无荆王，故荆君书荆，荆大夫书人，外之也。楚君则书子，楚大夫则书名，正之也，本王制以削其僭也。民无二主，凡僭号者皆削之，使天下定于一也"[2]。

至于那些本属中国范围内的诸侯国，一旦出现不尊王的举动，《直解》同样加以申斥，如鲁庄公十三年（前681）齐国与宋、陈、蔡、邾四国会盟。《直解》的评述是"齐书爵而列于首，四国称人而序于下，盖众望在齐也，桓非受命之伯，众以私尊之，假仁义以窃大权，使天下知有伯而不知有王，罪大矣"[3]。齐楚均为大国，楚虽僭王，但齐亦私尊于小国，都是不"尊王"的表现，乾隆帝一并加以谴责，而不是把楚齐两国按诸夏、夷狄的标准区别对待。在乾

1　库勒纳等撰：《日讲春秋解义·定公（元年之四年）》，清摛藻堂四库全书荟要本。
2　清高宗御纂：《御纂春秋直解》卷三上《庄公》，清摛藻堂四库全书荟要本。
3　同上。

隆的眼里，虽然齐桓公"九合诸侯，一匡天下，功亦著焉"，但这尚属小功，不足以折抵其不"尊王"之罪，这样才能做到"明其罪以立大义之防，录其功以著小补之效"。[1]

对于《春秋》如何书写楚国名号的问题，《直解》也有讨论。在鲁僖公元年（前659），"楚人伐郑"条下，《直解》就发明了一套在何种情况下对楚国称"荆"还是称"人"的系统看法。大致是说，楚君的僭越之罪确实应该声讨，但不应该使用"荆"这样的称呼轻易排斥，这违背周王建国的宗旨。当时《春秋》故意用"荆"称呼楚国，目的是"用外蛮之例以绝之"，用的是"夷夏之辨"的惯例。等到楚国与鲁国会盟，就不宜再用"荆"这个称呼，而改用"人"。

《直解》指出，需要从周王室分封诸侯的制度中来看待楚国名号的使用问题，即"仍从周封之名则可以王法正之，故从王爵以正名，而因事以为详略"[2]。"尊王"与否乃是褒贬进退的唯一尺度，与"楚"是否为"夷狄"无关。如果按照这个标准，那么到底称"荆"还是称"楚"，其内在涵义就会统一起来，不会出现误解和错位，因为"至治其僭王之罪而革其号，不论书荆书楚一也"[3]。至于"三传""于来聘书人，曰嘉其慕义而进之，伐郑也而亦书人"就显得标准过于混乱。乾隆帝质问，"岂嘉其猾夏而进之耶？"[4]意思是说，对有"夷狄"身份的楚国加以赞赏，完全没有顾及其是否真正"尊王"，这是书写混乱的极佳例子。

1　清高宗御纂：《御纂春秋直解·庄公》，清摛藻堂四库全书荟要本。
2　清高宗御纂：《御纂春秋直解》卷五上《僖公》，清摛藻堂四库全书荟要本。
3　同上。
4　同上。

《直解》在楚君观兵问鼎这件事上与《解义》的判断完全一致，称"《春秋》所以予伯者，以其尊王，楚既僭号，庄复观兵问鼎，即有微善，乌足赎其大恶"[1]。与不"尊王"的恶劣行径比较，伐国取城，杀戮不止似乎都成了小事，即使有为周王征讨夷狄的旧故事当资本，也不过是小善。焦点即在于楚王问鼎犯了僭越的大忌，《解义》并没有刻意辨别楚国与其他诸侯国之间是否有夷狄、诸夏之分，只认其是否"尊王"抑或"不尊王"。

《直解》对《春秋》中的"尊王"之义可谓反复阐说致意，如说"夫《春秋》贵尊王，其有取于从伯者，以伯假尊王为名耳，然犹罪伯者无尊王之实，而徒知从伯者，亦不得无罪也"[2]，并指责《左传》偏袒晋国。《直解》直言"晋衰甚矣，是由晋主夏盟不能尊王，王室有难犹且不恤，故其臣效尤耳。晋又屡助邻叛，叛臣即出其国，岂非积恶之炯戒欤"[3]，晋国的衰败最终还是与"不尊王"联系在了一起。

对于夷狄与诸夏的关系，《直解》的解说颇合孔子夷夏进退之古义，如说"春秋之时，戎狄错居中国，与之会盟则有讥，若其慕义而来，则容而接之，亦非不可，惟谨所以待之之道而已"[4]。对于诸侯国不经周王允许，自作主张讨伐戎狄，《直解》亦不予好评。鲁成公征讨秦国就属于"盖当时几不知朝王之当重，而以伐秦为重矣"的鲁莽举动。因为请王命是"本事"，伐秦国是"继事"，仅仅知道履行"继事"之职却忘了申报周王批准，本身就是不负责任的行为，

1　清高宗御纂：《御纂春秋直解》卷七《宣公》，清摛藻堂四库全书荟要本。
2　清高宗御纂：《御纂春秋直解》卷十一《定公》，清摛藻堂四库全书荟要本。
3　同上。
4　清高宗御纂：《御纂春秋直解》卷九下《襄公》，清摛藻堂四库全书荟要本。

必须受到斥责，申明两者的差异是为了"严其防也，所以存尊君之礼，以伐秦致诛其意也，所以明忠君之诚，一事而三致意焉"[1]。

清帝对《春秋》的解读甚至影响到了晚清士人对南北种族关系和清朝统治的看法。康有为就曾云："然则北方之人，皆吾同种。若泰伯为周文王之子，以居吴断发文身，则不以为诸夏耳。"[2] 康有为继续说："其实春秋之所谓夷，皆五帝三王之裔也。及战国时，无以楚为夷者。汉高祖亦楚人也，而亡秦为帝，天下古今无斥其为夷狄异种者，盖楚行华夏之礼久矣。"[3] 康有为特意把清朝入关的合法性与《春秋》大义相结合加以解释说："然则满洲、蒙古皆吾同种，何从别而异之？其辫发。衣服之不同，犹泰伯断发文身耳。"[4] 针对晚清革命党以"反满"为号召的言论，康有为肯定清朝在疆域拓展方面取得的功绩，把清廷视为"开辟蒙古、新疆、西藏、东三省之大中国，二百年一体相安之政府"。面对这样的政府，革命党却"无端妄引法、美以生内讧，发攘夷别种之论以创大难，是岂不可已乎？"[5] 有意思的是，康有为的这番议论与二百年前雍正帝与曾静辩论的口气几乎没有什么差别。

《春秋》义例笔法与清朝"帝王史观"

《春秋》之所以与一般史书有别，在于其中所含微言大义往往

1　清高宗御纂：《御纂春秋直解》卷八《成公》，清摛藻堂四库全书荟要本。
2　康有为：《答南北美洲诸华商论中国只可行立宪不能行革命书［1902 年 5 月］》，见姜义华、张荣华编校：《康有为全集》第六集，北京：中国人民大学出版社，2007年，第 327 页。
3　同上。
4　同上。
5　同上，第 326 页。

隐晦不明，历朝历代对孔子原义的诠释见仁见智，难有定论。清帝面对文本多歧的《春秋》解释一度颇感困惑。康熙帝曾犹疑地表示：《春秋》"褒贬笔削，微显婉章，非后世所能窥"[1]。乾隆帝也承认《春秋》"辞约而义深，圣心之所运用，每举一事，其义必贯于全经，非若他经一章一节，各指一事，虽有不通而不害其可通者"[2]。正因前代对《春秋》义旨的解释无法统一，恰恰也为清帝重新树立新的诠释规则，构造出一套斧钺交加的评价体系提供了机会。与此同时，清帝的《春秋》解释业与其所构造的帝王历史观形成了高度契合。与其祖父辈有所不同，乾隆帝亲自主持了一系列历史经典著作的释义工作，批阅审定《资治通鉴》及《续编》《三编》，并汇集自己所撰眉批，编纂成《评鉴阐要》，以钦定历史观的名义颁行天下，作为全体士子判断历史成败是非的标准。

在乾隆帝看来，"尊王"不仅是《春秋》主旨，也应成为衡量一切历史是非的终极尺度。对此他毫不掩饰地说："国之统系于君，《春秋》之义，君在即大统归之。"[3]

至于圣人当年说过的一些话，比如"民贵君轻"之类的言论，也许只适合当时的历史形势，不可作为后世处理君民关系的准则。乾隆帝直截了当地否定孟子"民贵君轻"说法的有效性，表示："论者每引社稷为重之言以曲为之说，所见甚谬。盖孟子民贵君轻

1　清圣祖：《圣祖仁皇帝御制〈日讲春秋解义〉序》，见库勒纳等撰：《日讲春秋解义》卷首，清文渊阁四库全书本。

2　清高宗：《御制〈日讲春秋解义〉序》，见库勒纳等撰：《日讲春秋解义》卷首，清摘藻堂四库全书荟要本。

3　刘统勋编：《评鉴阐要》卷一，"夏·后少康·相后缗生少康于有仍纲"，清文渊阁四库全书本。

"天命"如何转移

之语，特因战国残民以逞，故为此论，以针砭时君，非为臣子而发也。后之迂儒……妄以社稷与君分别重轻，殊乖正理。试思君为社稷主，有君乃有社稷，若蔑视其君，则社稷又为谁守乎？况君臣父子，义等在三，皆一尊而不可易。"[1] 这段话直接呼应了雍正皇帝对"君臣关系"应为"五伦"之首的看法。与他父亲相比，区别仅在于更加肆意地挑战圣人的言论。

在评鉴历代史事之得失时，乾隆帝有意运用《春秋》笔法加以裁量褒贬。因为《资治通鉴》及《续编》《三编》均由宋明士人修纂，不少议论仍持"夷夏之辨"的立场，有意偏袒汉人正统，对北方少数族群建立的政权多有贬词，乾隆帝在点评中多次予以纠正。

在《御制〈通鉴辑览〉序》这篇文字中，乾隆帝批评《资治通鉴纲目续编》"发明书法，其于历朝兴革正统偏安之际，已不能得执中之论"，故命儒臣纂修历代通鉴辑览，目的是"尽去历朝臣各私其君之习，而归之正。……全书于凡正统偏安，天命人心，系属存亡，必公必平，惟严惟谨，而无所容心曲徇于其间。观是书者，凛天命之无常，知统系之应守，则所以教万世之为君者，即所以教万世之为臣者也"。[2]《评鉴阐要》则规定，所有史事一律严格按照《春秋》褒贬义例书写，特别是对于历朝"正统""偏安"的评价，一旦发现《通鉴》记载有偏袒回护之处，必逐条驳正，以效法《春秋》，行使帝王文字的斧钺赏罚之权。

在乾隆帝看来，《春秋》义例虽然针对的是春秋时期的历史，但

1　刘统勋编：《评鉴阐要》卷十一，"明·景帝·额森诡言奉上皇还京至大同总兵官郭登不纳目"，清文渊阁四库全书本。

2　清高宗：《御制〈通鉴辑览〉序》，见刘统勋编：《评鉴阐要》卷首，清文渊阁四库全书本。

因蕴涵孔子的褒贬深意，完全可以被后人反复品味致意，作为万世遵循的观史典范。《评鉴阐要》中就有多处运用"春秋笔法"针砭史事的例子。如有一次，乾隆帝在读到"契丹改号辽纲"条目时发现，《资治通鉴纲目》中记载拓跋珪称王时使用了北魏年号，对契丹建国却不称"辽"。他就此事批注道，如果从司马光作为宋臣不敢直称敌方国号的角度尚可理解，朱熹撰《资治通鉴纲目》原封不动引用司马光旧文，亦属承袭其记载，"初非别有深文也"[1]。可是刘友益和尹起莘分别撰写了《资治通鉴纲目书法》和《资治通鉴纲目发明》，仍然坚持"夷夏之辨"的思路，就属于"拘牵好异，谓书魏所以进之，书契丹所以外之"[2]。正确的书写方法应该是："契丹之改辽与拓跋之称魏，体例无二"[3]，这是批评宋人刻意贬斥北方民族政权，导致记史体例无法统一。随后乾隆帝语气突然变得严厉起来，他引《春秋》对楚国的书法为例，批评刘友益、尹起莘违背《春秋》笔法义例："抑知史家纪事当以《春秋》为法，《春秋》前书荆后书楚，非例以义起耶。即以纲目言之，东晋时如慕容之称燕，苻姚之称秦，以至武都河西，虽弹丸蕞尔，而列国之书法具在，何所容其进退者，腐儒曲说支离，……乌足与言传信之笔哉。"[4]

乾隆帝对胡安国为杨承勋胁迫其父，开门纳晋军一事，谓之变而不失其正的说法。乾隆帝点评说："夫大义灭亲，父可施之子，子不可施之父。父即背叛，子惟一死以答君亲。岂有灭伦背义，尚

1　刘统勋编：《评鉴阐要》卷七，"五季·契丹改号辽纲"，清文渊阁四库全书本。
2　同上。
3　同上。
4　同上。

得谓之变而不失其正？此乃胡安国华夷之见芥蒂于心，右逆子而乱天经，诚所谓胡说也。"[1]

《春秋》笔法严守君臣之义，对诸侯行为的善恶褒贬均有特殊书写惯例，不得轻易更改混淆。乾隆帝据此改造发明了一套历史评判标准，他主张对汉唐以后"统一"与"偏安"两种政权采取不同的书写格式。汉人政权只有在一统天下的条件下，才有资格视外敌侵犯为"入寇"，比如汉代匈奴与唐代颉利这两个少数民族政权，在与中国交战时皆书"入寇"，因为"以中土时方一统，体例固应如是"[2]。

在处理后晋与辽国关系的书写规则时，乾隆帝申斥《资治通鉴纲目》中"书辽将入寇"完全是"谬袭汉唐书法"，而没有考虑"彼时中国已瓜分瓦解，不成正统，而石晋得国之本"[3]的情况，又由于石晋"以父事辽"，与辽国变成父子关系，一些好事者觉得此事乃奇耻大辱，有失颜面，不当在史籍中呈现，同时"称孙之表仍无虚日，以是搆祸"[4]，这种自相矛盾的态度难免遭人耻笑。纠正的办法唯有"用两国互伐之文，书侵以正其误"[5]，即明确标明两国互相攻伐侵犯，不带有任何偏袒的笔意。乾隆帝认为只有如实书写才能"使后之守器者兢兢业业，不敢失其统以自取辱，殊不失春秋尊王之本义云"[6]，彰显的还是《春秋》笔法中的"尊王"义例。

---

1 弘历：《辛丑十月乙酉谕》，见《大清高宗皇帝实录》卷一一四三，收入陈福康辑录、整理、标点：《历代正统论百篇：饶宗颐〈国史上之正统论〉史料部分增补》，第253页。

2 刘统勋编：《评鉴阐要》卷七，"五季·晋主闻辽将南侵还东京目"，清文渊阁四库全书本。

3 同上。

4 同上。

5 同上。

6 同上。

参照辽国与后晋关系的书法规则，宋朝与金国的对峙历史亦应采取相似笔意进行书写。北宋虽然衰弱不振，徽钦二宗以前在共主位号犹存的情况下，按照《资治通鉴纲目》原文继续记录契丹"入寇"还情有可原。宋室南渡以后，宋金对抗的局面颇似后晋与辽代的关系，面对南宋向金朝称臣称侄惟恐不及的情况下，仍然把金朝的进攻写成"入寇"就不合春秋义例，相当于"以君寇臣，以伯叔寇侄"，显得荒诞不经。[1]乾隆帝特别提醒，在宋朝"几与石晋事辽无异，既自失其一统之尊，岂可复拘内外之说，则宋在所应贬，改书正所以深戒建中立极者，慎毋失其统也"[2]。

乾隆帝特别强调，在描述金元宋之间的关系时，要遵循"相伐之例"，不可有所偏倚，他认为明初元顺帝虽然北居沙漠，子孙相继嗣位，袭其故号，尽管国统已失，仍然向南出兵，保持着兴复元朝之志。就此点观之，元顺帝与明朝的关系颇与宋帝和辽金元的对峙情况近似，"譬之宋与金元本属敌国，虽称臣称侄，而其北伐亦不得以寇书之也"。他批评《明史》沿袭旧文，元兵南下皆书"寇"，是不恰当的表达。[3]

乾隆帝对鼎革易代之际的纪年书写和变更十分敏感，对于那些尚未彻底灭亡的王朝，其纪年却被失记误记的现象尤为关切，一旦发现即要求编纂者必须加以改正，以示正统的明确归属。在"大业十四年分注恭帝义宁二年纲并注"一条中，乾隆帝就纠正了隋炀帝年号过早

1　刘统勋编：《评鉴阐要》卷七，"五季·晋主闻辽将南侵还东京目"，清文渊阁四库全书本。
2　刘统勋编：《评鉴阐要》卷八，"宋·徽宗·金人来聘纲"，清文渊阁四库全书本。
3　刘统勋编：《评鉴阐要》卷十，"明·太祖·纳克楚侵辽东纲"，清文渊阁四库全书本。

　　　　　　　　　　　　　　"天命"如何转移

被取缔的写法。隋末群雄并起，李渊攻克长安，立杨侑为隋恭帝，改年号义宁，遥尊身处江都的隋炀帝为太上皇。这就给后世的历史学家出了道难题：从"正统"存废的角度，如何安排隋炀帝的大业年号和隋恭帝的义宁年号？是平行书写，还是有先有后？哪个年号在前？哪个年号附于其下？这些疑问均涉及隋朝正统的归属问题。

《资治通鉴》在隋炀帝大业十三年（617）正月就直接书写义宁元年，等于遮蔽和替代了隋炀帝的年号。乾隆帝表示作者痛恨隋炀帝的心情虽然可以理解，却"究乖统系笔例"[1]。他建议，凡涉及纪年相互矛盾者，一律采取"一岁两系之例"[2]。大业十四年（618）三月以前隋炀帝仍在位时"大书大业十四年，而以义宁二年附注"，四月隋炀帝被杀后，正统已绝，隋朝灭亡，故四月以后分注义宁二年，而以恭帝和唐高祖附后，这样就解决了义例记载相互矛盾的问题。[3]

由乾隆帝制定的"一岁两系"书写规则被普遍运用到其他朝代的历史记载之中。[4] 如对元朝图克特穆尔举兵攻入上都，导致泰定帝之子天顺帝阿肃进拔失踪之事，乾隆帝判定为"实与弑逐无异"[5]。《续纲目》反而在书写时只记图克特穆尔的天历年号，而不书

1　刘统勋编：《评鉴阐要》卷四，"隋·炀帝·大业十四年分注恭帝义宁二年纲并注"，清文渊阁四库全书本。

2　同上。

3　同上。

4　朱熹曾在《资治通鉴纲目序例》中对"一岁两系"纪年之法有所发明："凡正统之年岁下，大书；非正统者，两行分注。"（参见饶宗颐：《中国史学上之正统论》，第117页。）但在"正统观"的标准判断上，乾隆帝与朱熹明显存在着很大分歧。故对"一岁两系"纪年法的使用也不尽一致。

5　刘统勋编：《评鉴阐要》卷十，"元·泰定帝·致和元年分注阿苏晋巴改元天顺纲并注"，清文渊阁四库全书本。

天顺年号，则是"殊乖顺逆之理"。乾隆帝进一步指责说：《春秋》作而乱臣贼子惧，此等正斧钺所必严，《续纲目》略而不书，失笔削之旨矣。"[1]修正的办法是，在泰定帝的致和元年（1328）之下"附注天顺改元，以存其统，并注图克特穆尔僭号以著其罪"[2]。

有关元明鼎革的历史评价，乾隆帝也在正统转移的解释上力求做到公允，如他指出，明太祖称帝时大都尚未失守，故正统仍属元朝，并表示：

> 今作《通鉴辑览》汇纪列朝，要当以历代正统所系为准，故于顺帝在位之时，犹以元为统，而于明事则书明以别于元，自闰七月顺帝出居北漠以后，始为明洪武元年，从历朝嬗代一岁两系之例，属之下卷，以期名分昭而体例一，书法虽有异同，总期合乎大公之道而已。[3]

"一岁两系"笔法并非适用于所有政权，那些自拉旗帜的盗贼叛逆队伍就不应列入"正统"书写范围。元末群盗蜂起，除明太祖夺得天下，自然位居正统外，与他并列崛起的势力如徐寿辉、陈友谅、张士诚诸辈属于旋起旋灭的盗匪，近似于陈胜、吴广起兵，不可承认他们建立了国家。《续纲目》按照朱熹书写秦朝、隋朝之例，记载其国号纪年，不符春秋笔法。乾隆帝建议，依据朱熹书写汉高

1　刘统勋编：《评鉴阐要》卷十，"元·天顺帝·怀王图克特穆尔兵陷上都帝不知所终纲"，清文渊阁四库全书本。
2　同上。
3　刘统勋编：《评鉴阐要》卷十，"元·顺帝·至正二十八年纲"，清文渊阁四库全书本。

祖之例，只记载明太祖起兵，称吴王元年，"附书以著其得天下之渐"[1]，同时删除徐寿辉等人年号，并依《元史》顺帝本纪书法，把徐寿辉等人的起兵定性为犯上作乱。[2]

乾隆帝应用"一岁两系"笔法的最著名例子是对明末崇祯十七年（1644）年号书写体例的更正。这一年北京城破，崇祯帝殒命景山，清廷文臣模仿《资治通鉴纲目三编》之义例，于甲申年大字书写顺治元年，崇祯十七年则分注其下，并把李自成攻陷北京之日定为明朝灭亡的时间。乾隆帝觉得甚为不妥，他举例说，当时《资治通鉴纲目三编》就是盲目模仿《续编》的体例，把元顺帝北奔逃入沙漠的至正二十八年（1368）匆匆改为洪武元年。乾隆帝的看法是，元顺帝逃入北方并不应该作为元朝彻底灭亡的时间节点。他特别鄙视自元至正十五年（1355）明太祖起兵之后，"凡元政即别书元以示异"这种"臣各私其君之义也"的做派，[3] 就此说出一番大道理云："盖以理责人者必先以理自处，天下者天下之天下，非一家之天下也，言悖而出者亦悖而入，居今之时，贬亡明而尊本朝，如明之于元，其谁曰不可，然朕不为也。"[4]

以往士人贬损前朝而夸耀本朝的做法似乎天经地义，乾隆帝却觉得过度偏袒本朝，不利于清朝"正统"的建立。他声称编纂《通鉴辑览》"非一时之书，乃万世之书，于正统偏安之系必公必平，

1　刘统勋编：《评鉴阐要》卷十，"元·顺帝·至正十一年以后不附书徐寿辉等僭号纲并注"，清文渊阁四库全书本。

2　同上。

3　刘统勋编：《评鉴阐要》卷十二，"明·庄烈帝·甲申岁崇祯十七年纲"，清文渊阁四库全书本。

4　同上。

天命人心之向必严必谨"[1]，要改变偏向本朝自傲尊大的毛病，以免遭后人耻笑。他命甲申这年仍大书崇祯十七年，顺治元年分别书写以示区别。李自成攻陷北京的时间也不再作为明朝灭亡的终点，而是把南明福王弘光元年分注于顺治元年之下，最终把明朝灭亡的时间延续到了福王被俘之后。

乾隆帝就纪年义例的修改规则发表了一段斧钺严明的训词，首先把建都南京的南明福王大大讥讽了一番。他假设福王未尝不可以模仿南宋偏安政权，凭据长江天险，发奋有为，其政权也许尚可苟延数年甚至百年。可惜福王荒淫无道，短短一年即失去天命人心的支持。南明的失败并不完全取决于清朝兵威之震慑，实乃"守成者自失其神器也"[2]。自身德性有亏当然怪不得别人，纯粹是自造孽不可活。至于唐王、桂王亡命南疆，苟延旦夕，其狼狈程度与南宋两个末代皇帝的凄惨状况颇为类似，不可再视其居于正统之位。乾隆帝最后归纳制定"一岁两系"书写规则的目的是"以示万世守成之主，思天命人心之难谌，凛凛乎，惴惴乎，保祖宗所贻留，为臣民所系属，而不敢谬恃书法之可有高下焉。庶几朕纂《通鉴辑览》之本意，或不失《春秋》大一统之义乎"[3]，最终的警示之辞仍落脚于清朝之所以实现"大一统"的缘由，以不忘昭显其历史观的皇家品格。

1　刘统勋编：《评鉴阐要》卷十二，"明·庄烈帝·甲申岁崇祯十七年纲"，清文渊阁四库全书本。

2　同上。

3　同上。

"公羊学"复兴与常州学派的"大一统"观

"三世三统说"与孔子的双重历史视野

自古以来,《春秋》大致有三种读法:第一种读法是把它纯粹当作记史之书,虽偶见孔子对史事的评论,却并不含有什么言外深意。后世持此观点的注疏读本以《左传》为代表。

第二种意见认为,孔子选择记录某些历史片段有着特定的褒贬用意。他借书写春秋逸事,专门发布评价历史事件和人物善恶是非的判语,每个字都蕴藏着使乱臣贼子惧怕的微言大义,为后世树立了历史叙事的标准。

第三种做法是把《春秋》当预言之书,后世学人反复琢磨辨别字句中的隐含之义,提前预知未来,推测历史演变之大势。这类读法难免会掺杂一些怪力乱神的玄怪故事,孔子摇身一变,成了先知式的人物,几乎与"神人大巫"无异,这与汉代董仲舒当年对孔子做出的谶纬式定位有关。据传董仲舒自己就能行禹步和占卜求雨。

至于以上三种读法到底哪种更加符合《春秋》原意,素来争讼不断,历代学人大多各执一词,谁也难以说服对方。

《公羊传》对《春秋》意旨的解释比较符合后两种读法。《公羊传》强调,孔子为以后"新王"的诞生扮演着神秘预言家的角色,又因为有德无位,孔子被称为"素王",对历朝最高政治权威无法构成威胁,只能起到辅助王权治理国家的作用。

宋代以后,《春秋》大义的解释权落于理学家之手,世俗化的道学伦理言辞充斥其中,混杂着严分夷夏的种族主义说辞,对清朝建立"正统性"极为不利，宋代理学家对《春秋》大义的曲解发挥也让清朝帝王很不满意。在清帝态度的影响下，清朝士林对《春秋》的释读发生了一次较大转向，基于汉代董仲舒、何休一脉的《公羊传》解释开始回潮，尤以常州"公羊学"的崛起影响最大。刘逢禄对《春秋》的定位是"述而不作，述文王也，非述鲁也"[1]。《春秋》讲述的是周文王的旷世贡献，并不是单纯记录鲁国历史。

《春秋》读法向汉代诠释回归的现象与清朝学界整体"汉学化"的走向非常一致，朱珪为庄存与《春秋正辞》作序时就批评"唐宋师儒，偏蔽苟取……不顾师法之传"[2]。以前中国学界往往过于注意从思想的内在传承理路出发评估汉宋之争，而没有把它置于帝王与士人的复杂互动背景下加以考察，更很少处理《春秋》释读风格的转向与清朝"大一统"观形成的关系。研究常州学派比较有影响的学者如美国艾尔曼教授即认为，常州今文学派的产生与庄存与对权贵和珅的不满有关，他通过复兴今文经学隐晦地对和珅的行为予以批评。[3]汪晖率先注意到常州学派对《公羊传》的解读与清朝"大一统"观之间存在着微妙关系，指出不可把常州学派的崛起单纯视为某种政治斗争的直接反映。[4]

实际上，清朝帝王对经书解释介入程度之深，远超人们的想

1　刘逢禄：《春秋公羊经何氏释例》卷六之三《不书例第十三》，郑任钊校点，北京：北京大学出版社，2012年，第114页。

2　朱珪：《〈春秋正辞〉序》，见庄存与：《春秋正辞》，清味经斋遗书本。

3　参见［美］艾尔曼：《经学、政治和宗族——中华帝国晚期常州今文学派研究》，赵刚译，南京：江苏人民出版社，1998年，第13页。

4　参见汪晖：《现代中国思想的兴起》上卷第二部《帝国与国家》，北京：生活·读书·新知三联书店，2008年，第519—522页。

象。即如乾隆帝亲自操控史事评鉴，并设定正统褒贬标准的做法，在历朝君主中均难得一见。至于常州公羊学派的观点与清帝"大一统"思想之间到底有什么样的关联性，的确是个不容易清晰回答的问题，只有一些间接史料可以略作证据，如庄存与二十七岁赴京殿试时曾作《拟董仲舒天人册第三篇》，刘逢禄回忆说："公素精董子《春秋》，且于原文'册曰'以下四条，一字不遗，上大嘉叹，即擢侍讲。"[1] 这条史料至少透露了一个信息，那就是庄存与在殿试时因对董仲舒思想做出精彩分析，获得了乾隆帝的青睐，加之常州学派的两代学人庄存与、刘逢禄均在朝廷为官，庄存与还曾任南书房行走，算是皇帝的贴身文事侍从，虽很难证实他们是否与清帝经常有所接触，至少间接证明其思想可能受到清帝的影响。我们从常州公羊学对《春秋》语义的解读中发现，清帝所表达的"正统"和"大一统"观点确有与之衔接对应的地方，其中虽难免有推测和想象的成分，但大体应与当时的历史状况相近。

常州学派以回归汉代公羊学《春秋》解释为己任，至少有两个观点暗合清帝建立"正统观"的构想，其一是重新发掘《春秋》"大一统"之义，其二是揭示《春秋》"通三统张三世"的微言大义。

庄存与在《春秋正辞》开篇即复述董仲舒和司马迁对"大一统"思想的阐发，以明确作为全书的核心主旨，所谓"大一统"即是"天无二日，民无二王，郊社宗庙，尊无二上，治非王则革，学非圣则黜"[2]，又引《公羊传》云："公羊子曰，何言乎王正月，大一统也。

---

1 刘逢禄：《记外王父庄宗伯公甲子次场墨卷后》，见《刘礼部集》卷十，清道光十年思误斋刻本。
2 庄存与：《春秋正辞》卷一《奉天辞第一》，清味经斋遗书本。

记曰：天无二日，土无二王，国无二君，家无二尊，以一治之也。"[1]

这套说辞不遗余力地揭示"尊王"的重要性，核心意思不外乎是把王者推到统合一切事物的至尊地位。这与乾隆帝反复致意的《春秋》主旨十分吻合。《春秋正辞》中"王伐"条云，"春秋之义，务全至尊而立人纪焉"[2]，对此条的进一步解释是："诸侯不知有天子，此可忍言，孰不可忍言，以天下言之曰天王，王承天也，系王于天，一人匪自号曰天王也。……从王焉，朝于王焉，至尊者王也，不上援于天，若王后、王世子、王子、王姬系于王则止，皆不得以不称天为疑问矣。"[3]

庄存与的另一个《春秋》读法是重新发现"通三统"之义，"通三统"指的是王者要获"正朔"立"正统"，须从夏商周三代三种制度安排里面汲取营养，加以折中损益，不可仅限于一个朝代。主要做法是在时间上斟酌使用三代历法，即夏代的建寅、商代的建丑和周代的建子；在代表王朝象征颜色的使用上顺势遵守循环演化规则，因夏尚黑、殷尚白、周尚赤，新王要获得"正朔"，必须"服其服色，行其礼乐，所以尊先圣，通三统，师法之义，恭让之礼，于是可得而观之"[4]。庄存与引用孔子的话说："殷因于夏礼，所损益可知也；周因于殷礼，所损益可知也，周监于二代，郁郁乎文哉。"[5]孔子的态度向来是尊周王，亦主张吸收夏商制度，以为新王所用。庄存与引用刘向的话强化孔子的这层语义说，"刘向曰：王

---

1 庄存与：《春秋正辞·奉天辞第一》，"大一统"，清味经斋遗书本。

2 庄存与：《春秋正辞》卷二《天子辞第二》，"王伐"，清味经斋遗书本。

3 同上。

4 庄存与：《春秋正辞·奉天辞第一》，"通三统"，清味经斋遗书本。

5 同上。

者必通三统，明天命所授者"[1]，意指通三统的任务必须要交到王者的手里。

常州学派第二代代表人物刘逢禄的贡献是复活了《公羊传》里的"张三世"思想。在刘逢禄看来，孔子同时扮演着两个角色，一个是"现世"的观察家，一个是"来世"的预言家。孔子通过删削鲁史，把一本平庸无奇的纪实性著作，激活升华为一部富含微言大义的奇书，成为褒贬历史得失的警世要典；孔子还通过发明新的书写义例，把记述春秋史事当作预测新王出世的重要职责，通过"获麟"这个神秘事件，成为新王出世的预言者。

在刘逢禄笔下，鲁国国君十二世共二百四十二年分为三等，分别以"有见有闻有传闻"为名纳入一个"三世"演进的框架，同时以治乱兴衰的逻辑构造出一个相互对应的"据乱"（所传闻世）→"升平"（所闻世）→"太平"（所见世）的递进模式。这"三世"并非按照近代意义上的"进化"阶序划分，而是以孔子的眼光为原点，叙述春秋时期二百四十二年的历史变化。这种观察不是纪实性的，而是"理想型"的。或者说，这三世演化的图景是孔子在内心模拟出来的一种历史想象，不可与春秋的现实状况直接一一对应。因为如果真要对照春秋的历史，越是到孔子生活的晚期，鲁国就越是趋于衰败，不可能如"三世说"描述的那样，呈现出一个直线上升的美好时代。刘逢禄对此深有所悟，故说"鲁愈微而《春秋》之化益广"，又说"世愈乱而《春秋》之文益治"。[2]当代史家顾颉

1　庄存与：《春秋正辞·奉天辞第一》，"通三统"，清味经斋遗书本。
2　刘逢禄：《春秋公羊经何氏释例》卷一之一《张三世例第一》，郑任钊校点，第4页。

刚早已发现了"三世说"与春秋时代的真实历史不相符合，指出："此三世之说殊难稽信也。事实上春秋世愈降则愈不太平，政乱民苦无可告诉，可谓太平乎？"[1]顾颉刚敏锐指出了"三世说"与《春秋》所记现实状况之间存在差距，却没有考虑到孔子作《春秋》的目的并非纪实而是寄托微言，删削鲁史只不过是他表达理想和预言的一个手段，其根本目的还是为了阐发"新王"出世的必然性，不可单纯从事实真伪的层面揣测其内蕴。

刘逢禄把孔子奉为预言家，解说《春秋》大义基本上重启和沿袭了汉代何休"三世说"的主旨。何休在《春秋公羊经何氏例》中，对"三世说"的"所见异辞，所闻异辞，所传闻异辞"给出了一个完整解释。这三个时间段是围绕孔子生活的不同时期划分的，如"所见世"的时间范围是指鲁国国君的昭、定、哀公时期，"所闻世"是文、宣、成、襄公在位时期，"所传闻世"指的是隐、桓、庄、闵、僖公等更早的几个鲁王在位的年代。孔子出生于鲁襄公二十二年（前551），去世于鲁哀公十六年（前479），孔子本人大致应该生活在"所见世"的大部分时间里，至于"所闻世"和"所传闻世"则是孔子父辈和祖辈生活的时代。

如果把春秋时期诸侯相争看作是一出大戏，那孔子就是这出精彩大戏的剧本撰写者之一，只不过孔子的观察视角与一般鲁史书写者有所不同，他不是事无巨细、照单全收地编排陈述史实，而是筛选出自认为有教化针砭意义的历史片段，连缀成了一套极简版的

1　顾颉刚讲述、刘起釪笔记：《春秋三传及国语之综合研究》，成都：巴蜀书社，1988年，第15页。

　　　　　　　　　　　　　"天命"如何转移

"春秋史"。刘逢禄对《春秋》笔法的诡异风格精准评价云:"鲁史记之例,常事不能不悉书备载,《春秋》尽削之,其存什一于千百,以著微文刺讥为万世法。故曰:非记事之书也"[1],又引董仲舒的话说"不能察,寂若无;深察之,无物不在"[2]。董仲舒感觉《春秋》给人的第一印象似乎过于简略,好像什么意思都没说出来,让人费解,仔细品读才知其中充满各种褒贬异辞,足以立为后世书史之典范。

公羊家想象,以孔子为观察原点,再以周王室为中心勾画出一幅春秋历史演化的半径图,诸侯国围绕周王发生"恩有厚薄,义有浅深"的交往关系。最初周王把诸侯国划分为内外两个圈层进行管理,内圈是诸夏成员,外圈是异姓"夷狄"。随着时代迁移,夷夏内外圈的界线日趋模糊。按照"三世说"的叙述逻辑,从"所传闻世"到"所见世",夷狄经过漫长的抗争,一步步地被慢慢纳入诸夏的核心圈层体系。

当"所传闻世"时,周王室统领诸侯的策略还是"内其国而外诸夏,先详内而后治外"[3]。这一时期,周天子与诸侯国根本没有精力去对付外部夷狄之国,只能优先处理诸夏内部事务。刘逢禄评价这段历史说:《春秋》王鲁,明当先自详正,躬自厚而薄责于人,故略外也。王者不治夷狄。"不去理会夷狄,是因为没有能力去做这件事情,只能采取"来者勿拒,去者勿追"的谨慎态度。[4]比如处于"所传闻世"的鲁庄公二十三年(前671),《春秋》书"荆人

---

1 刘逢禄:《春秋公羊经何氏释例·不书例第十三》,郑任钊校点,第114页。

2 同上。

3 《春秋公羊传注疏》上册,卷一《隐公第一》,何休解诂,徐彦疏,刁小龙整理,第38页。

4 刘逢禄:《春秋公羊经何氏释例》卷六之一《王鲁例第十一》,郑任钊校点,第107页。

来聘",刘逢禄的解读是:"因其始来聘,明夷狄能慕王化,修聘礼,受正朔者,当进之,故使称人也。"[1]

"所闻世"的景象则是"见治升平,内诸夏而外夷狄",此时诸夏国可以腾出手来专门对付"夷狄"。如鲁宣公十一年(前598),《春秋》记晋国与狄会盟,刘逢禄释义称:"言会者,见所闻世治近升平,内诸夏而详录之,殊夷狄也。"[2]说明这一时期,夷夏的界线仍分殊明显,但诸夏之国开始认真处理与夷狄的关系,而不是像"所传闻世"那样干脆拒之门外置之不理。庄存与和刘逢禄的观点比较相似,他同样举出鲁宣公十一年楚国杀陈国夏徵舒的故事做例子,觉得"中国有乱狱,天子不能诛,诸侯不能正,而楚人能之,故予之也"[3],诸夏没有办到的事,楚国却办到了,所以对本属夷狄的楚国还是采取了肯定的态度。只是楚子虽对周室有所贡献,却还不具备进爵的资格,仍只能称"人"而不称"子"。庄存与说楚国处在"所传闻世"这个阶段,"虽犯中国不敢叛天子,于是乎楚恒称人,然不言楚子也,《春秋》于病中国甚者,辨其等也严,而王制正无缺矣"[4]。

对于《左传》记载"所闻世"吴国史事时,仍坚持视其为"夷狄"的做法,刘逢禄以为楚国与吴国的情况并不相同,经过"所传闻世"之后,楚国已经基本具备了与诸夏交往的条件,不应该再把楚国故意排斥在外。因为"不殊楚者,楚始见所传闻世,尚外

1　刘逢禄:《春秋公羊经何氏释例·王鲁例第十一》,郑任钊校点,第108页。
2　刘逢禄:《春秋公羊经何氏释例·张三世例第一》,郑任钊校点,第2页。
3　庄存与:《春秋正辞》卷十《诛乱第八》,"弑",清味经斋遗书本。
4　庄存与:《春秋正辞》卷八《外辞第六》,"楚",清味经斋遗书本。

诸夏，未得殊也。至于所闻世可得殊，又卓然有君子之行"[1]。到了"所闻世"，楚国崛起，诸夏也开始认真把它当作夷狄大国对待，楚国又卓然有君子之举动，时而帮助诸夏征讨不义，逐渐被接纳进了华夏诸侯圈。吴国与诸夏交往的时间要晚一些，进入"所见世"才参与诸侯会盟，与楚国相比，存在着一个时间差，获得的是"吴似夷狄差醇"的评价，吴国要摆脱夷狄身份还要看它的表现。[2]

至"所见之世"，何休认为到了"著治大平，夷狄进至于爵，天下远近、大小若一"[3]的阶段，夷狄基本上能够遵循诸夏制定的游戏规则，允许授予它们与内地诸侯一样的爵号，诸夏与夷狄之国逐渐合为一体。如刘逢禄所说："至于'德博而化'而君道成，《春秋》所谓'大一统'也。"[4]当时吴国开始崛起，替代了楚国的位置。刘逢禄主张吴国只要"尊王"就可"进爵"，对鲁哀公十三年（前482）吴王与晋王会盟于黄池之事，他的评价是："使若吴大以礼义会天下诸侯，以尊事天子，故进称子。"[5]

春秋时代进入"所见世"的一个最大变化是，以往那些理所当然位居核心盟主地位的诸夏之国，因屡次不尊王命，被《公羊传》贬斥为"新夷狄"。如鲁昭公二十三年（前519），《公羊传》评论吴国击败诸侯小国，就被定性为"偏战也，以诈战之辞言之，不与夷狄之主中国也。不使中国主之，中国亦新夷狄也"。刘逢禄对此

1　刘逢禄：《春秋公羊经何氏释例·张三世例第一》，郑任钊校点，第 2 页。

2　同上。

3　《春秋公羊传注疏》上册，卷一《隐公第一》，何休解诂、徐彦疏，刁小龙整理，第 38 页。

4　刘逢禄：《春秋公羊经何氏释例》卷一之三《内外例第三》，郑任钊校点，第 11 页。

5　刘逢禄：《春秋公羊经何氏释例》卷六之四《讳例第十四》，郑任钊校点，第 126 页。

语的解读是:"中国所以异乎夷狄者,以其能尊尊也。王室乱莫肯救,亦新有夷狄之行,故不使主之。"[1]刘逢禄的意思是,即使吴国仍然是夷狄,在名义上似乎不具"进爵"资格,但那些位居诸夏的诸侯国却也因不守王道而沦为"新夷狄",同样没什么资格主持盟会,这显然是变相为楚、吴说话。[2]

---

1 刘逢禄:《春秋公羊经何氏释例》卷四之二《诛绝例第九》,郑任钊校点,第 88 页。

2 关于《春秋》微言大义之多义性,近人皮锡瑞早有洞见,他在《经学通论》里论《春秋》云其"有现世主义,有未来主义,义在尊王攘夷,而不尽在尊王攘夷"。其意是说,只注重《春秋》"尊王攘夷"的任何一面都有窄化其内涵之嫌。他说:"《春秋》为后王立法,必不专崇当代之王,似相反,实非相反也。既言'攘夷'矣,又有'夷狄进至于爵'之义,似相反矣,而圣人欲天下大同,必渐推渐广,远近若一,似相反,亦非相反也。"(皮锡瑞:《经学通论》,吴仰湘点校,北京:中华书局,2017 年,第 398 页。)所以《春秋》有攘夷之义,有不攘夷之义。(皮锡瑞:《经学通论》,吴仰湘点校,第 376 页。)

　　皮锡瑞所言"现世主义"是指华夏文明未达蛮夷之地时的状况,而所谓"未来主义"则是指王朝最终要实现"大一统"必须要做到远近合一、无分中外。这与"大一统"中"三世说"的设计有关,到了"所见世"已经是"夷无可攘",因为"夷狄"有了"进于爵"的资格。所以"综而言之,有现世主义,有未来主义。圣人作《春秋》,因王灵不振,夷狄交横,尊王攘夷,是现世主义,不得不然者也。而王灵不振,不得不为后王立法;夷狄交横,不能不思用夏变夷。为后世立法,非可托之子虚乌有,故托王于鲁以见义;思用夏变夷,非可限以种族不同,故进至于爵而后止。此未来主义,亦不得不然者也"。(皮锡瑞:《经学通论》,吴仰湘点校,第 399 页。)

　　"所见世"相当于"太平世","太平世"夷狄进至于爵,与诸夏同,无外内之异矣。外内无异,则不必攘;远近小大若一,且不忍攘。圣人心同天地,以天下为一家,中国为一人,必无因其种族不同而有歧视之意"。这与"升平世"不同,"升平世不能不外夷狄者,其时世界程度尚未进于太平,夷狄亦未进化,引而内之,恐其侵扰"。(皮锡瑞:《经学通论》,吴仰湘点校,第 377 页。)

　　皮锡瑞还有一个看法是,春秋时的夷狄并非真的"夷狄"。比如吴乃是仲雍之后,越是夏朝少康之后。楚的祖先是文王师鬻熊之后,"而姜戎是四岳裔胄,白狄、鲜卑是姬姓"。这些被视为"夷狄"的诸侯国,其祖辈大都属于中原王室的后人,并非异种异族,只不过当初未参与王室会盟,故被中国诸侯摈拒,把他们比作"戎夷"。(皮锡瑞:《经学通论》,吴仰湘点校,第 377 页。)所以《春秋》立义"皆以今之所谓文明、野蛮为褒贬予夺之义。后人不明此旨,徒严种族之辨,于是同异竞争之祸烈矣"。(皮锡瑞:《经学通论》,吴仰湘点校,第 378 页。)

　　　　　　　　　　　　　　　　　　　　　"天命"如何转移

《秦楚吴进黜表》:"三世说"里的夷夏内外观

《春秋》凡二百四十二年被公羊家划分为"三世",这个时间观念是与春秋时期诸侯国空间布局相互配合的一种设计。在"三世"递进演化的大框架下,以周天子为核心的诸夏圈频繁伸缩变化,形成了极具张力的斗争场域。其中,诸夏与夷狄之关系在"三世说"的叙述脉络里不断发生位移,甚至出现了颠倒的状况。刘逢禄借"三世说"大谈夷狄进黜轨迹,颇有借《春秋》笔法暗示清朝从关外边缘之地转移为华夏中心的用意。下面以《秦楚吴进黜表》为例,略窥"三世说"消弭夷夏内外边界的叙述逻辑。在《春秋公羊经何氏释例》卷七中,刘逢禄曾列出一表,这张表按照"所传闻世""所闻世"和"所见世"的顺序,把秦、楚、吴三国在华夷秩序里的历史升降趋势做了归纳概括。

先来看《秦楚吴进黜表》中秦国地位的变化。在"所传闻世"表格中,记载了鲁僖公时期秦国的两条史事,第一条是鲁僖公十五年(前645),晋与秦交战,秦胜晋败,晋惠公为秦军所俘,刘逢禄认为《春秋》于此记为"晋侯及秦伯战于韩,获晋侯",是因为秦"本中国也,未能用周礼,故诸夏摈之,比于戎狄"。第二条是僖公三十三年(前627),"晋人及姜戎败秦于殽",公羊家记录了四个字"夷狄之也"。[1] 可见在"所传闻世",秦国并未摆脱"夷狄"形象。

进入"所闻世"时期,表中列有六条秦国史事,第一条记鲁文公九年(前618)"秦人来归",释文说:"所闻世"始与鲁为礼,说明秦国开始与诸侯国礼尚往来。鲁文公十八年(前609),秦穆公去

---

1 刘逢禄:《春秋公羊经何氏释例》卷七之五《秦楚吴进黜表第十九》,郑任钊校点,第146页。

世，《春秋》用"卒"字标记此事，刘逢禄解释说"穆公也，至此卒者，因其贤"。[1] 春秋时期国君死亡称"卒"是特殊待遇，一般只用于书写诸夏国的国王之死，秦穆公死后书"卒"是因为他生前有贤德之举，比较"所传闻世"中秦国的境遇，这已是不错的评价了。

到了"所见世"的鲁昭公时期，表中共收录了秦国四条记载，第一条鲁哀公三年（前492）"十月，癸卯，秦伯卒"，第二条哀公四年（前491）"三月，葬秦惠公"，刘逢禄对这两条记载的释读是："小国卒葬，极于哀公，皆卒日葬月。"[2]《春秋》记述秦惠公死亡用了"卒""葬"这样的描述，并书月日，规格几乎与鲁哀公相匹，可谓极具哀荣。说明秦国的地位已经明显提升，刘逢禄特加了一条按语提示说"秦非小国，因其本爵治之"。秦国本属小国，僻居偏远之地，诸夏斥之为"夷狄"，然而秦国正好位于周朝故地，又从无"僭王猾夏"的举动，到了"所闻世"已经被诸侯国接受而"内之也"。[3]

楚国的情况比较复杂，"所传闻世"表格中分别列有鲁庄公、僖公时期的八条史事，其中两条涉及楚国的"夷狄"身份。第一条鲁庄公十年（前684）"荆败蔡师于莘，以蔡侯献舞归"。《公羊传》注："荆，州名也。州不若国，国不若氏，氏不若人，人不若名，名不若字，字不若子。不言获，不与夷狄获中国。"[4] "荆"是州名，不称"楚"而称"荆"，是对楚国的蔑视，不称"擒获"蔡师，是因为"获"字专用于诸夏的用兵，"楚"为夷狄，根本没资格使用

1　刘逢禄：《春秋公羊经何氏释例·秦楚吴进黜表第十九》，郑任钊校点，第147页。
2　同上书，第148页。
3　同上。
4　同上书，第146页。

　　　　　　　　　　　　　　"天命"如何转移

这个字。这是"所传闻世"时期对"楚"的称呼。

第二条记鲁庄公二十三年（前671）"荆人来聘"。《公羊传》注："称人，始能聘也。"刘逢禄附注："称人当系国，而系州者，许夷狄者不一而足"[1]，意即虽已称"楚"为"人"，却仍保留了"荆"的提法，意味着仍将楚国当夷狄看待。

"所闻世"表列八条楚事，其中有四条表明楚国地位发生了转变，如鲁宣公十八年（前591）"甲戌，楚子旅卒"。《公羊传》注："吴、楚之君不书葬，辟其号也。"[2]刘逢禄注意到"至此卒者，因其有贤行"[3]。因楚公所作所为有值得称道的地方，才在死后享有书写"卒"的资格。

"所见世"共记楚事七条。这一时期对楚国地位的评价出现了根本性变化。如第一条记鲁昭公元年（前541）"己酉，楚子卷卒"。昭公四年（前538）"楚子云云，淮夷会于申"。刘逢禄的看法是："不殊淮夷者，楚子主会行义，故君子不殊其类，顺楚而病中国。"[4]楚子会盟属于义举，已不会被当作夷狄排斥在诸夏圈子之外。相反，原属中国的那些诸侯国因不尊王，反而被视为"新夷狄"。

在《春秋》的"所传闻世"列表中，没有吴国的记载，这并不是说吴国当时不存在，而是吴属于遥远的"夷狄"，长期不在诸夏视野之内，根本不值得关注，在历史记录中故意"外之"。

"所传闻世"第一次记载吴国的行踪是在鲁成公七年（前584），

1　刘逢禄：《春秋公羊经何氏释例·秦楚吴进黜表第十九》，郑任钊校点，第146页。
2　同上书，第147页。
3　同上。
4　同上书，第148页。

有"吴伐郯"条,《进黜表》批注云:"吴罕与中国交,至升平乃见,故因始见,以渐进。"[1] 处于升平世的吴国与楚国相比仍有差别。故鲁成公十五年(前576)记载叔孙侨"会吴于钟离"时,《公羊传》云:"殊会吴,外吴也。《春秋》内其国而外诸夏,内诸夏而外夷狄。言自近者始也。"[2] 从由近及远的标准衡量,"吴"与中原诸侯交往比"楚"要晚一些,在亲疏关系的认定上自然要有所区分,道理在于"不殊楚者,楚始见于可殊之时,故独殊吴"[3]。楚国已经度过了与中原诸侯国的交往磨合期,具备了"进爵"的条件,而吴国与中原的接触开始较晚,自然融入其中的速度要慢一些。

"所见世"对吴国书写的态度显然发生了很大变化。鲁昭公二十三年(前519)吴国击败陈国,"获陈夏齧"。《公羊传》云:"偏战也,以诈战之词言之,不与夷狄主中国也。不使中国主之,亦新夷狄也。言获,吴少进也。"[4] 公羊派的评价表面上仍采拒斥吴国的态度,但从语气上推断,即使吴国无权与他国征战,却因主持正义,多少获得了与诸侯国交往的机会。诸侯国那些核心成员因有类似"夷狄"的举止,已经被归类为"新夷狄",同样失去了主持春秋大局的资格。

鲁定公四年(前506)的一条记载说:"蔡侯以吴子及楚人战于伯莒。楚师败绩。"《公羊传》云:"吴称子,夷狄也而忧中国"。[5] 这是说吴国虽有夷狄身份,却心忧中原之事,所以有资格称"子"这个爵号。

---

1 刘逢禄:《春秋公羊经何氏释例·秦楚吴进黜表第十九》,郑任钊校点,第147页。
2 同上。
3 同上。
4 同上书,第148页。
5 同上。

"天命"如何转移

另一条记载是著名的黄池之会，鲁哀公十三年（前482）《春秋》纪曰"公会晋侯及吴子于黄池"，《公羊传》云："吴称子，主会也。先言晋侯，不与夷狄主中国也。言及，会两伯之词，重吴也。吴在是，天下诸侯莫敢不至也。"[1] 这段纪事虽仍把"吴"的身份归类为"夷狄"，故意与"晋国"区分开来，却明显表明吴国的地位已不可忽视。

由以上《秦楚吴进黜表》的分析可知，作为"夷狄"的秦、楚、吴三个边缘诸侯国，在与诸夏的不断冲突碰撞中，其地位和身份不断发生变化。很容易让人联想到满人入关前与明朝的交往关系。那时，满洲地处东北地区，亦属华夏边缘地带，被明朝以"夷狄"待之，其处境颇类似于春秋秦、楚、吴与诸夏国的关系，经过多年努力，满人才逐渐融入华夏文明圈，并以入主中原为标志，最终实现了"大一统"的目标。

"寓封建之意于郡县之中"新解：和而不同的选择

明清鼎革之际，心忧天下的顾炎武曾经写过一篇题为《郡县论》的文章，其中阐发了一个有争议的观点："寓封建之意于郡县之中"。没人否认，从秦朝开始，郡县制已发展成为历代王朝都必须采纳的主流治理体系，这套体系在明代延续下来，似乎没有什么人真正质疑过其存在的合理性。即使历代士林中不时偶尔出现主张恢复"封建制"的声音，其影响力也微弱到几乎可以忽略不计。顾炎武当然不可能完全否认郡县制的作用，却指出其存在着自身无法克服的弊端，必须用"封建制"中潜藏的合理因素加以弥补。他在文章开篇就指出："封建

1　刘逢禄：《春秋公羊经何氏释例·秦楚吴进黜表第十九》，郑任钊校点，第148页。

之废，非一日之故也，虽圣人起，亦将变而为郡县。"[1]看得出来，顾炎武似对"封建"并无好感，更没有为其翻案的意思，可随后他笔锋一转，却大讲郡县之弊病已趋极致，民生日贫，中国日弱皆拜其所赐，因为"封建之失，其专在下，郡县之失，其专在上"[2]。

郡县制的毛病是皇帝集权，因其禀性多疑，事事都要干涉，科条文簿日多，监司控驭日密，地方官遵循的是回避原则，官位流动性过强，他们并不关心地方百姓的疾苦，也不肯为民兴利。顾炎武提出的改革办法是："尊令长之秩，而予之以生财治人之权。罢监司之任，设世官之奖，行辟属之法。"[3]只有择选熟悉本地风土舆情的地方官，才能克服监察流动性过强，无法落地生根的弊病，大体上仍是一种"放权自治"的理想。

因身份属于明朝遗民，早期政治态度倾向于"反满"立场，顾炎武常以反思明朝政治体制弊端为己任，目的是想寻找出明朝败亡于满人的根本原因。可是让顾炎武完全没有想到的是，其"寓封建之意于郡县之中"的观点却与清朝建立"大一统"格局的基本思路有暗合之处。[4]

清朝入主大统后，由于占据了远迈前代的广袤地域，故恢复远古之"大一统"气象是清帝倍感自豪的至高成就。在官方论述体系中，对秦汉采纳的郡县制一直持赞赏态度。雍正帝就直指战国七雄

1　顾炎武：《郡县论一》，见《亭林文集》卷之一，四部丛刊景清康熙本。
2　同上。
3　同上。
4　汪晖注意到了清初"封建说"的复兴与清朝建立"正统"之间的关联性，但并未比较顾炎武的设想与清中叶士林舆论的关系。参见汪晖：《现代中国思想的兴起》上卷第二部《帝国与国家》，第583页。

　　　　　　　　　　　　　　　"天命"如何转移

征战不已，"其势虽欲封建，而封建之势，必不可久，是以秦人乘便因势，混一天下而郡县之。封建之变为郡县者，其势不得不然也"[1]。

乾隆帝对"封建"制的批评没有雍正帝那么温和客气，语气多趋于严厉，如他批评明太祖设置藩王是向汉代分封制的倒退，表示七国兵端频起实由封建所致，明太祖在阅读这段历史时如果能接受教训，不采取裂地分封的办法，就不会酿成后来的藩王叛乱之局。乾隆帝觉得汉代以来教导诸王"夹辅王室，毋挠公法"的训谕根本不起作用，并不能促其始终不渝加以遵守，讥讽明太祖"所谓师古而不知度今，务名而以致害实者耳"。[2]清初帝王对士林议论封建制亦多采禁抑的态度，甚至有人私论封建之得失，都被纳入文字狱加以惩处，陆生楠案就是个明显的例子。

令人感到惊异的是，乾隆末年士林中却出现了为"封建"翻案的声音。刘逢禄明言《春秋》主旨之一乃是"圣人将以禁暴诛乱而维封建于不敝也"[3]，他批评把周末"强侵弱，众暴寡"的生民涂炭之惨状归罪于封建体制，直陈废封建而改郡县，最终导致"天下卒以大坏"[4]。有趣的是，刘逢禄批评郡县制的言论与顾炎武如出一辙，他也认为郡县制导致官员不能久任，在地方盗贼蜂起时无法及时应对。他说："夫郡县之法，势不能重其权，久其任，如古诸侯也。一旦奸民流窜，盗贼蜂起，其殃民而祸及于国。秦汉之忽亡，晋季

---

1 《大义觉迷录》卷二，见中国社会科学院历史研究所清史研究室编：《清史资料》第四辑，第62页。

2 刘统勋编：《评鉴阐要》卷十，"明·太祖·上与太子论汉景帝轻听晁错削七国事又言藩王当上尊天子毋挠公法注"，清文渊阁四库全书本。

3 刘逢禄：《春秋公羊经何氏释例》卷九之一《侵伐战围入灭取邑例第二十五》，郑任钊校点，第180页。

4 同上。

之纷扰，视三代之衰，则恸矣。夫王灵不振，九伐之法不修，则去封建而乱亡益迫。王灵振，九伐之法修，则建亲贤而治道乃久。三季之失，非强侯失之，失驭侯之法也。"[1]

更有甚者，刘逢禄的著作中居然出现了夸赞贾谊的言论，"尝闻贾生之论建侯矣，欲天下之久安长治，莫若众建而少其力，力少则易使以义，国小则无邪心，斯古今之通论也"[2]，又直接肯定封建之作用云："封建之于治，如宫室之有楹，舟之有维楫，柞枝之有叶也，其可一日去哉？"[3]如果仅从表意理解，这些论调岂不是在与清帝作对？

必须注意的是，清中叶士林舆论谈及的"封建"蕴意已和顾炎武时代大有不同，顾炎武谈论"封建""郡县"之别基本上基于一种中央与地方关系的"治理"思路，这种思路是建立在对明朝十八行省统治格局的认识基础之上的。而清帝与士林阶层谈论"封建"，则依据的是清朝多元一体的"大一统"治理框架。

在清朝"大一统"观念里，"尊王"仍属首义，刘逢禄释读《春秋》仍走的是公羊家路子，公羊家眼里的《春秋》是一种"政治寓言"，《春秋》既然是天子之事，孔子的使命就是在"文王既没，文不在兹"的情况下，"损益文王之制，祖述尧舜，宪章文武"[4]，预测和期盼未来能诞生类似文王这样圣明的"新王"。刘逢禄要接续传承这个"政治寓言"，在解经时自然会把最重要的位置留给"新王"。

---

1 刘逢禄：《春秋公羊经何氏释例·侵伐战围入灭取邑例第二十五》，郑任钊校点，第180页。
2 刘逢禄：《春秋公羊经何氏释例》卷七之三、四《十四诸侯终始表第十七、十八》，郑任钊校点，第135页。
3 同上书，第136页。
4 刘逢禄：《春秋公羊议礼·正始第一》，见《刘礼部集》卷五，浙江图书馆藏清道光十年思误斋刻本。

　　　　　　　　　　　　　　　"天命"如何转移

他特意区分《春秋》纪事时间中"诸侯"与"君王"的书写区别，说"惟天子受命称元，诸侯皆秉正朔，首书王某年一月，而后志即位之始，曰一年"[1]。下面这段话非常关键，刘逢禄点出："《春秋》变一为元，非平之年，亦非鲁之元，实则新周故宋，以《春秋》当新王，是为三统。"[2] 这个《春秋》纪元既非属于"周平王"，又非"鲁王"所有，显然是隐喻孔子预言将要出现的"新王"。"新王"的使命是"继乱而兴，受命即位"，必须经过"改元大赦""天下更始"的程序，目的是"思所以承先圣，监前代，拨乱兴化"[3]。

《春秋》把王者登位的时间变"一"为"元"颇具深意，这个"元"既不是"平王"，更不是隐公，因周平王衰弱，不具真正权威，徒有一统之名，鲁隐公作为诸侯之一，不过是孔子记录春秋史事的一个象征符号。那么，《春秋》中的改元记述亦可视为一种"虚拟"年号，内中所含微言大义切不可做信史来了解。孔子有德无位，谁来当"新王"承接"文王"遗命，就变成了一个开放式的问题。揣测常州学派的"微言"之义，我们不妨做一点推测，那就是"新王"完全可以指涉清帝，《春秋》亦可为清朝"大一统"的独特性提供一种合理解释。

我更愿意相信刘逢禄营造出的《春秋》场景就像是博尔赫斯笔下的阿莱夫，可以在一个点上无限呈现出过去、现在和未来，[4] 而

1　刘逢禄：《春秋公羊议礼·正始第一》，见《刘礼部集》卷五，浙江图书馆藏清道光十年思误斋刻本。

2　同上。

3　同上。

4　参见［阿根廷］豪尔赫·路易斯·博尔赫斯：《阿莱夫》，王永年译，上海：上海译文出版社，2015年，第192—195页。

在他的想象里，"新王"也应具备通贯夏商周三代制度的能力。如果按这个要求，郡县制作为一种较为单一的体制显然无法满足"新王"所欲承担的"大一统"之责，尽管从秦朝开启的"郡县制"模式无疑是"大一统"治理体系的起点。

刘逢禄赞赏秦朝以"霸统"取代周王之道，成就统一伟业显然有自己的特殊考量。在刘逢禄的叙述框架里，秦人是以夷狄身份整合诸夏之国而成就"大一统"，这真是像极了满人以"夷狄"身份入关，终于完成一统中国的事迹。清朝和秦朝虽然相隔两千余年，却重新演绎了一段相似的故事。所以刘逢禄才说："志秦以狄道代周，以霸统继帝王，变之极也。《春秋》拨乱反正，始元终麟，由极变而之正也。其为致太平之正经，垂万世之法戒，一也。"[1]

不过清朝与秦代相互呼应的传奇故事只是在表面上被重新上演，清朝并没有照抄照搬秦代旧史，反而采取了类似"寓封建于郡县之内"的统治策略，具体内容虽与顾炎武所述的办法并不相同，其精神要义却惊人地近似。清朝与前朝最大的区别是占据和实际控制了最为广大的疆域，同时在这个空间中生活的族群所呈现出的多元样态为历代所少见。如何统治如此复杂多样的族群，乃是清朝面临的一大难题，绝非郡县制这种单一政治体制所能胜任。

清朝实施的藩部治理政策就不是简单地沿袭前代郡县制的治理风格，清人李兆洛被反复引用的名句"修其教不易其俗，齐其政不易其宜，旷然更始而不惊，靡然向风而自化"[2]，已揭示出郡县制治理

1　刘逢禄：《书序述闻》，见《刘礼部集》卷六，清道光十年思误斋刻本。
2　李兆洛：《祁鹤皋先生〈外藩蒙古要略〉序》，见《养一斋文集》卷二《序》，清道光二十三年活字本。

之外另一种制度安排的可能性。其实李兆洛的思路并非源自清代，而是引自《礼记·王制》："修其教不易其俗，齐其政不易其宜。中国、戎夷五方之民，皆有牲也，不可推移。"这句话，李兆洛强调的是"向风自化"的一面，《礼记》则突出五方之民各有习性之另一面。

清帝经过多年的摸索，在藩部与内地采取不同的治理技术，以保持地区间政治文化生态的平衡。与内地相比，在藩部地区更多以多元族群的生活特点为考虑对象，这就为清朝士人的"封建"论述预留出一定的讨论空间，并非如后人想象的完全不能触碰这个话题。刘逢禄在议论"封建制"时遵循《春秋》"正封疆以建邦国，表山川以设险阻"的地缘治理方案，理由仍是《春秋》所治仍三代之治也"。[1]清朝士人脑海中浮现出的不外是"若因事以定地，因地以定事，亦重其事而加详焉尔"。[2]在某种意义上，清朝的疆域治理也许不过是《春秋》地缘政治格局的放大深化版。[3]

于是，当我们发现刘逢禄所发明的公羊学说如此明确地为"封建论"正名时，就不会觉得奇怪。且看下面的文字：

春秋大一统，尊亲之化，及于凡有血气，天地之所以为大也。然必以诸夏辅京师，以蛮夷辅诸夏，京师方千里，诸夏方千里者八，蛮貊方千里者十有六，所以必三等者，别朝聘、奔丧、会葬，

---

1 刘逢禄：《春秋公羊经何氏释例》卷九之二《地例第二十六》，郑任钊校点，第186页。
2 同上。
3 张永江认为，清朝藩部政策只能给有限的自治权，与历朝的羁縻而治有很大区别。清朝利用其专制君主和国家的强大权威，已尽其所能地改造了藩部的社会组织和统治体制，将"羁縻"色彩减弱到了最低限度。（参见张永江：《清代藩部研究：以政治变迁为中心》，哈尔滨：黑龙江教育出版社，2014年，第172页。）但我以为，这种"内地化"的文教一统政策有一个渐进的演变过程，而非最初的决策。

疏数之期而已，非异教也。寰内诸侯以五年再朝为正，诸侯五年一朝，蛮夷终王世，见其子弟有愿入国学者受之，不能者勿强也。[1]

这才是何休眼里"王者不治夷狄，录会戎，来者勿拒，去者勿追"的真义。[2]刘逢禄"大一统"论里的春秋世界如此等级严明，井然有序，他所说的所谓"国学"也许泛指某些儒家经典，却不要求戎狄一定效仿习学，这与清朝实施的藩部政策是完全一致的，也可视为清朝边疆治理策略反向投射到《春秋》夷夏秩序中的一个缩影。尽管刘逢禄也说所谓"春秋之化"乃是"声名洋溢乎中国，施及蛮貊，凡有血气，莫不尊亲，故曰配天，言乎大者如三辰之建四时，小者如列宿之错峙，而各有职也"。[3]

清朝确实对东北、西北、西南等地区蒙古、新疆和西藏民众的教化采取了各随其俗的灵活方略，没有采取一刀切式的"汉化"政策。这种"内外例"完全可以在《春秋》诸夏与楚吴交往的史事中找到相应的例子。对地方风俗与制度安排的尊重似乎应该优先于"养民兴学"等内地政策的实施，如说："故王者之治将欲养民兴学，莫先建侯。"刘逢禄讲述《春秋》内外的布局是："详桓文重牧伯也，宋襄功未逮而有志焉，贵志也，楚庄秦穆虽贤，仅使之长帅族类，相与亲诸华，渐王化，中国之政，罔或干焉，辨内外也。"[4]这套夷夏"内外观"虽然仍区分齐宋两国作为诸夏诸侯与楚秦之间

---

1 刘逢禄：《春秋公羊议礼·制国邑第五》，见《刘礼部集》卷五，清道光十年思误斋刻本。

2 同上。

3 刘逢禄：《刘礼部集》卷四，"释九旨例下·讥例"，清道光十年思误斋刻本。

4 刘逢禄：《刘礼部集》卷四，"释九旨例下·褒例"，清道光十年思误斋刻本。

的区别，但已肯定楚秦国君具有贤德，显然已不是旧式公羊学那套"夷夏之别"的观点，而更多是从内外族群具有不同习俗的角度出发，设计出的一套由近及远的权宜治理方案。

当然，这并不是说清朝的藩部政策完全可以混同于春秋时期的"封建"自治，而更应该看成是多种政治实体混一组合的新形态。不同于西周分封，清朝的受封者并没有实际领地，所分庄园土地只具经济意义，不是封国领地。满人入关后对八旗领主王公实行赡养俸禄制，各旗兵之驻防地只具军事意义，受封者只对所领旗、牛录下的旗人具有私领权，宗室旗主聚居京城，不是地方邦国的国君，实际上失去了对本旗军队的统领权。这样就不可能形成地方诸侯割据，进而对清廷的集权体制构成威胁。[1]

刘逢禄讲《春秋》大义时显然已经融入了自己的独特理解，他开出的《春秋》"救周之敝"药方乃是一种"封建"与"集权"的混搭模式。其大意可描述如下："然则《春秋》救周之敝，将奈何？曰：制国。如周初公、侯之国不过方百里，伯、子、男之国不过方七十里如五十里。"军队也是按照国土面积大小的等级递次配置，治理之术则分成两种：一种是"其诸侯世子既教于学而誓于天子，天子复与之贤师良傅"；另一种是直接委派官员，"而名山大川、亳阪要害之所，又皆王官领之"，形成"犬牙相制，绣壤交错"的地缘格局。[2] 这分明是借《春秋》之义表达自己对"大一统"的理解，与顾炎武的"寓封建于郡县之中"的看法大致吻合，同时又

---

1 参见杜家骥：《八旗与清朝政治论稿》，北京：人民出版社，2008年，第3、257页。
2 刘逢禄：《春秋公羊经何氏释例·侵伐战围入灭取邑例第二十五》，郑任钊校点，第180—181页。

明显杂糅了对清朝族群治理的新看法。

结　　语

传统意义上的"正统观"，大致可概括为空间疆域的一统，时间上的五德终始与阴阳五行天命模式的转换，以及德性的持有这几个要素。以"天谴论"为诠释背景的五德终始说在宋代以后渐趋沦落不振，与宋明理学的迅速兴起和传播有关，但宋明以后"大一统"要义隐而不彰，却不仅仅是理学家力促道德理性萌醒的结果，而是与南宋以后地缘政治格局的变化密不可分。

宋明以后的地缘格局裂变为南方汉人与北方少数族群军事集团对抗攻杀之势，国土日益沦丧对"正统观"演变的影响至大至重。军事实力的孱弱和统治地域的狭小倒逼理学家基本放弃了"大一统"的论述，改以建立"道德主体性"为主要运思方向，发展出了一套成熟的伦理教化体系，如此凸显汉人的文明优越感将夷夏族群之间的对立状态推向了极致。其后果是，非汉人族群建立的政权难以进入"正统"叙述谱系，"正统观"本身包含的空间拓展之蕴意被刻意遮蔽，而代之以道德自我的修炼与完善。

历代士人论述"正统观"之义皆无法绕过对《春秋》大义的解释，宋代儒家注释《春秋》颇有歧义：北宋士人重《春秋》"尊王"要旨，南宋士人释读《春秋》则重"攘夷"之意。因清帝登基之后的首要任务是要证明非汉人族群同样具有统治中国的正当性，而非汉人一族所独享，南宋儒家的"《春秋》观"显然不利于清帝建构

"天命"如何转移

适合自身特点的"正统观"。

清帝的具体论述策略首先是打破"以地系统"的宋明理学思维,指出圣人原不只诞生于内地,亦可出现在中原文明的边缘地带,由此证明,满人当政不过是历朝王权循环转移的正常过程,并非一族所专有。其次是恢复《春秋》"大一统"古义,把清朝开疆拓土的功绩转述成建立"正统性"的必要条件,重新定义"正统"的内涵。

清帝本人对《春秋》释读的介入程度远较前代深入。乾隆帝更是直接命文臣撇开《左传》《公羊传》《穀梁传》与胡安国注疏,完全按自己的意思酌定《春秋》大义,形成了独特的"帝王经学"。

清帝御制《春秋》读本强调"尊王"大义,淡化宋明儒家的夷夏之辨论旨,如针对秦楚吴等"夷狄"之国,多论证其"进爵"与否须与"尊王"攸关,而不突出其"夷狄"的种族身份。清帝还基于自己对《春秋》大义的理解,对历朝史事常常参与评价褒贬,如乾隆帝主持纂修《评鉴阐要》,对《资治通鉴纲目》及《续编》《三编》中凡涉"正统""偏安"之论,必反复斟酌纠正其失,希望树立起公正无私的形象。

因宋明以后之"正统观"阐释多笼罩在理学道德修养的命题支配之下,其中有些论述对清朝建立统治正当性多有不利,如理学思想提倡面对皇权,士人理应拥有"道统"的独立批判性,甚至不惜挑战"政统"权威。这种想法对清帝树立的集权统治构成了威胁,故必清除而后快。

清帝固然以尊崇理学为标榜,反复强调继承宋明政教关系的重要性,欲使人们确信清朝同样占据着道德制高点。与此同时,清帝又对儒家信条进行了全面彻底的改造，从某种程度上改变了宋明理学"道统"的传承方式，而不是简单地加以模仿吸收。最明显的例子是，雍正皇帝颠倒了"五伦"秩序，把"五伦"中本来排在第二位的"君臣关系"挪移到"父子关系"之上，使得"尊王"要义从中脱颖而出，具有了至高无上的地位，完成了"移孝作忠"思想体系的建构，进而彻底重组了君臣关系。

清朝"正统观"的建立离不开士林阶层的配合与认同，今文经学的复兴与清朝"大一统"观的形成有着相当密切的关联性。从庄存与的"尊王论"到刘逢禄的"封建论"，均对传统"公羊"大义有所发挥和修正，而且不约而同地指向清朝统治的正当性问题。因此，如果要深入了解清朝"大一统观"的构造形态，就必须洞悉清帝对《春秋》大义和理学要旨的改造过程，同时必须对士林观点与帝王思想的微妙共谋关系做出透彻的观察。

　　　　　　　　　　　　　　　"天命"如何转移

第三章 "正统观"形成的内在张力：清朝"二元理政模式"与"大一统"思想

引言：清朝"二元理政"模式对辽金体制的继承性

要想弄清楚清朝的"正统性"在哪些方面有别于前朝，就需要理解清廷采取的"正统"构造策略并非基于宋明以来强调汉人优越论的"夷夏之辨"立场，故其"正统性"的风格就不可能仅仅呈现出儒教的单一色调，而是混搭融入了聚居于内地及周边疆域的少数族群思想意识和文化想象。换言之，清朝"正统性"并非一元性的儒教体系所能概括，而是呈现出不同族群的多样特征。

清朝"正统观"具有多元特性这一思路受到了辽金史研究"二元论"解释模式的启发。魏特夫（Karl A. Wittfogel）和冯家昇在《中国社会史——辽》一书中提出"征服王朝"（dynasties of conquest）的概念，质疑异族统治的朝代不可避免地走向汉化（sinicization）这一传统命题。"他们认为二元性（duality）是辽朝（在不同程度上也是金、元、清三朝）政治、经济、社会、文化诸层面一个共同的基本特点，进而把辽朝定义为既不同于传统内亚部族文化也不同于中原文化，而是融合二者的第三种文化（a third culture）。"[1]

---

[1] 参见林鹄：《南望：辽前期政治史》，北京：生活·读书·新知三联书店，2018年，第1—2页。

辽朝的"二元性"可以概括成以下几个特征：

（1）辽朝控制的疆域大致可分为农耕地区和草原地区两大部分；

（2）在借鉴汉地制度管理农耕区的同时，契丹传统的以部族为基础的政治军事组织也被保留了下来，形成了政治上的二元体制；

（3）游牧经济与农业经济并存；

（4）不论是契丹贵族还是平民，都没有放弃传统的生活方式和宗教信仰，与王朝治下的汉人社会有明显区别。[1]

魏特大总结出了中国社会的两种基本模式，第一类是在公元三世纪首次出现的早期封建或半封建的中华帝国模式，由秦、汉、隋、唐、宋、明为代表；第二类出现在辽、金、元、清四大征服王朝时期，其中存在着以辽朝为主的一种亚型（为草原游牧民族所征服），和以金朝为主的另一种类型（为农业民族所征服）。中国两千年的历史一部分属于"典型"的中国模式，另一部分则可以归入征服模式。"秦汉隋唐这四个王朝代表'典型'帝制中国社会的早期和晚期发展的正统形式，辽金两个王朝代表征服模式的两个主要亚型，即在文化上抵制的亚型（辽）和在文化上让步的亚型（金）。"[2]

魏特夫反对直接延用"汉族总是融化（absorb）他们的游牧征服

1　林鹄：《南望：辽前期政治史》，第 13 页。

2　［美］魏特夫：《中国社会史——辽（907—1125）：总论》，见王承礼主编：《辽金契丹女真史译文集（第一集）》，长春：吉林文史出版社，1990 年，第 43—44 页。以"农耕"和"游牧"两种生产形态区分夷夏之别的看法一直被一些当代学者所继承，最近的例子可以参见韦兵：《完整的天下经验：宋辽夏金元之间的互动》，北京：北京师范大学出版社，2019 年，第 21—34 页。

　　　　　　　　　　　　　　　　　"天命"如何转移

者"的经典命题,引入涵化(acculturation)概念。他援引二十世纪三十年代美国人类学家的观点,主张"把涵化跟同化(assimilation)区别开来,同化有时是涵化的一种形态",并且"在涵化方面的所有例子中,也应当把涵化与传播分别开来","传播也只是涵化过程的一个方面"。魏特夫认为,涵化意味着接触引发的文化变化在程度和强度上存在复杂多样的情形,"两种文化的完全融合(margin)"只是其中的一种可能性。只要"两个有关社会的完全混合(amalgamation)"即"完全的社会融合(fusion)"没有最终完成,"文化上的差异就将继续存在"。对文化接触的分析必须考虑参与者具有"接受"和"排斥"两方面的特性,因此,"文化交流过程的结果,可能不是创造出一种新的均质的文化,而是并存着两种互相适应的'一并生存于伴生关系中'的文化",有时,"融合的结果可能是产生与其父本(作为来源的)文化非常不同的结构,而形成似乎是真正的'第三文化'"。[1]

很显然,魏特夫更倾向于涵化过程并非一种机械式的积累,本地文化与外来文化接触后双方都会发生改变,"在相互调整中产生出第三文化。这种文化保留了某些原来的成分,而另一些成分则以新的面貌出现或完全消失"。辽代的"政治和军事组织,它的授职仪式等,既不是传统的契丹式,也非传统的中国式,而是结合了两种文明的各种成分"。[2]

中国各征服王朝的文化交流是复杂的相互渗透过程,"辽、金、元、清各朝,对汉族文化成分的接受一直是有选择的"。这些王朝

---

1 〔美〕魏特夫:《中国社会史——辽(907—1125):总论》,见王承礼主编:《辽金契丹女真史译文集(第一集)》,第8—9页。

2 同上,第34—35页。

是否获得成功主要取决于征服汉地的少数民族统治集团"对汉人生活方式的抵制程度"。一个征服王朝对中国文明的诱惑屈服得越少，它保存其从前的部落传统就越多。由此观察，"辽代才具有不同寻常的重要性"。[1] 同时魏特夫认为，游牧与农耕文明的对立是非汉人族群拒绝"汉化"的一个重要条件。他承认，融合最为成功的满洲人，是在征服汉地部族中最少具有游牧性的族群。[2]

关于辽代农耕与游牧"二元性"特征的划分，其实早在《礼记》中就有反映，《礼记》把是否"粒食"与是否火食看作是文明与野蛮的区分标志。粒食是指农耕民族的生活习惯，与游牧民族的生食肉类习俗截然不同。《礼记》中有一段话说得很明白："东方曰夷，被发文身，有不火食者矣；南方曰蛮，雕题交趾，有不火食者矣。西方曰戎，被发衣皮，有不粒食者矣；北方曰狄，衣羽毛穴居，有不粒食者矣。"[3]

这段话中出现了两个关键词，一个是"不火食"，另一个是"不粒食"。"火食"意思是吃熟食，"粒食"是指吃稻谷米饭，标志着进入了农耕社会。"不火食"和"不粒食"说明蛮夷戎狄或者尚处于四处游牧的流荡状态，或者还处于刀耕火种的原始阶段，自然不配做农耕社会的正式居民。

许倬云也认为，北方族系统治中国常采取二元的统治机制，他在《万古江河：中国历史文化的转折与开展》中有两小节涉及清帝国的性质，即"北方族系进入中国常有二元的统治机制""清帝国

1　［美］魏特夫：《中国社会史——辽（907—1125）：总论》，见王承礼主编：《辽金契丹女真史译文集（第一集）》，第 26 页。

2　参见同上，第 25 页。

3　孔颖达等撰：《附释音礼记注疏》卷十二《王制》，清嘉庆二十年南昌府学重刊宋本十三经注疏本。

　　　　　　　　　　　　　　　"天命"如何转移

的行政系统是双轨制"[1]，但许倬云只是从行政体制上看出清朝统治具有二元体制的迹象，实际情况却远为复杂。

姚大力基本上沿袭了魏特夫的划分方法，他认为中国历史上本来就存在着两种国家建构模式，一种是外儒内法的专制君主官僚制，另一种则是以辽、金、元、清等政权为代表的内亚"边疆"帝国体制，"中国"最终就是在"这样两种国家建构模式反复地相互撞击与整合的过程之中形成的"。[2] 姚大力的问题是把辽、元、清的制度混为一谈，忽略了三者之间仍然存在着巨大差异。清代渗入汉地进行控制的程度显然要远高于辽、金、元时期，满人的统治基本上已不是辽代的二元体制所能概括和描述的，而是一种更为复杂多样的历史构成形态，不妨看作是辽、金、元二元体制的升级版。

辽朝和清朝的区别具体表现在，首先辽朝并没有全部占领汉人统治的核心区域如江南地区，南北两个政权长期对峙，宋朝所具有的文化正统性显然具有压倒性优势。清朝则实现了南北统一的大一统格局，不但必须肩负起传承汉人正统的使命，而且因为其实际控制的疆域达到了有史以来最为辽阔的范围，故清朝统治所呈现出的复杂特点并非以农耕和游牧的二元对立模式就能把握和描述。

叶高树则从"政治文化"的视角分析清朝的"二元体制"，他认为，史学界探讨满洲君主统治中国的切入点，基本上可以概括为"征服王朝"与"汉化"模式两大主流。"征服王朝"理论凸显出征

1　许倬云：《万古江河：中国历史文化的转折与开展》，上海：上海文艺出版社，2006年，第 261—263 页。
2　姚大力：《追寻"我们"的根源：中国历史上的民族与国家意识》，北京：生活·读书·新知三联书店，2018 年，第 155 页。

服者的自我意识，"汉化"观点则坚持外族统治下汉文化价值的主导作用。这两种观点各有侧重，可当作问题的一体两面。对于以异族身份统治中国的满族统治者而言，保持本民族特色与学习接纳汉文化并无矛盾之处，因为政策的主导权始终操控在帝王之手，清朝统治政策其实兼具本民族特征与汉文化内涵。

如果仔细观察清朝前期历史发展的趋势就会发现，时间越往后，"中原政权"的特征似乎越为明显。就统治政策的制订而言，自始至终"征服政权"的特征并未有所减弱。满洲统治者特别注重汲取历史经验，他们一方面从辽、金、元三朝的征服历史中寻求统治中原的借镜；另一方面则在汉人王朝的历史传统中，探索长治久安之道。

这种两者交互为用的统治意识，则非以单向思考为主轴的"汉化"观点，或是注重二元并立的"征服王朝"理论所能完全涵盖。唯有将"征服王朝"政权与"中原政权"两大特征结合，视为两者同时呈现，并因实际需要随时调整其策略运用，再用以检视若干政策的拟定与执行，对于清朝前期文化政策的研究，始能另有一番新的诠释。[1]

从实际历史情况而言，"二元理政"体制并非非汉族群的发明，秦汉实现了中央集权以后，多数王朝的主体制度开始转为郡县制，但宗藩体制仍以羁縻的形式被保留了下来，构成了"二元统治"格局。其中最重要的变化就是，宗藩制度中藩的主体和重点由同姓（或异姓同族）诸侯转变为异族统治者。这样一来，秦汉以内地宣示文德为核心抚绥四夷的框架就成型了。[2]陈连开指出古代中国一直有"藩汉"并

1　参见叶高树：《清朝前期的文化政策》，新北：稻乡出版社，2002年，第14页。
2　参见张永江：《清代藩部研究：以政治变迁为中心》，哈尔滨：黑龙江教育出版社，2014年，第9页。

举的传统，到唐代尤其如此[1]，这种"二元制度"包含着农耕—游牧之异，也蕴涵郡县—羁縻之别，更有封建—郡县的二元构想在起作用。

费孝通则发现，中华民族之所以形成多元一体的格局，其中一个重要原因是汉族与少数族群在不少地方的聚居呈现出的是一种"马赛克式"的交错混居状态，或者说是一种穿插式的分布。[2]这种混合型布局并不适宜套用西方人类学族群界线分明的理论进行解释。

自秦朝实行编户齐民政策以来，各个朝代都希望在尽量扩张疆域的情况下做到赋税制度统一，并尽可能把统治延伸到非汉族地区，这才是"大一统"格局的本义。然而具体实行起来却困难重重，很难按照预先构想顺利推进。特别是到了宋朝，汉人被非汉人族群不断逼压，被迫退入南方地带，只好以"夷夏之辨"的思维构建起与北方王朝对峙的严格壁垒。从疆域划分上看双方的对峙构成了南北区隔的二元格局。

明代更是基本沿袭了宋朝的地理区划，疆土治理体制分行政（州县）和军事（卫所）两大板块，分别隶属于行政系统即六部—布政使司—府—州—县与军事系统即五军都督府—都指挥使司—卫所这两大体系。这也是一个鲜明的二元体制治理框架。虽然这两套系统可以相互转化，但长期在耕地和户口管理上各不统属，相互独立。这种二元设计一方面对外采取的是以长城为界，把农耕区域与游牧区域完全隔绝开来的做法，继承了宋代夷夏之间严辨界线的意

1　参见陈连开：《中国·华夷·蕃汉·中华·中华民族》，见费孝通主编：《中华民族多元一体格局》，北京：中央民族大学出版社，1999年，第236—241页。

2　参见费孝通：《中华民族的多元一体格局》，见费孝通主编：《中华民族多元一体格局》，第32页。

识，对内则采取行政、军事二分结构，基本目的还是想通过严格区分南北族群以标榜汉人文化的优越感。[1]

满人入关之后基本废弃了以长城为界区分夷夏族群的明代思路，其构筑起的边疆防御体系已完全丧失了军事功能，甚至在长城周边形成了新的贸易交流地带。满人与汉人的异质性，使得清朝君主必须兼具一种全新的双重统治能力，其表现出的二元性特征比辽代更加繁复多样，远非相对简单的农耕—游牧对立模式所能解释。

清朝统治的二元性特征在诸多方面均有表现，如充满张力的王大臣议事会议与皇权体制，清帝身兼"世俗君主""转轮王""文殊菩萨"等多重形象，八旗制度与内地行政体系的二元分野，满人八旗与汉军绿营之别，打破了辽代"捺钵"游牧体制的"宫廷—园林"二元理政模式[2]，满汉官员地位的差异，满洲祭礼与汉人祭礼的

---

1 参见顾诚：《明帝国的疆土管理体制》，见《隐匿的疆土：卫所制度与明帝国》，北京：光明日报出版社，2012年，第48—71页。有学者也发现，明代东南沿海卫所虽坐落在各府州县之内，却不隶属于民政系统，而是受另一套体制的约束。(参见［加］宋怡明：《被统治的艺术》，［新加坡］钟逸明译，北京：中国华侨出版社，2019年，第114页。)

2 "宫廷—园林"二元理政模式的确是清朝统治的一个重要特点，然而学界对园林理政模式重要程度的估计始终存在分歧。比如代表宫廷理政地点的紫禁城与代表园林理政地点的承德避暑山庄到底哪个更加重要就争议较大。新清史学派从"内亚论"的角度出发，刻意提高了承德的中心地位，把它当成内亚首都加以看待。"承德内亚首都论"(Chengde as Inner Asian)集中体现在米华健所编辑的《新清帝国史：创制内亚帝国于承德》一书中。(参见 J. A. Millward *et al.*, eds., *New Qing Imperial History: The Making of Inner Asian Empire at Qing Chengde*, London: Routledge Curzon, 2004.)钟焓对此观点发表了不同看法，他根据口碑史料和神话传说认为，在东北、蒙古、西域等地的内陆亚洲人群中，北京始终具有至高无上的地位，有关承德的历史图景仅仅保留在该地附近蒙古族的记忆中，远远没有以此为中心传播到整个内陆亚洲。这恰恰证明承德本身并不具备清朝所谓"内陆亚洲首都"这一政治地位。尽管它在乾嘉时期也确系清朝的一大政治中心，但这毕竟与其作为"内陆亚洲首都"的形象与功能还有相当距离。可聊备一说。(参见钟焓：《非汉文材料所见清代内亚人群的北京观：对"承德内亚首都论"的批评与反思》，见钟焓主编：《新史学》第十三卷《历史的统一性和多元性》，北京：社会科学文献出版社，2020年，第298—299页。)

　　　　　　　　　　　　　　　　　　　　"天命"如何转移

对立与兼容，以及遍布北京城内的佛寺道观与喇嘛庙的交融互渗格局，等等，都是"二元体制"发挥作用的例子。[1]

清朝实现的"大一统"格局不是单一民族体制下的统一，而是多民族凝聚而成的共同体。因以异族身份进行统治，清帝摒除了宋明以来基于夷夏之辨的民族划分模式，不以种族隔离对峙为思考导向，力求包容多民族于同一空间之中，意图实现疆域"一元"之下的文化"多元"。不同习俗文化的差异性与政治疆域的一统性被有效结合了起来。[2]

问题在于，以上对清朝二元体制沿革脉络的梳理，仍然侧重于"治理"观察的角度，关注的是清廷在行政管理技术层面的种种设计与实施经验。须知一个王朝从建立到维持统治的深层秘诀，远非罗列"治理"层面的种种业绩就能有效说明，尤其是清朝这个融汇了不同族群和异质文化，实际占有和控制历史上最广大疆域的王朝，其统治的密码就更加难以被轻易破解。

---

1 实际上，新清史学者在讨论清朝性质时强调"内亚"的重要性，其实也包含着把清朝统治看作是"二元体制"的倾向。如直接以"新清帝国史"命名的论文集里，许多文章都在讨论"二元统治"的问题。（参见 J. A. Millward et al., eds., *New Qing Imperial History, The Making of Inner Asian Empire at Qing Chengde*, London: Routledge Curzon, 2004.）也有学者发现，俄罗斯在与奥斯曼帝国的竞争冲突中，俄国沙皇强调自己是罗马恺撒传统的继承者，是东南欧东正教徒的保护者，但在非俄罗斯民族地区，宗教使命就会让位于保持该地的传统与多样性，俄皇一方面推行"俄化"政策，另一方面，在西伯利亚地区却同时采取放任政策，仅仅要求其象征性进贡皮毛等物产，扩张疆域的目标优先于汲取人力和税赋。（参见尹钛：《帝国与多样性的治理》，载《读书》2019年第 2 期，第 78—88 页）。

2 马戎认为中国几千年来在处理族群关系问题上具有把族群问题"文化化"的传统，但是近代在新的历史条件下，开始吸收欧洲把民族问题"政治化"和制度化的做法。因此，如何处理好"文化多元"与"政治一体"的关系成为一个重要课题。（参见马戎：《理解民族关系的新思路——少数族群问题的"去政治化"》，载《北京大学学报（哲学社会科学版）》2004 年第 6 期，第 122—133。）

清朝"正统"的多元特性是如何形成的

从"汉化论"与"内亚论"各持一端的缺陷谈起

关于清朝统治的特性问题，近些年曾经持续发生过一场有关"汉化说"与"内亚论"的争议，这场原本发生在个别学者之间的争议后来在国内引起了一场激烈论辩。学界一般都会把双方分歧的源头追溯到罗友枝（Evelyn Rawski）与何炳棣两位先生的那场著名争论，后来参与其中的讨论者似乎早已习惯旗帜鲜明地选择一方为其申辩。可是在我看来，双方都太过于执拗地忽视对手论据中已经包含着与自己观点相近的意思，也许彼此并不应该那么泾渭分明、势如水火。

比如罗友枝的那篇饱受批评的演讲词中就有专门描述清朝君主受儒家思想影响的段落，何炳棣也曾指责罗友枝故意忽略自己曾经提及清朝具有多民族共同体这一重要特征。[1] 令人遗憾的是，他们在相互攻诘对方时似乎总是突出与自己意见相左的一面，对那些可以兼容对方观点的论据视而不见。如何炳棣再次反驳"新清史"时几乎又重复叙述了一遍非汉人族群在内地的"汉化"历史，除了增补一些资料外，其核心论点几乎没有丝毫的变化和调整。[2]

他坚持说"满族之所以能在很大程度上取得成功，就在于其运

---

1 参见罗友枝：《再观清代——论清代在中国历史上的意义》、何炳棣：《捍卫汉化——驳罗友枝之〈再观清代〉》，均见刘凤云、刘文鹏编：《清朝的国家认同——"新清史"研究与争鸣》，第 1—52 页。

2 罗新即已发现，华夏文明的军事征服往往在南方地区特别容易成功，但在西北地区的华夏化运动却经历了极其漫长和艰难的阶段。（参见罗新：《华夏文明西部边界的波动》，见《有所不为的反叛者：批判、怀疑与想象力》，上海：三联书店，2019 年，第 260 页。）

"天命"如何转移

用了汉族传统的政策和制度"[1]，在这个论述前提下，制度上的"内地化"也被看作是"汉化"的唯一指标。"汉化"的表现还包括十九世纪五十年代汉人精英通过抵抗太平天国拯救了清政府。

何炳棣的另一个致命问题是不区分汉地佛教与藏传佛教，而把清朝的佛教信仰简单看作是对唐代以来内地佛教汉化传统的延续，这样的论述方式只注意汉人文化向少数民族地区的单向传播过程，完全没有涉及藏地佛教对西藏地区政教关系的影响，及其对清朝统治的塑造作用。[2]

罗友枝也继续一味强调满人在族群特征方面异质于汉人，一再论证满语和八旗制度在构筑清朝体制方面所发挥的特殊作用，把某些不能作为坚实证据的满人族群历史遗存，当作反驳何炳棣观点的前提依据，却有意回避大多数所谓"满洲因素"在晚清迅速消亡的历史事实。这些事实恰好印证了所谓"满洲特性"并非具有那么强大的持续影响力，单靠激情澎湃地高扬民族认同旗帜也许只能表达出一种一厢情愿的怀旧情感和态度。[3]

与前朝特别是明朝相比，清朝统治者确有不一样的"内""外"观。在长城以内的原明代疆域由六部等官僚机构统治，边疆少数民族地区则由理藩院和八旗贵族管辖。清朝领土开拓的重要动力来自

---

1 何炳棣：《捍卫汉化——驳罗友枝之〈再观清代〉》，见刘凤云、刘文鹏编：《清朝的国家认同——"新清史"研究与争鸣》，第21页。

2 参见同上，第51页。

3 不应忽视的是，清朝皇室一直到清末仍然重视满语学习，如溥仪的教学课程中就有满语课的内容，但与汉籍习学相比，显然已退居次要地位。（参见 Daniel Barish, "Han Chinese, Manchu, and Western Spaces: The Changing Facade of Imperial Education in Qing Beijing," in *Frontiere of History in China*, Vol. 14, No. 2, 2019, pp. 212–237。）

与长城之外少数族群的不断交融互动，而非局促于宋明汉人士大夫所主导的东南内地一隅。[1] 检视清朝皇权体制所呈现出的复杂多样性已成史界共识，双方难以化解的分歧主要聚焦于新清史研究者一定要把清朝对内地和内亚的统治割裂开来重新进行定义，如将清朝"当作一个内亚的和一个中国的帝国"（the Qing as an Inner Asian, as well as a Chinese Empire）分别加以认知。[2]

有学者就尖锐指出，事实上"一个纯粹是由汉人组成的，或者一个完全脱离了汉人的'中国'，从来就没有存在过"，不过是今人建构出来的一个"想象的共同体"。清朝对内亚地区更深入的渗透，既非清朝拥有比明朝更为强大的军事实力，也非其政权本身具有所谓"内亚维度"，从而"更具扩张性和侵略性。相反，它在很大程度上只不过是对其前朝历史的延续和继承"。"中国古代历史上几乎没有一个朝代未曾和'内亚'地区相关涉，汉朝、唐朝和元朝自不待言"，宋明也并未脱离与内亚地区的交往而独立存在，"在宗教和文化上"，明朝与西藏的关涉程度甚至远超元朝。[3] 这个观点似乎仍

---

1 关于满洲与蒙古的早期关系的研究，可参见哈斯巴根：《清初满蒙关系演变研究》，北京：北京大学出版社，2016年。

2 有学者指出，当我们研究满汉关系时，不能简单化地将"满族其实没有被汉化"或者"满族即使在文化语言上有一定程度汉化，其民族意识和身份认同没有被汉化"的观点，延展为"清史不应该是中国史（Chinese History）"的一部分，或者忽视中国人身份认同和国家概念在二十世纪上半期对于现当代满族族群变迁的巨大影响。（参见［美］邵丹：《故土与边疆：满洲民族与国家认同里的东北》，载《清史研究》2011年第1期，第21—38页。）关于"新清史"理论来源的最新分析，可参见孙江：《"新清史"的源与流》，见钟焓主编：《新史学》第十三卷《历史的统一性和多元性》，第177—188页。

3 沈卫荣：《大元史与新清史——以元代和清代西藏和藏传佛教研究为中心》，上海：上海古籍出版社，2019年，第207、218—219页。

　　　　　　　　　　　　　　"天命"如何转移

比较倾向于清朝继承了明朝的某些特点，大体与何炳棣同调。

为了反驳以上看法，罗友枝挪用后现代视角，认为"汉化"一词，是二十世纪汉族民族主义者对中国历史的诠释，所以去除汉化理论将成为今后一段时间中国历史研究的中心主题之一。[1]

罗友枝的意思是，所谓"汉化"历史彻头彻尾就是一种近代建构出来的话语，与史实无关。这种极端的情绪化论断抹杀了汉人文明对少数族群具有持续渗透力的历史事实，使这场讨论陷入了非此即彼的循环怪圈。与之相比，何炳棣一方面承认汉人以外的少数族群对清朝做出的贡献，但另一方面又举证出繁复的史料不断重述内地与边疆地区早已基本汉化的旧思路，刻意突出清朝皇帝对汉人文明的汲取模仿，几乎未涉及汉人文明同样会受到少数族群影响这一历史面相。在他的论述中，边疆少数族群的文化创造并未得到真正的认可和尊重。[2]

实际上，"汉化"过程并非近代民族主义建构的结果，因为汉人文明对中原和江南地区渗透涵化的历史记载可谓俯拾皆是，绝非纯粹的虚构文本。只不过"汉化"的范围和界线确实应该严格加以限制，不可如何炳棣那样并不明确区分清朝内地和藩部的族群文化差异，而仅仅强调汉人文明在边疆的渗透影响能力。

清朝到底对汉人文明应采取怎样的态度，乾隆帝自己曾有明确的表态。他在评述元朝汉人儒者许衡时就说过："立国规模惟当权其法

1　参见［美］罗友枝：《再观清代——论清代在中国历史上的意义》，见刘凤云、刘文鹏编：《清朝的国家认同——"新清史"研究与争鸣》，第17页。

2　参见［美］何炳棣：《捍卫汉化——驳罗友枝之〈再观清代〉》，见刘凤云、刘文鹏编：《清朝的国家认同——"新清史"研究与争鸣》，第19—52页。

之善与不善，而折衷于圣人之道。若云必行汉法而后可，则历代破国亡家者非行汉法之人乎？"批评许衡向元帝提出"国家当行汉法齐一吾民"的看法是"陆行者不知有舟，水行者不知有车"的泥古之见。[1]

至于清朝"汉化"或称"儒化"的范围，魏源的一段话早已表述得十分明白。他说："然葱岭以东，惟回部诸城郭国自为教外，其土伯特四部、青海二十九旗、厄鲁特汗王各旗、喀尔喀八十二旗、蒙古游牧五十九旗、滇、蜀边番数十土司皆黄教，使无世世转生之呼毕勒罕以镇服僧俗，则数百万众必互相雄长，狼性野心，且决骤而不可制……此非尧、舜、周、孔之教所能驯也。"[2]这段话意指，无论"汉化"还是"儒化"都有一定界线和范围，不可能无限扩张，并不是任何区域都能一律采用内地化体制，特别是西北、西南地区尤其如此。

另外一位"新清史"的代表人物欧立德（Mark C. Elliott）则在人类学的"族性"（ethnicity）理论启发下，强调"满洲特性"（Manchuness）在清朝建制如八旗中的核心作用，其立国的基础也区别于汉人王朝如宋明的统治。[3]国内不少学者业已指出，欧立德通

---

1 刘统勋编：《评鉴阐要》卷九，"宋·度宗·蒙古议中书省事许衡疏陈时务言国家当行汉法齐一吾民目"，清文渊阁四库全书本。

2 魏源：《圣武记》卷五《国朝绥服西藏记下·外藩》，见《魏源全集》编辑委员会编校：《魏源全集》第三册，长沙：岳麓书社，2004年，第215页。

3 参见［美］欧立德：《清代满洲人的民族主体意识与满洲人的中国统治》，华立译，载《清史研究》2002年第4期，第86—93页。又见［美］欧立德：《清八旗的种族性》，见刘凤云、刘文鹏编：《清朝的国家认同——"新清史"研究与争鸣》，第124页。也可参见［美］宿迪塔·森：《满族统治下中国的研究新进展和亚洲帝国的历史书写》一文中的"族性"一节的讨论。（见同书，第347—349页。）汪荣祖批评欧立德混淆了族群认同与国家认同的区别，他质问道："旗人在族群上当然自认是满人，然而满人与汉人同属一国，难道有不同的国家认同吗？"（参见汪荣祖：《以公心评新清史》，见汪荣祖主编：《清帝国性质的再商榷：回应新清史》，桃园：中央大学出版中心，2014年，第42页。）

过确认"满洲特性"来探讨满人的民族身份认同,太过于拘守西方人类学对"族性"的界定。人类学理论严分民族与民族之间的边界,因为每个族群都是凭借各自不同的血缘、语言、信仰、宗教加以界分的,所以这种基于种族基质的差异性构成了讨论民族认同的基础。

这种依赖人类学固化"族群"起源的观点已经遭到不少学者的批评。这里先暂且不论满人身份形成的复杂性,即使对西汉匈奴身份的研究,也很少有学者仍坚持纯粹从人种学和语言学入手确定其起源问题。匈奴国家包含了多种多样的人群与文化,绝不可能是单一的语言、单一的族群和单一的文化,那种探求什么是匈奴语、什么是匈奴人的研究传统已经过时。[1]

在被贴上"新清史"标签的学者群体内部其实也一直存在着分歧,如柯娇燕(Pamela Crossley)就不同意用"满洲特性"概括清朝统治,或者过度强调"中国研究的族际转向"(ethnic turn in China studies)。在她看来,"族性"的划分本来就是针对边缘群体的概念,所以用"满洲特性"这个边缘概念来描述清朝的特征就相当于承认清朝族性的边缘意义,实际上恰恰暗示了其无法进入中国主流身份认同的命运,是一种自相矛盾的解释。

柯娇燕更倾向于把满人的诸种举措当作一种"文化建构"的行为,她发现,恰恰是在入关之后,鉴于满人的身份暧昧不明,故而必须从神话、信仰、谱系、语言方面重新加以梳理和认定,形成一个比较清晰的解释系统。"满洲"作为在 1635 年由皇太极统治的

---

1 参见罗新:《匈奴:故事还是历史》,见《有所不为的反叛者:批判、怀疑与想象力》,第 125—126 页。

国家所确定的一种新的认同，其文化或种族"特性"完全是由皇权建构起来的。满洲人经历了从"种族"（race）到"族群"（ethnic group）再到"族性"的构造过程。[1]

柯娇燕与欧立德的不同之处在于她不想拘守人类学式的"族群"认同理论，而是想从更为现实的文化建构入手去审视清帝的统治策略，这种对满人文化的灵活认识相对比较接近中国古人对夷夏关系的传统看法，不同族群的相处原则乃是基于一种文化而非种族的优劣标准。秦汉以后汉人对自身文化的高度自信也确实影响到了周边族群的判断，比如辽、金、元三朝都开始吸收汉人的文化制度遗产。但这并不意味着夷夏关系就一定只能采取一种单线向外传播的模式，夷夏之间文化对流和身份转换同样是题中应有之义，这也是清朝统治所依凭的重要经典根据。

我在此想补充一句，恰恰是因为要面对汉人极为悠久深厚的文化认同资源，满人统治者在入关后倍感压力，才开始模仿汉人建构其满洲世系的，比如对满洲源流的考察和对满族宗谱的纂修，以及对满语骑射风俗的重视，都是在面对汉人文化萌生了危机感时所采取的应对措施。所以柯娇燕认为，"文化"建构而非"族性"认同才是清朝立国之根本，清朝统治者所采取的一系列文化政策，都只是一种维持治理的权宜之计。

柯娇燕与其他新清史研究者的另一个不同之处在于她注意到了满人帝王具有一种"共主性"，其身份不仅是满人和汉人的君主，

---

1 参见刘姗姗：《文化是帝国的第二属性——关于柯娇燕文化功能的比较研究》，见陈恒、王刘纯、牛贯杰主编：《新史学》第十六辑《前近代清朝与奥斯曼帝国的比较研究》，郑州：大象出版社，2016年，第223页。

还兼具蒙古和藏地佛教领袖的地位。柯娇燕把这种"共主性"看作是建构合法王统（legitimacy）的依据。[1]但柯娇燕的观点仍然服务于其清朝是"内亚"帝国的论述逻辑，或者说仍然强调清朝"共主性"的内亚特性，从而忽略了清朝在构建"正统性"时对前朝传统的继承，以及这种继承与吸纳藩部政教资源之间如何构建出了一种平衡关系。

非汉族群与清朝"正统性"的建立

要想真正理解清朝统治的独特性，就必须仔细辨析"统治"与"治理"之间的差异，特别需要把"统治"的内涵置于"正统性"的框架之内予以观察，而不能单纯从"治理"的技术层面进行解释。清朝统治的广大疆域包括内地和藩部两个地区，其"正统性"也不可能仅仅依赖内地单一的儒家信条加以维系，而必须充分顾及藩部领袖与民众的信仰态度和生活习惯。

"汉化论"与"内亚论"各持己见、争执不下的一个重要原因是，何炳棣虽然明白指出，满族对创造一个包括满、汉、蒙古、藏及西南诸省土著民族的帝国所做出的杰出贡献，但他并没有辨明，这种统治与以往朝代究竟有何不同，反而更加突出强调"满族之所以能在很大程度上取得成功，就在于其运用了汉族传统的政策和制度，他们和非汉民族的联系，也许与唐朝以来汉族统治的传统观念有所不符，但这并不意味着他们统治政策的核心不是依据汉族的政

1　具体论述参见 Pamela Crossley, *A Translucent Mirror: History and Identity in Qing Imperial Ideology*, Berkeley: University of California press, 1999, pp. 232—236。

治原则"。[1] "内亚论"则坚持满人拥有自己的民族特性，与汉人文明相互异质不可兼容。双方各执一词，互不相让，其实各有道理又各具偏狭性。我们不妨换个思路，尝试把双方的分歧化解和统一到一个新的诠释框架之内。

我提出的一个整合性解释是，清朝建立起了有别于前朝的"正统"多元特性。所谓"正统"多元特性是指，一方面清朝继续沿袭内地儒学传承的历史谱系，主张尊崇宋明儒学的思想遗产；与此同时，清廷通过在蒙藏地区汲取藏传佛教信仰，确立起了与儒家正统思想相互兼容的新型"正统观"。[2]

在深入讨论这个问题之前，我们需要搞明白到底什么是"正统"，据饶宗颐的概括，"正统理论之精髓，在于阐释如何始可以承统，又如何方可谓之'正'之真理"。[3]

用现代语言表述，一个皇帝如果想拥有"正统"就必须具备两个条件：一是权力的来源要非常明确；二是权力的使用要具备足够的德性，有时还需要蒙上一层神秘色彩。第一点表明，历代皇帝需要想方设法验证自己是"承天受命"，不是随随便便获得了权威；另外必须证明自己建立的政权具有推行道德意识形态的足够能力，这往往由当时的士大夫阶层确定基调。他们拥有裁量评判君主是否拥有德性的权威，这种权威的获得经常被冠以"道统"之名。

---

1 何炳棣：《捍卫汉化——驳罗友枝之〈再观清代〉》，见刘凤云、刘文鹏编：《清朝的国家认同——"新清史"研究与争鸣》，第 21 页。
2 特别感谢刘小枫教授，他在中国人民大学 2019 年明德讲坛的一场专题演讲的评论中，针对我最初提出的"清朝二元正统观"提出批评，并撰写了《中国"大一统"的历史形态》予以商榷，促使我对原有的论述做出了修正。
3 饶宗颐：《中国史学上之正统论》，第 76 页。

毫无疑问，这套"正统"规则是由宋明以后的儒生制定和主导的，他们逐渐获得了对君主的言行举止是否具有正当性的道德监控权。但是这套规则并不适用于汉唐时期的君臣关系，因为在这两个朝代中，儒学并非君王接受的主流思想体系，汉唐君主承接天命时大多信奉阴阳五行的循环预言，服膺于谶纬制造的迷思，那仍是术数预言横行无忌的时代，权力的使用经常不受道德感的约束，直到宋代才开始逐渐进入宗教"去魅"的阶段。[1]

因此，士人真正以道德规条频繁训导帝王应该是从北宋以后才开始的，特别是君主受到儒家"格君心"的启示，个人道德水准的高低变成了衡量其权威是否具有"正统性"的重要标尺。然而这种以道德内省为支柱的儒家正统观只能适用于汉人聚居之地。在此特别需要强调的是，儒家"道统观"的建立与"夷夏之辨"思想重新被激活和强化密不可分，这就意味着宋代"正统观"是建立在排斥非汉人族群的极端心态基础之上的。

与之相对应的是，这套"正统观"被确立的同时，也是汉人政权军力征伐能力最弱，疆域控制范围最为偏狭单薄的时期。这就导致宋代"正统观"的建立往往是以标识汉人文化的优越与非汉人族群的"野蛮"为前提，两者处于非此即彼的二元对立状态。这套"正统"标准适合于宋明，但显然不适合元清。理由是，元清两朝恰恰是非汉人族群统治集团入主中国，如果单纯延续宋明的"正统观"，无异于把自己割裂出祖先的文化传承谱系之外，失去了立足的根基。

---

1 参见孙英刚：《神文时代：谶纬、术数与中古政治研究》，上海：上海古籍出版社，2015年，第1—8页。

与此同时，元清两朝在疆域拓展方面先后实现了"大一统"局面，与宋明君臣严守夷夏区隔的思路完全不同，清朝必须顾及非汉人族群的文化传统和现实利益。其基本预设是，清朝占有了比明朝几乎大一倍的领土，居住于这片土地上的族群多元纷呈，绝非用一种儒家人文化的"道统"所能同化了事。边疆广大地区的民众更容易接受相对神秘的宗教信仰，并在其规范之下从事日常活动，这也是"汉化论"无法具备足够说服力的地方。

清朝有别于宋明之处乃是在于必须建立起一个截然不同于宋明王朝的"正统观"，特别是要满足普通民众对神秘信仰的祈求，才能获得非汉人族群对清朝皇权的认同，否则无论在思想上还是在实践上都难以真正实现"大一统"的目标。清朝帝王基于如此考虑，才在原有以儒家思想为主导的"正统观"之中斟酌融入了藏传佛教的价值体系。这套体系可以克服宋明以来儒家"正统观"缺乏神秘威慑力的弱点，以满足对非汉人区域的统治需要，对清朝皇家的新型正统观也是一个有力补充。

清朝统治者对藏传佛教的态度，不能简单地归结为尊崇和笼络，而应从重建"正统观"的角度予以认识。因为尊崇和笼络只是就"治理"层面而言，而若从清朝建立"正统观"的角度加以理解，其统治性质却远为复杂。

新清史的某些学者对清帝统治藩部策略的特殊性已经有所察觉，他们提出清朝皇帝拥有多副面孔，每张面孔都分别昭示着不同的权力内涵，扮演着迥异于宋明帝王的政治文化角色。柯娇燕就发现清朝皇帝通过"转轮圣王"信仰，与喇嘛共同负责将佛祖的意志传达给世人，皇帝本人则犹如"圣王"转世，地位居于喇嘛之上。

据此柯娇燕提出了清代普世皇权具有"共主性"（simultaneities）的观点。在柯娇燕看来，各种类型的统治方式在不同的地域空间和价值体系中发挥着不一样的作用，同时也勾勒出清代帝制在历时性方面的重叠性。那么共主皇权模式的运用，或许能帮助我们避免错误的二分法和矛盾对立看法。[1]

中国某些学者则批评柯娇燕建构清帝的"共主性"并未能证明清朝拥有独特的内亚性质。沈卫荣就指出，自元朝直到明代，藏传佛教一直受到皇家尊崇，作为异族的元代皇帝自不用说，即使是明代的汉人皇帝如明成祖也是一位虔诚的藏传佛教徒，他在位时不但来自西藏的大量喇嘛被封为法王、国师和西天佛子等各种头衔，更有数千西藏喇嘛长期居京传道。

钟焓认为，清朝君主被认定成"文殊菩萨"和"转轮王"只具有私人崇拜的性质，或者纯出于安抚藏区信仰的需要才坦然接受，他们并不刻意在公开场合宣扬这一私密性身份，只是在宫廷的隐秘场所求道修法。那些《清高宗文殊化身图》之类的画像也在相当有

1　参见［美］柯娇燕：《中国皇权的多维性》，见刘凤云、刘文鹏编：《清朝的国家认同——"新清史"研究与争鸣》，第68—69页。柯娇燕在另一篇题为《比较视野下清朝皇权的多维性》文章中，更是把清朝皇权置于与奥斯曼帝国、与俄国的"共主性"的框架下进行比较研究。（参见陈恒、王刘纯、牛贯杰主编：《新史学》第十六辑《前代清朝与奥斯曼帝国的比较研究》，第151—158页。）柯娇燕把这种"共主性"看作是建构合法王统的依据。（具体论述参见 Pamela Crossley, *A Translucent Mirror: History and Identity in Qing Imperial Ideology*, Berkeley: pp. 232—236。）柯娇燕的观点得到了一些学者的赞同，如何伟亚（James L. Hevia）在《怀柔远人：马嘎尔尼使华的中英礼仪冲突》的第二章标题就是用了"多主制：清帝国、满族统治权及各领土之间的关系"（邓常春译，北京：社会科学文献出版社，2002年）。关于清帝形象的多维性讨论，参见安子昂：《藏传佛教与清朝国家关系研究的回望与反思》第五节"清帝宗教形象的多维度解读"，见达力扎布主编：《中国边疆民族研究（第十辑）》，北京：中央民族大学出版社，2016年，第249—250页。

限的空间公开悬挂展示。钟焓特别指出，在观察清朝君主名称的多元性时，有必要先分辨清楚哪些属于其主动的"自称"，哪些则仅仅属于对"他称"的一种接受，尤其应该关注那些"他称"性称呼究竟是在何种具体的政治语境中才得到使用。

在目前所见的朝廷致藏区黄教高层及地方统治者的敕谕中，清朝君主通常均只自称为皇帝，并不加上"文殊菩萨"或"转轮王"的名号。唯独西藏地方政府有时在收到敕谕，再将旨意向下转述传达时，才相应补上这类称衔，这表明清朝君主完全清楚相关名号存在着"自称"与"他称"之别，故在原旨的"自称"场合时使用皇帝称号，但并不禁止对方添加这类"他称"名号。[1]

那么，清朝对边疆的统治到底只是限于一种技术性的治理考量，还是具有一套坚实的"正统性"思维呢？我想争论的双方都各有道理，但仍然各持一端，需要提出一种超越二元对立的视角。我的看法是，要理解清朝皇权到底构建的是照搬前朝的单一"正统性"，还是基于边疆统治需要另起炉灶发明了另外一种"正统性"，我们仍需回到"正统性"的定义重新加以思考。

饶宗颐强调，"正统观"的精髓一是"承统"，二是"德性"。而"承统"又需从王朝占有的实际疆域范围大小进行甄别确认。在我看来，皇权要真正拥有"正统性"还必须具备两个要素，一是必须具有"承天受命"的资格，二是必须因具有道德而深得"民心"。在疆域面积的拥有上明清两朝的差异不言自明，明代奉

1　参见钟焓：《清朝史的基本特征再探究——以对北美"新清史"观点的反思为中心》，北京：中央民族大学出版社，2018年，第149—150页。

行"夷夏"分离的策略，故对汉人居住区的统治几乎成为其全部施政的基础。所以其建立"正统性"的核心思想自然源于宋代的"道统观"，要求皇权拥有足够的神圣性和由此延伸出的道德治理能力。

可是清朝皇帝的处境则完全不同，他常常要对广大非汉族疆域实施有效统治，故必须尽最大努力兼顾内地与边疆的政治、社会与文化特点，建立起包容不同族群文化的正统观念。他的任何举动都带有"承统"的意义和性质，不可能仅仅拘囿于私人范围的个人兴趣，这是帝王与普通宗教信仰者的最大区别之所在。从帝王的角度观察，对私人与公共事务的安排不可能不分主次，在大多数情况下清帝对公共仪式的重视程度肯定会高于私人的兴趣爱好。

清朝"正统性"对多元文化因素的取舍

清帝要真正建立起异于前朝的"正统性"，就不能仅仅停留于强调拥有比前朝更广大的疆土，因为这只是涉及"大一统"观念中地域"大统一"这个层面，还须开掘"正统性"的核心内蕴，即必须在"承天受命"的能力和资格方面大做文章。同时因为清朝占有了远比明朝更为广阔的空间，故其"正统性"的建构显然不能拘限于内地儒教的"道统"资源，而必须兼顾广大少数族群地区的"天命"传统和民众信仰，这才是清朝"正统性"呈现出多元样态的主导原因。

要明晰此理，我们首先须检视一下除儒学"道统"外，还有什么样的思想观念和制度传承能够为清朝建构"正统性"所利用。首先看萨满教的情况，萨满教是满人入关前信奉的宗教，入关后清帝也确有把萨满教纳入正统建构框架的意图，但几经波折后并未成功。其放弃原因乃是在于，满人对"承天受命"中的"天"的理解与汉人相比有很大差异。罗友枝就发现，在满族的传奇故事中，"天"最初没有形状，"天"最早的化身是形态像柳树的孕妇。满人崇拜柳树是因为它代表着丰产，人则来源于生生不息的柳树。[1] 这是一种比较原始的神祇崇拜。

努尔哈赤在早期的作战行动中祈求萨满神的保护，并创造了一套国家礼仪，却仍未摆脱视"天"为"神"的粗陋观念。正是因为满人的萨满教信仰和祭礼源于民间宗教，崇拜对象往往天、佛与神混而不分，祭祀礼仪无法统一，所以皇太极称帝后开始规范祭仪，并引入天坛祭天、祭祀、斋戒等仪轨和祭孔典礼。这使得清帝曾经举行的堂子、祭神等满洲核心礼仪受到儒教典雅之礼的冲击，被迫走上了规范化之途。

不过，满洲礼仪的原始性限制了其作用。吴恩荣发现，满洲祭礼朴素神秘，基本属于巫觋之事；相较之下，汉地引入的祭祀礼仪则为帝制量身定做，体系完备、庄严肃敬，显然与从"金"到"大清"的体制变革和政治需要更为契合。因此，崇德元年（1636）新定各项典礼时，便已大量吸收明朝经验；而顺治朝面对新的统治形势，更是全面移用嘉靖朝以来形成的明代礼制，只是依据满人习惯，在部分细节上进行了诸如以跪叩礼替换拜礼之类的少量改造。汉礼规范的引入不断压缩满洲祭礼在国家礼制中的空间，到顺康时期，只有堂子祭祀、坤宁宫祭神以及祭纛、拜天等军礼得到保留；而这

1　参见［美］罗友枝：《清代宫廷社会史》，周卫平译，北京：中国人民大学出版社，2009 年，第 285 页。

　　　　　　　　　　　　　　　　　　　"天命"如何转移

些满洲礼仪始终无法很好地融入汉人的"五礼"体系，在清代的国家礼制中形成了"满汉祭礼彼此独立而又并行不悖的独特局面"。[1]

最为重要的是，满洲祭礼所残留的民俗色彩与民间宗教特征，无法使其成为构建清朝"正统性"的有效资源，只能成为维系满洲族群身份认同的一种文化符号。因为清朝皇帝自诩其承天护佑的程度远迈汉唐，其"正统性"的构造必须与皇家的高贵地位相符，与天沟通的能力不可能人人得而有之；但萨满教祭礼具有全族性和平等性的特征，非皇家所专有，即便清帝曾通过禁止官民设立堂子、规定致祭杆数和日期等方式为其建立等级性，但普通满人始终可以祭神、祭天，这些仍属于一种全民性的仪式，无法满足皇帝的政治需要。类似的，满洲礼仪在程序设计上也缺乏皇家专享的典雅风范，即便是祭天这样的重要仪式，也地点灵活、次数频繁，参与者更是不分贵贱，以汉地经典的眼光看来，完全是"失之于渎""失之于亵"，无法承担起彰显皇权至上、尊卑有序的礼教功能，也就无法与帝制政体的要求合理接榫。[2]

这就决定了清帝只能将萨满教作为维系满人自我认同的残留仪轨，而无法升格为"正统性"构建的组成要素，至多勉强可以当作帝国"治理"体系的一个组成部分。

正因如此，在修纂皇家典礼文献时，满洲祭礼往往会被降格处理，置于内务府而非礼部之下，也就局限于满洲族群文化的范围之内。至清中后期，清帝、宗室和满洲知识分子虽皆有意以汉人古

---

1 吴恩荣：《国家礼制视域下的清代满洲祭礼之源起与流变》，载《清史研究》2019 年第 3 期，第 66—76 页。
2 同上。

礼诠释满洲祭礼，将后者纳入前者的统系之中，并有将之编入"五礼"体系的努力，想以此提高满洲礼仪的正统性地位，但均未见成功。[1] 由此证明，萨满教基本无缘于清朝"正统性"的构建。

藏传佛教何以成为建构"正统性"的资源

藏传佛教作为"大一统"王朝的"驭藩之具"

清朝统治者对待藏传佛教的态度呈现出了良好的景象。清帝常常在不同场合对藏传佛教有所议论，有时态度同一，有时又彰显出矛盾，极易引起后人的疑虑猜想，怀疑其是否对藏传佛教抱有真诚信仰，抑或仅仅是一种政治作秀？

其实对于清帝所扮演的政治角色而言，这根本不成问题。在各种不同场合，他常常会频繁展露出自己的多重面貌，有时偏于从"治理"角度对待喇嘛教，有时又明确把喇嘛教当作"正统性"的构建要素予以弘扬。作为个体，他无妨扮成一名虔诚的信徒，同时由于其特殊身份和地位，他又必须把宗教信仰当作实现政治目标的功利手段。这不但是帝国政治生活中的重要内容，也是一名皇帝实施有效统治的必修课。由于中国传统社会并非采取政教合一的皇权

---

1 吴恩荣总结说，满洲祭礼作为一种源自民间民俗与宗教的仪式，从汉礼的视角来看，不论是仪式还是礼义都有局限，要成为庙堂雅礼，存在不可逾越的障碍。正是这些局限性，使得满洲祭礼并不适合清朝入关后大一统政治的需要，才逐渐支流化、弱势化，最终沦为附属。清中后期将其纳入"五礼"体系的努力正是满洲祭礼这种尴尬处境的折射，以避免其进一步被边缘化的历史宿命。（吴恩荣：《国家礼制视域下的清代满洲祭礼之源起与流变》，载《清史研究》2019 年第 3 期，第 66—76 页。）

统治模式，皇帝个人信仰与帝国政治行为之间往往存在着诸多差异性，如何处理好两者的关系，关乎清朝的稳定与统一。[1]因此皇帝的宗教信仰绝不可能仅仅停留在私人趣味的范围之内。[2]

当然，从当时遗留下来的文字分析，清朝君主视喇嘛教为"驭藩之具"的言论不胜枚举，如雍正帝就说得很明确："广布黄教、宣讲经典，使番夷僧俗崇法慕义，亿万斯年，永跻仁寿之域，则以佐助王化，实有裨益。"[3]另一通碑文也说"使为善者知劝，作恶者思惩，与作善降祥，不善降殃之理，默然相符会。所以易俗移风，裨助于王化，为益洪矣"[4]这几段话都显露出利用黄教治理地方社会的用意。对此，魏源曾总结，利用喇嘛教"以慈悲销杀伐，以因果导犷狠"，最终达到"以黄教柔顺蒙古"的目的，实乃"中国之上计"。[5]

还有一些证据表明清帝想借助儒家经典阐述佛理"于治化不为无助"的道理。如《敕赐祐宁寺碑文》说，"盖佛氏之支流，开示迷

---

1 参见罗文华：《龙袍与袈裟：清宫藏传佛教文化考察》，北京：紫禁城出版社，2005年，第7页。

2 关于清帝到底是否信奉藏传佛教抑或仅仅是想利用其达到某种政治功利目的的争论其实没有多大意义，因为在不同的历史境遇中，这两种情况都有可能发生，而不会只存在一种单一选择。正如卫周安（Joanna Waley-Cohen）所说，满人对藏传佛教到底有多大兴趣往往会因统治者的不同而表现出差异，也会随着统治西藏的需要而变得更加迫切。皇太极就蔑视蒙古人皈依藏传佛教，认为有损其尚武精神。这就意味着皇太极与西藏宗教领袖的所有交往都是出于务实的考虑，而不是宗教的冲动。而从乾隆皇帝的各种表现来看，他对藏传佛教的信仰远远超过了纯粹出于政治目的的需要的算计，而成了一名真正的信徒。（［美］卫周安：《清代战争文化》，董建中等译，北京：中国人民大学出版社，2020年，第77页。）即便如此，仍然不会妨碍其具有利用藏传佛教安抚信众的政治动机，两者并不冲突。

3 《惠远庙碑文》，见张羽新：《清政府与喇嘛教·附清代喇嘛教碑刻录》，拉萨：西藏人民出版社，1988年，第81页。

4 《敕赐广惠寺碑文》，见张羽新：《清政府与喇嘛教·附清代喇嘛教碑刻录》，第320页。

5 魏源：《圣武记》卷十二，见《魏源全集》编辑委员会编校：《魏源全集》第三册，第517页。

途，因俗利导，于治化不为无助。《书》曰：'惠迪吉，从逆凶，惟影响。'"[1] 乾隆帝更把崇尚黄教的"治理"目的揭示得非常明确，他说："然予之所以为此者，非惟阐扬黄教之谓，盖以绥靖荒服，柔怀远人，俾之长享乐利，永永无极云。"[2]

不过我们如果仅仅从疆域"治理"这个单一角度去理解清朝对待藏传佛教的态度就未免过于简单化了。大量文献揭示，清帝对藏传佛教的襄助，带有更为深远的政治目的，与建立藩部正统性的考量密切相关。例如道光敕封十一世达赖喇嘛的金册中表面上使用的还是汉地正统的提法，如其中说"期一道以同风，冀九垓之遍德"，但其本意并非要求藏地奉行儒家教义，而是希望"其有能通上乘，继阐正宗，使诸部愚蒙悉资开悟者，宜加懋奖"。这里所说的"正宗"显然指的是喇嘛教一脉，意思是指藏传佛教可与儒教并存，成为教化蒙藏民众的"正统"思想。[3]

清帝虽然放任达赖喇嘛等宗教领袖去开悟民众，但教化颁布的宗主却是清帝，边疆地区的宗教领袖不过是清帝在藩部实施教化的执行人，这点在雍正五年（1727）敕封哲布尊丹巴的谕旨中说得再清楚不过："朕为普天维持宣扬教化之宗主，而释教又无分于内外东西，随处皆可以阐扬。"[4] 清帝自己才是真正的教义宗主，各地喇嘛不过是推行教化的实施者，甚至达赖和班禅这样的藏地政教领袖虽然在当地拥有至高的宗教身份，在皇帝眼里亦只不过是其贯彻

1　《敕赐祐宁寺碑文》，见张羽新：《清政府与喇嘛教·附清代喇嘛教碑刻录》，第 322 页。
2　《安远庙瞻礼书事（有序）》，见张羽新：《清政府与喇嘛教·附清代喇嘛教碑刻录》，第 413 页。
3　孟保撰：《西藏奏疏》卷二《签掣达赖喇嘛》，清道光刻本。
4　《清世宗实录》卷六三，雍正五年十一月庚午。

"正统性"原则的一枚棋子而已。[1]

　　我们从清廷接待达赖喇嘛礼仪规格由高走低的历史演变就可看出清帝对藏传佛教领袖地位认知的变化。当顺治帝第一次接待远道而来的达赖喇嘛时，最初制定的迎宾规格还是相当高的，顺治帝本拟亲自出京迎接，受到大臣谏阻，他们认为皇帝为天下国家之主，不当亲迎喇嘛，最终特遣和硕承泽亲王及内大臣代迎。[2]顺治帝改为前往北京南苑候迎。

　　据五世达赖喇嘛自传《云裳》记载："我下马步行，皇帝由御座起身相迎十步，握住我的手通过通事问安。之后，皇帝在齐腰高的御座上落座，令我在距他仅一度远，稍低于御座的座位上落座。赐茶时，谕令我先饮，我奏称不敢造次，遂同饮。如此，礼遇甚厚。"[3]清宫档案中的记载与达赖的自述基本一致，称"上由御座起行数步与达赖握手问候。后，上复登御座，侧设达赖座。奉温谕令登座吃茶，询起居"。[4]可见达赖的地位还是颇受尊重的。

1　钟焓曾撰写专文指出，满人群体接受藏传佛教的信仰程度远不能与蒙藏民众相比，借此否定美国和日本学者所提出的清朝存在着更为广泛的"西藏佛教世界"的看法。(参见钟焓：《清代"西藏佛教世界"范围问题再探——以满人与藏传佛教的关系为中心》，见高翔主编：《中国历史研究院集刊》创刊号，北京：社会科学文献出版社，2020年，第103—174页。)但我以为，普通民众对藏传佛教信仰的程度和范围与清帝建立其王朝"正统性"并不完全是同一个层面的问题。

2　参见中国第一历史档案馆、中国藏学研究中心合编：《清初五世达赖喇嘛档案史料选编》，北京：中国藏学出版社，1998年，第26页。

3　陈庆英、马林译注：《五世达赖喇嘛进京记(续)》，载《中国藏学》1992年第4期，第49页。

4　据《宫中杂档》，转引自中国第一历史档案馆、中国藏学研究中心合编：《清初五世达赖喇嘛档案史料选编》，第207页。比较有意思的是，此件系光绪末年为接待十三世达赖进京，有关衙门搜集故事以备参考之文。却并未按照原来这个规格接待十三世达赖。

清廷此后与达赖和班禅的交往，接待规格却逐渐降低。乾隆帝曾严格规定督抚大员及地方官吏对待达赖、班禅的礼仪在公共空间和私人场所应有所区别。乾隆四十四年（1779），六世班禅前来北京向乾隆帝祝寿，当他过境甘肃时，乾隆帝曾特发谕旨，强调地方官员不得在公开场合跪拜班禅，谕旨称："不但督抚及道府大员不宜叩拜，即下至文武杂佐微员亦不可跪迎。若伊等有敬奉喇嘛之人，至其寓所相见，私向跪叩，原所不禁，朕亦并置不问。并于召见时谆谕及之，令其转传各督抚，一体遵照。"[1]他申斥陕甘总督勒尔谨在奏折里声称要叩见班禅，指责道："身为总督，举动系通省观瞻。若令所属知总督尚且叩见，必致效尤滋甚，成何体统。不几如元代之厚待喇嘛乎！"他接着重申"至臣工之敬奉喇嘛，原不禁止，亦不便预闻。总之，私向跪拜，固无不可，若明目张胆为之，且以形之奏牍，则断不可"。[2]乾隆帝谕旨表达的动机很清楚，那就是不想让清朝君臣如元朝君主一样屈从于藏传佛教领袖的控制。[3]

从史料上看，至乾隆时期，六世班禅觐见清帝的礼仪规格与顺治时相比已经发生了很大变化，其受尊崇程度明显降低。乾隆

1 《于敏中字寄谕陕甘总督等各省臣工迎接班禅不可叩拜跪迎（乾隆四十四年十一月初三日）》，见《军机处上谕档》，收入中国第一历史档案馆、中国藏学研究中心合编：《六世班禅朝觐档案选编》，北京：中国藏学出版社，1996年，第109页。

2 同上，第110页。

3 有日本学者指出，清朝官方有关依据藏传佛教的习惯和言行，基本不会出现在汉文档案中，究其原因是藏传佛教礼仪与儒教礼制在安排帝王与藏地宗教领袖的地位方面有不相协调的地方，于是档案书写者往往故意隐瞒或虚构歪曲这种言行，以便采取与儒教礼制相适合的表达方式。在满文档案里，原则上也不可以留存有关叩见大活佛的记录，但其严格程度不如汉文档案。（［日］村上信明：《试论清朝满、汉文档案在有关记载上的特征及其规范——以有关乾隆时期清朝官员与藏传佛教大活佛的会见礼仪档案为例》，见中国社会科学院近代史研究所政治史研究室编：《清代满汉关系研究》，北京：社会科学文献出版社，2011年，第637页。）

四十五年（1780）七月二十一日，班禅在避暑山庄觐见乾隆帝时，史称："于澹泊敬诚殿丹墀跪请圣安。"与顺治帝时的接待规格相比，藏地宗教领袖增加了"跪安"这一环节。

乾隆四十五年九月十七日，班禅游览京城时"入神武门，瞻仰宁寿宫供佛，依次游览各处"，"欣然告称，小僧仰承皇帝之恩，得以叩拜真佛，瞻仰胜似额斯润宫之神奇殿堂，如梦似幻"。[1]这已经是相当谄媚的语气了，甚至当乾隆帝提示班禅不必行跪拜之礼时，"班禅固请拜，上嘉其诚，从之"[2]。六世班禅称乾隆帝为"真佛"，显然是承认了清帝具有世俗与宗教的双重权威。

到晚清光绪年间，十三世达赖晋京觐见时，其礼遇规格进一步下降，须行三跪九叩大礼。在清帝回礼这个环节，有的官员如张荫棠甚至奏称不须遵循旧制，达赖觐见时，光绪帝"不必起迎，达赖跪拜后，起立奏对数语，即时宣退，以示严肃"。[3]这已经是相当怠慢的一种做法了。后来光绪帝与慈禧太后举行欢迎仪式基本即按照这个建议实行。[4]

清帝对藏传佛教的处置方式与对待内地儒家的态度有相似之

---

1 《永瑢奏报班禅游览紫禁城北海颐和园等处情形片（乾隆四十五年九月十七日）》，见《军机处满文录副奏折》，收入中国第一历史档案馆、中国藏学研究中心合编：《六世班禅朝觐档案选编》，第278页。

2 据《宫中杂档》，转引自中国第一历史档案馆、中国藏学研究中心合编：《清初五世达赖喇嘛档案史料选编》，第208页。

3 张荫棠：《上外部条陈招待达赖事宜说帖》，见《张荫棠奏牍》卷五，收入吴丰培编著：《清季筹藏奏牍（三）》，高雄：学海出版社，2016年，第32页。

4 参见索文清：《一九〇八年第十三世达赖喇嘛晋京朝觐考》，载《历史研究》2002年第3期，第81—82页。1908年十三世达赖觐见时想获取直接奏事权的努力也归于失败。（参见吴菲：《清末关于十三世达赖喇嘛地位问题的讨论：以其1904—1910年间的活动为中心》，中国人民大学清史研究所2019年硕士论文，第49—54页。）

处。有学者业已指出，清帝特别是康熙皇帝力图把原来分离的"政统"和"道统"集于一身。宋明儒家乃是"道统"继承人，与作为"政统"持有者的皇帝时相抗衡。到康熙帝开始逐渐把宋明士大夫拥有的"道统"权威收归皇权的支配之下，导致儒家彻底被整合进了皇家意识形态系统。[1]

清帝对藏传佛教权力的收编亦采取了相似的策略，在《敕封五世达赖喇嘛金册文》中，顺治帝把这层意思表达得很清楚，文曰："朕闻兼善独善，开宗之义不同；世出世间，设教之途亦异。然而明心见性，淑世觉民，其归一也。"[2] 把密法传教比拟为"明心见性"，可见顺治帝思想受儒家感化浸染有多深，同时他对儒学"正统"思想的传袭也会相应移植到对喇嘛教的态度上。康熙帝也认为应该把崇佛之处视为与儒家讲学明道之地等同的神圣场所加以表彰，故在一通御制碑文中说："与夫往圣先贤讲学明道之地，心切向往，多所表章。而释氏之宫，标灵显异，所在多有，亦间留题以寄遐怀。"[3]

清帝作为"转轮王"与"文殊菩萨"的象征意义

由上所述，清帝不但不拟把黄教的信仰局限于私密性的宫廷信仰场所，反而会更加注意对自身拥有的藏传佛教"正统性"加以公开宣示，其言论颇符合"承统"的要求。如乾隆帝对康熙帝的定位

---

1 关于康熙帝对儒教"道统"的操控，及集"政统"与"道统"为一身的政治设计，可参看黄进兴：《清初政权意识形态之探究：政治化的道统观》，见《优入圣域：权力、信仰与正当性》，北京：中华书局，2010年，第76—104页。
2 《敕封五世达赖喇嘛金册文》，见张羽新：《清政府与喇嘛教·附清代喇嘛教碑刻录》，第226页。
3 《重修清凉山罗睺寺碑记》，见张羽新：《清政府与喇嘛教·附清代喇嘛教碑刻录》，第261页。

　　　　　　　　"天命"如何转移

是："我皇祖圣祖仁皇帝,以无量寿佛示现转轮圣王,福慧威神,超轶无上。"[1]这样的评价已经把康熙帝的地位抬高到了世俗君主无法企及的高度。

乾隆帝在《重修弘仁寺碑文》中更是把康熙帝比作"再世如来,现转轮王相",他之所以"远溯灵踪",供奉"栴檀瑞相",则是"资翊治化""俾人天广利"。[2]细品这段话的意思,其中言及有裨于"治化",似乎是采"治理"的视角,实际上这个说法是建立在"承统"基础之上的一种选择。

甘德星就认为,转轮王基本上为世俗君主,可归入法王之类,不位众佛、神之列。当年蒙古八思巴即回赐忽必烈为金转轮王,转轮王之本义原在推动法轮,弘扬佛法。就藏传佛教的理念而言,只有同时拥有转轮王和文殊菩萨双重身份,才能被认定为世俗与宗教的权力集于一人,或者说是政教二道系于一身。[3]

即使从世俗权力的角度立论,要戴上转轮王这顶桂冠,也须拥有足够广袤的土地。正因如此,满人只有在入关后才具有了充任"转轮王"的真正资格。顺治二年(1645)伊拉古克三奉命再到

---

1 《永佑寺碑文》,见张羽新:《清政府与喇嘛教·附清代喇嘛教碑刻录》,第 369 页。
2 《重修弘仁寺碑文》,见张羽新:《清政府与喇嘛教·附清代喇嘛教碑刻录》,第 405 页。
3 参见甘德星:《"正统"之源:满洲入关前后王权思想之发展与蒙藏转轮王观念之关系考辩》,见汪荣祖、林冠群主编:《民族认同与文化融合》,嘉义:中正大学台湾人文研究中心,2006 年,第 173 页。孙英刚则把君主自称"转轮王"的时间提前到了隋唐时期。他认为,"佛教王权观的核心内容是转轮王(Cakravartin)",转轮王观念在隋唐时代"始终是僧俗理解世俗王权的主要理论"。隋唐君主也迎合时势,"在中土本有的'天子'意涵之外,又给君主加上了佛教'转轮王'的内容",形成了所谓"双重天命"的政治论述。武则天所在时代,转轮王观念已经被广泛而频繁地用于论证君主统治的合法性。(参见孙英刚:《转轮王与皇帝:佛教对中古君主概念的影响》,载《社会科学战线》2014 年第 1 期,第 78—79 页。)

清廷，其携带五世达赖亲笔函，就以藏文诗起首云："乱世的转轮王将战胜一切之旗帜升至三域之顶端，以一把法律的白伞盖荫护群生，使其安乐的生活。"[1]

八年后顺治帝迎接达赖喇嘛入京时，曾以转轮王所有之"七政宝"作仪仗，可知顺治帝已多少自觉其本人为转轮王，达赖也是认可顺治帝的宗教地位的。在《云裳》这篇自传文字中，达赖就发表了如下观感："进入城墙后渐次行进，至隐约可见皇帝的临幸地时，众人下马。但见七政宝作前导，皇帝威严胜过转轮王，福德能比阿弥陀。"[2]

尽管如此，这一时期的顺治帝仍未自视为文殊菩萨，与蒙藏交涉的文书中，顺治也未尝以此佛号自称。只有到了康熙时期，清帝才开始同时自比"转轮王"与"文殊菩萨"，显示出清帝试图把世俗与宗教权力集于一身的意图。五世达赖及七世达赖致书康熙帝时都尊称其为文殊化身之转金轮大汗，康熙帝亦乐于受用此尊号。康熙帝征讨西藏时也称其大军乃"文殊皇帝所属"。[3]比较有意思的是，从康熙帝开始的这项针对蒙藏地区藏传佛教的政教合一实验，与其开始融儒家"道统"与"政统"为一身的时间点基本吻合。

乾隆帝则主动推行"阐教同文"的政策，把卷帙浩繁的《大藏

1　牙含章编著：《班禅额尔德尼传》，拉萨：西藏人民出版社，1987年，第46页。

2　据《云裳》中记载，达赖入城时看见，"在内城的大门外，人们擎着七政宝和兵器、族旗、华盖、飞幡等各种仪仗，吹奏着许多悦耳的乐器，威严而称意"，并多次使用了"转轮王"称呼顺治帝，如说"在距转轮圣王大都治下语言各异、具有二利的禁城北京有两俱卢舍之遥的地方，皇帝用九万两白银作顺缘，专门建起称为'黄房'的精舍（按：黄寺）作为我的行宫。"（参见陈庆英、马林译注：《五世达赖喇嘛进京记续》，载《中国藏学》1992年第4期，第50、49页）

3　甘德星：《"正统"之源：满洲入关前后王权思想之发展与蒙藏转轮王观念之关系考辨》，见汪荣祖、林冠群主编：《民族认同与文化融合》，第168页。

经》翻译成满文，这项工程几乎与《四库全书》的纂修同步进行，正昭示着内地与藩部"正统观"的树立基本处于同一时期。

有学者发现，乾隆帝撰《盛京赋》，以三十二种不同满汉篆字分别刊印此赋，乃是模仿 1600 年出版之《金刚经》的格式，此三十二之数源自转轮王与佛陀共有之三十二相，喻示盛京已非仅仅是一个政治中心，实已具备大都即归化城那样的"转轮王"都城资格，乾隆帝本人更是成为可以和乃祖康熙帝一般襄助佛陀弘法，进而一统天下的"转轮王"。[1]

乾隆帝曾两次致书六世班禅，均开宗明义称乃"上天所命于世间转动威力之轮之皇帝"，其所降之敕谕，口气俨然集政教权威于一身。他在《〈法轮寺〉诗碑》中对自身拥有双重角色表露得相当直白："梵语转轮王，又称帝释天。盖司世间者，皇王之谓然，世出世间法，相需相得诠，四塔围都城，斯乃居北焉。果然一统成，佳兆已符前。"[2]

在兼具政教与世俗形象方面，乾隆皇帝也是花了大力气刻意鼓动营造，如藏于雍和宫的乾隆皇帝僧装像就昭示其跏趺坐于宝座之上，头戴黄色僧帽，身着僧装，右手施说法印，左手施禅定印、托法轮，双肩莲心承托文殊菩萨的智慧剑与梵笑，这象征乾隆帝是转轮王与文殊菩萨的双重化身。身外环绕藏传佛教各教派历代祖师像，宝座下的一段藏文译成汉文的大意是：睿智文殊人之主，游戏圣主法之王。金刚座上安奉足，意愿天成善福缘。[3]

1　参见甘德星：《"正统"之源：满洲入关前后王权思想之发展与蒙藏转轮王观念之关系考辨》，见汪荣祖、林冠群主编：《民族认同与文化融合》，第 173 页。

2　《〈法轮寺〉诗碑》，见张羽新：《清政府与喇嘛教·附清代喇嘛教碑刻录》，第 335 页。

3　参见藏学研究中心西藏文化博物馆活佛转世数字展馆中的《乾隆皇帝僧装像》，转引自安子昂：《清代藏传佛教的王朝化》，中国人民大学 2019 年博士论文，第 149 页。

有学者注意到，雍正帝就曾绘制有僧装像，其中一幅展示了雍正帝头戴黄色僧帽，身穿喇嘛袍，手持念珠的藏传佛教格鲁派修行形象，但雍正帝的僧人造型尚属不公开的私密图像，是雍正帝自娱自乐的产物，不具备多少政治蕴意。而乾隆帝的僧装像则完全不同，其陈设地点多在热河普宁寺、普乐寺以及拉萨布达拉宫、日喀则扎什布伦寺等地，位于信众频繁出入的法殿之中。僧装像的观众也被预设为皇室及近臣内侍、蒙古各旗的驻锡喇嘛、蒙藏藩部的朝拜使臣和首领等人员。[1]

　　对于清帝来说，获得"文殊菩萨"称号，即等于不再是藏传佛教外部的施主和保护者，甚至逆转了原来被藏地领袖所想象的"供施关系"，进而使自己作为藏传佛教内部的一尊神佛，在众多人的心目中成为神权的来源，而不仅仅是神权支持的王权。

　　当清帝获取了文殊形象以后，这种优势的位移也体现在金瓶掣签制度当中。因为根据格鲁派教义，其祖师宗喀巴大师是文殊菩萨的化身，而达赖、班禅都是宗喀巴大师的弟子转世，他们也就成为文殊菩萨的弟子，那么被尊为文殊菩萨的清帝在面对这些大活佛时，就自然具有师长之位，而师长为弟子的转世制定规则也就变得顺理成章。册封和革除活佛名号的权柄亦成为清帝特权之一。[2]

1　参见藏学研究中心西藏文化博物馆活佛转世数字展馆中的《乾隆皇帝僧装像》，转引自安子昂：《清代藏传佛教的王朝化》，中国人民大学 2019 年博士论文，第 143—144 页。

2　参见孙逊：《包容神圣：清朝皇帝的文殊形象与藏传佛教的臣服——正统性传承中主导性虚构的凝聚力作用》，载《西藏研究》2013 年第 3 期，第 1—9 页。晚清以来达赖与清帝的地位高下日渐悬殊，也间接证明了藏地佛教领袖与清帝之间不可能是一种"供施关系"。（参见扎洛：《十三世达赖喇嘛晋京期间的礼仪与奏事权之争新探：民族国家建构视角》，载《近代史研究》2019 年第 2 期，第 1—8 页。）

但是清帝对藏传佛教的"承统"又有一定节制，非常注意把握分寸尺度，不会像对待儒家士子那样贪嗜无度地急于把"道统"与"政统"全部攫取在手。他们对世俗与宗教二元权力的基本设计是，达赖、班禅及章嘉呼图克图、哲布尊丹巴呼图克图仍持有宗教权，清帝虽在名义上被尊崇为拥有"转轮王"和"文殊菩萨"双重政教权力，但在实际的政治运作上仍会把自己的权威限制在世俗领域之内，因为"转轮王"的本义就是宗教在世俗世界的代言人。

仔细品味清帝对自己的角色设定，就会发现这是有意为之的结果，把尊崇藏传佛教的场所尽量隐秘设置于宫廷私人空间，正好昭示出皇帝的鲜明态度，那就是不希望喇嘛教徒如元朝僧侣那样僭越自己的身份，变成凌驾王权之上的宗教超越力量，最后演变到公开向民众表明皇权屈尊于教权之下的地步。

乾隆帝宣称习学密法一方面是出于个人崇信，更多乃是出于与密教僧侣争夺"正统"意识形态的目的。他绝不会像元朝皇帝那样匍匐于喇嘛上师的脚下，甘心对其顶礼膜拜，成为一名纯粹的佛家弟子。他自称本人就是佛子，就是文殊菩萨化身而成的转轮王，理应受到信众膜拜。

乾隆帝在《喇嘛说》这篇奇文中，把这层意思阐发得十分清楚，他说："兴黄教，即所以安众蒙古，所系非小，故不可不保护之，而非若元朝之曲庇谄敬番僧也。"因为"元朝尊重喇嘛，有妨政事之弊，至不可问"，明确宣称扶持黄教的动机是"以为怀柔之道而已"。至于习学密法的目的，完全是因为"夫定其事之是非者，必习其事，而又明其理，然后可"。他质问道："予若不习番经，不能为此言。始习之时，或有议为过兴黄教者，使予徒泥沙汰之虚誉，则今之新旧蒙古畏威怀德，太平数十年可得乎？"[1]表示根本不相信呼图克图有转世能力。

乾隆帝在处理喇嘛教问题时的心境相当复杂，他一方面对蒙古王公利用喇嘛教肆行自己的政治目的深表不满，曾做《伊犁喇嘛行》加以讥讽，对顾实汗假借喇嘛教扩张权势颇有微词，其中说："昔顾实汗以此雄据卫藏摄群部，然亦不过假名敬佛，要乃所以收众方。强吞弱噬互攘窃，无不垂涎达赖喇嘛，貌为恭谨其实心弗良。"

与此同时，乾隆帝又对噶尔丹、策凌等人崇奉喇嘛教的举动流露出赞赏的语气，诗中称"噶尔丹策凌遂兴黄教名曰安众生，亦效西域建都纲（自注：都纲者，西藏众喇嘛聚而诵经之处也）。白毡为室布为墙，后遂范金作瓦覆栋梁。金仙相好备庄严，六时梵呗声无央。嗒本吉赛供糇粮（自注：噶尔丹策凌于伊犁河滨创构佛寺，北曰固尔札，南曰海弩克，聚集喇嘛，令其五鄂拓克轮值供养之。蒙古语谓五为嗒本，轮值为集赛），西勒图者凡四床（自注：喇嘛坐床者为西勒图，亦蒙古语），膜拜台吉诸宰桑"。

接着却又笔锋一转，仍对这些蒙古王公刻意利用喇嘛教兴兵作乱的行为表示警觉和担忧，认为"其善在此其弊即为殃"。他举例说："喇嘛达尔济及达瓦齐相继篡立，无不藉诸喇嘛之力以肆强。逆贼阿睦尔撒纳亦结若辈为党以煽乱，其穷窜也，旋劫夺喇嘛马驼用致远去飏。喇嘛散去乃同吗哈沁（自注：蒙古谓肉为吗哈，厄鲁特中贫无赖觅肉食自活者为吗哈沁），安知五戒六度如佛所云皮肉

---

1 《喇嘛说》，见张羽新：《清政府与喇嘛教·附清代喇嘛教碑刻录》，第340、342页。

　　　　　　　　　　　　　　　"天命"如何转移

骨髓尽舍以救人饥荒？是诚楞严所谓外道貌佛弟子为诪张，勿谓佛不慈汝俾汝遭丧亡。"[1] 乾隆帝评价这些人都不是真正信奉喇嘛教，而是利用其达到自己卑劣的政治目的。

在乾隆帝眼里，无论是自己化身转轮王，还是密教僧侣掌教超度众生，从根本意义上都是为了"佐治"。如下文碑记中所云："上人演法轮，蠢蠢普超度，佐我无为治，雨顺与风调。众生登寿世，慧炬永光明。合十作赞言，初非为一己。"[2] 对密教的崇拜被严格限制在私人空间里，正说明清帝并没有在公开场合让渡宗教权的意思，至于清帝很少用密教身份"自称"，也是为了小心翼翼地维护密教首领的权威性，以便在交往时让他们能够保持一种心理平衡。他默认密教领袖给自己加封"转轮王"和"文殊菩萨"这个"他称"，并纵容其向下属传达时使用此称号，恰恰证明清帝并没有放弃政教合一的"承统"地位，只不过在面向不同群体时会灵活采取更为多样的应对策略。

国内一些学者总是强调明清两朝君主与藏传佛教领袖的交往如何保持着连续性，明清藏地宗教领袖又是如何同样授予明清君主如永乐帝和乾隆帝以"转轮王"和"文殊菩萨"的称号，以借此为由来反驳新清史断定清帝国具有独特"内亚"性质的判断。

据学者考证，明代皇帝如明成祖已经开始接受藏地宗教领袖奉献的"转轮王"尊号，史称西藏大乘法王的昆泽思巴第一次致信明成祖即称其为"统治诸法轮和七政宝的法王大皇帝"。昆泽思巴

1　清高宗：《伊犁喇嘛行》，见《御制诗二集》卷六十四，清文渊阁四库全书本。
2　《须弥福寿之庙碑记》，见张羽新：《清政府与喇嘛教·附清代喇嘛教碑刻录》，第464页。

还给明成祖传授吉祥喜金刚坛城深奥成熟灌顶和大黑护法神加持。[1]
这似乎证明清帝接受类似称号实非独创，而是在某种形式上延续了
明朝和西藏的关系，两者并不是断裂的，并非如新清史研究者所
说，"转轮王"和"文殊菩萨"的称号为清朝皇帝所独有。[2]

　　尽管以上论证有一定道理，但尚有两点可商榷之处。其一是这
种论断忽略了明清两代在疆域拓展方面的差异性，而对广大空间的
实际占有恰恰是拥有"正统观"的首要因素。一般而言，只有占据
更广大土地的君主才有被称为"转轮王"的资格。这一点在藏文历
史文献中多有反映。藏语史籍有一套对汉地王朝谱系的独特表述，

1　参见杨天雪：《明成祖召请大乘法王史事考》，载《中国藏学》2020 年第 1 期，第
　68—80 页。此条史料承蒙安海燕教授提示，特此致谢。安海燕对历朝藏地宗教领袖
　尊奉汉地君主为"转轮王"与"文殊菩萨"称号的历史渊源做了详细的考订，特别
　分析了乾隆帝接受这两个封号的独特意蕴。（参见安海燕：《作为"转轮王"和"文
　殊菩萨"的清帝——兼论乾隆帝与藏传佛教的关系》，载《清史研究》2020 年第 2
　期，第 105—118 页。）

2　沈卫荣坚持认为明代与西藏关系的密切程度不亚于元朝，并撰有专文进行论证。
　（参见沈卫荣：《"怀柔远夷"话语中的明代汉藏政治与文化关系》，见《西藏历史
　和佛教的语文学研究》，上海：上海古籍出版社，2010 年，第 586—613 页；《论蒙
　元王朝于明代中国的政治和宗教遗产——藏传佛教于西夏、元、明三代政治和宗教
　体制形成中的角色研究》，见 [奥地利] 艾瑞卡·福特等编：《8—15 世纪中西部西
　藏的历史、文化与艺术》，北京：中国藏学出版社，2015 年，第 79—97 页。）沈卫
　荣认为，藏传佛教的传播在元明清三代具有相当大的延续性，明朝与西藏的关涉
　渊源甚至超越了元朝，但他同时也注意到，"如果说明朝对西藏的统治确实没有元
　朝那么直接和有效的话，其原因并不在于明朝的军事力量虚弱甚至不足以控制西
　藏，而在于它固守了汉族'严夷夏之辨'的统治理念"。（参见沈卫荣：《大元史与
　新清史：以元代和清代西藏和藏传佛教研究为中心》，第 219 页。）钟焓也认为明代
　也具有"内亚性"的特征，这一特征并非清朝所独有。（参见钟焓：《简析明帝国的
　内亚性：以与清朝的类比为中心》，载《中国史研究动态》2016 年第 5 期，第 36—
　42 页。）但沈卫荣和钟焓都忽视了明清两朝的根本性区别乃是在于，清朝具有超越
　前朝的"大一统"疆域，而明朝仍像宋朝那样一直苦于与北方民族的战争。故我的
　看法是，与其紧随着新清史有关"内亚"帝国的论述做抗辩，不如更多地从"正统
　观"的特性入手分析明清两朝的差异，也许能更准确地理解清朝统治的特性。

以《松巴佛教史》为例，其中对周朝以后的汉地历史就按历代王朝持有宗教权威的大小划分出了若干等级："国王因宗教和王政七宝的威力分转轮王（如秦与汉）、大国王（如南北朝）、边地大国王（如七雄）、小邦王四类。"[1]另一部藏文典籍《汉区佛教源流记》中也提及类似的说法："有四种王，即转轮王、君主、邦主和小邦邦主。转轮王不需经典，而其一切主张生于己之福泽神力。"[2]

在这个等级序列中，宗教权威的高低与占有土地范围的大小是密切相关的，《汉区佛教源流记》的作者贡布嘉就认为："余曾见一般使用其强大的威力能够向四方外藩传旨者，被称为转轮王。"[3]在他的眼里，显然不是普通君主就能具备如此强大的统治能力，也无法轻易享有"转轮王"的称号，尊享"转轮王"名号的君主不仅应该拥有广大的领土，其统治权威还须有能力辐射到遥远的边疆地区。若遵循这个标准，那些实现了"大一统"目标的秦汉君主才真正配享"转轮王"的威名。成吉思汗开疆拓土至更广远的地区，拥有"转轮圣王"的尊号同样实至名归，其理由是"成吉思汗不同于有些仅统治五六千户的小首领，却誉称是转轮王，而真正是大地的梵天，强大的转轮圣王，天命之大汗"。意思是说，那些被勉强授予"转轮王"称号的小邦领主其实并不配享有这个称号。

同样缘故，乾隆皇帝亦因坐拥广大疆土，而蒙"转轮王"之名，《松巴佛教史》称其"现今以福德之轮统治汉、霍尔（即匈

1　松巴堪布·益西班觉:《松巴佛教史》，蒲文成、才让译，兰州：甘肃民族出版社，2013 年，第 503 页。
2　贡布嘉:《汉区佛教源流记》，罗桑旦增译，北京：中国藏学出版社，2005 年，第 24 页。
3　同上。

奴）、藏、女真、索伦、高丽等地的乾隆皇帝，迎请达察杰仲等卫藏多康的众善巧到内地，并缮修古寺，新建许多寺院和三佛田，以此供养来崇敬佛法"[1]。与之相比，明代的永乐皇帝实际上并不具备乾隆帝那样的"转轮王"地位。至于藏地宗教领袖称蒙古王公为"转轮王"更是带有一种政治交际的权益考量，今人对其授予尊号的动机是否真诚应持怀疑态度，不可轻易信以为真。

其二，对清朝君主是否拥有"转轮王"与"文殊菩萨"的称号，不能单方面从藏文文献中进行考察，而必须同时检视汉文史料中是否保存有皇帝对此称号做出反应的相关记载。

据我所知，目前尚未发现明朝永乐皇帝对加诸其身的"转轮王"称号有何表态的原始记录。与之比较，在康熙和乾隆皇帝的相关文献中却屡屡发现自称"转轮王"和"文殊菩萨"的表述，这说明明朝帝王只是被动接受了这两个称号，并未自觉去认同和彰扬其中的权威性。也许是受制于"夷夏之辨"观念的束缚，明朝皇帝对边疆政教关系的构想和经营从无太大作为，更是从未有足够的信心通过具体的践

---

1 松巴堪布·益西班觉：《松巴佛教史》，第 518 页。乾隆帝在位期间，清廷曾赠送布达拉宫和扎什伦布寺乾隆佛装像。乾隆御容像入藏的意义十分复杂，其中最为重要的一个情节是，本来驻藏大臣只需向达赖喇嘛行"瞻礼"即叩拜仪式，可是当乾隆皇帝的文殊菩萨御容像进入西藏后，则须先向乾隆画像行朝拜圣容礼。这说明清帝在西藏的统治地位开始得到强化。乾隆五十九年（1794）以后，西藏彻底废止了"瞻礼"仪式，自此朝拜圣容礼成为驻藏大臣会见达赖班禅时唯一体现尊卑地位的仪式，而甄选转世活佛的金瓶掣签仪式也从最初在大昭寺释迦牟尼像前举行，改于布达拉宫萨松朗杰殿的乾隆画像前举行。

乾隆御容像以视觉图像的方式形成了皇权、宗教权威的共时表达，使得参与金瓶掣签仪式的人们能够透过这张画像感受不在场的乾隆帝所散发出的权威气息。那些原本由护法神所垄断的神迹至此完全被等同于文殊菩萨的乾隆帝所昭显出的象征权力所取代。（参见惠男：《礼仪与权威认知：乾隆帝画像与瞻礼、金瓶掣签制度的改革》，载《清史研究》2021 年第 1 期，第 28—41 页。）

履行动去昭示这两个称号的独特意义，而乾隆皇帝则是主动介入藏密佛教称号的授受程序，并极力把藩部的政教关系纳入"正统性"的构造之中，持续不断地与藏地宗教领袖争夺对藩部统治的话语权。

总结而言，"正统"的多元特性在清朝表现为两种"政教关系"，一是基于儒家世俗统治，强调道德宣喻和基层教化的内地政教关系；另一个则是基于藩部民众信仰传统而形成的以藏传佛教为中心的宗教与政治的关系。这两种政教关系分别构成了"内"（内地）与"外"（藩部）的双重统治格局。

清代边疆治理模式对前朝的继承性

"西师"纪功碑的儒家教化涵义

尽管有学者认定，元、清两朝所建立的多民族统一国家，都是兼用汉唐式专制君主官僚制和内亚边疆帝国两种国家建构模式才得以成就的，[1] 好像清朝统治模式可以自动归并到辽金元的统治谱系当中，完全照猫画虎地传承它们的特点，实际情况却并非如此简单。清朝不但继承了元朝兼有内亚与汉唐特色的统治方略，而且有史以来第一次成功地在"内地"与"藩部"两大截然异质的疆域版图上建立起了不同于前朝的"正统观"多元架构，这是清朝区别于辽金元的最重要成就。

然而，这并不意味着"内地"与"藩部"的两种政教关系理所当

1　参见姚大力：《追寻"我们"的根源：中国历史上的民族与国家意识》，第113页。

然地居于并列地位。事实上，儒家"正统性"仍对以藏传佛教体系为核心的藩部政教统治模式具有优先的统摄作用，清朝对边远地区采取的军事行动是否具有正当性，对边疆地区的占领是否符合传统意义上的道德要求也必须经儒家规范下的正统性加以认证。以下拟以康雍乾三帝征战准噶尔后的纪功举措为例对如上观点予以验证和说明。

我们知道，开疆拓土、炫耀武力、勒石记功、诏示众人的举动可谓历代皆有。[1]清朝平定西北边疆历经康雍乾三朝，其控制版图延伸至以往各朝从未实际统治的广大疆域。这里要澄清一个误解，清朝平定西北的皇皇武功好像完全是一种"内亚"的征服模式，实则清廷对西域边疆的治理明显受汉唐思维的影响，即葱岭以东地区，从地缘上看是一个整体区域。从汉武帝建河西四郡、设立西域都护府以来，此区域与中原内地必须是一个独立、完整的王朝，才能算经营成功。这是汉唐以来的边疆治理思路，并不是清朝的新发明。[2]

清朝经过每次战事后均仿汉唐旧例，勒石战地。清廷君主自诩旷世武功，前朝难匹，当然少不了举行各种垂范后世的典礼。自康熙到乾隆朝，每当大战之后，类似阙前献俘、昭告太庙的仪式也不

1　关于中国古人以金石素材纪功留德的研究，可参考［美］巫鸿：《中国古代艺术与建筑中的"纪念碑性"》，李清泉、郑岩等译，上海：上海人民出版社，2009年。及仇鹿鸣近作《长安与河北之间：中晚唐的政治与文化》第四章"权力与观众：德政碑所见唐代的中央与地方"（北京：北京师范大学出版社，2018年，第124—173页），也讨论了德政碑建立作为政治景观的"视觉性"意义。其中说道"对于控制了大量人力物力的王朝而言，一旦确有需要，具有重要政治意义的石刻本身也可以被复制，安置于帝国的各个角落，这一昂贵而巨大的复制品本身便是权威与力量的象征"（同书，第140—141页）。这种象征权力的石质纪念碑的树立从汉唐一直延续到了清朝。

2　参见黄晓峰、钱冠宇采写：《朱玉麒谈清代边塞纪功碑与国家认同》，见葛兆光等著、《东方早报·上海书评》编辑部编：《殊方未远：古代中国的疆域、民族与认同》，北京：中华书局，2016年，第401页。

可或缺地次第举行，从未懈怠。但唯有一个礼仪却是清帝独具，历朝未有，那就是每经历一次重要战事，一定要向先师孔子举行释奠祭礼，并勒石太学，甚至在全国范围内，形成了各府、州、县自上而下立碑于孔庙的现象，从而把平定西北的帝王一家之私事，转化为天下一统之共识。如此举动给人以清朝皇家一直在坚持不懈地延续内地道统一脉的印象。如果用"正统观"的多元特性衡量此举，正说明在遥远边疆动武尚需要归位于内地"正统"先师的认定才具有正当性的意义。有学者形容："清代新疆是一个在江南任何地方都可以开始叙述的故事。"[1]从具体事实而观，这个故事不仅在江南被反复陈述，在内地的其他区域也曾被广泛宣讲。

最早鉴定这项发明归属权的人是魏源，他在《圣武记》中就说过："古帝王武功，或命将，或亲征，惟以告于庙社，未有告先师者，在泮献馘，复古制，自我圣祖始。"[2]康熙皇帝确实明确表示征伐边疆的行动乃是遵从三代以来的古义，不敢有所违背，故云："煌煌圣言，文武道一。礼乐征伐，自天子出"，同时又强调："师在安民，出非得己。古人有作，昭示斯旨。缅惟虞廷，诞敷文德。圣如先师，战慎必克。惟兵宜戢，惟德乃绥。亿万斯年，视此铭词。"[3]一再表白

1　黄晓峰、钱冠宇采写：《朱玉麒谈清代边塞纪功碑与国家认同》，见葛兆光等著、《东方早报·上海书评》编辑部编：《殊方未远：古代中国的疆域、民族与认同》，第 393 页。更为详细的研究请参见朱玉麒《从告于庙社到告天下：清代西北边疆平定的礼仪重建》，见《民族社会学研究通讯》2015 年第 181 期。（原载东方学研究论集刊行会编集：《高田時雄教授退休纪念东方学研究论集》中文分册，京都：临川书店，2014 年，第 397—411 页。）
2　魏源：《圣武记》卷三，见《魏源全集》编辑委员会编校：《魏源全集》第三册，第118 页。
3　梁国治等撰：《钦定国子监志》卷三《御制一·御制平定朔漠告成太学碑文》，见纪昀等撰：《景印文渊阁四库全书》第六〇〇册，台北：商务印书馆，1986 年，第 40 页。

出兵乃是万不得已，即使被迫动武也没有逃逸出宋明以来以文德服人的旧轨，高举的还是"王道"而非"霸道"的伦理旗帜。

康熙帝在纪功碑中特别强调："朕劳心于邦本，尝欲以文德化成天下，顾兹武略，廷臣佥谓所以建威消萌，宜昭斯绩于有永也。朕不获辞，考之《礼·王制》有曰：'天子将出征，受成于学。出征执有罪，反释奠于学，以讯馘告'。而《泮宫》之诗亦曰：'矫矫虎臣，在泮献馘'。又《礼》：'大献则奏恺乐，大司乐掌其事'。则是古者文事武事为一，折冲之用，具在樽俎之间。故受成、献馘，一归于学。此文武之盛制也。朕向意于三代，故斯举也，出则告于神祇，归而遣祀阙里。兹允廷臣之请，犹礼先师，以告克之遗意，而于六经之旨，为相符合也。"[1]

令人惊诧的是，平定边疆班师回朝，告成太学复古周礼的典雅举动，完全不是汉人皇帝的发明，却反而是曾身为"夷狄"的满人皇帝的执念，这才是新清史研究者需要深思的关键之所在。

雍正帝则完全照搬了康熙告成太学的规制，在平定青海之后，听从廷臣"稽古典礼，出征而受成于学，所以定兵谋也。献馘而释奠于学，所以告凯捷也"的建言，雍正三年（1725）在京师太庙立平定青海告成太学世宗宪皇帝御制文，宣称："櫜戈偃革，告成辟雍。声教遐暨，万国来同。"[2]

清朝继承汉唐旧仪，曾在战地树立记功碑，如保存于归化城、金川、格登山、宁远城、伊西洱库尔淖尔、叶尔羌等战地的记功碑

1　梁国治等撰：《钦定国子监志》卷三《御制一·御制平定朔漠告成太学碑文》，见纪昀等撰：《景印文渊阁四库全书》第六〇〇册，第40页。

2　梁国治等撰：《钦定国子监志》卷四《御制一·御制平定青海告成太学碑文》，见纪昀等撰：《景印文渊阁四库全书》第六〇〇册，第47—48页。

　　　　　　　　　　　　　"天命"如何转移

都属于对汉唐传统的沿袭，但特别令人注意的是，清帝往往首先撰写的是告成太学碑文，其次才是在战地树立的纪功碑文。

朱玉麒就发现，最早平定了朔漠的战争后，康熙三十七年（1698），康熙帝首先撰写了《平定朔漠告成太学碑》，立于京师太学。到康熙四十二年（1703）才御制《敕赐归化城崇福寺碑记》，分别勒石立于曾经驻跸的崇福寺和参加诵经法会的席力图召寺。同样乾隆帝也是在格登山之战后先撰写《平定准噶尔告成太学碑》立于太庙，而《格登山纪功碑》却是在准噶尔战事结束多年后才在格登山树立起来的，所以纪功碑的真正意义已经为太学立碑所取代。

乾隆帝还特别提到康熙帝平定三藩后东巡拜谒阙里孔庙，觉得自己应该效法先祖，在征伐准噶尔胜利之后亲自去孔庙致敬孔子。[1]所以才有了后来的祭孔之行，向孔子述说平定西北之功变成了其祭孔的主要目的之一。[2]

再从纪功碑文的文字选择上看，同样体现了乾隆帝对内地"正统性"优先统领作用的认识。新清史一直特别强调清朝君主使用满

---

1 乾隆帝有段话把这种继承关系说得很明白："缅维皇祖圣祖仁皇帝，削平三孽，于康熙二十三年诹吉东巡亲祭阙里。武功文德，彪炳简册。朕仰承先烈，集此大勋，保泰持盈，弥深兢业，亲告成功于太庙、郊、社、岳、渎诸祀，次第遣官，敬谨举行，以昭茂典。先师孔子阙里，理应恪循成宪，躬诣行礼，用申诚敬。且自瞻谒林泉，已逾六载，仰止之念，时切于怀。"（《清高宗实录》卷四九〇，乾隆二十年六月己酉。）

2 参见同上。乾隆平定金川后军机大臣上奏云："圣祖仁皇帝平定沙漠，世宗宪皇帝平定青海，均御制碑文，垂示久远。金川平定，恭请御制文勒石太学。从之。"（参见《清高宗实录》卷三三五，乾隆十四年二月甲午。）又乾隆十四年二月庚子，军机大臣等"又奏平定金川，遣官祭告先师孔子，均从之"。（参见《清高宗实录》卷三三五，乾隆十四年二月庚子。）查《大清会典图》卷十六《礼十六·先师庙图》，乾隆帝分别四次在京师文庙立碑纪功，即乾隆十四年（1749）御制平定金川告成太学碑，乾隆二十年（1755）御制平定准噶尔告成太学碑，乾隆二十四年（1759）御制平定回部告成太学碑，乾隆四十一年（1776）御制平定两金川告成太学碑。（刘启端等纂：《钦定大清会典图》卷十六《礼十六（祀典十六）》，"先师庙图"，清光绪石印本。）

文建构满洲统治的特殊意义，但乾隆帝在撰写《格登山纪功碑》时虽然使用了汉、满、蒙、藏等四种文字，汉文书写却最早完成，其余均从汉文翻译而来。告成太学碑拓片会分赠封疆大吏，他们心领旨意，在各地学宫文庙中立碑纪念，以此延续在京师孔庙的仪轨。以致后来攀比之风愈演愈烈，迫使乾隆帝紧急下旨，决定各省府州县地方学宫可以根据当地情况在形制设计方面酌量随宜制作，如外省找不到熟悉满文之人，在刻碑时可以省去满文。此谕旨的下达完全是针对内地士人不谙满文的情况做出的随机调整，实是急于向内地特别是江南士人昭示武功。[1]

这说明广大疆域扩展的业绩必须得到先师孔子与士大夫阶层的认可始终是清朝君主的必修功课。即使他们已经拥有了盖世武功和前所未有地吸纳了藩部的政教关系以为统治资源，其最终的价值取向依然会指向内地的"正统性"。从藏地对清朝的理解多少可以印证这个观点，有学者就已发现藏人对"满人"的理解与"汉人"对汉人的表述相互重叠。

这一时期的藏语文献对于"ᠷᡤᠶ"或"ᠷᡤᠶᠨᠠᠭ"一词的理解和使用，可能并不完全等同于中原语境中的"汉"，而与"满"存在一定意义上的重合。而且，通过对清代藏语文献中与"满"和"清"相关记载的梳理，可以发现大量关于满或清的史实被置于与"ᠷᡤᠶᠨᠠᠭ"有

---

1 乾隆帝下谕旨"谕军机大臣等，苏尔德奏：平定准噶尔碑文，各省学宫地势不一，不必拘定尺寸，并遴委通晓清文旗员，摹写刊刻一折，各省府州县卫学宫，自不能一律高敞，若必照部颁碑式竖立，转难位置适宜。至外省士子，本不谙习国书，碑内亦可毋庸令其镌刻。嗣后各学立碑，视该处采石难易，及学宫地势，听其酌量，随宜建竖。其清文竟不必刻入，兼可省传写错讹之弊。著于各督抚奏事之便，一并传谕知之"。（《清高宗实录》卷七二四，乾隆二十九年十二月甲申。）

　　　　　　　　　　　　　　"天命"如何转移

关的叙述范围之中。[1]

藏区历史文献中对汉唐元明清等朝代的记述出现频率很高，却很少用"清"来表述清朝。对此现象大致可以从两方面理解，其一是藏地之人确实把"清朝"看作是与前朝不一样的王朝；其二是藏人把清朝属地与汉地叠合在一起加以想象，说明清朝的汉化程度已经高到基本湮灭了其满洲特性，以至于无法加以有效辨识。这个现象从侧面印证了内地形成的"正统性"对边疆少数族群的统摄作用。

实际上，内地以儒家为核心的"正统性"的确立绝非一朝一夕所能达成，而是长期以来南北政权反复交锋形成的一种示范效应。哪怕是北方异族攫取了汉人的大片土地，也常常不能不默认南方政权所拥有的正朔意义。关于此最著名的一段话可能就是魏晋时期符融规劝苻坚不要轻易攻晋的劝诫之言了。晋孝武帝太元二年（377）苻坚执意攻晋，符融苦谏的一个理由即是："国家本戎狄也，正朔会不归人，江东虽微弱仅存，然中华正统，天意必不绝之。"[2]在这句话里，"夷狄"身份的洗刷必须经由"正统性"确认已经表达得非常清楚。这才是清朝平定西北后仍需要在内地儒家正统性的传承谱系中寻求一个恰当理由的真实原因。[3]

1　参见罗宏：《从"རྒྱ་ནག"（汉）一词看清代藏文文献中的"满"、"汉"观念》，见四川大学中国藏学研究所编：《藏学学刊》第18辑，北京：中国藏学出版社，2018年，第92—105页。

2　《资治通鉴》卷第一百四《晋纪二十六》，北京：中华书局，1956年，第3304页。

3　有些美国学者认为乾隆帝自诩的两大功绩即"西师"和"南巡"并非并列的两大事件，"南巡"乃是为"西师"的战争做后勤准备。（参见［美］张勉治：《马背上的朝廷：巡幸与清朝统治的建构（1680—1785）》，董建中译，南京：江苏人民出版社，2019年。）这种观点显然没有领悟到内地"正统观"对边疆战争意义的统领作用。

"一元"统摄"多元"的例证：儒家正统观对边疆战争意义的范导作用

治理边疆的过程中，除力求保持满洲特性的原貌和尊重其他少数族群的信仰与习俗，清朝统治者自觉或不自觉地仍会遵从前朝特别是宋明以来确立的"道统"及其延伸出来的一系列规则。这部分体现在清廷皇室刻意模仿汉家制度，更多则表现为一种心理上的无形趋同。

以色列社会学家艾森斯塔德对此现象有精准的评价。他把中国历史上的王朝体制概括为具有"文化取向与目标"的政权，以区别于奉行"集体—行政取向目标"的政权。他认为，在任何历史官僚国家之中，统治者都需要配置多种人力和经济资源，以实现其权利和完成政治目标。但如果表现出一种强烈的文化取向，那么统治者对大量占有资源的欲望就会较小，因为实现目标代价昂贵和成本偏高，他们对诸如领土扩张、军事强盛和经济增长这些指标给予较少的重视。

这并非说中国统治者不把集体强盛和扩张当作重要目标，而是在实现这些目标的过程中，强盛与扩张的形象总是在文化方面被表达出来，并且是作为文化价值与取向的从属物而形成的。即使一位皇帝热衷于纯粹的军事扩张目的，他贯彻这一目标的能力，在很大程度上也依然取决于文化取向的群体。这样一来，皇帝就必须把他的基本合法性考虑在内，而这些合法性强调的就是那些文化取向。[1]

1　参见［以色列］S. N. 艾森斯塔得：《帝国的政治体系》，阎步克译，贵阳：贵州人民出版社，1992 年，第 233 页。（艾森斯塔得今译"艾森斯塔德"。）王国斌也发现，中国由于长期统治着广大的土地和人口，并非像欧洲国家那样分散成许多个政治单位，所以就不必像某个欧洲国家要大力向外扩张或与他国竞争抗衡。中国的国内秩序依赖有效的社会控制，这是基于古训和沿袭历代政治实践获得的治理经验。对中国国家的重要威胁不是来自外力入侵，而是源于内部瓦解。因此维持国内秩序是中国王朝投入最多精力的方面。（参见［美］王国斌：《转变的中国——历史变迁与欧洲经验的局限》，李伯重、连玲玲译，南京：江苏人民出版社，1998 年，第 96 页。）

按我的理解，所谓"文化取向"乃是宋明以来士人阶层所倡导的一系列"道统"规则及其对政治体制的支配性影响。每当皇帝倾向于实施各种各样的集体扩张目标时，这些儒家士大夫就会动用"道统"原则加以规劝和修正，以防止为达此目标不择手段。儒生迫使最高统治者相信，行政与政策的问题可以通过礼仪教化等正当性的文化与道德行为自动加以解决。反过来说也是一样，这些问题的解决将有助于正当的文化秩序的延续。[1]

刘子健对宋代整体文化气质转向内在有相当独到的见解，他发现，处于十一世纪的北宋与十二世纪的南宋在整体风格上差异很大。十一世纪士大夫在文化传播中扮演开启新的、充满希望道路的乐观角色，而到了十二世纪，士大夫则把注意力转向巩固自身地位和在整个社会中扩张其影响。宋代士人前所未有地变得容易怀旧和内省，态度温和，语气审慎，有时甚至悲观。所以北宋的特征是外向的，而南宋却在本质上趋向于内敛。[2] 这是把宋朝拟象化成一个鲜活的生命有机体，借此手法去描述其独特的统治状态。

南宋政权转向内在的一个重要后果，是所有国家制度的维持、变动或者改革都不能仅仅置于纯粹功利性的考量之下，而是要经过道德伦理标准的检验和评估。原初的儒家信条只是一种普通的道德哲学，在宋代以前儒家要想取得突出地位就需要和其他思想流派不断进行竞争，而宋代特别是南宋以后，儒家已经完全变成了一种具有政治强制意义的意识形态权威，儒家士大夫的目标是当仁不让地

1　参见［以色列］S. N. 艾森斯塔得：《帝国的政治体系》，第234页。
2　参见［美］刘子健：《中国转向内在：两宋之际的文化内向》，赵冬梅译、柳立言校，南京：江苏人民出版社，2002年，第7页。

帮助皇权设计政治经济社会和教育制度，用道德规范其运行，他们相信道德价值观与功利主义目标可以达成一致，但良好的制度必须服从于道德水准的制约。[1]刘子健的这一观点与艾森斯塔德认为中国王朝的行政制度必须受制于"文化取向"的看法相当接近。

宋明以后军事力量的衰弱与儒家趋"文"政策的实施有着密切关系，故清朝所依据的多样政教资源，在内地是儒教，在藩部是藏传佛教；儒家推崇道德教化，藏传佛教主张隐忍为怀，均属内敛型的文化模式，都不以军事征服或者获取土地和资源为终极目的。对这两种政教关系采取合体性的兼收并蓄是清朝统治的最鲜明特征。

与宋明的内敛性国策相比，清朝对疆域辽阔的渴求欲望似乎张扬了许多，没有那么克制隐忍，清朝帝王也确实通过武力征伐实现了有史以来最为恢弘的一统局面。清朝所采取的多次军事行动到底与前朝相比具有什么特点，曾引起学界颇多争议。新清史即把清帝征战西北看作类似于西方近代的殖民扩张，表面上，清廷对准噶尔的胜利似乎带有强烈的领土要求，但细究起来，清廷绝非如西方殖民者那样通过屠杀人口和掠夺资源，为海外贸易与殖民统治创造优厚的经济条件，而是基本恪守了宋明礼教对广大空间占有的"道德"定义。

艾森斯塔德有一段分析也许有助于我们对清帝扩张政策的理解。他说，在对外政治领域，中国皇帝经常追求领土扩张，卷入了

1　实际上汉代儒生业已注意到孔子作《春秋》时已经开始强调"任德而不任力"的问题，如董仲舒在《春秋繁露》里明确指出："则《春秋》之所恶者，不任德而任力，驱民而残贼之。其所好者，设而勿用，仁义以服之也。"（苏舆撰：《春秋繁露义证》卷第二《竹林第三》，钟哲点校，第46页。）

许多战争。然而，他们也经常宣称其目的是为了帝国的团结，或文化统一体的维持。即使表白这些文化动机只是为了宣传的目的，它们也依然明显地影响了实际政策的制订和贯彻。进一步说，既然统一帝国的理想只有在儒家的框架之中才能实现，那么统治者就不得不在领土统一等方面借重文化群体和阶层。[1] 这个阶层无疑指的就是儒家士大夫群体。

从表面上观察，清朝的边疆政策不仅与宋明有异，而且也违背了汉唐以来惯常使用的羁縻政策。清朝君主认为汉唐一直处于战争还是和议的两难选择之中，一些胸怀大志的有为之君，也曾想远征荒漠，底定天下，"然事不中机，材不副用，加以地远无定处，故尝劳众费财，十损一得"。这就造成了"搢绅之儒守和亲，介胄之士言征伐。征伐则民力竭，和亲则国威丧"的尴尬局面，和亲与征伐的争论导致汉唐君主放弃了大片国土，北方夷狄步步紧逼，也间接造成后世宋明疆土逼窄窘迫的困境。于是"守在四夷，羁縻不绝，地不可耕，民不可臣"的舆论才开始主导疆域政策。

清帝以为："然此以论汉唐宋明之中夏，而非谓我皇清之中夏也。"理由是，清朝在疆域扩张上接续的是元朝的传统，必须剿灭准噶尔也恰恰是因为他们破坏了元朝"大一统"的格局。所以才有如下的说法："皇清荷天之宠，兴东海，抚华区。有元之裔，久属版章，岁朝贡，从征狩，执役惟谨。准噶尔、厄鲁特者，本有元之臣仆。叛出据海西，终明世为边患。至噶尔丹而稍强，吞噬邻蕃，阑入北塞。我皇祖三临朔漠，用大破其师。元恶伏冥诛，

1　参见［以色列］S. N. 艾森斯塔得：《帝国的政治体系》，第 236 页。

胁从远遁迹。"[1]

在后来撰写的《十全记》中，乾隆帝对发动边疆战争的意义有了一番自己的独到理解，他首先强调的是"守中国者，不可徒言偃武修文，以自示弱也"，否则"必致弃其故有而不能守"。同时他又引用《易经》中的一段话表示即使被迫动兵也要恪守"道"的轨则，做到"每于用武之际，更切深思，定于志以合乎道"。[2]

这个思考路向显然与汉唐宋明以来的边疆想象完全不同。清帝会坚持说不蹈宋明覆辙："岂如宋明，和市之为。"这并非意味着清廷的边疆政策完全脱离了宋明以来的轨辙，因为其攻取西北疆域后的最终治理方略，与汉唐宋明坚持赋予征服区域以道德意义的传统并无二致。故在同一纪功碑文中又有"既知其然，饬我边吏：弗纵弗严，示之节制。不仁之守，再世斯斩。篡夺相仍，飘忽荏苒"[3]这样的话。

平定新疆后，乾隆帝特别强调战争使"声教"远及于蛮荒之地，其诏书云："斯声教益溥于要荒，将惠恺愈罩于海宇。殊勋既奏，庆典宜宣。"针对大小和卓与霍集占的叛乱，他也表示本来不想动武，乃是被逼无奈，表示"是以不得已而申讨，初非更有事于穷兵"。[4]

---

1 梁国治等撰：《钦定国子监志》卷五《御制一·御制平定准噶尔告成太学碑文》，见纪昀等撰：《景印文渊阁四库全书》第六〇〇册，第 54—55 页。当时乾隆帝准备征伐准噶尔即遭到了众多大臣的阻挠，只有傅恒一人表示支持，乾隆帝也是顶着巨大压力才做出出兵的决定，其考量的焦点即在于出兵是否合乎唐宋以来征战与议和积累的历史教训。（参见戴逸：《乾隆帝及其时代》，北京：中国人民大学出版社，2018 年，第 176 页。）

2 《十全记》，见张羽新：《清政府与喇嘛教·附清代喇嘛教碑刻录》，第 480 页。

3 《平定准噶尔后告成太学碑文》，见张羽新：《清政府与喇嘛教·附清代喇嘛教碑刻录》，第 381 页。

4 《清高宗实录》卷六〇〇，乾隆二十四年十一月辛亥。

284   "天命"如何转移

乾隆帝在告成太学的碑文中，把这层意思昭示得更加明确，他说："夷考西师之役，非予夙愿之图，何则？实以国家幅员不为不广，属国不为不多，惟凛守成之志，无希开创之名。兼以承平日久，人习于逸，既无非常之人，安能举非常之事，而建非常之功哉？"[1] 可见他对征伐边疆是否能够成功是心存忧惧的。至于胜利的原因，他则归结为上天的佑护，于是说："故曰非人力也，天也。夫天如是显佑国家者，以祖宗之敬天爱民，蒙眷顾者深也。则我后世子孙其何以心上苍之心，志列祖之志，勉继绳于有永，保丕基于无穷乎？"[2]

这套说辞其实与儒家对帝王占有疆域需提供足够的道德理由没有什么实质差别。所以碑文的最后才得出结论："郊庙告成，诸典并举。皇皇太学，丰碑再树。丰碑再树，敢予喜功。用不得已，天眷屡蒙。始之以武，终之以文。戡乱惟义，抚众惟仁。"[3] 立碑太学的目的就是要昭告世人，征伐边疆不是为了单纯占有土地，或者掠夺人口，只不过是一种仁政普施的教化手段而已，与在内地推行儒教礼仪没有根本的区别。

与碑文的意思相近，乾隆帝还在《御制十全记》中有这样的表述："我武既扬，必期扫穴犁庭，不遗一介，亦非体上天好生之意。即使尽得其地，而西藏边外，又数千里之遥，所谓不可耕而守者，

1　梁国治等撰：《钦定国子监志》卷五《御制一·御制平定回部告成太学碑文》，见纪昀等撰：《景印文渊阁四库全书》第六〇〇册，第 60 页。

2　同上。关于清帝在战争后频繁树立纪功碑的情况，可参阅［美］卫周安：《清代战争文化》，董建中等译，第 34—55 页。

3　梁国治等撰：《钦定国子监志》卷五《御制一·御制平定回部告成太学碑文》，见纪昀等撰：《景印文渊阁四库全书》第六〇〇册，第 60 页。

亦将付之他人。"[1]

他继续说:"知进知退,《易》有明言。予实服膺弗敢忘。而每于用武之际,更切深思,定于志以合乎道。"[2]细究其中之意,乾隆帝用兵一定要依托正统性赋予他的道德指令,不会单凭一时冲动就起了动武扬威的念头。

实际上,乾隆帝对发动准噶尔战争前只得到少数人支持这件事始终耿耿于怀,久久不能平复心中的怨气,以至于战后还专拟了一篇《开惑论》,借他人之口陈说自己发动战争的真实理由。这篇文章开篇即述说这场"西师之役"因为"决机于午夜之密勿,驰檄于绝域之阻阂",没有机会"能人人而告之,以祛其疑",因此才有此文的撰写与刊布。可见乾隆帝并非在打完胜仗后只知炫耀武功,他还是相当在意当朝的儒生臣子们到底如何评价这场战争的性质的。

《开惑论》的场景设置好像一出三人戏剧,角色包括硕儒、大夫和"信天主人",具体情节是硕儒与大夫之间展开了一场发动某次战争(暗指准噶尔之役)是否恰当的争论。这位"信天主人"俨然是争议的仲裁者,其身份暗指乾隆帝。

在这一出"信天主人"导演操控的"戏剧"冲突中,硕儒首先摆出一套反战的说辞,大夫随之加以驳论,双方唇枪舌剑,互不相让。硕儒反对这场战争的理由可谓相当煽情:"阳舒阴惨,生民大情,离忧合欢,品物同性。绝者不可复属,死者不可复生,损兵折

---

1 《清高宗实录》卷一千四百四十四,乾隆五十七年十月戊辰。
2 同上。

"天命"如何转移

将，无补功成。"

大夫则极力证明战争并没有增加国力负担，他质问道："加征增算，何曾于民，凡有水旱，无不恤赈。运输给价，防其蚀侵，甘肃岁赋，预免庚辰"，清廷在战时不但没有加征税赋，还赈济饥民，如此才造成了"无不内属，慕义归仁。鸿庸爰建，千古未闻"之局面。紧接着大夫又斥责硕儒不辨菽麦，"安足以知我信天主人哉！"

在铺垫了一番对话之后，信天主人终于以仲裁息争的身份隆重登场，一下子把战争意义升华到了"顺天者昌，逆天者亡"的高度，并搬用《易经》开示说，这场"御寇"之战获得了《易经》所预言的昊苍上天的眷顾，而"信天主人"态度又是如此诚恳，达到了"矜矜惴惴，凛凛皇皇，陨越惧"的心理境界，既然有了苍天的佑护，那么还在乎这些论争的是非短长干什么呢？[1]

乾隆帝对边疆战争意义的辩护最终俘获了众多汉人士大夫的心，如钱陈群就指出，准噶尔之役完全遵奉天意，且并未造成民众积怨，"故曰：天也，非人之所能为也，莫之为而为者也，兹之谓矣。惟是五载之中，皇帝运独断，炳先几，民无征发之劳，士有挟纩之感"[2]，接着又颂扬道，"传檄而定者数十城，慕化而归者万余里""功大而不有，业极盛而不居，于书传所称，若合符节"[3]。大意是说乾隆帝的解释完全符合文人对战争意义的想象，也暗合宋明

1　参见钟兴麒、王豪、韩慧校注：《西域图志校注》卷首一《开惑论》，乌鲁木齐：新疆人民出版社，2002年，第6—8页。

2　钱陈群：《〈御制平定回部告成太学碑文〉跋》，见董诰辑：《皇清文颖续编》卷九《跋》，清嘉庆武英殿刻本。

3　同上。

以来文人领军传统中对战争理应具备仁义之师特点的论述。

我们只要读一段宋人范祖禹的话，就会明白乾隆帝的这套自辩之辞的确其来有自。范祖禹在元祐初年表上的《唐鉴》中曾说过："有国者丧师之祸小而或以霸，秦穆公、越王勾践是也；得地之祸大而或以亡，楚灵王、齐潜王是也。是故广地不若广德，强兵不若强民。先王患德之不足而不患地之不广，患民之不安而不患兵之不强。封域之外声教所不及者，不以烦中国也。"[1]

清朝"正统性"特征的思想史诠释

儒家"体用"关系对清朝"正统性"的规范作用

理解清朝之统治特性十分不易，原因在于，估测其统治风格不能仅仅瞩目于一些属于"治理"层面的制度安排，或者眼睛仅仅盯住某些行政技术运作的得失短长，而是要揣摩清帝在具体使用这些治理技术时到底凭借着什么样的文化资源，采取了什么样的行动逻辑。它们大多深藏在一些很难捕捉到的心理活动之中，论者必须转换角色，想象自己化身于清帝，左右细致观察，方能悟其一二。如此一来，思想史的介入就成为体味帝王用心的必要补充手段了。

如前所示，清朝皇家采取任何"治理"层面的动作，其背后都需要预先设定一个理由，以作为行动的深层指导依据。照中国传

1　范祖禹撰：《东莱先生音注唐鉴》卷五《太宗三》，吕祖谦注，明弘治刻本。

288　　　　　　　　　　　　　　　　　　　　　　"天命"如何转移

统思想史的说法，这个依据就是"体"，而那些治理手段只不过是"用"，至于这两者的关系，直到宋代才被理学家们表达得更加清晰透彻。

理学家认为，那些恒常不变的"理"或"道"就是"体"，由之繁衍出来的生生变化才是"用"，体必然发显而成为用，但"用"的根基还须落实到"体"，如果离开了"理"的普遍性，它所表现出的那些"用"就会流为无限多样的散殊之象，必然无所依凭，结果生生变化的世界统一性也就不复存在了。

如果落在具体器物上，体用可以分殊。朱子曾以扇子作喻讲出一番道理，他说扇子有骨有柄，用纸糊，这就是"体"，人把扇子摇动起来，就变成了"用"，可见扇子之作为"体"和"用"是可以分离的。[1] 朱子更具体地认为，"礼是体"，这就不是从抽象的哲学层次上来谈体用关系了，而是分明要把它落定在具体现实情境之中。[2]

从王朝正统性的建立而言，"体"就是"主导性虚构"[3]（普遍王权），这部分相当于朱熹说的"扇骨"，"用"则是一种治理技术，略等于扇子摇动起来的状态，可看作是"正统性"的一种扩散与实施过程。"汉化论"仅仅拘守汉人本位的宋儒观，过度强调了"正统性"作为"体"的决定性作用，忽略了"体"还有发散为治理技术之多样性的"用"的一面；"内亚论"则正好相反，把清朝对边疆的特殊治理方式错当作"体"来看待，反而忽略了其与前朝"正

---

1 参见杨立华：《一本与生生：理一元论纲要》，北京：生活·读书·新知三联书店，2018年，第179页。
2 参见杨立华：《中国哲学十五讲》，北京：北京大学出版社，2019年，第246页。
3 关于"主导性虚构"（master fiction）的具体意涵和历史作用，可参见本书第七章。

统性"的关联，从而颠倒了传统的体用关系。[1]

这就关涉到清帝对"一"与"多"的理解，清朝统治版图包容了不同族群，迥异于以汉人为主体的宋明传统王朝。要弥合多样文化于一体，即使仅从处理多元语言并存与使用的繁复性而论，其难度之大也非前朝所可比拟。要真正实现多民族意义上的"大一统"，就必须推行"同文之治"。但在清朝的语境下，"同文"既要遵循儒家先贤的理想设计，不可逸出道德伦理规定下圣王之治的正统性标准，实施伦序、礼乐和教化的目标，又不能窄化到仅局限于汉语儒家经典范围，而罔顾多民族共同体之间实际存在语言差异的现实境遇。

清朝的"同文"规划常常处境微妙，清帝必须遵循传统王道政治中对"政"归于"道"之统摄的古旧训条，但与汉人相比他们又出身于非汉人族群，故必须剔除前朝过于强调"以夏变夷"的极端排外思想，小心翼翼地把多民族语言融汇进来，构成"大一统"的必备要素。所以才有乾隆帝"天下之语万殊，天下之理则一"[2]的说

1　关于"体用"关系的讨论，至晚清仍不乏其人，如吴廷栋在致方宗诚书中对"体用关系"就有一段比较精彩的评论，他说："尝谓世无无体之用，亦无无用之体。有用而无体，其用只是诈伪；有体而无用，其体必多缺陷。知体用一源，则所当致力者，宜知所先后矣。"（吴廷栋：《拙修集》卷八，第32页，转引自王尔敏：《晚清政治思想史论》，台北：华世出版社，1970年，第53页。）

　　随着与中亚诸国接触日益频繁，乾隆帝逐渐调整治理思路，蒙古因素在中亚外交中的垄断性地位逐渐淡化，满洲与中原政治文化因素开始渗入。举凡满、蒙、汉文化与制度因素均有所参酌。故以往研究试图用单一"满洲特性""蒙古式普世主义"或意涵模糊的"内亚属性"以总括形容都难免有所偏颇。（参见马子木：《乾隆朝初通巴达克山考——兼论准噶尔遗产与清朝中亚外交之初建》，载《"中研院"历史语言研究所集刊》第八十八本第二分，2017年，第347—396页。）由此事例亦可证明，清朝的统治仍坚持奉行着"体"（正统性之儒家原则）与灵活运行之"用"（各种因地制宜的实用治理方案）的双重策略。

2　清高宗：《〈满珠蒙古汉字三合切音清文鉴〉序》，见《御制文二集》卷十七《序》，清文渊阁四库全书本。

辞。这个"理"仍是"声教"。

乾隆帝在嘉庆三年（1798）一首诗的识语中，把这层意思阐发得十分明白："各国之书，体不必同，而同我声教，斯诚一统无外之规也"，又说"夫疆域既殊，风土亦异，各国常用之书相沿已久，各从其便，正如五方言语嗜欲之不同，所谓修其教不易其俗，齐其政不易其宜也"。[1]

"修其教不易其俗，齐其政不易其宜"语出《礼记·王制》，在这里乾隆帝虽引用儒教经典，却偏向于强调其多元族群文化的差异，以有别于宋明的"夷夏之辨"，但最终还是要把这种"多"归于"声教"的"一"。因为乾隆帝感觉到，以汉人为主体的"声教"规训，太过于突出儒教对周边民族所具有的道德优越感，并视之为辐射同化异族的利器，无法兼容其他文化的多样性，这并不是《礼记》所揭示的"大一统"之原义。

多民族的"俗"与"宜"虽然要符合传统政教关系，即作为"体"的"声教"，但是不同风俗语文的差异也应该兼容并存。这样才能表现为一种"用"，与作为"体"的道德伦际相辅相成，最终昭示出"同文"与"治道"的关联性。[2]

---

1 清高宗：《题和阗玉笔筒诗识语》，见《御制文余集》卷二《识语》，清文渊阁四库全书本。

2 参见马子木、乌云毕力格：《"同文之治"：清朝多语文政治文化的构拟与实践》，载《民族研究》2017年第4期，第82—94页。濮德培（Peter C. Perdue）比较强调用何种语言标识地图地名时会存在着紧张关系，比如当清帝将自身看作内亚帝国之主时，地图便包含突厥与蒙古的地名的原始文字与拼音。但当皇帝想正当化他作为汉唐中国统治者的继承人，便将这些中央欧亚的地名等同为古典文献中所发现的地名。但在十九世纪初期地名却出现转向汉化的趋势。旅行日记与学者的研究将地方场所与古典旧事连接起来，地图与历史共同合作，将这些新地区牢牢编织进帝国的结构之中。

由"文"趋"质"：清帝摆脱北方"野蛮"形象的努力

除了对"体用"关系有了全新的理解，清朝统治者对"文质"关系这一古老的思想史范畴也有一番自己的见解。

因长期遭受明朝士人对其"蛮夷"身份的鄙夷，满人入关后在相当长一段时间内难以克服文化自卑的心理阴影，于是使用各种非常手段力图剔除自身"野蛮人"的烙印。比如清廷以征书为名删削宋明文献中有关"胡人"的描述，严禁刊刻明史私家著述，以杜绝对新朝满人具有北狄身份的评判与流播等等。但对自己非汉人身份的记载抱有如此强烈的过度反应，却恰恰证明其急欲改变在汉人心目中的野蛮形象，希望尽快融入内地汉人文明的焦灼心态。有学者发现，满人入关后编纂的《满洲源流考》及后来翻译成汉文的满人起源文献中引述的满人祖先创生神话多模仿了汉人先秦时期的古帝王与圣人诞生传说。如满人神话里神鹊衔朱果，三仙女之一吞食朱果而受孕的故事就与汉人圣王的受孕神话非常相似。[1]

与此同时，清帝又似乎担心入关后满人日益被汉人腐化改造，不断强调保持满人传统习俗的重要性。清代早期的文治决策经常在两者之间来回摇摆。如何理解满人的这种深层焦虑及其诸种禁抑舆论的非常举措？我以为可以从中国传统的"文质之辨"思维中窥其一二。

"文质之辨"作为中国思想史的一个议题，其包含的内容相当驳杂难辨，有时它只是指一般的文辞修饰类型的嬗递，或者仅是对某类文章风格优劣的评鉴，如文章品性是浮华雕琢还是质朴简约等等，纯属文人欣赏趣味的差异。

---

1 参见 Yong Liang, "A Textual Study of the Myth of Manchu Origin," in *Frontiers of History in China*, Vol. 16, No. 1, 2021, pp. 96–122。

在更多情况下，"文"与"质"的演变往往被置于世运变迁的框架内加以解读。历来的文质论都是对历史文化发展大势的一种描摹，汉儒就有所谓夏尚忠、殷尚质、周尚文的叙述模式，昭示的是一种三代更迭"质文代变"的观念。有关历史演进的判断，依赖对文/质这一对立范畴加以裁定，深刻影响了士人对社会文化深层变动的感受，塑造了他们感知几微的能力。[1]

对质文互变的评鉴反映在历史观层面往往会受时代际遇变化的深刻支配，比如在明清鼎革之际，"文质之辨"就被置于明朝何以失败这个沉重的大话题之下予以讨论，以至于对明朝"文胜于质"的教训有所反思。如张履祥就沉痛于明末的"文弊极矣"，极力主张用"质"的手段加以补救，他提出恢复宗族秩序等构想，就是从克服"文胜"的角度立论的。[2]

在明代的官方科举文字中即已有强调由文趋质的观点，把"经世致用"当作扭转崇文颓风的良药。如明人孙如游就称："当开创之初，元气始合，故多质。质渐趋而文、文盛不已，辄极思以见奇。奇不能胜，爰吊诡以求异，遂至支离牵附，义悖辞淫，弊极

1　参见赵园：《制度·言论·心态：〈明清之际士大夫研究〉续编》，北京：北京大学出版社，2015 年，第 356 页。有关"文质之辨"的讨论还可参照阎步克：《士大夫政治演生史稿》中第八章"'独尊儒术'下的汉政变迁"第一、二节"'文敝'的救治：'反质'""'文质彬彬'"，北京：北京大学出版社，1996 年，第 301—324 页。有关魏晋时期"文质"的讨论，参见阎步克：《魏晋南北朝的质文论》，见《乐师与史官：传统政治文化与政治制度论集》，北京：生活·读书·新知三联书店，2001 年，第 292—320 页。有关"文质论"与中国历史观形成的分析，可参见杨念群：《"文质"之辩与中国历史观之构造》，载《史林》2009 年第 5 期，第 82—90 页。

2　参见杨念群：《何处是"江南"？：清朝正统观的确立与士林精神世界的变异》，第二章"礼制秩序的重建与'士''君'关系的重整"，北京：生活·读书·新知三联书店，2017 年，第 62—107 页。

矣。"[1]这种由质趋文、文盛思奇，最终走向吊诡求异、义悖辞淫的怪圈，随着改朝换代而不断地在历史上加速轮回着，只有倡导经世学风才能起到纠偏的作用。

但是另有一些议论却取相反的方向，认为鼎革之际潜藏着"质"胜于"文"的危险。如黄宗羲《明夷待访录》中未刊的《文质》篇，主旨就是从华夏文明沦丧于夷狄的现实危机出发来讨论文质之别："文"相当于礼乐文化，"质"则是其反面，其中暗藏着的是与"夷夏论"纠缠在一起的担忧。如黄宗羲从服制、丧葬、燕饮、祭祀的损毁日废中看到了由文趋质带来的衰败之象。

在王夫之眼里，文衰而质胜的表征就是礼仪丧失，保存礼仪就是延续华夏礼乐文明，文衰则礼失，潜藏着由夏变夷，人沦为禽兽的大危机大变局，所以王夫之才说君子要"慎言质"，而应"重言文"，厌恶那些"托质朴以毁礼乐"的说法。这与前述张履祥想通过恢复文化的"质"之一面以挽救明末奢靡之风的言论又有差异，已相当明显地对清朝满人是否能接续汉家礼仪表示了轻蔑和怀疑，文质论的批判性至此严峻到了极点。生活在鼎革时期的士人，其决绝的立场多少给刚入关的满人造成了一定的心理压力，迫使他们在是否汲取汉人文明与保存满人文化方面左右摇摆，总希望寻求一种微妙的平衡。

如果要真正理解满人对汉人文化的这种模仿式焦虑，就必须追溯到宋代对"文"的定义。隋唐时期对"文"的理解已经开始发生变化，"文"不仅仅代表一种文学抒情或者与文事相关的事情，如《隋书》所说："然则文之为用，其大矣哉！上所以敷德教于下，下所以

1　孙如游：《顺天乡试录后序》，转引自陈维昭：《日藏孤本〈群芳一览〉与万历丙午丁未考试录》，载《中国文学研究》2019 年第 2 期，第 51 页。

达情志于上，大则经纬天地，作训垂范，次则风谣歌颂，匡主和民。"[1]
只不过唐代重视文章和辞藻，并不特别崇尚儒学，文学与儒学之间并未建立起互为表甲的依存关系。这与唐朝皇帝并不专一于儒学信仰有关。宋朝则开始注重使用儒生理政治国，故《宋史·文苑传》才有以下判断，称"艺祖革命，首用文吏而夺武臣之权，宋之尚文，端本乎此。太宗、真宗其在藩邸，已有好学之名，作其即位，弥文日增"。[2]

宋代军事力量衰落，宋太祖为遏制军人被周边随从黄袍加身的"人间权力喜剧"重演，开始改由文人领兵或监控军事行动，造成军事指挥与文职人事相互窒碍，北方异族军事力量的崛起又造成了宋朝文人的持续心理恐慌，进一步弱化了军事力量。所谓"国家创造之初，则其大体必本于忠。风俗涵养之久，则其大势必趋于文"。[3]

"虚文"与"实政"的对峙关系实际上就是"文"与"质"差别的反映。崇文抑武的现象起始于宋代利用文臣制约武人的努力，这不但使武人的形象黯然失色，还加深了文人与武将之间的相互隔阂。欧阳修就把武人治国视为"霸且盗"，认为"武为救世砭剂，文其膏粱欤！"，意思是武不过是一剂救世的猛药，"文"才是治世滋补的佳品。"乱已定，必以文治之。否者，是病损而进砭剂，其伤多矣"，效果肯定适得其反。[4]

趋"文"之迹象还可以从南北文化对峙的格局中略加窥测。宋

<hr />

1 《隋书》卷七十六，北京：中华书局，1997年，第1729页。
2 《宋史》卷四百三十九《列传第一百九十八·文苑一》，北京：中华书局，1985年，第12997页。
3 吕中：《类编皇朝大事记讲义 类编皇朝中兴大事记讲义》，张其凡、白晓霞整理，上海：上海人民出版社，2014年，第61—62页。
4 《新唐书》卷一百九十八，北京：中华书局，1975年，第5637页。

人偏安，起因于文人领军所诱发的军力孱弱，故在开疆拓土方面不思进取，但士人在文化上始终保持自信，对艺术与文学的爱好常常超越对武力的炫耀。故有人讥讽江南人有接受"苟安"和"偏安"的嗜好，其矫揉造作、华而不实的行事风格也多为北人所耻笑。南人中个别豪放派诗人常常故意做出一副"南人孰谓不知兵"的姿态，还特别举证说"昔者亡秦楚三户"[1]；又说"切勿轻书生，上马能击贼"[2]。但怎么看这架势都像是外强中干的自我安慰，或者是一种军事挫败后的心理补偿。一个有趣的现象是，一方面北人被描绘成野蛮人，另一方面对南方抗敌英雄的相貌描写却多接近于孔武有力的北方异族形象，称羡的是他们的那种最原始的求生本能和身体的蛮武强壮。[3]

儒家"道统"的建构很大程度上是对军事力量衰弱不振的一个回应，即通过构筑文明的优越感抵消军事弱势带来的心理压抑。北宋时，复兴古文就已不是一场单纯的文学浪漫运动，古文不仅仅被看作是文学风格的表达，而且更强烈地体现出一种道德观念，否则就被视为文风雕琢浇薄、道德衰靡，不利于风化；一旦"文"被添加了沉重的道德使命，就失去了文章本有的意趣。让价值观居于优先考量的位置，意味着道德涵养的努力是获取文学成就的必要基础，学道应先于学文。宋代"道统"谱系的建立改变了原有的政教关系框架，使得儒家更强调道德教化的思路得以延伸到皇室，并通过宗族的再造渗透进基层社会。这进一步加剧了宋朝气质的"内向化"过程。

1 陆游：《十月二十六日夜梦行南郑道中既觉恍然揽笔作此诗时且五鼓矣》，见《剑南诗稿》卷十四，收入《陆游集》，北京：中华书局，1976年，第392页。

2 陆游：《太息》，见《剑南诗稿》卷三，收入《陆游集》第二册，第75页。

3 参见［美］戴仁柱：《十三世纪中国政治与文化危机》，刘晓译，北京：中国广播电视出版社，2003年，第233页。

"天命"如何转移

时人概括北宋在屡战屡败"偃兵息民"之后，"天下稍知有太平之乐，喜无事而畏生事，求无过而不求有功，而又文之以儒术，辅之以正论，人心日柔，人气日惰，人才日弱，举为懦驰之行，以相与奉繁密之法"。[1] 故崇尚"文"与鄙视"质"的风气颇为明显，"文"是指儒家的精致化，"质"是对异族文化的贬斥。"夷夏之辨"在宋朝蔚为风气多与此构思有关，基本是这条延长线上流传下来的一种思维。满人统治集团入关之后，首先面对的问题是如何应对这种已成惯性的文人偏见。[2]

满人统治集团入关后，在心理上对江南汉人文明抱着忧惧和艳羡的双重心理。他们并不排斥儒教的正统性，但对满人"质"的一面却也大加赞誉。对满语骑射的提倡和对霸蛮武力的炫耀多少带点自卑心造成的补偿心理，这种对满人传统习俗的崇尚亦可放在"文""质"互相转变的大文明史框架内加以认知。"质"不一定要被贬斥为"文"的绝对对立面，而要考虑到其转化成"文"的可能性，同时也应该为"质"本身的存在预留空间。[3]

有的学者对所谓"满洲特性"到底是一种文化本身固有的品质，或者只不过是对汉文化压迫做出的应激式回应与模仿，提出了自己的看法。比如清帝总是强调"满洲本性淳朴"，"廉洁""节俭"

1　吕中：《类编皇朝大事记讲义 类编皇朝中兴大事记讲义》，张其凡、白晓露整理，第44页。相关的详细讨论可参见任锋：《治体、制度与国势：吕中〈宋大事记讲义〉引论》，载《天府新论》2018年第6期，第27—44页。

2　参见［美］包弼德：《斯文：唐宋思想的转型》，刘宁译，南京：江苏人民出版社，2001年，第186页。

3　参见杨念群：《何处是"江南"？：清朝正统观的确立与士林精神世界的变异》，第四章"'文质之辨'：帝王与士林思想的趋同与合流（上）"，第156—194页；第五章"'文质之辨'：帝王与士林思想的趋同与合流（下）"，第195—240页。

都应是满洲固有的风俗，满汉文字中的大量论述似乎也证明了这些"满洲特性"毫无疑义地确实存在着。但如果对比《加圈点字档》《太宗文皇帝圣训》两种新满文文本，就会发现，满汉两种文本的圣训中皇太极所言"国家崇尚节俭，毋事华靡"的表述，在《无圈点老档》这部老满文史料中都不存在，完全是后来加进去的文字。

这就证明，入关前的满人根本没有意识到自身具有一种"节俭"的品质。因此，这也绝非几个字的改动这么简单，而是将整个节俭的故事套入圣训祖训的脉络中，成为记忆重构的焦点。这就造成一种错觉，好像清朝立国之初，"节俭"之风就已被提升到了"国家崇尚"的地步，尽管在满人的初始记忆中本不存在什么"节俭"的概念。更有趣的是，乾隆帝在回顾祖先留下的记忆时，主要使用汉文文本，汉文由此成为满洲统治者了解祖先行为的记忆来源。

换而言之，对"满洲淳朴"特性的记忆塑造恰恰是应对汉人奢靡生活威胁造成的结果，或者说是对汉人歧视眼光和观点的一种反弹式回应。汉人文明的巨大压力迫使满洲皇帝在论述自身的文化特质时被迫戴上一副文明化的面具。[1]

至于满人为什么要保持自身文化特质，清朝统治者更多乃是出于权宜之计，而并不那么僵硬地固执己见。乾隆帝对皇太极的下述说法深为佩服："先世儒臣巴克什达海、库尔禅屡劝朕改满洲衣冠，效汉人服饰制度，朕不从，辄以为朕不纳谏。朕设为比喻，如我等于此聚集，宽衣大袖，左佩矢，右挟弓，忽遇硕翁科罗巴图鲁劳萨挺身突入，我等能御之乎？若废骑射，宽衣大袖，待他人割肉而后食，与尚

1　参见蔡名哲：《满洲人的淳朴从何谈起：一个研究概念的探讨》，载《成大历史学报》2015 年第 49 号，第 225—249 页。

左手之人何以异耶？朕发此言，实为子孙万世之计也。"[1] 认为清朝的"无疆"功业"皆仰遵明训所致"，明显突出的是保留满人"质"的一面。然而我们再换个语境观察，恰恰到了乾隆时期，满人制服上开始添加十二章纹样，基本上与历代王权的服饰图案衔接了起来，这恰恰显示满人积极向汉人传统中"文"的方向靠拢，并纳入统一的规制之中，最终完成了对前朝正统制度的接续。[2]

"文质"转化也与"夷夏之辨"有密切的关系，"夷""夏"互相转换正是"质""文"关系变化的另一种表现形式。满人作为异族政权之所以被汉人所承认，固然是因为他们接受了汉人中"文"的成分，这确实与某种汉化的程度有关，但其政权却有别于汉人王朝，所以其体现出的"质"的一面同样影响了汉人社会的审美取向。乾隆帝下江南对汉人文化的欣赏，与其在扬州建立藏传佛教的白塔之行为是双向互动的过程，也是相得益彰的结果，肯定不是一种单向的汉化行为。[3]

结　语

清朝因其祖先金人与宋朝为敌，背负胡狄之名，在宋明以来的正统观传承谱系中属于偏统遗脉，不入华夏主流。然满人入主大明江山，疆域之辽阔远超前代，治下族群之多元复杂亦非明人所能想象。

1　于敏中等纂：《钦定日下旧闻考》卷十三《国朝宫室（五）》，清文渊阁四库全书本。

2　参见王跃工：《万国衣冠拜冕旒》，载《紫禁城》2019年第5期，第28—39页。

3　参见［美］梅尔清：《清初扬州文化》，朱修春译，上海：复旦大学出版社，2004年，第212页。其中说道："扬州的景致在皇帝的手里被重写，题词和诗歌将这座城市、它的机构、盐业垄断以及帝国的中心黏合在一起。"

故其对"何为正统"之理解必然迥异于汉人王朝，满洲君主必须甄别尊崇边疆广大地区民众信仰，承认其与内地的差异，不可能一刀切式地把非汉人族群完全收编于儒学"正统观"的教化之列。清廷最终采取因地制宜的办法，分别在内地和藩部地区承继和接纳了两种政教关系，并以内地"正统观"引领统辖之。这就使得以往单纯依恃儒教的"正统观"被赋予了更加复杂的面相，满洲皇帝兼具多张统治面孔，以应对不同族群的文化心理预期，构成了新的"大一统"论述框架。

新清史研究者们为了突出清朝对藏密佛教的尊奉和对"满洲特性"的彰扬，刻意强调藩部地区政教关系在清朝统治中的特殊性，并非没有一定道理，但这种比附太过机械地效法对西方"帝国"的认知套路。从某种意义上说，西方帝国往往具有鲜明的政教合一特点，其"教"的一面乃是指"宗教"信仰与政治组织强势合体，在国策制定和实施方面起着支配作用。"帝国"之间的战争也往往体现出鲜明的"宗教战争"之特性，如十字军东征和奥斯曼帝国的征伐行动都是西方政教关系的延伸形式，与清廷发动战争背后的政教动机有很大不同。

传统中国并没有"意识形态"这一说法，经典文本中更多传达的是一种"政治"与"教化"互动的含义。"政"既指国家又指社会，不仅包括政府的行政规划和实践，还包括思想训导方面的要求，其规训对象上自皇帝，下至百姓。"教"也不单指教书和育人，更多是向全体民众灌输一种关于社会秩序的道德标准，并使之延绵不绝。相应的双语词"教化"为"教"的观念增加了"化"的意蕴。[1] 清朝

---

1 参见［美］刘子健：《中国转向内在：两宋之际的文化内向》，赵冬梅译、柳立言校，第34页。

基本继承了前朝对"政教"关系的理解，其与西方统治的相异点主要体现在以下几个方面。

第一，清朝基于内外之别建立的两种政教关系，特别是面对边疆藩部的特殊语境确立的政教关系，对于皇权体制而言只具虚构意义上的象征特质，如皇帝拥有"转轮王"和"文殊菩萨"的身份，却并不意味着皇帝本人一定具有对信众的实际约束力，毕竟他与达赖和班禅喇嘛的宗教领袖身份不同。

第二，基于藩部制度形成的政教关系之所以不具暴力扩张性，乃是因为它在根本上受制于内地儒教"正统性"的训化和制约，这并非简单的"汉化"过程所能解释。内地以儒教思想为核心构造的"政治"与"教化"关系，其"教"的涵义并非西方意义上之宗教，而是通过操练内心的道德训诫培养出的治世能力。

宋明以来更是形塑成了一种"道统"—"政统"的二元互动模式，把道德制约人心的力量推向了极致，并以此区分文野，激烈排斥和贬低非汉人文化，这明显违背了先秦原始儒家思想中包融少数族群，并允许其实现身份转换的古训。正因如此，雍正帝才在《大义觉迷录》里反复陈说满人作为夷狄入主大统乃是合乎夷夏可以互换位置的古义。这也是满人获取正统性的一个重要思想依据。

第三，与此同时，清朝皇帝始终没有忘记利用自身的非汉人身份建立新的正统性。满人在建国之初就与蒙古族群相互依存互助，具有一种天然的亲近感。他们对自己非汉人身份的认同感，使其不可能单纯依附于以儒教为核心的政教关系。同时有意汲取藏密佛教思想和仪轨，使之整合进"大一统"架构之中。这就是为什么我们不能把清朝"正统性"仅仅看作是儒教训化的结果，或者仅仅凭借

"汉化论"解释其文化政策，而应该看到清朝"大一统"实践融入了蒙藏满等多重族群的文化因素。

尽管如此，这种处于内地政教关系之外的异质元素，似乎并没有占据正统的主流位置，更没有构成清朝王权宗教化的一个触媒或契机。原因在于，这两种"政教关系"虽然表面上处于并列态势，但究有内外之别。藩部的政教关系大体仍受制于内地"正统性"的引领和范导，形成了"体"（内地）与"用"（藩部）的二元运行逻辑，其体用互补关系所昭示出的仍是一种"中心"与"边缘"的互动状态。

第四，有学者把清帝的"一君多主制"形象作为区别于明代皇帝的最重要特征。但我认为仍可用政教关系的多元建构形态加以解释，特别是藏传佛教作为清朝新型"正统性"支柱之一，或多或少削弱了清朝对外扩张的纯军事动机。这是因为西方和中亚帝国在扩展领土时常常以讨伐异端宗教作为原始驱动力，从拜占庭、罗马帝国到奥斯曼帝国，背后都有宗教信仰作为扩张催动力。

元代蒙古统治者改信藏传佛教以后，其武力扩张能力却迅速下降。忽必烈建元之后，直到俺答汗皈依藏传佛教，即基本丧失了军事征伐的动力。明朝俺答汗也曾获"转千金轮"称号，与忽必烈所获称号完全相同。蒙文史书《阿勒坦汗传》就记载，俺答汗皈依佛法后，就几乎完全停止了向外征服的行动，把主要精力都放在了大力弘扬佛法上。[1]

故审观清代历史不可刻板地站在某个立场做单面观察，清朝政

1　参见甘德星：《"正统"之源：满洲入关前后王权思想之发展与蒙藏转轮王观念之关系考辨》，见汪荣祖等编：《民族认同与文化融合》，第129页。另参见吕文利：《试论俺答汗对意识形态的选择》，载《学习与探索》2017年第5期，第176—182页。

治犹如一个有着自主呼吸的有机体，它散发着特殊的气质。清初制度外观虽然仍残留着部落贵族凌霸蛮野的痕迹，可是在实现一统大业后并未从根本上逃逸出宋代以来趋于"文化内向"的走势脉络。即使从思想史的角度论之，"统治"与"治理"的区分仍完全可以通过经典"体用""文质"的思想维度重新诠释。

清朝以内地藩部为界重建"正统性"的目的，乃是充分考虑到未受或少受儒家思想影响的边疆地区精英和民众的真实感受。只有通过对传统之"体"进行改造，兼顾内地与边疆族群的双重历史沿革，才能使之弥散分殊为民族兼容共存的多样性，真正在"用"的层面上实现"大一统"的治理格局，这才符合中国古典"体用一源"与"体用分殊"交互映现的大历史规则。

若从文质之辨的角度观之，其原始义是描述朝代更迭带来的帝国整体气质的变化。但因为宋代以来过于强调文质分野，用"道统"标准强行设定夷夏之防的界线，终使原本鲜活的文质转换机制窒碍不通。

满人本属非汉族群，故其统治集团的文化政策致力于打乱宋明夷夏之间被固化的边界，重新激活"文"与"质"之间相互活泼流动的状态。清朝的贡献在于重新定义"文""质"之别，并使两者转化趋于常态。这就从根本上促使清朝名副其实地跻身到了历代正统王朝的谱系之列，特别是其一系列的文化举措最终得到了拥有强烈优越感的汉人士大夫阶层的广泛支持。

第四章　清帝的"教养观"与"学者型官僚"的基层治理模式

引言：从一道谕旨看皇权与地方官员的关系

乾隆二年（1737），乾隆帝发布了一道重要谕旨，之所以说这道谕旨重要，是因为它揭示了后来贯穿于整个有清一代的核心统治理念——"教养"的涵义，并详细规定了实施"教养"的主体——"学者型官僚"所应具备的政治实践内容，从而勾勒出了清朝基层治理的基本理念结构和特性。

这道谕旨首先规定，州县之事莫切于"勤察民生"，推行"教养之实政"。所谓"教养"指的不是平时所说的刑名簿书之类的法律条文，而是有点类似古循吏的"条教"。[1]时间上则要求地方官把相当一部分精力花在巡历乡村上，不可枯坐署衙之中处理政事。谕旨中要求官员：

---

1 余英时曾指出在汉代就出现了两种"吏道观"，即强调"以吏为师"和"移风易俗"两种倾向，并指出汉代已出现了"循吏"，即他们在治理基层社会的过程中往往突出官僚"条教"的功能，而不拘于恪守刑名钱粮的职责。但余英时并没有拿出有说服力的证据证明，"循吏"职能的转变与皇权的倡导和督察有密切的关系。（参见余英时：《汉代循吏与文化传播》，见《士与中国文化》，上海：上海人民出版社，1987年，第129—216页。）

所至之处，询民疾苦，课民农桑，宣布教化，崇本抑末。善良者加以奖励，顽梗者予以戒惩。遇有争角细事，就地剖断，以省差拘守候之苦。烟户牌甲，随便抽查，使不敢玩法容隐。乡愚无知，则面加开导之，庶几上下之情，通达无阻，而休戚相关，亲爱之诚，油然自生，而提撕易入。如此从容岁月，始可以收循良之实效。[1]

巡历乡村被视为是一种"亲民"的举动，可以防止胥吏弄权，阻隔官员和百姓的联系。乾隆帝发现，以往乡民除非有了打官司之事，才会对簿公堂，平常根本无法见到官衙之人，也无法听到官员的训诫。地方官因对四境的情况茫然不晓，常受胥役约保的蒙蔽，故须通过巡历乡里消除隔阂。每到农时，下乡查看农田事宜也是"养民"之义。乾隆帝正是出于对督抚以及州县官吏贤能与否的焦虑，才宣称"自古有治人无治法"，贤能的督抚和其统辖下的官员就是他心目中的"治人"。所以他自称每到引见官吏时，都要提笔标记，详视熟察，虽然此举有碍观瞻，也从不顾及，可见知人之难。[2]

乾隆八年（1743）闰四月丁卯，乾隆帝又发布谕旨，更加细化了他关于"教养"的思想。他认为"教养"应该并重，不可偏废。他发现自己所崇尚的尧舜之道的理想在乡间推行时极易流于具文，例如朔望宣讲，不过是在城市的角落进行。附近居民，聚集观听的

---

1 《清高宗实录》卷四七，乾隆二年七月癸卯，乾隆二年七月癸卯。
2 参见《清高宗实录》卷一九，乾隆元年五月丙辰。

人数也不过数十百人而已。而各乡镇的讲学之所，也多日久废弛，没有发挥实际的功用。那些有关教养民众的谕旨也只是以张挂告示的形式到处张贴而已，完全是例行公事，根本无法达到预想效果。故他再次要求地方官员：

> 若公事稍暇，或讲读编审，或劝课农桑。即可单车简从，亲历乡村，遇父老子弟，奖其善良，惩其不率。申之以劝诫，示之以荣辱，循谨者益加鼓舞，即强悍者亦知戒惩。渐摩日久，性情和顺，贪利好胜之心不作，而一道同风之盛可几矣。[1]

其中起着核心"教养"作用的就是督抚，因此，乾隆帝首先督导的是督抚一级的官吏，他说：

> 夫朕一人之心思，不能周知天下之利弊，故有赖于督抚，督抚一人之耳目，不能遍悉地方之情形，故有资于良有司。是又在有司之各爱其民，而仍藉督抚之倡率鼓励之耳。设督抚之于有司，举劾不当，弃取失宜，其害不在于有司，仍在于百姓。[2]

又说：

> 守令以督抚之意旨为从违。为督抚者，果能董率所属，留心化

---

1 《清高宗实录》卷一九〇，乾隆八年闰四月丁卯。
2 《清高宗实录》卷七，雍正十三年十一月癸亥。

导，实力奉行，日计不足，月计有余，断未有为其事而无其功者。若徒视为虚文，接到谕旨，转行牌示，遂以为已经遵奉，则亦何益之有。各省督抚等，受朕深恩，畀以封疆重寄，尚其儆惕黾勉，以无负朕谆谆诰诫之至意。[1]

乾隆帝意识到，以往所设的"宣谕化导使"只能一时起到督察地方的作用，真正能够把教养责任承担起来的还应是地方父母官。因此，督抚以下的州县官吏也被叮咛嘱托了一番。乾隆九年（1744）正月，乾隆帝特下谕旨，专门谈的是州县官在推行"教养"之策中所起的作用：

朕以教养之责，付之天下督抚，督抚分任之州县，此古所称亲民之官，与百姓最为近切。其所辖之地，不过数十里，或一二百里，形迹不甚隔绝，情意易于流通。果能视百姓如赤子，察其饥寒，恤其困苦，治其田里，安其室家。以父母斯民之诚心，行父母斯民之实政。凡兹小民，具有秉彝，断无有不中心感激，服教从风者。

只有督抚和州县吏上下齐心协力倡行教养之策，才能做到"以养为教之本。以教成养之功"。[2]同年五月，又下谕旨反复申说地方官吏对于"教养"之责任。而且把皇帝—督抚—州县官之间的治理

---

1 《清高宗实录》卷一九〇，乾隆八年闰四月丁卯。
2 《清高宗实录》卷二〇八，乾隆九年正月壬午。

关系置于"教养"之策的脉络里重新予以定位。谕旨称：

> 训督抚劝课州县，实行教养。谕为治以安民为本，安民以教养为本，二者相为表里而不可偏废，务求实效而不务虚名，乃克尽父母斯民之道。盖人君总其成于上，而分其任于督抚，督抚总其成于上，而分其任于州县。州县者，民之司命，而又与民最亲者也。身居此官，身履此地，耳闻目击，切近易知，非地远情疏，遥为揣度者可比。[1]

他再三督令地方官吏利用斋戒停刑之日下乡亲民：

> 果能乘此余暇，不辞劳瘁，亲履田间，与父老子弟，欢然相接，如家人父子。言孝言慈，启其固有之良，化其惰窳之习，因而询问疾苦，讲求利益，度其原隰，相其流泉。审物土之宜，因闾阎之便，利所当兴者举之，害所当除者去之，则养教兼施，善政莫大乎是。

在乾隆帝的心目中，这才是所谓古"循吏"的形象。因为：

> 务使一州一邑之民，情联势合，如父子兄弟之相为扶掖，如头目手足之相为捍卫。一州一邑如此，他州他邑从而效之；一郡一省如此，他郡他省从而效之。始则艰苦，久则渐近自然。所谓日计不

---

1 《清高宗实录》卷二一七，乾隆九年五月庚子。

足，月计有余，古之循吏，独不可再见于今欤。[1]

乾隆帝登基之初，在数年之内反复发布多道谕旨，其核心内容均反映在乾隆二年（1737）首次颁布的谕旨中，集中谈及"教养"和"移风易俗"等非刑名讼事在地方治理中的关键位置，以及如何通过巡历所辖之境予以落实的问题。以后的相关谕示应该视为此上谕思想的放大和充实。从乾隆帝连篇累牍地发布有关谕旨的内容观察，"教养"之策以前所未有的下达密度和执行力度出现在了其政治治理的规划之中，成为其核心的国策之一。

乾隆帝还企图以督抚为运作核心，贯彻其古"循吏"的治理蓝图，这是以往历朝历代的帝王均难以企及的政治行动。地方官员对乾隆帝有关"教养"的督责亦多有实质性的回应，并在某种程度上颇能贯彻到其地方行政治理的各种设计之中，构成了清朝有别于前朝的统治特点。

对"教养"观念的诠释与"学者型官僚"的职能转变

"教养论"流变考

古人多有对"教养"的论述，比较原始的典籍如《风俗通义》中应劭自序就称："为政之要，辩风正俗，最其上也。"[2]孟子有"先富后

---

1 《清高宗实录》卷二一七，乾隆九年五月庚子。
2 应劭：《〈风俗通义〉序》，见应劭撰、王利器校注：《风俗通义校注》，北京：中华书局，2010年，第9页。

教"的说法，荀子也曾论述"礼治秩序"云："先王恶其乱也，故制礼义以分之，以养人之欲，给人之求，使欲必不穷乎物，物必不屈于欲，两者相持而长，是礼之所起也。"[1]其中已涉及如何用礼仪教化来协调"养民"的秩序等问题。《荀子·大略》中亦云："不富无以养民情，不教无以理民性。故家五亩宅，百亩田，务其业而勿夺其时，所以富之也。立大学，设庠序，修六礼，明十教，所以道之也。《诗》曰：'饮之食之，教之诲之。'王事具矣。"[2]这段话初步阐明了"教"与"养"之间的相互关系。宋儒也延续了"教养论"的思路，如《近思录》卷八中即有"为民立君，所以养之也。养民之道，在爱其力。民力足则生养遂，生养遂则教化行而风俗美"[3]的说法。

然而对"教养"宗旨真义的推行，却在明末遭到忽视，几乎已成具文。故叶伯巨所上《万言书》中曾特意指出：

> 守令亦未以教养为己任，徒具文案以备照刷而已。及至宪司分部按临，亦但循习故常，依纸上照刷，亦未尝差一人巡行点视，兴废之实，上下视为虚文，如此小民不知孝弟忠信为何物，争斗之俗成，奸诈之风炽，而礼义廉耻扫地矣。此守令未知所务之失也。

叶伯巨提醒说，风纪之司宣导风化的目的不是专以狱讼为唯一要务，以往的官员"其始但知以去一赃吏，决一狱讼为治，而不知

1　王先谦撰：《荀子集解》卷十三《礼论篇第十九》，沈啸寰、王星贤点校，北京：中华书局，1988年，第346页。

2　王先谦撰：《荀子集解》卷十九《大略篇第二十七》，沈啸寰、王星贤点校，第498页。

3　叶采集解：《近思录集解》卷八，程水龙校注，北京：中华书局，2017年，第220—221页。

劝民成俗，使民迁善远罪，为治之大者也"。他认为这正是风宪官吏未知治理秩序何为轻重所造成的重大缺陷。[1]

其实，明代教养的相当一部分职责已经由基层士人承担了起来，特别是明代讲学之风尤盛，促成一些士人把教化精力向乡间民众转移。[2]但在清初，情况又有变化。按管同的观点，明代风气注重讲学，言论干预往往由下而上，故"官横而士骄"，于是明末之难"皆起于田野之奸，闾巷之侠"，对于这种"养士气，蓄人材"的方式，清初帝王断定是明亡的重要起因，深鉴其末流而加以摧折。然而这样禁抑士风的结果却造成了另外一种负面影响，那就是：

> 大臣无权，而率以畏惧，台谏不争，而习为缄默。门户之祸不作于时，而天下遂不言学矣；清议之持无闻于下，而务科第，营货财，节义经纶之事，漠然无与于其身。[3]

管同批评说这都是因为朝廷过分矫正明代之失，才导致风俗发生如此蜕变，士风缺乏激情动感而流于苟且庸常。乾隆帝登基伊始，

---

1 叶伯巨：《万言书》，见陈子龙等辑：《皇明经世文编》卷之八，收入《四库禁毁书丛刊》编纂委员会编：《四库禁毁书丛刊》，集部第二二册，北京：北京出版社，1997年，第172—173页。

2 余英时曾概括说，宋明士人教化职能的区别在于，宋代士人还有自上而下"得君行道"的愿望，而明代士人，特别是以王阳明为代表的，则转而采取自下而上以"致良知"为基础的"觉民行道"的路径。余英时的观点是，明代的政治生态早已趋于恶化，士人无法如宋儒那样推行教化帝王的方略，故转而在民间寻找资源。（余英时：《明代理学与政治文化发微》，见《宋明理学与政治文化》，桂林：广西师范大学出版社，2006年，第10—57页。）

3 管同：《拟言风俗书》，见贺长龄、魏源等编：《清经世文编》上册，卷七《治体一》，"原治上"，第200页。

孙嘉淦上《三习一弊疏》，说的也是类似的意思，可见朝野有一定共识。但管同也认为，清初士风低迷，容易导致上层闭目塞听，所以转移风俗的责任反而应该从上层做起，教化的启动枢纽应该在上而不在下，这是与明代讲学甚盛的风气相区别之一大转变。只不过他提出的药方仍是皇帝多听谏言、拒斥谀辞，这个变革方案太流于表面，而且在历朝的臣子上书中已成陈言，还是没有说到点子上。

陈宏谋则干脆提出"欲端士习，先清仕习"的主张，以回应另一名官员杨锡绂"欲正民风，先端士习"的建议。他的理由是："凡百风俗，自上及下，而转移之机，全在于上。""仕"正是"士"的官僚版，也是实施"士"之抱负的重要途径，故"仕"的品质高低直接关涉到士风高下。可惜的是，"仕途中人怀便利之私，每遇一事，为己之念重，为民之念轻，明知其于民有益，而于己无益，亦不肯为"。所以他才慨叹："变民风易，变士风难，变士风易，变仕风难。"[1]

实际上，清朝与明代的最大区别即在于皇权对教化设计和传播方式的干预达到了无所不及的地步，下属官员对教养的推行几乎是帝王构想的一种延伸，而失去了其在民间自主选择的涵义。清初帝王常常借批明代世风以建构自己统治的合法性，而明末遗民虽与满人视同仇雠，不共戴天，但在反思明代倾覆之弊方面其实与清代皇家并无太大分歧，遂最终导致其思想在清中期即乾隆时期基本被朝廷所收编。[2] 在"教养"主体性的攫取和甄辨上，士人最终屈从于清

1　陈宏谋：《寄杨清江锡绂书》，见贺长龄、魏源等编：《清经世文编》上册，卷十六《吏政二》，"吏论下"，第 402 页。
2　参见杨念群：《何处是"江南"？：清朝正统观的确立与士林精神世界的变异》，第六章"清朝'正统观'之确立与历史书写"，第 241—317 页。

代帝王的权术并不令人感到意外。

清初帝王关于"教养论"的叙述可以说是连篇累牍，而且督责太严。如乾隆帝就认为，"教"与"养"不应像字面表述的那样有一个先后次序，而是同时并举的盛业。这就像"知行"关系一样，过去的弊端就是把"知"与"行"完全割裂开来，因此士人所学的知识无法在政治实践中加以表现。对"教"与"养"关系的厘定绝对不能犯类似的错误。乾隆帝认为在远古帝王已经视"教"与"养"为一事，而不加明确区分。他在评述伏羲事迹时即说："君民之道莫大乎教养，伏羲氏作佃渔畜牧皆所以为养也，而教即行其中，后世视教养为二者，去古远矣。"[1] 后来的学问之道也总是把"教"与"养"、"知"与"行"割裂开来，是违背古代圣王的遗训的："正如为学之道，知先行后。然知行并进，非划然两时，判然两事，又安得谓养之之道未裕，遂可置教化为缓图也。"[2]

这种观点似乎比一些清初明代遗民的"教养观"更具活力。我们可以对比一下唐甄的看法，他认为，"养"还是应该在"教"先："孟子则告之曰，尧舜之治无他，耕耨是也，桑蚕是也，鸡豚狗彘是也，百姓既足，不思犯乱，而后风教可施，赏罚可行。于是求治者乃知所从焉"[3]，这奉行的还是孟子的传统思想，似乎不及乾隆帝对"教养"并行作用的认知水平。

乾隆帝还指责地方官把"教化"之事仅仅狭隘地理解为鼓励士

1　刘统勋编：《评鉴阐要》卷一，"太昊伏羲氏．始教民佃渔畜牧纲"，清文渊阁四库全书本。

2　《清高宗实录》卷一三〇，乾隆五年十一月辛未。

3　唐甄：《性功》，见贺长龄、魏源等编：《清经世文编》上册，卷一《学术一》，"原学"，第43页。

子奔竞于科举应试，反而没有花费心思去考虑如何提升普通民众的道德水准，只觉得施予严刑峻法就足以震慑刁民，因此造成底层风俗不淳。他说：

> 司牧者尽心于簿书筐篚，或进诸生而谭举艺。则以为作养人才，振兴文教，其于间阎小民，则谓是蚩蚩者不足与兴教化。平时不加训迪，及陷于罪则执法以绳之，无怪乎习俗之不淳，而诟谇嚣凌之不能禁止也。[1]

乾隆帝认为，对"理学"真谛的习学应该反映在日常生活的行为伦理中，不是仅凭学校课堂上的空谈玄讲所能揭示。只有在"养"的过程中才能昭显"教"的意义，两者应该是同步的，不是先后安排的结果。比如他举例说，一个晚辈一旦得到衣食的供给，首先想到的是回报父母，让父母获得满足感，这就是"孝"，如果推导到一家一乡就是"善俗"，就是他想象中的"尧舜之道"。"衣食"和"孝悌"两者是连动一体的行为，不必刻意加以区分，然后再付诸行动。可是一般百姓对此教养的涵义毫不知觉，必须由地方官员和乡绅去启悟其心灵，给予昭示训化。他提醒说："苟不从此处实做起，虽诵读诗书，高谈性命，直谓之不学可耳。"

官员在教化中起着至关重要的枢纽作用。在乾隆帝的地方治理布局中：

> 凡有牧民课士之责者，随时随事，切实训诲。有一事之近于孝

---

[1] 《清高宗实录》卷一三〇，乾隆五年十一月辛未。

弟，则从而奖劝之。一事之近于不孝不弟，则从而惩戒之。平时则为之开导，遇事则为之剖晰，如此则亲切而易入。将见父诏兄勉，日积月累，天良勃发。率其良知良能以充孝弟之实。[1]

他提醒说，有关劝农、积贮等事务，自己曾屡降谕旨，责之督抚，却发现督抚中实意留心者并不多见。故而他再次提醒督抚尽快拿出实施"教养"计划的具体办法：

殊不思治天下之道，莫大于教养二端。朕之初意，俟养民之政渐次就绪，闾阎略有盈宁之象，则兴行教化，易俗移风，庶几可登上理。岂封疆大臣，能办地方一二事，遂足以满朕之望乎。朕日以皋夔稷契望天下之督抚，天下之督抚，亦当以皋夔稷契自待，不可识见短浅，过自匪薄，徒沽名誉，徒邀嘉奖，为言官之所轻也。[2]

"教养论"还有一个分支是对"政教"关系的认识。"政教"的意思是"治理和教育"，"政"既指社会又指国家，不仅包括政府的行政，还包括调整思想、规范行为的内容，对象上自皇帝，下至百姓。"教"也不仅仅指称教书与育人的涵义，还指灌输一种关于社会秩序的道德标准，并使之长存。"教化"的涵义说明儒家始终在积极对个人、社会和统治者进行管理、教育，努力使之转而向善。[3]

---

1 《清高宗实录》卷一三〇，乾隆五年十一月辛未。
2 《清高宗实录》卷一二三，乾隆五年七月庚寅。
3 参见［美］刘子健：《中国转向内在：两宋之际的文化内向》，赵冬梅译，柳立言校，第 34 页。

与以往朝代的帝王有所不同，清初皇权已经不允许士人独自占有对"政教"关系的解释权，而是积极介入其言说领域，力图主导其走向。特别是在官吏治理层面，清朝帝王明显强调"行政"与"教化"互为一体的重要性，而且仍常常打着继承宋儒思想的旗号。乾隆帝就借朱熹之口表示，官吏的职能不但应包括熟悉刑名钱粮等治道规则，还应该体现出对世风潜移默化的训导责任：

> 朱子云，学者通病在思作贵人，而不思作好人。人果欲做好人，行好事，则甚有益于民生，有益于国事，造福无穷。若以好人为戒，不几相率而拂人之性乎。凡此皆系识见粗鄙，不知治体，不明大义之言。[1]

他批评"苛察之害"，认为当年雍正皇帝做了许多"蠲免额征，宽减浮粮"的善政。但是"民生犹不得宽裕者"，原因就在于"督抚大臣不能承宣德意，而有司中刻核居心，昏庸寡识者，或以苛察为才能，或受蒙蔽而不觉，以致累民之事，往往而有也"。[2]乾隆帝要求各直省督抚，务以休养为本务，摒除一切扰累之事，使民气得以发抒。

乾隆帝甚至对那些在"教养"事务上无所作为，却故意标榜"廉洁"的所谓"清官"予以讥讽。如当浙江巡抚常安上奏，表示下属是否贤能，督抚应"身先砥砺"，与下属"共励清操"时，乾隆帝却反驳说："廉固人臣之本，然为封疆大吏，则非仅廉之一字，所能胜任而愉快也。必也为国家计安全，为民生谋衣食，移易风

---

1 《清高宗实录》卷五，雍正十三年十月辛巳。
2 《清高宗实录》卷十，乾隆元年正月丁酉。

俗，兴行教化，其事正多也。"

作为对乾隆帝谕旨的回应，督抚和官员虽对"教养"关系重要性的认知程度不一，但基本尚能与乾隆帝的意图保持一致。陈宏谋直接回应乾隆帝的谕令说："牧民之道，不过教养二端。"[1]有官员认为，办理地方之事应该"以政为教"，不应只顾处理刑名讼事和日常细务。只不过对于一般官员而言这也许显得陈义过高，不切实际，因为在官员从政素质普遍降低的情况下，让他们能够充分感悟到实施"教化"的真实用意是十分困难的。如有士人曾发出以下概叹说：

政教本无可分，而亦有不可概论者，敷教之无人，乃此时无可如何之势。以身为导，后世安能，勉力从事，抑亦可矣。[2]

当时官员最担心的还是从事教化之人对"政教"之义理解的偏差，所谓"若以政为教，又岂易言，苟非其人，亦安能随时随事，曲为开导耶"。他们观察到，一般官僚属下："听断之际，能得本事情形，处决恰当者已鲜，求于事外剖析至理，感动至性者，更难之矣。"关键问题在于，这些官吏满眼都是表面的行政事务："或以案牍纷繁，急于了事，或以胸无点墨，原乏卓识，强为大言，未能中窾，不足动人"，[3]个个奉行的都是"俗人"的言行。

一个名叫沈起元的官僚就在考核下属的过程中道出了自己的标

---

1 陈宏谋：《寄广西府书》，见《陈文恭公手札节要》卷上，清同治七年刻本。
2 沈起元：《答南汝张观察书》，见贺长龄、魏源等编：《清经世文编》上册，卷二十一《吏政七》，"守令上"，第519页。
3 同上。

准。他在翻阅下属上报的事迹时，发现那些"详于孝义，而略于修桥饰庙者"，必是"良吏"，而那些"泛泛空言，漫称好善乐施者"，就一定是平日所知的"俗吏"。他特别举了一个地方官的例子说，这位官员曾列举出二十位实行善行的人予以表彰，考评"概以解纷息讼处事公平八字"为标准，里面没有"教化"的内容，按照"政教"合一的标准评价，"显系衙门讼棍，乡曲武断之流"。于是作者感叹"以此而称曰善人，舛谬已极，岂非笑谈。是何令之识见，亦尽于此"。他的结论是：

> 于良吏则望其有实心，有实心则政即是教，本无定款，于庸吏则责其有实事，有实事则虚文亦实。[1]

也就是说，衡量一个官吏的水准，不是靠他处理讼事俗务的能力，而是要看其实施教化的程度。"政教"中的"教"字成为政治治理的核心内容被加以关注，更是区分"良吏"和"俗吏"的标准。

"学者型官僚"如何定义？

众人皆知清朝皇帝中康熙帝竭力崇朱，雍正帝儒释道三家并举，乾隆帝以经学为旨归。但三位帝王都共同倡导儒家教化思想在政务事功中的核心作用，以此作为区别"俗吏"与"儒臣"的重要指标，其中乾隆帝更是对此有系统表述。乾隆二年（1737）二月甲子，安庆巡抚赵国麟奏言，希望得到乾隆帝的教诲，以便有所遵

1　沈起元：《答南汝张观察书》，见贺长龄、魏源等编：《清经世文编》上册，卷二十一《吏政七》，"守令上"，第519页。

循。乾隆帝的训谕是：

> 要当以学问与政事，看作一事，则无入而不自得。若看作两
> 截，则不为章句之腐儒，必为簿书之俗吏，乃自欺之甚者也。[1]

乾隆十年（1745）四月戊辰的谕旨则表达出类似的意思：

> 夫政事与学问非二途，稽古与通今乃一致。[2]

乾隆十四年（1749）十一月乙酉又说：

> 夫穷经不如敦行，然知务本则于躬行为近。[3]

　　可见，乾隆帝崇尚儒学的重点虽与其祖父两辈先王有所不同，
但在基层治理层面对"教化"作用的关注度一向颇高。无论是中央
还是地方官僚在感同身受的境况下，对学问与施政关系的认识必然
与乾隆帝日益接近，如陈宏谋就声称"举业事功同出一原"[4]，又说：
"自昔有一种泛而不切之文章，即有一种泛而不切之吏治。"[5] 其语气
意思几乎与乾隆帝如出一辙。陆耀编选《切问斋文钞》的标准就是
"说经之文，惟切于婚丧诸礼，可即遵行者，始为采录""若于经似

1　《清高宗实录》卷三七，乾隆二年二月甲子。
2　《清高宗实录》卷二三九，乾隆十年四月戊辰。
3　《清高宗实录》卷三五二，乾隆十四年十一月乙酉。
4　陈宏谋：《寄吴湘皋书》，见《陈文恭公手札节要》卷上，清同治七年刻本。
5　陈宏谋：《寄胡泰舒宝瑔书》，见《陈文恭公手札节要》卷下，清同治七年刻本。

有发明，而于事不免迂远"的那些著作，皆在"从略"之列。[1]

时人概述陈宏谋政绩时说其"为政者不在多言，顾力行何如耳"，并引述其书信中的观点云："养富以安贫，勤事以止刁，视官事如家事，体民心以己心诸语，皆本经术以经世，言近而指远。"[2]说的也是"经术"与"政事"的微妙关系。清初官僚群体中的许多人深受明末地域化儒学教派的影响，有些人还与明末遗民素有来往、联系密切，如著名的儒臣汤斌就是孙奇逢弟子，我们很难区分他的民间思想传承谱系与其官僚身份之间的界线。

当然，"学者型官僚"首先应具备学者身份，否则就有被视为"俗吏"的危险。这点乾隆帝即有认识，乾隆帝发现一些督抚参奏属员时，常常批评他们像书生不能胜任，或者讥讽其书生气未除。乾隆帝却为其辩护称：

> 读书所以致用，凡修己治人之道，事君居官之理，备载于书……人不知书，则偏陂以宅衷，操切以处事，生心害政，有不可救药者。若州县官果足以当书生二字，则以易直子谅之心，行宽和惠爱之政。任一邑，则一邑受其福；莅一郡、则一郡蒙其休。朕惟恐人不足当书生之称。而安得以书生相戒乎。[3]

乾隆帝还称如果以身为书生感到不安，那么他自幼读书宫中，

---

1 陆耀：《例言》，见《切问斋文钞》，收入来新夏主编：《清代经世文全编》第一册，北京：学苑出版社，2010年，第15页。
2 陈法：《原叙》，见《陈文恭公手札节要》卷上，清同治七年刻本。
3 《清高宗实录》卷五，雍正十三年十月辛巳。

讲诵经典达二十年，未尝少辍，把自己当作一介书生又有何妨？至于那些朝夕侍奉左右的王公大臣也都是书生。"书"岂能为此承担责任？至于说到"书气"二字，乾隆帝认为是几可宝贵的品质，他说：

> 果能读书，沉浸酝酿而有书气，更集义以充之，便是浩然之气。人无书气，即为粗俗气、市井气，而不可列于士大夫之林矣。是书气正宜从容涵养，以善培之，安可劝之使除，而反以未除者为病乎。[1]

这说明乾隆帝首重官员的内在修养，以之作为从政施政的基础。当然这是乾隆帝登基伊始的看法，以后的变化在于强调官员实施"教养"过程中的具体能力。

在乾隆帝看来，如果官员不具备某种"书卷气"，就可能会造成苛察扰民的后果。他的担心是：

> 至于以苛为察，以刻为明，以轻为德，以重为威，此则拂人性逆人情者。督抚将无以为干济而举之如此，则吾民失其所依怙，朕何赖焉。盖治天下者，在于治天下之人心。[2]

乾隆朝被誉为儒臣的陈宏谋就曾身体力行地践履着人情治世的

---

1 《清高宗实录》卷五，雍正十三年十月辛巳。
2 《清高宗实录》卷七，雍正十三年十一月癸亥。

原则，他在一封给友人的信中述说了学识如何在自己的仕途中慢慢呈现出其作用的过程：

> 凤昔读书大半浮慕，自入仕途，遇事摇惑，胸无把握，始觉浅陋空疏。所谓平时不学，用时悔也。即欲退而言学，实已无及，然偶一开编，或绅绎向所记诵者，参之时事，未尝不隐隐触发，可相印证，益信仕途不振，皆由所学之非，动谓仕可不由于学，学亦无补于仕者，尤其同床而各梦也。[1]

他一再强调的，仍是"学"的涵养在处理政务中如何成功积累发酵，最终成全了官僚角色的自我完善。

陈宏谋甚至羡慕康熙朝的儒臣汤斌为官间歇时还有机会与名儒讲学而受益，成为"学者型官僚"的典范。他说："汤文正公由监司告养，家居十余年，与孙夏峰讲学有心得，课子侄以守正立志，至今称巨儒名臣，咸以为得力于养亲家居。"[2]

其实，在清初的士阶层中，如何兼容"学者"与"官僚"的角色意识已经成为一个重要话题。对此，陈宏谋曾有一段精彩的评论，说：

> 近世论者皆云某某长于文章，某某长于政事，似乎分道扬镳，理难兼擅，不知名目虽殊，事理本一，合之则皆是，分之则皆非

1　陈宏谋：《寄胡泰舒书》，见《陈文恭公手札节要》卷下，清同治七年刻本。
2　陈宏谋：《寄雷翠亭书》，见《陈文恭公手札节要》卷下，清同治七年刻本。

也，未有真文章而无政事者，古人所以重文章，通乎政事也。[1]

按罗威廉的说法，这些兼有学者官僚身份的士子试图解决明末以来一直存在的"道德主义"与"实用主义"之间的紧张。[2]

经过鼎革之变和清初盛世，某些士人已意识到，要扮演好"士"的角色，就必须同时具备"性命之学"与"经济之学"的知识。陈迁鹤曾云：

> 是以性命之学与经济之学，合之则一贯，分之若两途。有平居高言性命，临事茫无措手者。彼徒求空虚之理，而于当世之事，未尝亲历而明试之。经济之不行，所为性命者，但等诸枯禅无用，甚矣夫三代以下自名曰儒者之迂疏也。[3]

比如关于对什么是"时务"的理解，陈迁鹤曾问道："时务者何也？一时之务也。"只有"愚人泥不知变，夫其能与时移者，留心于经世而讲求之道详也。夫其泥而违时者自用，乃师心而讲求之道阙也"。

陈迁鹤所说的"经世"素质，诸如他引苏子瞻的话里所说到的，要考山川形势而不限于吟咏，阅疆域要察其风俗而非仅观市肆闹象，揽人才要观其德性而非浮华清谈之表，都不仅是对普通"士

---

1 陈宏谋：《寄许荽书》，见《陈文恭公手札节要》卷下，清同治七年刻本。
2 参见［美］罗威廉：《救世——陈宏谋与十八世纪中国的精英意识》，陈乃宣、李兴华、胡玲等译，北京：中国人民大学出版社，2013年，第188页。
3 陈迁鹤：《储功篇下》，见贺长龄、魏源等编：《清经世文编》上册，卷一《学术一》，"原学"，第41页。

人"的要求，而是针对"从政"之人的提醒，也就是经科举步入仕途后的官员所应具备的能力。如不秉持"经世"能力，"倘或司民之牧，秉国之钧，俾之因革，委以调剂，兴创不知孰利，改革不辨谁害，荐举不识其贤，废黜不知其不肖"[1]，显然不具备"士"的资格，因为"夫士欲任天下，必自勤访问始，其勤访问必自无事之日始"[2]。陈氏提出的要求针对的自然是那些入仕而欲有所作为的士子，也就是我们所说的"学者型官僚"。陈宏谋甚至认为，士人的"功名得失"乃至"学问器识"的高低，评价标准"全由人事"。他说：

> 有一分工夫便有一分进益，处可以用功之境，值可以用功之时，而因循错过，不但他人见轻，即自己亦不免于后悔。[3]

"士"就是"干事之人"，而非仅仅能读书吟诗，特别是那些专门为"吏"的士人群体，更要以能否"理事"衡量其优劣。陈宏谋对那些只具"士"的躯壳，却不具"学者型官僚"真正素质的人提出批评：

> 每见读书万卷下笔千言，而一行作吏，非拘泥鲜通，即迂疏寡效，使人谓能读书作文，不能居官理事，其实事非其事，仍是学非其学耳。真读书人定必有真事业。四境之民生利弊，风俗美恶，罔非行吾学之地也。[4]

1 陈迁鹤：《储功篇下》，见贺长龄、魏源等编：《清经世文编》上册，卷一《学术一》，"原学"，第41—42页。
2 同上。
3 陈宏谋：《寄程掌如兄弟书》，见《陈文恭公手札节要》卷中，清同治七年刻本。
4 陈宏谋：《寄杨潮观书》，见《陈文恭公手札节要》卷中，清同治七年刻本。

"天命"如何转移

关于"士"与"官"的关系，唐甄曾有一句话精辟地概括说："故夫但明己性，无救于世，可为学人，不可为大人，可为一职官，不可为天下官。"[1] 这不由使我们想起顾亭林那句著名评论："唐宋以下，何文人之多也。固有不识经术，不通古今而自命为文人者矣。"[2]

在王昶看来，古人"经术"和"治术"本来就不必严格区分，他举例说古代"有以易候气，以洪范验五行，以齐诗测性情，以春秋决疑狱，以礼定郊禘大典"。这套两者相关的逻辑只不过后来被管商申韩等法家所窃取，遂造成："而经生仅仅守其空文，以相号召。经与事遂判然为二，虽生心害政，未尝不归咎于异说，而诸儒之迂疏无实用，或有以致之也。"[3]

方苞则专门讨论了"学"与"仕"的复杂关系。他先说"学"的内涵："古之所谓学者将明诸心以尽在物之理而济世用，无济于用者则不学也。"

"学"被看作是一种"用世"的方式。再看对"仕"的解说："古之仕者，自下士以往，皆实有可指之功以及物，故其食于上也为无愧，而受民之奉也安。"

下面他开始谈到"学"与"仕"的关系，说："自学废而仕亦衰，博记览，骛词章，嚚嚚多言而不足以建事平民，是不知学之用也。"方苞的观点是，致"仕"的优劣取决于对"学"之致用本意的认识和

---

1 唐甄：《性功》，见贺长龄、魏源等编：《清经世文编》上册，卷一《学术一》，"原学"，第43页。
2 顾炎武撰：《日知录集释》卷十九，黄汝成集释，"文人之多"条，长沙：岳麓书社，1994年，第681页。
3 王昶：《经义制事异同论》，见贺长龄、魏源等编：《清经世文编》上册，卷一《学术一》，"原学"，第59页。

运用。那些表面上对古圣贤哲的思想有所了解的士人，做出一副儒者的姿态以博取社会资本，一旦遇到贴身切己的问题则显出茫然无措之相，就是不知学之根本在何处的结果。他引用朱子的话，感叹当世通晓于事而又知分寸感的官员越来越少，其结论是，当官治事井然不紊者，往往依靠的是其对"学"本身的理解。他举会稽友人为例，说他"屡董大役，严明无犯，而役者怀之"，理由是"盖其存于心者，随在恐背于义理，而又明于在物之数，诚所谓知其分寸，一一而应之者也"。[1] 当官治事的根本还在于对"义理"分寸感的把握，并以此作为处理日常政事的依据，这正是"学者型官僚"必须具备的能力。

明末清初鼎革时期的一些士人即已意识到了学以致用的重要性，故称其为"经世"思潮的始作俑者，但这些人由于多持反清复明的夷夏之辨思想，不服从清朝的统治，或者多以遗民身份处于在野地位，故当讨论到"学问"如何转化为行动时往往只局限在思想意识范畴，而缺乏真正意义上的政治执行力。比如顾炎武素以"经世"之名闻于天下，自称："君子之为学，以明道也，以救世也。徒以诗文而已，所谓'雕虫篆刻'，亦何益哉！"[2] 亭林弟子潘耒评价其《日知录》：

> 凡经义史学、官方吏治、财赋典礼、舆地艺文之属，一一疏通其源流，考正其谬误。至于叹礼教之衰迟，伤风俗之颓败，则古称先，规切时弊，尤为深切著明。学博而识精，理到而辞达。[3]

1　方苞：《传信录序》，见贺长龄、魏源等编：《清经世文编》上册，卷一《学术一》，"原学"，第 60 页。

2　顾炎武：《与人书二十五（文据《蒋山佣残稿》）》，见华忱之校注：《顾亭林文选》，成都：四川人民出版社，1998 年，第 484 页。

3　潘耒：《〈日知录〉序》，见顾炎武撰：《日知录集释》，黄汝成集释，第 2 页。

然而这些"经世"构想仍停留于纸面之上，最后不得不寄望于"有王者起，将以见诸行事，以跻斯世于治古之隆，而未敢为今人道也"。[1] 基本无法触及具体政治实践。真正意义上的"经世"举措只能通过那些"学者型官僚"的治理行动才能达致。

清中叶"经世"思想的产生与清初有相当大的区别，这个阶段的"经世"思想源于对"士"阶层角色的重新审视和界定，因为经过数代的更替，明末遗民已趋于消失。"士"阶层中的一部分经过科举途径进入高层，另一部分则沉淀于底层成为乡绅。他们的身份有时是官僚，有时则更像学者，更多时间扮演的是两者合一的角色。所以进入官场的士人开始不时思考两者之间应该构成怎样的关系。

包弼德有一个很有意思的看法，他认为"理学"是一种身份认同，可以凭借此身份凝聚起一帮学人。因为"理学"最初是作为异端的民间私学而出现的，故与"官学"还是存在相当的差异。[2] "心学"兴盛后更把这种身份认同网络推广到了极致，故遭到清初士人的严厉批评。

清初"经世派"几乎总是把明代的灭亡归罪为士人空谈讲学，缺乏践履施政的能力。比如王阳明作为心学宗师最为频繁地背负起了这个罪名。可是在明人和清初残存的"心学"信奉者眼里，王阳明其实在"学者"和"官僚"两方面都是成功的典范，在"事功"成就上一直为人所推崇。在清初的语境中明代士人的"经世"能力却被有意误读或刻意遮蔽了。

清初"经世派"由此推导出了一种标准化的陈述策略，那就

---

1 顾炎武:《与人书二十五（文据《蒋山佣残稿》)》，见华忱之校注:《顾亭林文选》，第 484 页。

2 参见［美］包弼德:《历史上的理学》，［新加坡］王昌伟译，杭州:浙江大学出版社，2009 年，第 1—5 页。

是，明季官僚群体同样因为受到讲学团体和空疏学风的致命影响，普遍阙失政治治理能力，最后导致了明朝的倾覆。

清初学者指责明季官僚至少犯了两个错误：一是频繁结社诱发朋党干政习气，聚众空谈被标识为朋党的主要活动特性。二是太受心学修炼方法的影响，专注个人"道德自省"，基本不顾及私人伦理如何转化为群体的有效行动，变成了一种"无用"的学问。

其实这种批评本身就包含着内在紧张：一方面他们承认，明末鼓舞荡漾的士气民气部分源于"心学"激发出的思想热情，可另一方面这种热情同样背负着空虚无用的亡国罪名，容易反刃内向、割伤自己。于是，对明末讲学士人身份认同的淡化一度蔚为风气，人人避之不及，仿佛只要清除掉这批人的影响就能走出一条摆脱明亡阴影的有效路径，这正是清初"实学""经世"思潮兴起的重要历史背景。当时的核心思考路向是，在位的士人怎样才能当好合格的经世官僚，不在位的"学者"怎样才能为治理乡村社会奉献实用的经验策略。

不妨说，"官僚"与"学者"的角色转换和互动仍是长期受到特别关注的话题。"教"与"养"的具体实践逐渐被明确设定为一种治理技术，而不是局限于学者个人悠然自得、体悟于心的涵养功夫。清初曾经大量出现学风应该"由文趋质"等等与古老的"文质之辨"相关的争论，也须放在这样一个诠释框架下加以理解。清朝初中期科举程式中删减"文学"的内容而增加对"经"义的解读，亦被认为是"返质"的表现。[1] 陈宏谋就说得很明确：

1　参见杨念群：《何处是"江南"？：清朝正统观的确立与士林精神世界的变异》第四、五章中关于"文质之辨"在清朝语境下发生特殊作用的论述，第156—240页。

今日讲学只须辨别何为有益何为无益，正不必分门别户，另立宗主。[1]

讲的就是不要把身份认同当作分门立户的依据，尽量使学问返归拙朴实用的境界。甚至读书作文也最好"朴质"到没有什么文采为佳，他在信中说过："笔而书之，宁为布帛菽粟之言，风土物宜之记，可以坐言而起行，兼可信今而传后。"[2]我们不妨对比一下乾隆帝的说法，在一次谕旨中他明确说："朕思学者修辞立诚，言期有物。必理为布帛菽粟之理，文为布帛菽粟之文，而后可行世垂久。"[3]

陈宏谋甚至认为，"返朴"的过程从儿童时代就应该开始，尽可能剔除"饰文"的痕迹。如他品味古代治家格言时就说："夫古人治家之言颇不少，独取乎是者，其言质，愚智胥能通晓，其事迩，贵贱尽可遵行。"[4]

此外，还有一种说法是反对把"道学"与"经学"分开讨论，主张把"道"置于"经"的脉络下加以探讨，同时与身心体验紧密结合。这仍是"由文返质"思路的一种延伸：

夫所谓道学者，六经四书之旨体验于心，躬行而有得之谓也，非经书之外更有不传之遗学也。故离经书而言道，此异端之所谓道也。外身心而言经，此俗儒之所谓经也。[5]

1　陈宏谋：《寄靖果园书》，见《陈文恭公手札节要》卷下，清同治七年刻本。
2　陈宏谋：《寄黄秉直书》，见《陈文恭公手札节要》卷中，清同治七年刻本。
3　《清高宗实录》卷五，雍正十三年十月辛巳。
4　陈宏谋：《朱子治家格言》，见《五种遗规》，北京：线装书局，2015年，第27页。
5　汤孔伯：《重修苏州府儒学碑记》，见陆耀：《切问斋文钞》卷二《学术二》，收入来新夏主编：《清代经世文全编》第一册，第97页。

以往史家习惯于割裂"学者"与"官僚"的身份，认为"学者"就是"学者"，"官僚"就是"官僚"，虽默认两者之间的角色经常可以互换，却在分析其身份与思想特征时总是把"学者"封闭在一个密闭空间里进行梳理分辨，或者只关心某位"官僚"在政治践履中的现实作为。他们大多没有意识到，官僚往往也同时具备了学者的身份，他所接受的诸多思想熏陶和训练常常是其从事实践活动的前提和资源。儒教大儒如朱熹、陆九渊与王阳明等均可以看作是"学者型官僚"的典型代表。

有趣的是，清初期学者如熊赐履、李光地等人虽多标榜崇尚程朱理学，却也有人仍然尊奉处于没落期的"王学"（阳明），当这些持论迥异甚至相互对立的"学者"以"官僚"面目发表意见时，却相当一致地强调其所奉儒师所共有的"事功"身份。只不过，那些具有典范意义的"学者型官僚"在选择践履的取向方面往往表现出了某种差异性，比如朱熹就对基层社会组织如"书院""乡约"和"社仓"等表现出积极的支持态度，而陆九渊却通过强化家族组织的规范间接传递儒家行动的意义。两者有较大的分歧。[1]

这种以"事功"效用的高低衡量成就大小的评价趋向在清中叶"学者型官僚"的身上常有体现。当一些程朱或陆王信徒一旦扮演起"官僚"角色时，他们就完全不会介意所谓朱陆之争到底谁是谁非，而特别关注某一学派的思想主张在具体政治实践中能否发挥作用。陆耀在给戴震的信中就觉得朱陆、朱王之辨的差异被明显夸大

1　参见韩明士：《陆九渊，书院与乡村社会问题》，见［美］田浩编：《宋代思想史论》，杨立华、吴艳红等译，姜长苏等校，北京：社会科学文献出版社，2003年，第445—470页。

了，在"事功"具体操作层面其实两派相当接近，他说：

> 至于朱陆朱王之辨，近世尤多聚讼，其所讼者皆在毫厘影响之间，若尽举朱子之行社仓、复水利、蠲税银，与象山之孝友于家、惠爱于民，阳明之经济事功，彪炳史册，以为理学真儒之左契。[1]

意思是无论哪一派儒学先师的历史价值都须经过出色的政治实践加以认定，不可拘泥于纸面上的道德是非。陈宏谋在谈及一本友人著述时，即赞其"推尊朱子而又并取陆王，良以二公学能实践，事功卓然，后儒罕及。故尔节取，不肯以门户分短长，初非以调停为两可"[2]，还是强调"事功"的重要与门户之见的弊害。

值得注意的是，官僚阶层对学问价值必须在"事功"中得到体现的观点，与乾隆帝的看法是相当契合的。有一次，乾隆帝曾谈及如何给宋学定位，也强调其思想价值的高低只有在具体政治实践中才能得到检验。他说：

> 学者精察而力行之，则蕴之为德行，学皆实学。行之为事业，治皆实功。此宋儒之书，所以有功后学，不可不讲明而切究之也。今之说经者，间或援引汉唐笺疏之说，夫典章制度，汉唐诸儒，有所传述考据，固不可废。而经术之精微，必得宋儒参考而阐发之，然后圣人之微言大义，如揭日月而行也。

---

1 陆耀：《复戴东原言理欲书》，见《切问斋集》卷四《书一》，清乾隆五十七年晖吉堂刻本。

2 陈宏谋：《寄靖果园书》，见《陈文恭公手札节要》卷中，清同治七年刻本。

以此间接否定了"汉宋之争"的意义。[1]

雍乾时期的重要官僚李绂在回答有关朱陆争执"皆是动气否"这个问题时，就承认："盖世止有摘陆王之疵者，未闻有摘朱子之疵者，非陆王之多疵，而朱子独无疵也，势也。自有明以朱注取士，应科举者共守一家之言，为富贵利达之资，大全讲章而外束书不观，道听途说成为风俗。"[2]

李绂虽然自认是心学传人，但他对朱子的理解仍是从事功践履的效果出发。如他说："朱子中年亦以读书教弟子，至于晚年则专以求放心敦践履为主，而深以徒倚书册为戒。"[3] 所以他才强调："学必躬行而后心得，得于心而后推之家国天下，无所施而不当。"[4] 可见他对朱学并非一味地排斥。

作为心学的信奉者，李绂在谈到浙江的学术贡献时，特别强调王阳明在事功方面的影响力，说："至王文成，勋业益弘伟，天下翕然称浙中事功。"加上前面称颂的浙江俊杰"皆起于科目，盖有用之学无浙士若也"[5]，李绂的这段表白已经把"学者型官僚"的身份表露无遗，即学者在科目考试中所体现出的思想必须在政治实践行动中有所表现，才能真正凸显其价值。这说明清初的学者以官僚

---

1 《清高宗实录》卷一二八，乾隆五年十月己酉。

2 李绂：《答雷庶常阅传习录问目》，见《穆堂初稿》卷之四十三，《续修四库全书》编纂委员会编：《续修四库全书·集部·别集类·一四二二》，上海：上海古籍出版社，2002年，第82页。

3 李绂：《古训考》，见《穆堂别稿》卷之九，《续修四库全书》编纂委员会编：《续修四库全书·集部·别集类·一四二二》，第260页。

4 李绂：《学言稿序》，见《穆堂别稿》卷之二十四，《续修四库全书》编纂委员会编：《续修四库全书·集部·别集类·一四二二》，第412页。

5 李绂：《浙江庚子乡试墨卷序》，见《穆堂初稿》卷之三十四，《续修四库全书》编纂委员会编：《续修四库全书·集部·别集类·一四二一》，第611—612页。

的身份出现时，往往会从具体的践履效果出发考虑问题，而相对淡化其学术门派之争的意义。

李绂在乡试云南士子时，有段话结合治理当地的事例，进一步阐发其知行观。他谈道，"士子博通经史，务为实学，其载之空言也，则为文章，其见之行事也，则为政治。所谓坐而言可以起而行也"，并提及滇中自开辟以来，变羁縻之地为郡县之区，正是通过观察其版图的沿革兴废，考察其区域治理的得失，寻求"控驭之法，教养之方"[1]，这些都是把科目中的学问转化成政治治理行动的例子。[2]

"学者型官僚"与基层政治执行力

"政即是教"：从言语转化为行动

对于官僚阶层而言，"政教"观念的表述当然不能停留在纸面上，而必须通过治理行动加以实施。官僚们对谕旨中"政教"涵义的解读特别是对"政即是教"这句名言的理解，及由此引发的实践活动，往往成为衡量基层官僚政治执行力的一个关键指标。明代帝王固然也强调道德教化的重要性，如明太祖颁布《大诰》，乡里还

1　李绂：《云南乡试策问五首》，见《穆堂初稿》卷之四十四，《续修四库全书》编纂委员会编：《续修四库全书·集部·别集类·一四二二》，第 92 页。

2　黄进兴认为，王阳明号召在实际生活中磨炼自身，李绂在坚持行动是知识唯一来源这一点上比前辈走得更远，对行动意义的独特思考，使他将典籍中有关"知"与"学"的原文措辞转化为对行为的描述。他对实践的强调可能与颜李学派以及顾炎武、黄宗羲的思想都有交融关系。（参见黄进兴：《李绂与清代陆王学派》，南京：江苏教育出版社，2010 年，第 84—85 页。）

规定须选择年高残疾之人持木铎巡行，尽教化之责。但显然并没有把宣讲教化当作考核官僚政治执行力的标准。[1]

"政即是教"在清代变成了衡量政治执行力是否有效的重要尺度，这个标准被反复宣示并非指的是那些刑名钱粮之俗吏琐事。为了贯彻教化的真义，督抚乃至州县一级的官僚都要尽量越过中层胥吏的干扰羁绊，寻找到与民众直接沟通的途径，"亲民"遂变成了一种区别于普通"吏政"的新型政治理念。

自乾隆二年（1737）以后，皇帝不断下达各种谕令，频繁敦促督抚州县官吏使用更有效的手段"亲民"教化，以免被中间吏胥上下其手而遭蒙蔽。其主导思想是力图把官府势力尽量向下层渗透，同时又想避免基层政治过度行政化的弊端，因为胥吏的硬性执法可能会导致软性道德教化能力的阙失。"亲民"在当时变成了官书中常常出现的一个关键词。乾隆二年谕旨就特别指出，底层吏胥把持行政有碍官僚"亲民"，督抚必须亲自贴近民众进行沟通，"而情谊暌隔如此也"。[2]

在皇帝"亲民"指令的督导下，地方臣僚自然心领神会。如有人称："谕旨令州县官于公事之暇，各巡历乡村，询民疾苦，宣布教化，此亲民之隆规，良吏之法守也。"[3] 又有直隶按察使翁藻奏称："勤宣德意，在亲民之牧令，常与民接。"[4] 其中的核心词都是"亲民"。

1　关于明代颁布教化规条的研究，可参考周振鹤：《圣谕、〈圣谕广训〉及其相关的文化现象》中第十一节"清代宣讲圣谕制度溯源"，见周振鹤撰集：《圣谕广训：集解与研究》，顾美华点校，上海：上海书店出版社，2006年，第629—631页。

2　《清高宗实录》卷四七，乾隆二年七月癸卯。

3　凌如焕：《敬陈风化之要疏》，见贺长龄、魏源等编：《清经世文编》上册，卷二十三《吏政九》，"守令下"，第581页。

4　《清高宗实录》卷一九一，乾隆八年闰四月丁卯。

"亲民"的目的是使中层官僚能够亲自接触到底层的人群，明晰其疾苦贫病之状，找出合适的解决办法，以回避吏胥从中作梗，虚与委蛇。翁藻就称"亲民"的目的是："如于公事稍暇，亲诣乡村，遇耆老则优礼以待之，遇幼孤则施恩以抚之。又于父老相见之时，询其子弟之贤否，孝友者面加赞扬，乖违者切加训饬，则虽有强悍不驯者，当不敢犯尊陵长，而性情和顺者，益知祗父恭兄。四境之中，周流数次，官民相亲，初无扞格矣。"这番陈述得到乾隆帝的夸奖："所见好，实力行之。"[1]

当时流行的各种官箴书也经常提示"亲民"问俗的重要性，如有一本叫《学治臆说》的官箴书中就列有一条"初任须体问风俗"，其中说道：

> 人情俗尚各处不同，入国问禁，为吏亦然。初到官时不可师心判事，盖所判不协舆情，即滋议论，持之于后，用力较难。每听一事，须于堂下稠人广众中，择传老成数人，体问风俗，然后折中剖断，自然情法兼到。一日解一事，百日可解百事，不数月，诸事了然，不惟理事中肯，亦令下如流水矣。[2]

与前朝有异，清朝皇帝特别注意对官吏亲自进行考核，是否实力"亲民"成为考察官僚政绩的重要标准之一，但又担心审核过程流于形式，成为搪塞敷衍的过场。乾隆年间江苏巡抚陈大受曾奏称

---

1 《清高宗实录》卷一九一，乾隆八年闰四月丁卯。
2 汪辉祖：《学治臆说》卷上，"初任须体问风俗"，见《官箴书集成》编纂委员会编：《官箴书集成》第五册，合肥：黄山书社，1997年，第274页。

在春秋两季的荒歉月份："自当督率地方有司，勤加教导，务期风俗人心，尽归淳厚。"乾隆帝的回答却是："正德厚生之事，非可以岁月计，汝其实力留心。教养之事，尤必正其心以及万民，不可徒令有司为告示之文即为称职也。"[1]

地方官员也意识到了要真正做到"亲民"，以实施教化，是有一定难度的。就如宣讲圣谕一事，在雍正朝已成官员必备的程序。最突出的例子是，雍正九、十年间（1731、1732），清帝委命都察院左都御史兼吏部、户部侍郎史贻直与礼部侍郎杭奕禄、署内务府总管郑禅宝为钦差大臣，率一大批翰林院庶吉士、国子监肄业之选贡拔生等五十一人，前往陕甘地区宣谕化导。化导的内容主要是讲解上谕，化解因征讨准噶尔而在民间积累起的一些怨气，说明皇帝远征西北的良苦用心。另外一项工作是逐条宣讲《大义觉迷录》中的内容，以曾静案为实例，验证人心教化在地方实施的效果。宣讲团抵达西安后，即分别编队分工，一路由史贻直率领办理西安、凤翔二府以及同州、华州、跃州等地的宣谕化导；杭奕禄、郑禅宝各率一队继续前行，分别前往榆林、延安二府，进行教化宣谕工作。

史贻直到达西安后首先将雍正帝有关宣谕化导和征讨准噶尔、转运军需的一系列上谕，写成标语口号，遍贴于西安城乡内外与城郊各市镇的交通要道和路口。然后将西安城区划分成三片，各搭建一个龙亭和讲台。龙亭内供奉雍正帝的长生牌位，铺设香案，召集绅衿士庶，焚香预祝皇上万岁，再开始宣讲。每次先由史贻直开讲，然后各官员一一登台演讲。在宣讲谕旨的同时，史贻直还接

---

1 《清高宗实录》卷二〇九，乾隆九年正月壬午。

　　　　　　　　　　　　　　"天命"如何转移

到雍正帝的谕旨，让其留心地方政务，包括雨水、收成和粮价等民生事务，并令其就地查访甘肃河东、河西沿边一带运粮屯兵之处的米谷草豆时价，每两个月奏闻一次，由此强化了基层官员的定时上报制度。[1]

雍正年间的宣讲圣谕作为一种"亲民"教化的手段早已为史界所熟知，《圣谕广训》出现了白话文、文言文注释本，以及汉语方言本与民族语文本，可见其流传与播散的广泛程度。[2]至于宣讲的执行情况，当时的地方志多有记载，一般大多声称按仪式和规定在学宫或文庙、明伦堂等处所进行，地方官往往也会亲自客串主讲，甚至罗列了各种礼仪图式，但多数地方志的记载均属程式化的描述，不一定反映出真实的运作情况。[3]

对宣讲圣谕的一体化要求到底在基层实施到什么程度，是很难加以确认的。最常见的情况是宣谕在日常生活中被逐渐程式化，直至蜕变成一种庸俗化的表演，如内阁学士凌如焕在乾隆二年（1737）就已透露出对宣讲过程中敷衍行为的批评。他说："常见通行部文，不过照抄原稿出示过道，粘贴街衢衙门，即已塞奉行之责，而城乡百姓尚未能周知也。"这里面有相当一部分是督抚的责任。就以宣讲上谕为例：

1　参见史全生：《史贻直与雍正年间的宣谕化导》，载《历史档案》2010 年第 1 期，第 37—40 页。

2　参见周振鹤：《圣谕、〈圣谕广训〉及其相关的文化现象》，见周振鹤撰集：《圣谕广训：集解与研究》，顾美华点校，第 581—632 页。

3　关于地方志中所描述的圣谕宣讲概况，可参阅王尔敏：《清廷〈圣谕广训〉之颁行及民间之宣讲拾遗》，见周振鹤撰集：《圣谕广训：集解与研究》，顾美华点校，第 633—649 页。

督抚荐举属吏，率皆首列此案，究竟天下州县，皆不过于朔望近地，齐集绅衿约保，及随从衙役人等，遵照原文，口诵数件，事毕而散。其荷锄负耒之夫，阛阓贸易之子，并未有一人舍其本业，前来听讲者。其听又于圣言之精义，未能入耳会心，即此一事虚文，可知凡事之失实。[1]

乾隆帝也意识到这个问题，曾批评说："但朔望宣讲，祇属具文。口耳传述，未能领会。"[2]

这种敷衍塞责的情况给基层教化的实施带来了许多麻烦，不仅起不到"政即是教"的效果，反而极易流于空洞无效的仪式。于是官僚们纷纷提出一些解决困境的办法，如有人建议应该恢复雍正朝给乡约正发放补贴的规定，并命其根据当地情形，适当把上谕翻译成本地"乡语"，以便百姓知晓。[3]

最集中的建议是，督抚乃至州县官吏均要巡行乡里，除持续不断宣讲圣谕外，还须对基层民情政务勤加体察。比如有对州县官巡

---

1 凌如焕：《敬陈风化之要疏》，见贺长龄、魏源等编：《清经世文编》上册，卷二十三《吏政九》，"守令下"，第 581—582 页。
2 《清高宗实录》卷一三〇，乾隆五年十一月辛未。
3 参见同上。当时的一些官箴书如《图民录》《学治臆说》也建议地方官应该熟悉当地的语言，其中列有"解方言"与"解土音之法"等条目。如"解方言"曾指出："为治必通下情。不解方言，则下情不通，何由致治。若概使书胥译之，则译之者得以操纵自由，而官民受其害矣。"表示地方官应亲自习学方言。作者还列举了明末祁彪佳治闽时，曾为断案专门向当地妇女学习乡音，从而避免了胥吏从中作梗的故事。（袁守定撰：《图民录》卷四，见《官箴书集成》编纂委员会编：《官箴书集成》第五册，第 229 页。）"解土音之法"则建议："各处方言多难猝解，理事之时，如令吏役通白，必至改易轻重。当于到任之时，顾觅十二三岁村童，早晚随侍，令其专操土音，留心体问，则两造乡谈，自可明析，不致临事受蒙。"（汪辉祖撰：《学治臆说》卷上，见《官箴书集成》编纂委员会编：《官箴书集成》第五册，第 274 页。）

历乡村的以下建议：

> 州县官巡历乡村时，每至村镇会集之所，即令保甲传齐附近游惰之民，面加训诫，谕以图谋生计，爱惜身家。其间有本无恒产，流为游惰者，如系老幼废疾，应照例给发孤贫口粮，安于养济院内，至若强壮之民，虽无田畴，当劝谕为佃户，虽无店业，当劝谕为佣工，使之驯其性情，勤其肢体，则族党乡邻，亦断无始终弃置，不相容留之人也。[1]

这条建议提出的办法，可以辨析的一是靠保甲办事，二是基本勾勒出官吏下乡须加以咨询的若干条款，基本框架与乾隆二年（1737）以后乾隆帝反复申说的官僚游历乡村，以"政"为"教"的主旨是颇为吻合的。这样的陈述当然也存在缺陷，那就是对地方官吏实际执行事务的要求不够系统规范，而是显得随机而发。以后巡历乡村日益变成了一种制度化的仪式，同时兼具处理地方政务，其具体程序有一个日益规范化的过程。

巡历制度的"档案化"

正如引言中所述，乾隆帝于登基的第二年发布谕旨，敦促督抚和州县的官僚不辞辛苦深入所辖区域走访民情，以利政事的推行。这样的谕旨在乾隆八年（1743）和十年（1745）曾以不同形式和语气被反复申说，可见乾隆帝对官僚游历乡间以体现其"亲民"风格

---

1 凌如焕：《敬陈风化之要疏》，见贺长龄、魏源等编：《清经世文编》上册，卷二十三《吏政九》，"守令下"，第581页。

的重视程度。然而乾隆帝似乎总对督抚实施教养的具体执行情况很不放心，经常不厌其烦地要求他们悉心条对。如有一次大学士等议覆御史史积琦的奏请时，觉得他提出的敕令州县化导乡人之建议纯属多余，因为各省早已立有规条，似不必再加讨论。乾隆帝却认为：

> 牖民正俗之要，虽屡经朕谕，不啻再三，而各省督抚，实力奉行者鲜。其去取属员，不过以听断明、应对给者为能，如该御史所指者实有之。若概以屡奉上谕，立有规条，无庸再议为辞，则颓波日下，民不知礼义，所系诚非小也。

因此他责令各省督抚，将历年所奉教养百姓之事，现今如何奉行，并行之有无成效之处，悉心条对后，大学士九卿再行详议以闻。[1]

地方督抚对乾隆帝的要求也有积极的回应。陈宏谋在陕西任内时，就曾发布《巡历乡村兴除事宜檄》，内中标明是奉旨行事："钦奉谕旨，令地方官遍历乡村，广为化导，力行教养之务，无懈兴除之宜。"但他又担心："各属漫无头绪，匆匆巡历未能实在措置，徒滋官民纷扰。"

他根据陕西的土俗民情，兴革利弊之事，开列出二十四条规范，要求州县道府巡历乡间时有所遵循，以便稽考。其中涉及劝农教稼、种植经济作物、树桑养蚕之事，均在乾隆帝谕旨中有所发现。[2]

---

1 《清高宗实录》卷二一〇，乾隆九年二月癸丑。
2 参见陈宏谋：《巡历乡村兴除事宜檄》，见《培远堂偶存稿》（《文檄》卷十九），收入《清代诗文集汇编》编纂委员会编：《清代诗文集汇编》第二八〇册，第457页。

他要求各州县巡历乡村时务将这些条款与士民讲说，再令士民父兄诫其子弟师长，训其门徒朋友互相讲论。让村中的老人劝诫年轻人，识字的绅衿口头向那些不识字的愚氓之人传谕："不知者为之讲说，不遵者晓以利害，使人人知某事当兴，某事应禁。"[1]

在陈宏谋之前，另一名封疆大吏李绂也曾强调要结合地方风土民间利弊来贯彻皇帝的亲民旨意。他意识到"今昔殊形，中外异制，某利当兴，某弊当革，仍应细为谘访"，要求各州县官"具文据实条陈，但有裨于地方，即具来文陆续颁布"。对于自己颁行的条文不适合当地风土情形者，也可申明指出，以便修正。[2]只是此时李绂对州县官吏的治理要求显然还未制度化。

前文曾述及，雍正朝之后，圣谕宣讲逐渐演变为乡间的一种宣喻教化制度。然谕旨以官方文件的形式颁布，表面上的整齐划一，并非意味着此一制度在底层一定具备良好的实施效果，其具体表现如何端赖官僚的执行力。陈宏谋的"条教"举措通过把谕旨中的原则具体化，寻找出了一条上层政策如何在地方实行的新路径。比如对圣谕中"劝息讼端"一条的扩充解释，同样说明的是对"小愤细故"要忍耐，"何必任气告状自取耗费"，只需择取里党绅衿中有威望者遇事排解，委曲劝谕，便可大事化小小事化无。[3]陈宏谋强调的是地方官要对所辖境内的政事利弊情形了然于胸，以便"因俗立教，

1　陈宏谋：《巡历乡村兴除事宜檄》，见《培远堂偶存稿》(《文檄》卷十九)，收入《清代诗文集汇编》编纂委员会编：《清代诗文集汇编》第二八〇册，第 466—467 页。

2　李绂：《观风试士檄》，见《穆堂别稿》卷之四十六，《续修四库全书》编纂委员会编：《续修四库全书·集部·别集类·一四二二》，第 626 页。

3　陈宏谋：《巡历乡村兴除事宜檄》，见《培远堂偶存稿》(《文檄》卷十九)，收入《清代诗文集汇编》编纂委员会编：《清代诗文集汇编》第二八〇册，第 465 页。

随地制宜"。他经常说的一句话就是："府曰知府州曰知州县曰知县，则四境之内有一不为官司所当知者乎。"[1]这使我们想起了乾隆帝说过的一段话，在他的眼里，州县官员应该对地方事务非常熟悉："民生之休戚，民俗之醇疵，鸡犬桑麻之细，日用饮食之常，良奸之不一其类，勤惰之各异其情，必一一洞悉于中，而后可加之调剂。"[2]

而下面这句话则完全是陈宏谋语录的翻版，或者应倒过来说，陈氏言论是乾隆帝语录的模仿："所谓知州必能知一州之事，知县必能知一县之事。顾名思义，循名责实。岂簿书钱谷，无误期会，遂谓可胜任而愉快耶。"

陈宏谋又进一步引申其义，说："地方官所以及民之事，有知之而不能尽行者矣，未有全不之知而能行之而当者也。"[3]

"知情"作为一种政治执行力，必须施之以有效的监控才能得到保证。他到福建任上后，发现下属的条对不能令他满意，关键在于处理各种事务不胜其烦，不知从何下手。于是他又根据福建的具体情况汇列出三十条土俗因革事宜，命"该府州转行各属悉照册式逐条登覆"。

这些条款包括地丁、量米、田功、粮价、垦殖、物产、仓储、社谷、生计、银钱、杂税、食盐、街市、桥路、河海、城垣、官署、防兵、坛庙、乡绅、文风、风俗、乡约、氏族、命盗、词讼、

1　陈宏谋：《咨询民情土俗三十条谕》乾隆十九年正月，见《培远堂偶存稿》（《文檄》卷三十四），收入《清代诗文集汇编》编纂委员会编：《清代诗文集汇编》第二八一册，第 69 页。

2　《清高宗实录》卷二一七，乾隆九年五月庚子。

3　陈宏谋：《咨询民情土俗三十条谕》乾隆十九年正月，见《培远堂偶存稿》（《文檄》卷三十四），收入《清代诗文集汇编》编纂委员会编：《清代诗文集汇编》第二八一册，第 69 页。

　　　　　　　　　　　　　　　　　"天命"如何转移

军流、匪类、邪教等项。州县官按此各条登覆后，必须"据实敷陈"，以便督抚"于逐条之下以备采择"。这样才能不负知府知州知县官衔之前冠以的"知"字。[1]

地方官上任后随处咨访在清代似乎渐渐变成了一种惯例，并记录在各种官箴书中，如黄六鸿在《福惠全书》中即列有"访风俗"一条，表示"身将受事地方，则地方之政事利弊，土俗民情，皆宜咨访"，并要求"凡所咨访，随时笔记，免致遗舛"。[2]

对于督抚敦促州县巡历的具体内容和运行的实际效果，乾隆帝乃至阁部都一直密切关注，要求每年汇册申报。例如乾隆九年（1744）九月丁亥，大学士鄂尔泰等议覆，尚书公讷亲奏称，前奉世宗宪皇帝谕旨，令各省督抚于每年十二月，"将奉行之各条款，如何施行，及行之已有成效，缮本具题，以儆外省因循之弊"。[3]

可见雍正帝时就有督令地方官巡历辖境的谕旨。只是官僚们担心这些谕令"行之既久，循例填叙"。所以他们请求乾隆帝下谕，要求各督抚酌量地方之大小，事务之繁简，定以一年半年之期：

令该州县遍历境内，确访情形。将某事当兴举，某事当整饬，及行之有无效验处，造册详报，该上司即据此为考成。吏治庶崇实效，应如所请。凡该地方一切学校、农桑、河渠、水利诸政，及赌

1　陈宏谋：《咨询民情土俗三十条谕》乾隆十九年正月，见《培远堂偶存稿》（《文檄》卷三十四），收入《清代诗文集汇编》编纂委员会编：《清代诗文集汇编》第二八一册，第 69 页。

2　黄六鸿：《福惠全书》卷之一，"访风俗"，见《官箴书集成》编纂委员会编：《官箴书集成》第三册，第 224 页下—225 页上。

3　《清高宗实录》卷二二四，乾隆九年九月丁亥。

博、健讼、盗窃、打降、崇尚邪教诸事，一一得之耳闻目见，则相机办理。令督抚分别繁简定限，逐一详明，岁终汇入成效事件案内核实奏闻。再，督抚统辖地方辽阔，不若责成分辖之道府，按季巡查，尤为切近。惟州县偏历各乡，不得纷扰，道府巡行各属，不得派累，违者按律议处。[1]

这个建议为乾隆帝所采纳。

乾隆十年（1745）四月丙午，山东巡抚喀尔吉善又奏准吏部咨称本年二月奉旨，令各省督抚将节年所奉教养百姓之事现今如何奉行，并行之有无成效之处，悉心条对。[2]

这种谕旨颁行到地方一级，督抚一般会根据当地情形略作调整。即以陈宏谋在陕西的情况为例。陈宏谋当初的设计是要求州县官员每半年向督抚一级的衙门申报一次，然后到年底把各地情况汇总后再拟折向乾隆帝汇报。后来按各地路程的远近，调整放宽到每年十月中旬申报完毕。对于部文详细规定出署和回署时间，陈宏谋也对之进行了调整。他担心每年按时下乡巡历的规定过于死板，有些事务不能带至乡下，有些官员匆匆下乡应景，巡历返回后容易为敷衍考课，"捏填粉饰"，故要求下属不必拘于规定的月日时间出行，只是必须对左近村庄做详细体察，若遇乡塾义学等即须到馆舍中训勉士子，遇社仓须询问借放情形；地大村多之地不妨多住数日，不必急去急回。这样每出署一次必须巡历若干村庄，每到一村就要传集士民宣讲，还必须详细登录所访村庄的情形，未曾巡历

1　《清高宗实录》卷二二四，乾隆九年九月丁亥。
2　参见《清高宗实录》卷二三九，乾隆十年四月丙午。

的村庄也要抽时间专门寻访，如此一来，半年之内就可巡遍各村：
"宁可再至其地，不可竟不一到。有可以在乡办理者，亦即带往办
理，如此则在署在乡均有可办之事，巡历不为徒劳。"[1]每次出署后
遵照部里的规定逐条登答，再由督抚汇册通报。

对于禀报文件的格式和内容也有规定，比如对申报"雨水情
形"一项除须申报得雨尺寸外，还须标明此雨曾否透足、是否及时
普降、时间或迟或早、禾苗麦穗生长情况，以及民情对雨水的需求
情形等，一并据实通报。"不得止载得雨几寸便为了事。"[2]

陈宏谋发现，院司道府发到州县一级的文书，州县官吏往往在
衙前城门与上司往来经过之处张贴，那些通衢乡镇以及上司官员很
少经过的地方则不予贴示，实际上是做给上司看的面子工程。而且
告示完全照抄文禀原文，并没有经过摘录的程序。不识字的百姓无
法知晓其内容，识字之人因厌于繁琐，也懒得理会。地方官张贴告
示也有长篇大论夸张炫示的毛病，完全不顾及士民是否真正理解及
如何遵行等问题。

在文件信息如何有效地沟通上下级方面也容易出现问题。上司
的指令可以下达到下属，但下属文件的上行却并不通畅，这样就造成
"每有下属曾禁某事而上司反有不禁之文，下属劝行某事而上司或在
应禁之列"。[3]上下阻隔的结果是，下属奉到上司命令时，明知不宜推

---

1 陈宏谋：《饬知州县巡历乡村檄》乾隆十年三月，见《培远堂偶存稿》(《文檄》卷二十)，
   收入《清代诗文集汇编》编纂委员会编：《清代诗文集汇编》第二八〇册，第472页。
2 陈宏谋：《酌定文禀条规檄》乾隆九年四月，见《培远堂偶存稿》(《文檄》卷十七)，
   收入《清代诗文集汇编》编纂委员会编：《清代诗文集汇编》第二八〇册，第402页。
3 陈宏谋：《政期官民共晓上下画一檄》乾隆十一年四月，见《培远堂偶存稿》(《文
   檄》卷二十三)，收入《清代诗文集汇编》编纂委员会编：《清代诗文集汇编》第
   二八〇册，第553页。

行到地方，也不肯回覆反驳，民间是否遵行亦不过问。上司告示与自己告示出现分歧并不加以订正，坐听令出分歧，使士民无所适从。

陈宏谋下令凡是出示士民应遵行的事务，须摘叙简单数句或数行，书写成短幅大字，遍贴乡村，交乡保人员到处传知。当地方官巡历到各处时，也须询问张贴后各事奉行的情况。州县自己在贴出告示的同时，须同时向上级抄录通报，以免造成上下指令的错位。[1]

当时有些官箴书也特别提到让普通百姓读懂官方文告，是有利于地方治理的一件重要事宜。《图民录》中曾有一条"勿烦文告"，明确提示说："文告须剀切，即此便见官之隐微。然烦而无当于事，民视为故纸矣。必事关兴革，度其必可行而无弊，不得不示而显示之，而后民从之。"[2]

对于州县官以下的属吏是否称职，也有谕令加以督查，"登注明晰，密送查阅"，特别指出："其考语不拘字句多少，著其长不必掩其短，明其过亦不没其功。"[3]

乾隆十一年（1746），陈宏谋任职陕西时所拟定刊发的二十四条巡历内容经登答核明，缮造黄册进呈御览，可见经上下沟通后皇帝与官僚在巡历的督导方式上达成了共识。阁部会议后也下令逐州逐县造册登注，要求简明切当，使之变成了地方官吏的日常治理程序。

---

1 参见陈宏谋：《政期官民共晓上下画一檄》乾隆十一年四月，见《培远堂偶存稿》（《文檄》卷二十三），收入《清代诗文集汇编》编纂委员会编：《清代诗文集汇编》第二八〇册，第553页。

2 袁守定：《图民录》卷四，见《官箴书集成》编纂委员会编：《官箴书集成》第五册，第225页。

3 陈宏谋：《饬查州县属员贤否谕》乾隆九年三月，见《培远堂偶存稿》（《文檄》卷十七），收入《清代诗文集汇编》编纂委员会编：《清代诗文集汇编》第二八〇册，第392页。

"天命"如何转移

考虑到每年官员到职会有所变动，如贸然把造报文件上奏，后到之官常常不知前官巡历情况，在归纳总结时有可能会造成混乱。于是改为每年逐条登覆，通报上司存案，每两年把核实后的情况，每县汇编为一册，由督抚阅定后，缮造黄册进呈。这样既防止官员更替时形成交接错位，导致紊乱，保证每年登录的连续性，又可使朝廷对两年之内县一级的治理情况了如指掌。[1]

陈宏谋的谕令下达后，特别是在乾隆帝亲自督查监控的情况下，地方官员果真开始重视在乡村的巡历事宜，但同时也出现了敷衍早报的问题。陕西甘泉县知县冯士铸表示，在乾隆十一年（1746）七月就开始奉延安府的紧急命令，催促该县于八月造册通报地方巡历事宜，保安县薛观、延长县钟韵清也接到了类似的指令。在陈宏谋看来，冯士铸上任不过半年，虽然上报的册页内所述各事颇有头绪，如果推迟数月汇总报告，效果将更加切实。薛观、钟韵清也不过上任月余，即使勤加巡历，也未必对实情有所体察，也不可能采取什么措施，登覆之泛漫不实、不合体例当然不足为怪。如果此时造报，年底再行更改，会造成重复繁冗，故命甘泉、保安、延长县造册暂存年底，仍令再填。[2]

乾隆十四年（1749）以后，两年的造册缮报时间又延长至三年，但仍要求把每年的兴革之事详加记述备案，以备三年汇核摘叙

1 参见陈宏谋：《巡历乡村仍照上年事例遵行造报檄》乾隆十一年四月，见《培远堂偶存稿》（《文檄》卷二十三），收入《清代诗文集汇编》编纂委员会编：《清代诗文集汇编》第二八〇册，第554—556页。

2 参见陈宏谋：《再饬州县实力巡历乡村檄》乾隆十一年九月，见《培远堂偶存稿》（《文檄》卷二十四），收入《清代诗文集汇编》编纂委员会编：《清代诗文集汇编》第二〇册，第580—582页。

入册。乾隆十五年（1750），陈宏谋发现陕西襄城县的造册完全没有遵照登覆规则，特意下文予以申斥。他发现二十四条中的士习、孝友、婚配、节俭、田功、垦荒、丧葬、夜戏、赌博、打降、游惰等条均无记载。已行应禁应行之事一味空泛议论，不但年年相同，而且处处一样。比如"士习"条内曾提到有义学四处，而上年册内已提及三处，是否第四处为乾隆十四年新设反而没有说明。栈道桥路应行修补之处有一百多处，可当年记载却与去年相同，仿佛什么事都没干。又如襄城乾隆十四年发生过京兵被窃案、殴死人命案和盗窃案，"军流"等条内也没有载入。造册中还经常充斥"凭空杜撰，赞颂套语"，陈宏谋严令重新造册报送。[1]

与之相对应的是，乾隆帝对督抚一级的巡历条对情况也屡加申饬，如乾隆十五年五月，乾隆帝的谕旨讨论了督查属员的问题，他说：

> 整饬之道，不在多设科条，烦扰百姓，如柳宗元所云日击鼓号召其民，转致饔飧不暇。惟在督察属员，令其以现在应行之事，因地制宜，一一实力行之，百姓自沾实惠。一邑得人则一邑治，一郡得人则一郡治。为督抚者，慎持纲纪，广谘诹而审观听，阘茸息事者必不姑容，如此则政有经而民不扰。较之徒事虚文，无裨实效者，相去远矣。[2]

造册缮报制度在陕西坚持了很久，如陈宏谋曾上奏称乾隆十七年（1752）至十九年（1754），三年一报的制度仍在进行，要求每

---

1 陈宏谋：《饬襄城县造报兴禁事宜不实檄》乾隆十五年三月，见《培远堂偶存稿》（《文檄》卷二十九），收入《清代诗文集汇编》编纂委员会：《清代诗文集汇编》第二八〇册，第697—698页。
2 《清高宗实录》卷三六五，乾隆十五年五月己未。

府州汇为一册，不必逐县叙述。[1]

有清一代，各种官箴书中也把地方官巡历辖境视为必要的政务之一。如《平平言》"咨访风俗"条中曾云："民风土俗各处不同，顺而导之自易为力。若不博访周咨，留心体察，则行事必多乖错，刑罚必多失中，条教号令必多格格不入。"又举明代江南地方官周忱的例子，说他："尝操一小舟，沿村逐巷随处询访，遇一村朴老农，则携之与俱卧于榻下，咨以地方之事"，这样才能"定赋役斟酌损益，尽善尽美"。[2]

又有戴肇辰著《续增求治管见》，内中说道：

境内之土俗民情不可不周知也。盖官名知州、知县，乃于地方之土俗民情，并未周知，尚可以谓之为知州知县乎？是宜于到任后饬谕地保、里长等，各将该管村落，离城远近，四至处所，烟户总数，大小男妇口数，绅士农商人数，以及山川险要，池泽市集马头，均详细造册呈送，即将送到各册，汇总绘图存阅。仍于下乡之便，按册查明，以征确实。庶四境之内，一览而知。不独有差票时，可按道路远近，定限判发，而于查拿要犯，办理灾赈等事，亦易检查得实，不至临时大费周章也。[3]

由上述的政务内容可知，与造册呈报的程序相关，各地官员到

1　参见陈宏谋：《汇造陕省兴禁二十四条总册檄》乾隆十九年十一月，见《培远堂偶存稿》（《文檄》卷三十五），收入《清代诗文集汇编》编纂委员会：《清代诗文集汇编》第二八一册，第117—118页。

2　方大湜：《平平言》卷一，"咨访风俗"条，见《官箴书集成》编纂委员会编：《官箴书集成》第七册，第619页。

3　戴肇辰：《续增求治管见》，见《官箴书集成》编纂委员会编：《官箴书集成》第八册，第224页。

任后一般都会索要所辖境域的地图，还须检视当地的方志来了解基本情况。说明在清朝地方官员的治理技术中，方志和地图的作用也变得越来越重要。清代纂修的方志种类已达五千五百多种以上。如果新上任的官吏发现当地没有方志，将会感到十分惊讶。

其实，宋代的地方官已开始意识到地图对地方治理的不可或缺性。比如陈襄在《州县提纲》里就试图说明新官上任后必令详画地图，以判断地理行政单位的分布、人口的疏密程度以及山林田亩多寡与道路的远近。然后根据各地区所呈报的地图画一幅全境地图，存放于衙署之内。陈襄并没有明言画图者的身份，也没有说明他只是将各区地图简单拼贴到一起，还是根据各地区的地图，编绘成总图，但他对地图作用的认知却是明确的。地方官览阅地图后，对所辖境内争讼、赋役、水旱、追逮等情况可以做到一览而见。[1]明代地图也是某些地方官进行基层治理的一种工具，这些地图往往被绘制在一些地方志中，以为资政的参考。如叶春及任福建惠安县知县时，就曾据当地志书编纂成《惠安政书》，其中采用相当先进的网格绘图法绘制惠安全境地图。[2]

到清代，阅看方志和地图变成了强化地方治理的一项重要职能。《平平言》里专门有"看本邑志书"一条，强调"本邑志书不可不看，民情土俗悉载志书之内，不看志书，必不能因地制宜"。[3]

---

1 参见［美］余定国：《中国地图学史》，姜道章译，北京：北京大学出版社，2006年，第82—83页。

2 参见［加］卜正民：《明代的社会与国家》第二章"叶春及的方志图"，陈时龙译，合肥：黄山书社，2009年，第67—89页。

3 方大湜：《平平言》卷一，"看本邑志书"条，见《官箴书集成》编纂委员会编：《官箴书集成》第七册，第619页下。

《福惠全书》更把阅览志书的意义提高到一个新的高度加以认识。在"览志书"一条中，黄六鸿说道：

> 一邑之山川人物、贡赋土产、庄村镇集、祠庙桥梁等类，皆志书所毕载，而新莅是邦，一为披览，则形势之奥衍阨塞，租庸之多寡轻重，烟户之盛衰稀密，咸有所稽，而政理用是以取衷焉。[1]

陈宏谋更是阐述了志书与皇帝推行"教养"计划之间的紧密关系。他在给《湖南通志》作序时写道：

> 国家圣圣相承，涵濡教养之泽，入人者为至深，故虽地杂苗瑶，而我皇上德教覃敷，溪峒山箐之间，遍播弦歌之化，向所谓五溪衣服，今皆骎骎渐渍华风，何其盛也。亟欲稽其文献，而通志阙略，不能无憾。[2]

这段话把方志编纂与兴教化的意义阐释得十分清楚。最后陈宏谋把方志与地方治理之间的关系详加定位，说：

> 欲览是书者，官斯土则有怀经济，因革损益，厘然可守也；生斯地则仰止前贤，鼓舞效法，勃然兴起也。为政之所以立纲陈纪，为学之所以体立用行，皆不外于是书焉。得之此则区区修志之心之所厚期也。[3]

---

1 黄六鸿：《福惠全书》卷之三，"览志书"，见《官箴书集成》编纂委员会编：《官箴书集成》第三册，第 252 页下—253 页上。
2 陈宏谋：《〈湖南通志〉序》，见陈宏谋等修：（乾隆）《湖南通志》，清乾隆二十二年刻本。
3 同上。

在给友人的一封信里，陈宏谋曾经详细表述了他的"方志观"。如他谈及修志的范围，觉得不应记荒远古事，而应记近今时事，记述风格不在文词高古，而在情事切要。他举例说，方志的内容应包括："近年更定之幅员官制，改拨之粮赋，增裁之驿递兵马，新建之城署，其古迹名胜有新修者，均须查案编入。"[1]特别是要对照旧志，对本地的地理和行政沿革分县府归类叙述，"至于沿革兵制，关隘兵防，山川水利等门，事本相因，不妨互见"。对于基层"教养"的关键部分即"风俗"的描述，陈氏也主张："风俗不妨美恶互见，使后来采风问俗者有所采择，对症发药，以施其因革之美政，所谓齐其政，不易其俗也。"

对于《艺文》部分的收录标准，也做了规定，即只收录那些有关兴革利弊风俗的文章，而那些"风云月露之词"，则"诗文虽佳可以不载，人虽古可以不列"。那些通过关系送到方志馆的私人刻印文集，也要选择有关"利弊风化或实学经济者"才可载入，目的是"重其人因取其言之有关系耳"。[2]

可见，方志的功能已不仅仅是保存乡贤遗墨或弘扬地方文化那么简单，而是与清朝地方治理的总体设计有了相当密切的关系。

对方志的重视及其在地方治理中所发挥的作用在乾隆朝是有共识的，如章学诚甚至把方志编修看作是吏治整体规划的一个重要环节。[3]

1　陈宏谋：《寄志馆范九池欧阳瑶冈两先生书》，见《陈文恭公手札节要》卷下，清同治七年刻本。

2　同上。

3　参见缪全吉：《章学诚议立志乘科的经世思想探索》，见"中研院"近代史研究所编：《近世中国经世思想研讨会论文集》，台北：商务印书馆，1984年，第157—179页。

"天命"如何转移

与对方志作用的日益重视相适应，地方官吏对舆图重要性的认知也有加强的趋势。即以陈宏谋为例，陈氏遍历各省为封疆大吏，几乎每到一个新任之地都要发布谕令，强调绘制舆图对地方治理的重要意义。在江西巡抚任内，他发布《饬画舆图谕》中就首先指出舆图和方志、事宜册之间的相互辅助功能。"旧例各官到任，于志书及事宜各册之外，并送舆图者，所以周知阖境之地势情形也。"陈氏对舆图绘制的要求更加具体，指示舆图内容的详细程度必须与地方政务的执行情况相互配合：

> 必将境内之市镇村庄河渠脉络水陆道路一一备载。其东西南北道路远近计里画方细详贴说，皆各不爽，庶几通境之地势情形了然在目，地方设有水旱缓急，按图而稽，不啻亲历其境，而既履其地，复核其图，更为亲切，古人所以有取于左图右史也。[1]

他发现，一般衙门里的官吏均委派胥吏绘制舆图，往往会出现开载不全、东西倒置的毛病，导致以讹传讹、形同废纸。向上一级呈送的地图也变成了一种故套程式，对实际治理没有任何益处。于是他要求到任州县官员必须亲自对全境市镇村庄的分布情况进行查考，然后"逐一胪列，计里画方"，务求东西远近勿有差谬，而且要求亲自留心，不得委托胥吏操办。一个月之内舆图绘成后呈送府衙和督抚阅看，再汇总绘成一府总图送阅，目的是"俾烟井万

1　陈宏谋：《饬画舆图谕》乾隆六年十一月，见《培远堂偶存稿》（《文檄》卷十二），收入《清代诗文集汇编》编纂委员会编：《清代诗文集汇编》第二八〇册，第288页。

家，时时在目，麻桑四野，处处关心，此中获益，亦自不少"。[1]

地图的绘制与阅看的行为实际上与实施地方政务的措施应该是一致的，在陈宏谋的指令中，舆图编绘与他所颁布的查看地方事宜二十四条，是可相互参看与印证的，不是互相分隔的两类事情。[2]他在乾隆九年（1744）陕西巡抚任上特意把这点诠释得十分透彻。陈宏谋一再挑明，绘图不是新官查取事宜地图之故套，不是一种衙门交接的仪式。相反，应该把事宜册内登覆各条与地图里描绘的地方情形相互参核。他先提到呈送事宜册时，"务将册内所列各条随即体察，或宜整饬或宜变通，或宜推广而力行，或宜因时以措施，或宜去弊以存利，或宜循始以要终"。

那么，所绘地图的功用则是：

其图内村庄则宜时加展阅，民有词讼可披图以察其远近，因公下乡再即图以参观其情形，他如借还常平借还社仓，劝种桑蚕，兴立义学，选充乡保，稽查匪类，缉拿窃贼，一展舆图，村庄疏密、道里远近，宛然在目。情形既已熟悉，措施自然协宜，可以补前册所未载，可以改前图所未明，每日披图列册，即有应办事件，不致闷坐官斋而民瘼全不在念。足迹虽有不到，心思则无不周。四境之内如一家，万民之众如一身。[3]

1　陈宏谋：《饬画舆图谕》乾隆六年十一月，见《培远堂偶存稿》（《文檄》卷十二），收入《清代诗文集汇编》编纂委员会编：《清代诗文集汇编》第二八〇册，第288页。

2　陈宏谋在不同时期对寻访民情的条款要求时有增减，但其内在精神往往是一致的。如他曾颁有《咨询民情土俗三十条谕》，比原先规定的二十四条多出六条，但总体内容基本相同。

3　陈宏谋：《通饬留心图册檄》乾隆九年八月，见《培远堂偶存稿》（《文檄》卷十七）收入《清代诗文集汇编》编纂委员会编：《清代诗文集汇编》第二八〇册，第413页。

　　　　　　　　　　　　　　　　　"天命"如何转移

这段话把舆图的作用提升到了对社会治理的各个层面均有助益这个角度予以考虑。陈宏谋在福建巡抚任内发布的另一段谕示中，特意描述了舆图对于"防缉奸宄""平枭散贼"的作用。并对舆图的格式做了相当细密的规定，要求每图宽四尺长四尺，图纸须画成方格，每格一寸作五里，然后按四境村庄远近计里排列。拥有十户以上的村庄必须标出；如属山海旷野之区，只有三五家的小村也须列入。每村绘一小屋，上写村名，如有砖石堡寨则用红圈专门标识，有社仓的地方上标一"社"字，如果是码头市镇就将小屋涂红，以示区别。

　　州县地图汇送到府上后，经汇总，县图每格五里，府图则每格十里，因图幅有限，村庄只将总名以及镇集水陆码头驻官之所标注，不必逐一全列。府图内每县均各用一种颜色区别，以便某府有几县，县境方圆长短及交界处均可一目了然。[1]

　　除重视地图外，地方官为了解上方意图起见，对邸报的阅读也很重视。《图民录》中有"看邸抄有益"条，说邸抄"条议新例，刑名成案，概具抄中，可以遵法"。[2] 陈宏谋甚至在私人通信中认为当时士子学习的内容与经世无关，一旦步入仕途则多显无用。因此

<hr />

1　参见陈宏谋：《查取村庄舆图檄》乾隆十九年正月，见《培远堂偶存稿》(《文檄》卷三十四)，收入《清代诗文集汇编》编纂委员会编：《清代诗文集汇编》第二八〇册，第94—96页。陈宏谋在其多年的宦游生涯中曾多次颁布绘制舆图的谕令，几乎每到一地就宣布一次或数次。除上述所列其在江西、陕西、福建任内的谕令外，陈氏尚有《饬取甘肃图册以资治理檄》，在湖南任内有《饬取州县舆图檄》，在江苏任内有《饬取图册檄》，还有《查取西省营伍地方图册檄》这样的专门谕令。可见其重视地图绘制的想法绝非心血来潮的一时冲动。

2　袁守定：《图民录》卷四，"看邸抄有益"，见《官箴书集成》编纂委员会编：《官箴书集成》第五册，第230页下。

得出"世人以读书人为无用，皆由于此，其故总缘不留心邸报之故"。设想城乡学馆俱应阅读邸报，其理由是"凡近日朝廷用人行政及内外诸臣工条奏，皆得见闻，此中亦增许多见识"。[1]

教化蛮夷：从"华夷分治"到"中外一体"

明朝对"南蛮"的种族隔离政策

清朝素以"大一统"疆域占有远超前代自居，故其辨析疆域内各类臣民族群的位置也拥有了与前代不同的划分理念。特别是清朝基本破解了明朝士人"夷夏之辨"的传统心结，不但使"大一统"的疆域统治具有了思想上的正统性，而且深刻改变了宋明的地方治理模式。最明显的例子是，"教养"不仅是内地督抚臣属的责任，也是管辖边缘荒蛮地区的那些封疆大吏的职责。换一种角度说，如果内地民人需要通过"教养"以收移风易俗之效，那么身居蛮夷之地的民众同样应该有资格被纳入"教养"范围中来，而不是像前朝那样被归入蛮野化外之区而遭到摒弃。易言之，传统"教养"的内涵和范围到了清代均已发生巨大的变化。

明清两代对"蛮夷"观念的认知有了南辕北辙般的差异。明代持守的是"夷夏之辨"的言说传统，基本把北狄南蛮视为未被驯化的野兽一般加以对待。检视陈子龙所编《皇明经世文编》中收录的有关防御"夷狄"的文献，可以想见明代官僚完全把"蛮夷"作

---

1 陈宏谋：《寄张墨庄若澨书》，见《陈文恭公手札节要》卷下，清同治七年刻本。

　　　　　　　　　　　　　　　"天命"如何转移

为剿伐扫荡的敌寇，没有任何视其为教化对象的意思。分析这类言论，对于理解清朝"夷狄观"的转变很有帮助。

明代与北方民族的关系长期处于攻守进退的敌对状态，故明人多引宋朝与北方金人的和战轶事作为讨论政局变化的参考依据。如于谦在《议和虏不便疏》中就直接以宋代澶渊之盟为例来分析明朝与瓦剌的关系，甚至用词都很相像，如说"中国与寇有不共戴天之仇"，又说"丑虏贪而多诈"等等。[1]

在明人眼里，"南蛮"和"北狄"不同，北狄有长城相隔，南蛮则多与汉人杂居，难分界线。如有人形容四川西部"诸番杂居，其部落田庐，实与蜀民襟幅联属，非如北虏有大漠之隔，长城之阻也"。因此，治理诸番之道，"似易而实难"。[2]北虏所处之地"野草犹腥"。[3]北虏与南夷性质不同，"南北夷虏之势不同，其处之之道亦异"[4]。北狄难于剿抚，南夷可以制服。明人的基本判断是："今为中国患者，不在西南，在北狄，西南之兵，豫期可收，北狄之忧，岁谋入作，奏功之日未见。"

1　于谦：《议和虏不便疏》，见陈子龙等辑：《皇明经世文编》卷之三十三，收入《四库禁毁书丛刊》编纂委员会编：《四库禁毁书丛刊》，集部第二二册，第345页。

2　王廷和：《呈盛都宪公抚蜀七事》，见陈子龙等辑：《皇明经世文编》卷之一百四十九，收入《四库禁毁书丛刊》编纂委员会编：《四库禁毁书丛刊》，集部第二四册，第201页。

3　程文德：《灭虏六事疏》，见陈子龙等辑：《皇明经世文编》卷之二百二十一，收入《四库禁毁书丛刊》编纂委员会编：《四库禁毁书丛刊》，集部第二五册，第331页。

4　张居正：《答云南巡抚何莱山》，见陈子龙等辑：《皇明经世文编》卷之三百二十八，收入《四库禁毁书丛刊》编纂委员会编：《四库禁毁书丛刊》，集部第二七册，第101页。晚清魏源也觉得明代制夷之策与宋代相比多趋于剿抚两端，实施效果均不理想。他评价说："宋羁蛮专抚绥，则高爵厚赏不厌欲。明备苗专防范，则筑哨屯兵不遏衅。"最后的结果还是："终宋世威不振，终明世苗不服。"（魏源：《湖南苗防录叙》，见贺长龄、魏源等编：《清经世文编》下册，卷八十六《兵政十七》，"蛮防上"，第2130页。）

可见明人对北虏的防御进剿多取悲观态度。相反对"南蛮"的治理倒是颇显乐观，如说："夫制狄与苗异，苗叛则不服，服即不叛。狄乃不然，去来来去，不可要结，不可盟信。"[1]

但无论是针对南蛮还是北狄，都是以攻防战守的二元对立策略为主，尽管南夷似乎易治，张居正仍认为，明朝不能统一收归郡县之治，是"势"不可，因"其种类忿争相杀，固其性然，又非可尽以汉法绳也"。[2]

故有些官员论及治理"南蛮"时，仍主张采取空间隔离的对策。如丘濬就认为："大抵南蛮与北狄不同，蛮性阴柔，倚山为势，军来则入山远避，军去则外出掳掠。如蝇蚋然，挥扇则飞散，收扇则复集，剿灭之甚难。"他又特别提到当地环境所产生的瘴疠之气的影响，导致"既不可速战，又不可持久，所以自古用兵，未有大得志于南蛮者也"。[3]最后解决的办法仍是采用隔断往来的消极防守策略。

在丘濬看来，西南夷人既不是强宗豪族，又非深谋远虑之人，他们既不争夺城池，又不收服人心，骚乱的目的只是掳掠财物而已。所夺取的财物也很少有更多的用途，只好将之用在贸易方面。只要内地之人不与交通，其财物的流向即成问题。故建议严令地方官民不得与其接触，买卖必须凭借官府发放的布贴牌照，禁止货物和银币流通，以此遏制其蔓延之势。基本运用的还是防堵的办法，

---

1 王维桢：《奉大扩王先生》，见陈子龙等辑：《皇明经世文编》卷之二百六十二，收入《四库禁毁书丛刊》编纂委员会编：《四库禁毁书丛刊》，集部第二六册，第 92 页。

2 张居正：《答云南巡抚何莱山》，见陈子龙等辑：《皇明经世文编》卷之三百二十八，收入《四库禁毁书丛刊》编纂委员会编：《四库禁毁书丛刊》，集部第二七册，第 101 页。

3 丘濬：《驭夷狄议》，见陈子龙等辑：《皇明经世文编》卷之七十三，收入《四库禁毁书丛刊》编纂委员会编：《四库禁毁书丛刊》，集部第二三册，第 48 页。

　　　　　　　　　　　　　　　　　"天命"如何转移

作为军事剿伐的补充手段。[1]

在另一篇文章中，安置投诚夷民，采取的基本策略也是尽量把他们和内地民众相互隔离开来，以防不测。[2]如王廷和的"治夷"思路仍是设置土官以羁縻其众，除使土官督促缴纳青稞差役外，地方官可通过赏赐茶盐的利益诱惑手段驾驭土官，在他看来"戎狄亦人耳"，对"利"的追求是共通的。戎狄的人性是利益本性的表露，与"道德"意义上的人性无关。[3]"戎狄亦人耳"指的是其贪婪本性，而非具有可资启悟的"良知"。

明人对这种强制隔离措施所造成的局限性，并非没有察觉，也并非全无批评。比如桂萼在为《大明舆地图》作序时，就对明代的所谓"一统"之局提出了异议。他认为，"大一统"的真义应该是"仁泽广被""功德并隆"，不是一种单纯的区域统治概念。当年，明太祖的一统思路是"用夏变夷"，不是简单地谋取四方的土地人民，是以"中外华夷，莫不向风"为目标。后来的官吏曲解了明太祖的意思，只是一味地从经济利益的角度去课征土著之民，并与之不断发生战斗，完全丧失了仁泽覆盖蛮地的教化初衷。结论当然是："故国或异政，家或殊俗，于是有一统之名，而迄不见一统之盛治。"[4]

1　参见丘濬：《驭夷狄议》，见陈子龙等辑：《皇明经世文编》卷之七十三，收入《四库禁毁书丛刊》编纂委员会编：《四库禁毁书丛刊》，集部第二三册，第48页。

2　参见丘濬：《内夏外夷之限一》，见陈子龙等辑：《皇明经世文编》卷之七十三，收入《四库禁毁书丛刊》编纂委员会编：《四库禁毁书丛刊》，集部第二三册，第38页。

3　参见王廷和：《呈盛都宪公抚蜀七事》，见陈子龙等辑：《皇明经世文编》卷之一百四十九，收入《四库禁毁书丛刊》编纂委员会编：《四库禁毁书丛刊》，集部第二四册，第202页。

4　桂萼：《〈大明舆地图〉序》，见陈子龙等辑：《皇明经世文编》卷之一百八十二，收入《四库禁毁书丛刊》编纂委员会编：《四库禁毁书丛刊》，集部第二四册，第573页。

明人中亦有个别人把"华夏""夷狄"混而论之。如陆楫做《华夷辨》就反对把"夷狄"径直视为"野兽":

> 夷狄亦人也,犹一乡一邑然,中国则市廛也,夷狄则郊遂也,中国则世族也,夷狄则村氓也,自邑长乡大夫视之,则皆其境土也,则皆其民也。然则中国、夷狄自天视之,则皆其所覆载也,皆其所生育也。……故穷覆载而言之,则华夷为中国,四裔为夷狄;就华夏而言之,则中原为中国,边徼为夷狄,本非如禽兽之异类也。[1]

只是这种声音犹如空谷足音,完全消匿于"夷夏观"的主流旋律之外。

明代的这种"种族隔离"理念在清初有所延续,一些持"反满"思想的士人坚持种族应该纯化的思路。王夫之甚至认为,夷狄与华夏之人的区别就在于生长于不同地区,"其地异,其气异矣;气异而习异,习异而所知所行蔑不异焉……特地界分、天气殊,而不可乱;乱则人极毁,华夏之生民亦受其吞噬而憔悴"。[2] 帝王的职责就是要继续保持种族界限的清晰可辨。王夫之的历史分析实际上与明代宋濂和方孝孺的思想是一脉相承的。[3]

1　陆楫:《蒹葭堂稿》卷三《华夷辨》,明嘉靖四十五年陆氏家藏刊本,转引自林丽月:《陆楫(1515—1552)崇奢思想再探——兼论近年明清经济思想史研究的几个问题》,载《新史学》五卷一期,1994 年 3 月,第 136 页。

2　王夫之撰:《读通鉴论》卷十四,舒士彦点校,北京:中华书局,1975 年,第 372 页。

3　参见〔英〕冯客:《近代中国之种族观念》,杨立华译,南京:江苏人民出版社,1999 年,第 27 页。

"蛮人皆赤子"论

到了清朝初年，"夷夏观"发生了相当大的变化，雍正皇帝在著名的《大义觉迷录》中，就与思想犯曾静反复辩论过满人作为"夷"到底是否有资格坐拥天下的问题。

经过一番较长时间的思想博弈后，曾静在悔过内省之作《归仁说》中谈到了自己"夷夏观"的转变。他说："是《春秋》之书分华夷者，在礼义之有无，不在地之远近。其心实至公至平，原视乎人之自处何如耳。"[1] 实际上承认了清朝拥有与前朝相似的正统性。

清朝官员对夷夏之辨的理解，也与帝王相近。如李绂就曾说：

> 至中外之分则尤未达于理，《春秋传》所谓内诸夏而外四裔者，谓居中抚外不得不有亲疏远迩之殊。若既为中国之共主即中国矣。舜东夷之人，文王西夷之人，得志行乎中国，不闻以此贬圣。

这一段话的遣词表述与雍正帝的看法几乎完全一致。李绂举例说，元代据有中国，"践其土食其毛者必推其从出之地绌而外之，去将焉往，圣人素位之学岂如是哉"。李绂还特别批评时人认为他的乡贤吴澄在元朝为官是"忘君亲而不耻仇虏，以为未合于圣贤之进退"[2] 的看法，建议其应该和另外一位在元朝做官的大儒许衡一起从祀。

---

1 《大义觉迷录》卷四，见中国社会科学院历史研究所清史研究室编：《清史资料》第四辑，第 155 页。
2 李绂：《吴文正公从祀论》，见《穆堂初稿》卷二四，收入《续修四库全书》编纂委员会编：《续修四库全书·集部·别集类·一四二一》，第 485 页上。关于李绂为吴澄辩护的看法，可参见黄进兴：《李绂与清代陆王学派》，第 119 页。

在如何教化"蛮人"这个话题上，李绂有了新的设想。原先他的注意力大多集中在为"蛮人仇杀之习"所沾染的汉人身上，反复思忖如何通过教化之道促其摆脱蛮人习气的影响。他任职广西期间，教化思路发生了一些微妙变化。他认为，土民相互仇杀，并非生性使然，而是因为不读诗书未知理义的缘故，所谓"尔等虽系瑶獞，亦皆朝廷赤子，何无羞耻之心"。[1] 陈宏谋也曾表示："民苗均属赤子，难容歧视。"[2] 口气显然与皇帝谕旨中的语调非常相似，乾隆帝就曾经说过"则普天率土，皆吾赤子"这样的话。类似的说法在多处谕旨中反复出现。这也是雍乾等清朝帝王的共识，自然也会影响到地方官僚对待夷人的态度。按照李绂的说法就是"天下无伦外之道，即无道外之人；天下无道外之人，即无人外之教也"[3]，意思是那些化外之人也应该纳入原先只有汉人才能享有的文明"教化"范围。从此视夷人为赤子的思想一时流行起来，相关议论充斥在各种"制夷""驭夷"的文本之中。

在清代"学者型官僚"的眼中，"内地"的范围已经扩大，原来那些汉夷杂处，似乎只可作为帝国藩篱和屏障的地区，逐渐被当作与内地情况相当的区域加以对待，说到"藩篱论"，指的是边境之外，不可以此来指称"内地"，哪有把"内地"当作"藩篱"的理由呢？可见，此时一些官员已把原属"藩篱"的地区视为"内地"来进行观

1　李绂：《申明前院禁条告谕》，见《穆堂别稿》卷四八，《续修四库全书》编纂委员会编：《续修四库全书·集部·别集类·一四二二》，第 645 页。

2　陈宏谋：《再申禁约示》雍正十二年二月，见《培远堂偶存稿》（《文檄》卷二），收入《清代诗文集汇编》编纂委员会编：《清代诗文集汇编》第二八〇册，第 34 页。

3　李绂：《原教》，见《穆堂初稿》卷十八，《续修四库全书》编纂委员会编：《续修四库全书·集部·别集类·一四二一》，第 403 页。

察了。这也成为改土归流的重要思想源流。比如关于土司之设，有些人就认为，夷人"鸟语卉服，习俗攸殊"，设置土司统驭，可以起到藩篱边疆的效果。具有制夷新思路的官员则认为："夷民种类虽别，而畏威惧法之心，与舍苦就乐之情则一，苟善抚之，畴非赤子。"[1]

这种与乾隆帝相似的"赤子论"一旦流行起来，原来在汉人眼中的夷人，就会变成与内地汉人具有相近素质的群体，拥有了接受改造的资格，对西南夷人的治理思路亦会随之发生变化。拿云南少数族群来说，从前皆称"夷"，如今"城郭人民，风俗衣冠，改土归流，变夷为夏者，十且八九"，完全没必要再借土官之力加以保护。

如果对待这些同在中华境域之内的土人，"而风化不能及，恩泽不克沾"，人群由土司管辖隔离，流官则视之为蛮夷，漠视任由其被土官欺压凌辱，肯定不是一个视"夷人"为赤子的良好态度。相反，如果以汉官代土官，效果将截然不同："不出百年，内地可以肃清，肘腋可以无虞，使数千万众，虫蠢穷彝，悉得变禽兽而隶编氓，出汤火而见天日。"[2]

当年汤斌曾撰有《平定湖南收服云贵策》，其中就指出，清朝的名邦大郡已归版籍，却对湖南、云贵多次劳师用兵，兴师攻伐应当从百姓的利益着想，而不是仅从疆域拓展的思路考虑，这不单纯是一个动用武力征伐对手的问题。

这份"平南策"认为，"而为百姓计者，则湖南之土地虽若未归下吏，而湖南之赤子已久为盛世之编氓"。招徕民众归附的意义

1　刘彬：《永昌土司论》，见贺长龄、魏源等编：《清经世文编》下册，卷八十六《兵政十七》，"蛮防上"，第 2133 页。

2　同上。

不是军事强弱的问题所可以解决。所以"德义绥怀"的思路虽是儒生的常谈，却是当时的急务。他的结论是："于是，于长沙武岳之间屯田以待其敝，德教以化其俗，威信以服其众。令荷戈之士皆有翻然勃然之心，而逆我颜行者亦皆有退然自悔之意，此所谓不战而屈人之兵者也。"

对湖南的德化政策实施成功以后，滇黔两地的烟瘴不毛之地自然就不劳王师进伐了。所谓"盖大武本于人心，而不在钟鼓旌旗之节；王略要于无疆，而不在献俘凯旋之观也"。[1]

从军事征伐转为"教养"为先的治理策略，在边缘疆域的逐步推行有一个慢慢清晰起来的过程。最初的设计是尽量避免汉人受到蛮族习性的污染，仍然把"南蛮"视为不可教化的一群。比如广西巡抚李绂就曾抱怨说，除通都大邑的士子稍知自爱外，与"瑶獞"杂处的人群往往"渐染顽风"，一些仇杀抢夺的案件常常有贡监生童的参与。避免"蛮化"的办法是在每个州县中挑选聪明而知自爱的童生八人进入省城的宣城书院学习，目的是"朝夕化诲，讲明道义，以变其贪戾之心，课习词章，以驯其顽梗之气"。为达此目标，李绂行文九府六十州县考课士子，亲加覆试。[2]

李绂有一个判断，土民蛮人仇杀抢掠的原因不在于其本性的野蛮，而在于贪吏勒逼所致，督抚司道先向土官勒索，暗示只要财

1　汤斌：《平定湖南收服云贵策》，见《汤子遗书》卷五《赋、颂、论、辨、议、拟诏、露布、策、考、启、引、题跋》，收入汤斌：《汤斌集》第一编，范志亭、范哲辑校，上册，郑州：中州古籍出版社，2003年，第255—256页。其《粤西平露布》也揭示了同样的思路，见同书，第254—255页。

2　李绂：《请发宣城书院山长疏》，见《穆堂初稿》卷三九上，《续修四库全书》编纂委员会编：《续修四库全书·集部·别集类·一四二二》，第2页。

务贡献到位，即可免于追究，土官再科敛土民，使他们走投无路被迫造反。解决的办法是，凡是遇到土民自相仇杀，不可采用以往惯例，派遣官员进行调解，而是一律采用内地劫杀律法一例处分。土官必须将仇杀之案注册，案子积累到一定程度就会被革职，最后还有可能被改土归流。

李绂还试图把内地的保甲法推行到南蛮群居的地带。以往土司民众迁徙无常，人数地亩不宜统计。李绂要求对所辖境内的民户分布尽行查明，以十家为甲，编册管理，有别迁和新来者，必须报明注册。蓝鼎元的设想与李绂一致，他觉得"倘土司暴虐太甚，或其民有行凶杀夺，俱将该土司照汉官事例参罚处分"。[1] 由于汉官有罚俸制度，土司无俸可罚、无级可降，只能采取削夺其土地的办法，按照犯罪的程度剥夺其村落里数，最后革去世袭之职改为流官管理。

严格土官考核，是"赤子论"在行政治理方面的又一表现。原先治理方略是汉夷官员分区而治，基本上体现的仍是"华夷"分治思想。这样造成的后果是，土官辖下的夷人往往或受其庇护，或受其欺凌。发生在夷人聚集区的杀人劫财之事往往无法受到流官的惩戒节制。所谓"即使府州关移，臬司牌票，亦置若罔闻，十无一解"，遂导致"苗人无追赃抵命之忧，土司无降级革职之罪"。因此，对土官一律按流官职责进行考核就变得尤为必要。故有论曰："此土司之考成，不可不严，所当与文武流官，

---

1 蓝鼎元：《论边省苗蛮事宜书》，见贺长龄、魏源等编：《清经世文编》下册，卷八十六《兵政十七》，"蛮防上"，第 2135—2136 页。

划一定例者也。"

有人提出三种规训方案："盗由苗寨，专责土司；盗起内地，责在文员；盗自外来，责在武职。"表面上仍是按汉夷分化的形式安排考核，其实考察标准是一样的，如此才能达到"土司无辞，流官亦服"的局面。[1]

蛮区教养的"内地化"

西南夷人的问题在于教化，如果使各土司聘请师儒教习化导，自然会"返其天良"。承认"蛮人"也具备和汉人一样的"天良"，这是一个不小的转变，基本打破了明代沿袭下来的"汉""蛮"势不两立的传统看法。在李绂看来，地方官吏不想让土民读书的目的是因为便于控制，所谓"利其愚蠢，以为易治"。

这种陋习还起因于一些入学的土民经常与官员分庭抗礼，故土官、土司也不愿意土民读书，就是担心其变得聪明难治。有鉴于此，李绂饬令地方土司每村三十家以上者即设立一所义学，六十家以上者设两所义学，依人户多寡依次增设。土官须延请熟悉地方土语的生童为师，塾师的报酬由土司支给，选取《三字经》《千字文》为入门教材，还要以《四书》《小学》《圣谕广训》为主课，数年之后可以走读经或应考的路线。每十名土童取入一名，此名土童附于各府学正额之外。义学数目每年令土官造册报明。院司道府每年要巡查检视，如有奉行不力者要受到罚俸、降级乃至革职的处分。有

1　鄂尔泰：《分别流土考成疏》，见贺长龄、魏源等编：《清经世文编》下册，卷八十六《兵政十七》，"蛮防上"，第 2139 页。

实心奉行三五年，造就三十名以上应试者，要逐级嘉奖。[1] 我们不太清楚这份计划具体实施的程度，但至少可以从中了解到清初至清中叶对教化思路和政策有了一个根本性的转变。

在具体的施政过程中，李绂还督促新设流官习学地方土语，他认为如此不但处理听讼催科等日常事务可以使官民相通，不受奸胥蠹役的欺哄蒙蔽，也可亲自到底层面谕土民宣布条约，贯彻朝廷的旨意。[2] 与之相应的是，土官也要在所辖境内要害处所定期巡历，传集民众用土语宣讲《圣谕广训》，"有善良者量为奖赏，不法者就便拿究"。其所带兵丁的口粮不许以因公科敛的名义向民间索取。[3]

陈宏谋治滇时，也认识到苗猓杂居，他们不通官话不识文告的后果是，"夷人"总是被乡保头人欺凌索扰。因为告示只用汉语粘贴于城市交通要道，那些深居山谷的苗猓夷人无法闻知，乡保头人也隐匿不传，导致上情不能下达。故他要求凡是苗猓居住地区发布的文告都要聘用当地夷人译成土语，到处传布。[4] 学习土语，鼓励流官土官用土语宣讲圣意，而非仅以汉语传播德化，明显是清中叶以后治理西南夷人的新策略。

与李绂的思路相近，蔡毓荣主张向土司颁布六谕，办法是每

---

1 参见李绂：《条陈广西土司事宜疏》，见《穆堂初稿》卷三九下，《续修四库全书》编纂委员会编：《续修四库全书·集部·别集类·一四二二》，第28—29页。

2 参见李绂：《再与总督鄂公论泗城土府书》，见《穆堂初稿》卷四二，《续修四库全书》编纂委员会编：《续修四库全书·集部·别集类·一四二二》，第75页。

3 李绂：《条陈广西土司事宜疏》，见《穆堂初稿》卷三九下，《续修四库全书》编纂委员会编：《续修四库全书·集部·别集类·一四二二》，第30页。

4 参见陈宏谋：《再申禁约示》雍正十二年二月，见《培远堂偶存稿》（《文檄》卷二），收入《清代诗文集汇编》编纂委员会编：《清代诗文集汇编》第二八〇册，第34页。

逢月朔，郡邑教官率领儒生耆老赶赴土官衙门，传集土人，讲解开导，目的是"务令豁然以悟，翻然以改"。最重大的改革恐怕就是勒令世袭土官必须接受儒学教化。原来的土官因管辖夷地，似乎理所当然地与汉人文明之区相隔相异，"三年考绩，土官皆不预焉"，不必接受汉化儒学的熏陶。自此之后情况有所改变。以后土官应承袭者，凡年满十三岁以上，须赴儒学学校学习礼仪，赴职时须从儒学学校启程传袭其位。"其族属子弟，有志上进者，准就郡邑，一体应试，俾得观光上国，以鼓舞于功名之途。"[1]

乾隆朝傅鼐治苗又是另外一个例子。傅鼐在湖南治理苗区素以严厉著称，主张以军事进剿为主要的应对方略。他在湖南任内靠筑墙屯堡，联以碉卡围堵反叛苗人，为防苗乱，仅在凤凰厅境内竟然就修建了堡卡碉台八百八十七座，以至于达到了"各处相其地形，棋布星罗，遇有声息，数百里柝声相应"的地步。[2]不过在"教养"观点上，傅鼐仍然持守以教化为先的内地原则，对于"叛服无常"的苗人，断定"惟有以移其习俗，奠其身家，格其心思，苗乃可得而治也"。他采取的办法是，令乾隆朝尚未剃发的苗人一律剃发，使衣冠服饰与内地趋同，禁以"宰牛延巫"为名的淫祠。最重要的举措是设立"苗馆"，目的是"延师训讲，使知孝亲敬长之道，进退揖让之礼"。对于苗人生童中果真俊秀者，可录入书院肄业。

1　蔡毓荣：《筹制滇边土民疏》，见贺长龄、魏源等编：《清经世文编》下册，卷八十六，《兵政十七》，"蛮防上"，第2134—2135页。

2　傅鼐：《修边》，见贺长龄、魏源等编：《清经世文编》下册，卷八十八《兵政十九》，"苗防"，第2171页。

在傅鼐眼里,这样做的目的是:"则今日书院之苗生,即可为异日各寨之苗师。以苗训苗,教易入而感动尤神,则礼义兴而匪僻消,苗与汉人无异矣。"

如此抚苗的内地化效果通过此条路径得以昭示:"今一旦习俗移,身家安,心思格,始则内民外苗,贪残革而畏服神,继且即苗即民,畛域化而文教洽,更何必斤斤防范之为事哉。"[1]

从"内民外苗"到"即苗即民",是一个因循教化的力量改变人性本质的过程。当然,教化比进剿的难度高出数倍,等待的时间也更加漫长,当时的官僚对此有相当程度的认识,鄂尔泰就曾说,让夷人"知敬知畏,不敢逞凶,纵少有蠢动,随时殄灭,似一二年内尚可以就绪。若欲其知礼让知法度,革心服化,一变驯良,此内地所犹难,即悉心调治,亦非十年不能"。[2]

有了汉夷皆具"天良"的理念做支撑,边地省份特别是西南疆域地区的教化格局逐渐发生了一些新的变化,原来不在改造视野之内的蛮夷群体终于被纳入了"教养"规划,力求与内地汉人的教化安排统一起来进行斟酌设计。就以学校的分布来说,原来义学的建设只关涉到汉人聚居区的需要,地方官员的考虑也基本以城乡空间中学校分布的疏密来具体考虑教化的布局问题。即使如官箴书中涉及义学处,范围大致还是指汉人区域,并没有包括那些"夷人"居住的地区。如《居官寡过录》中所收蔡魁吾之言

---

1 傅鼐:《治苗》,见贺长龄、魏源等编:《清经世文编》下册,卷八十八《兵政十九》,"苗防",第 2173 页。

2 鄂尔泰:《陈剿抚古州苗匪疏》,见贺长龄、魏源等编:《清经世文编》下册,卷八十八《兵政十九》,"苗防",第 2176 页。

所示："自信天下无不可化之人，无不可善之俗，与其令之格面，不若俾以格心，与其俛首刑章，不若束身礼义，兹欲使之勉就师儒。"[1] 然而到了雍乾时期，官员在西南设学，已经开始考虑夷人的实际需要。陈宏谋就在雍正十二年（1734）明确指出，云南的人口分布特点是"夷多汉少"，应该更多考量夷人的教化要求："夷俗不事诗书，罔知礼法，亟当诱掖奖劝，俾其向学，亲师薰陶渐染，以化其鄙野强悍之习。"[2] 在此地设置义学要充分考虑到与其他地区不同的特点。

云南地区原来的义学设置起点过高，只照顾到了一些较为高层成人士子的求学需要，没有顾及普通儿童的学习要求，而且只设于城市之中，虽方便了附近汉人子弟，却无法照顾到那些"乡村夷猓"读书习学的需求。在陈宏谋看来：

> 夫蒙养为圣功之始，则教小子尤急于教成人。兴学为变俗之方，则教夷人尤切于教汉户。今欲使成人小子汉人夷人不以家贫而废学，不以地僻而无师，到处弦诵衣冠文物，耳濡目染，夷变为汉，非多设义学不可。[3]

这样的思路已不是原先那种只是简单满足身处蛮地的汉人教化

1　蔡魁吾：《设义学示》，见盘峤野人辑：《居官寡过录》卷三，收入《官箴书集成》编纂委员会编：《官箴书集成》第五册，第83页。

2　陈宏谋：《通查义学租田馆舍檄》雍正十二年二月，见《培远堂偶存稿》（《文檄》卷二），收入《清代诗文集汇编》编纂委员会编：《清代诗文集汇编》第二八〇册，第31页。

3　同上。

需要的老套想法，而是一种把边疆蛮夷之地居住人群尽量纳入内地管理模式的新构想。陈宏谋随即要求地方官员悉心筹划义学在城市和乡村的合理分布，以期钩织出一个相对均衡的教化网络。同年二月，陈宏谋又上奏要求在蛮地广开书院："必使穷乡僻壤之士，咸被殊恩，狸夷苗蛮之伦悉沾教泽。"[1]

为了使义学在城乡的布局更加均衡，陈宏谋亲自捐银一千二百五十二两，饬令买田收租，作为义学的膏火费用。鉴于夷人子弟不通官话不识汉字，陈宏谋要求地方官加意引导，设法奖励，馆师用心开导，使之"先通汉音，渐识汉字。并即训以习礼明义，不得以夷猓而忽之，更不得以夷猓而拒之也"。[2]

在陈宏谋的努力下，云南城乡在雍正十三年（1735）三月，只有大约二百八十一所义学，到乾隆元年（1736）四月仅仅一年多的时间里，城乡义学数量已达五百八十六所，增加了一倍多。[3]

陈宏谋观察到，书院虽从优秀生员中遴选子弟入院学习，但土著之士很少有机会入选其中。他认为，省城府县及人文兴盛之各府生员在地域上占有太大优势，可以随时经过地方官的甄选进入更高一级的考试程序。唯独那些地处极边的人文寥落之区，如

---

1 陈宏谋：《请选土著可造之士书院读书详》雍正十二年二月，见《培远堂偶存稿》（《文檄》卷二），收入《清代诗文集汇编》编纂委员会编：《清代诗文集汇编》第二八〇册，第32页。

2 陈宏谋：《通省义学条规详》雍正十三年三月，见《培远堂偶存稿》（《文檄》卷三），收入《清代诗文集汇编》编纂委员会编：《清代诗文集汇编》第二八〇册，第61页。

3 参见陈宏谋：《义学田租学舍书籍事宜详》乾隆元年四月，见《培远堂偶存稿》（《文檄》卷四），收入《清代诗文集汇编》编纂委员会编：《清代诗文集汇编》第二八〇册，第93—94页。

丽江、鹤庆、顺宁、镇沅、昭通、广南、开化、东川、蒙化、景东、威远，广西沅江、普洱等部，距离省会太远，无法按内地模式一体举行考试。因此他建议于当地生员中遴选优秀人材，"不论汉夷"，每学各举一二人，由地方官资给盘费送入省府书院学习。在名师指点下博览藏书、娴习礼仪之后，这些边鄙士子"本人深沐荣施，自必益加鼓舞，其余亦可观感奋发，此次入选之士得所成就，可以转相传习，教其子弟乡人，庶教泽益广而边地之文教风俗可望丕变矣"。[1]

除书院、义学中的教育对象须视汉夷为一体外，陈宏谋还意识到，夷人也应遵循汉人的礼教传统，比如在旌表节孝等方面须逐渐把夷人纳入礼教仪式中予以教化。他规定："凡有贞节妇女，不论已故现存，不论兵民夷猓，合符年例者务令确查举报。"[2] 这样就扩大了教化浸淫传播的范围，与传统意义上对待汉夷关系既互融又隔离的审慎政策实有区别。

无须回避的是，乾隆朝以后，一些"学者型官僚"所采取的汉夷相融的治理策略，与乾隆帝本人的真实想法不尽一致，甚至有相当大的分歧。从此点观察，清中期的督抚和地方官员在构思边疆地区的教化政策时，毋宁说是采取了更为激进的态度。因为雍乾以后虽然对西南地区实施了大规模的改土归流，但变革的基调大体奉行的还是"修其教不易其俗，齐其政不易其宜"的清初治理方略。比

<hr>

1　陈宏谋:《请选土著可造之士书院读书详》雍正十二年二月，见《培远堂偶存稿》（《文檄》卷二），收入《清代诗文集汇编》编纂委员会编:《清代诗文集汇编》第二八〇册，第32—33页。

2　陈宏谋:《通查节孝檄》雍正十三年四月，见《培远堂偶存稿》（《文檄》卷三），收入《清代诗文集汇编》编纂委员会编:《清代诗文集汇编》第二八〇册，第64页。

"天命"如何转移

如乾隆帝就坚持苗众争讼应按苗家本身的规则解决，不宜按内地官法处置。他虽然承认"苗众亦具有人心"，却仍认为："苗民风俗，与内地百姓迥别，嗣后苗众一切自相争讼之事，俱照苗例完结，不必绳以官法。"[1]

对是否通过汉地教化的方式转移苗家习俗，乾隆帝也持相当谨慎的态度。他明确表示，对贵州总督提出的"使其渐染华风，变为内地"的建议，"若法待人行，则不若仍其苗习而顺导之。使彼知有恩而不忍背，有威而不敢犯，如是而已矣。何系区区古州之苗，尽归王化，然后成一道同风之盛哉"。[2]

乾隆十四年（1749）四月，乾隆帝曾就湖南巡抚开泰办理苗疆的建议谕军机大臣云："各省苗民番蛮，均属化外，当因其俗，以不治治之。"又说："盖番苗宜令自安番苗之地，内地之民，宜令自安内地，各不相蒙，可永宁谧。"[3]似乎乾隆帝的抚苗之策采取的仍是"隔离"大于"互融"的策略。

对于开泰提出的"建学延师"的主张，乾隆帝同样不以为然，坚持"苗蛮正宜使其不知书文"，不如仍沿袭传统的"愚民"之策，甚至认为正是一些汉奸潜入苗民聚居之地，教授其搬弄是非的技巧，才导致苗民自相征伐，还怂恿其骚扰边境，无端生事。如果再令其"诵习诗书，凿其智巧"，岂不是故意教他们成为汉奸吗？令人奇怪的是，乾隆帝对以学校教化臣民的效果也变得很不乐观，说："如谓读书明理，即可向化迁善，不知内地家弦户诵，

1 《清高宗实录》卷二二，乾隆元年七月庚子。
2 《清高宗实录》卷二九，乾隆元年十月己丑。
3 《清高宗实录》卷三三八，乾隆十四年四月辛卯。

千百中尚不得一二安分守己之人，而将以期之番苗乎。"[1]这种悲观的论调还要一并传谕湖广、川、陕、两广、云、贵、福建各督抚共知之。

其实，早在乾隆六年（1741），皇帝就对广泛设置义学，推行基层教化的构想颇感不满，觉得这是误解了其移风易俗的本意。他表示："又如振兴文教，固属美事，然果能使比户之民，人知孝亲敬长，重义轻利，此即兴文教之实。正不在多设义学，延访名师。若然，反非朕原旨之意矣。"[2]大意是说，道德教化应该体现在一些日常行为的细节之中，随时训导蕴育，道一风同的效果绝不是靠那些正规刻板的学校教育所能达致的。

乾隆帝的观点显然影响到了地方官员教化"夷人"的态度。乾隆十四年（1749）八月庚子，两广总督硕色、广东巡抚岳濬联名会奏，广东部分地区曾先后设置瑶黎义学，每年动支公费，给予馆师修脯之资，当年检查后却发现因没有什么瑶童入学，这些义学久已废置。只有乳源一处勉强生存了下来，可是其中亦无瑶人子弟入学，以至于"黎学虽有馆师，黎童甚属寥寥，且语音各别，教无所施"[3]，建议一概加以裁撤，那些给予馆师的费用，仍归原款充公。

可见当年陈宏谋所发起的扩充义学举动，在夷人地区的推广不一定算是非常成功。这与乾隆帝与地方官员对夷人教化的认知出现错位有关，也与当地官员的理想设计及其所遭遇的实际困境之间存

---

1 《清高宗实录》卷三三八，乾隆十四年四月辛卯。
2 《清高宗实录》卷一三七，乾隆六年二月。
3 《清高宗实录》卷三四九，乾隆十四年九月庚子。

　　　　　　　　　　　　　"天命"如何转移

在较大反差密不可分。

我们在本章最后需要讨论的一个问题是，地方官僚的思想意识在什么情况下与皇权的设想是一体的或相异的，又在什么情况下忠实地执行皇帝旨意或者刻意扭曲皇帝的意图？

孔飞力（Philp A. Kuhn）在研究乾隆朝的"叫魂案"时曾指出，当时清王朝统治的运作机制，一直存在着"专制权力"与"常规权力"的紧张。代表"专制权力"的皇帝与代表"常规权力"的官僚之间在治理国家与社会的过程中存在着此消彼长的复杂博弈关系，其性质不能简单地以"专制社会"或"官僚社会"的解释模式加以概括。[1] 如果我们把乾隆帝对"教养观"的构想以及官僚在西南"蛮区"实际推行的情况进行比较，就会发现两者之间存在着类似的紧张状态。

一方面，乾隆帝无疑是在"大一统"的思想框架支配下对汉蛮地区的"教化"进行设计布局的。在这个过程中，他对西南民众身份的认识早已突破了明人视"夷人"为禽兽的传统思维，拥有了包容天下庶民皆为大清"赤子"的广阔视野。另一方面，在具体的"教化"实践中，乾隆帝却习惯性地出于维护王朝安全和稳定的目的，仍坚持固守汉夷分隔的界线，并未完全把"夷人"教化的"内地化"纳入其统治日程。

与此相反的是，掌控西南政局的督抚大吏却已经在"教化"民众的实际操作层面自觉地开始实施融混汉蛮的各种举措，其地方治

---

[1] 参见［美］孔飞力：《叫魂：1768 年中国妖术大恐慌》，陈兼、刘昶译，北京：生活·读书·新知三联书店，2012 年，第 233—237 页。

理行动与乾隆帝的边疆政策规划之间彼此形成了一种微妙的错位关系。

总体而言，"学者型官僚"与清帝治疆策略的分歧，也许恰恰证明，西南夷区推行教养的复杂进程并非皇帝一人所能完全控制和左右，边疆地区"内地化"的速度似乎并未减缓，而是越来越向一体化的趋势迈进。

结　语

什么是"经世"，以及是否存在一个以"经世"为目的的知识群体，曾经是学术界经久不衰的议论话题。"经世"的一般定义是指关心时政、疆域状况和政治实践问题，而非局限于讨论空虚无用知识的一股思潮。主张"经世"的知识群体对时代变革的话题会投入更多关注，他们常常活跃于朝代鼎革之际。更具体地说，那些经历过时代变革的创痛而形成强烈反思意识的一批士人更容易被贴上"经世"的标签，具有反清倾向的明末遗民和清末从事变革运动的思想家往往更易被归入"经世"行列。他们是旧时代的颠覆者或新时代的催生者。

然而，这种界定"经世"群体的论点会遭遇到两个难以解决的问题。首先是有关"时间断限"的疑问，"经世"思潮仿佛只发生在清初和清末这两个特殊时期，这两个时代中间似乎出现了一个断裂。对于这个断点何以会出现，以往的研究并没有给出令人满意的答案。其次，"经世"是否只能反映发生剧烈变化的时代状况？还是应该折射出历史常态的另一个面相？[1]

针对以上两个难题，有些学者提出了一个比较折中的解决方案。高王凌认为，十八世纪也曾经出现过一个特殊的"经世派"，这个派别主要由一批拥有中高层地位的官僚构成，这批人员的成分有别于清初与清末那些由低级功名的士人组成的"在野派"群体。十八世纪的这批"经世派"成员没有提出惊世骇俗的革命主张，而是把主要精力投入如何有效安排日常管理秩序的行动之中，他们以解决人口问题为中心，进而化解各类政治经济难题。例如他们在关注和处理"粮政""垦政""漕政""盐政"等基本议题时展现出了杰出才华。[2]刘凤云在《十八世纪的"技术官僚"》一文中呼应了高王凌的观点，认为这一时期官僚群体的所作所为也应该算作"经世"的表现。[3]

尽管如此，"经世"作为一个标签，与"理学"、"经学"（考据学）这些具有明确内涵和外延的思想派别相比，似乎仍然只能被作为一种"思潮"对待，很难把它看成是一个"学派"，因为其成员没有统一的政治宗旨和思想主张，无法集中清晰地界定其身份。[4]

在我看来，要想有效地把握"经世"思想的流变及其意义，就必须突破仅在"革命者"（十七世纪）和"预言家"（十九世纪）的

1　关于"经世"思想的"常态"和"变态"的讨论，可以参见杨念群：《何处是"江南"？：清朝正统观的确立与士林精神世界的变异》第七章"'经世'观念的变异与清朝'大一统'历史观的构造"及结论部分，第318—425页。

2　参见高王凌：《18世纪经世学派》，载《史林》2007年第1期，第150—160页。

3　参见刘凤云：《十八世纪的"技术官僚"》，载《清史研究》2010年第2期，第17—20页。

4　王尔敏曾发表《经世思想之义界问题》一文，专门从儒家思想的起源角度探究如何界定"经世"思想，但对"经世"是否构成一种学派仍无明确的说法。

层面说明"经世"涵义的陈规,须把"经世"意义还原到"经国济世"的原初涵义中重新加以释读。[1]

那些十七世纪的"经世"思想者如顾炎武、王夫之等人,大多是以遗民的"在野"身份展开论述,他们并没有真正在行动上实现"经国济世"的机会,他们提出的一系列"经世"思想都只具纸面上的思想意义。十九世纪的"经世"论者虽然有部分下层官僚的介入,同样也并没有在行动上实施"经邦济世"的能力,只能勉强算是一些极为松散的文人联盟而已,根本不能构成旨趣相似的派别。那么,我们将从何种角度来理解"经世"作为一种思潮的价值之所在呢?

我以为,只有把"经世"思想与清朝建国之初帝王谋求正统性的思考路径联系起来加以观察,才能洞悉其在十八世纪清朝鼎盛时期所起的作用。

具体地说,只有把"经世"思想看作是清朝建立"大一统"秩序的资源加以审视,才能理解其在日常政治运行条件下所扮演的角色。因为十八世纪与清初的情况已完全不同。乾隆帝已完成了对儒家"道统"的摄取和全面占有。这一时期,那些争议颇大、分属不同领域的学问类别如义理、考据、词章、经世均有合流于朝廷一统框架的趋向。许多表面上观点歧义的学问,都被清帝最终整合进了"正统性"的综合思想体系之中加以安排和利用。

---

1 以《皇朝经世文编》《切问斋文钞》所选内容作为界定"经世"中的政治和社会治理内涵的标准,应该是个研究思路。(参见刘广京、周启荣:《皇朝经世文编关于"经世之学"的理论》,载《"中研院"近代史研究所集刊》1986年第15期(上),第33—99页。以及黄克武:《理学与经世——清初〈切问斋文钞〉学术立场之分析》,载《"中研院"近代史研究所集刊》1987年第16期,第37—65页。这两篇文章都涉及"经世"在政治和社会层面的治理内涵。)

"天命"如何转移

在皇家的思想系统中，"经世"一词经常散见于各种不同学问类别的表述之中，羽翼着乾隆帝对"大一统"思想的构建方式。如常州学派今文经学中所显示出的《春秋》预言就被当作清朝构建"正统性"的思想基础之一，[1] 其表现出的是另一种形式的"经世观"。当我们把龚自珍的今文经学看作是十九世纪的"经世"思想加以推崇时，往往是把它看作是清朝即将衰亡的革命预言加以诠释的，在此脉络里，龚自珍变成了倡行改革的先驱，是主张变化的一派，自然被标举成"经世"的代表。而在此之前成名的庄存与、刘逢禄所倡导的常州今文经学却是因为维护而不是变革清朝的现行秩序，自然没资格归入传统意义上的"经世"一脉。

我们往往看不到，"经世"在十八世纪盛清自有另一种涵义，那就是通过对现有政治秩序献计献策，进而对"大一统"的治理方略有所助益。这一点龚自珍看得十分清楚，他在给庄存与所作《神道碑》中明确说过："方是时，国家累业富厚，主上神武，大臣皆自审愚贱，才智不及主上万一。"又说明了当时儒臣遭逢盛世的普遍窘境："自顾以儒臣遭世极盛。……终不能有所补益时务，以负麻隆之期。"

庄存与采取的办法是："帝胄天孙，不能旁览杂氏，惟赖幼习五经之简，长以通于治天下。"他试图想通过教育皇室子弟，用经学传授暗暗灌输古今时势的道理。龚自珍领悟到了庄存与的学术"开帝"阴济之法，故也视其为"经世"之一端，有别于经学的饾饤无用和琐屑细碎。

1　参见汪晖：《现代中国思想的兴起》上卷第二部《帝国与国家》，第 551—579 页。

由此而观，龚自珍的"经世"思想实际上对延续乾隆朝"大一统"观念具有某种补益作用，而并非全按后人所设想的那样扮演着改革家的角色。比如在《五经大义终始论暨答问七》中，他抨击宋明以来的夷夏论，主张"内夷狄"是太平"大一统"的关键。龚自珍还有意破除"经""史"之间的藩篱，使得"经"成为述说史事、讨论当下政治的工具，这无疑也应该算作是一种"经世"的"常态化"表现。

表面严谨不问世事的考据学家，一旦被置于乾隆帝的皇家话语系统中，就具有了重建礼仪秩序的深意。[1]乾隆帝本人就写过一些有关"河道""乐谱"和"礼仪"仪式的考证文章，这些作品绝非纯粹的书生迂腐之作，乃是"帝王经学"的有机组成部分。在以往的学问谱系中很难协调共存的观点流派，在乾隆朝的学问体系中却出人意料地共容互存，找到了各自的相关位置。清朝皇帝对待传统思想采取了非常功利和实用的态度，完全依据其建立正统的需要加以选择。比如康熙和乾隆两朝对朱子学由尊崇到针砭的变化，给人感觉有些出尔反尔，其实服务于既定政治目的的风格是相当一贯的。再如他们对"封建""郡县"之古义讨论的封杀，完全就是一种权术指导下的甄别剿杀，没有多少学术意义上的考量。类似的尝试也未尝不可视为"经世"的常态表现。

由此可知，所谓"经世"思想本身就与复杂的政治权力运作有密不可分的关系，不可以纯粹学术的方式加以观察处理，或者只把

1　参见张寿安：《十八世纪礼学考证的思想活力：礼教论争与礼秩重省》，北京：北京大学出版社，2005年。

　　　　　　　　　　　　　　　　　"天命"如何转移

它当作一种文人士子单纯的思想表现。在"经世"论者的眼中，任何学问必须要经过政治践履的实际检验。仅仅狭义地把清代中叶的"治理技术"看作是"经世"的主要内容，或者把"经世"操作的主体片面地概括成"技术官僚"会面临一个危险，那就是容易把"经世"对应等同于刑名钱法等具体治理举措，从而遮蔽了清代中叶"经世"思想中"教养"一面的深层支配作用。不洞悉此点，我们就很难理解，乾隆帝为什么要反复强调督抚一级及以下的官员不要整日沉浸于对刑讼琐事的处理，而应该花费更多时间去教诲民众；也无法理解为什么乾隆帝总是把"教"与"养"置于并列的位置，而并非以先"养"后"教"的次序来处理问题。

过多地强调十八世纪官僚的治理技术成就，也很容易把"官僚"与"学者"的身份对立起来，因为清初提倡"经世"的学者多为布衣，而十八世纪"经世"思想的认同者却多拥有官僚身份。似乎早期一些不认同清朝统治的异端者在纸面上尽兴挥洒着"经世"思想，与十八世纪官僚理性的政治设计与事功行为之间必定隔着一条对立的鸿沟。

实际情况却是，作为清中叶以后"经世"思想与行为的承担者，一些具有高深儒学修为的官僚群体，除了政治立场与底层士人颇有歧义之外，他们持有的某些观念与清初"经世"思想并非决然冲突，他们的所作所为完全可以区别于只在刑名钱法上用功的普通胥吏，他们在行动上颇能体现和落实"经世"思想所应包含的内容，"学养"和"事功"两者在他们身上是不可割裂的。"学者型官僚"虽然奉持不同的儒学信仰，却均恃其是否具有"事功"表现作为评价基点。故衡量"经世"的义界必须从"思想构成"和"事功践履"两个层面同时予以认定，才能不失其本义。

　　有鉴于此，"经世"主体既不能仅仅定位于思想激进的士人群体，"经世"的思想内涵也无法仅仅从官僚集团所展示出的一系列具体的政治治理技术来狭义地概括。"经世"应该是从"思想"过渡到"行动"后发生的自然后果。本章以乾隆帝对"教养观"的发布与推广为例，详细讨论了"教"与"养"如何从一种思想形态转化为官僚群体的政治行动。在这个转化过程中，"经世"真正展现出了其既是"思想"又是"行动"的"常态"之一面。

　　　　　　　　　　　　　　　　　　　"天命"如何转移

第五章 基层教化的转型：乡约、宗族与清代治道之变迁

引言：从一桩溺婴案说起

道光丙戌年（1826）的一天，一位名叫梁敬叔的儒生，在考试落第的归途中，乘船到达了浙江境内。同舟中有位不知姓氏的福建浦城人，两人交谈间，梁敬叔问及其家中眷口。这位浦城人回答说有一子三女，随即又叹口气说道，我生活的浦城地区已很少有二女之家。像我这样拥有三个女孩的家庭，在同邑中已被视为怪异之事。梁敬叔惊问其故，浦城人感叹之余，讲述了一段奇特的民俗故事。原来浦城故俗，嫁女必用蜜浸果品，以多为贵，至少亦须数百瓶。此物无处购买，必须自家亲手配制，非常费时费工，而且要求在嫁期来临的数月以前，必须备办齐整。浦城嫁女之家常常是"殚日夜之勤，穷工极巧，天时人工一不相凑，色味便差。婿家往往以蜜浸之精粗，卜来妇之吉祥与否。贫寒之家，虑遣嫁之难，而举女不敢多留者，半由于此"[1]。这位浦城人告诉梁敬叔，自己之所以没

---

1 《梁敬叔劝戒近录记浦城蜜浸》，见余治撰：《得一录》卷二，同治八年苏城得见斋刊本。

有溺杀三个女儿，是因为"予妇行居次，生时亦将溺之，适其母舅至，再三劝解，乃勉留之，因是感誓，生女虽多不弃云"。梁敬叔对他说："君举于乡，行谊即当为一乡之表率，今既育女不弃，足以劝慈。"又劝导蒲城人"将来嫁女，务先捐此蜜浸之陋习，以塞祸胎，为一乡示效，则功德必非浅鲜也"。[1]

这段逸闻描述的是历史上已沿袭很久的溺女陋俗。从地域分布上看，溺女陋习并不限于一时一地，而是具有相当广泛的区域社会基础。江苏、安徽、浙江、广东、福建等地的地方志中均有大量的溺婴记载。因此，作为一种民俗现象，蒲城嫁女因费财费力而导致溺杀女婴的现象并非鲜见的特例。那么，用如此长的篇幅讲述这个颇为动人的故事，将为我们的研究提供什么样的启迪思路呢？

我们在这则故事中至少可以分疏出两层意思。其一，从"吾浦罕有二女之家"这句自述中可以观察到，蒲城地方一级的官僚机构已经几乎丧失了控制溺婴陋俗的基本能力。因此也可以推知，地方官对其他风俗的控驭能力大体也非常有限。其二，故事中的蒲城人育养三女婴的善举所起到的区域性示范效应似乎并不显著，因为故事中透露出的消息证明蒲城溺女之风并未因此而得到根本上的缓解。

因此，这则故事实际上昭示了一个重要问题，那就是在清代如此辽阔宏广、纵横南北的"大一统"场景中，一旦出现了类似溺婴这样传统吏治原则无法控驭抑止的现象时，基层社会是通过什么样的手段和途径去化民成俗，使之维持共有的道德水准和治理状态

---

1 余治撰：《得一录》卷二《保婴会规条（附救溺诸法）》，"梁敬叔劝诫近录蒲城蜜浸"，同治八年苏城得见斋刊本。

　　　　　　　　　　　　"天命"如何转移

的。值得注意的是，在这则逸闻之后，余治所撰写的一段按语提示了一种带有普遍意义的方法："此事须当道严行示禁，有心绅董设立乡约局，一面化导，一面会同合邑绅董、父老、各乡董，立规定议，永远禁革。"[1] 推究其意，地方官吏在禁改陋俗的过程中似乎已经扮演了比较次要的角色，只是在发布禁令这一环节上唱唱主角。真正设局化导、"立规定议"之人是乡间的士绅阶层，而士绅阶层又是通过"宗族"等宋明以后发展起来的新型地方组织来达到控制乡村民众的目的。

如前所述，"大一统"不仅是帝王所精心规划的"正统性"观念的塑造和各类祭祀仪式的宫廷展演，或者是对广袤多族群疆域的军事征伐与强力控制，亦是日益呈现出底层细胞化精准治理态势的表现。宋代以后，"地方治理"被赋予了更多道德教化的柔性色彩，而不是简单的行政支配程序，中国古代政教关系在伦理观念的形成及其践履形式的展开这相互关联的两个方面均发生了重大转变，从而极大地节约了王朝基层治理成本。

简略而言，这种转变主要体现在皇权对乡村的直接控制程度有所下降，而地方士绅的自主活力相对有所加强，他们更多通过道德训导的间接手段向乡村渗透，而非像以往的官吏那样进行直接的行政化干预。其中的核心变化即是乡村中出现了有效衔接上层统治者和下层民众关系的中间组织，这类组织化解了上层官僚机构的暴力执政倾向，赋予了乡村治理以某种"自治"的色彩，其中最值得重

1　余治撰：《得一录》卷二《保婴会规条（附救溺诸法）》，"梁敬叔劝诫近录浦城蜜浸"，同治八年苏城得见斋刊本。

点关注的是"乡约"与庶民化"宗族"的出现。这两个代表性中间组织持续发挥作用与造成的深远影响，彻底改变了中国古代社会的"治道"风格。[1]

"教化"与"治道"的演变

乡约与"教化之儒"

乡约制度的正式创立可以追溯到北宋的蓝田吕氏兄弟。《宋史·吕大防传》云："冠婚丧祭，一本于古，关中言礼学者，推吕氏。尝为乡约曰：凡同约者德业相劝，过失相规，礼俗相交，患难相恤。有善则书于籍，有过若违约者亦书之，三犯而行罚，不悛者绝之。"[2]《吕氏乡约》的约文共分四款：一曰德业相劝；二曰过失相规；三曰礼俗相交；四曰患难相恤。"德业相劝"与"过失相规"注重个人的道德修养；"礼俗相交"和"患难相恤"则更为注重个人道德的放大拓展所造成的社会效应。

《吕氏乡约》虽经后人屡次增损，其主干部分却始终透露着强

---

1 有学者已注意到，讨论"大一统"叙事不可依赖现代权力政治所形成的观点，而是应该回到传统中国的"礼序政治"的维度。换言之，要阐发"大一统"的生活向度而非局限于其权力政治方面的表现。"大一统"不仅在"天道"的形而上层面有所展示，而且其也因"礼"对于人的日常生活的塑造，获得了一种能够被现实观测和评价的具体标准。比如"礼"在基层生活中的对应物就是深植于血缘关系的宗法制。尤其重要的是，宗法制还能够把对君主的"忠"与对家庭的"孝"连接成一种同构关系，这就为"大一统"的权威结构奠定了一种生活化基础。（参见李宸、方雷：《礼序政治："大一统"叙事的回归与重构》，载《开放时代》2021年第2期，第97—98页。）

2 《宋史》卷三百四十《列传第九十九·吕大防》，第10844页。

烈的道德教化意味。如《吕氏乡约》在原约后，本附有罚式、聚会、主事三段，朱熹在《增损〈吕氏乡约〉》中则完全删去罚式，改聚会为月旦集会读约之礼，放在最后；改主事为组织簿册，放在最前。可见朱熹等后人一直发展着"乡约"的德化原则，并努力剔除其中残留的"刑治"影子。[1]我们在这里并不打算详细考究《吕氏乡约》的起源和内容，只是想着重表达以下看法：《吕氏乡约》既不是由地方官吏发起设置的基层组织，又不是由地方机构倡导的"吏治"辅助系统，而是纯粹由基层乡绅儒生自发聚合的契约性组织。既然是"契约性组织"，就不应带有任何自上而下强迫实施的性质，这使《吕氏乡约》在"守望相助"的社会联系方面区别于古典的乡制模式。

乡约制度的雏形，在《周礼》中就已有简单的描述："五家为比，使之相保；五比为闾，使之相受；四闾为族，使之相葬；五族为党，使之相救；五党为州，使之相赒；五州为乡，使之相宾。"[2]这是一个相当理想化的区域构成模式，十分整齐划一。每一级组织均任命一位乡官，主持教化、军旅之事，把政治与教育、文事与武事连成一片，构成"政教合一"的体系。

---

1 关于《吕氏乡约》起源与内容的详细考证，可以参阅杨开道：《中国乡约制度》一书的第三章"吕氏乡约的考证"和第四章"吕氏乡约的分析"，北京：商务印书馆，2015年，第43—67页；第68—86页。有关"乡约"在基层社会的作用，可参阅萧公权：《中国乡村：19世纪的帝国控制》，张皓、张升译，北京：九州出版社，2018年，第219—243页。关于乡约研究的综合性述评，可参阅朱鸿林：《中国近世乡约的性质、有效性及其现代意义略论》《二十世纪的明清乡约研究》两文，均见《孔庙从祀与乡约》，北京：生活·读书·新知三联书店，2015年，第223—241页；第242—269页。乡约在某个具体地区如福建的运行情况，可以参阅刘永华：《礼仪下乡：明代以降闽西四保的礼仪变革与社会转型》，北京：生活·读书·新知三联书店，2019年，第204—234页。
2 郑玄注、贾公彦疏：《附释音周礼注疏》卷第十，清嘉庆二十年南昌府学重刊宋本十三经注疏本。

此外，《管子·立政》中也有一段有关乡里组织的描述：

分国以为五乡，乡为之师；分乡以为五州，州为之长；分州以为十里，里为之尉；分里以为十游，游为之宗。十家为什，五家为伍，什伍皆有长焉。筑障塞匿，一道路，博出入，审闾闳，慎筦键。筦藏于里尉，置闾有司，以时开闭。闾有司观出入者，以复于里尉。凡出入不时，衣服不中，圈属群徒，不顺于常者，闾有司见之，复无时。若在长家子弟、臣妾、属役、宾客，则里尉以谯于游宗，游宗以谯于什伍，什伍以谯于长家。谯敬而勿复一再则宥，三则不赦。凡孝悌忠信、贤良俊材，若在长家子弟、臣妾、属役、宾客，则什伍以复于游宗，游宗以复于里尉，里尉以复于州长，州长以计于乡师，乡师以著于士师。凡过党，其在家属，及于长家；其在长家，及于什伍之长；其在什伍之长，及于游宗；其在游宗，及于里尉；其在里尉，及于州长；其在州长，及于乡师；其在乡师，及于士师。[1]

《管子》中所述之乡制组织似乎更趋于繁琐严密，至于其实施的情况到底如何，已很难加以确切的考证。不过有一个特点还是十分鲜明的：这种古已有之的"政教合一"传承模式，虽然也强调社会教化，但基本上仍是"寓教于政"，并突出"政"的运作功能。此类现象至汉代尚没有什么改变。汉代基层有三老、有秩、啬夫、游徼等职。掌管听讼与收税之权的啬夫，与巡行乡里、查禁盗匪的游徼比三老的作用更为重要。三老虽由民选，出掌教化，实则形同

---

1 《管子》卷一，"立政第四·首宪"，四部丛刊景宋本。

　　　　　　　　　　　　　"天命"如何转移

虚设。[1]唐代沿袭旧制，以百户为里，五里为乡，每里有里正一人，职责是"按比人品，课植农桑；检察非违，催驱赋役"，仍没有多少"教化之儒"的色彩。故杨开道认为秦汉以后是原始乡约制度的破坏时期，直至北宋熙宁以后才进入乡约的补救时期。[2]

《吕氏乡约》与以往乡制体系的最大不同点在于，儒家一些长期囿于宫廷学林之中的抽象道德伦理观念，从此有了一个较为合理与稳定的基层传播渠道，使之转化为世俗的训诫条规和礼仪，这是一个相当重要的历史突破。在乡约出现以前乃至同时，一些传统意义的循吏和地域化儒学的开创者已经在乡村竭力推行教化。《横渠先生行状》云张载："其在云岩，政事大抵以敦本善俗为先，每以月吉具酒食，召乡人高年会于县庭，亲加劝酬，使人知养老事长之义，因问民疾苦及告所以训诫子弟之意。有所教告，常患文檄之出不能尽达于民，每召乡长于庭，谆谆口谕，使往告其里闾。间有民因事至庭或行遇于道，必问'某时命某告某事闻否'，闻即已，否则罪其受命者。故一言之出，虽愚夫孺子无不预闻知。"[3]程颢为晋城县令时，使"诸乡皆有校，暇时亲至，召父老而与之语。儿童所读书，亲为正句读，教者不善，则为易置。俗始甚野，不知为学，先生择子弟之秀者聚而教

1　参见《汉书》卷十九上《百官公卿表（上）》："……十亭一乡，乡有三老、有秩、啬夫、游徼……"（第742页）又范晔《后汉书》志第二十八《百官五》卷一百十八亦云："乡置有秩、三老、游徼。""本注曰：有秩，郡所署，秩百石，掌一乡人。其乡小者，县置啬夫一人。"（第3624页）《汉书·百官公卿表》又称："啬夫职听讼，收赋税。"（第742页）关于"三老"，二年二月，"举民年五十以上，有修行，能帅众为善，置以为三老"。（《汉书》卷一上《高帝纪》，第33页。）

2　参见杨开道：《中国乡约制度》，第1页。

3　吕大临：《横渠先生行状》，见张载：《张载集》，北京：中华书局，章锡琛点校，1978年，第382页。

之。去邑才十余年，而服儒服者盖数百人矣"[1]。又"度乡村远近为伍保，使之力役相助，患难相恤，而奸伪无所容。凡孤茕残废者责之亲戚乡党，使无失所，行旅出于其途者，疾病皆有所养"[2]。

张载、程颢推行教化的史实证明，北宋以后的儒生已经开始关注儒学的通俗化问题，只是还没有找到在基层社会拓展灌输的合理方式。如果仅仅像张载那样通过招饮耆老、谆传口谕的临时措施推广教化，显然不是传播儒教的最佳方法。程颢的"伍保制"则仍带有相当大的吏治色彩，也不能构成稳定的"教化"渠道和模式。

与之相比，吕氏兄弟创建的乡约制则以契约方式促成儒教伦理极其自然地融入了社会基层组织，进而使之成为人际关系聚散的精神源泉。这个过程与地域化儒学的产生和发展几乎是同步进行的。如果说地域儒学通过书院课士的方式为宋明精英阶层提供了对抗两汉官学的精神资源的话，那么乡约制的完善与实行则为地域儒学提供了一套堪与其上层知识象征系统平行发展的基层教化组织。[3] 从世俗化的角度看，《吕氏乡约》使中国基层民众逐步淡化了完全依靠民间习惯法则处理公众事物的意识，从而为儒家修齐治平的"治道"原则泛化为基层意识形态提供了历史的可能。

乡约制度的发展态势总的来说日趋复杂。明代吕新吾在《乡甲约》中已使乡约职守的分工趋于细密："在城在镇，以百家为率；

1　程颐：《明道先生行状》，见程颢、程颐：《二程文集·伊川文集》卷十二，清文渊阁四库全书本。

2　同上。

3　关于"地域化儒学"概念流变的梳理，参见杨念群：《儒学地域化的近代形态：三大知识群体互动的比较研究》，北京：生活·读书·新知三联书店，1997年，第1—82页。

"天命"如何转移

孤庄村落，以一里为率。各立约正一人，约副一人，选公道正直者充之，以统一约之人。约讲一人，约史一人，选善书能劝者充之，以办一约之事。"[1] 粤东名儒薛侃在《乡约序》中亦云："今欲家至户晓，其惟乡约乎，于是约为条规，乡立约长以总其教，约副以助其决，约正司训诲，约史主劝惩，知约掌约事，约赞修约仪。月朔会民读约讲义，开其良心，又彰其善，纠其恶以振劝之。数约复为一总约，以察诸约之邪正。月终轮二人至县，传训诲之语，行之二年，风移俗革，境内以宁。"[2]

乡约制度的愈趋细密，隐约反映出了宋明儒者的一种悲观心理。他们总是普遍持某种"历史退化论"的态度，认为远古社会风俗纯美，不必以集众教化的方式统束其身心。愈往后世，世风愈下，故必须"以类相约"，规诫过失。这就为乡约产生之初以原始的契约凝聚方式运转创设了思想前提。然而宋明儒者缓解历史悲观心理的方法，却恰恰是建立在对人性本质过于乐观的基础之上的，这几乎已成为地域化儒学共通的思想资源。依恃同类的思想资源，北宋儒者为乡约创始的契约性质提供了传统的保证，却无法使契约精神成为乡约体制的灵魂。因为人性本善的理想预设有时在现实中并不能完全遮掩人性的罪恶。历史的"悲观退化论"与"人性乐观论"呈矛盾状态的交织，终于造成了以纯粹契约性质为基础的乡约制度的瓦解。

南宋以后直至明清，地方官吏的势力日益侵蚀进乡约自治系统，并力图使之纳入基层治理的官方体系之中。薛侃曾述及其中

1　吕坤：《新吾吕先生实政录·乡甲约》卷之一，明万历二十六年赵文炳刻本。
2　薛侃：《乡约序》，见吴颖纂修：（顺治）《潮州府志》卷十二《古今文章》，清顺治刻本。

之原因:"古之盛时化行俗美,人人君子,无所事于约矣。自世之降,欲为善者而寡其与,则就其类互相规劝,是故约斯立矣。迨世又降,欲为约者而寡其应,则必有在位之人倡率纲维,是故约斯行矣。故自上行之之谓政,自下行之之谓约,其实一也。"[1] 清代乡约已使本应属于同约中的自愿组合成员,丧失了其自主选择聚会形式、自由设立规约的权利,而需从属于官方下达的意旨。

乡约借官吏之力自上而下倡导之,"政"与"约"相辅而行、形如一体,这显然与原始乡约的自治契约性质背道而驰,也显示出地域化儒学的信奉者尚缺乏以教化统摄于一方的自信力。乡约在形成过程中,其组织仍不够稳定完备,也是乡约趋于衰落的因素之一。余治《得一录》中有《附乡约会讲变通法》,内中曾指出"乡约会讲"的弊端:"乡约旧例,朔望宣讲,邑城官长亲临,尚多奉行不废。若乡间势必不行,盖人情厌常好异,无所为而为之,三五次必将厌倦。是故初行之时,听者以千计,再亦以百计,又再则数十计,又其后则必至人迹希少,几以为老生常谈,群相掩耳矣。听者既少,则讲者亦必败兴,乡约之所以历久多废者,职是故也。"[2] 这段描述把乡民厌弃道德说教的心理揭示得十分透辟。乡约本来采取的聚众宣教方式与村民守望相助的功利考虑结合在一起,如果仅仅依靠一种道德的纯粹灌输,则显然无法维系其原有的运转状态。

为此,地方士绅曾想出了种种办法以吸引约众,如利用"诸神

1　薛侃:《乡约序》,见吴颖纂修:(顺治)《潮州府志》卷十二《古今文章》,清顺治刻本。

2　《附乡约会讲变通法》,见余治撰:《得一录》卷十四《吕氏乡约》,同治八年苏城得见斋刊本。

诞日""神佛赛会"的机会，"登台宣讲，则环观群听者必多，且神佛当前，善言尤易感动"。[1]这种应急办法使得儒学教化与民间信仰的功利选择混淆不清，有可能恰巧削弱了道德说教的效果。或者"每图每年举行乡约，以四次为率。两次则借径惜字会，两次则借径惜谷会，乘举会之日，约令通图老幼男妇，咸来听讲，岁以为例。善会不废，则乡约亦可期永远遵行，不致懈怠。乘机开导，因乎时宜，但期听者多多，何妨变通从事，借径而行"[2]。这又是与传统民间慈善组织的功能相结合，希求从各种实际利益的诱惑中见缝插针地寻找教化的机会。更有甚者，"将古今善恶果报图绘成大幅，加以彩色，则远近男妇，必将奔走偕来，环观群听矣。从此即事指点，曲为说法，庶几耳濡目染，必有默化潜移之妙。闻有逢期宣讲，用清道旗，抬万岁牌，张黄伞，鸣锣前导，以赴讲所者；并有备坐凳茶水以招徕听讲者，亦此意也"[3]。这就完全与乡间的怪力乱神习俗分辨不清，难以确认乡约的最终面目到底是什么了。

乡约宣讲呈现出的弥散与非道德化状态，使士绅阶层仍需借助于古典式的吏道原则作为基层治理的补充手段。保甲组织的日益完善反映出的正是地方士绅的这种心态，即不可任由民众只受到道德教条的支配，而失去对其身体的控制。保甲本源于周官之制，至秦国商鞅主政时已发展成为一套颇为完整的刑名原则。《史记·商君列传》：秦孝公"以卫鞅为左庶长，卒定变法之令，令民为什伍，

---

1 《附乡约会讲变通法》，见余治撰：《得一录》卷十四《吕氏乡约》，同治八年苏城得见斋刊本。

2 同上。

3 《宣讲乡约聚人之法》，见余治撰：《得一录》卷十四《吕氏乡约》，同治八年苏城得见斋刊本。

而相牧司连坐。不告奸者腰斩，告奸者与斩敌首同赏，匿奸者与降敌同罚"。又《索隐》云："五家为保，十保相连。"《正义》曰："或为十保，或为五保。""牧司，谓相纠发也。一家有罪，而九家连举发，若不纠举，则十家连坐。"[1] 传统的保甲制取纠察、监管之意，不包含任何"劝化""奖惩"的教化意义。[2]

宋明以后的保甲系统，虽常由官府提倡推行，但已和乡约的教化原则融为一体。其主体实施的角色基本由基层士绅承担。史桂芳《题汝南乡约册》云："夫敷教同风，莫善于乡约，禁奸止乱，莫善于保甲。是二法者，盖相表里，会而通之，实一法也。"[3] 明代吕新吾已使用"乡甲"名称，其设定保甲之旨颇合古典十家连坐之意："十家内选九家所推者一人为甲长，每一家又以前后左右所居者为四邻。"[4]

保甲制的设立乃是基于对人性本恶的理解而实施的统治行为，这与"乡约"劝善原则对人性的乐观估计大相径庭。不过细究"保甲"之功用及其地位，会发现其至少在理论上须从属于乡约的教化原则，吕新吾在《乡甲约》中把"乡约"与"保甲"的关系阐述得非常明确。如果保甲制中的十家"一人有过，四邻劝化不从，则告于甲长，转告于约正，书之纪恶簿。一人有善，四邻查访的实，则告于甲长，转告于约正，书之纪善簿。其轻事小事，许本约和处，以息讼端。大善大恶，仍季终闻官，以凭奖戒。如恶有显迹，四邻知而不

1　《史记》卷六十八《商君列传》，第 2229—2230 页。

2　参见闻钧天：《中国保甲制度》，上海：商务印书馆，1936 年，第 274 页。

3　史桂芳：《题汝南乡约册》，见陈梦雷等原辑、蒋廷锡等重辑：《古今图书集成》第三十三册，"明伦汇编·交谊典"第二十八卷《乡里部·艺文一》，北京：中华书局；成都：巴蜀书社，1986 年，第 40018 页。

4　吕坤：《新吾吕先生实政录·乡甲约》卷之一，明万历二十六年赵文炳刻本。

"天命"如何转移

报者，甲长举之，罪坐四邻；四邻举之，而甲长不执者，罪坐甲长；甲长举之，而约正副不书，掌印官别有见闻者，罪坐约正副"[1]。

乡里发现所谓"逆恶"之事，不是动辄以保甲处置，而是以劝化为先，保甲的配置已成为因教化不成才不得已而动用的次要手段。这与两汉"以经术润饰吏治"的传统策略大有区别。两汉儒生时有以《春秋》经术断狱者，[2] 然儒术基本上充当的是"吏治"的配角。如果使"乡甲"合而行之，儒术就会一变而为吏治推行的前提，所谓"先王以刑弼教，非以刑为教也""道之以政而后齐之以刑，犹为末务"[3]，这当然是个不小的变化。

北宋熙宁以前的"保甲"，基本禀承"缉盗保邻"的旧制。"乡约"产生以后，特别是儒术教化渗入基层成为吏治的前提以来，保甲制逐步淡化了本有的刑名色彩，而演化为"绅治"的模式。宋明有些儒生甚至屡申保甲吏治之弊，呼吁杜绝其"强民之迹"。闻钧天引李光型《保甲说》云：

> 是故一行保甲，而政具举矣。人徒见吏胥约保之奔驰，门牌册籍之更叠，出役应差之劳，什伍连坐之患，而不曾闻卫养教利之政。以此民志不安，交相逃避，吏胥约保，缘以为奸，宜其指为扰民耳！要在为州县者，周览封疆，明辨水土，询问风俗，体察人情，简节而疏目，得其大意之所在，以次渐兴，则绝无强民之迹，斯可以行之久而相安也。[4]

1　吕坤：《新吾吕先生实政录·乡甲约》卷之一，明万历二十六年赵文炳刻本。
2　参见《汉书·董仲舒传》，第 2495—2528 页。
3　吕坤：《新吾吕先生实政录·乡甲约》卷之一，明万历二十六年赵文炳刻本。
4　闻钧天：《中国保甲制度》，第 274 页。

这段话的意思说得非常明确，保甲使人交相逃避之原因，是人心缺少"教化"这一环的滋养。明儒对此屡加申说者代不乏人，吕新吾《风宪约》中"提刑事宜"一条即云，"朝廷设官本以我从民，非强民从我。故曰：从欲以治；又曰：同民心而出治道"[1]，表达的基本是同一个意思。

自从明代王阳明颁布《南赣乡约》，使乡约制成为官吏传达圣谕教条的中间渠道以后，乡约制已不复以纯粹契约组织的形式存在。只是乡约教化职责的实际承担者仍是地方一级的士绅。《乡甲约》"乡甲事宜"一条中规定得很清楚："除缙绅举监生员，不须编入乡约外，其致仕闲住州县，佐贰首领，及省祭散官，衣巾生员，但有德望，众推为约正副者，州县官以见任乡官在学生员，礼貌一体优待。""约"中的成分也比较复杂："约中除乐户家奴及佣工佃户，各属房主地主挨查管束，不许收入乡甲外，其余不分匠作、裁缝、厨役、皂隶、快手、门禁、马夫，但系本县老户人家，或客商经年久住，情愿入约者，俱许编入乡甲以乡党辈数齿序，不许作践。"[2]士绅在乡约中扮演主角与乡约成分的日趋繁杂，无形中扩大了基层儒者对区域性组织的控制范围。而基层乡绅对地域化儒学的传承，又有可能极深地影响传统"吏道观"的演变，这就是下文要重点探讨的问题。

两种"治道"观的比较

两汉以来，南北文化迁移与吏道衰变的关系告诉我们，两汉儒

1　吕坤：《新吾吕先生实政录·风宪约》卷之二，"提刑事宜"，明万历二十六年赵文炳刻本。

2　吕坤：《新吾吕先生实政录·乡甲约》卷之一，"乡甲事宜"，明万历二十六年赵文炳刻本。

生与皇权结合的方式是以地理统治区域的狭小作为相应的条件和尺度的。随着皇权统治版图的不断拓展，由汉代理性官僚制构成的吏治系统，已不敷广大基层区域统治的实际要求。两汉官制系统和刑名吏治原则的有效实施范围，由于集中在北方相对狭小的区域，一般只达于郡县一级的层次。郡县以下的官吏可以自命地方之人以为辅佐。顾炎武《日知录》中的"掾属"条云："盖其时惟守、相命于朝廷，而自曹、掾以下，无非本郡之人。故能知一方之人情，而为之兴利除害，其辟用之者，即出于守、相，而不似后代之官，一命以上，皆由于吏部。"[1]而隋朝以后革选却尽用他郡之人，选官实施"回避制度"，实际上破坏了两汉官僚制自上而下贯穿统治的古典吏治原则，特别是破坏了汉代丞尉、曹掾一级尽用本郡人的惯例。

沈彤则在此条下引用陈谅直之语，进一步说："隋氏罢乡官，革自辟，调选人，改荐举，纷纷更易，尽以私弊防天下之人。三代之法未尽泯于秦者，至此而无余。"[2]此话已暗示调选尽用他郡之人是为了防止地方专权之弊。只是仍有一个要素似乎需要揭示，那就是地理统治版图越大，地方官吏专权的危险性就越大。皇权在控驭地方官吏的分布网络时，地理空间因素的影响历来是考虑的重点。地方官吏阶层的频繁更替和游动，最有可能根除官吏与地方乡土组织的紧密联系，从而缓解地方势力借助乡土资源对抗皇权所构成的压力。这样做的结果一方面使地方官无法在任职期间联络本地基层社会力量独据一方；另一方面也扼制了官僚系统直接对基层社会组织进行渗透。

1　顾炎武：《日知录集释》卷八，黄汝成集释，"掾属"条，第287—288页。
2　同上书，第370页。

从传统的治理策略而言，我们不妨把官吏的频繁活动，看作是王朝统治区域日益扩大所造成的负面效应。这是因为地方一级官吏的流动固然可以使区域割据的危险性降至最低，但同时也使非本地籍贯的地方官无法通过乡情血缘等间接手段来充分地凝聚起本地的民间势力。特别是在一些僻远的地区，许多民俗遗规的蔓延扩展与久行不辍，更非官吏的行政命令所能禁止，本章引言中提到的溺女陋俗屡禁不衰就是个突出的例子。

我们还可以更换角度设定一个问题：皇权与官僚体系无法顺利渗透进社会基层，其本身仅仅具有一种"负面效应"吗？这大致可以由两个方面观察：从两汉儒生和一些信奉古制之人的立场上来说，官吏的流动使官僚制的作用基本限定在郡县一级的层次上，对整个王朝的垄断统治颇为不利。从基层乡绅的角度而观，士绅与地方官吏之间缺乏乡情血缘和地域因素的关联，却恰恰为自治和契约性组织的萌生发展提供了历史的契机，因为地方官吏缺乏与基层乡绅的有机联系，行政命令难以毫无阻碍地传达下去。而基层事务头绪繁多，非地方官一人所能胜任，基层社会只能依靠士绅乡儒自发倡立组织，以补"吏治"之阙。宋明乡约、保甲制等基层组织的日渐严密完备，大致不会脱离这样的历史情境。循此而论，在基层乡绅的视野中，官僚权威的削弱未尝不是一种"正面效应"。

揆之于史，儒生与皇权不同的结合方式，往往反映出"治道"观念的差异。两汉皇权出于"大一统"的治理目的，似乎更倾向于凭借自上而下的吏治官僚体系，直接向基层社会灌输垄断性意旨。而宋明以后的皇权，则更乐于借助底层的自发性社会组织，完成对广大区域的软性教化治理。例如《后汉书·循吏列传》中曾详细记述了一位汉吏秦彭行使职权的过程:"建初元年迁山阳太守。以礼训人,不任刑罚,崇好儒雅,敦明庠序。每春秋飨射,辄修升降揖让之仪。乃为人设四诫,以定六亲长幼之礼。有遵奉教化者,擢为乡三老,常以八月致酒肉以劝勉之。吏有过咎,罢遣而已,不加耻辱。百姓怀爱,莫有欺犯。……彭乃上言,宜令天下齐同其制。诏书以其所立条式,班令三府,并下州郡。"[1]

秦彭是比较典型的儒吏。这条史料清楚地显示了其以绝对权力颁行"条教"的过程。"条教"的程序如设四诫、定礼仪,秦彭大多是事必躬亲,这其中基本没有完整的基层组织作为中间环节以辅助其推行教化。而"尊奉教化者,擢为乡三老"一句,更暗示着"乡三老"之职几乎只是个名誉性的头衔,其具体功能到底能波及多大范围,非常令人怀疑。

我们可以比较一下明代潮州循吏推行乡治教化的情况。刘远《黄冈乡校记》云:"饶为潮之属邑,黄冈为饶邑巨乡,是乡有约,其来远矣……弘治间郡守叶公元玉至,欣然从黄耆之请,即发帑钱百缗,仍给其工人之饩,以废崇真堂之址,鼎建乡校一所,买田地以益之。……乡推许志迪、张朝绅、余智为都约正副,隐士陈致忠讨论其规义,入约者数百余人,农冠褒然,有先民风。迨许、张沦没,叶郡守奖余智主其事,张之兄朝哲、许之弟志高副之。"[2]由于"岁月积久",乡约一度停办,正德年间又恢复了讲约,"郡守郑公良佐、贰守叶公性、节推何公颐,同务德化,奋然作兴。叶公捐俸

1　《后汉书》卷七十六《循吏列传》,第 2467 页。
2　刘远:《黄冈乡校记》,见吴颖纂修:(顺治)《潮州府志》卷十二《古今文章》,清顺治刻本。

银五两，修葺乡校，作先师四配神龛，而附蓝田考亭于左右焉，保余智为都约正，刘士万、许世荣为都副正，凡预约者，月朔皆深衣俟于乡校，如故事行礼"。[1]

黄冈乡约的推行，自然首先应询之于郡守。不过郡守在乡约教化中所扮演的只是一个恭行倡导的次要角色，乡约真正的推行者是民间士绅，甚至一些隐士也参与了乡约条款的讨论。乡约的组织形式在传播儒学教化方面，也显然比"乡三老"的名誉头衔更易收到实际效果，士绅的作用相对于地方官吏的职能来说也日益呈现出强势的一面。[2]

这里再举一条时间比较接近于清末的史料，关于湖南善化人许瑶光。"（按：同治）四年，授嘉兴府知府。瑶光初莅嘉兴也，兵燹疮痍，公私庐舍荡然，人民流离满目，乃延集绅士，创善后、抚恤各局，振兴庶务，安辑流亡。不期年，而商贾交通，士庶复业。凡学宫、坛庙、书院、考棚、驿路、桥梁之被焚毁者，先后筹款建复。遂设育婴、普济诸善堂，朔望躬率僚属宣讲《圣谕广训》，又令教官讲生周历乡镇，发明其义，以定民志"。[3]毋庸置疑，许瑶光推行的一系列兴利除弊、化民成俗的措施，必须假手于基层乡绅方能顺利实施。即如乡约内容之一的宣示圣谕，也只是"朔望躬率僚

---

1 刘远：《黄冈乡校记》，见吴颖纂修：（顺治）《潮州府志》卷十二《古今文章》，清顺治刻本。

2 关于明代乡约的具体执行情况，可以参阅朱鸿林：《明代中期地方社区治安重建理想之展现——山西、河南地区所行乡约之例》以及《明代嘉靖年间的增城沙堤乡约》两文，见《孔庙从祀与乡约》，第270—291页；第292—358页。

3 王锺翰点校：《清史列传》第十九册，卷七十六《循吏传三·许瑶光》，北京：中华书局，1987年，第6315页。

"天命"如何转移

属宣讲"，实际推行的仍是作为"教官讲生"的士绅阶层。

从明清有关乡约的史料中分析，乡约制虽经官府的多年渗透已失去《吕氏乡约》纯粹自发的契约性质，但基本仍能保持在地方官倡导之下的自愿组合形式，如明清徽州乡约，往往立有乡民共同订立的议约合同文书。明清乡约数量发展的不平衡性也说明其带有很大的区域自治色彩，如徽州休宁县在清初建立了一百八十余个乡约，有的都建立的多，如十八都有二十个之多；有的都则很少，如十九都只有一个。这是乡绅倡导得力与倡导不力造成的地区差异，与地方官府的行政命令几乎没有多少关系。[1]

士绅阶层作为区域性势力，在日益拓展中不断扩大自身的控驭范围。一些地方官吏无力顾及基层事务，更给士绅乡儒涉足地方组织管理创造了很多机会。如引言提到的浦城溺婴陋俗之弊，就往往通过乡绅创办的育婴社、同善会等组织的协力运作使之趋于缓解。甚至有人主张把拯救溺女正式列入乡约宣讲的条目。[2]《得一录·行同善会十二益》中有云："同善会实系吉祥善事，本《小学》《吕氏乡约》之意，而更觉通俗易行。行是会者必须呈明县尊，公请主会，以正事体。且规模可放可缩，不但城镇宜行，即小村坊目下亦有仿行者。窃思苏州齐民陈明智，倡普济堂，扬州齐民蔡琏倡育婴社，

1　参见陈柯云：《略论明清徽州的乡约》，载《中国史研究》1990年第4期，第44页。

2　余治《得一录》卷二中有《保甲乡约兼禁溺女法》，其中云："窃拟于《吕氏乡约》'德行可劝'中．增拯救溺女一条，会集之日，相与推其能者书于籍，以警励其不能者，于'过失可规'中，增淹溺子女一条，会集之日，值月告于约正，约正以义理诲谕之。"（《保甲乡约兼禁溺女法》，见余治撰：《得一录》卷二《保婴会条规（附救溺诸法）》，同治八年苏城得见斋刊本。）咸丰年间南汇县俗多溺女，知县会同绅士"捐俸设立育婴会，专育女婴，又念乡愚不通文告，乃为歌谣图画，多方劝谕，久之其俗亦渐革"。（朱绵：《金学士国史循吏传稿一》，戊辰三月思贻堂刻本。）

有志竟成，何难之有。"[1] 士绅在形式上呈明县级官吏出面主持之后，就可随意控制同善会的伸缩规模。推测文中之意，同善会也可以视为乡约制的具体化表现。乾隆八年（1743）颁行的《劝广行同善会文》中云，同善会在"常州、嘉兴等府，无锡、昆山、舒城、江都、休宁、嘉善等县，青阳、盛泽、新城、枫泾等镇，盛行未艾"[2]。由此可见同善会分布之广。除"同善会"外，乡约的表现形式是多种多样的。其功能和名目也随着地方事务的日渐繁多而不断有所增加。如湖南湘潭有所谓"宾兴堂""育婴堂""皆不忍堂""保节堂"等建置，其性质均颇合乡约古意。[3] 明清历史的变迁证明，基层教化组织的繁盛与士绅力量的拓展大致构成了正比关系。

传统乡约模式的畸变

乡约与"吏治"之间的张力关系

生活在烟村乡里的士绅在乡约、保甲功能运作中地位的增强，使其在区域事务的控制能力方面有日益凌驾于地方官吏之上的迹象。特别是乡约之法与保甲之制合流以后，其原本只负责教化的外延已扩大延伸到了清税靖匪、查奸缉盗的吏治领域。黄彦士在《行乡约法序》中云："乡约之法即古比闾族党遗意，牧民者万善之根

---

1 《行同善会十二益》，见余治撰：《得一录》卷一，同治八年苏城得见斋刊本。

2 《同善会章程·劝广行同善会文》，见余治撰：《得一录》卷一，同治八年苏城得见斋刊本。

3 参见陈嘉榆修、王闿运撰：(光绪)《湘潭县志》卷七《典礼第七》，清光绪十五年刻本。

本也。……此法行，户口于是乎取焉，田亩于是乎取焉。是故可以稽逃亡，可以清赋税，可以别淑匿，可以靖盗贼，可以恤贫困，可以移风俗，故曰万善之本也。"[1]乡约作为"万善之本"，不仅具有单一性的"劝善"职能，而且兼有在基层推行"吏治"的功能了。[2]

传统乡约体制的理性基础完全建立在对人性本善的认识前提之上，当其以纯粹属于教化手段的文化沟通与人际聚合方式存在时，由于暂时没有触动传统基层社会的政治经济利益，故基本不会危及地方官吏权威的实施效力。但是乡约一旦与社区个人或群体利益相联系，乡约制就会有畸变的危险。姜宝《议行乡约以转移风俗》把这种危险性阐说得十分明白，他说一旦"约正副未尽得人，凭信一二人名实不相副者主兹事，而约正以狡而奸者厕其间，甚至委以剖决词讼，查勘事情，清理课税，而往往为所欺，是以徒为文具而未见有实效"[3]。

姜宝虽然洞悉乡约之弊，但并没有想出什么高明的解决办法，

1　黄彦士：《行乡约法序》，见陈梦雷等原辑、蒋廷锡等重辑：《古今图书集成》第三十三册，"明伦汇编·交谊典"第二十八卷《乡里部·艺文一》，第 40019 页。

2　卜正民（Timothy Brook）已经注意到，因为乡约没有常设的独立机构，到晚明越来越依附于保甲制度，变成了地方官在基层延伸权力的工具。据黄佐在《泰泉乡礼》中的记载，在广东实施的一套保甲法，表明乡约与保甲制度的合作早在 1549年就已经开始。（参见［加］卜正民：《明代的社会与国家》，陈时龙译，第 61页。）张艺曦则注意到，明代嘉靖以后，乡约出现了"国家化"的趋势。嘉靖八年（1529）经王廷相请求，户部题准，订立了新的乡约举行程式，原本由地方官员或有功名的士人任意举行的乡约，至此加入浓厚的国家色彩，并从私的性格趋向公的性格。户部更是增补《六谕》为乡约内容，使其地位日增，凌驾于《吕氏乡约》内容之上，成为《六谕》附属品（参见张艺曦：《阳明学的乡里实践：以明中晚期江西吉水、安福两县为例》，北京：北京师范大学出版社，2013 年，第 221 页。）

3　姜宝：《议行乡约以转移风俗》，见陈梦雷等原辑、蒋廷锡等重辑：《古今图书集成》第三十三册，"明伦汇编·交谊典"第二十八卷《乡里部·艺文一》，第 40018 页。

他仍主张"乡约"与"保甲"联成一气，以达同声相应之效。"在乡以若干家为一约一保，务使地相近，声相闻，休戚相关也。而一闻有事，不辞星雨，率有众即赴之，如手足腹心之相捍护。"[1]至于如何杜绝乡保内部的徇私舞弊行为，姜宝却提不出如何应对。

随着儒学观念逐步畅行于民间，地方大吏也开始促成"吏治"与"教化"的结合，力图循此构成互为表里的基层"治道"系统，甚至视两者为一事。[2]吕新吾就曾说过："劝善惩恶，法本相因，而乡约保甲原非两事。"[3]"吏治"与"教化"合二为一的结果，有可能使乡约劝善的光芒遮蔽于"吏治"的阴影之下。陆世仪在崇祯十三年（1640）草成《治乡三约》，设想以乡约为虚，保甲、社仓、社学为实，这就是被后人称为集乡治思想之大成的一纲三目、一虚三实相辅而行的新型治理格局。[4]

乡约最初可以说是士绅阶层把人性理想化的直接产物，其预设的前提是统领乡约之人必须具有近乎圣贤的道德品性，而且还能通过教化程序将之放大为群体意识与行为准则。乡约正的选择不外乎"乡人公举"与"官吏铨选"两条途径。至于负责教化的乡约正等人的道德水准如何品评和由谁裁定，则一直是个见仁见智的问题。乡

---

1 姜宝：《议行乡约以转移风俗》，见陈梦雷等原辑、蒋廷锡等重辑：《古今图书集成》第三十三册，"明伦汇编·交谊典"第二十八卷《乡里部·艺文一》，第40018页。

2 寺田浩明就发现明清乡约一度越来越成为地方官主导下的体制，甚至类似于一种钦定的道德讲会，不仅宣讲《圣谕广训》，而且讲读朝廷律令，如讲解《大清律例》等。（参见［日］寺田浩明：《明清法律秩序中"约"的性质》，见王亚新、梁治平编：《明清时期的民事审判与民间契约》，王亚新等译，北京：法律出版社，1998年，第154页。）

3 吕坤：《新吾吕先生实政录·乡甲约》卷之一，明万历二十六年赵文炳刻本。

4 参见陆世仪：《〈治乡三约〉序》《治乡三约》，见柳诒徵撰：《柳诒徵说文化》，上海：上海古籍出版社，1999年，第343—352页。

"天命"如何转移

约正职权的不断扩大，也日益使之成为武断乡曲者的攫取目标，一旦择人偶有偏差，就极易使乡约成为吏胥鱼肉乡里的变相工具，出现"而今正副讲史俱是光棍，地方仟其举报，善良而谨畏者避迹潜藏，浮夸而纵恣者投足争进"[1]的局面，这也是历代官府屡禁不止的畸变现象。故清初谕旨，已有"不应以土豪仆隶，奸胥蠹役充数，应会合乡人，公举六十以上，经告衣顶，行履无过，德业素著生员统摄"[2]的警示。

基层吏胥对乡约组织的侵蚀也成为推行教化的公害。清初大吏于成龙曾描述道："更有苦者，人命盗贼不离乡约，牵连拖累，夹责受害。甚之词讼小事，必指乡约为佐证，投到听审，与犯人何异。且一事未结，复兴一事，终朝候讯，迁延时日，无归家之期。……彼乡约曾未家居，何由而劝人为善去恶，何由而谕人出入守望。……乡约之苦，至此极矣！于是有半月之乡约，一月之乡约；有朋应帮贴之乡约，真如问徒拟军，求脱离而不可得。"[3]

于成龙的描述尚只涉及吏胥对比较纯粹之乡约体系的干预破坏。实际上对于清朝基层统治来说，最为严重的问题还不是吏胥从外部对乡约施加压力，而是乡约自身的权限与传统吏胥功能之间的界限已经变得模糊不清了。乡约与吏治融合的结果，是使一些原来只掌管乡里教化之责的乡约正副们，堂而皇之地扩大自己的区域控制范围，直接侵蚀本由地方官吏垄断的权力。在道光年间的江西吉

---

1 吕坤：《新吾吕先生实政录·民务》卷之三《查理乡甲》，明万历二十六年赵文炳刻本。

2 素尔讷纂：《钦定学政全书》卷七十四《讲约事例》，清乾隆三十九年武英殿刻本。

3 于成龙：《慎选乡约谕》，见《于清端公政书》卷之二《黄州书》，新北：文海出版社，1976年，第336—339页。

安就出现了这样的情况，知府责成乡约察访盗贼，后者本应只是"约束乡里，稽查牌保"，将不法之人送官究治，却竟"藉称官有此禁，遂尔武断乡曲，欺吓愚民，聚众敛钱"，乃至"私立公所，即张挂该府告示，并于告示中盖用乡约某人钤记，且有大乡约、副乡约之名，互相勾结，供其呼唤者多则百余人，少亦数十人不等，有指为偷窃者，辄于公所用刑审讯，且将篾篓包裹，沉入深潭"，受害者根本不敢向官府控告，因为"乡约众口一词，州县亦无从申理"，[1] 不仅毫无施行教化的痕迹，还架空了地方官的司法权。

当然，仅依据这条材料并不能说明一般官吏已无法控制乡约的实施。它只是提示我们，不少乡约已从自治组织蜕变为吏道的工具，一些原先单纯执掌教化的士绅也通过垄断乡约获取了和地方官吏抗衡的政治权力资源。清中叶以后的一些地方大吏对于"乡约"与"保甲"分割地方权力的现象，已经有了相当清醒的认识。比如曾任河南汝宁府知府的江苏武进人费庚吉，就对此深有所悟，他说："民事莫大于教养，尤莫难于使之自为教养。尝思之，而知其难矣。有可行者，有不可行者；有径直以行者，有委曲以行者。假手吏胥，则吏胥坏之；假手门丁，则门丁坏之；假手乡约、里正，则乡约、里正又坏之。"[2] 费庚吉是清中叶有名的循吏，循吏的特点之一就是擅行教化。费庚吉也曾"朔望诣明伦堂，集绅耆，告以士君子居乡，当为守土吏，佐慈惠、广教化，矜式后进，使乡人不为苟且偷薄之行"[3]，而且常常"循行阡陌，与父老言农，为子弟

---

1 《清宣宗实录》卷一六五，道光十年二月丁丑。
2 王锺翰点校：《清史列传》第十九册，卷七十六《循吏传三》，第6264页。
3 同上。

　　　　　　　　　　　　　　"天命"如何转移

言孝，作《劝戒歌》晓妇孺，环听若堵，民忘其为官"[1]。

明清循吏多以乡约作为推行教化的中介手段。既然已深知其中之弊，当然要另寻他法。费氏的办法看起来颇有点理想主义的色彩，他决定用事必躬亲的方式去穿透吏胥乡甲构成的层层地方主义壁垒，使宣谕教化能直接贯穿至社会底层。他说教化之行"在出以虚心，持以实心而已。为政者当视其事为天下之事，非一人之事；为一己之事，非他人之事。遏欲以清其原，穷理以扩其识。问之长官，问之僚属，问之宾朋，问之乡大夫、乡先生，问之田夫野老。告吾善者，从如流水；规吾过者，改如转圜"[2]。费庚吉"官事与民事合者"的方法当然不能成为泛化于民间的普遍模式。他自己也说："言之非艰，行之惟艰。"只不过抱着"自问此心不肯以空言欺世"的理想罢了。

乡约制度在清朝这一历史阶段，尽管已很难保持纯粹教化的特色，其具体实施过程也是屡兴屡衰。然而，从区域文化发展的主潮走向来看，乡约制在基层仍是推行世俗化儒学观念的主要手段之一，故其地域分布之广仍是十分可观。此撮其数例证之：

陕西："骆钟麟，浙江临安县人……迁陕西盩厔县知县，其为政先教化。春秋大会明伦堂，进诸生迪以仁义忠信之道。增删吕氏《士约》颁学舍，朔望诣里社讲演《圣谕》，访耆年有德，孝悌著闻者，召使见，与钧礼，岁时劳以粟肉。"[3]

福建："李嶧，湖北孝感人，顺治九年，举贡生，授福建将乐

1　王锺翰点校：《清史列传》第十九册，卷七十六《循吏传三》，第6264页。
2　同上。
3　王锺翰点校：《清史列传》第十九册，卷七十四，《循吏传一》，第6081页。

县知县，……每朔望率僚佐诣观化亭，为县人讲乡约，春秋行乡饮酒礼。"[1]

浙江："郑经，字守庭，道光丁酉首领乡荐……尤以训俗型方为己任，朔望宣讲乡约，刊有《乡约直解》《现行乡约条例》诸书。"[2]"严继光，字致远，诸生，孝友之称乡党无间。当事重其行，推举乡约。地故荒僻，业儒者少，继光请于令，撤静室为义塾，乡人赖以知学。"[3]

湖南：李有修"力行父志，出重资建濂溪、资东两书院，申明亭者，里讲约之所，有修就其中，积资育婴，捐田三十亩，钱百缗，历年救活甚伙"[4]。

广东：朱次琦"道德学问，不独学者宗仰，即其乡里耕夫野老，亦均感其教化，粤东赌风最盛，清季政府以赌博筹饷，几于无地不赌，惟其乡自九江设《乡约》以来，乡中不睹蒲塞之场，风俗纯朴，粤中称最"[5]。又简朝亮于《朱九江先生年谱》卷首之二亦云："先生年三十有一……功令建乡约所，荐乡先生司约焉，尨杂之居，君子不乐就也。……惟先生一言而就。"[6]

以上史料给人一个较为突出的印象是，乡约尽管最终必须假基层士绅之手方能具体实施，但地方上层官吏也明显加强了对乡

1 王锺翰点校：《清史列传》第十九册，卷七十四，《循吏传一》，第6094页。
2 卢思诚等修、季念诒等纂：(光绪)《江阴县志》卷十七《人物二》，光绪四年刊本。
3 卢思诚等修、季念诒等纂：(光绪)《江阴县志》卷十八《人物三》，光绪四年刊本。
4 上官廉等修、姚炳奎纂：《邵阳县乡土志》卷二《历史·耆旧》，台北：成文出版社，1970年影印本，第256页。
5 刘成禺：《世载堂杂忆》，沈阳：辽宁教育出版社，1997年，第236页。
6 简朝亮编：《清朱九江先生次琦年谱》，台北：商务印书馆，1978年，第13页。

约功能的控制和渗透。乡约在清代的贯彻与圣谕宣讲紧密结合，《圣谕十六条》几乎取代了其他儒学世俗教本，成为乡约的主体思想来源，这是上层官僚体系干预世俗教化程序的必然结果。即便如此，由于区域语言及风俗差异的原因，对《圣谕十六条》的解释权仍会落入基层乡儒之手，特别是在少数民族聚居地区。因为本地人不通所谓官话（mandarin），塾师常不得不把圣谕"翻译"成本地语言。为了克服语言沟通的困难，雍正年间，地方官常常要在汉人聚居地的基层学校中设立义学或书院，一些孩子被送往这些机构与汉族学生一起接受培训，以便潜移默化地使儒学原则贯穿于基层。

岭南的黎族和瑶族聚居区，也强调遴选优秀塾师对孩子进行强化训练。在类似的区域环境下，《圣谕十六条》即使有了通俗本，也需要地方士绅进行二次通俗加工。在训练本地人能够理解《圣谕》之旨后，再督促其研究儒学经典。《圣谕十六条》通俗本的加工过程本身就成为士绅获取地方教化垄断权的一种现实资本。[1] 这方面的例子在地方文献中有相当多的反映。《得一录》所收"宣讲乡约新定条规"中把《圣谕十六条》通俗化的道理讲得很明白："《圣谕》惟直解最为明彻，惟恐照本读去，乡民尚未能尽解。故必须参以方言俚语，罕譬曲喻，引古证今，反覆开导，方能耸听。尤须按切地方风俗，对症发药，惕以王法，劝以人情，警以天理，更

---

1 关于《圣谕十六条》通俗本的作者及其版本考证，可以参阅 Victor H. Mair, "Language and Ideology in the Written Popularize Ations of the Sacred Edict," in David Johnson, Andrew J. Nathan, and Evelyn S. Rawski eds., *Popular Culture in Late Imperial China*, Berkley: University of California Press, 1985, pp.327–359, 特别是第 350—351 页。

晓以果报，务使听者于欢欣鼓舞之中，有感动奋发之意，斯为得之。"[1]这条材料已指明，为了渲染出更加有利的宣传效果，在宣讲《圣谕十六条》时，地方官员或士绅有时会故意掺入因果报应等地方信仰的内容。

我们在地方志描述的各类区域范围内同样能寻找到类似的例子。如湖南《宁乡县志》记载，当地人认为"上谕十六条训辞深厚、义蕴无穷"，"然州邑风教各殊"，[2]为了因地制宜地推行教化，故"照宁乡土俗作俚诗十六首，每朔望先讲直解，后诵俚诗，以遵读法之制"。[3]宁乡的地方官吏在敦行教化时，也不得不屈从于地域风俗的影响。康熙年间的一位知县："每为邑人士口授指画，已非一日。自惭薄德，未能身教，诲之谆谆，听我藐藐，不得已复于诠次之暇，演为俚歌，前解后串，一二疑义，复详以音注。"[4]

毫无疑问，一般的观点会认为基层士绅对《圣谕十六条》区域性诠释权的控制，只是其地方主义势力不断增长的文化表象之一。因为在相对平稳的社会大环境下，《圣谕十六条》诠释权的获得，作为一种区域性"文化霸权"，尚仅仅具有缘饰传统教化的意义。然而如果把《圣谕十六条》诠释权的获得放在近代区域社会发展的

---

1 《吕氏乡约·宣讲乡约新定条规》，见余治撰：《得一录》卷十四，同治八年苏城得见斋刊本。
2 吕履恒等纂修：（康熙）《宁乡县志》卷十《艺文志》，康熙四十一年刻本。
3 吕履恒等纂修：（康熙）《宁乡县志》卷四《典礼志》，康熙四十一年刻本。《宁乡县志》卷十载有"讲约诗"，用口诀讲解《圣谕十六条》，比如《圣谕十六条》中的"笃宗族以昭雍睦"一句的通俗讲解是："千枝万叶有根株，一祖同宗谊不疏，郑氏百人曾共食，张公九世尚同居；无财婚嫁公营助，有子聪明代教书；恭诵唐尧亲族语，圣人身教意何如。"（吕履恒等纂修：（康熙）《宁乡县志》卷十《艺文志》，康熙四十一年刻本。）
4 吕履恒等纂修：（康熙）《宁乡县志》卷四《典礼志》，康熙四十一年刻本。

大背景下考察就会发现，《圣谕十六条》的宣讲已不仅仅使士绅阶层基本实现了对地方教化系统的垄断，而且也使乡约成为其获取权力资源的最佳手段之一。

乡约与练勇组织的融合

为了较为详细地剖析地方士绅阶层通过乡约获取权力资源的过程，我们可以举出湘军名将王鑫数次举行乡约前后所发生的变化来作为一个实例分析。据罗正钧《王壮武公年谱》（卷上）记载，王鑫在道光二十五年（1845）二十一岁时，"为乡约十条"并且"行于里中"。又《王壮武公遗集》载有《洙津区乡约》，从内容上看，《洙津区乡约》包括勤稼穑、戒嬉游、尚节俭、敬长老、睦乡里等条，基本与《王壮武公年谱》中所提到的乡约宣讲情况相吻合。需要特别注意的是，王鑫的乡约宣讲法仍恪守旧规，首言"圣谕十六条尽善尽美，普天下共懔然于大哉王言矣"[1]。宣讲程式也依循旧法，"每逢月旦，择里中老成端士，登坛行礼毕，即虔诵而讲明之，众人齐集坛下，拱立静听，务期共相遵守，慎勿视若弁髦，庶几君为尧舜之君，我辈共为尧舜之民"[2]。从这段乡约宣讲的描述中似乎看不出有什么突破旧习的新意，也看不出有发生畸变的痕迹。

然而，当咸丰年间王鑫已从一名湖南乡间的普通士子跃升为由团练起家的湘军将领时，乡约在近代的畸变过程就已经悄悄地开始了。众所周知，湘军凝聚军心的一个巨大精神源泉，乃是通过攻

1　王鑫：《洙津区乡约》，见王诗正编：《王壮武公遗集（日记·杂著·练勇刍言）》卷二十四《杂著》，新北：文海出版社，1968年，第2282页。
2　同上。

击太平军"灭五伦、毁圣贤"的异端之举，使湖南地域的基层产生源于外界压力的自危感，从而构成保乡里即是保家族的"地缘—血缘"相互连接的自卫意识。这种思路在曾国藩的《讨粤匪檄》中已经表露得十分清楚。王鑫曾做过一篇《团练说》，开头也是强调"人有君臣、父子、兄弟、夫妇、朋友五伦，是天制定的，是大圣大贤讲明的。从古到今，人人缺不得的，今长毛都称兄弟，是五伦丢去了四伦，你看这是什么道理，也不要说到他造反，也不要说到他掳掠奸淫，就是这一件事，便是讨死的门头"[1]。既然是反击不义、不忠、不孝之师，团练组织自然不能只拥有单一的军事功能，还必须兼有道德教化的使命。基层士绅在其中仍需承担中介的作用："士为四民之首，尔绅士俨列缙绅，不仅团练当办，尤以挽回人心风俗为急。未有人心正、风俗纯而团练无实际者。不然纵练得好看，亦是虚文。孟子曰：人人亲其亲，长其长而天下平。果能如此，则无贼可打矣。"[2]

据《王壮武公年谱》记载，王鑫在咸丰四年（1854）三十岁时，"乃日教练各勇技击阵法，至夜则令读《孝经》、四书，相与讲明大义"[3]。军营中"入夜营门扃闭，刁斗之声与书声相间也"[4]。王鑫在军中常常"反复训谕，若慈父之训其爱子，听者潸然泪下"[5]。与

---

1 王鑫：《团练说》，见王诗正编：《王壮武公遗集（日记·杂著·练勇刍言）》卷二十四《杂著》，第 2291 页。

2 同上，第 2301—2302 页。

3 罗正钧纂：《王壮武公年谱》卷上，见罗正钧、王诗正编：《王壮武公遗集（年谱·禀牍）》新北：文海出版社，1966 年，第 84 页。

4 同上，第 84 页。

5 同上。

"天命"如何转移

历史上的士绅教化相比，王鑫行训谕于军武之中实在算不得什么特例。明代的王阳明、吕新吾融"乡甲"为一体的事功早已使教化沾染上了吏治的色彩。但是最值得我们注意的，却是王鑫等湘人集团把乡约的教化精髓巧妙地输入团练系统，在与太平军进行的惨烈搏杀中，乡约灌输的观念不但成为团众的心理支柱，而且也成为团练首领博取地方政治权力的精神资源。

王鑫要求"每三五日一次在本都本郡传齐团众，勉以忠直，激其义愤，每次宣讲《圣谕广训》一二条，使吾民咸知孝弟忠信礼义廉耻之不可缺一。正道昌明，邪教自无从而入，此为团练最要最急之务"[1]。乡约训谕在此已成为团练的灵魂，而团练又不外是乡约的外化组织形式。湖南地方军事力量的完善是通过乡约精神等道德教化的灌输才得以实现的，两者形成互为表里的关系。因为乡约宣讲的凝聚力量在弥漫着儒学伦理的湘军中是不可替代的精神黏合剂。

乡约与团练等军事组织的结合，显然把晚清乡约的畸变推向了极致。《王壮公年谱》载王鑫"至通城，檄训导沈玉田权知县事，分其乡为二百八十团，设乡约二十条，留张运兰督行之"[2]，其中提到的乡约似乎看不出有什么道德教化的特征，而几乎成为地方军事组织的代名词，与王鑫在家乡推行的《洙津区乡约》更是不可同日而语。一个是战争时期督令强制的基层组织，另一个却是和平时期绅民合谋的自发产物。又如善化何应祺记载湘乡人刘腾光一段史迹

---

1 王鑫：《团练说》，见王诗正编：《王壮武公遗集（日记·杂著·练勇刍言）》卷二十四《杂著》，第2302页。

2 罗正钧纂：《王壮武公年谱》卷下，见罗正钧、王诗正编：《王壮武公遗集（年谱·禀牍）》，第141—142页。

云："道光间，吏治宽大，邑有奸民乘其敝，聚党甚众，椎埋剽掠无弗为。公曰：是不可纵，纵且成大患。乃合乡之父老请于吏而部勒诸家弟子，缚渠魁而毁其巢焉，复举行乡约。于是其党皆感愧解散为良民，乡赖以安。"[1] 此处所指乡约虽仍带教化意味，却明显与军事化的目的有关。

除湘人之外，其他地区的士绅也在谋划寓乡约于团练之中，如江苏江阴宣讲乡约的历史十分悠久。按本地士绅郑经的说法，"其设局则倡之宗师邑宰，成之城乡绅士"[2]。咸丰三年（1853），太平军占领南京后，"时常郡奉大吏通饬保卫江邑，亦奉檄团练"。一年以后，地方官考虑到团练组成不够精锐，邀集士绅共商妥善之法。郑经"因言团其身必团其心，练其力必练其气。刻下风鹤交警，人情汹汹。若仅讲团练，不以文教治之，练丁即有勇，奚能知方"[3]。所以郑经建议"若与宣讲乡约，练丁则忠义明而果敢气作矣，愚顽则孝弟敦而守望志坚矣"[4]。在"宗师邑宰"授权之后，郑经敦请本地一位叫余治的儒生"汇合常郡绅士……设局宣讲，自城及乡，由是感动有心明理者如章第荣父子、常大元兄弟、周赓良、杨廷植、尤绍、梅旦、冯翼、敦征、祝维祺、庄泰交、李翰芳、庄俊等。其理局务，或助经费以置田产，或任宣讲而忘勤劳，或挥笔墨以感发仁心，或效奔走而葳成善举。东向常昭，南抵苏省锡金，咸劝立局，呈请督抚学诸大宪，通饬推行。并集刊乡约本，呈制宪，颁发州

---

1 何应祺：《诰封光禄大夫刘公腾光墓志铭》，见《守默斋杂著》，收入《清代诗文集汇编》编纂委员会编：《清代诗文集汇编》第七一八册，第248页。
2 卢思诚等修、季念诒等纂：（光绪）《江阴县志》卷五《学校》，光绪四年刊本。
3 同上。
4 同上。

"天命"如何转移

县，以冀道一风同"[1]。

江阴士绅从筹措经费到奔走宣约，几乎承担起了全部战时乡约的组织职责，尽管我们从郑经所描述的乡约重构情形中仍不能了解到多少江南乡约与团练的实际融合情况。与湖南团练基本由地方士绅从基层自愿发起的状况相比，以江阴为代表的江浙团练是在督抚大吏的催促下，由民间乡儒士绅临时聚议而成，故而其组织构成一直呈现相当松散的状态。早在太平军攻入江南区域的初期，清廷曾谕令余姚在籍漕运总督邵灿、会稽在籍副都御史王履谦为团练大臣，督率练勇协助官军防守。[2] 由于浙江区域民性慧黠柔弱，"公战则怯，私斗则勇；富者急于求利，贫者拙于谋生……民与兵勇仇，绅与官吏仇，久且民与民仇……绅与绅仇"[3]，故而团勇操练收效甚微。这一时期江南绅权非但未曾如湘地那样迅速扩张，反而因为战乱破坏、人口锐减等因素趋向萎缩。所以江南地区的乡约教化是否能像湖南那样与团练构成互为表里的强化关系，特别是江南基层士绅是否能通过操办团练与举行乡约，来获取和湖南士绅同样强大的政治资源，是大可值得怀疑的。

湖南乡绅村儒则在太平军进入湖南之前，就已预感战乱将起，许多儒生如罗泽南、王鑫未经地方官吏督导，就自发地兴团练勇，迅速在湘地构成了一系列连绵不绝的军事化传统。此传统又因湘军的崛起

---

1 卢思诚等修、季念诒等纂：（光绪）《江阴县志》卷五《学校》，光绪四年刊本。

2 参见许瑶光纂辑：《谈浙》卷二，"谈咸丰十一年九月廿九日绍兴失守事略"条，见中国史学会主编：《中国近代史资料丛刊·太平天国》第六册，上海：神州国光社，1952年，第583页。

3 左宗棠：《劣绅倚势压民请革职审拟片》，见《左文襄公奏稿》卷五，收入《左宗棠全集》第二册，"奏稿（二）"，上海：上海书店出版社，1986年，第1069页。

更加巩固，同时也为湖南士绅最终形成地方主义的势力格局埋下了隐患。这是江浙临时性团练和松散性的乡约功能所无法比拟的。[1]

如果再进一步考察两地士绅在获取最高官职方面的数量和其拥有功名的差异性，就更易比较出双方在获取政治资源方面的能力。根据朱维信（Raymond W. Chu）和威廉·塞韦尔（William G. Saywell）对总督升迁状况所作的研究，清代湖南地区有二十三人官至总督以上职位，其中进士有十三人，没有功名者占十人，这二十三人中竟无一位是举人。浙江地区曾有三十人任总督之职，其中包括十四位进士，一位举人和五位无功名者。江苏籍总督二十七人，其中进士二十人，举人三人，无功名者四人。[2] 又据罗尔纲《湘军兵志》所作的统计，湘军中的湘籍将领位至督抚者有二十人，其中有举人三人，进士二人，其余十五人除田兴恕、杨载福两人为行伍出身外，另外十三人均为附生、廪生、拔贡或者是诸生、增生、文童。[3]

以上这组数字表明湖南人升任总督的总数虽然略低于浙江与江苏两地，但湖南区域低层绅士升迁的比例和速度远高于浙江、江苏两地。造成如此局面的因素可能是多方面的。湖湘士绅比其他区域

1　江浙乡约的军事化程度总的来说不如湖南深，有时还有补救"教化"的色彩，远未像湖湘那样与地方基层士绅的政治权力牢固地结合起来。如同治七年（1868）"巡抚于日昌通饬各属宣讲乡约，城乡共举讲生五名，两学轮流督率，按月宣讲六次，知县每月捐廉钱二十五千文"。（卢思诚等修、季念诒等纂：（光绪）《江阴县志》卷五《学校》，光绪四年刊本。）可以看出，建立乡约成为战后补救教化沦落的临时性措施。江阴汪坤厚有《三官义塾碑记》，其中载"三官镇向有三官庙，粤匪之变毁于火。窃谓重葺而龛神，不如改塾而设教，且为讲约之所，则崇实学即以敦风化，而何惧民之异思迁也"。（汪坤厚：《三官义塾碑记》，见卢思诚等修，季念诒等纂：（光绪）《江阴县志》卷五《学校》，光绪四年刊本。）同样可以看出乡约有补救教化之作用，而与团练无涉。

2　参见 Raymond W. Chu & William G. Saywell: *Career Patterns in the Ch'ing Dynasty: The office of Governor-general*, Center for Chinese Studies, University of Michigan, 1984, 128n.

3　参见罗尔纲：《湘军兵志》，北京：中华书局，1984年，第56—65页。

的儒生更擅于利用战争提供的机会，特别是运用团练与乡约教化相结合的手段为自身的跃迁谋取权力资源，应当是一个重要的原因。

岭南基层乡约的军事化

社会动荡与乡约格局的畸变

乡约作为一种区域性的基层教化组织，历来是以"精神感化"为其运作的核心支柱，一些地方士绅也往往以乡约的纯粹教化精神作为区别于世俗"吏治"的主要标帜。然而从明末至清初，乡约教化的纯粹性日益为"吏治"的原则所浸染。清初学者陆世仪就曾论述过乡约在民间的实际地位，其《论治邑》一文云："予尝作治乡三约，先按地方分邑为数乡，然后什伍其民，条分缕析，令皆归于乡约长。凡讼狱、师徒、户口、田数、徭役一皆缘此而起，颇得治邑贯通之道。"他感叹道："今之为治者，动行乡约、社仓、保甲、社学，纷纷杂出，此不知为政之要也。乡约是纲，社仓、保甲、社学是目，乡约者，约一乡之人而共为社仓、保甲、社学也。"[1]陆世仪的意思是乡约不仅具有独立的教化职能，而且应兼顾乃至统领诸如讼狱、保甲之类原本属于"吏治"范围的事务。仿佛如此才能使乡约成为"治邑贯通之道"的中枢系统。

陆世仪对乡约体制的新构思多少有点乌托邦的意味，其中某些思路却被放大润色，成为后来士绅进行"乡治"的范本。比如从

---

[1] 陆世仪：《论治邑》，见徐栋、丁日昌辑：《保甲书辑要》卷三，同治十年刊本。

传统的"乡治"观念而言，保甲与乡约之间的界分应该是十分严格的，即一重刑律纠查，一重感化教育，构成基层"治道"系统的两极。一般情况下，保甲不应包括教化的内容，而是比较纯粹的行政举措，乡约也不应插手教化职责之外的事务。甲长"亦不准其干预乡约事件"[1]。陆世仪提出"治乡三约"以后，保甲与乡约之间的界限日趋模糊。《保甲书辑要》中曾述及广东举办乡约之情形云："广东客籍民人，与土著一律编甲，仍分析登注，令州县官慎选约正副，严其责成。如有通盗为盗之人，许约正等指名举首，由该管道府审实，解省办理。"[2]乡约正副几乎成为保甲长的同义语。乡约独立于"吏治系统"的契约自治精神至此已不复存在。[3]

乡约的纯粹教化功能发生畸变，固然与"吏治"原则对基层乡治的渗透有密切关系，同时也与在内忧外患压力下区域社会环境的变迁有很深的联系。一般说来，在较稳定的社会环境中，乡约是推行世俗化儒学观念的主要手段之一。尽管乡约宣讲常常缺乏像书院、社学那样的固定场所，却总是被视为敦睦邻里、移风易俗的中介手段，并不具有紧密的行政约束力。乡约宣讲常常为经费不足、缺乏吸引力等因素所困扰。乡约长的设置往往有名无实。故乡约正

1　陆世仪：《论治邑》，见徐栋、丁日昌辑：《保甲书辑要》卷三，同治十年刊本。

2　《户部则例》，见徐栋、丁日昌辑：《保甲书辑要》卷一，同治十年刊本。

3　段自成认为，清朝乡约出现了官办化的趋势，乡约也从最初承担的圣谕宣讲等道德规训职能开始向行政化模式转变，乡约承担了诸如催科、稽查、司法、救灾等地方治理职责，其教化的色彩越来越弱化。（参见段自成：《清代北方官办乡约研究》，北京：中国社会科学出版社，2009年，第131—169页。）有学者从明代小说《醒世姻缘传》所陈述的故事中发现，乡约在明代中后期已逐渐成为州县官治理乡村的重要工具。（参见吴晓龙、陶学荣、陶睿：《乡约与明代乡村社会治理——以〈醒世姻缘传〉为例》，载《甘肃社会科学》2006年第5期，第206—210页。）

副之设若落实于具体的"乡治"事务，必须与宣教之外的功能结合起来。正如任启运在《与胡邑侯书》中所云："乡约之设，远或数十里，近或数里，凡赌博贼盗之潜匿者，约长多不及周知，而乡里所推为约长者，非鄙俗之富民，即年迈之乡老，彼其心岂知有公事哉？无事则酒食以为尊，有事则以道远为辞，年老而解。此人所以视乡约为具文而莫之举也。"[1]他指出乡约不举的症结乃是在于"保甲之不立"，因为"保甲与乡约相为表里"。[2]

在此段解释中，"保甲与乡约互为表里"的现象，尚不能说明保甲是否能代替乡约，或乡约是否应兼具保甲之功能，"乡甲合一"长期以来仍只是一种概念性的功能预设。"保甲"作为"吏治"渗透于民间社会的基本手段，仿佛比"乡约"更具有现实的可操作性，两者之间的界限仍是十分清晰的。当然，保甲与乡约之间保持均衡状态的前提条件，大致取决于外界压力对基层社会组织冲击的程度。这里所说的外界压力主要是指民众反叛和外敌入侵所造成的社会动荡。具体到岭南一地而言，主要是指红巾军起义与英国殖民者对广东沿海地区的侵扰。

乡约制度形成之初，基本遵循蓝田吕氏兄弟制订的约文"凡同约者德业相劝，过失相规，礼俗相交，患难相恤。有善则书于籍，有过若违约者亦书之"[3]，大体是民众自发聚合的盟约性组织，地方士绅也往往以乡约的德化精神作为区别世俗吏治的主要标志。清初一些上层统治者开始以宣讲圣谕形式强行介入"乡约"的传统程序，

---

1 任启运：《与胡邑侯书》，见徐栋、丁日昌辑：《保甲书辑要》卷三，同治十年刊本。
2 同上。
3 《宋史》卷三百四十《列传九十九·吕大防》，第10844页。

使其正式转型为吏治的附属机构，乡约的纯粹教化性质发生了畸变。"乡约"功能的转变固然与"吏治"规则对基层乡治的渗透有关，同时也与在内忧外患压力下区域性社会环境的变迁有密切联系。

据孔飞力观察，外界压力加剧到一定的程度，往往会使区域性的基层社会组织逐步趋于"军事化"（militarization），这个过程自然首先应发生于本身具有军事防御和纠查功能的"团练"与"保甲"组织之中。有关"团练"等组织逐渐军事化的情况，前人已做过不少研究。[1]然而有一个问题仍亟待揭示，即"军事化"氛围的营造是否仅仅与原本就已具备军事功能的社会组织有联系？答案应该是否定的。根据地方史籍资料所作的研究表明，至少就岭南一地而言，区域军事化的程度尚不完全取决于传统保甲团练自身功能的完善，而是取决于乡约教化功能的转变。[2]

岭南早在道光年间就已率先成为英军入侵后军事对抗的敏感地带。道光二十一年（1841）夏，粤东义民围困英人于三元里，"遂起团练之师，始自南海番禺，而香山、新安等县继之"[3]。英人的入侵特别是在入广州城问题上与岭南官府的拉锯式对抗，一方面把岭南原来零散的无组织军事力量高度整合在了一起，另一方面却又诱发了咸丰初年红巾军事变。清人夏燮曾评论云：

---

1 如孔飞力的著作《中华帝国晚期的叛乱及其敌人：1796—1864 年的军事化与社会结构》（谢亮生、杨品泉、谢思炜译，北京：中国社会科学出版社，1990 年）；再如郑亦芳：《清代团练的组织与功能——湖南、两江、两广地区之比较研究》，见《中国近代现代史论集》编辑委员会编：《中国近代现代史论集》第二十八编《区域研究（下）》，台北：商务印书馆，1986 年，第 653 页。

2 有关乡约与团练的变相结合的简约分析，参阅萧公权：《中国乡村：19 世纪的帝国控制》，张皓、张升译，第 243 页。

3 夏燮：《中西纪事》卷十三《粤民义师》，清同治刻本。

粤东义勇犷悍成风，当夷人未扰之先，械斗抢劫之案层见迭出，州县缉犯非特其窜海及逃踞山谷间，弗能致也。……当其招聚亡命，不敢无故称兵以抗官吏之颜行，而其浇轻猛暴之气，未尝不思藉手以试其能。迨洋氛渐近，则皆欲以有名之师，报不共之仇。故三元里之役，一朝而啸聚者百有三乡，惜粤中大吏不能鼓而用之也。抚事既定，义勇无所得饷，则去而为盗，于是内讧外患之交乘，而粤事日棘矣。[1]

对于基层社会无组织力量的管束与控制，无疑主要是"团练""保甲"的传统职责。但是"团练"的设置往往耗资巨大，而且要在短时间内打破畛域的界限，建立一支常规性的地方武装团体并非易事；编查保甲之事亦极繁琐，不易速成。比较而言，组织与恢复传统乡约的运作却要简便许多。乡约宣讲圣谕除固定于每月朔望之日，其余的宣教程序并未统一要求。[2]

有鉴于乡约聚合方式的简便性，岭南地区在筹建基层自卫防御网络的同时，引进了乡约的组织程式，进而诱发了乡约职能的重大变革。岭南传统乡约一度成为实施团练和保甲的中介预备组织。光绪年间所修《嘉应州志·兵防》卷中曾刊有一篇《团练乡约章程》（以下简称《章程》），从标题上看，"团练"与"乡约"是作为

1　夏燮：《中西纪事》卷十三《粤民义师》，清同治刻本。

2　一些士绅常采取赴乡宣讲或集议于某地公所的形式。如浙江海宁州规定："除朔望就州城乡约所宣讲外，每月赴乡二次，惟六月十二月因酷暑严寒停讲，每年约共二十次。讲者分作两班，挨次轮流，每人每月轮值赴乡一次，每次近则以一日为度，远则以两日为度。其赴乡之日期于朔望开坛时会同商定，务择暇时，庶不致荒废本业。"（《海宁州城兴复乡约所条规》，见钱汉章等呈文：《海宁州乡约所征信录》，光绪年间刻本。）

两个概念并列提出的。按理来说，在组织构成上应标示出其基本的区别，可是细观章程内容，其通篇阐述的却是如何设置乡约，以及乡约在诸如设立族长、严禁械斗、预储勇壮、互相救助方面是如何运作的，却只字未提团练所应发挥的作用。《章程》的第二条只是说"求治不务速效，理乱尤贵静镇，此时举行团练，仓卒召募，不独费用浩繁，一时难以措办，亦恐惶惑民心。应请通谕各乡先设乡约……使乡自为守，民自为卫，且使乡相救援，民相卫护，然后可戡暴安良"[1]。此段文字给人的印象是，"乡约"概念已与"团练"之名相混淆，两者之名称几乎可以互相转换，至少乡约已被当作团练的初级组织加以对待。

我们再看第四条中"议举乡约长"的规定。其中云："无论绅耆士庶，但有廉明正直，素为乡中所信服者，开列名姓，注明某乡某约人，送总局查访的确。再行请给谕帖，俾为乡约长，管理该乡约保安事务。每乡约计其丁口在三千丁以上者，举正长一人，副长二人，即于该乡适中之处，择宫庙稍宽敞者为会集公所。该乡有事，各乡长会集公所商议办理。"[2] 此条中已明确规定乡约长负责乡约的保安事务，这与其原本应担负的教化之责无疑相去甚远。

岭南乡约功能与团练之职责发生混淆，并不表示其完全丧失了"教化"的传统作用。《章程》"议重申礼教"条即重新界定了"乡约"的教化之责。"饬各乡长每月议期三日，齐集公所。有事为乡人排难解纷以息事安人，无事则合乡中子弟为之称说礼义，教之

---

1 《团练乡约章程》，见温仲和纂、吴宗焯等修：（光绪）《嘉应州志》卷十五《兵防》，清光绪二十四年刊本。
2 同上。

孝弟力田,以消其强暴之气。"[1]只是从《章程》所规定的条款来看,"乡约"的教化之责已被列入很次要的地位。"议重申礼教"一条被置于《章程》的最后,乡约的大部分职责均拥有强烈的"准军事化"色彩。乡约组织也被岭南士绅视为应付紧急事变的中层机构。比如在局势稳定时期,乡约在宣谕礼教的同时,就有"预储勇壮"和"编查保甲"之准军事责任。

各约需"查明约内自十八岁以上,五十岁以下丁壮多少,除病弱及士人不计外,约三人选一人。择有技艺胆力者充勇壮,将姓名年貌另立一册,缮二本。一本存约长,一本存乡长。无事则各安其业,有警则令各执所习器械奋力向前,擒拿贼匪"。如若遇到内乱外扰的紧急情况,乡约就会立刻转型为一个"军事化"组织。乡约内部的首领也会负起军事方面的责任。嘉应州乡约规定:"遇有盗警,该乡约长一面集众出御,一面遣捷足持签通知各乡,令发勇壮救护,庶不致迟疑误事。"[2]

又有一条补充规定:"若遇外来匪徒,如人数无多,则约长一面先集邻近丁壮出御,一面飞报乡长齐集勇壮,令素有勇略者统率擒拿。若匪徒众多,一方不能猝制,一面令勇壮先行把截;一面传签飞催四乡,带领勇壮助拿。四乡闻报亦即齐集勇壮,分一半赴援,分一半把截径路,再令捷足传签,飞报外乡,亦各出勇壮截杀,或断绝径路,或伏守险要,毋使贼匪有一人得以逃遁。……"[3]

---

1 《团练乡约章程》,见温仲和纂、吴宗焯等修:(光绪)《嘉应州志》卷十五《兵防》,清光绪二十四年刊本。
2 同上。
3 同上。

《章程》的作者最后总结，一旦乡约组织完全呈军事化或准军事化的状态，"如此则不必有团练之名，而自有团练之实矣"[1]。其言外之意是说，乡约完全有可能在和平时期以"隐形团练"的形式而存在，遇有事警时，再凸显其军事化的职能。如此一来，乡约在岭南就变成了一把兼有"教化"与"军事"功能的双刃剑，这似乎颇合于清初陆世仪以乡约统摄保甲的构想。

乡约在岭南地区的演变，有一个十分复杂的过程。从狭义的角度理解，原始乡约的涵义应该是一种守望相助、礼俗相交的契约性基层教化组织。至清初为"吏治"原则侵蚀之后，乡约的功能日趋狭窄，基本上成为宣讲圣谕的定期聚会，其区域间的邻里互助性质实际上被淡化了。通过对岭南地方文献进行研究，我们最终发现，岭南乡约的分布及其性质非常复杂，其功能性质已非狭义的原始乡约之涵义所能概括。

首先我们注意到，岭南乡约的名称具有十分浓烈的区域性特征，如大埔县乡约以"约亭"的形式标示其区域性特色，有所谓"在城约亭""枫朗约亭""三河约亭""高陂约亭""同仁约亭""百侯约亭"等名称。[2]博罗县则有所谓"村约"。陈裔虞《博罗县志·建置志》中记载博罗有"明头约""崇礼约""平山约"等组织，通计共有村庄围约四百八十一处。[3]这里所说的"约"在乾隆年间可能最初仅仅是一种无任何功能指示意义的区域行政单位。清后期

---

1 《团练乡约章程》，见温仲和纂、吴宗焯等修：(光绪)《嘉应州志》卷十五《兵防》，清光绪二十四年刊本。

2 参见温廷敬纂、刘织超等修：(民国)《大埔县志》卷八《教育志》，民国三十二年铅印本。

3 参见陈裔虞纂修：(乾隆)《博罗县志》卷三《建置志》，乾隆二十八年刻本。

迫于外界各种力量的冲击，不少"约众"在绅士带领下建构军事联盟体系，"约"作为地区间的沟通呼应组织从此被赋予了新的意义。

再如顺德县有所谓"公约"。顺德县境内共有公约七十多处，分十区；每区平均有七个公约，密度还是相当大的。据《顺德县志》称："吾邑自乾隆时沈邑侯权衡饬各乡设立公约，择保正给以戳记，俾负保良攻匪之责"，故公约"视他县为多"。[1]可见"公约"在清初即已具"准军事化"之特色。这种特色一直延续到咸同以后。由于时局动荡，"公约"内常设有一定数量的团勇名额，称为"约勇"。乾隆年间创设的勒楼公约，"初设巡船长龙各一艘，水勇三十名，管带一员，专司梭巡水面。光绪末年改水勇为陆勇，额设四十名，团长一员。除驻乡约外，其余分扎三市"[2]。同治四年（1865）创办的容奇公约，由乡内东西南北中五约公推约长一人，约董五人，勇无定额。[3]

其次我们发现，岭南有些乡约不但名称独特，而且往往影响到书院功能的变化。顺德县的公约就有相当一部分设置于书院之内。如古楼公约附设于仙洞乡金峰书院内。马齐公约则设在敦和书院，《顺德县志》称马齐旧有公约，"日久倾圮，办事权借祠宇。同治八年（1869），书院落成迁入。约勇常备四十名，预备二百名"[4]。

除以上两个公约设于书院之内外，顺德县大致还有以下公约与书院有联系。它们是：

1　周朝槐纂、周之贞等修：(民国)《顺德县志》卷三《建置略二》，民国十八年刻本。
2　同上。
3　参见同上。
4　同上。

龙江公约在儒林书院，团勇一百名。

甘竹堡公约原合设于观澜书院，自里海、东村、麦朗分办后，左右滩两乡仍合设于书院中。

旧寨公约附设于镛旁书院内，岁收亩捐以充约费。

江尾五堡联防公约权设上村乡鹤峰书院。咸丰五年由堡绅欧阳炳、欧阳信、胡廷镛等会议办法，各乡选丁壮，大乡五六十人，次三四十人，又次一二十人，指定防地，一乡有警，各乡堵截。[1]

照此安排，书院就成为操习团练的军事中枢，而不仅是课士习艺的场所了。公约影响书院的另一种形式是以书院为约众集会之地。如顺德大洲乡分东西两约，"东何姓，西周姓、梁姓，两约各管事，团勇无定额，以钟山书院为适中地，阖乡有事在此会议"[2]。

对于此类兼有基层政教合一之功能的书院，有的研究者称之为"乡约式书院"。如刘伯骥曾概括云，这种由"乡里集资所创建"、"兼为江都和乡约的书院"，"隐然有政教合一或地方自治的意味"。[3]刘氏曾引开平《月山书院记》云，乡约式书院"不仅用以讲词章"，在"养人材"的同时，还兼有"厚风俗，排难息争，敦好睦邻，兼名教礼义之防"的功用。[4]这与一些位于省城或大都市中纯粹以课艺研经为目的的书院显然有所不同，其功能和职责要广泛得多。

---

1 周朝槐纂、周之贞等修：(民国)《顺德县志》卷三《建置略二》，民国十八年刻本。
2 同上。
3 刘伯骥：《广东书院制度沿革》，长沙：商务印书馆，1939年，第79—80页。
4 同上。

　　　　　　　　　　　　　　　"天命"如何转移

乡约式书院因为经常兴建于基层社会网络的枢纽位置，授课者往往是那些在乡间颇具名望，日常主持一方世俗事务的绅士，故他们常扮演"课士化俗"与"排难御敌"的双重角色，其身份导向不能不影响乡约式书院的基本性质。一旦事变烽起，大部分绅士率众御敌之角色就会凸显出来，书院课士化俗的功能也会暂被压抑。在岭南动乱频仍之际，有些书院兴建之初就已明确具有"准军事化"性质。如番禺县的鹿山书院在乾隆四十六年（1781）"会匪猖獗"时，地方绅士"合十三乡同建，并置学田以为讲读团练所藉"。[1]

与书院相比较，岭南社学（或义学）与乡约功能的转型有着更为密切的关系。有些地区如新会县境内的社学就常设于乡约之内。如乾隆四十五年（1780），新会大泽社学就设在大泽墟乡约内。道光元年（1821）潮居、泷水二都绅士兴建的水口社学则置于泷水口墟乡约内。社学置于乡约之中，自然也常担负宣讲圣谕之责。如道光四年（1824）重建的南山社学，就有"以为宣讲圣谕"的规定，我们不妨称这些社学为"乡约式社学"。[2]虽然在英军入侵产生的军事对抗和红巾军起义的间歇时期，乡约式社学的功能仍以教化为主，但随着岭南乡约军事化过程的加剧，其教化功能却被严重削弱了。有的社学直接转型为军事化的乡约组织，如番禺清平社学，由青紫等四约同建，士绅们直接就在社学内设立社长、副约正、乡正正，"严申条例，清息盗原，有事集议于此"[3]。已经没有任何课士教化的痕迹。有的社学在成立伊始就是为预储团练做准备的，如平康

1　史澄纂、李福泰等修：（同治）《番禺县志》卷十六《建置略三》，同治十年刻本。
2　黄培芳纂、林星章等修：（道光）《新会县志》卷三《建置（上）》，道光二十一年刻本。
3　史澄纂、李福泰等修：（同治）《番禺县志》卷十六《建置略三》，同治十年刻本。

社学。李福泰在追忆创设平康社学的动机时说，岭南"惟襟山带水，海阔菁深。奸人往往窥伺其间……"，所以"下车即与绅士谢礼门、谢榆村、王云屏、陈渭川商建社学，为团练计"。[1]

这里特别需要指出的是，岭南有些区域如佛山的所谓"更夫"之制。按（民国）《佛山忠义乡志》（以下简称《乡志》）记载，佛山传统的区域性行政单位名曰"铺"，各铺均设有所谓"更练"，更练的前身是"乡夫"。《乡志》称，"更练之设，即古乡夫也。佛山有乡夫自明景泰明始，自是各铺均设更练，后改为二十八铺，更练亦添设，每铺或二三人，四五人不等，视其地之繁简为衡"[2]。更练"多以土著人充之，助官兵以捕治盗贼，藉寄耳目，盘查奸宄，于地方不无小补。创设之初足以御侮贼、捍地方"[3]。更练一般情况下驻扎于"练馆"之内。《乡志》中说明"每铺有练馆，或向有公产乡约驻扎，或租赁民房栖止，或数铺相合而为一练馆"[4]。这段话中值得注意的地方是，佛山练馆之设可借附于乡约之所。此条史料可以《乡志》另文印证之。《乡志》"乡约"条云："乡约之设始于明代，各铺有事则集乡约以议决之，即今之各地集议所得公所也，皆为公建，后用以驻扎乡夫，遂多为各铺更练住宿所。"[5]由此可知，乡约作为练馆之地，其军事化的色彩是不言而喻的。佛山二十八铺虽多有更练聚合之所，但并非各铺均有乡约，《乡志》曾载有各铺

---

1 史澄纂、李福泰等修：（同治）《番禺县志》卷十六《建置略三》，同治十年刻本。
2 佛山市图书馆整理、冼宝榦纂：（民国）《佛山忠义乡志》卷三《建置志·内政》，长沙：岳麓书社，2017年，第115页。
3 同上。
4 同上。
5 同上，第130页。

练馆置于乡约者，兹列表如下：[1]

铺　名	乡约地点
栅下、东头铺	蚬栏街无后庙乡约
彩阳、耆老、嵊岐铺	大口社乡约
社亭铺	药王庙后乡约
祖庙铺	协天胜里乡约
山紫铺	高基乡约
福德铺	高地下巷乡约
鹤园、潘涌铺	鹤园社前乡约
观音堂铺	大墟乡约
大基铺	新胜坊乡约

从上表来看，已军事化的乡约组织与"铺"等基层行政单位结合得还是相当紧密的，这昭示着岭南基层教化组织日益被整合进一套复杂的地方军事系统之中，发挥着与以往迥异的地方治理作用。

乡约式书院御敌功能的强化

如前所述，作为讲习修睦之地的书院比较集中而广泛地沦为操练兵丁之所，是岭南区域相当独特的文化现象。有的乡约已看不出有多少修习教化的痕迹。同治年间所修《番禺县志》所载晚清残存的三十三所书院中，至少有七所书院与义学名目相混并带

1　佛山市图书馆整理、冼宝榦纂：(民国)《佛山忠义乡志》卷三《建置志·内政》，第115—116页。

有乡约的性质。[1] 书院准军事化几乎在岭南形成了区域传统。按修志人的评论，各乡乡院多演变为公共集议之地，读书讲学只能在处理俗事暂歇期间举行，"因亦蒙书院之名，惟院无斋舍，学无常课，究与课士之书院有别"[2]。黄宇和曾经评论道："这些乡约已不再是什么书院，根本不可能上课，它们只不过是把四方百姓组织起来保卫村坊的练勇队伍。"[3] 岭南最有名的乡约式书院当属贲南书院。贲南书院的地理位置十分重要，"南与香顺二邑错壤，北属珠江南岸。东西襟海带江，境大壤沃，食货饶衍，为省会咽喉肠胃。村落累千，社学数十"[4]。

贲南书院的兴建在动议之初就带有地域间联手合势的准军事色彩。它不是在稳定环境下士绅兴教化俗的自然产物，而是非常时期在外界压力（包括中英冲突）下集议而成的防御组织。陈璞在《兴建贲南书院碑记》一文中曾经详述其兴建经过。咸丰五年（1855）六月，在英军入侵产生的军事对抗的直接诱发下，佛山地区的红巾军林洸隆、李亚计、陈显良分别占据了钟村、市桥、新造等地区。佛山士绅被迫走避会城，协谋练勇筹饷，决定在市头蒋氏祠设沙茭局，"两属之人复睹清晏，咸获安堵，莫不曰非两属合势不至此"[5]。按时人记载，贲南书院的建立大致出于两个原因：其一是沙湾、茭塘两属之地所处地理及军事位置十分关键。士绅阶层认为有必要联

1　史澄纂、李福泰等修：（同治）《番禺县志》卷十六《建置略三》，同治十年刻本。

2　梁鼎芬修、丁仁长纂：（宣统）《番禺县续志一》卷十《学校志一》，民国二十年重印本。

3　［澳］黄宇和：《两广总督叶名琛》，区鉷译，北京：中华书局，1984年，第30页。

4　陈泰初：《贲南书院碑记》，见（宣统）《番禺县续志》卷十《学校志一》，民国二十年重印本。

5　陈璞：《兴建贲南书院碑记》，见（宣统）《番禺县续志》卷十《学校志一》，民国二十年重印本。

手御敌，构成相互呼应的区域网络，而此网络需要有一个既能兼顾两属位置，又能集众议事的交叉汇合地点，作为两属联动的枢纽。贲南书院正居于沙茭之地的中心点，可以起到"合其势"的作用。

其二是，作为善后事宜而设的沙茭团练局，只是临时借寓于蒋氏之祠的应急机构，要想使之维持长久，尚需有一个"正名"的过程。比较而言，"书院"之名目似乎更具有持久的文化象征意义。至少在表面上不会给人造成临时性军事防御组织的感觉。正如当地士绅所评价的："然蒋氏之祠不可以久假，众惧两属之势后将复分也，于是谋建书院，以永其后。"[1] 非常凑巧的是，书院落成当日，广州城正为英军围困，番禺境内的会党乘机占据彬社，"彬社士绅走书院请援，发勇应之，贼尽歼，捷音至，则落成月也，于是两属之人愈知两属之势不可以不合也"[2]。书院的军事特征至此已不言而自明。

乡约式书院沾染上军事色彩，无可否认是非常时期的特殊现象。其型仁礼让风格仍会作为核心文化基调而存在，一旦战乱稍歇，其崇尚教化的传统风格自然会逐渐恢复。陈泰初概括贲南书院的作用时，指出其功能应包括"今联什伍以集练，比族闾以纠奸，酌物力盈虚而筹积贮，谨乡约章程而兴礼俗"[3]。士绅的"相保相爱相赒相救之任"仿佛均浓缩于书院的实际运转中。地方士绅把乡约不甚规则的聚散活动，落实到了书院这一实体之上，大大加强了其教化的特定性。而贲南书院的军事化性质又使书院内的乡约宣讲成

1　陈璞：《兴建贲南书院碑记》，见（宣统）《番禺县续志》卷十《学校志一》，民国二十年重印本。

2　同上。

3　陈泰初：《贲南书院碑记》，见（宣统）《番禺县续志》卷十《学校志一》，民国二十年重印本。

为团练操演的教化准备，从而无形中为士绅阶层的权力凝聚提供了文化资源。

岭南的乡约式书院不仅在平抚境内之乱中起着联络乡党的区域整合作用，而且在战乱平息后仍负有敦睦邻里的教化使命。这类书院的文化功能与传统意义上的课士授徒迥然异趣。如顺德县马齐乡的敦和书院就具有浓厚的乡约性质。地方乡绅陈松在为敦和书院撰写的碑记中云："马齐旧有乡约，当太平、巨镇两坊之交……咸丰五年土匪乱平，我乡与附近诸乡奉官示设团练局办善后，先借居陈氏大宗祠，诸绅谋复乡约……是年（按：同治七年）冬月工竣，取旧乡约堂名敦和之义，颜曰敦和书院。"[1]这是一个战后复建乡约的典型例子。从以"敦和"之义命名乡约新堂而言，尽管复建于书院内的乡约完全出于集众教化的考虑，但毕竟已不是传统乡约精神的完整再现，而只是以团练军事化组织的附属形式而存在。仅就此意义而论，岭南是近代保持乡约形式最完整的地区，也是乡约形式变化最剧烈的区域。

如番禺县境内的平康社学，就是一个拥有双重功能的睦邻组织。番禺县知县对平康社学双重功能的作用有一段概括性的描述："余既喜诸君子之能及时建社也，复喜诸君子之建是社即能杀贼以立功名也。人心一振，风俗日新，将见社人之游是学者，无事则型仁讲让，有事则同仇敌忾。扶名教植纲常，守一隅捍城邑，则平康一社岂徒二十四乡赖之哉！"[2]"杀贼"之事居然与斯文绅士的敦行教化混而赞之，可见"社学"的功能在晚清的演变基本与绅士肩负的

1　周朝槐纂、周之贞等修：（民国）《顺德县志》卷三《建置略二》，民国十八年刻本。

2　史澄纂、李福泰等修：（同治）《番禺县志》卷十六《建置略三》，同治十年刻本。

二重职责相吻合。

乡约与社学军事网络的形成

下面再来看一看乡约与社学结合后的演变情况。社学在区域组织网络中是比书院小一级的地方单位，其数量和分布密度自然要比书院为大。作为更基层的社会细胞，社学一旦与乡约体系和功能相互交叉，就会比书院更能满足世俗阶层睦邻教化乃至练勇御敌的共同愿望。岭南的乡约式社学规模有大有小，常常是数乡联合建构，如番禺的长平社学，就是道光二十七年（1847）由钟姓等三乡倡建，共联五十三约，百余村庄，相距各四五十里。[1] 这里所说的"约"大致可以说是比村庄规模稍大一些的区域自治单位，社学则是"约"与"村"更高层次上的聚合形态。此处特别有必要揭示的是，它与乡约式书院的命运颇为类似，也不得不承担起一些教化功能之外的准军事工作。何仁山在《西北隅社学记》中曾感叹云："社学昉乡学修文也，而今以讲武矣。"[2] 西北隅社学位居东莞城外，是道光二十六年（1846）由西北隅绅商捐建的。红巾军初起时，东莞绅士于社学内"日议剿御，凡号召期会，糇粮军火，犒赏医恤，咸环集取给于斯"，又云："比年以来，防寇防夷，费不赀而众志弗懈。凡他义举，悉于此倡而行之。微斯地，将安所集事哉！"[3] 其军事防御的特色还是相当显著的。

1　参见史澄纂、李福泰等修：(同治)《番禺县志》卷十六《建置略三》，同治十年刻本。
2　何仁山：《西北隅社学记》，见叶觉迈修、陈伯陶纂：(民国)《东莞县志》卷十七《建置略二》，民国十年铅印本。
3　同上。

十九世纪中叶，类似以上准军事化的社学组织在广州附近的数县境内分布得极为普遍，而且与红巾军活动的区域范围基本重合。广州被围期间，城北南海、番禺两县是各路红巾军集结围城之地，也是他们后撤时重要的后方立足点，因此这些地方的练勇也相对更加活跃。按黄宇和的说法，许多红巾军在战败失利后"沿珠江扬帆出海，袭掠沿海村庄"，此时两广总督叶名琛就必须迅速动员水师剿捕，同时檄令地方社学组织的士绅首领集聚团勇，邀击红巾军退路，配合水师的行动。[1] 郊区社学由此构成城内官军的外围防御网络。"在番禺县慕德里司，叶名琛曾派专人去组织社学，在当地士绅的协助下，把该司的三百六十个村庄组成十七个社，目的是成立练勇并征集练勇所需的军费。"[2] 还有一些社学组织在红巾军起事之前就已寓有防御盗贼和敦睦教化的双重性质，一旦红巾军起事，其军事化的特色自然会凸显出来而逐渐淡化其型仁礼让的传统风格。

梁起撰《蓉冈社学碑记》曾记载南海境内蓉冈社学二重特色的互动变化过程。海心沙地区旧无社学，作者的曾叔祖梁文泉在嘉庆年间"合九乡众力，倡为保良社学以御盗贼，又立昌福社学祀文昌以兴贤，为万福社学祀寿星以敬老，然未建堂宇也。每岁但轮九乡祖祠以举饮酒礼，斯时九乡人士彬彬礼乐，至今有遗风焉"[3]。不难看出，蓉冈社学的前身，虽然以御敌保境起家，却仍不失教化之本

---

1 参见［澳］黄宇和：《两广总督叶名琛》，区鉷译，第52—53页。
2 参见同上书，第30页。
3 梁起：《蓉冈社学碑记》，见郑葵等修、桂坫纂：(宣统)《南海县志》卷六《建置略》，宣统二年刊本。

色。可是到了咸丰年间，情况发生了很大变化，如保良社学就一变而为集兵练勇之地。史称咸丰四年（1854），"罄保良社学储资设团练局，盗平又分昌福、万福两社学为东西，而社学之建益慚"[1]。社学军事功能的废弛，与兵事的消歇基本同步。同治年间，梁起之兄梁虞皋拟合九乡岁积团练余资恢复社学未果，直到光绪年间，梁起方合九乡士绅之力卜筑社学于蓉冈，"两乡人士络绎游庠，望气者咸啧啧赏之"[2]。社学性质虽时有反复，然从经费来源到办社宗旨已消磨不掉团练模式影响的痕迹。

岭南大部分社学的演变轨迹基本上可以分为三个步骤：第一步是社学蜕变为乡约聚讲之所，其间这部分社学已基本失去课士授徒的性质。第二步则是由聚讲之所一变而为屯兵练勇之地，敦睦礼让的儒教风格基本消失，社学最终蜕变为准军事化的组织。第三步，随着岭南中英冲突的暂时缓解和红巾军起事的失败，社会进入相对稳定时期，"社学"教化睦邻的特点有所复苏。但十九世纪中叶以后又面临清朝教育体制全面变革的非常时期，社学原初的课士功能已几乎无法恢复。叶觉迈在《东莞县志》中曾经指出，社学已"近废殆尽"，其所存者亦民间之乡约所而已，[3]并引前志云："明代社举昉古者乡学之遗规，……当时比书院尤重。然崇祯间已成乡约。盖无复师儒设教之事矣。"[4]岭南社学发展的三个步骤中，当以其军事化的特色最为引人注目，也更能揭示岭南乡约

1　郑蓁等修、桂坫纂：（宣统）《南海县志》卷六《建置略》，宣统二年刊本。
2　同上。
3　叶觉迈修、陈伯陶纂：（民国）《东莞县志》卷十七《建置略二》，民国十年铅印本。
4　同上。

在十九世纪中叶以后功能运作的核心本质。为此,我们根据地方志中提供的材料,略举数例观之:

东山社学:合市头、萝山、南村等七约合建。道光年间,防夷团练连四庄合称东山新九约。

蓼水社学:在大南冈麓,与东山社学相对。咸丰三年(1853)邬建勋等倡建,四年(1854)七约团练借寓于此。

东平社学:道光二十三年(1843),团练防夷,事平后奉大宪奏请倡建。咸丰四年焚毁。

和平社学:咸丰甲寅年车陂、黄村等创建,为讲睦团练之所。

升平社学:道光二十一年(1841)十三社八十余乡合建。

长平社学:为嘉应惠州龙门诸府州县进省关隘。咸丰甲寅,太平军起事,"诸乡安堵,皆赖此约束联络也"[1]。

以上史料足以证明,书院、社学等儒学传播网络体系的军事化,使岭南部分地区的基层组织一度偏离了教化轨道,这种偏离与中英双方在道光年间于岭南地区发生的军事冲突有着直接关系。

"宗族"构造与明清乡治格局之演变

对明末学风的批评与清初"宗族"复兴

在明清鼎革之际的江南桐乡,一个普通乡居的日子,遗民张履祥提笔致信友人,文字中透露出了他对国变之下秩序瓦解的担忧,

---

1 史澄纂、李福泰等修:(同治)《番禺县志》卷十六《建置略三》,同治十年刻本。

"天命"如何转移

"弟目察人事，将来乡国必难苟安"，"拟欲挈妻子而行，卜居于夫子所居之山"，"以待天下之清，却因家贫不能成行，进退两难"。[1] 在另一封信中，他抱怨说，"不独米盐妻子损人不少，而邻里乡党，人情习尚不堪闻见者，日甚一日，而又不能不与之习"。[2] 当年的江南望族子弟居然如此潦倒不堪，竟沦落到了觍颜接受友人馈赠粟米金钱的窘境，[3] 于是不禁感叹只有低级功名的自己，羞于以"处士"自居，"古称逸民处士，今民矣何从得逸，处矣有愧于士，其如之何哉！"[4]。

在张履祥的眼里，处士在乡间有着特殊的身份和地位，并非一般草民所能比肩。处士不仅持家有方，而且善于承办公务、协和宗族、济困邻里、扶帮弱小。明清鼎革，江南频遭劫难，本来正常的乡里秩序遭到了毁灭性破坏，这才导致"君父之大尚非所知，其不夷狄禽兽者几希矣"。寻究内在原因，乃是由于"学术之不正"，只求富贵利达之途，放弃了身心性命的修炼，才招致"一经变故，万事瓦裂"的困局。[5]

经过一段乡间质朴生活的沉潜省思，张履祥把批评矛头直接指向了明末流行的心学。他屡次批评陆象山、王阳明的学术"支离烦碎"，脱离了"格物穷理"之本意，导致"礼教陵夷，邪淫日炽"，[6]

1　张履祥：《与王紫眉》，陈祖武点校：《杨园先生全集》上册，卷之二《书一》，北京：中华书局，2002 年，第 27 页。
2　张履祥：《与何商隐》，见《杨园先生全集》上册，卷之五《书四》，第 142 页。
3　参见张履祥：《与吕用晦》，见《杨园先生全集》上册，卷之七《书六》，第 200 页。
4　张履祥：《与陆孝垂》，见《杨园先生全集》上册，卷之六《书五》，第 156 页。
5　参见张履祥：《与俞赓之》，见《杨园先生全集》上册，卷之二《书一》，第 26 页。
6　张履祥：《与何商隐》，见《杨园先生全集》上册，卷之五《书四》，第 111 页。

指斥那些听信了"姚江之言"的人"不难无父无君"。[1]信奉良知之教即是如同"废灭礼教，播弃先典"，几可等同于"戎狄之道"。[2]这无疑是相当严厉的指控。

在清初学术衰颓不振的严峻氛围里，心学一旦被混同于"戎狄之道"，就不仅因其貌似"近禅"，被怀疑混杂了佛教异端思想，而且难免让人联想到与"北狄"成功入关之间似乎潜藏着若隐若现的关系。鉴于一些鼓吹狂狷顿悟的信徒频频发生蔑视礼教的行为，心学甚至可能被直接想象成"援狄入华"的祸首，所谓"惟禽兽为无礼，礼废则夷狄至，自古如斯"。[3]虽然大家心知肚明两者不可混为一谈，却仍乐于想象其间接与满洲倾覆明朝这件事存在着某种暧昧关系。因为经历了创身剧痛的明亡之变，几乎所有清初士人都在反省明末思想到底应该为此承担什么样的历史责任，心学直指本心的简捷思维，阳明弟子惯于组织发动大规模群体讲学和聚会的行为方式，都极易被误判为空谈误国，或不幸被选定为攻击标靶。

比如张履祥就曾屡申以"声气"相聚的害处，说"方今天下声气之习，衰靡特甚，士之入此，约有二种，非突梯滑稽以邀浮誉，则抗视厉气以启分争，不独于古人安身立命之业相去之万，即所谓文章气谊，亦重违其指"[4]。

他在另外一处文字中把"声气"嚣张导致的士风浮竞之敝一直追溯到万历、天启和崇祯年间，"以文社鼓煽，虽穷乡邃谷无不至

---

1 《杨园先生全集》下册，卷之四十一《备忘三》，第 1157 页。

2 同上，第 1138 页。

3 《杨园先生全集》下册，卷之四十二《备忘四》，第 1191 页。

4 张履祥：《与屠闇伯》，见《杨园先生全集》下册，卷之九《书八》，第 257 页。

者，号曰'声气'"。[1]那些一时声名日高、众所奔走膜拜的舆论英雄如复社首领张溥、名士吴伟业以及死于甲申之难的陈子龙、夏允彝等，多数人祸及其身，虽然有"节义自砥，它心平易"的可敬之处，却是"克全无几，岂亦逢天僤怒，理有固然者欤？"。[2]

张履祥虽然对明末这些士子名流的遭际不乏同情，却对其风动朝野的舆论传播风格颇有一些微词。在他看来，"讲学"乃是"诐淫邪遁之辞"，是异端恣肆的表现。所谓"诐"是指"主静悟者鄙躬行为粗浅，尊践履者薄格致为空言，各蔽于一隅"。所谓"淫"则是指"多其辨说，不根极于理道"。[3]甚至以表彰程朱理学著称的东林党人，都因受到心学"静悟"二字的影响，与"博文约礼、文行忠信、入孝出弟，守先待后之意往往不合"，犯了学问"支离"的毛病。[4]

在明清鼎革这一特殊历史时期，对晚明讲学风尚的批判并非简单延续着理学、心学相互攻讦辩难这条一贯线索，而是与满人是否拥有"正统性"这个尖锐问题密切相关。换言之，遗民是否具有批评明末"讲学"之风的正当性，最终取决于满洲帝王的态度。因为明末遗民恰恰把心学当作"夷狄之学"加以痛斥，视其为援引满人入关的思想罪魁。与此同时，清初帝王也在严厉抨击"朋党"之害。虽然双方批判晚明士林舆论的初衷恰恰相反，攻击目标也不尽一致，却在厌弃"讲学"结党之风上不谋而合，态度趋于一致，最终达成了某种潜在共识。两种势如水火的力量就这样因为不经意的

---

1 《杨园先生全集》下册，卷之三十八《近鉴》，第1036页。

2 同上。

3 《杨园先生全集》下册，卷之四十二《备忘四》，第1193页。

4 《杨园先生全集》下册，卷之四十一《备忘三》，第1136页。

历史巧合形成了一段奇妙的合谋关系，看上去的确有些荒诞吊诡。[1]其结果是，明末一度盛行的讲学型社团在清初遭到了毁灭性打击，几乎全面崩溃，失去了基本生存空间，而以宗族为核心的家族式学术团体却从此日渐发达，这在江南地区表现得尤为明显。[2]

在反省明亡教训的特殊时刻，那些以鼓动讲学结社为目的之非血缘士人群体往往被断定出于"私心"而非"公意"，类似东林与复社这些讲学色彩浓厚的社团虽然涌现出不少呼吁政治变革的志士，却也不乏出于私人党争目的的谋利小人。东林党人信奉欧阳修在《朋党论》中所宣示的"君子以君子同道为朋""小人与小人以同利为朋"的看法，这恰恰被清帝当作以权谋私的典型事例加以指斥。

雍正帝发布《朋党论》虽并非直接针对士林讲学群体，但其内在精神却与明末遗民们指责东林复社鼓煽声气，造成世风日坏的批评口径相当接近。如他直指士林中"若朋党之徒，挟偏私以惑主听，

1　明末姚江讲学之风戕害了儒学的礼教秩序，频频被遗民扣上一顶空谈误国的帽子。清初思想界在某种程度上也接续了明中叶以后逐渐生成的一股反心学暗流。如广为人知的广东魏校毁淫祠事件就是一个例子。魏校不但毁掉了珠江三角洲一带的民间宗教和佛教的"淫祠"，而且把心学宗师陈白沙的牌位移出了乡贤祠，理由是"其学近禅"，陷于支离，属"西方之学"，实则把白沙之学等同于"夷狄之学"，与佛教及其他淫祠混为一谈。（参见庄兴亮、黄涛：《明中叶毁"淫祠"行动中的思想因素——以魏校欲罢祀陈献章于乡贤祠为例》，见常建华主编：《中国社会历史论评》第二十一卷，天津：天津古籍出版社，2018年，第211—221页。）但明代遗民对心学的批评似乎更倾向于指责其必须承担明末政局崩坏与满人入关的罪责。两种批评分别属于不同语境，实应加以区别。

2　艾尔曼曾经发现，明末清初政治型社团的崩解反而可能导致宗族势力的延续和复兴，因为一种以垂直血缘关系为纽带的士绅利益集团得到了强化。反之，以横向非血缘性党社基础关注政治主导权的利益群体的势力受到弱化。地方性权力的这种重构过程创造出了新的社会秩序。（参见［美］艾尔曼：《经学、政治和宗族——中华帝国晚期常州今文学派研究》，赵刚译，第23页。）常州学派依靠庄存与、刘逢禄两家联姻凝聚成新型科举家族即是一个典型例子。

而人君或误用之，则是以至公之心，反成其为至私之事矣"。[1]这是从"君臣关系"定位士林结党的性质，大可推及对讲学活动的评价。在雍正帝的眼里，讲学风气一旦蔓延就会导引士林舆论过分嚣张不羁，容易造成"是朝廷之赏罚黜陟，不足为重轻，而转以党人之咨嗟叹息为荣，以党人之指摘诋訾为辱"[2]的局面，结果只能"乱天下之公是公非"，"作好恶以阴挠人主予夺之柄"。[3]雍正帝担忧的是，如果盲目遵循欧阳修"君子以同道为朋"的信条，必将导致"罔上行私，安得为道"的后果，"而小人之为朋者，皆得假同道之名，以济其同利之实"。结论自然是："朕以为君子无朋，惟小人则有之。"[4]他反问道，如果像欧阳修所说的那样，"将使终其党者，则为君子，解散而不终于党者，反为小人乎？"[5]正确的选择应该是，为人臣者"当以公灭私，岂得稍顾私情而违公义"。[6]雍正帝评价士人结党的害处在于违背"君臣之义"，这与明末遗民抨击心学习气的初衷不尽相同，但他们共同厌恶以"讲学"之名结党营私的看法却是相当一致的，无意中形成了一种心理上的"同谋关系"。[7]

从明末遗民如张履祥等人的本意而言，他们如此激烈抨击讲学之风，当然不是仅仅出于维护自身的宋学立场，故意放任书生意

1　清世宗：《御制朋党论》，见素尔讷纂：《钦定学政全书》卷二《学校条规》，清乾隆三十九年武英殿刻本。

2　同上。

3　同上。

4　同上。

5　同上。

6　同上。

7　参见杨念群：《何处是"江南"？：清朝正统观的确立与士林精神世界的变异》，第83—90页。

气，与心学一较短长，而是更多考虑到讲学风气对人心世道的污染和对地方秩序的破坏，甚至不惜夸大其对明亡清兴历史变局的实际影响。如果我们不受这种偏颇观点的左右，就会发现，其实张履祥对"讲学"危害的指控基本不能成立。且不说明末出现了一大批"经世致用"的名臣士子，陈子龙所编纂的《皇明经世文编》中的各种践履笃行的言论比比皆是、历历在目，可资检视，就是所谓心学只尚空谈而不究实事的看法也大多属于其头脑中臆造出来的武断想象。

从政教关系的构造角度而言，无论是宋代理学还是明代心学，其讲学问道、传播思想的根本目的，都是为了维系古代王朝的统治秩序。宋代从"格君心"开始一直到齐家、治国、平天下的理想制度设计，毫无例外地莫不围绕于此而展开。各种讲学形式往往以"约"的面目出现，或者即是"约"的某种表现形式。最早出现的《吕氏乡约》即可看作是宋代理学推行道德教化的一种手段，理学亦以"约"的形式在乡间被推广传播，发挥着维持基层政治秩序的作用。当然，各种"约"的性质最初也许倾向于自发自治的考虑，以后随着时局变化慢慢发生蜕变，更多偏向于服务地方治理的功能。但无论如何最终都未脱离借助思想灌输以行教化的原初思路。

寺田浩明指出，在乡村层次上的"约"中可以同时发现对等者之间通过相互合意缔结的"约"和居于上位者作为规范单方面宣示的"约"这两种要素。[1] 两者并不完全互相排斥，而是可以相互

1　参见［日］寺田浩明：《明清时期法秩序中"约"的性质》，见王亚新、梁治平编：《明清时期的民事审判与民间契约》，王亚新等译，第 158 页。

转化，甚而可能形成一种循环机制。因为"约"的目的是解决"人心不一"的问题，却又不具"法律"的约束意义。一旦风气转移，"约"的聚合性就会被削弱直至瓦解，所以必须有人不断用各种手段强化和维持"人心"的凝聚力，这就是基层士绅不断四处宣讲，鼓动儒家礼教思想的意义之所在。

乡约宣讲只是士人阶层实施基层教化的一种简易工具，宣讲的内容大多限于常识层次，这并不等于儒家偏于深奥的讲学内容与乡俗实践之间一定处于脱节状态。相反，通过大规模"讲学"和"讲会"以带动"约"在乡村的推进和深化恰恰是明朝士绅的职责。明代阳明心学有两个特点与宋学略有区别：一是强调满街皆是圣人，士绅与愚夫愚妇之间不存在根本等差，草民也可达到致良知与圣人的境界。二是鼓吹天地万物为一体的观念，传道不能限于一己之私，不可独善其身，而要推及家族乡里，视其为"一体"方为圆满。[1] 尤其是第二点，与程朱理学乡建思想中所包含的"恕道"原则颇可相通。

张履祥把"恕道"解释为"仁心"之显现，说"仁者，人之所以为心也。其事本于事亲、从兄，其功莫近于强恕。……有生以后，不能无物我之私。私意既起，子不能心乎父之心，弟不能心乎兄之心。则一体也，呼吸不相应，痛痒不相属，不仁莫大焉。是以人之少也，爱亲敬兄，无所于强，肫肫乎仁也"[2]。把"仁心""推之宗族"就是"恕道"，其次序是"其初一人之身也，己欲贤而达，

1　参见张艺曦：《阳明学的乡里实践：以明中晚期江西吉水、安福两县为例》，第211—212页。

2　张履祥：《求仁堂记》，见《杨园先生全集》中册，卷之十七《记》，第519页。

不欲鳏寡孤独废疾也。视族之人或就匪彝不知返，或沦危亡不知避，能无动于心乎？动则恻隐之仁，不动则物我之私所封也"。[1]

这套阐释人际关系的说辞与心学的"一体论"似乎没有太大区别。这其实间接证明，心学士绅在基层推行教化实践中所花费的精力实际上不亚于程朱学者，只不过灌输风格有所不同，却不宜用是否属于"经世实学"的尺度加以衡量。如此看来，张履祥对心学的指责似乎有过于苛求之嫌。就实践成效而论，心学士林群体确实有着明显缺陷，其忽聚忽散的"讲学"聚会风格与常态化宗族活动方式的结合度偏低，造成传播思想教化的效力往往难以持久。阳明信徒也一度尝试把讲会办进宗族，或者干脆把某个宗族"讲会化"。张艺曦探讨江西安福王学与宗族的关系，就举出朱淑相把"讲会"置于家族之中的例子。这类讲会按时间分为三类——朔望为家会，月为族会，每季还有乡会——一层层往外扩大播散，以发明讲学之意。[2] 朱淑相乃心学名家邹守益之弟子，其讲会的心学色彩不问自知。宗族式讲会的内容因缺乏史料无法过多披露，但从整体上观察，这类结合应该纯属特例，不可能完全在明代乡村普及开来。

讲会在某种程度上与乡约的原初构想比较接近，都具有临时聚集宣道的性质。乡约的可持续性往往取决于发起人的督导和认真履行的程度，而讲会的表现也近于一哄而起，常常忽聚忽散，到底能维持多久大多依赖精英士人之间交往的密切程度。一般性的讲会如果不依附于某个常态化的地方组织，确实很难坚持下去。史料记

---

[1] 张履祥：《求仁堂记》，见《杨园先生全集》中册，卷之十七《记》，第519—520页。
[2] 参见张艺曦：《阳明学的乡里实践：以明中晚期江西吉水、安福两县为例》，第153页。

载，大多数打着"约"的旗号的各类五花八门聚会其实并不具备真正履行道德教化的功能。如鼎革时期的温州地区，一些士人曾经组织过一个以"约"为名目的松散组织，这个"约"的发起人声称要担负起推行"崇俭去奢"风气的责任，实际上只在简化宴饮内容方面做了一点微小尝试：如会客时"果止梨栗，肴止脯菜"，以便展示"古趣悠然"的场面；或规定"惟酒无量，期于尽欢"；或限定言谈范围，"饮中止宜评论花月，或谈说古今与人间可喜事，不得有涉雌黄及攒眉伤叹之语，犯者罚之大白"。[1] 这种以罚酒约束言行的所谓"约"，一旦运转起来几乎形同儿戏。

有学者发现，乡约能够维系长久的地方恰恰位于宗族发达的乡村地区。在这些地区，宗族经常充当乡约的实际操盘手，或者搭建起一个基础性的运作平台。宗族也是一种"约"，具有"官治"与"自治"的双重性，其与乡约的根本区别在于，宗族往往是基层里甲和赋役的实际承担者，担负着乡村治理和收税的复杂工作，大多配套拥有祠堂、族田、义田等一系列辅助设施。[2]

清朝士人明确意识到，宗族作为基层治理单位的实际作用远较其他乡里组织更加稳固，在维系乡村治理的稳定性上自然也应该远胜于具有临时集聚色彩的乡约。如张海珊在一篇题为《聚民论》的

1　王钦豫：《续一笑录》，见陈光熙编：《明清之际温州史料集》，上海：上海社会科学院出版社，2005年，第267页。

2　江西在清中叶以后甚至大量出现了资助士子参加科举的宾兴会，有一些宾兴会就是由大族出资捐助，使得科举士子得以跨越某一宗族界线，比较平均地获得资助。（参见杨品优：《科举会社、州县官绅与区域社会：清代民国江西宾兴会的社会史研究》，北京：中国社会科学出版社，2018年，第49—50页。）乡约和讲会则偏于单一性的教化宣讲功能，即使具备经济条件的支持，也大多需从宗族中获取资源，故不具备"再生"能力。（参见朱鸿林：《孔庙从祀与乡约》，第233—235页。）

文章中就道出"宗族"与其他组织的区别之所在："夫以乡、遂聚民者，聚于人也；以宗族聚民者，聚于天也。聚于人者，容或有散之日；聚于天者，固无得而散之矣。"宗族异于普通乡里组织的作用是"使民返其所自生，则忠爱出；因乎其同类，则维系固；以族长率同族，则民不惊；以单户附大族，则民各有所恃"[1]。

当然，这只是基于理想状态做出的判断。宗族到底能够发挥怎样的作用，具体取决于核心族众是否具有足够的公德心，这是很难预知和把握的一个因素，尤其在面临时局骤变的年代更是如此。明清易代时期，顾炎武就对宗族功用的变质深感焦虑。他比较明清宗族的差异时认为，清初宗族太受利益指向的诱惑，面对"利之所在，则不爱其亲而爱他人。于是机诈之变日深而廉耻道尽，其不至于率兽食人而人相食者，几希矣！"[2]这是对宗族秩序崩溃发出的沉重喟叹。

明清处士如何追慕"古遗民"

宗族在整个乡治体系中到底应该居于什么样的位置，历来素有争议。宋代两位儒学宗师朱熹和陆九渊对此就持不同意见。朱熹比较看重乡里组织如乡约、社仓和书院与官僚行政体系异质的一面，特别想发挥它们相对独立的"自治"功能，却反而忽视家族或宗族作为地方组织的细胞化作用，担心族众如果习惯局促在自己的小圈子里考虑问题，而不是投入更多精力服务乡里事务，很可能宗族会

---

1 张海珊：《聚民论》，见贺长龄、魏源等编：《清经世文编》中册，卷五十八《礼政五》，"宗法上"，第 1464 页。
2 顾炎武：《华阴王氏宗祠记》，见贺长龄、魏源等编：《清经世文编》中册《礼政五》，"宗法上"，第 1473 页。

"天命"如何转移

变成培植个人利益的自私渊薮。陆九渊则对建立书院等公共儒学机构反应冷淡，却对处理宗族事务始终保持浓厚兴趣。[1]

在张履祥这些理学弟子们的眼里，最切身的要害问题不是宗族地位的高低，而是具体运转宗族体系的人是否能够克服私心，能否"在门内勉任门内之事，在宗族勉任宗族之事，不可辄起较量推卸之私心。充较量一念，势必一钱尺帛，兄弟叔侄不相通；充推卸一念，必至父母养生送死有不顾。门内如此，况宗族乎？"。[2] 张履祥特别提到个人不可孤立，而要善于推己及人，否则即使是天子之尊也必成孤家寡人。他提醒后辈"一家之亲而外，在宗族当不失宗族之心，在亲戚当不失亲戚之心，以至乡党朋友亦如之，以至朝廷邦国亦如之。欲得其心非他，忠信以存心，敬慎以行己，平恕以接物而已"。[3] 这是从个人修身推及宗族教化的一个标准理学态度。

类似张履祥这种一心复兴礼教，又能躬行宗族实践的人常被视为复活了明代处士的风范，在乡村拥有崇高的威望。一般而言，宗族或者乡里组织的首领均应拥有功名，科举身份是其获取道德资本的实用标签，但也有不少例外。明清乡间生活着一大批仅具低级功名或者没有科举身份的底层文化人士，这类人被认为有"古遗民"之风。[4] 他们一定拥有民胞物与的气质，或精研学术创立门派，或

1　参见韩明士：《陆九渊，书院与乡村社会问题》，见〔美〕田浩编：《宋代思想史论》，杨立华、吴艳红等译，第454—469页。

2　《杨园先生全集》下册，卷之四十七《训子语上·立身四要曰爱曰敬曰勤曰俭》，第1354页。

3　同上。

4　张履祥就认为甲长、保长、约正的资格应该采取以下标准："或以爵，或以德，或以齿，或以富厚，其副者与甲之长，则以才。"（张履祥：《保聚事宜》，见《杨园先生全集》中册，卷之十九《议》，第577页。）

隐居乡间不求闻达，或以家道殷实而投身治生经商之业，或深究岐黄之术而善于施医济人。总之，不管从事什么职业或生活处于何种状态，处士一般都无法回避对宗族所应承担的责任，大多采取积极介入乡里事务的态度，倾力重建趋于衰颓的礼教秩序，这也是对远古先贤品性的致敬和继承。明清一些记载处士事迹的碑铭形成了一种固定的书写格式，一般会首先讲述个人修为，再铺陈一段传主经营小家的"孝道"故事，最后扩及服务家族邻里的业绩。

光绪朝有一通碑铭，就揭示了处士行径与先王治道的关系。撰写者一开始追溯描摹了一段远古乡村的美妙图景，声称"先王治天下"的目的就是为了达至"风俗美而人心厚，口算平均，义兴讼息，非独其近古也，慎简三老之职，使司掌教化，矜式党族"。[1] 在那个年代，宗族除了做好内部管理的同时还须与官方合作，使得"一切孝弟力田睦姻任恤诸政于是焉在"。[2] 接着批判秦汉以后"此意寖失，乡无复里君之选，士无复庸行之修"，特别强调处士维系"古风"的重要性。作者批评当时的风气说"士大夫益复好为异能奇节，甚者泯宋儒之学，知治身而不知治天下，究之居高位，当世未尝蒙其泽，言满天下，行谊不满乎人心"，以衬托碑主"暗修潜德，型于家而施于乡"的贡献。[3] 这是理学从"个人"推及"国家"最后兼济"天下"的一个乡村版解释。

作为一名处士，自身当然有一套古风仪轨需要遵守，如需"孝

1　《金紫庭先生墓志铭》，见王国平、唐力行主编：《明清以来苏州社会史碑刻集》，苏州：苏州大学出版社，1998年，第184页。

2　同上。

3　同上。

以事其亲，和以待宗党，训子以良规，交友确乎信，罕言人之过，乐道人之善"[1]，或者"生平不彰人短，多隐，为人保全名节"[2]。

碑铭中所有处士事迹纷纷被讲述成一个由"私"及"公"的忘我奉献故事。对家庭为"仪德"而事亲尽孝，对宗族则勤祭祖而"孝友睦姻"，个个都是"居家有道，抚下有恩，与人有信"，这尚属于"私事"范畴；对于亲族乡党之贫困者"即能驰之以财，致之以力"，这是进到了"为义"一层。对于与"私事"相关的"公事""又能综理有方，处事公直，折强暴以义，辩是非以理，斥己财以集其事，劳己力先其人者，处士之奉公也"。[3]只有到了"奉公"的境界才算抵达伦理要求的最高层级。

明清处士一般家境较好，或者祖辈即有科举功名，或者自身喜读诗书，蓄积家财，自己可自由选择进仕与退隐两种生活方式。根据其活动样态，处士亦可分为"不喜治生"与"勤于治生"两种类型，但均需对宗族或乡里事务负起责任，尤其是"勤于治生"者，被要求"不厚自封殖"。[4]后者可举晚清处士张润之为例，史称张润之"出入诸子百家，博览洽闻，尤擅书画，精鉴别蒐难，金石藏书宏富"。只是性格方面"不喜治生，所获酬资恤孤寡、除道路，筑桥梁、建宗祠、修坟墓，服务桑梓垂数十载"。[5]即使是那些选择

---

1 《虞处士墓志》，见王国平、唐力行主编：《明清以来苏州社会史碑刻集》，第149页。
2 《徐子云表兄纪略》，见王国平、唐力行主编：《明清以来苏州社会史碑刻集》，第182页。
3 《管处士墓志铭》，见王国平、唐力行主编：《明清以来苏州社会史碑刻集》，第135页。
4 参见《故周处士墓志铭》，见王国平、唐力行主编：《明清以来苏州社会史碑刻集》，第147页。
5 《张润之墓碑》，见王国平、唐力行主编：《明清以来苏州社会史碑刻集》，第128页。

"高隐岩壑间""不以科名荣其亲"的奇才异士，也要出面为纂修族谱等宗族事务尽心尽力。如有一位汪氏奇人就在主持修谱后获得了族人的高度赞誉，说他如有机会"驾以井田封建之学推之当世，则族姓别而宗法立。侯国之谱籍掌于王官，天下一家若身之使臂，臂之使指，其所成就岂止此哉！"。[1]

"勤于治生"被视为推广仁义的表现，这样的处士希望以"仁"化于"形"，为宗族做出眼见为实的贡献，而避免被误解为拘泥于空谈性理之辈。"仁"的外化形式必须惠及族人，这是"勤于治生者"尊奉的一个原则。如清代苏州翁朴庵"精治生，会计出入丝毫不苟"，在"晚景渐裕"的情况下，常好施予。临终前曾对二子说，一直仰慕范仲淹义田赡族的义举，希望后辈帮他达成心愿。[2] 常熟邹沛霖就被认为"以族人之饥寒为急务，以族人之读书为本图"，持续"培其本根而溉其枝叶"，最终达到"可以劝吾族，可以型吾乡，即可以风斯世"的目标。[3] 邹氏治生推及宗族的实绩是建义庄、立家祠、集义学、施棺药。特别是死前除把产业各千亩分给四子外，余田三千亩都被用来开设义庄。此举受到林则徐、翁同龢等晚清名臣的表彰。因开设义庄投入巨大，一般是父辈有此动议，子辈须不断努力才能实现，故被认为是对宗族施予仁义最为突出的外化形式。当然也会偶尔出现义田滋养游堕之气的议论，时人的反驳是"人知食于义田者之长游惰也，

1　陈梓:《〈汪氏族谱〉序》，见《删后文集》卷二《序（下）》，清嘉庆二十年胡氏敬义堂刻本。

2　参见《翁赠君朴庵传》，见王国平、唐力行主编:《明清以来苏州社会史碑刻集》，第103页。

3　《常熟邹氏义田记》，见王国平、唐力行主编:《明清以来苏州社会史碑刻集》，第217—218页。

"天命"如何转移

不知无义田可食者之将不顾廉耻而不坠游惰已也。当足而知荣辱。在族人择为有天良，宜亦不至觊月米而荒素业"[1]，对仁义改造人性抱有信心是处士对族人施予经济支持的思想前提。

"礼以义起"：明清士绅对宗族规制的变通

凝聚宗族的主要手段是祭祀祖先，宋代以前，只有帝王和贵族才有祭祖的资格，庶民不在其列。宋代程颐与朱熹曾尝试下放祭祖特权至庶民阶层，表示民间亦可祭祀五代以上祖先甚至可自行祭祀始祖，这个构想长期只停留在个人主张阶段，无法真正具体落实。[2] 学界一般公认，只有到了明朝嘉靖年间发生"大议礼"事件，尤其是嘉靖礼部尚书夏言上疏之后，庶民祭祖的愿望才慢慢得以实现。夏言实际上是想弥合朱熹与程颐有关祭祖程式的分歧，力求寻找到一个折中办法。因为朱熹坚持只允许祭祀高祖以下四代祖先，把"小宗"之祭推广到民间层面，程颐则表示庶民祭仪的标准可以适当放宽，允许其冬至祭祀始祖，立春祭祀先祖。夏言奏疏改革祭祖礼制比较接近程颐的主张，虽然名义上祭祖仍局限于品官家庙，并没有赋予庶民相似的权利，普通民众只能在正寝祭祖，但民间社会却一直巧妙利用高官祭祖这项规定，通过积极寻找五代以前曾经为官的祖先，以变相获取建立家庙的权限。[3]

---

1 《常熟赵氏义庄记》，见王国平、唐力行主编：《明清以来苏州社会史碑刻集》，第243页。

2 参见郑振满：《明清福建家族组织与社会变迁》，北京：中国人民大学出版社，2009年，第174页。

3 参见科大卫：《明清社会和礼仪》，曾宪冠译，北京：北京师范大学出版社，2013年，第281—282页。

夏言的这种变通说辞被后人概括为"礼以义起",清代礼仪专家秦蕙田就称此法是"礼以义起,法缘情立"。[1]李光地亦曾评价:"盖四亲之庙,自己立之,则子孙尤可以世其祭以终于己,此亦所谓古未之有,而可以义起者也。"[2]

清朝士人在处理程颐与朱熹祭祖观点的分歧时,基本延续了夏言的思路,只不过更加强调程颐的祭祖构想乃是基于人情的考量,而朱熹则更多关注的是族人抒发感情是否能充分推及远祖,以便保证祭祀的质量。方苞就认为,程颐建议宗族冬至祭祀始祖、远祖乃是出于"以人情所安,不可强抑耳",[3]更恰切地考虑到了普通人的感受。朱熹不敢轻言祭祀始祖、远祖,也并非仅仅顾虑僭越了礼仪秩序,而是更多担忧族人祭祀时分散精力,难免会力不从心,因为"盖内反于身,觉哀敬思慕之诚达于高、曾,已觉分之难满,又进而推之远祖、始祖,恐薄于德而于礼为虚"。[4]方苞进一步分析说,"盖程子以己之心量人,觉高、曾、始祖之祭,阙一而情不能安,朱子则以礼之实自绳,觉始祖、远祖之祭,备举而诚不能贯,义各有当,并行而不相悖也"[5]。大意是程朱从各自角度考量祭祖的分寸,双方观点完全可以并行不悖。

秦蕙田则明确反对朱熹以僭越为由废弃民间祭祀始祖的做法,

1　秦蕙田:《辨小宗不立后》,见贺长龄、魏源等编:《清经世文编》中册,卷五十九《礼政六》,"宗法下",第1492页。

2　李光地:《家庙祭享礼略》,见贺长龄、魏源等编:《清经世文编》中册,卷六十六《礼政十三》,"祭礼上",第1661页。

3　方苞:《教忠祠规序》,见贺长龄、魏源等编:《清经世文编》中册,卷六十六《礼政十三》,"祭礼上",第1661页。

4　同上。

5　同上。

表示即使发生了程颐所担心的始祖确切名号渺茫无据，无法穷究核实这类情况，也要具体予以甄别。比如"若今人家之始祖，其义于宗法之别子同者，固当祭也"。具体办法是："有宗法者大宗奉之，因为百世不迁之祖。倘宗法未立，或大宗无后，则诸小宗择其长且贵与贤者，祭则主其献奠，原与祭别子之义相符，不可以士大夫不得祭始祖而谓之为僭也。"[1]

生活于明清鼎革之际的魏禧则通过辨析宜兴的一个具体祭祀实例，来说明自己对"礼以义起"的理解。宜兴的任氏宗族自南宋到清初已经传承了六百多年，历经二十世，他们在建立大宗祠时采取了既祭始祖又祭高祖的规制。魏禧对此越制行为的解释是，任氏虽违背了自天子逮庶人皆有定数，庶民仅允许祭祢于寝的规定，却是人情的天然流露，不应强行压抑，应该顺其自然。故云："然则士庶人之大宗合祭先祖，固本心所不容己，而所谓缘人情制礼，礼以义起，皆可通其意。"[2]任氏宗法的设计十分复杂细致，计有宗子、宗长、宗正、宗相、宗直、宗史、宗课、宗干等职位，分门别类地掌管礼仪设计、钱谷供应、风纪监督、祭祀规程诸方面。在这些职能人员的运作下，宗族内诸凡"养老、恤孤、奖节、劝善、劝学、劝农、助婚、助丧、济荒、扶患、赈贫"[3]等族务都会次第举办。

魏禧特别揭示了任氏宗祠的祭祀结构，他发现任氏族人采取了一种排列祭祀祖先牌位的特殊方法，"任氏庙始祖居尊，而先祖祔

1　秦蕙田：《始祖先祖之祭》，见贺长龄、魏源等编：《清经世文编》中册，卷六十六《礼政十三》，"祭礼上"，第 1662 页。

2　魏禧：《任氏大宗祠记》，见《魏叔子文集》中册，胡守仁、姚品文等校点，北京：中华书局，2003 年，第 720—721 页。

3　同上。

食者两旁稍降，皆南向，配享者以德与爵与功论东西向"[1]。其余有资格配享祖庙的族人则被安置在树风堂和锡类堂这类附属场所之中。这样安排"虽非礼之常经，然亦可谓厚而别矣"[2]。根据魏禧的描述，初步判断任氏祭祀的始祖应该是始迁祖，而非真正的远祖。时人评价，任氏宗祠"时祭祭四亲，合食祭迁主，两不相碍"[3]，对于一般族众又用严格的等级规定予以安排，"庙则以世远位多，难以成礼，故为等杀之法，皆所谓礼以义起"[4]。经过魏禧的阐释发明，这套宗祠规则"有裨于世教不小"[5]。

直到乾隆年代，清朝官方似乎仍延续着明代不许庶民祭祀四代以上祖先的规定，然而民间亦以"权变"为由在各地自行其是，创造出许多因地制宜的变通办法。如太原附近阳曲县西郭湫村安氏祠堂就曾留下一篇《建祠堂碑记》，碑文透露，当地人非常清楚明清礼制所记载的平民不得立庙而只能寝荐祭祖的规定。特别是朱熹要求只能祭祀四代祖先，"非合族之先远而通祀之也"的限制。当地士绅也很明白庙宇都有固定规制，"墙有夹室，阶级廊庑甚备。后人以一室为之非制也，明矣"[6]尽管如此，乡民们仍考虑因为村中生活着大量穷人，能世代为官者毕竟是少数，修建祠堂应更多考虑普通人家的需求，不可拘泥于文本礼制的约束。碑文特别强调说：

1　魏禧：《任氏大宗祠记》，见《魏叔子文集》中册，胡守仁、姚品文等校点，第720—721页。

2　同上。

3　同上。

4　同上。

5　同上。

6　张正明、科大卫、王勇红主编：《明清山西碑刻资料选（续一）》，太原：山西古籍出版社，2007年，第344—345页。

"天命"如何转移

"然一乡大夫不世其官，而立庙者亦少穷者，亦不过寝荐至庶人有无室家者，虽欲寝荐而不能，故立祠堂而祀之。虽曰非礼固亦礼之权也。"[1]"权变"的另一个办法是在祖庙未建，神主未立的情况下，先用祭祀族谱的方式作为临时过渡的手段，等到具备了足够条件后，"他日将正始祖之位，而又目又有爵，有德者分祀两庑，至祀日亦如旧例。庶此庙不虚而合族之人，皆得以展其情矣"。[2]

　　经过明代嘉靖"大议礼"之后，虽然礼部尚书夏言疏请放宽了庶民祭祖的权限，明律在书面规定上却仍然坚持只有高官家族才有资格兴建家庙，庶民只能在正寝祭祖，但民间却一直巧妙利用这项规定，通过寻找五代以前拥有官位的祖先，为自己兴建家庙寻找理由。[3]一般来说，明清大部分家族的族谱以入籍当地编户的时间开始记录谱系，特别是南方宗族大多属于宋代移民后裔所建，族谱往往"以入籍祖作为开基祖"。而那些例外的宗族，也大多是为了与祖先来自宋代的说法相吻合，"才在入籍祖之前再往前推若干代，另立一个始祖"。[4]所以明清大多数只有庶民身份的族众必须想方设法通过攀附一位高官祖先才能使祭祀行为合法化，他们往往会寻找到一位同姓氏的远古名人充当始祖，故清代民间社会编造名人为始祖的风气渐渐流行起来。类似情况在南宋就时有发生，如徽州程氏家族的祖先程灵洗在获得朝廷敕封的"世忠"头衔后，当地士人就凭此荣誉重建了程家的宗族谱系，一直把祖先追溯到春秋赵氏孤儿

1　张正明、科大卫、王勇红主编：《明清山西碑刻资料选（续一）》，第344—345页。

2　同上。

3　参见科大卫：《明清社会和礼仪》，曾宪冠译，第282页。

4　刘志伟：《在国家与社会之间：明清广东地区里甲赋役制度与乡村社会》，北京：中国人民大学出版社，2010年，第227页。

故事中的主角程婴。[1]

对此随意攀附的乱象，清廷亦有觉察，曾多次出面干预。乾隆二十九年（1764）四月，江西巡抚辅德就奏称当地民人敛金买产，合族建祠，不肖之徒妄启事端，一些"讼徒开销祠费，甚至牵引远年君王将相为始祖，荒唐悖谬，不可究诘"。[2]乾隆帝下谕旨明确要求整肃这类攀附现象，指出凡是立祠修祀的行为"若牵引一府一省，辽远不可知之人，妄联姓氏，叙立公祠，其始不过借以酿资渔利，其后驯至聚匪藏奸。……况礼经所载，大夫不得祖诸侯，即谱系实有可稽，而地望既殊，尚当远嫌守分，若以本非支派，攀援窜附，冒为遥遥华胄，则是腼颜僭越，罔知忌惮，名教尚可贷耶？"。[3]乾隆帝显然是站在如何治理地方社会的角度对庶民攀附远古名人的现象发出质疑和纠察的指令。

"官治"与"自治"的界线应该设在何处？

学界目前已公认，朝廷向民间开放祭祖政策的时间不会早于宋代，而真正庶民化的宗族更是晚至明代才出现。那么，一个令人困惑的问题出现了，"宗族"作为一种"约"到底在多大程度上具备自发自主性，抑或只是朝廷地方治理制度的一种延伸而已？明代以后民间士绅经常突破朱熹《家礼》对祭祖仪程的规定，普遍采取"礼以义起"的权变策略；明代军户的户籍管理与赋役正派，从一

1　参见章毅：《理学、士绅和宗族：宋明时期徽州的文化与社会》，新界：香港中文大学出版社，2013年，第172页。

2　《清高宗实录》卷七〇九，乾隆二十九年四月庚子。

3　同上。

开始就是由家族组织自行承办的，具有相对的独立性与自主权；进入清代以后，钱粮催征体制大体仍然以家族为本位。[1] 故有的学者认为，明清"宗族"具有高度的"自治性"。

另外，明朝宗族之所以成立，往往取决于户籍制度的严密化，只有通过户籍登记成为"编户齐民"才属于社区的正式成员，否则只能是"化外之民"，难逃地位卑下的命运。宗族也必须进入户籍才得以标识出自己的"正统性"。就此而言，宗族可以被看作是国家建构的产物，从某种程度上来说亦是地方行政体制的一种延伸形态，具有浓厚的"官治"色彩。[2] 一些前辈学者曾概括认为，宋明时期的宗族组织是以"敬宗收族"为目的，至清代则进一步与皇权相结合，最后演变成基层政权组织。[3] 因为废除建祠与追祭世代的限制，使一个族姓所联系的族众范围较前扩大，是与宗族关系的政治性质互为表里的，这与宋元明清对族众控制的变化形式有关。[4]

主张宗族具有"官治"或"自治"特征的学者所持有的论据都似较为充分，实际上，庶民化宗族从其诞生之日起，因为与里甲户籍的编定密不可分，肯定是明朝地方赋役制度的一个有机组成部分。与此同时，清初帝王扶持鼓励宗族的发展也有打压明末心学讲

---

1 参见郑振满：《明清福建家族组织与社会变迁》，第 184—195 页。
2 参见刘志伟：《在国家与社会之间：明清改动地区里甲赋役制度与乡村社会》，第 202—203 页。
3 参见王思治：《宗族制度浅论》，见中国社会科学院历史研究所清史研究室编：《清史论丛》第四辑，北京：中华书局，1982 年，第 152—178 页。
4 参见李文治：《明代宗族制的体现形式及其基层政权作用——论封建所有制是宗法宗族制发展变化的最终根源》，载《中国经济史研究》1988 年第 1 期，第 54—72 页。

会社团，以钳制士林自由传播思想的企图。但宗族的产生和构成因为涉及太复杂的地方利益，也难免成为民间士绅阶层谋取特权或与官方机构进行政治博弈的工具。在如此复杂的情况下，各地宗族自然会形成一套与官治不同的运行方式。

要了解宗族在地方社会中所起的作用，离不开对"约"的性质的理解。从某种意义来说，清代宗族就是一种民间盟约组织，而且与乡约体系的建立与演化密不可分。明清两朝皇帝都曾发布《六谕》或《圣训》，其中明清易代之后所发生的一个最重要变化是，康熙帝颁布的《圣训》明确表示需以宗族为基本单位进行道德教化。与之相比，明太祖颁行的《六谕》只笼统提到一些基本伦理规则如孝顺父母、尊敬长上、和睦乡里、教训子孙、各安生理和毋作非为等等，却没有指明这些规条到底应该落实到什么样的组织里予以实施。明太祖在洪武三十年（1397）命户部令天下民众每乡里置木铎一，于本里选年老或残疾不能理事之人或瞽目者，由小儿牵引，持铎循行本里。这种依靠老人和残疾人士推行教化的办法显然只是临时性举措，无法持久推行下去。[1]

《六谕》内容后来以乡约形式公开宣示，到嘉靖朝逐渐形成了以宣讲《六谕》为主的乡约体系。比较著名的有湛若水创立的增城沙堤乡约和罗汝芳在太湖县举行的乡约。[2] 这些乡约的举行并没有维持多久，对地方乡民的道德约束力十分有限。特别是《六谕》中

1　参见《明太祖实录》卷二百五十五，洪武三十年九月辛亥，第 3677 页。

2　参见陈时龙：《师道的终结——论罗汝芳对明太祖〈六谕〉的推崇》，见中国社科院历史所明史研究室编：《明史研究论丛》第十辑，北京：故宫出版社，2011 年，第245—253 页。

的"孝敬父母""教训子孙"两条,只能在乡约会讲时单纯以语言训诫的形式表达出来,并无实体组织作为依托。而到《圣谕十六条》颁布,康熙帝提出"至治之世,不专以法令为事,而以教化为先"。因为"法令禁于一时,而教化维于可久"[1],明确定位了宗族的功能,其中言及"举凡敦孝弟,以重人伦,笃宗族,以昭雍睦,和乡党,以息争讼"[2],把宗族设计为"尚德缓刑,化民成俗"的基层单位。宣讲《圣谕十六条》随后成为全国范围的强制性政治运动。正是因为以皇帝谕令的方式明确教化职责应该落位于宗族这个基层实体之内,宗族的发展才真正拥有了"官治"的身份保证。

《圣谕广训》对"笃宗族以昭雍睦"一条的解释是:"夫家之有宗族,犹水之有分派,木之有分枝,虽远近异势,疏密异形,要其本源则一。故人之待其宗族也,必如身之有四肢百体,务使血脉相通而疴痒相关。"[3]这是表示宗族之"多"与国体之"一"的相互关系,若出现"敦睦之谊古道之不存"的现象,"即为国典所不恕尔"。[4]约束宗族的规条同样也是国家法典的组成部分,不容丝毫亵玩。

至少从《圣谕十六条》的字面语义来看,"刑"与"法"成了"德"与"礼"的附庸。"德"对人心训化的不确定性,又成为不断进行礼仪训练的正当依据。其中教化首倡者的权威性就显得至关重要,清朝皇帝通过颁布《圣谕十六条》,在全国范围内亲自督导实施,等于扮演着最大首倡者的角色。乾隆帝就明确指出:"天之爱

1　素尔讷纂:《钦定学政全书》卷七十四《讲约事例》,清乾隆三十九年武英殿刻本。
2　《清圣祖实录》卷三四,康熙九年十月壬辰。
3　《圣谕广训》,见赵良墅修、田实发纂:(雍正)《合肥县志》卷首,清雍正八年刻本。
4　同上。

人甚矣，岂其使一人肆于民上而能永保天禄乎？若夫百姓之家，虽无位以施其善，然睦宗族，和邻里，给贫乏，恤鳏寡，亦可以为谷之道。盖货，水也，壅之则溺，宣之则通，溺之者亡，通之者昌，自天子以至庶人，知平天地生成之憾，惟在不自私其富，则建极保极之理，有实而可循者矣。"[1]

那些位居朝廷的官僚和犹如毛细血管般遍布广大乡村的士绅阶层则成为伦理教化的次一级倡导者，宗族从此被建构成了官方推行德性乡治的基层单位。与之相比，清代的乡约宣讲虽具官方督办的半强迫性质，却由于缺乏固定的承办机构而渐渐流于形式。

清帝和官僚也往往从地方治理的角度看待宗族的作用，多次试图把宗族纳入王朝的正规行政体系之内。雍正年间开始在福建、江西、广东的宗族中推行"族正制"，计划统一发给牌照。乾隆十三年（1748）四月，喀尔吉善覆奏称，对于"闽棍"，即那些福建土豪豢养的爪牙，"并请设族正、约正责成劝导约束，与械斗一项一并考核劝惩"。[2]设立"族正"的初衷是假设管理百人千人以上的大宗族如果发挥有效作用，就足以弥补保甲治安力量的阙失。一些封疆大吏如陈宏谋更是试图把族长、房长升格为行政机构一级的"办事公务员"，负责究查宗族内的不法违规之事，他表示"以族房之长，奉有官法，以纠察族内之子弟，名分既有一定，休戚原自相关，比之异姓之乡约保甲，自然便于察觉，易于约束"。[3]陈宏谋慎选房长族正

1　清高宗：《日知荟说》卷三，清文渊阁四库全书本。
2　《清高宗实录》卷三一三，乾隆十三年四月癸未。
3　陈宏谋：《选举族正约檄》，见贺长龄、魏源等编：《清经世文编》中册，卷五十八《礼政五》，"宗法上"，第 1480 页。

的目的是"以视法堂之威刑,官衙之劝戒,更有大事化小,小事化无之实效"。[1]然而族正与族长、甲长等地方领袖所应承担的职能界线始终模糊不清。雍正帝对于浙江总督觉罗满保奏设家规族约的请求表示赞赏,却又反对枷责惩处那些纵容族人犯法,却不先行施予教化的族房长,以免使宗族因过度"保甲化"而失去自主性,可见清帝内心实际上深知"官治"与"自治"之界线应该划于何处。[2]

至于族正在地方社会中的作用一直未有充分史料予以证明,其设置的时间和具体实施区域到底有多大也不够准确明晰。然各地不时有官员奏报族正作为保甲之一环发挥效用的个别案例,似乎多少证明宗族在维系地方治安方面与"官治"机构有趋于一体化的迹象。如乾隆八年(1743)六月,福建漳浦县地方官奏称吴林二姓各恃族大丁繁,持械格斗,"除拿获首犯究治外,仍饬令各该房长族正开导其余"。[3]又如乾隆二十七年(1762)五月,江西巡抚胡宝瑔奏称:"江西士民多聚族而居,责成族正就近稽查,倘有品行卑下,文字诡僻者,呈明州县分别劝惩。"[4]在这条史料中,族正似乎又扮演着查缉违碍文字的密探角色。

清帝虽有意通过设置族正把皇权势力进一步延伸到宗族层面,同时也担心一旦过度鼓励地方官吏对民间组织实施行政化干预,难

---

1 陈宏谋:《寄杨朴园景素书》,见贺长龄、魏源等编:《清经世文编》中册,卷五十八《礼政五》,"宗法上",第1482页。

2 有学者提出,清廷设立族正的意图说明清代宗族具有"保甲乡约化"的趋势。(参见常建华:《清代宗族"保甲乡约化"的开端——雍正朝族正制出现过程新考》,载《河北学刊》2008年第6期,第65—71页。)

3 《清高宗实录》卷一九五,乾隆八年六月庚辰。

4 《清高宗实录》卷四八九,乾隆二十年五月壬寅。

免对基层社会的正常生活构成滋扰，故时常提醒地方官注意施政的分寸感，不可随意做出过火决定。一个具体的例子是，当广东巡抚王检奏称粤民除完粮纳税外，由于"赀财丰厚，往往倚强凌弱，恃众暴寡"。[1] 每逢宗族间相互械斗，出现伤亡情况，宗祠内经常"议定族中斗伤人，厚给尝租以供药饵，因伤身故者令木主入祠，给尝租以养妻孥，如伤毙他姓，有肯顶凶认抵者亦照伤故例"[2]。王检担忧宗族对自身族众的过度保护容易造成"正犯漏网，奸徒愈无顾忌"[3] 的局面。虽然按照范仲淹的义田规则，有的宗族内设置了族正、族副经营管辖，但无法阻止械斗之风蔓延不息。他建议既然"聚此赀财适以济其凶恶，不如散彼田产可以息其斗争。请饬查尝租田自百亩以上者，计每年祭祀所需，酌留数十亩，择安分族人承充族正经理，嗣后严禁添积"[4]。

乾隆帝在收到这份奏折后斟酌再三，担心"遽将通省乡祠田产纷纷查办，恐有司奉行不善，吏胥等或致借端滋事，而族户人等贤否不齐，亦难免侵渔争攘之弊，徒多扰累"[5]，他顾虑的还是地方行政对宗族事务过多干预可能造成的弊端，故决定"一事一办"，不采用一刀切式的政策。他指示说，如果某宗族的确出现了上述情况，即采分田之策，而不是统一制订族田分置的办法。乾隆帝觉得，唯有因地制宜处理宗族纷争，才能"俾凶徒知所警惧，而守分之善良仍得保有世业以瞻族人，于风俗人心较有裨益，不动声色，

1　《清高宗实录》卷七五九，乾隆三十一年四月壬戌。
2　同上。
3　同上。
4　同上。
5　同上。

"天命"如何转移

为之以徐"。[1]

同时，乾隆帝也不断抑制打压宗族势力的扩张。乾隆五十四年（1789）七月，在与军机大臣商议后，他驳回了徐嗣曾给予族正奖赏的奏请。徐嗣曾发现："漳泉大族中宗祠族正亦多有读书明理，安分畏法者，其族中匪徒犯案，地方官竟有不事签票出差，但开指姓名，传知族正，予以限期，彼即自行缚送到官，不敢藏匿。"[2]他建议族正如不举报罪犯，应行治罪，如一岁之中，族内无命盗械斗等案，可颁给匾额以资奖励，如三年无犯，奏给顶戴。[3]

乾隆帝认为族正未必能一律奉公守法，而且这个办法一旦实施可能产生包庇族人或易生挟嫌妄举之弊，或者鼓励族人"倚仗声势，武断乡曲"，这样下去"竟与世袭土司何异？"。[4]乾隆帝对宗族首领是否均起正面作用深表怀疑。乾隆三十三年（1768）六月，他驳回了御史张光宪奏设大姓族长一折，认为整肃地方还是要靠地方行政官员的力量，他说："民间户族繁盛……向来聚众械斗各案大半起于大姓……惟在地方官实力弹压，有犯必惩，以靖嚣凌之习，政体不过如是。"[5]在大姓中设立族长，如果"所立非人，必致借端把持，倚强锄弱，重为乡曲之累"。[6]可见乾隆帝在处理地方事务时，一直力图平衡"官治"与"自治"的关系，以免向任何一方做出过度倾斜。

---

1 《清高宗实录》卷七五九，乾隆三十一年四月壬戌。
2 《清高宗实录》卷一三三五，乾隆五十四年七月庚戌。
3 参见同上。
4 同上。
5 《清高宗实录》卷八一二，乾隆三十三年六月庚申。
6 同上。

如果我们转换角度，把目光从帝王和上层官僚投向宗族首领与士绅阶层，就会发现，他们大多数人也是把宗族功能当作王朝治理体系的一个组成部分加以认识的，并没有视宗族为独立的"自治"组织。蔡衍锽在《〈蔡氏家矩〉序》中对此表达得非常清楚："家矩者何？一家之矩纲法度也，何谓纪纲法度，家人妇子无失其伦焉而已，耕桑蚕绩无失其业焉而已，吉凶宾嘉无失其仪焉而已。"[1] 这是从"一家"的角度立言，从"国体"而论则是"虽一家之纪纲法度哉，而所谓移于官与施诸治国平天下者，准是而已"。[2] 这套"家国一体"的论述与《圣谕广训》中所期待的"将见亲睦之俗成于一乡一邑，雍和之气达于薄海内外"的构想是完全一致的。再如嘉庆年间刊刻的《〈阮氏族谱〉序》亦云："阮氏之谱非特垂范一族一乡，推而准诸天下，其可也。"[3] 另一篇文章更认为族谱纂修就是"国史"撰写的一种地方表现形式，因为宗族一立"且因而立祠而置田，道之以尊祖敬宗之义，其贤者则表其德，不肖者则削其籍，寓国史褒贬之例于私家惩劝之法，得失一朝而荣辱千载"[4]。这已是从国家治理方略层面考虑宗族的位置了。

晚清的冯桂芬则是从补充牧令教养之术的角度阐发了一套复兴宗法的思想。明确指出："天下之乱民，非生而为乱民也，不养不教有以致之。牧令有养教之责。所谓养，不能解衣推食；所谓教，

1　蔡衍锽：《〈蔡氏家矩〉序》，见《操斋集·文部》卷七《序》，清康熙刻本。
2　同上。
3　陈梓：《〈阮氏族谱〉序》，见《删后文集》卷二《序（下）》，清嘉庆二十年胡氏敬义堂刻本。
4　陈梓：《〈族谱〉序》，见《删后文集》卷二《序（下）》，清嘉庆二十年胡氏敬义堂刻本。

不能家至户到。尊而不亲，广而不切，父兄亲矣、切矣，或无父无兄，或父兄不才，民于是乎失所依。惟立为宗子以养之、教之，则牧令所不能治者，宗子能治之，牧令远而宗子近也；父兄所不能教者，宗子能教之，父兄多从宽而宗子可从严也，宗法实能弥乎牧令、父兄之隙者也。"[1]

在这段话里，冯桂芬显然是把宗族当作了弥合地方行政体系与民间自治组织的工具。他的以下说法更是把稳固宗族摆在了"君民"和谐相处之上："盖君民以人合，宗族以天合，人合者必藉天合以维系之，而其合也弥固。"[2] 与之相关的是，"夫宗法既为养民教民之原本，其有功于国家甚大"[3]。这就把复兴宗法提升到了"佐国家养民教民之原本也"的高度。

冯桂芬坚信"天下之大患有可以宗法弭之者不一端"，进一步条分缕析出了宗法对于基层治理的几大好处。第一条就是"宗法行而盗贼可不作"。他引顾炎武的话作奥援，声明若"天下之宗子各治其族，罔攸兼于庶狱，而民不自犯于有司"，最终就会做到"不待王政之施，而鳏寡、孤独、废疾者皆有所养矣"。[4] 从"佐治"的角度提出的第二条复兴理由是，"宗法行而邪教可不作"。第三条"宗法行而争讼械斗之事可不作"，仍显示的是宗族有利于地方治理的思路。[5]

1　冯桂芬：《复宗法议》，见《校邠庐抗议》，上海：上海书店出版社，2002年，第83页。

2　同上。

3　同上，第84页。

4　同上。

5　同上，第85页。

在第四条中，冯桂芬特别提出"寓保甲之意于宗族之中"的设想，一旦宗法实行，那么保甲社仓团练等一切有关治安经济等一揽子地方事务就会彻底得到解决。因为宗法的力量足以使得"亿万户固已若网在纲，条分缕析，于是以保甲为经，宗法为纬，一经一纬，参稽互考"[1]，形成一幅环环相扣、互为呼应的"乡治"画面。在这幅画面中，"常则社仓易于酿资，变则团练易于合力。论者谓三代以上之民聚，三代以下之民散。散者聚之，必先聚之于家，然后可聚之于国。宗法为先者，聚之于家也；保甲为后者，聚之于国也"。[2]这也是从家国关系上把宗法当作乡治技术的一个手段来进行阐释的。这篇雄文最后升华到理学原则的高度总结："《大学》：'家齐而后国治，国治而后天下平。'天子自齐其一家，为治平之始；亿万姓各齐其亿万家，为治平之终而已矣。"[3]

冯桂芬对宗法复兴的期待未免给人过于理想化的印象，在具体的乡治实践中，多数人承认，当宗族作为基层治理的一个环节发挥作用时，常常表现出并非如想象的那般美好易行。有人就觉得"近而一族焉，其能相收相恤而无恫于其先者，百不二三见也。再近而一家焉，其能相爱相让而无怫于其亲者，十不二三见也"。[4]现实与理想之间出现差距的原因被归结为"人心本原厚薄所由分，惟赖二三君子兢兢奉持，借以维系天理民彝于勿坠，而举世昧焉，礼俗

---

1 冯桂芬：《复宗法议》，见《校邠庐抗议》，第85页。

2 同上。

3 同上。

4 贺长龄撰：《重刻望溪先生家训序》，见《耐庵文存》卷二，收入贺长龄、贺熙龄撰：《贺长龄集·贺熙龄集》，雷树德校点，长沙：岳麓书社，2010年，第491页。

466   "天命"如何转移

何由而厚乎？"。[1]

总体而言，清朝帝王与上层官僚基本还是把宗族作为县级行政体系的一种延伸组织加以对待，而士绅阶层与宗族首领虽然更多倾向于从族人利益的角度界定宗族地位，但并无以之作为"官治"体系之外的"自治"组织加以维护的想法。主要是因为宗族首领大多出自科举制培养的精英阶层，与上层官僚体系有着千丝万缕的联系，不可能形成独立的自我意识，更不可能完全站在乡民的立场说话行事。那些以处士身份参与宗族事务的群体，其所受教育和所持见识也不可能完全脱离儒家思想的支配范围，他们都属于"家国一体"的理学意识形态的鼓吹者和实施者。

结　语

作为基层乡治的表现形式，乡约与宗族的组成最初似乎都是源于民间的自发意愿，带有某种自由组合的"盟约"色彩。乡约构想大体出自宋代理学观，目的是借助基层士绅的力量预先化民成俗，提高庶民道德自我约束的能力，而不是在遭遇刑事犯罪时单纯依赖刑法诉讼的程序。《吕氏乡约》最初发起时，每位参与者纯粹出于自愿，不存在任何外力强迫。从王朝统治的角度观察，这的确是个全新的基层治理思路。然而，乡约自诞生之日起就已隐藏着不可克

1　贺长龄撰：《重刻望溪先生家训序》，见《耐庵文存》卷二，收入贺长龄、贺熙龄撰：《贺长龄集·贺熙龄集》，雷树德校点，第 492 页。

服的缺陷，主要表现在其定期举办讲会的规则长期无法依托稳定的机构或组织，比较容易蜕变为精英士人的高端讲学场所，逐步与大多数民众的日常生活脱节，最终无法维持下去，只有那些依靠"家族"支持的乡约才能长久体现其存在价值。大多数乡约组织或者与保甲系统相结合，或者变相沦为地方军事化机构，很难纯粹保持其原来彰扬道德教化的初始形态。

明清时期多地都断断续续地举办过乡约，但宗族的产生和延续却与之有较大差异。明代宗族的产生与里甲制的形成有关，宗族在某种程度上变成了基层赋役工作的承担者。明中叶以后里甲制崩溃，但宗族仍是处理争讼与械斗等民间事务的基本单位。明代对乡约和宗族的约束相对较为宽松，这与明代士林精英的讲学特点，以及参政议政之风盛行有很大关系。明代一些讲学社团如东林、复社等组织往往能够左右政局，以激进士人为盟主的各类集会，在某种程度上分割了官方的权力，也部分起到了抗衡官治体系向地方渗透的作用。

清代宗族是在清初士绅与帝王共同反省明代灭亡的背景下开始复兴的。清帝与士绅几乎一致认定，阳明弟子利用宗族讲学，传播心学思想是导致明亡的重要原因之一。因为乡约与心学的结合更像是士绅发起的空谈性理的异端聚会，这种讲会大多具有极强的煽动性，除传播心学的"有害思想"之外，普遍缺乏宗族那样完整的祠堂、族田、义田等经济资源作支柱，给人感觉似乎与具体的地方民生无直接关联。清朝帝王乘势抨击明朝士子结党营私，把士林讲学妖魔化为与朝廷朋党权争性质相仿的行为，宗族与讲学的联系纽带遂被切断。

　　　　　　　　　　"天命"如何转移

明清在对待类似乡约、宗族之类具有"约"之性质的团体时还有一个区别，清代一直试图把乡约和宗族这类民间自发组织转变为一种常态化的行政机构，尽管这种努力最后并没有成功，然而自上而下的控制意图还是相当明显的。尽管如此，清帝对基层组织的控制与渗透始终保持着一定的分寸感，特别注意区域性差异产生的影响，对具体情况的处置不是一味遵循刻板的统一治理模式。针对地方官不顾实情采取的粗暴干预行为，清帝会经常下旨予以纠正。

　　在宋明官方仪典中，庶民祭祖一直属于隐性的非法活动，但经过清代地方士绅借"礼以义起"的名义重新诠释改造，不断调和朱熹与程颐有关祭祖思想的分歧，终于使得民间祭祖具有了权变意义上的合法性。同时也为宗族避免沦为纯粹官方的行政单位寻找到了相对合理的生存空间。

第六章 "大一统"观在近代中国的变异

引言:"大一统"观内涵在晚清的扩展

"大一统"观在传统思想体系里一直处于一种忽隐忽现的状态,何出此言?按照《春秋公羊传》对"正统观"的解释,其核心要义大体不出以下三点内容:一是指某个政权具备最大限度占有地理空间的能力;二是指皇帝权力的授予正当性来源明确无疑,足以证实自己"承天受命",解决的是所谓"正"与"不正"的政治伦理问题;第三是无论使用何种手段取得王位,都必须具有安抚人心获取民众支持的"德性"力量。

这三个要素中的第一项即坐拥广大疆域直接与"大一统"诉求相关,汉代董仲舒重释《春秋》经义时已指出,王者没有控制广远的地理空间,就不能算是完整"大一统"的实现者,也就根本谈不上居于"正统"之位。唐代文人更是把统摄狭小区域的王朝贬为偏安政权,没有资格讨论政权的正当性原则。

在经书古义中,这三项要素本应居于并列的位置。但到宋代以后,因宋朝与辽金长期对峙,失去了大片土地,大多数"正统论"文字往往避而不谈或少谈空间"统一"之义,故意突出强调"德性"涵养的重要性，而且"道德"的修炼只与特定优秀种族即汉族相关，其他人种经常被贬斥为低等野蛮的族群，无法拥有"正统"资格。"夷夏之辨"从此渐成"正统论"主流。在宋学话语的支配下，"大一统"观被长期压抑隐而不彰，甚至已不是"正统观"的题中应有之义。

满族统治者入关后急需寻找建立新型"正统性"之资源，作为异族入主大统的依据。清朝实际占据疆土的面积空前广大，特别是对东北、新疆、西藏等地的实际控制力远远超过宋明时期；如果从"正统观"三要素中的第一项即实现"大一统"目标而言，清朝拥有正统可谓实至名归。故从清帝到士林，自然不会放过阐扬"大一统"业绩的大好机会。清朝舆论对控驭地理空间之重要性的论述，实际上并非对"正统观"的新发明，而只不过是尝试恢复"正统观"中所包含的"大一统"之古义而已。

近世以来，经典"正统观"解释不断遇到巨大挑战。中国领土广袤却屡屡遭受地域狭小的西方诸国侵犯欺侮，最后居然被蕞尔岛国日本击败。疆域广大即等同于富强文明的旧式说教显然难以服众，作为"正统观"第一要素的空间"大一统"论说受到严重质疑，甚至"大一统"观中反复昭示的讥世卿、废封建、立郡县的古典要义也遭到严厉指控。

一个鲜明的例子是，晚清学人中"地方自治"论述的兴起就有颠覆"大一统"正当性的危险。清朝"大一统"观强调疆域控制和治理方式的统一，而"地方自治"论很容易让人联想到"封建"与"一统"观念之间的长期博弈和较量。"封建"论述在官方叙述中长期遭受打压，"地方自治"却在晚清成为热点话题，两种现象之间所构成的反差，恰恰证明"大一统"观受到了前所未有的冲击。尽管许多"地方自治"言论仍立足于对传统乡治的理解，甚至可以说就是"大一统"基层治理构想的一种延伸，而不是另外新发明了一套理论，但是民初兴起的"联邦自治论"却完全跃出了"大一统观"古义笼罩的范围，引起了激烈争议。

与之相关，晚清皇权是否仍受天命支持，是否始终具备足够之德性也受到不同程度的怀疑，这就迫使近代中国思想家对《春秋》史观进行修正补充。他们开始逐步把"大一统"观的解说范围扩展到了全球，集中论证世界人文生态秩序如何影响中西历史发展的不同走向，以及双方差异对塑造现代"国家"观念的影响。

《春秋公羊传》仍然是晚清学人论述"大一统"内涵的重要经典依据，经过改造后，《春秋》的核心内容"三世说""三统说"与西方"进化论"实现了接榫。"三世三统说"原本与"文质之辨"等古典历史观相互印证发明，"文质之辨"认为古代历史不断呈现出"文雅"和"质朴"交替演化的态势，最终却是以恢复夏商周三代政治荣光为目标，是一种"倒叙式"的论说结构。如果用"进化论"的镜子照一照，映射出的肯定是一幅历史循环论的陈旧面孔。

在晚清学人视野里，看上去明显不合时宜的"三世说"却被巧妙转化成了从据乱，中经升平，最后达至太平的进步历史哲学，貌似过时的"大一统"观被赋予了世界主义眼光，只不过"三世"递进次序与实现大同圆满境界需要按部就班进行，必须踏对步点，不能骤然超越。

晚清学人讨论最多的话题是如何看待"大一统"观与集权专制主义的关系。在西方思想规训下，"大一统"必然导致专制独裁的论证逻辑逐渐占了上风。尽管如此，中国当时正深陷内忧外患的

　　　　　　　　　　　　　"天命"如何转移

危局，不少人时刻焦虑的是，如果彻底放弃"大一统"是否可能导致国土分裂，为西方瓜分中国制造借口。这些讨论与"封建—郡县""统一—分立"等二元对立的传统话题虽有一定关联，却被融进了不少西学内容。比如对"中央集权"与"联省自治"孰优孰劣等问题的争论，就已经逃逸出了传统经学设定的范围，有些经典议论被成功转换成现代政治学概念，重新进行了界定。同时，这些现代政治问题又与"大一统"观始终保持着若即若离的联系，呈现出过渡时代思想界复杂多变的特色。

"大一统"观与近代地缘政治之构造

"大"一定就好吗？

"正统观"原始义中首要一条是王者应坐拥最广大的疆域空间，即董仲舒所称之"王者大一统"，如再有能力培育起充盈丰沛的德性就可一举统一天下，真正获得"正统"资格。然而近代以来，西方诸列强如英法德等国的崛起并非依赖广有土地，同时恰恰多以小国身份对中国实施入侵渗透。在此境况下，"大一统"观是否还能挽救日益崩坏的时局顿时让人起疑。迫于欧洲诸国先行一步富强起来的巨大心理压力，晚清学人对领土"大"与"小"之优劣得失开始重新进行评估审视。

晚清变革思想的启蒙者冯桂芬就曾质疑以国土大小衡量强盛与否的观念，他率先发出疑问："我中华幅员八倍于俄，十倍于米，百倍于法，二百倍于英。地之大如是，五国之内，日用百须，无求于他国而自足者，独有一中华。"[1] 在近世以前，西人"非畏我，非尊我，直以国最大，天时地利物产无不甲于地球而已"。可是为什么近世却仰人鼻息，衰落到了"觍然屈于四国之下者，……彼何以小而强？我何以大而弱？"[2]

在冯桂芬的印象里，西人之所以顾忌中国，并不在于中国具有制度优势，而在于其幅员辽阔、物产丰富，拥有足够雄厚的自然资源，虽如此，但屡败于西方的兵锋之下，这是个值得思考的大问题。

严复则引述孟德斯鸠的话试图寻找这个问题的答案。孟德斯鸠明确声明："君主之国，其幅员亦不宜过大者也。盖褊小，则其势将趋于民主；苟为过大，则不能无胙土分民之事。天王垂拱于上，名为共主，实同缀旒。诸侯各立私朝，每为王制所不及。"[3]

在戊戌变法时期，康有为也领悟到地域广大未必是富强的充分条件，他曾向光绪帝发出过类似感慨："臣窃怪诸小国，仅如吾一府一县，大如英、德、法、奥、意，亦不过吾一二省，其民大国仅得吾十之一，小国得吾百之一；而大国富强，乃十倍于我，小国亦与我等。其理何哉？"[4]

经过深思，康有为认为欧洲崛起并非凭借自然国土的广大，甚至也不依靠天然资源的丰裕，而是其"政俗学艺竞尚日新"，全是

---

1 冯桂芬：《制洋器议》，见郑振铎编：《晚清文选》，上海：上海书店出版社，1987年，第106页。

2 同上。

3 ［法］孟德斯鸠原本：《法意》，严复译，上海：商务印书馆，1904年，第231页。

4 康有为：《请厉工艺奖创新折》，见姜义华、张荣华编校：《康有为全集》第四集，北京：中国人民大学出版社，2007年，第301页。

人为铸造的结果，"若其工艺精奇，则以讲求物质故"。[1]物质资源的丰富必须借助高明的科技力量才能发挥作用。

梁启超则深感中国作为"天然大一统之国"，若与欧洲比较大约是利弊参半，"中国所以逊于泰西者在此，中国所以优于泰西者亦在此"。[2]中国之所以形成"大一统"格局是由其特殊地势决定的，因为"人种一统，言语一统，文学一统，教义一统，风俗一统，而其根原莫不由于地势"[3]，地势相对封闭易于统一管理，却不利于激活民性，形成多样发展的局面。

杨度观察到，英国属于岛国，不存在大陆国家因土地连壤而引发的相互竞争问题。英国某个地区的民众议事，因为与政治中枢比较接近，很容易把地方事务直接转化成国家事务，节约了因距离遥远增加的交往成本，"惟其地小，故地方与中央接近，人民公共之会议不期而成一国政事之会议矣"[4]。一些大陆国家的情况正好相反，"彼此之竞争既烈，非集权于中央政府以谋全国之统一，则不足以御外侮而图生存"[5]。

杨度指出德法与英国的区别，并不是说大陆国家与岛国相比没有竞争优势，而是表达两种国家发展模式都是以小见长，没有盲目以占有土地之多寡为标准炫耀其发达程度。德法集权谋求国家统一

1　康有为：《请厉工艺奖创新折》，见姜义华、张荣华编校：《康有为全集》第四集，第301页。

2　梁启超：《中国地理大势论》，见汤志钧、汤仁泽编：《梁启超全集·第三集·论著三》，第338页。

3　同上。

4　杨度：《金铁主义说》，见刘晴波主编：《杨度集（一）》，长沙：湖南人民出版社，2008年，第332页。

5　同上。

并不意味着必须走超大型国家发展之路。

严复更是把传统王朝盲目开疆拓土贬斥为不加节制的愚行，直言"夫使一君主之国立而长存，不徒拓其疆土以自弱者，则固强大之国也。四封之外，环而蔽之者皆君主，而其国之国力常完，故君主之国，有天然之限域焉，止于其限则为福，踰乎其域则为灾，君主哉，君主哉，不可以徒求胜也"。[1] 这口气已经开始修正清帝以"大一统"巨型帝国自傲的传统思维。康有为对此有个更加生动的比喻："处列国竞争之世，而行一统垂裳之法。此如已夏而衣重裘，涉水而乘高车。"[2]

国土广大既然不能成为增进富强文明的理由，那么如何突破"大一统"观的羁绊，为中国改革寻找到一条合理出路就跃升为晚清学人持续关切的话题。康有为承认，中国在汉唐宋明之后，就一直处于"大一统"时代，这种说法虽有似是而非之嫌，因宋明长期处于南北分裂状态，并非属于统一的王朝。但清朝作为真正的"大一统"帝国确可参照欧、亚、美、澳等"诸国竞长之世"，反思疆域辽阔作为一种政治文化遗产的利弊得失。

康有为经过仔细比较发现，"一统"大国与小国相比不利于竞争。"一统、竞长二者之为治，如方之有东西，色之有黑白，天之有晴雨，地之有水陆，时之有冬夏，器之有舟车，毫发不同，冰炭相反。"[3] 两者的优缺点也是泾渭分明，"一统之世"的特点是静态，

---

1 ［法］孟德斯鸠原本：《法意》，严复译，第 270 页。
2 康有为：《应诏统筹全局折》，见姜义华、张荣华编校：《康有为全集》第四集，第 17 页。
3 康有为：《请御门誓众开制度局以统筹大局折》，见姜义华、张荣华编校：《康有为全集》第四集，第 87 页。

476   "天命"如何转移

"竞长之世"则趋动态。生活在静态世界的人民少知寡欲而不乱；动态世界则民心活跃张扬，擅于趋新竞争，所以"百事皆举"而国力强盛。"一统之世"封闭隔绝，威令行使的层序过于繁多，堂阶等级森严；"竞长之世"则通达透明，"通上下之情，通君臣之分，通心思，通耳目，通身体，咸令无阻阂"，就像血脉流通畅行无阻。[1]"一统之世"的另一个问题是民众之间"不相往来，耕田凿井，不识不知"；"竞长之世"则凝聚民心，"令人人合会讲求，然后见闻广，心思扩，有才可用"。[2]"一统之世"做事俱以防弊为优先考虑，务在防民使之互相牵制；"竞长之世"则以兴利为第一要务，"务在率作兴事以利用成务"。[3] 总之，"竞长之世"与"一统之世"的根本区别是，后者局囿屈服于强权支配，民众无欲而社会静止；前者鼓动列国竞争，民气得以伸张，活力获得增长。

康有为意识到："我今仅为万国之一，必不能用一统之法。"[4] "今之为治，当以开创之势治天下，不当以守成之势治天下；当以列国并立之势治天下，不当以一统垂裳之势治天下。盖开创则更新百度，守成则率由旧章。列国并立则争雄角智，一统垂裳则拱手无为。"[5]

严复更是直接批评汉代公羊学"大一统"观盲目追求疆域扩充带来诸多弊端，他说："盖自公羊说兴，而以谓春秋大一统，中庸

1　康有为：《请御门誓众开制度局以统筹大局折》，见姜义华、张荣华编校：《康有为全集》第四集，第 87 页。

2　同上。

3　同上。

4　康有为：《请派近支王公游历片》，见姜义华、张荣华编校：《康有为全集》第四集，第 64 页。

5　康有为：《上清帝第二书》，见姜义华、张荣华编校：《康有为全集》第二集，第 37 页。

同轨同文之盛，议礼考文之尊，于是乎有正统偏安割据之等差。而一王代兴，非四讫同前，则以为大憾。"[1] 这是以开疆拓土为帝王事功之首义的旧思想，必须予以抛弃。

严复说，与"一统"观念相比，历史上一些有关"封建"问题的讨论反而应该得到重视，进而重新发掘其现代意义。欧洲的"封建"历史证明，小国寡民也许更容易治理，即使战乱不断，也远胜易于滋生腐败的专制国家。严复坦言："向使封建长存，并兼不起，各君其国，各子其民，如欧洲然，则国以小而治易周，民以分而事相胜，而其中公法自立，不必争战无已时也。且就令争战无已，弭兵不成，谛以言之，其得果犹胜于一君之腐败。"[2] 他发出一声感叹："呜呼！知欧洲分治之所以兴，则知中国一统之所以弱矣。"[3] 这分明是借重释《春秋》大义的机会，述说分立自治的好处。同时这番议论以欧洲历史为镜鉴，重启了被人长期遗忘的有关"封建—郡县"优劣得失的老话题。

现代"国家"意识对"大一统"观的冲击

从表面上看，"大一统"其核心思想似乎与建立现代国家的众多原则格格不入，比如"大一统"讲"集权"，现代国家讲"分权"；"大一统"讲"官治"，现代国家讲"分治"；"大一统"重"道德教化"，现代国家重"契约法制"。

要具备立足于"列国纷争"之世的资格，就必须促使民众改变

1　［法］孟德斯鸠原本：《法意》，严复译，第271页。

2　同上。

3　同上。

478　　　　　　　　　　　　　　　　　"天命"如何转移

由"大一统"思想权威训导出来的言行习惯，坚实树立起现代"国家"意识。梁启超在《论国家思想》一文中曾言及，中国人误认天下为国家的思想可以追溯到春秋时期，那时诸国林立，杀人盈野，孔子痛心战乱陷百姓于不幸，遂做《春秋》阐发微言大义，旨在破国界重归一统，诸子之言也被统摄为一家之说以救时弊。这是古人力争突破诸强争霸之困局做出的无奈选择，最终导致"后人狃一统而忘爱国"。[1] 如今时代变了，在中国直面西方诸强的大势下，塑造民众的国家意识逐渐成为启蒙教育的首要任务。

在以"国家"意识取代"大一统"权威的过程中，晚清学人内心一直充满着高度紧张感。这与中国人对建立一个什么样的现代国家心中无底，各怀不同的心理预期有关。现实情况是，并非任何人在头脑中随意勾勒出一幅理想蓝图就能轻而易举地完成建设国家的使命。事实恰恰相反，晚清学人在筛选建国方案的过程中始终争论不断。

以下诸多问题一直困扰着思想界：现代国家的分权建制与春秋封建形态之间到底有何差异？在内忧外患的现实语境中，仍然使用《春秋》这类古代经典指导现代建国方略是否仍然有效？"大一统"观一旦与民族国家理念相冲突，如何适应全球地缘政治日趋整合的总体态势？既然承认列国竞争之势优于"大一统"之局，那么在一国之内，政体建设到底适宜采纳"统一"（中央集权）还是"分立"（地方自治）的模式？

---

1 梁启超：《新民说·论国家思想》，见汤志钧、汤仁泽编：《梁启超全集·第二集·论著二》，第 547 页。

在受旧学熏染甚深的晚清学人眼中，虽然依据西化设计，现代"国家"形象应该是尺度适中，不可盲目贪求建国规模，但实际拥有和维系宏大地理版图仍然是国人挥之不去的梦想。他们大都明确拒绝在中国内部培育和扶持过度分散的"准国家"式自治组织。梁启超就曾表态，两千年来专制王朝打破了诸侯边界，"国界既破，而乡族界、身家界反日益甚，是去十数之大国，而复生出百数千数无量数之小国，驯至四万万人为四万万国焉"[1]。进一步推论就是中国人长期生活在各自的"乡族"环境中，遂导致"有族民资格而无市民资格"。[2]

国人缺失市民资格的原因乃是因为中国社会之组织以家族为单位，不以个人为单位，"所谓家齐而后国治是也。周代宗法之制，在今日其形式虽废，其精神犹存也"[3]。按理来说，家族自保的这种传统结构有一点"自治"组织的味道，但与西方相比，这样的"自治"并非"市民"式的社会构造。

梁启超概括说："……西方阿利安人种之自治力，其发达固最早。即吾中国人之地方自治，宜亦不弱于彼。顾彼何以能组成一国家而我不能？则彼之所发达者，市制之自治，而我所发达者，族制之自治也。"[4]梁启超一方面断定"大一统"思维有碍竞争，另一方面又暗示传统中国式"自治"易使民众的归属感流于松散，无法有效凝聚为现代"国家"意识。

1 梁启超：《新民说·论国家思想》，见汤志钧、汤仁泽编：《梁启超全集·第二集·论著二》，第547页。
2 梁启超：《新大陆游记节录》，见汤志钧、汤仁泽编：《梁启超全集·第十七集·诗文》，第211页。
3 同上。
4 同上。

康有为也有相似的感触，他指责中国人只顾及自己周边最亲近的人群利益，交往圈子"好弱而恶强"，眼光很难波及乡人以外的世界。他们"于一国之中分满、汉界；于内地之中分省界，同省者亲，异省者视若外国焉；于一省之中分府界，同府者亲，异府者若外国焉；于一府之中分县界，同县者亲，视异县者若外国焉。若夫姓与房者，乃在一乡村之中，亲其本枝固也。施之一县，已当亲其乡人；施之全国，又当亲其省人"。[1]以"乡""省""府"为边界构成的一个个相互重叠的交往圈子，把中国人箍嵌在自私自保的氛围里，无法打破人情面子的束缚。

即使到了国外，中国人也是在不断复制国内的亲情来往模式，"乃复举其乡曲之故态，悬某姓某房之鹄，而立之于数万里外国之域。于是异姓则相战，甚且同姓而异房亦相战矣"。[2]这很容易造成宗族之间的隔阂。康有为发现，在南洋和福建、广东地区客家人与本地人少有来往，互不相容。福建的漳、泉地区各自划界，就像小型的独立王国。广东各个地区也是画地为牢。"更有奇者，新宁、新会与南海、番禺、顺德本同广府也，恩平、开平则属肇庆，异府也，仰光分四邑、五邑亦其类也。"[3]

鉴于以上观察，康有为得出了与梁启超近似的结论："中国人浸于旧日天下之义，故知有身家而不知有国家，知有私而不知有公。缘是之故，中国人之性质风俗，好分而不好合，好散而不好

---

1 康有为：《论强国富民之法》，见姜义华、张荣华编校：《康有为全集》第七集，第
   204页。
2 同上。
3 同上。

聚，故遂至好少而不好多，好独而不好群。故以一中国而分为万国，遂以四万万人而各为一人。夫以一人之小国，而立于各大国团体至坚之地，安得不弱亡绝种哉！"[1]

中国要立足世界，就必须走"合群"之路，"合群"的终极目标是建成一个超越狭小地域范围的现代国家。相反，"如有舍一国之群而仅合一省，舍一省之群而仅合一府，舍一府之群而仅合一县，舍一县之群而仅合一姓，则是舍多求少，舍强求弱矣"[2]。

话虽如此，中国人果真如康有为所说的那般"好独"而"不好群"，或者"好分而不好合"吗？恐怕未必如此。只要换个思考角度，也许会恰恰得出相反的结论：中国人虽以"私"著称，却并不意味着有类似西方那样的个体独立精神，反而习惯于竭力维护类似"家庭""宗族"这类所谓"公"领域的利益。

中国人的性格其实包含着两面性，从服务于"家族"或者与之相关的乡土组织而言，他是热情而颇具"公心"的，而对于更大范围的政治、社会事务却多采漠不关心的态度，呈现出的是其"自私"的一面。故每个中国人都具备"独"和"群"两种社会性格，只不过在不同场域和不同时刻会展现出其中之一面，不可一概而论，或单从某一方面定性。

什么是"地方自治"的合适单位？

晚清学界令人困惑也充满魅力的地方在于，许多人的想法往往相

1　康有为：《论强国富民之法》，见姜义华、张荣华编校：《康有为全集》第七集，第204页。
2　同上，第206页。

互矛盾冲突，甚至不同时期的思想前后差别很大，后人阅读其文字时犹如站在一座镶嵌着多个镜面的立体柱子前，从每个角度看，其中都会映射出一些不同的影像。每当我们辨析其观点时，就不能仅仅僵硬地站在一面镜子前观察，而是需要不断变换方向，游走于各个镜像之间，通过反复比较其异同，才有可能最大程度地接近历史真相。

如前所述，晚清学人面对西方诸国的不断入侵，渐觉领土空间的广大未必是件好事，反而有碍于国力竞争和民性觉醒。清朝作为一个蹒跚落伍的"老大帝国"形象不断遭到抨击。在此情况下，舆论界一度热衷于讨论如何分割原有的行政区域，以较小单位为基础建立"地方自治"的构想。康有为就把"官代民治，而不听民自治"看作地域广大的病症，认为其救治之道唯有"听地方自治而已"。[1]

康有为把"乡"当作"自治"的基本单位，他说："夫民者国之本，乡者治之本。""故古者之治，起化于乡，自州党族里，其法至纤悉而皆举"。[2]康有为回顾一些朝代如三代、汉、晋、六朝等一度兴盛的历史，其秘诀就在于设官虽少，却能通过地方自治保持秩序井然。这些地方职事"非朝廷所命也，盖亦民自举而官许之耳"。[3]古代"自治"的好处是尽可能通过地方组织把一些基层事务承揽下来，以减轻地方政府的压力："以其自治，故能登其夫家众寡，辨其贵贱老少废疾，辨其驰舍及其六畜车辇，以令贡赋听讼移民，治其祭祀丧纪，冠昏饮酒，师田行役、相保相受、刑罚庆赏之

---

1 明夷（康有为）：《公民自治篇》，见张枬、王忍之编：《辛亥革命前十年间时论选集》第一卷（上册），北京：生活·读书·新知三联书店，1960年，第180页。

2 同上，第179页。

3 同上，第180页。

事。"其中也包括像"简兵器、教稼穑、正地域、列沟树"[1]等经济与教化各项事宜，这一系列源自汉代的"乡治"举措与欧美之学校、警察、审判官所发挥的功能颇为相似。

在评估古代"自治"程度时，康有为认为隋代以后因过于倾向中央集权，使得民间渐渐丧失了自治权，起因就是统治者总是过度从维护政治稳定的角度出发规划治理格局。他抨击这种思维是"老子愚民之法"，"盖立法之意，但以为国，非以为民，但求不乱，非以求治"，其统治目的是"皆以清静无为，宽简不扰为主。……所谓常使民无知无欲，安其居，乐其业，美其服，老死不相往来。夫所求不过如是，乃与今竞争之理相反"。[2]过于强化维系表面上的政治社会安定，很容易造成"有大官而无小官，有国官而无乡官，有国政而无民政，有代治而无自治。故政事粗疏芜荒，人才不进，地利不辟，而财用匮乏"[3]的后果。

在康有为的心目中，似乎越是远离政治中心的地区越是容易实行"自治"，他把自己的家乡广东当作了"自治"样板，盛赞其"地方之讼狱，以辽远不及赴诉于令；地方之保卫，不能不民自为谋；学校、道路、桥梁、博施院、医院，不能不民自为理。于是有绅士、乡老、族正以断其狱，选人为更练壮勇以卫其乡，以及堤堰、庙堂、学校、道路、桥梁、公所、祭祀一切，不能不自为私敛以成之"。[4]即使发生太平天国运动的咸丰年间，广东士绅举办团练

1　明夷（康有为）:《公民自治篇》，见张枬、王忍之编:《辛亥革命前十年间时论选集》第一卷（上册），第180页。
2　同上，第181页。
3　同上。
4　同上。

自卫家乡，有请于官亦有不请于官者，其自治程度简直就像西方议员议事一般，"有大事则凡列绅士者得预议焉，甚类于各国议员。其大局则规模章程具备，纯乎地方自治之制矣"。[1]

与视"乡治"为"自治"之源的构想略有不同，欧榘甲在《新广东》这篇著名文字里，认定"省"才是"自治"的最佳单位。因为一统之后，国人"彼此不相闻问，不相亲爱"，邻省之间就如"秦人视越人之肥瘠"，如果放大到整个中国，"于其身泛而不切，尊而不亲，大而无所属，远而无所见"。[2] 这是人性本身所使然，因为"夫治公事者不如治私事之勇，救他人者不如救其家人亲戚之急，爱中国者不如爱其所生省份之亲，人情所趋，未如何也"。[3]

既然如此，那么最理想的方案应该以"省"为基本单位，各自立国。欧榘甲的设想曾经得到一些呼应，比较典型的例子是杨度发表了类似的看法："以中国一府数县之地为一国，君不甚尊，民不甚卑，民权之伸张有何难哉？"[4] 针对有人提出各省立国无异于自我瓜分的观点，欧榘甲声明："我之倡一省自立，以刺激各省自立之心，为各省自立之起点耳。"[5] 特别是汉人长期受"大一统"思想的熏陶影响，一般不会做出分裂国家的事情。

欧榘甲坚持"满汉对立"的思维，认为只有满洲官员之间发生

---

1 明夷（康有为）：《公民自治篇》，见张枏、王忍之编：《辛亥革命前十年间时论选集》第一卷（上册），第 182 页。

2 太平洋客（欧榘甲）：《新广东》，见张枏、王忍之编：《辛亥革命前十年间时论选集》第一卷（上册），第 270 页。

3 同上。

4 杨度：《金铁主义说》，见刘晴波主编：《杨度集（一）》，第 332 页。

5 太平洋客（欧榘甲）：《新广东》，见张枏、王忍之编：《辛亥革命前十年间时论选集》第一卷（上册），第 310 页。

过自残骨肉之事，黄帝子孙"罕相往来，亦罕相仇杀，盖犹受大一统之余荫者也"。[1]这番话显然是站在"反满"立场上发言，完全否认满人曾经对"大一统"观的构建有所贡献，好像只有汉人是"大一统"的唯一支持者，这与杨度等立宪党人的观点大有分歧，但在区域单位越小就越有利于"自治"这个观点上两人的看法趋于一致。

在晚清思想界，到底何种空间或组织适宜作为"自治"的基本单位虽争论不休，焦点却大多集中在对"家庭"与"家族"功用的评价上。有一派观点认为，"家庭"作为中国传统社会组织细胞，是实现真正"地方自治"的最大障碍，必须彻底进行改造和破坏。

最激烈的一些言论往往把废除"家族制"当作一场革命加以认识，如说"欲革政治之命者，必先革家族之命，以其家族之有专制也；而革家族之命者，尤必先革一身之命，以其一身之无自治也"。[2]"家庭"作为"专制"细胞的害处被一一罗列出来，计有"家庭之制度太发达，条理太繁密，父子、兄弟、夫妇之间爱情太笃挚，家法族制、丧礼祀典、明鬼教孝之说太发明"。[3]如此繁琐细密的家庭结构必然会限制族众的行动范围和生活目标，造成"家之外无事业，家之外无思虑，家之外无交际，家之外无社会，家之外无日月，家之外无天地"[4]的恶果。

从家庭功能上考量，像读书、入学、登科、升官发财、经商，

1 太平洋客（欧榘甲）:《新广东》，见张枬、王忍之编:《辛亥革命前十年间时论选集》第一卷（上册），第310页。
2 家庭立宪者:《家族革命说》，见张枬、王忍之编:《辛亥革命前十年间时论选集》第一卷（下册），第837页。
3 同上，第834页。
4 同上。

"天命"如何转移

乃至"健讼斗赌窃盗"等都是"家族主义"的产物。有作者认为，原先圣贤帝王经营家族制度的原因是想以此构造国家的雏形，结果却适得其反，"家族"变成了现代国家的顽固敌人，这也是中国出现"家有令子而国无公民"的根本原因。有人干脆直接用"毁家"为题阐述自己的看法，认定"家"是"百苦丛生之地""阶级分化之源"，如果一个人家庭观念过重，必然对世界的情感就会轻淡许多，容易造成"明知公益之事，因有家而不肯为；明知害人之事，因有家而不得不为"。[1]

"家"还是古代"五伦"体系的基础，推展出去构成一系列强权秩序，"自有家而后各私其妻，于是有夫权。自有家而后各私其子，于是有父权。私而不已则必争，争而不已则必乱，欲平争止乱，于是有君权。夫夫权、父权、君权，皆强权也，皆不容于大同之世者也，然溯其始，则起于有家，故家者，实万恶之原也"。只有摧毁家庭，才能达致"去强权"的革命目标。[2]

这篇文章的作者还撰写了一篇释读《礼运》的文字，其中对那段著名的话"故人不独亲其亲，不独子其子，使老有所终，壮有所用，幼有所长，矜寡孤独废弃者皆有所养"的解读就是废弃"家族"。因为此段话不言父、子而说亲、子，可见从父子关系解读经义本就不通，父子一伦更应该废除。

文章认为，人一旦置身家族之中，就会终生受到父子"施恩"与"报恩"伦理规则的牵扯和制约，从小到老都要不断经营这种关系，

<hr>

[1] 鞠普：《毁家谭》，见张枬、王忍之编：《辛亥革命前十年间时论选集》第三卷，第194页。
[2] 同上，第193页。

无时无刻不处在忧患焦虑之中。而父子关系皆因情欲自然而生，不应该置于施舍与回报的循环机制当中，否则"施恩者必望报，受恩者必思报，于是孝生焉。恩也孝也，互相责偿"，这都是自私的表现。如果废弃家族，大家都是公民身份，"是生我者固不知为何人，我生者复不知为何人。我惟尽我力于社会，老者安之，少者怀之，朋友信之而已。我不必为亲谋，亦不必为子谋，无苦恼，无挂碍也"。[1]

这是要建构出一套新型的家庭伦理观，以取代理学意义上的"五伦"秩序。家庭与家族被废除后，所有人都可依靠一些公共设施如同志会、同业会、产妇院、养病院、养老院、育婴院、幼稚园等获得各种各样的照顾。[2]

检索当年讨论"地方自治"的文章，大量言论虽然对传统社会组织多有批评，但对那些完全借用西方模式替换传统组织的方案也多不抱乐观态度。如有人说，新政推行的谘议局、警察局等改革机构"名目新异，张皇耳目，实不相符，则侵渔有所借口，苟索为之引例"。[3]

不少人一开始还是比较推崇古代的乡治制度的，希望经过改造以后与现代地方自治机构相互衔接，创造出一种真正有效的基层政治混合体。有论者云："吾国素为宗法之社会，而非市制之社会，故族制自治极发达，而市邑自治甚微弱。"[4]但这并不意味着宗法作

---

1 鞠普：《〈礼运〉大同释义》，见张枬、王忍之编：《辛亥革命前十年间时论选集》第三卷，第180页。
2 参见同上。
3 茗荪：《地方自治博议》，见张枬、王忍之编：《辛亥革命前十年间时论选集》第三卷，第407页。
4 蛤笑：《论地方自治之亟》，见张枬、王忍之编：《辛亥革命前十年间时论选集》第三卷，第9页。

为初民集合体就一定会妨碍人群的进化，反而有可能与现代政治体系一样发挥相似的作用。就如"乡约之制，一市府议会之规模也；郡县之公局，一都邑议会之形势也；善堂公所，一医院卫生局之筚路蓝缕也；市镇之团练，一民兵义勇之缩本影相也；墟庙之赛会，一袄祠教堂之仪制也"[1]。这些组织机构"无一不具地方自治之性质者。不过其组织未进于精严，进化乃形其濡滞耳"[2]。

这种观点强调，不要只看见绅衿武断间里的一面，而更多应该考虑到豪强横行乡里，正是法律和民权微弱阙失的表现。如果"内参朱子、吕氏乡约之遗规，外取列国市府议会之新制，合之以吾国之内情，酌之以今日之现势，定为成宪，俾天下相与遵守"[3]，就不愁达不到中西地方自治的合璧效果。

当时舆论界还有如下说法："昔者，民自为制，团防有局，保甲有局，乡长理之。选举以廉明，虽无投票之法，物望所归，往往多为耆老。阅世已深，人情练达，知稼穑之艰难，而为纷难之排解，非是则不足以惬众心，是故欺凌之事寡矣！"[4]或者直接认定传统的"公局"就相当于"议会"："且今各省、府、州、县，常有公局，有绅士聚而议之，又有大事则开明伦堂而公议，有司亦常委人焉，是议会中国固行之矣。"[5]

1　蛤笑:《论地方自治之亟》，见张枬、王忍之编:《辛亥革命前十年间时论选集》第三卷，第9—10页。

2　同上，第10页。

3　同上。

4　茗荪:《地方自治博议》，见张枬、王忍之编:《辛亥革命前十年间时论选集》第三卷，第408页。

5　明夷（康有为）:《公民自治篇》，见张枬、王忍之编:《辛亥革命前十年间时论选集》第一卷（上册），第174页。

这些议论大体均出自改革者的理想情怀，难免会夸大传统组织对现代社会变革的借鉴意义，有些观点为了有效推进地方制度的改革，故意突出展示传统制度的优越性，甚至策略性地声称这些机构恰恰是西方自治的思想源头，以减少地方保守舆论的反对阻力。一个最明显的例子是黄遵宪在湖南推动保卫局的建设，他特意指出保卫局"实则设官多本乎《周礼》，行政多类乎《管子》"[1]，保卫局的建立只不过是复兴古义的一种尝试，而绝非效仿西方的舶来品。

黄遵宪在批复湖南士绅禀呈速办保卫局的请示时，就写下了一段文字申明保卫局的构想，来源于《管子》"五家为轨，十轨为里，四里为连，十连为乡"的古典设计。西方人"邑有邑长，乡有乡长，合之而为府县会"[2]，正是模仿了管子的创意。再看《周礼》中的乡里世界"掌民之邪恶过失，市之治教刑政，而禁其斗嚣暴乱、矫诬犯禁者"，这都是当年周公采用的致太平之道。[3] 西人的工务局、警察局也是效法《周礼》的产物，西方社会"国无论大小，遍国中无不有巡捕者，故能官民一气，通力合作，互相保卫，事举令行"。黄遵宪特别指出，西人施行于香港、上海之华人的制度，实是中国旧法之移植而已。[4]

黄遵宪是个周游过多国、具有世界眼光的学人，他讲这段话表面上论证的是西人自治制度不过是东方西传的结果，这表态貌似接

1　黄遵宪：《杨先达等禀请速办保卫局批》，见陈铮编：《黄遵宪全集》上册，北京：中华书局，2005年，第503页。
2　同上。
3　同上。
4　同上。

近那些冥顽不化的守旧人物的看法。但从其行文本意来看，"自治"制度源起于中国还是西方其实并不重要，这套构想在具体改革实践中到底能够发挥多大作用才是问题的关键所在。经过戊戌变法失败的冲击，在湖南改革成果多数流产的情况下，保卫局却最终幸存了下来，成为晚清地方自治改革的标本，说明黄遵宪以旧瓶装新酒的改革策略至少部分获得了成功。

在大多数晚清学人眼里，若以"地方自治"的标准衡量，昔日的乡治组织虽能发挥作用却仍有致命缺陷，如果一旦遭逢劣绅当道，就会出现"邑有豪横，素逞刀笔，乘祸殃民，则假祠庙之地，设置公案，生杀有权，捕缉有差，引团练为口实，图剿办之殊勋，威刃棱棱，加诸闾里。民以其悍也，慑之如虎"。[1] 这就与官府衙门没有什么区别了。

形成这种局面的原因是"国家未有定制，而议员局长不由民举"，这才有"世家巨绅盘踞武断之弊，而小民尚蒙压制愚抑之害而不得伸"。[2] 豪绅当道欺民，构成地方危害，原因在于地方组织所延续的旧俗源自"国治"而非出于"民治"，古代虽具"自治"之基础，却需要转换其内容，以合于时代要求。

至于乡绅所应起的作用，也往往因处理乡村事务的复杂性而大打折扣。本地乡绅固然熟悉民情风俗，却仍然难以回避客籍、土籍、巨族、小族之间发生潜在冲突的威胁。情况严重的"僻鄙

1　茗苏：《地方自治博议》，见张枬、王忍之编：《辛亥革命前十年间时论选集》第三卷，第408页。

2　明夷（康有为）：《公民自治篇》，见张枬、王忍之编：《辛亥革命前十年间时论选集》第一卷（上册），第182页。

偏隅，则往往竞于细务，至以坟山家园，酿成械斗。最烈之时，居然枪击炮鸣，暴骨荒野，死者百数十人，不稍顾恤"。[1] 遇到好的官员士绅或可居中协调，如果不幸碰上贪官或恶绅懒于辨识是非曲直，全按收取贿赂多少随意定案，本地乡绅又碍于各自的乡情面子，故意偏袒一方，甚至借端报复、陷害挟制，乡民就会陷入无处告白的窘境。遇到类似情况，行政体系因按程序办事，如果乡民犯案，官员判决不公，尚有上诉的机会，反而比乡间办事照土法随意处置更加合理。乡族断事大多打着公决的招牌，实权却操控于一二人之手，乡民难逃其控制，难免"无理之可明，无冤之可白"。[2]

正因为保甲、团练、乡约这些古制早已形同虚设，那些幻想凭借保甲有法、团练有制、乡间有约、宗族有规而实行"地方自治"的念头都是不切实际的。被古人推崇的所谓乡里之约和宗族之规，不过是些婚丧吊庆、争讼祭祀的细琐之事，与现代意义的"自治"无关。相反，以"自治"为名侵蚀款项、诬害良善、勒索佃民、冒邀爵赏、欺孤凌寡的事情倒是时有发生。

事已至此，如果参照西方"地方自治"经验，使之合理融入传统"乡治"框架是否情况就会好一些呢？有人就建议："今中国举行地方自治，因乡邑之旧俗，而采英、德、法、日之制，可立推行矣。"[3] 具体办法是，在万人以上的地区，以十里为规模设一"局"，

---

1 茗荪：《地方自治博议》，见张枬、王忍之编：《辛亥革命前十年间时论选集》第三卷，第 411 页。

2 同上。

3 明夷（康有为）：《公民自治篇》，见张枬、王忍之编：《辛亥革命前十年间时论选集》第一卷（上册），第 186 页。

相当于"邑"，局长总任局事，兼理学校，设判官一人审讼狱，相当于古代的士或啬夫，设警察官一人，税官一人，邮官一人。设"议事会"，五官共同主持。议事会下设"议例会"，众议员共同议决一乡中的政制与赋税等大事，"如此则清议所在，汝南月旦之评，九品中正之制，而风俗知耻矣"。[1] 大有恢复古人清明政治的希望。

然而大多数论者则坚持，若只是随意挂出个改良的招牌，却没有根除原有疾患，这就像"假文明以济奸，实野蛮之不若"。[2] 不假手于新政还能维持现状，如果旧士绅与富民新党混搭联手，把保甲、团练、乡约、宗族，置换成"警察、卫生、实业诸所、诸团之名色"[3]，这种换汤不换药的做法将使无助小民的生活更加悲惨。因为穷人如告官投诉士绅与富民，他们纵有乡间人情网络的偏袒，穷人还是有机会受到公论保护，"新党"谈"自治"却打着"新政"致富强、救贫弱的时尚旗号，即使触犯众怒，百姓也只好隐忍不言。最后的结局只能是，"地方自治"名义上"拟于古制，则情势非；因于近制，则弊窦甚"。[4]

打着"地方自治"旗号进行的新旧杂糅改革也可能重新流于"官衙化"。大致的局面是"自治之权，发之于官，操之于绅。官绅无所差别，学生与官绅亦无所差别，新旧融合，外固去其仪式，中

---

1 明夷（康有为）：《公民自治篇》，见张枬、王忍之编：《辛亥革命前十年间时论选集》第一卷（上册），第186页。

2 茗荪：《地方自治博议》，见张枬、王忍之编：《辛亥革命前十年间时论选集》第三卷，第416页。

3 同上。

4 同上。

则擅其威福"。改革后的所谓"局"还是变相的"衙门","局犹衙也，劝犹勒也，用人犹役差也"。[1]

一旦讨论到这个地步，舆论风向随即出现大幅度逆转，原来关注的是传统中国的民间资源如何与现代机构实现有效衔接以促成"自治"，眼光主要聚焦于下层，现在却转而论证这种结合导致的危害到底有多大，关注的问题范围又重新向上迁移，回到了一个国家统治范围的大小对亡国灭种到底有多大影响这个话题之上。

比如有的论者撰文反复说明西方之所以能顺畅推行"地方自治"，主要就是因为地域狭小，久行封建之故，中国却长久在郡县制治理之下，加上"言语隔绝，风纪悬殊，势豪黠桀"，如果突然扩大人民参政权限，"大一统"国土很容易被搞得四分五裂。

在中国，所谓"地方自治"就是官治绅治的结合体，同时"官治"又高于"绅治"，重建中央集权体系乃是不得已的终极出路。按照中国拥有的领土面积，即使推行君主立宪，也宜采集权而非分权之策。如此一来，只要打出为地方治理无序深感担忧的旗号，为专制集权张目就变得理所当然，带有了某种政治正确的意味，所谓"一寄权于地方，则必至豪民张势，借端聚敛，权利冲突，而激成国民之反动力。政府鞭长莫及，又不能洞悉其隐，一发不可收拾"。[2]这是与英法等沿袭封建旧习的西欧国家反复比较得出的稳妥结论。

1 茗苏：《地方自治博议》，见张枬、王忍之编：《辛亥革命前十年间时论选集》第三卷，第409—410页。
2 同上，第417页。

"亡国"焦虑与"全球大一统"构想

实际上，无论汲取了多少西学知识，大部分晚清学人都难以放弃用《春秋》大一统地域观念观察世界的固有立场，这种思想倾向在清末民初各种政治问题的讨论中不时有所反映。对"大一统"观念的维护除了在与"自治"单位相关的争论中有所表现外，大多数人对采纳美国"联邦制"作为建国方案均持否定态度。康有为即以印度为例，阐释地域广大有益于治理，他曾以梁启超等弟子为劝说对象，痛陈迷信联省自治主张的危害："将以区区之一省而敌地球诸大国"，必不免走上印度亡国的道路，况且"各府互分，各党互攻，各私其乡，语言不同，会党互异，人各欲为总统，势必瓜分豆剖，日寻干戈，其小无伦，其争无已"。[1]

与中国相比，印度还有一个特殊情况，那就是信奉宗教人数众多，信教对于合群立国起到重要的辅助作用，印度"或立从宗教，统一既固，人有同心，绝无自由之说，实行合群之义。故立国坚固，乃能相持数十年"。中国缺乏宗教因素的支持，"若言自立，其去印度尚不可道里计，况欧美哉？"[2]

康有为提醒，走"统一"还是"分治"道路须依国情慎加抉择。他举欧洲为例，欧洲十几国互相竞争，稍不自振就会沦于败亡，故每个国家虽小，却都倡导武备，通过竞争形成力量均衡。"武备既已竞修，彼此互知而不敢妄发，乃于其文学工艺，日竞美而不敢劣。既各皆小国，难于吞并，故能自立。其至小者，又有诸

---

1 康有为：《与同学诸子梁启超等论印度亡国由于各省自立书》，见姜义华、张荣华编校：《康有为全集》第六集，第 343 页。

2 同上。

大之相牵相忌，立均势之法以维持之，故能久而不灭。"[1]

与欧洲各国不同，"若中国各省真能自立，则基址浅薄，国界不定，国势未立，人心未坚，争乱未已。……且人民才智未开，北地西边，闭塞尤甚，无其人才而妄立国，而欲以欧洲诸国自比，何其偎也"[2]。万一抉择不慎，就很易沦为与印度、安南、缅甸等国相似的不幸命运。

在康有为的变革思路中，"亡国"焦虑始终萦绕脑际，化为挥之不去的阴影，救亡图存的权益考量经常笼罩在一切关怀之上，而"合群"又是足以承担"救亡"责任的出发点。在这种思维惯性中，建立现代国家的种种构想一旦与古典"大一统"观相衔接，就会生发出别具新意的解释。

从地缘政治视角思考"分裂"与"统合"之局到底孰优孰劣，无疑是个折磨心智的棘手课题。在相当长一段时间里，中国屡受西方欺凌几乎变成了一种不可逆转的常态，西方国家依凭狭小地域日趋强盛，又让曾以地大物博而颇感骄傲的国人自卑汗颜，于是"亡国""灭种"与"封建""分裂"之间极易被简单粗暴地画上等号。

在所有争论话题中，"大一统"观表面上不过是晚清遗老的陈词旧说在特定时段的回光返照，早已丧失了真正生命力，西方立国原则才是不容置疑的效法对象。可是一旦聚焦中国改革的现实问题时，却又不能完全照搬西方演化模式，必须努力寻找这些新鲜思想

1　康有为：《与同学诸子梁启超等论印度亡国由于各省自立书》，见姜义华、张荣华编校：《康有为全集》第六集，第 345 页。

2　同上。

　　　　　　　　　"天命"如何转移

在中国历史中曾经存在过的痕迹。这才是晚清学人的尴尬难言之隐，他们常常为此揪心不已，甚至出现了只要在形式上保持领土完整，不妨借助各国在华势力迫使清政府实行改革的奇葩想法。这种不惜以牺牲领土主权为代价换取变革权力的怪诞言论居然出自严复之口，他在一篇题为《论支那之不可分》的文章中，就特别关注中国为避免被西方一国独自吞并而应该采取何种应对策略。

严复的观点是，中国如要避免亡于一国之手，不如有意制造出各国在华的均势支配局面，以达相互制衡之效。这样既可维持中国领土完整，又可敦促清廷加快改革步伐。严复默认中国正面临瓜分危局，心中想象着只要延续一统之局，中国就有希望复兴，其中不乏地缘政治的功利考量。如他感觉到各国瓜分中国时会出现利益分配不均，造成领土边界不明，多边均势极易失衡。不如采用"代御外侮，逼改内政"的办法，"然后支那幸赖以存，五洲各国因之而永存"。[1] 如此构想未免天真，却流露出晚清学人在特殊时局压迫下的真实焦虑感。他们确信，只要在形式上坚守疆域统一的原则，具体政策运用不妨灵活变通，这正是"大一统"思维残留的具体例证。

民国建立以后，如何维系国家"一统"局面仍是舆论界聚焦的主题。当年极力倡导君宪救国的康有为在《拟中华民国宪法草案》一文中多次重申民国建立与疆域统一之间的对应关系，反对模仿西式分立政体。主要理由就是立足古典"大一统"观，通过铺陈罗列各朝割据历史所带来的危害，再辅之以对欧洲各国现状的概要认识，遂得出国家政体分而治之必致亡国的悲观结论：

1　严复：《论支那之不可分》，见郑振铎编：《晚清文选》，第 679 页。

夫凡自合而分者，必其国势凌夷，贫弱已甚，中央不能吸集地方之权，而不幸致分，非谓其政体之美而宜行也。以中国言之，汉末之散为三国，晋末之散为十六国，唐末之散为十国，即今者蒙、藏独立是也。其在欧洲，罗马后之散为诸国，日耳曼后之散为诸邦，近者土耳其之散为希腊、罗马尼亚、塞维、门的内哥，因以反攻是也。此皆国家之不幸事，至可忧之状矣。凡自分而合者，必其国势盛昌，其强日甚，故英霸能混成一统之局。[1]

他对比中国的历史称："吾中国数千年来，若不合并万邦，兼合四夷，何能至若斯之大乎？"即使参照欧美事例衡量，仍然是"统"优于"分"，"方今万国竞争，皆言霸国之义，德、美之艳羡。吾国一统已甚，何反有之而自弃之，而反师德、美乎？夫能提挈其全国而用之者强，不能提挈全国而用之者弱；分者必弱，合者必强。此乃自然之势，至浅之理。吾国僻处亚东，时当危弱，安有舍此不顾，而先为自裂之计者乎？故立宪法而涉于各省分立者，皆欲亡中国而万不可行者也"。[2]

在中华民国建立两年以后，康有为尖锐抨击混乱时局，他最不满各省行政部门权力过于分散，难以整合，中央政令无法集中执行，"政府之号令，不出于京门，派命吏则明拒之，施法令则笑置之，赋税一无所入；名为学美、法之共和政府，实为无政府耳。各省桀颉专制而自立，各道府县亦各桀颉专制而自立，各乡曲武断之

1　康有为：《拟中华民国宪法草案》，见姜义华、张荣华编校：《康有为全集》第十集，第42页。
2　同上。

徒又各桀颉专制而自立；既号为学美之联邦，又易其名曰军民分治，实而核之，则由一统大国变而为千司万土而已"。结果只能是："名为共和，实则共乱。"[1]

　　1922 年 7 月在复湖南省省长赵恒惕电文中，康有为直接引《春秋》"大一统"之义痛陈联省自治之害。他说："《春秋》言大一统，《孟子》言定于一，故中国数千年来，皆以统一立国；生民赖以安，文明赖以起，土地赖以廓，种族赖以繁，实为长治久安之至理，无能易之。……盖分裂则必分争而大乱，统一则必治安而修明，物之理也，人道所不能外者也。"[2]

　　以上议论纯从中国"统一"与"分立"之利害得失出发，判定"大一统"乃是中国历史演进旋律之主调。下面一段分析完全把欧洲分立的历史作为反例予以对照："夫联邦制创于瑞士，盛于美国。吾国人只知美之富盛而慕效之，……今中外所期者统一也。乃日言联省自治，以实行分国互争，以求自亡自灭。"[3]他举出德国作为例子，参照春秋分裂的历史，力主只有统一才能御侮图强："德本为二十五邦，以破法合而为一。此皆所谓联邦国也。……皆以御外侮而后联之，如今战德之协约国然，如今国际大会之各国然。或有一强者，则如春秋晋、楚之争霸泗上，……或公举一长如瑞、美，要皆以久远分立之邦而联之也。若我国各省之事实，则适与瑞、德、

1　康有为：《问吾四万万国民得民权平等自由乎？》，见姜义华、张荣华编校：《康有为全集》第十集，第 145 页。
2　康有为：《复湖南赵省长恒惕论联省自治电》，见姜义华、张荣华编校：《康有为全集》第十一集，第 206 页。
3　同上，第 207 页。

美大相反也。"[1]

民国初年，民众已厌弃军阀纷争屡酿战乱，渴求统一安定，如果仍放任军阀割据就会重蹈唐朝藩镇覆辙，"藩镇虽跋扈，稍殊于州郡，然比于邦，犹为迥异"[2]。瑞士、美国、德国等国联邦体制的演变趋势是渐渐向中央集权方向靠拢，虽以"邦"为名，却逐步靠近"省"的含义。西方是由分而合，中国联省自治方案却反其道而行之，从"省"向"邦"蜕变，是由合而分，"由分而合，则强而易治。由合而分，则弱而争乱。自然之势，必不能免也"。[3]

联省分立可能会导致政令难行，地方治理陷入无序状态。康有为担忧："今政府虽拥虚名，已号令不行，若明分立至是，宪法稍与一二，得无大权尽削，等于无政府乎！无政府后，得无各省互争，卒召外人之共管与瓜分乎！今吾国本自统一，而议者必力事解剖强分之，然后乃从而联之，以望统一。"[4] 这明明是要故意放弃中国历史长期凝聚而成的"大一统"优势，而拱手任人宰割。

活跃于晚清思想界的改革者，一方面深切感受到救亡图存现状的压迫，不断疾呼中国必须模仿西方迅速建立现代意义上的强大国家，敦促民众尽快培育起"爱国"之心，"联省自治"模式就是在这种背景下被提出来的。同时这些改革者意识到，完全模仿西方建国方案会造成水土不服的弊端。正是在这样的舆论压力下，古典

---

1 康有为：《复湖南赵省长恒惕论联省自治电》，见姜义华、张荣华编校：《康有为全集》第十一集，第207页。
2 同上，第208页。
3 同上。
4 同上。

"天命"如何转移

"大一统"观不时会从压抑的阴影中被唤醒，重新步入思想争议的前台。

一般而言，在这类讨论中，有关"大一统"的言论不会完全按照原来的经书模样现身，而是掺杂了不少新式语汇，扮上了一副洋派面孔。当年爱国思想的重要启蒙者梁启超在讨论儒墨法之思想差别时，频繁混搭使用现代语汇，如说："儒墨可谓主张联邦的统一，平和的统一；法家可谓主张帝国的统一，武力的统一也。"[1] 又说："虽以孔、墨大圣，亦周历诸侯，无所私于其国，若以今世欧洲之道德律之，则皆不爱国之尤者。然而吾先民不以为病。彼盖自觉其人为天下之人，非一国之人；其所任者乃天下之事，非一国之事也。"[2] 这段对孔墨思想的评价似乎与其倡导的"爱国主义"思想相互抵触，实际上正表现出他试图把"大一统"观与近世西方爱国思想协调起来做出的努力。

康有为在《大同书》这部规划未来世界的魔幻般著作中，曾专门列出一节谈论"有国之害"。他认为诸国互斗必然引起战乱频仍、荼毒生灵，随后再次引《春秋》之义，称孔子"大一统"之言为"定于一"之说，"诚深监于有国之祸，惨杀无穷也"。[3] 表示秦始皇统一六国、削平诸侯、罢封建、立郡县正是孔子"大一统"之义的贯彻方式。息兵罢战之后，国家得以安宁。弭兵正是"大一统"带来的直接成效。

1 梁启超：《先秦政治思想史》，见汤志钧、汤仁泽编：《梁启超全集·第十一集·论著十一》，第563页。

2 同上。

3 康有为：《大同书》，见姜义华、张荣华编校：《康有为全集》第七集，第121页。

到了"大同"时代，世界由"公政府"组织运行，国家将永远消失。"至于公政府之时，天下统一，天下为公，何可复存此数万年至惨、至毒、至私之物如'国'字者哉？便当永永删除，无令后人识此恶毒'国'字、'国'义于性中，则人道争杀畛域之根永拔矣。"[1]

康有为提出将来替代"国家"设计的方案是以"界"代"国"。因为"每旧大国，因其地方形便自治之体析为数十小国，每国因其地方自治之体而成一小政府焉"，所以应该"皆去其国号，号曰某界。每州大概百数十界"。[2]他甚至在未来大同世界中还构思出了类似"联合国"式的统一机构。建立"联合邦国"需要三个步骤："先自弭兵会倡之，次以联盟国缔之，继以公议会导之。"[3]"联合邦国"被设想成三种类型："有各国平等联盟之体；有各联邦自行内治，而大政统一于大政府之体；有削除邦国之号域，各建自由州郡而统一于公政府之体。"[4]三体各依时势而推迁演进。

康有为在论述大同政体结构时，还不忘引述中国古典时代的政治状况作根据："各联邦自理内治，而大政统一于大政府之体，若三代之夏、商、周，春秋之齐桓、晋文，今之德国是也。然桓、文之霸权，体未坚固。若三代之与德国，则统一之体甚坚固矣。"[5]

晚清一些早期开眼看世界的思想者仍习惯从"大一统"观出发理解国际政治关系，内心深以拥有广大疆域为荣，这是从孔子

1　康有为：《大同书》，见姜义华、张荣华编校：《康有为全集》第七集，第137页。
2　同上。
3　同上，第129页。
4　同上。
5　同上。

流传下来的古训，不能轻易更改放弃。康有为曾以"大一统"之辞形容波斯地域之辽阔云："自古大一统之国，莫过于波斯，其地万余里。"[1]

薛福成出访英法比意四国后，就感觉"盖西人既称中国为秦，积久遂忘其本义，但能知其约略，犹曰亚洲大一统之强国云尔。中国为亚洲大一统之国，罗马亦为欧洲大一统之国，东西并立，声势相等。或者欧洲之人以为罗马之大，足与亚洲之秦相匹，而竞标大秦之称"。[2]可知疆域之"大"仍是薛福成心中衡量强盛与否的重要标尺，这"大一统"之称一直可回溯到秦代，构成盛世的历史源头。

要拥有操控全球地缘政治的能力，不仅需要疆域辽阔这个条件，还须享有文化正统性，才能真正具备统治力。因此仅依靠万国公法治理世界秩序是不够的，没有圣人指导，将来必呈分离之败象。王韬担忧"今者中外和好，几若合为一家。凡有所为，必准万国公法。似乎可以长治久安，同享太平之庆矣。而不知此乃分离之象，天将以此而变千古之局，大一统之尊也"。[3]

在题为《中国自有常尊》的文章中，王韬更是继续发挥必须由圣人主导才能实现全球"大一统"的观点。文章说："自尧、舜以还，代有圣人以宰制天下。车书大一统之尊，声灵慑遐荒之远，衣冠文物，炳蔚寰区。"[4]

---

1 康有为：《万木草堂口说》，见姜义华、张荣华编校：《康有为全集》第二集，第145页。

2 薛福成：《出使英法义比四国日记》，长沙：岳麓书社，1985年，第329页。

3 王韬：《六合将混为一》，见李天纲编校：《弢园文新编》，上海：中西书局，2012年，第79页。

4 王韬：《中国自有常尊》，见李天纲编校：《弢园文新编》，第81页。

圣人如果在世就不会屡呈以强凌弱的乱象。即使中国表面看上去虚弱不堪，只要骨子里靠文化底蕴支撑下去，最终必会柔弱胜刚强。"故知中国有时而弱，然弱亦足久存。中国未常无衰，然衰要有终极。盖彝伦所系，统纪所存。一旦圣君应运而兴，贤臣相辅为理，励精图治，上邀天眷，下顺舆情，则强者亦将失其强，而尊卑以明矣。"[1] 这是在万国竞争世界大势中坚守"大一统"古义的一个鲜明例子。

另一个有趣的例子是当有人向清末改革思想家陈虬发问说"今中西一家偶俱无猜，电机所发杪忽万里，声教之讫，无远勿届，环地球以游半载可周，盖骎骎乎有大一统之势矣，敢问其道何如？"[2] 陈虬的回答是寄托于圣君的出现，承担"宪章往古，开辟盛治之责"。新圣王应该仿效古圣王"分田制禄立国设监"的办法，变通损益以合时代之需，具体方案是在东西半球之中，分别设两个王爵之位。负责文事的管理者称为"宣文"，机构设在印度；负责武事的管理者名叫"靖武"，职位设在美国。文事管理者负责颁正朔、齐冠服、通钞法、均量衡、同文字、正音读、删经史、开学术、修公法等事宜。武事管理者的任务是统率各国卫丁，平时练兵，战时征讨。遭遇饥荒时，二位爵王还需出面调剂各国资源以资赈济，河防海运之费均由各国分摊。"故圣人之治天下也，操天下之利权而调剂其盈歉，以下之利还之天下而已，无所私焉。"[3] 很

1　王韬：《中国自有常尊》，见李天纲编校：《弢园文新编》，第 82 页。
2　陈虬：《大一统议》，见《治平通议》卷七，收入《续修四库全书》编纂委员会编：
　　《续修四库全书·子部·儒家类·九五二》，第 603 页。
3　同上。

显然，陈虬对全球地缘政治秩序的安排并没有超出古典"大一统"观对世界的合理化想象。这也是大多数晚清士人认知全球地缘格局的特点。

"大一统"观经学基础在近代之变异

孔子如何被塑造成了一个新时代"圣人"

晚清以《春秋》为变法张本的学人大多从经义出发进行阐说，康有为释读《春秋》就把孔子看作是奠定汉朝法度的人物，他虽然身份低微，却俨然承袭了先秦帝王统绪，是"大一统"制度的制定者。康有为在《考定王制经文序》中，是这样推崇孔子的地位的："乃知孔子以布衣之贱，而上继尧、舜、禹、汤、文、武、周公之统者，不因道德之高，实沿制度之大一统也。"[1] 又说："孔子先制井田，次制禄，次大一统。学校、选举皆自汉武始，皆孔子之德也。"[2] 意指孔子虽无王者之位，却有"素王"即"空王"之名，在汉家制度的构思创意方面发挥着核心指导作用。

孔子表面上以"素王"面貌示人，并不证明他毫无权威可恃。孔子形象乃是周文王再生，犹如其影子一般。周文王是周朝受命之主，他死后孔子虽未实际取代其王者称号，却通过撰写《春秋》承继了他的"制法"之位。康有为把孔子这个双重身份界定得很清

1　康有为：《考定王制经文序》，见姜义华、张荣华编校：《康有为全集》第二集，第15页。
2　康有为：《万木草堂口说》，见姜义华、张荣华编校：《康有为全集》第二集，第152页。

楚："孔子质统为素王，文统则为文王。孔子道致太平，实为文王。法生不法死，则此文王是孔子，非周文王易见矣。"[1]

孔子没有实际登上帝王宝座，却不断行使着帝王式的道统权力，这是汉代以后儒家集团立身得势的思想基础。康有为引《论衡》之言作为援应云："孔子曰：文王即没，文不在兹乎？文王之文，传在孔子；孔子为汉制文，传在汉也。"[2]他又不忘提醒世人："人只知孔子为素王，不知孔子为文王也。"[3]

以孔子为文王化身其实大有深意，古代君王制度皆出于"师"的谋划，"师"即孔子，君王不过是孔子改制思想的执行者。"君之所治人道，曰礼义名分，纲纪政令，教化条理，文章正朔，衣服器械，宫室饮食事为，无一不出于师，无一不在师治之内。"[4]君王制度要依循"师道"指示才能畅然而行，有法可依。对此康有为的口气决绝地不容置疑："从之则治，不从则乱；从之则永，不从则促；从之则安，不从则危；从之则存，不从则亡。神明圣王，师乎师乎，孔子乎！"[5]

孔子形象至此迅速被抬升到无人企及的高位，几乎上天入地般管辖着无边无极的大千世界："孔子之道，有元统，有大一统，有三统；有三世，有百世，有万世。元统则自诸天诸星，无不统也。

---

1 康有为：《孔子改制考》，见姜义华、张荣华编校：《康有为全集》第三集，第105页。
2 同上。
3 同上。孔子为周文王化身的说法似为同代人所认可。如杨度曾言："论《春秋》传为文王也，为文王而实不王。"这个观点也得到了其师王闿运的认可。（参见《杨度日记·丁酉日记》（光绪二十三年），见刘晴波主编：《杨度集（二）》，第869页。）
4 康有为：《圣学会后序》，见姜义华、张荣华编校：《康有为全集》第二集，第265页。
5 同上。

造起天地万物之始，大哉乾元乃统天，先天而天不违，天虽大，亦在孔子乾元所统之内。"[1] 孔子作为"师道"鼻祖，大有超越世间君王地位的气象。

与传统解释有别，康有为大量使用现代概念与古典经义杂糅互证，把孔子制法置于全球化视野中重新定位，在处理"君""师"关系时亦是如此。下面这段话就是从宇宙广大无垠开始谈起，最终收拢到孔子如何发挥关键作用这个主题之上：

> 计中国之地，居大地八十分之一，大地居行星二百四十九之一，日居无量数无思议星团星气星云之一。一君之在孔子乾元之中，岂止太虚之有微尘、沧海之有涓滴乎？大一统则自天地、公侯、庶人、山川、昆虫、草木，莫不统一，君亦圣王中之一公侯耳。[2]

君主从昆虫草木到人间制度号称无所不统，也不过是"圣王"规制下的一个爵号而已，甚至秦朝削封建之制，开统一之局都是拜孔子改制所赐："《春秋》开端发大一统之义，孟、荀并传之。李斯预闻其义，故请始皇罢侯为郡县，固《春秋》义也。有列侯则有相争，故封建诚非圣人意也。"[3]

如果以上所言还多少有些拘泥经义，那么下面这段描写则完全把孔子置于雅斯贝尔斯所说的"轴心时代"位置上予以尊崇了。康有为把国外创教的情形与春秋战国相比拟时说道："故大地诸教之

---

1 康有为：《圣学会后序》，见姜义华、张荣华编校：《康有为全集》第二集，第265页。
2 同上。
3 康有为：《孔子改制考》，见姜义华、张荣华编校：《康有为全集》第三集，第124页。

出，尤盛于春秋、战国时哉！积诸子之盛，其尤神圣者，众人归之，集大一统，遂范万世。……天下咸归依孔子，大道遂合，故自汉以后无诸子。"[1]

晚清学人的特异之处是竭力论证孔子不会拘守《春秋》原典说辞，或仅为汉朝一家一姓正统制法，而是为全球秩序设定规则，具有预言未来的能力。如当时的一位改革者唐才常就有以下议论"春秋之世，由据乱而升平，而太平。世愈乱，文愈治，纬家附会为汉制作，非也。……今麇环球之地之种之教，亚欧美非澳也，黄白红黑棕也，孔佛耶希回也，通千万年之肩蠡，启大一统之机钤，意在斯乎！意在斯乎！"[2]

唐才常深以为憾的是，中国一度凭借"大一统"观统领天下，在近世居然无法与西方抗衡，主要原因就是没有贯彻"师统"高于"君统"的原则。他说："大一统何？统于师而已矣。然而今日，孔子之统，几几不足与彼族之耶稣衡。孔子所立之天之统，几几不足与彼教之耶和华衡者，何也？彼教主耶稣以纪年焉而师有统，我则不能教主孔子，又不以纪年而师无统也。彼人人有狗教之心，与凭借师统之权，以改制变法，我则空言尊教，而究无可凭借之权，以张师统而改制变法也。此以君统敌师统之万万不能争胜，而中国君

1　康有为:《孔子改制考》，见姜义华、张荣华编校:《康有为全集》第三集，第8页。
2　唐才常:《外交论》，见郑振铎编:《晚清文选》，第499页。杨度也坚信《春秋》因精于礼教，可以在全球范围内发挥"经世"的作用，他说:"今之西人亦已庶富，以无礼教，势将日衰，欲抱此以用世，中夏不行，必于外域。"又坦言:"《春秋》则皆拨乱时务之要者也，内外夏夷。六国以后，始有此全球之局。天下日益趋乱，经术将明之势，与前之不明，亦势使然耳。"(参见《杨度日记·戊戌日记》(光绪二十四年)，见刘晴波主编:《杨度集 (二)》，第912页。)

508　　　　　　　　　　　　　　　　　　　　　　　　"天命"如何转移

师之统将两穷也。"[1]

因此，树立孔子纪年应是最初步的传道工作："不纪年则无统，不立统则无师，不系统于师则无中国。"[2]针对有人担心立"师统"会导致轻"君统"，唐才常反驳说，"君""师"都在"天"的统领之下："孔子之教以天统君，君与师，皆受治于天者也。"[3]康有为从通行孔子纪年便于国人树立信仰之心的角度发表过与唐才常近似的看法："大地各国，皆以教主纪年。一以省人记忆之力，便于考据；一以起人信仰之心，易于尊行。"[4]

晚清还有一种说法，近世以来，中国与西方频繁接触后发生了"道"与"法"的分离，西人只是窃取了中国之"法"，转而充分利用后反制中国，却未得中国之"道"。经过若干年后，中国只要重夺西方之法归于己手，实现"道""法"合一，全球"大一统"之景象终会再现。

熊亦奇在《京师创立大学堂条议》中也说实现"大一统"的希望在于取西人之法，宏中国之道："暴秦以降，先王之道存，而先王之法亡。亡之中，传之西。西人拾之，又从而精进之，故其国政与教分，道其所道，道无足观。而法我之法，法乃转胜。通商立约以来，彼不解取我之道以益所本无，我转得采彼之法以还吾固有。以道御法，法行道行。彼法先来，吾道终往，全球大一统之规，将

1　唐才常：《师统说》，见郑振铎编：《晚清文选》，第 504 页。

2　同上。

3　同上。

4　康有为：《请尊孔圣为国教立教部教会以孔子纪年而废淫祀折》，见姜义华、张荣华编校：《康有为全集》第四集，第 98 页。

基诸此，夫道一而已矣。"[1]

一些学人受西学浸染更深，颇不苟同"道""法"分离，中国之道高于西方的说法，他们觉得中西之别不仅在"法"之应用，更取决于文化根基之差异，必须应时而变。严复就直指西人在"无法"与"有法"两个层面均很强势，国人单凭"有法"胜"无法"之幻觉，绝难与西方抗衡。

西人东来之前，中国仅仅凭借多年积累的文明资源，以自身的"有法"涵化异族的"无法"，并屡屡奏效。可是近世以来，"彼西洋者，无法与法并用，而皆有以胜我者也。自其自由平等以观之，则捐忌讳，去烦苛，决雍蔽，人人得其言，上下之势，不相悬隔，君不甚尊，民不甚贱，而联若一体者，是无法之胜也"。[2]精确地说，就是西方"德慧术知，又为吾民所远不及"[3]，在人文积淀和修为上并不输于吾国"道统"，反能真正做到"彼以自由为本，以民主为用"。西方在文化和制度两方面均优于中国，要改制变法并非简单借鉴西洋之法的某一方面就能轻易成功。

---

1 熊亦奇：《京师创立大学堂条议》，见郑振铎编：《晚清文选》，第566—567页。近人习惯性地把西学的器技部分看作是中学迁徙的结果，把西方属"政教"部分的内容自动排除在外，属于传统"攘夷论"的变种。钱锺书对这批人的尴尬心态有如下精彩的点评云："夫所恶于'西法''西人政教'者，意在攘夷也；既以其为本出于我，则用夏变夷，原是吾家旧物，不当复恶之矣，而或犹憎弃之自若焉。盖引进'西学'而恐邦人之多怪不纳也，援外以入于中，一若礼失求野、豚放归笠者。护卫国故而恐邦人之见异或迁也，亦援外以入于中，一若求诸己而不必乞邻者。彼迎此拒，心异而貌同耳。"（参见钱锺书：《钱锺书集：管锥编（三）》，第1538页。）
2 严复：《原强》，见郑振铎编：《晚清文选》，第661页。
3 同上。

《春秋公羊传》"三世说""三统说"的近代形态

晚清学人诠释"大一统"观最初多遵循古义，但因身处全球世变的大环境，其对经义的理解常常融入不少西方概念，彼此相互交错映衬，变得你中有我，我中有你。如下面一段对"三世说"的解读表面上遵循经学正宗，实以"进化"之意贯穿其内，作为衡量世运变迁的标准。这段文字起首仍引《春秋繁露·三代改制》之语云：

> 故王者有不易者，有再而复者，有三而复者，有四而复者，有五而复者，有九而复者。此通天地、阴阳、四时、星辰、山川、人伦，皆有三重之制也。三重者，三世之统也。有拨乱世，有升平世，有太平世。拨乱世，内其国而外诸夏。升平世，内诸夏而外夷狄。太平世，内外远近大小若一。每世之中，又有三世焉。则据乱亦有乱世之升平、太平焉，太平世之始，亦有其据乱、升平之别。每小三世中，又有三世焉。于大三世中，又有三世焉。故三世而三重之，为九世。九世而三重之，为八十一世。展转三重，可至无量数，以待世运之变，而为进化之法。[1]

这段话以董仲舒论经义为起始点，重重叠叠地繁复阐述"三世"内容，结尾却使用"进化"一词概括"三世说"主旨。再如下面所云："盖《春秋》有三世进化之义，为孔子圣意之所寄。"[2]

---

1 康有为：《中庸注》，见姜义华、张荣华编校：《康有为全集》第五集，第387页。
2 康有为：《孟子微》，见姜义华、张荣华编校：《康有为全集》第五集，第425页。

具体而言，"三世说"已被大量填充进了现代政治学演进之义。据康有为解释，"三世说"新义应该如此阐述："据乱则内其国，君主专制世也；升平则立宪法，定君民之权之世也；太平则民主，平等大同之世也。"[1]

"三世说""三统说"因为采纳"进化"观念做论述背景，其古义中的内涵自然发生了相应变化。只不过在康有为看来，世变逻辑既然受进化观约束，就更要讲究变化次第，不可妄行僭越。于是他提醒道："孔子之法，务在因时。当草昧乱世，教化未至，而行太平之制，必生大害。当升平世，而仍守据乱，亦生大害也。譬之今当升平之时，应发自主自立之义、公议立宪之事，若不改法则大乱生。"[2] 这个循序渐进的逻辑也是后来"立宪派"与"革命党"发生冲突的思想源头。

对世变时机的精准把握是"大一统"观要旨之所在，对"夷狄"态度亦是如此，只需以文明程度衡量其优劣即可，不宜纯以种族等级之高下妄加评议。徐勤把这个原理阐述得很明白："以《春秋》大一统之义律之，则举天下皆中国也。何中国、夷狄之有？何小夷、大夷之有？此其晰言之者。盖传闻之世治尚粗粗，故不能不略分差等也。"[3] 中国和夷狄之间只是在"传闻世"时尚存界线，到近世则以破界为主导方向。

"德性"作为界别文明与野蛮的标准在全球一统大势下仍起作

1　康有为：《答南北美洲诸华商论中国只可行立宪不能行革命书》，见姜义华、张荣华编校：《康有为全集》第六集，第 313 页。

2　康有为：《中庸注》，见姜义华、张荣华编校：《康有为全集》第五集，第 387 页。

3　徐勤："按语"，见康有为：《春秋董氏学》，收入姜义华、张荣华编校：《康有为全集》第二集，第 415 页。

"天命"如何转移

用:"《春秋》之义,唯德是亲。中国而不德也,则夷狄之。夷狄而有德也,则中国之。无疆界之分、人我之相。若非董子发明此义,则孔教不过如婆罗门、马哈墨之闭教而已。"[1]此话虽遵古义,却显示出一种现代式的开放态度。

尽管如此,"三世说""三统说"在安排世界范围内种族进化顺序时,仍持有以文明程度区分种族秩序的心态,只不过原本安置在夷夏之辨框架内的匈奴、鲜卑、突厥等北方少数族群以及苗瑶侗僮等南方族群被置换成了世界各大洲有色人种,这些人种包括"南洋之巫来由吉宁人,非洲之黑人,美洲之烟剪人"。[2]

按"三世说"分类,这些新"蛮夷"尚处于据乱世阶段。而在印度、土耳其、波斯等地族群中实行的则是"礼教政治",算是处在升平世时期。到了美国进入人人自主阶段,就接近太平世了。

康有为把中国少数族群与黑人、南美人并列而观,皆归属到有待文明进化之类别,他们暂时没资格享用民主制度,其理由是"若遽行美国之法,则躐等而杀争必多。待进化至于印度、波斯,乃可进变于美国也。太平与据乱相近而实远,据乱与升平相反而实近。而美国风俗之弊坏,宜改良进化者,其道固多。若所以教中国之苗人,非洲之黑人,则教据乱之法,尚不能去也。将来太平之世,各种未齐,亦必有太平之据乱者存,此亦无如何者也"[3]。

晚清所处的世界,由于各地文明发展不平衡,同时保存着"三世"演进阶段,"中国之苗瑶侗僮、番黎犿狄,与我神明之胄并育

---

1 康有为:《春秋董氏学》,见姜义华、张荣华编校:《康有为全集》第二集,第416页。
2 康有为:《中庸注》,见姜义华、张荣华编校:《康有为全集》第五集,第389页。
3 同上,第390页。

一也，各用其据乱、升平之道而不相害。美洲之土人与白人并育一也，各用其据乱、升平之道而不相害。非洲黑人与白人并育一也，各用据乱、升平之道而不相害"[1]。

据乱、升平与太平各有其道，孔子不会拘守据乱之法，而是随时变通改进，对此康有为有一番解释："我国从前尚守孔子据乱之法，为据乱之世，然守旧太久，积久生弊，积压既甚，民困极矣。今当进至升平，君与臣不隔绝而渐平，贵与贱不隔绝而渐平，男与女不压抑而渐平，良与奴不分别而渐平，人人求自主而渐平，人人求自立而渐平，人人求自由而渐平。其他一切进化之法，以求进此世运者，皆今日所当有事也。"[2]

"三世说""三统说"彰扬的是中国古典历史观，若以进化论标准衡量，很容易被讥刺为"退化论"或"历史循环论"。在晚清学人论述中，为了与西方历史观相衔接，"三世说"经常被罩上一层进化论外衣。与"三世说"密切相关的"文质之辨"说也同时得到改造。在古典经义中，"文质之辨"是"三世说"体系的一个核心命题，大意是说，夏商周三代分别标识出三种不同历史状况。

按经义的说法就是：夏尚忠，商尚质，周尚文。夏代注重人情关系的培育，远离鬼神威慑，先考虑的是如何给予人民好处，再树立权威，先赏赐后责罚。这一时期，人民显得愚昧朴野。殷商之人尊崇鬼神，先忙着祭拜神祇再顾及人间礼仪，先重责罚再予赏赐，

---

1 康有为：《中庸注》，见姜义华、张荣华编校：《康有为全集》第五集，第 390 页。
2 康有为：《春秋笔削大义微言考》，见姜义华、张荣华编校：《康有为全集》第六集，第 17 页。

因崇奉鬼神而忽略亲情，行事质朴无华，刚好与夏代生活风格相反。周人制定并实施人间礼仪，对鬼神敬而远之，用爵列等差安排人事秩序，民众言行偏于逐利乖巧，民风相对油滑奢靡。

当然，在孔子眼里，过度苦苦的"质朴"或刻意矫饰的"文雅"都不是他所期许的生活状态，保持两者均衡，免于骤趋极端才是正途。所谓"质胜文则野，文胜质则史。文质彬彬，然后君子"，意思是说质朴若胜过文雅就会略显粗陋，文雅不受节制又会变得雕琢做作。[1]

在晚清变革大潮中，有关"文质之辨"的议论更多融入了与西方器技之道相关的内容。康有为在《大同书》中，对"文质"关系就有如下新认识：

> 夫野蛮之世尚质，太平之世尚文。尚质故重农，足食斯已矣。尚文故重工，精奇瑰丽，惊犹鬼神，日新不穷，则人情所好也。故太平之世无所尚，所最尚者工而已；太平之世无所尊高，所尊高者工之创新器而已；太平之世无所苦，所为工者乐而已矣！故为乐之工，以美术、画图、雕刻、音乐为本，而缩地、飞天、便人、益体、灵飞、捷巧之异器乃日新。[2]

康氏文中提到的"工"范围极广，并非现代人所狭隘理解的科技立国，还包括对艺术人文世界更高品性的探寻。"文""质"分

---

1 参见杨念群：《"文质之辨"与中国历史观之构造》，见《"感觉主义"的谱系：新史学十年的反思之旅》，北京：北京大学出版社，2012年，第105—111页。
2 康有为：《大同书》，见姜义华、张荣华编校：《康有为全集》第七集，第161页。

别与"工""农"对等而谈，以此界分"教化"与"野蛮"之别，大体上借镜的是西方现代文明标准，以此衡量中国文化品质的优劣。类似议论在晚清不时出现，如冯桂芬就曾说道："夫世变代擅，质趋文，拙趋巧，其势然也。时宪之历，钟表枪炮之器，皆西法也。"[1]

把"文质之辨"与"三世""三统"古义相衔接，再赋予其全球进化视野，唐才常以下的一番辩白更具冲击力：在唐才常看来，春秋拨乱反正之世，首先要确立一个"文家之记号"，这个记号就是文王，就是"大一统"的标记，其余称"王者""新王"。无论怎么称呼，都必须集中于孔子这个象征进行统一解释。孔子是鲁国人，用鲁人身份代行王者之事，孔子无天子之位，只能空口传道，故有"素王"之号，这种说法属"质家之言"，继承的是殷商"尚质"传统，这个传统与周道"尚文"的"文家之言"那一派正相反对。

"文家之言"以文王作记号。那么为什么孔子是"素王"却能代周文王立言传道呢？因为孔子虽无位却有充当教化之王的资格，只不过受限于据乱、升平这两个小康阶段，只能采取一些有限改制措施，被称为"素王之法"。只有到了"大同"即太平世阶段，孔子才能以"文王"面目出现，宣示其微言大义，故称之为"文王之法"。"素王之法"相当于"尚质"阶段，"文王之法"则对应于"尚文"时期。

按唐才常的话说："盖文胜则救之以质，质胜则仍救之以文。

---

1 冯桂芬：《制洋器议》，见郑振铎编：《晚清文选》，第107页。

"天命"如何转移

文质两统，相为循环，而素王文王之义尽之。要之数千年后所以致全球于大同，登世界于极乐者，则终不越乎大一统之文家言。伟哉！质家治小康，文家治大同。质家显然改定之制度，为素王之法，二千年来阴用之而不觉。文家蔚然不尽之微言，为文王之法，二千年后，扩充之而无涯。综其指归，则曰元，曰大一统。大一统何？统于师而已矣。"[1]

总体而言，晚清学人仍坚持从传统经义出发诠释"大一统"观，并奉孔子为"大一统"之始作俑者，却大多融通了现代全球学理特别是进化史观。他们不满足于把"大一统"的讨论仅仅拘囿在传统地理和空间认知系统之内，而是力求在世界近代历史的演进脉络中重新梳理和定位其意义。

"大一统"观与近代有关"专制"问题之讨论

对《春秋》"尊王"意蕴的再诠释

中国近代有关现代国家建立模式之争论，大体呈现出"守旧"还是"维新"，"立宪"还是"革命"的二元分化态势。双方争议焦点最后又集中在是否推翻皇权这个关键问题之上。皇帝的去留大致有三个方案可供斟酌选择：一是继续维持皇权体系不变，皇帝仍然掌握实际权力；二是虚君立政，皇帝蜕变为一个象征符号，皇位虽予保留但被彻底悬置，具体行政机构的运转完全由宪政规范下的内

---

1 唐才常：《师统说》，见郑振铎编：《晚清文选》，第 504 页。

阁负责；三是彻底废除皇帝称号，改为通过多党竞争的方式实现民主决策。

革命党企图照搬西方民主模式，主张彻底推倒皇权，并不顾及皇帝代表的是一整套政治经济和文化的复杂系统。"立宪派"则认为皇帝权力的获取一直依靠"正统性"支持，具有神圣与世俗的双面象征意义，若轻易打倒，难免对传统体制形成一系列冲击。"立宪派"则坚奉君主制度皆出于"师"的设计，"师"就是孔子，他是制法之王，"君""师"皆受命于天，无论时代如何变化，这个原则不能动摇，需要调整的仅仅是对"正统性"内涵重新进行释读和理解。

如果站在西方政治理论的立场上观察，"大一统"观似乎始终对皇帝权威抱持认同赞赏的态度，有意无意为专制制度辩护，理所应当受到批判。可是实际情况却要复杂许多，皇位的去留不仅涉及权力主体发生更迭转换，还牵扯到在西方虎视眈眈企图瓜分中国时，如何维护国家主权的问题。

在晚清特殊语境中，讨论"专制"与"民主"方案不是基于某种立场选边站队，或者在非此即彼的二元对立观念中随意取舍，而必须与"统一"还是"分裂"这个民族存亡的大主题关联起来通盘考量。"大一统"观阐释权力正统性时很大程度上仍强调对广大疆域的占有幅度，这条定则也是晚清改革者投入抵抗西方的救亡运动的心理依据之一。

检视晚清时期的各种政治言论，不少激进的改革者，在较长一段时间内都会坚持，皇权相对集中仍是中国保持大国优势的必备条件。维新派领袖康有为就引《春秋》经义喻示说："春秋之时，大国

　　　　　　　　　　　"天命"如何转移

求合，诸侯小国奔命。……此乃知后世郡县之制，大一统以尊天子，其利民之政虽不举，然所以君民相保、天下安乐者，视封建远矣。"[1]

康有为示意，一个王朝统治平稳的底线是维护疆域完整，民众虽无权而尚居小安，固然算不上理想之境，对比诸国相争的封建乱局还是要相对好一些，至少可以为其提供相对安定的基本生活条件。

严复的观点正好与康有为相反，他把"专制"看作一统局面形成后人民所不应该付出的苦痛代价，坚持认为："然则此例（指封建、分裂——引者注）独无有不行者乎？曰有之。则必君主之后，而继之以专制者也。如此，则其局可以不散，顾不散矣，而于民生则为至酷之事。国大而君不仁，流血之殃，行复见耳。百川汇流，日夜趋海，至海而畛域泯焉。百王竞兵，终于一统，至一统而专制成焉。"[2] "专制"形成固然有其内在动因，却不应该妨碍对其压抑民性的批判。

按照康有为的意见，君主专制对应于"据乱世"时代，是中国历史绕不过去的一个必经阶段，即使到了小康时期，君主集权也还需要保留一段时间。在这个阶段中，君权独断能够雷厉风行地解决一些棘手问题，不至于受舆论纷争的限制而遭拖延。他分析专制体系的特点时说："盖古者专制，君有全权，一能发明君心，引之志仁当道，则余事皆破竹而解，若不能从君心直截下手，而弹劾一二小人以鸣风节，谏除一二弊政，兴举一二善举，以为兴利除害，皆枝枝节节之为，于治国全体无当也。"[3] 康有为又接着补充解释说：

1　康有为：《我史》，见姜义华、张荣华编校：《康有为全集》第五集，第 74 页。
2　［法］孟德斯鸠原本：《法意》，严复译，第 233 页。
3　康有为：《孟子微》，见姜义华、张荣华编校：《康有为全集》第五集，第 479 页。

"此为据乱世专制特言之，若平世有民权，则异是。"[1] 这就把君主专制的权限严格设置在了某个特定历史阶段之内。

梁启超在讨论"一统"之优劣得失时一度也回避了政权是否专制这个问题，刻意突出君王集权在与民生息方面所起的作用。他说："凡变多君而为一君者，其国必骤强。"具体的例证是德、意、日这些现代国家原来都处于分裂状态，后来在一个君主的统领之下反而转为强盛，"彼昔者方罢敝其民，以相争之不暇，自斲其元气，耗其财力，以各供其君之私欲，合而一之，乃免此难，此一君世之所以为小康也"。[2]

康有为认为，从地形人口而言，君权专制在特定历史时期也有其存在的理由，因为"凡此古旧文明之国，则必广土众民，而后能产出文明。既有广土众民，则必君权甚尊，而民权国会皆无从孕育矣。……故中国之势，无从生产希腊、罗马之议院者，实地形为之也"。[3]

但是这种一统专制是以极端自我封闭为代价的，一旦开放就难以维持现状，必须改弦更张。康有为对此充满信心："中国万里数千年，已享一统之乐利。欧洲列国分立，经黑暗中世，千年战争，惨祸酷矣，乃得产此议院以先强，则有其害者亦有其利。然中国苟移植之，则亦让欧人先获百年耳。何伤乎！天道后起者胜也。"[4]

君主专制作为中国历史的一个必经阶段必然为新制度所取代，

---

1 康有为：《孟子微》，见姜义华、张荣华编校：《康有为全集》第五集，第 479 页。
2 梁启超：《论君政民政相嬗之理》，见汤志钧、汤仁泽编：《梁启超全集·第一集·论著一》，第 266 页。
3 康有为：《意大利游记》，见姜义华、张荣华编校：《康有为全集》第七集，第 382 页。
4 同上，第 383 页。

只是必须循序渐进方能达到目标。梁启超进一步用"三世说"对此图景的次第演化细加解释，他确信《春秋》中早已暗藏民主制构想，不过须先循"张三世"步骤渐次实行。

其分类策略就是："治天下者有三世：一曰多君为政之世，二曰一君为政之世，三曰民为政之世。多君世之别又有二：一曰酋长之世，二曰封建及世卿之世。一君世之别又有二：一曰君主之世；二曰君民共主之世。民政世之别亦有二：一曰有总统之世，二曰无总统之世。多君者，据乱世之政也；一君者，升平世之政也；民者，太平世之政也。"[1]这就是所谓"三世六别"演进序列，不得任意更改跨越。

"大一统"观与专制主义的关系及其批判

晚清思想界无论哪一派，无论采取何种形式的论述，在20世纪初都已达成基本共识，那就是坚信君主权力必须受到限制，帝王专制的历史实效性已经过期。尽管步入近世以来，"大一统"观仍对维护中国疆域领土完整具有镜鉴意义，却再也不能成为替皇权专制体系辩护的理由。严复对此早有察觉，他指出，"大一统"之古训在于"息争"，却忽略了何为进取之道。

中国人总是觉得比权量力的竞争有悖于人伦优雅风格的传播与彰扬，常常用息事止争的教训，诱使人民安于现状，声言"物不足则必争，而争者人道之大患也。故宁以止足为教，使各安于朴鄙颛蒙，耕凿焉以事其长上。是故春秋大一统者，平争之大局也。秦之

1　梁启超：《论君政民政相嬗之理》，见汤志钧、汤仁泽编：《梁启超全集·第一集·论著一》，第265页。

销兵焚书，其作用盖亦犹是"[1]，结局必然是"举天下之圣智豪杰，至凡有思虑之伦，吾顿八竑之纲以收之，即或漏吞舟之鱼，而已曝腮断耆，颓然老矣，尚何能为推波助澜之事也哉？嗟乎！此真圣人牢笼天下，平争泯乱之术。而民力因之以日窳，民智因之以日衰"[2]。正因贪图安逸而处息争之地，中国才失去了与西方角力竞争的资格。

梁启超断定若仍僵守"一统"之局，压制消磨蓬勃追求独立自由之民气，只是一种苟且偷安的策略："若我中国以数十代一统之故，其执政者枵然自大，冥然罔觉，不复知有世界大同，惟弥缝苟且以偷一日之安，务压制其民以防乱萌，而国政之败坏萎弱，遂至不可收拾。其国民受压制既久，消磨其敌忾之心，荡尽其独立不羁之气，以至养成不痛不痒今日之天下，此则二千年一统之国势所影响也。"[3]

要击破"大一统"专制压抑之象，不仅关涉制度建设前景，更是一种心理变革过程。严复就揭橥西方"自由"之要义，说明中西文化之异趋："彼行之而常通，吾行之而常病者，则自由不自由异耳。夫自由一言，真中国历古圣贤之所深畏，而从未尝立以为教者也。"[4]他分析其中原因："粗举一二言之，则如中国最重三纲，而西人首明平等。中国亲亲，而西人尚贤。中国以孝治天下，而西人以公治天下。中国尊主，而西人隆民。中国贵一道而同风，而西人喜党居而州处。"[5]

1 严复：《论世变之亟》，见郑振铎编：《晚清文选》，第 668 页。
2 同上。
3 梁启超：《论中国与欧洲国体异同》，见汤志钧、汤仁泽编：《梁启超全集·第二集·论著二》，第 199 页。
4 严复：《论世变之亟》，见郑振铎编：《晚清文选》，第 669 页。
5 同上。

梁启超为此曾下过"大一统"而竞争绝的断语，主张"竞争为进化之母"，他所理解的竞争已不单指国家之间，个人自立亦是其中应有之义。所谓"夫列国并立，不竞争则无以自存，其所竞者，非徒在国家也，而兼在个人；非徒在强力也，而尤在德智。分途并趋，人自为战，而进化遂沛然莫之能御"。[1]

个人性情受羁制而不张扬就会失去竞争力，导致"民气不伸"。他反复强调："若我中国人则非受直接之暴虐，而常受间接之压制，人人天赋之权虽说未尝尽失，而常不完全，被民贼暗中侵夺而不自知，故怨毒不深，而其争自存也不力。又被治之人，俄然而可以为治人之人，故桀骜愤激之徒，往往降心变节，工容媚，就绳墨，以求富贵，故民气不聚而民心不奋。……此中国历代君相愚民之术，巧于欧人者也。"[2]

"大一统"会造成"专制久而民性漓"[3]。类似"专制国之求势利者，则媚于一人；立宪国之求势利者，则媚于庶人"[4]的议论频频见诸舆论，最后难免把"专制"之弊归结于思想一统。

在梁启超眼里，政界并立，才能造就学界各派纷争不息，如果政界共主一统，学界与之相应就会形成宗师一统。中国在战国后，学派归入儒术一家，思想进步之趋势停滞不前。进化与竞争是相互缘附依

1 梁启超：《新民说·论进步》，见汤志钧、汤仁泽编：《梁启超全集·第二集·论著二》，第 577 页。
2 梁启超：《论中国与欧洲国体异同》，见汤志钧、汤仁泽编：《梁启超全集·第二集·论著二》，第 200 页。
3 梁启超：《新民说·论进步》，见汤志钧、汤仁泽编：《梁启超全集·第二集·论著二》，第 578 页。
4 同上，第 579 页。

赖的关系，若无竞争，进化机缘亦随之绝灭。"中国政治之所以不进化，曰惟共主一统故；中国学术所以不进化，曰惟宗师一统故。"[1]

西方学术也出现过由分到合，或由合到分的嬗递变迁过程，即使是思想趋向一统，也是凭借"自力"而成。中国统一进程与之相反，要凭借"他力"才能达至。梁启超对"自力"的界定是，"学者各出其所见，互相辩诘，互相折衷，竞争淘汰，优胜劣败，其最合于真理、最适于民用者，则相率而从之。衷于至当，异论自熄"[2]。所以西方才能就此订立"公例"。

所谓"他力"是指"有居上位握权力者，从其所好而提倡之，而左右之。有所奖厉于此，则有所窒抑于彼。其出入者谓之邪说异端，谓之非圣无法。风行草偃，民遂移风"。靠"自力"者学必日进，靠"他力"者学必日退。儒学统一中国学界乃是大不幸之事。[3]

中国思想界长期依靠"他力"的后果是，建设的主动力操持在帝王之手："帝王既私天下，则其所以保之者，莫亟于靖人心。事杂言咙，各是所是而非所非，此人心所以滋动也，于是乎靖之之术，莫若取学术思想而一之。故凡专制之世，必禁言论思想之自由。秦、汉之交，为中国专制政体发达完备时代，然则其建设之者，不惟其分而惟其合，不喜其并立而喜其一尊，势使然也。"[4]

为什么中国古代帝王在诸子百家中独独看中了儒学呢？原因是墨学主平等，大不利于专制；老子主放任，亦不利于干涉；法家玩

1　梁启超：《论中国学术思想变迁之大势》，见汤志钧、汤仁泽编：《梁启超全集·第三集·论著三》，第49页。

2　同上。

3　同上。

4　同上，第50页。

权术，言行过于功利。唯独儒家"严等差贵秩序"，并把思想决定权集中交付给君权处置，以用世为目的，以格君为手段，虽有"大同""太平"之义却隐而不宣，故特别适合帝王用来作为驭民之术的张本。梁启超把君主专制与儒术独尊关联起来论述，梁启超从此开启了批判孔学桎梏中国思想的启蒙之门。

晚清至民国，从批判君权专制的角度清算思想一统带来的危害渐渐熔铸成思想界的常识。一些苛骂斥责未免流于情绪化，另一些议论却析理透辟、击中要害。其中严复对"思想罪"的界定和商榷就是个鲜明例子。严复在翻译孟德斯鸠《法意》第十二卷第十一章"思想之狱"时，曾用文言文译了一段话："夫国法之所加，必在其人之所实行者。过斯以往，非法之所宜及也。"[1]

严复结合中国国情，从反专制角度对这条非"思想罪"解释加了一段按语说："国法之所加，必在其人所实行者，此法家至精扼要之言也。为思想、为言论，皆非刑章所当治之域，思想言论，修己者之所严也，而非治人者之所当问也。问则其治沦于专制，而国民之自繇无所矣。"[2]大意是说法律制裁的是那些付诸行动的犯罪之人，如果某个人只是在思想层面表达自己的观点，则法律不宜干涉定罪。他特意举了一个晚清变法的事例，说明对"诛心"之罪处理不当将造成何等严重后果：

戊戌时期清廷锐意革新，某官员上奏折攻击礼部尚书许应骙"腹诽新政"，臆测其内心反对变法，却毫无任何证据。皇帝令许应

1　[法]孟德斯鸠原本：《法意》，严复译，第363—364页。
2　同上书，第364页。

骘自辩以澄清自己无罪。这位诽谤许应骘犯下"思想罪"的官员因此举遭到革新与保守两派的共同谴责。

严复点评此事云:"夫其人躬言变法,而不知其所谓变者,将由法度之君主而为无法之专制乎?抑从君主之末流,而薪得自繇之幸福耶?"[1]严复痛心地感到,即使那些赞成变法的官员居然也大多从"诛心"的角度恶意揣测他人思想倾向,稍不顺从己意就随意扣上反对变法的罪名。长此以往,国人达于自由的愿望就会变得更加渺茫。他对那些空有变法意愿却无思想革新能力的人深表失望:"近世浮慕西法之徒,观其所持论用心,与其所实见诸施行者,常每况而愈下,特奔竞风气之中,以变乱旧章为乐,取异人而已。卤莽灭裂,岂独某侍御言失也哉。"[2]

"大一统"观与专制体系的关系可以从各个角度切入进行论析,其中一个极重要的议题是几千年来为什么皇权专制被理所当然地认为具有正当性。在梁启超看来,皇权貌似合理的自我圣化与普通民众利益无关,无非为皇帝一家之私谋取利益,其核心思想体系就是对"正统性"的阐说。

梁启超在《新史学·论正统》一文中考证"正统"的"统"字源于《春秋公羊传》中"王正月大一统"这句话,只不过春秋大义并非仅据"正统"一端就能够理解,而兼有"通三统"之深意在。"通三统"的精义在于"正以明天下为天下人之天下,而非一姓之所得私有",这点与后儒对"统"的解释正好相反。后儒的"统""始

---

1 〔法〕孟德斯鸠原本:《法意》,严复译,第364页。
2 同上。

"天命"如何转移

于霸者之私天下，而又惧民之不吾认也，乃为是说以钳制之曰：此天之所以与我者，吾生而有特别之权利，非他人所能几也"。[1]

西方"良史"在书写历史谱系时"皆以叙述一国国民系统之所由来，及其发达进步、盛衰兴亡之原因结果为主，诚以民有统而君无统也。借曰君而有统也，则不过一家之谱牒，一人之传记，……然则以国之统而属诸君，则固已举全国之人民视同无物；而国民之资格所以永坠九渊而不克自拔，皆此一义之为误也"[2]。

在梁启超看来，历朝帝王均私定统绪，视全民为无物，历代诠释"正统"完全围绕着帝王的名利得失展开，如有争辩也是以某个帝王的现实权益为转移。梁启超为此专门举出三国历史的书写分歧作为例子，说明构造"正统"谱系乃是为皇帝私家代言。陈寿曾撰《三国志》，力主魏国是正统，另一名史家习凿齿坚持蜀国乃是汉家正统。那是因为陈寿是西晋人，习凿齿是东晋人，西晋立都北方，东晋则于南渡后立国。如果陈寿不书魏国为正，那么西晋就是僭伪政权。反之，习凿齿不书蜀国承继汉家血脉，东晋偏安之局也同样得不到合理解释。后来北宋司马光以魏为正，而南宋偏安杭州，朱熹以蜀国为正，都是采取同样的历史态度，纷纷热衷于为帝王一家一姓争夺正统之位。[3]如果不彻底打破为一家一姓书写"正统"谀辞的旧习，中国就无法真正步入民主宪制的轨道。

1　梁启超：《新史学·论正统》，见汤志钧、汤仁泽编：《梁启超全集·第二集·论著二》，第 506 页。

2　同上。

3　参见同上，第 507 页。

什么是"君主无责任论"？

"正统"谱系的诠释大多与帝王如何垄断专制权力的私欲脱不了干系，这是梁启超借梳理"正统"书写规则，抒发对专制政体批判的一种独到见解。晚清变法期间，立宪派不得不面对一个难题，那就是如何在保留皇位的前提下，成功抑制专制权力的泛滥，保证宪政体系能够正常植根于中国传统政治架构之中。梁启超根据西方君宪法则提出了一个变革方案，他称之为"君主无责任说"。这个说法包含两层意思，一是君主无责任；二是君主神圣不可侵犯。

君主无责任的理由是，帝王在位数十年，即使是舜禹圣王复生，也不能保证其执政能力万无一失，西方立宪君主国的设计就充分考虑到了这一不确定性，所以采取了以下特殊的解决办法："凡掌一国行政之实权者，不可不负责任；既负责任，则必随时可以去之留之，而不能以一人一姓永尸其位。而所谓实权者，或在元首焉，或在元首之辅佐焉。苟在元首，则其元首不可不定一任期，及期而代。……今世立宪君主国所谓责任大臣是也。"[1]

梁启超归纳以上方法的核心思想就是，象征者无权，执政者无位，不可使权位集于一人之身。只有"有权无位"与"有位无权"这两类人相互合作，才能真正实现宪政的目标。"故夫一国之元首，惟无实权者乃可以有定位，惟无定位者乃可以有实权，二者任取一焉，皆可以立国。混而兼之，国未有能立者也；即立矣，未有能久存于今日物竞天择之场者也。"[2]

1　梁启超：《政治学学理摭言》，见汤志钧、汤仁泽编：《梁启超全集·第三集·论著三》，第 633 页。
2　同上。

在此设计中，立宪国之君被看作是一种"虚器"，取其象征政治社会文化的凝聚符号而保留之。在梁启超的鼓动下，对行政权与象征权实施分离成为晚清立宪派推行"虚君共和"构想的一个重要思路。

梁启超在《君主无责任之学说》这篇文字里，指出周秦诸子已发明"君主无责任"之义。其中讨论到君臣关系应是臣属多任其劳，君主不必事事亲力亲为，越俎代庖地代行其政务。他说："君臣之道，臣有事而君无事也。君逸乐而臣任劳，臣尽智力以善其事，君无与焉，仰成而已。事无不治，治之正道然也。人君自任而务先下，则是代下负任蒙劳也，臣反逸矣。"[1]这里分君主智慧高于众人和未必高于众人两种情况。

第一种情况是"君之智未必最贤于众也，以未最贤而欲善尽被下，则下不赡矣"[2]；第二种情况是"若君之智最贤，以一君而尽赡下则劳，劳则有倦，倦则衰，衰则复返于人，不赡之道也。是故人君自任而躬事，则臣不事事也，是君臣易位也；谓之倒逆，倒逆则乱矣"[3]。总之，如果权力只集中于君主一人，其执政时犯错误的几率一定高于臣属任事更多这种情况，故无论君主智慧是否高于众人，都应该建立足够强有力的制约机制对其权力实施监控。

杨度更进一步认为若君主有责任，那么政府必无责任，二者正相反对，互相冲突。中国长期处于专制状态，就是因为君主独揽大权，负有太多责任。他详细阐释了在君主无责任的条件下，内阁的

1　梁启超：《君主无责任之学说》，见汤志钧、汤仁泽编：《梁启超全集·第二集·论著二》，第 191 页。
2　同上。
3　同上。

执政功能应如何设计。西方责任内阁制贯彻的是"君主无责任"原则，"惟其君主无责任也，故大臣责任如此之重也。我中国因不知君主无责任而大臣有责任之制，故于所谓违法、失政之责任，不知其为何事"[1]。这是对政治中枢权力分配和使用完全不同的一种理解。

杨度对"君主"与"内阁"所应承担责任的辨析，暗含着他对晚清立宪改革实施不力的批评，大有影射时局的味道。他首先设想，在君主专制制度的支配下，即使成立了内阁，皇帝在选择内阁总理大臣时有可能出现三种情况：其一，他故意选择无能之辈充任此职，这是假设君主自身必备高超执政能力，足以驾驭全局。其二，总理大臣就职应完全取决于其是否有能力组阁，他接不接受任命亦属个人自由。可是在中国专制体制下，总理大臣一职本来就是供君王驱使，根本没有与其讨价还价的权利。其三，各部阁员大臣本应由总理亲自挑选组阁，在中国却径由君主颁布上谕予以特别任命，与总理并无直接关系，"此乃专制之国用人行政权专属于君主之结果也"。[2]

在杨度看来，由总理大臣组阁是为了"同一大政方针"，但是在中国，"一国政事，以为朝廷自有权衡，诸臣惟各钦此钦遵，循例供职，安有方针同一之可言？"[3]各部的阁员称职与否本应该视其与总理是否持有同一方针，"而中国则本不欲其与总理大臣同，君命既下，乌得言辞"。[4]总理大臣根本无权执行自身制定的政策，主导政局走向。

---

1 杨度：《金铁主义说》，见刘晴波主编：《杨度集（一）》，第 314 页。

2 同上，第 315 页。

3 同上。

4 同上。

在西方世界中，总理制定的大政方针如果不为君主所采纳，就可以选择辞职。中国政府本来就没有充分表达施政意见的自由，内阁成员作为臣属反而有受恩深重的顾虑，根本不敢做出辞职这样的举动。中国君主不经过内阁总理副署就可直下谕旨，不受内阁政令的约束，政府只不过是皇帝的傀儡罢了，只能唯唯诺诺地作为"无责任之政府"苟且存活。

有趣的是，杨度曾举"同乡团拜会"的运作为例，比拟君主与内阁、人民与国家的关系。经理"同乡团拜会"之会务者名为"值年"，由各会员轮流充当，相当于"世袭君主"或者由国家选出来的"大统领"。团拜会每年都要演剧娱乐，其组织程序类似于宪制国家的组阁过程。会员为演剧凑钱，好比为国家纳税。

在这个组织架构中，演剧事务统一由班头安排，不是值年的责任，如值年插手干预就会出大问题。值年仅负责选取惯于演戏的班头召集戏班，班头全权负责挑选演出所需的服饰、剧目和演员。

如果以"团拜会"的组织作比拟，当时清政府大多数官员就像不知演戏为何物的班头，登台只以逢迎讨好值年为目的。对此官场丑态，杨度曾有一番生动的描述："其登台之后，即亦并不演剧，而惟以争攫戏钱为事，有时故意为之，以掩人耳目，则又并无一定之戏名，不知所演者为何剧，或则说闲话，或则唱村歌，或则唱八股，或则唱试帖；要之，所唱者皆非戏也。此其时又夹以乱吹之笛、乱敲之鼓，丑态百出，怪声盈耳。今中国政府中衮衮诸公之所为，实如是也。"[1]结果只能是："责之值年一人，必无好剧，责之君

1　杨度：《金铁主义说》，见刘晴波主编：《杨度集（一）》，第318页。

主一人，必无善政。"[1]

改变君主专制体系下政府无责任状况的唯一办法就是模仿"团拜会"剧班的组织方式，"团拜会"会费不可集中在值年手中，而是由会员根据自己对戏剧演出效果的满意程度自行交纳。如果戏班贸然登台却表演拙劣，会员有权拒绝交钱。"是则戏班之良否，由于会员之评判，戏班之去否，由于会员之操纵，则值年虽欲不觅优善之戏班而不能，如〔戏〕班即欲对于会员不负责任而不能矣。因此而值年之有责任，变而为戏班之有责任，前之媚值年者，转而媚会员矣。"若以此法比拟政府机构，"即国会所以监督政府之法也"。[2]

康有为曾设想，既然君主专制令人恐惧，民主共和易酿混乱，那就不妨保留纯属形式化的君位，同时设计出限制其威权的一系列宪制程序。他形容说，保留君位就好比为共和制设立一个保险公司："夫立宪与共和，皆以国为公有，无分毫之异也，所异者国有木偶之虚君否耳。无木偶之虚君，则人争总统而日乱；有木偶之虚君，则人争总理而不乱。故立宪之有虚君，犹商务之有保险公司云耳；民主之无虚君，犹商务之无保险公司云耳。若无保险，猝有水火之灾，则资本易丧；若有保险，则频遇水火，资本仍存。"[3]从长治久安的角度立论，中国只有实行虚君立宪之法。康有为与梁启超和杨度一样认定，"立宪之大制，君主不负责任，君主不能为恶，若是之君主，必为木偶而后能之也"[4]。

1　杨度：《金铁主义说》，见刘晴波主编：《杨度集（一）》，第319页。

2　同上，第320页。

3　康有为：《中国今后筹安定策》，见姜义华、张荣华编校：《康有为全集》第十集，第339页。

4　同上。

"天命"如何转移

"君主无责任论"与"虚君共和论"的提出，意味着晚清思想家开始把"专制"与"大一统"的议题进行了脱钩处理，以便于在现代政治变革实验中为中国传统思想的利用预留下一席之地。

结　语

晚清思想界讨论时势话题使用的词语大多为西方概念所模塑包装，重大问题意识和基本思维导向也貌似为西方议题所支配。话虽如此，如果仔细研读晚清以来的思想文本，其中仍然隐约闪烁着中国古典思想的粼光片语，只不过其表层经常包裹着西学外衣而略显晦暗褪色而已。

"大一统"观在近代中国的命运浮沉就大可作为一个典型文本加以分析。严复当年翻译孟德斯鸠《法意》第十九章"专制国之真相"时，即径直使用"广土众民而大一统者，专制国之真相也"[1]，这样的表述说明"专制国"的特点。严复把孟德斯鸠原文中地域广阔、人口众多的现象，用"大一统"三个字加以概括，显然是其潜意识里所做出的一个"跨语际"反应，说明"大一统"这个经学语汇仍然具有相当深厚的生命力，在很大程度上支配着近代学人对现实变革的想象。

"大一统"观在现代西方叙述逻辑的夹缝中时隐时现，本身就昭示出晚清学界在摄取各类思想时的庞杂多样态势。"大一统"观

1　[法]孟德斯鸠原本：《法意》，严复译，第234页。

在舆论界发挥影响也极易引起变革群体的分化。在晚清思想体系中，"大一统"往往容易让人联想起某个王朝依靠武力征伐导致万马齐喑的惨痛历史，与列国竞争的精彩局面正相反对。特别是秦始皇建立郡县制后窒息压抑了学派多元发展的活力，被讥刺为现代民主制度惨遭剿杀的专制祸首。于是清算"大一统"观之余毒，树立新型"国家观"就持续成为中国人摆脱专制集权束缚的首要任务。

"爱国"不仅成为全民动员的口号，也是重新书写中国历史必须遵奉的信条。梁启超撰写《新史学》即以塑造"国民"身份为史家之基本职责，明确与"爱国"的政治感召口号互相呼应。与之相关，晚清政权因长期遭受西方欺凌而积弱不振，又使得思想界常常陷于国土被瓜分撕裂的亡国梦魇之中。在选择建国道路时，那种极易让人产生分裂国家联想的"地方自治"制度，似乎难以为大多数变革者所接受。民国初年，舆论界大量出现援引"大一统"经义批驳"联邦制"不合国情的言论也就不足为怪了。重述"大一统"观恰恰与风行一时的"爱国论"构成截然对立的两极，同时成为建立现代中国国家话语不可分割的组成部分。

不同的声音也时有显现，如梁启超在湖南推行新政时就力主彰显绅权，以期实现真正的"地方自治"。黄遵宪在南学会的一次演讲中批评"大一统"下的郡县制"其设官甚公，而政体则甚私也"[1]，呼吁"生于其乡，无不相习，不久任之患，得封建世家之利，而去郡县专政之弊，由一府一县推之一省，由一省推之天下，可以追共和

1　转引自梁启超：《戊戌政变记》，见汤志钧、汤仁泽编：《梁启超全集·第一集·论著一》，第 624 页。

之郅治,臻大同之盛轨"[1]。黄遵宪直接把现代地方自治方案视为破除郡县专制弊端的良方，由此可以想象，把"大一统"等同于专制制度痛加批判的言论在当时肯定拥有一些支持者。不过这类要求自治分立的声音毕竟相当微弱，难以与"一统"的呼声分庭抗礼。

我们发现一个现象，晚清末年，无论"立宪派"还是"革命党"均对中国未来将步入宪政立国的道路不持异议，他们之间的分歧主要集中在实现立宪目标的具体步骤，以及在践行时间的快慢节奏上各持己见，互不相让。

"立宪派"并非如革命党所诟病的那样视民主政治如洪水猛兽，而是把"民主"社会当作完美的终极阶段规划在了未来大同世界里。在康有为心目中，"大同"之境才是"大一统"实现的终极目标，在此之前，各种渐进演化步骤仅仅是权宜过渡阶段。"通三统"构想即循此思路设计，到了太平世阶段，康有为提出的变革远景反而比革命党的现实关怀更加激进。"立宪派"的主要关切点是如何更加合理地利用传统观念，从中寻求变革方案。

民国初建以后，孙中山等革命党人开始从更加现实的角度反省民国建设方略的阙失，特别是在处理族群和疆域问题时重新回归到了"大一统"观的历史脉络之中进行思考，"大一统"观在某种程度上已成为不同政治群体共享的古典思想资源，并持续发挥着影响力。

---

1 转引自梁启超：《戊戌政变记》，见汤志钧、汤仁泽编：《梁启超全集·第一集·论著一》，第 625 页。

第七章　清帝逊位与民初统治合法性的阙失

引言：“正统性”危机的发生与“合法性”建立的困境

从革命史叙事的角度观察，辛亥革命导致清朝灭亡与民国肇建完全是一种历史必然性的演进过程，“革命”成功摧毁皇权，结束千年帝制造成的破坏性后果就已天然证成了民国立国的历史合理性。近年来法学界却出现了不同的声音，一部分法学家认为，“革命”本身并无法证成清朝灭亡与民国肇建之间发生的权力转移具有不证自明的替代关系，只有经过清帝逊位的正当程序才避免了因革命战乱导致的无序糜烂局面，为中国现代民主宪政制度的建立奠定了基础，故而是一场类似于英国的“光荣革命”。[1]

本章不打算纠缠于“革命”与“逊位”到底哪一种行动决定了国体更替性质的争论，而是想另辟一个论题，即拟从民国肇建过程中出现了“合法性阙失”这一现象入手，重新审视传统因素在清末

1　比较有代表性的观点可以参见高全喜：《立宪时刻：论〈清帝逊位诏书〉》，桂林：广西师范大学出版社，2011年；章永乐：《旧邦新造：1911—1917》，北京：北京大学出版社，2011年。

民初转型过程中所表现出的复杂意义。[1]

按常理而观，民国肇建理应是清朝"正统性"丧失所造成的直接后果，但清朝失去其统治威权并非简单地就能推论出民国毋庸置疑地具备了统治合法性，"正统性"与"合法性"应该分属两个相关的题域，不可混为一谈，以往的革命史叙事并没有把两者做出区分。所以我们首先拟对这两个概念做一点分疏辨证，以作为后文讨论的基础。

首先需要对清朝"正统性"的成立缘由及其发生危机的原因略作辨析。一个王朝"正统性"的确立与王权对政治—社会与文化—道德的整合能力有关。辛亥革命发生之前，经过西方的冲击，清朝固有的传统秩序已经趋于凋零瓦解，革命只是给予其致命的一击。其整体意义上社会政治和文化道德的解体，不仅仅是王位垮塌所直接造成的，而是历史长期酝酿积累的结果，正统性危机的产生亦是由复杂的合力作用所致。[2]

"正统性危机"在其他文明转型的过程中也曾发生过，因为每个文化架构都有一个神圣的核心，这个神圣核心往往起着高度统摄各类政治、文化和社会因素的作用，它能使这些因素各归其位，

---

1 王汎森曾经注意到中国近代思想转变中传统因素所起的作用，并探讨了近代中国自我人格与心态之塑造过程中，传统思想资源所扮演的角色。但他主要关注的是理学与心学在近代复兴的问题，而我的关注点则聚焦于清末民初知识人对民国政权合法性的讨论及其与清朝"正统性"的关系。（参见王汎森：《中国近代思想中的传统因素——兼论思想的本质与思想的功能》，见《中国近代思想与学术的系谱》，台北：联经出版公司，2003 年，第 133—159 页。）

2 关于"普遍王权"对整合中国政治、社会和文化功能的讨论，参见［美］林毓生：《中国意识的危机："五四"时期激烈的反传统主义》，贵阳：贵州人民出版社，1988 年，第 23 页。

发生综合的影响力，其社会成员也能通过此核心认清自身的地位，获得某种认同感。人类学家又称此"文化架构"为"主导性虚构"。这种威权背后的文化架构被认为是永恒不朽的"传统"，其合理性根本无须自觉特意地加以论证，也是"正统性"得以成立的核心意义之所在。如果置于中国历史中观察，所谓"主导性虚构"大意是指传统王权在整体上具有凝聚和维系政治、社会与文化的关键作用，而不单单指作为整合符号的皇位本身。[1]

"合法性"与"正统性"的区别在于，人们不再依赖"主导性虚构"来寻究生活的意义。在新的政治体制下，民众通过构造新型的法律纽带联系在一起，大多相信政府是按照正规的程序制订和使用法律的，相信单凭法制的力量就能安排好社会秩序，实现美好的生活。这种信念已超越传统意义上对君主威权和文化原则的信任。与之相对照，那些在现代法律制度之外难以界定和规范的传统处事原则因此渐渐失去了作用。

"革命"的发生往往正是从质疑文化架构的有效性开始的。例如法国大革命向旧制度发动攻击时，就首先对王权所拥有的统合政治、社会与文化的能力发起挑战。但法国大革命也同时造成一种困

1　罗杰·夏蒂埃曾注意到法国革命前后国王"象征性虚构"的形象逐渐衰退的问题。法国革命前，路易十四统治下精心打造的君主制象征体系陷入危机状态，国王虽然仍被当作父亲，但不再是传统意义上的神圣君主。其原因是民众对宗教的疏离感日益增长，国王所举办的国家仪式逐渐减少了民众的共同参与感，以及"公众舆论"引发的批判性思维削弱了君主绝对权威的根基。（［法］罗杰·夏蒂埃：《法国大革命的文化起源》，洪庆明译，南京：译林出版社，2015年，第125页。）与法国的情形相比，中国皇权维持其"主导性虚构"仪式更多地封闭在宫廷范围内举行，民众无缘参与，对其神秘性的想象反而是皇权维系正统的重要心理支柱，这点似乎与法国君主有别。

境，即当激进派反对传统的威权模式，揭露旧制度下"主导性虚构"中的虚构性，并将其尽情展现时，却同时在社会和政治空间里诱发出了可怕的真空状态。真空的出现必然会导致如下疑问的提出，那就是社会的新核心在哪里，如何表现这个核心？是不是应该产生一个并非神圣的新核心？新政治威权和民主制度需要新的"主导性虚构"，但其基础应该置于何处仍难确定。[1]

与法国大革命相似，辛亥革命推翻清朝统治后也出现过类似的"真空"状态，如果换一种说法就是新政权出现了"合法性阙失"，"合法性阙失"与传统王朝的倒塌所引起的"正统性危机"相联系，构成一种相互衔接的连续性历史过程，却又有本质的差异。

谈到"合法性阙失"，首先有必要厘清这个概念与"合法性危机"之间的区别。一般社会科学讨论"危机"时总是认为，当一个社会系统所提供的解决问题的可能性，不足以维持该系统继续存在时，危机就发生了，危机被看作是系统整合的持续失调，表现为社会制度的解体。

按此标准衡量，清朝末年的统治趋于紊乱崩解的状态，也可以被视为发生了"危机"，我称之为"正统性危机"。辛亥革命的成功摧毁了清朝的统治，在表面上终止了其"正统性危机"的延续，但这并不意味着民国政府会自然而然地进入正常的秩序重建之中，而不会出现任何问题，只不过其出现问题的程度是否严重到可以用"危机"来加以界定则颇有疑问。这也是本章慎用"合法性危机"

---

1 参见［美］林·亨特：《法国大革命中的政治、文化和阶级》，汪珍珠译，上海：华东师范大学出版社，2011年，第108页。

理解民初政治运作的原因。

　　一般而言，对"合法性危机"的一个比较正规的解释是，僵化的社会文化系统无法通权达变、调整职能，以满足行政管理系统的需求。[1] 这段对"合法性危机"的定义是对资本主义体系已经进入成熟阶段的判断，比较适用于西方晚期资本主义发展状况的评价，而不适用于探究刚刚处于民主建设起步阶段的民国初年历史状况。故我更倾向于借助"合法性阙失"这个术语来观察民初的政治现状，以区别于描述资本主义成熟期的"合法性危机"这个术语，也想借此说明民初统治所出现的合法性问题远未达到发生全面"危机"的程度。

　　尽管如此，如果按西方民主政体的标准加以衡量，民初的合法性统治虽仅处于胚胎萌芽的阶段，但其暴露出的一些迹象却与"合法性危机"所发生的机制有些许类似的地方。比如"合法性危机"发生的原因往往根源于宪政制度运转过程中不尊重传统因素的制约作用，而只认可法律的约束力。因此，要克服"合法性危机"就必须既让人们相信法律制度是合法的，政权可以按照正规程序制订和使用法律，又要防止人们把合法性信念过度缩窄为对法制程序的尊崇，似乎只要做出决策的方式合法就行了，而丝毫不顾忌第二个条件，即建立规范制度必须具备充分的根据。[2]

　　就清帝逊位前后的形势而言，民国迫切需要汲取西方的宪政规条建立起自身民主制度的合法性，却相对忽视了如何有针对性地

1　参见［德］尤尔根·哈贝马斯：《合法性危机》，陈学明译，台北：时报文化出版有限公司，1994 年，第 99 页。

2　参见同上书，第 129 页。

汲取清朝遗留的"传统"以作为宪政改革的辅助因素。[1]从这一点观察，民国初年对传统的漠视和对法律制度的执着追求，似乎很适合用"合法性危机"这个术语加以解释，但民初毕竟刚刚建立起新的统治格局，因此只能说是在建立"合法性"过程中出现了一些弊端，而不宜用发生全面"危机"对此进行描述。

我的理解是，一个新生政权如果对法律的过度依赖没有合理的传统政教关系做支撑，就很难具有真正的"合法性"。由此推知，"合法性"的建立可能还需部分汲取清朝中残存的"正统性"成分，作为建立新型政治秩序的基础，否则就会出现统治合法性的阙失状况。因此，如何有效地继承清朝遗留下来的某些"正统性"因素，就有可能成为民初建立其统治合法性的关键步骤。

毫无疑问，所谓"正统性"不是单纯指涉某种具体的政治权威或是对政治体制某一特殊面相的描述，而是基于官僚、士人与民众对清朝君权具有统合维系政治、社会与文化能力的信任。清朝要确

---

1 马克斯·韦伯曾经指出，政治要具有正当性大致须符合三种理想类型的支配，即"传统型"、"卡里斯玛型"（个人魅力型）和现代"法规型"。但这三种类型不是以纯粹形态出现的，而往往可能相互渗透和交叉。（[德]马克斯·韦伯：《韦伯作品集Ⅰ：学术与政治》，钱永祥、林振贤等译，桂林：广西师范大学出版社，2004年，第198—199页。）通常对一种秩序的默认，除了决定于形形色色的利益主体外，只要不是全盘更新了规章，还取决于对传统的忠诚和对合法性的信仰这两个因素的混合。当然，在多数情况下，行动者服从秩序的时候并不会意识到在多大程度上是出于习俗、惯例还是法律。（[德]马克斯·韦伯：《经济与社会（第一卷）》，阎克文译，上海：上海人民出版社，2010年，第129页。）有政治学家意识到，在过渡时期，只要那些主要保守团体的符号和地位没有受到威胁，即使它们失去了大部分权力，民主反而容易更有把握地加以贯彻。有一个奇怪的事实是，欧洲和英语系的十二个稳定民主国家，有十个是君主政体。由此看来，合法性的一个主要来源在于，在新的组织和制度逐渐产生的过渡时期，应该保持重要的传统一体化组织机构和制度的连续性。（[美]西摩·马丁·李普塞特：《政治人：政治的社会基础》，张绍宗译，沈澄如、张华青校，上海：上海人民出版社，2011年，第48—49页。）

认其政权具有"正统性"必须具备两个核心条件：一是具有"大一统"的疆域观和与之相对应的治理格局；二是建立在有别于西方意识形态基础上的"政教观"和道德实践秩序之上。

从第一点来看，清朝实际控制着有史以来最为广阔的疆域领土，其成就远超历代，当然可以作为其建立自身"正统性"的一大要素。从第二点观察，中国古代王权均认为，政治的合理运转出于一种"教化"秩序的得体安排而非单纯的强制治理，由帝王到民众均要受到道德善行的训练，并落实到具体的社会管理之中；"政教"联动关系的实施主要由士绅阶层担当贯彻，在制度层面上则依赖科举制度的有效运行。从这一角度而言，"政教观"的普及与实践乃是清朝拥有"正统性"的道德与制度基础。

随着西方势力的逐步深入，清朝"大一统"格局遭到蚕食，而西方教育体系的引进则直接导致科举制最终走向消亡。由于新教育的实施和普及，士绅阶层渐趋分化瓦解，支持王权"正统性"的要素纷纷分崩离析，政治社会空间呈现出可怕的真空状态。与之相对应的是，辛亥以后新型政权的建立基础是按照西方宪政制度的设计刻意加以安排的。民国政权的主导者认为，只要按照法制信念做出决策，就能天然获得政权的"合法性"。这种思路并没有意识到，新政府同样需要一个"主导性虚构"，即需要通过对清朝"大一统"疆域观和"政教"关系的反思与继承，重建新生政权的"政治—社会"和"文化—道德"的整合能力。

如果进一步引申，民初出现的"合法性阙失"与"正统性危机"的区别乃是在于，清朝"正统性"的证成既依赖于"大一统"疆域的完整维系，又依靠政教关系对政治权威的有效支持，而这两大要素恰恰是由作为"主导性虚构"的君王加以凝聚和实施的，因为清帝作为统治广大疆域中众多民族的共主形象，具有以往汉人君主无法具备的统合多民族群体的象征意义和治理能力。

当然，这套系统发生危机的原因是因为建立在原有科举制基础上的政教关系不适应现代科学教育和职业训练的要求，而民国在构造其自身合法性的过程中，则恰恰没有充分注意到如何合理汲取清朝"正统性"的两个核心要素中的有益成分：民国党人既没有考虑如何解决清帝作为多民族共主形象的作用被消解后所遗留的疆域与民族问题，又没有考虑如何解决政教关系解体后所产生的道德文化真空问题。

早期革命党人曾以传统的"夷夏之辨"论述作为反抗清朝统治的思想武器，对是否继承清朝"大一统"疆域观态度十分暧昧。民国初建时，舆论界又长期徘徊于到底应该采纳西方"联邦论"还是"民族自觉论"的争辩之中。直到二十世纪二十年代以后思想界才出现重归"大一统"疆域观的迹象。在摧毁了清朝"正统性"的第二块基石"政教观"以及相关联的道德秩序之后，民国政府仅仅迷恋于宪政与法律制度的建设，并没有考虑即便是区分于旧王朝的政教系统，新政权的建立也无法忽视道德基础的传承与复兴，因为西式的宪政与法律制度并不能直接取代以往的政教关系而自动转变为新正统的源泉。

清帝逊位前后有关统治合法性阙失的议论

什么是革命后的"新纪纲"？

清帝逊位以后随即进入民国肇建时期，各个阶层对此剧变虽反应不一，总体感觉是大家都处于一种激情四射的亢奋状态，纷纷期待着万象更新局面的出现。与此同时，不同群体包括清末遗老、立宪派、革命党及地方士绅、学堂学子纷纷发表对鼎革之际国体变更的看法。他们之间虽然政见不同，却大体上均默认辛亥革命虽是突发事件，但是建立有别于旧王朝的新国家这个大趋势已无法逆转。然而出人意料的是，除了若干遗老发表不满言论外，与其立场迥异的立宪党人或完全站在其对立面的革命党人也不断群起抨击民国政局的弊端，这类议论甚至有融汇共鸣达于合流的趋势。

就革命党自身品质而言，立国之初确实在思想和行动上都没有做好建设新型国家的准备，他们全身心还包裹在革命浪漫氛围熏陶下的澎湃激情之中。胡汉民曾慨叹革命书生感染了政治浪漫主义的幼稚病，说"党人本多浪漫，又侈言平等自由；纪律服从，非所重视，只求大节不踰，不容一一规以绳墨。其甚者乃予智自雄，以讦为直"，[1] 这还仅是一段革命党人自我警醒式的独白。而身为立宪党阵营的梁启超更看出了仅凭"革命"的狂热心态可能对新体制造成危害。梁启超认为大家争说"革命""循此递演，必将三革四革之期日，愈拍愈急，大革小革之范围，愈推愈广，地载中国之土，只以供革命之广场，天生中国之人，只以作革命之器械"[2]。如果"革命"变成了一种习惯性的持续癫狂状态，肯定不利于对实际政治的革新。他质疑那些奢谈革命之人："公等为革命而革命耶？抑别有所为而革命耶？"[3] 一旦把"革命"当作形式话语反复使用，却忘记了革命的目

1　胡汉民：《胡汉民自传》，台北：传记文学出版社，1982年，第57页。
2　梁启超：《革命相续之原理及其恶果》，见汤志钧、汤仁泽编：《梁启超全集·第八集·论著八》，第579—580页。
3　同上，第580页。

的和真义，那就枉费了民国肇建付出的代价。梁启超由此得出结论说："革命只能产出革命，决不能产出改良政治。改良政治，自有其涂辙。据国家正当之机关，以时消息其权限，使自专者无所得逞。"

可以看出，梁启超抨击革命党的政治浪漫主义时，仍希图以西方标准来确立民国的统治合法性，即仅从单纯的宪政建设角度重建政治秩序，尚未考虑汲取清朝"正统性"要义以为民主政治的补充滋养。他又模糊意识到，民国政权缺乏一种真正令人信服的威慑力和统合体制。他把辛亥年的"革命"与历朝历代的"革命"做了一番比较，认为专制国革命后往往不过是变更姓氏，易姓而治，循环更替，但有规可循，如果从专制走向共和，却是无规可恃。

道理在于，无论何种"革命"，都面临"正纪纲"的问题，纪纲一立，才能做到令出必行，君主国自有其明确纪纲，数千年全恃君主一人尊严，"为凡百纪纲所从出"。[1] 但民国肇建之后，却没有现成的模式可资利用，舶自西方的一些政党政治的空洞原则，未必切于实用。他表示"畴昔所资为上下相维之具者，举深藏不敢复用，抑势亦不可复用，而新纪纲无道以骤立，强立焉而不足以为威重，夫此更何复一政之能施者！"[2] 这段话典型地透露出梁启超对民初政局因为缺乏一种能凝聚各方势力的"主导性虚构"，而可能出现合法性阙失的焦虑心境。

我们可以再看一段立宪派当年的论争对手章太炎对民初政局的观感。章太炎认为，南北议和之后，"种族革命"完成，"政治革

1　梁启超：《革命相续之原理及其恶果》，见汤志钧、汤仁泽编：《梁启超全集·第八集·论著八》，第 578 页。

2　同上。

命"却远未结束。在他的眼里，"所谓政治革命者，非谓政体形式之变迁，易君主为民主，改专制为立宪也；亦非以今为假共和而欲有所改更也。民之所望在实利，不在空权；士之所希在善政，不在徒法"[1]。这段话很明确地指出民国初建不应只发出尊重法律的空洞承诺，而没有更深层的具体动作。

章太炎的观察是，"立宪党"和"革命党"首尾相续，都要承担政事陷于糜烂的责任。因为"立宪党成立以后，政以贿成，百度废弛，具文空罘，有若蛛丝，视戊戌、庚子以前转甚"。[2]可是到了民国，情况同样未见好转，甚至比清朝还要糟糕，"至于新朝，蒙清余烈，政界之泯纷贪黩，又甚于清世"。[3]章氏认为"革命党"沾染上了立宪党的毛病，"然则暴乱者，革命党之本病也；贪险者，立宪党之本病也；变暴乱之形，而顺贪险之迹者，革命党被传染于立宪党之新病也"[4]。革命与立宪两党在政事改革方面做出的盲目激进之举措，才是民初政治缺少合法性支持的重要根源。章氏的这番议论虽有抨击 1912 年 11 月签订《俄蒙协约》的具体背景，不过仍可大体视为对民国肇建时期整体政局的悲观看法。

至于对民国政客的批评，章太炎更是与时人的普遍观点无异，比如他说："夫不言政治改革，而徒较计于阁员进退之间，以丧失官能之当轴，问党见纷纶之议员，去一鸡来一鹜耳。"再看下面这句："以游宴奔走为能，以秘密运动为美，各部衙门，贿赂公行，……求一位

1　章太炎：《发起根本改革团意见书》，见朱维铮、姜义华编注：《章太炎选集》，上海：上海人民出版社，1981 年，第 537 页。

2　同上。

3　同上。

4　同上，第 538 页。

置，馈银千两者，数有见告。"[1]素持最激进观点的党人陈独秀，也不禁一反常态地感慨"殉清"自尽的遗老梁济的境遇，声称只因为这民国世道充满了满嘴道德、暮楚朝秦般冯道式的"圆通派"政客，其人格之龌龊，令人不齿，远不如梁济这几根老骨头死得那般有分量。他的死是让世人看看，主张革新的人，是一种什么浅薄小儿！[2]

为了进一步证明对民国局势的不满绝非个别现象，我们还可举早年参加革命，却又与民国政治若即若离的李平书的话以为佐证。李平书早年入张之洞幕，在江南制造局任职数年，曾参与上海光复，但始终未介入民初政党的核心活动，属革命的边缘人物。他在陈述不赞成政党政治的理由时表示："政客托词共和国不可无政党，遂创立共和党，由江浙而各省。"袁世凯当上总统后"利用党人推行于北京，于是民党觑破其隐，立国民党以相抵制。而政客之祸，至于今日，愈演愈烈，皆由当日共和党魁所种之因，成此莫大之恶果，可为痛心"。[3]民国十一年（1922），李平书记述入京观感时，更是发出民国政局劣于清末的感叹："自表面观之，道路、警察、电灯、自来水、车辆，无不改良，而中央公园尤为特色。惟政务之敷衍，官僚之泄沓，更甚于清季。纲纪日弛，道德日丧，管子曰'四维不张，国乃灭亡'，可勿惧哉！"[4]以上判断是作为《且顽七十

1 章太炎：《发起根本改革团意见书》，见朱维铮、姜义华编注：《章太炎选集》，第538页。
2 参见陈独秀：《对于梁巨川先生自杀之感想》，载《新青年》第六卷第一号，1918年1月15日，第19—20页。
3 李平书：《且顽七十岁自叙》，见章开沅、罗福惠、严昌洪主编：《辛亥革命史资料新编》第二卷，武汉：湖北人民出版社，2006年，第146页。
4 同上，第149页。

岁自叙》的结尾道出的，可以代表他对民国政局的总体性评价。

无独有偶，民国初年一位留日归国学生也曾发出了类似的感叹。这位留学生在民国元年（1912）2月28日的日记中称："革命尚未成功，人人眩于目前之安，不肯从根本打算，争权竞位，意气横天，国家利害反置之度外。"[1]3月30日又说："至沪上，则见所谓志士者，莫不花天酒地，利海名场，终日昏昏，几忘国家大计、个人本分，不胜诧异。"等他回到湖南地界，发现"湘人之意见冲突，权利竞争，较沪上为尤烈"。[2]

民初在清华学堂读书的吴宓也同样对民国官场之丑态备极批评，说那些政界官僚"惟敛资财，积玩好，黄金满籝，坐贻子孙。即以贪黩去职，声名污丧，而作官营业之收场，总算发利市矣"。[3]就是在赋闲的时光里，也照样"处闲曹，备咨询，或以文学侍从，则又以蛰居守静为主义，尸位素餐，取法黄老，声色狗马，日劳其体而眩其心。至于责任之不容已，事务之无可懈置者，虽迫而强之，不顾也"。[4]他悲叹在上者流品如此，必然是"政刑不能胥举，群治终于腐败"。[5]甚至觉得民初专制情形甚于晚清，断言"共和以后，其专制横恣情形，比之前清末造，过之倍蓰"。[6]因为十余年前的中国虽处黑暗之中，却如睡狮才醒，维新之机萌动活跃，有

---

1 黄尊三：《留学、归国日记》，见章开沅、罗福惠、严昌洪主编：《辛亥革命史资料新编》第二卷，第265页。
2 同上，第268页。
3 吴宓：《吴宓日记（1910—1915）》第一册，吴学昭整理注释，北京：生活·读书·新知三联书店，1998年，第379页。
4 同上。
5 同上。
6 同上书，第485页。

　　　　　　　　　　　　　　　　　　"天命"如何转移

一日千里之势。可民初却是"百端颓废，人心日坏，天意难测。民生憔悴，达于极点。盗匪遍地，政刑失平。而人之对于身家，亦多抱消极主义。萧条艰窘，触处皆然。而风俗之侈靡浮荡，仍日甚一日"[1]，还不如清末政局那般充满活力和希望。即使是一名普通的乡绅也对民初世道人心的败乱摇首慨叹不已，山西太原县的一位乡绅就说民国之士绅多系钻营奔竞之士绅，非是劣衿、土棍，即为败商、村蠹，而够绅士资格者各县皆寥寥无几。[2]

对政党政治的失望

对民初政治的失望情绪如瘟疫般到处弥漫，最终导致一些热心政治的党人对政党政治失去了兴趣。即以政治名人梁启超为例，他曾乐观地宣称，中国既已转成共和立宪政体，"虽有贤至，虽有枭桀，亦岂能蔑弃政党，而独为治者？"[3]他坚信政党政治只要运作成功就能有效制约个人野心的膨胀和威权的独大，办法是以各党少数健全党员为中坚力量，通过他们熏染陶铸多数党员，就能达于先进国家的境地。结论自然是"萃群策以改造政党，其或视他业为易有济也"[4]。可是仅仅过了三年，梁启超对政党政治的参与热情就已荡然无存，他在《五年来之教训》一文中表示，确定国体对于政治变革而言虽然重要，却并非意味着政治就能进入良性运行的轨道。

1　吴宓：《吴宓日记（1910—1915）》第一册，吴学昭整理注释，第514页。
2　参见刘大鹏：《退想斋日记》，乔志强标注，太原：山西人民出版社，1990年，第336页。
3　梁启超：《敬告政党及政党员》，见汤志钧、汤仁泽编：《梁启超全集·第八集·论著八》，第543页。
4　同上。

他反思说，五年前变更国体的目的是为了克服以往政治的弊端，经过这几年的实验，团体翻覆飘摇，政治之弊并未消除，反而更添新弊，与最初期待无一相互呼应。原因就在于身任国事者多凭借权术谋取私利。梁启超承认出于党派本位的利益，略存谋私之心可以理解，却断言不可膨胀到置于国家利害之上，"夫苟以党派利害置于国家利害之上，非党派中之各个人欲遂其私者不至此，果尔，则亦纯乎私已耳。惟营私，故不得不乞灵于权术，然权术之为用，乃适所以自穷"。[1]

梁启超发表这段议论的背景当然与袁世凯篡国复辟有关，却也反映出对民初政治合法性出现总体性阙失的反思态度，于是逼出了一番自白与检讨。梁启超自称1915年以前的二十年政治生涯"惟好攘臂扼腕以谭政治。政治谭以外，虽非无言论，然匣剑帷灯，意固有所属，凡归于政治而已"，结果却落得个"败绩失据"的下场。[2]

经过深思苦想之后，梁启超意识到不但民初绝没有容纳政治团体活动的健康空间，就是中国人自身也缺乏组织政治团体之资格。他最后发现要实现上层的合理政治运作，必须从基层组织开始着手改造，于是其政论中开始出现"社会"一词，以作为政治变化的基础。他说，"吾深觉政治之基础恒在社会，欲应用健全之政论，则于论政以前更当有事焉。而不然者，则其政论徒供刺激感情之用，或为剽窃干禄之资"[3]，这就涉及是否要恢复上下层相依相偎的政教

1　梁启超：《五年来之教训》，见汤志钧、汤仁泽编：《梁启超全集·第九集·论著九》，第 427 页。

2　梁启超：《吾今后所以报国者》，见汤志钧、汤仁泽编：《梁启超全集·第九集·论著九》，第 170 页。

3　同上，第 171—172 页。

"天命"如何转移

关系的重构问题。

在清末遗老中，有此相似议论者更是所在多有。一些遗老认为，即使建立共和制度是历史演进的大势所趋，也并不能完全证明清朝"正统性"彻底失效，或者民国自然而然地就有资格建立起自身的"合法性"。章梫就认为，大家对什么是"共和"均一知半解，"其于共和二字之名义，固未尝深考也。行之三年，变故迭出，民不聊生，上自士大夫，下至乡曲之妇孺，心目之中，皆知如此必不能立国"。[1]郑孝胥把这层意思表达得更加明白，他认为清朝在政府层面的执政固然有失，却并非暴虐到应该被彻底推翻的地步。他在1911年的《日记》里就说："政府之失，在于纪纲不振，苟安偷活；若毒痛天下、暴虐苛政，则未之闻也。故今日犹是改革行政之时代，未遽为覆灭宗祀之时代。"[2]

这表面上是为皇权的延续寻找一个恰当的理由，但从"正统性"的维系角度进行解读，未尝不可视为一个有历史感觉的视角。后面他又对民初政党的演变格局做了一点预测，说："使革党得志，推翻满洲，亦未必能强中国；何则？扰乱易而整理难，且政党未成、民心无主故也。"[3]如果从民初建立"合法性"的艰难曲折而言，这段话的确是切中肯綮之语。

从这点观察，同为遗老的严复则表达得比较含蓄。当有人问及严复为什么以往素主新学，却甘居于腐败的清廷之下受其统治时，

1　章梫：《劳山人正续共和正解跋》，见《一山文存》卷十，上海刘承幹嘉业堂民国七年刻本，第7页。

2　中国历史博物馆编：《郑孝胥日记》第三册，劳祖德整理，北京：中华书局，1993年，第1352页。

3　同上书，第1353页。

他回答说："尝读柳子厚《伊尹五就桀赞》，况今日政府未必如桀，革党未必如汤，吾何能遽去哉！"[1]意思是对革命党仿效实施汤武革命到底是否拥有合法性表示怀疑。

一般人认为清末遗老都是一帮顽固守旧的刻板冬烘先生，但前人研究业已论及，其实一些遗老当年多是与时俱进的人物。如梁济在1898年戊戌变法时期不但草拟条陈支持维新，而且为开化社会，表示不惜把钱赔干净也要支持彭诒孙办《启蒙画报》和《京话日报》《中华报》，以培植民众的维新意识。梁济投水自尽后，其子梁漱溟曾向舆论界提示说："那里知道二十年前我父亲也是受人指而目之为新思想家的呀。"[2]另一位遗老郑孝胥也有同样的经历。[3]劳乃宣也曾严厉批评光绪间的一些保守官僚"苟涉乎新者，一切罢之"，终酿成义和拳大乱，国几于亡的惨象，慨叹"偏于守旧之害，既如彼矣"。[4]还有一点可以证明梁济并不保守的例子是他完全认同清朝"正统性"以禅让的方式向民国"合法性"转移。比如他明确指出："中华改为民主共和，系由清廷禅授而来，此寰球各国所共闻，千百年历史上不能磨灭者也。"[5]故凡是违逆禅授的行为如袁世凯与张勋的复辟都是他所坚决反对的，可见梁济对民国具有传承清朝统治合法性的资格并非持抵拒心理。

1　转引自中国历史博物馆编：《郑孝胥日记》第三册，劳祖德整理，第1373页。
2　梁济：《梁巨川遗书》，黄曙辉编校，上海：华东师范大学出版社，2008年，第302页。
3　参见［美］周明之：《近代中国的文化危机：清遗老的精神世界》，济南：山东大学出版社，2009年，第11页。
4　劳乃宣：《论古今新旧》，见《桐乡劳先生遗稿》卷一，1927年桐乡卢氏校勘本，第27页。
5　梁济：《梁巨川遗书》，黄曙辉编校，第53页。

关键在于，清廷禅授之后，民国未必无可争议地具备了天然合法性，还要看其具体的政治表现如何。故有以下议论："谓非清国已就覆亡，而能以真正共和之心治民国，则清朝不虚此和平揖让之心；不以真正共和之心治民国，则清朝即亡于权奸乱民之手。换言之，即因禅让而民得安，则千古美谈，自与前代亡国有异。徒禅让而民不安，则一朝代谢，谓非亡国而何？"[1] 梁济直言"清国已亡，无须恋惜"，但民国不可辜负清朝的禅让之心，否则"民国未亡，若不重此立国之道，促使其国不国，岂不大可痛乎？"[2]

可是民初政客的表现却让他大失所望。在梁济看来，道德堕落、世教陵夷通常发生在亡国末季，开国时代应该万象更新，开国之人也不敢露骨地肆行不义，民国初年却到处都是反道败德之事。即使政客给自己寻找借口说，这是以杂霸权谋之术治国，那也是在枭雄豪杰初起时采用的策略。自执国柄以后就要尊敬儒修、崇尚德礼，而不能一味延续矫饰诈伪的治国风格，"万不能离乎天理民彝、五常八德诸大事，故一旦身居高地，手操一国风化之原，则顿改其杂霸权谋，不忍不激发天良，从根本上着想也"[3]。

这在民初到处弥漫着民主建国风尚的时局下，颇像不着边际的酸腐书生之论，梁济仍坚称民国即使采纳民主政治的思路，也不可轻易忽视前朝"正统性"拥有的制约力量。从后来民国政局的演变中观察，此论貌似迂腐无用，实则有其深刻的建设意义，至少彰显出民初政党一味从狭义宪政的意义上追求统治合法性的阙失。

1　梁济：《梁巨川遗书》，黄曙辉编校，第 54 页。
2　同上书，第 64 页。
3　同上书，第 78 页。

辛亥年（1911），梁济在呈送民政部长官代递的一份疏稿中，抨击民初政治之弊称："吾国今日之要害，是人敝也，非法敝也。夫法敝而国不治者，可于制度条文上斟酌损益，曲尽因时制宜之妙；人敝而国不治者，非从品行心术上认真砥砺，使天下回心向善，断无扶衰救弊之可言也。"[1] 这种"以义理为本位"而非"以大清为本位"的考量显然不是简单地用"殉清"揣测所能解释清楚的。"以义理为本位"的道德构想在现代政治中难以容身，因为无法通过制度化的尺度予以衡量和安置，现代政治更擅长于在法律体系中裁量个人的进退得失。

在梁济看来，一旦现代政治合法性被迫缩窄到法律制定和执行的程序之中予以定位时，将很容易造成"法敝"。因为人们会曲解法意，甚至故意钻法律的空子，以致造成"奸暴之人颇喜新法从宽，而良懦之民更失保障，亦相率为非。齐说这样年头不必有良心，不能顾脸面，明盗暗娼，悍然不顾"。[2] 法律缺乏文化因素的支撑同样会失去约束力，而民初统治合法性的阙失也恰恰是因为民国政府缺乏以往正统性资源的熏染与润泽。

从"种族论"到"同化论"："大一统"政治理念的复归

革命党人的"新夷夏论"及其批评

如前所述，清朝建立"正统性"的两个关键支柱之一是"大一

1　梁济：《梁巨川遗书》，黄曙辉编校，第 163 页。
2　同上书，第 79 页。

统"的治理观念及其实践经验。从观念层面而言，"大一统"是指中国境内多民族经过漫长历史演变，混融于一个共同体之中。从具体的实践形态观察，"大一统"则指王权如何合理有效地规划和维系不同民族在广大疆域中的独特位置。"大一统"不仅是一种理念，还是一套复杂的政治治理技术。其中"君权"起着凝聚"大一统"格局的象征符号作用，即扮演着"主导性虚构"的核心角色。

清朝帝王既沿袭了传统华夏的统治秩序和象征系统，从关外"戎狄"升格为统摄汉人江山的皇帝，又保持了关外满人的可汗制，用以控制八旗和满人民众；同时还冠有"转轮圣王"的称号，意味着自己是世俗世界和精神世界的双重主宰，时间、灵魂、肉身都围绕圣王转世轮回。他手中转动的法轮代表着帝国的武力扩张、历史更迭和时代终结。这种形象区别于周朝以来汉人赖以构建政治体系的"王道"，具有遥控蒙藏地区的象征意涵。[1] 显然这套多维形象系统具有比以往汉人帝王更加广泛的普遍象征意义。因此，在清帝逊位之后，如何合理地处理清朝"正统性"体系中的"大一统"理念和实践遗产，立刻成为新生民国面临的最大挑战。

平心而论，民国肇建之初，新政府领导人还没有从革命的激情余温中清醒过来，大多抱有只要依循西方民主道路即可顺利创建新型宪政模式的浪漫遐想，不仅对西方政治运作逻辑认识模糊，而且对如何协调其与传统王道治理体制的关系缺乏理性的思考。在创建民国的过程中，革命党人否定清朝"正统性"的思想资源主要借助

1　参见［美］柯娇燕：《中国皇权的多维性》，见刘凤云、刘文鹏编：《清朝的国家认同："新清史"的研究与争鸣》，第68—69页。

于宋明以来盛行的"夷夏之辨"种族论，实际上反向跨越了清朝业已形成并有效发挥作用的"大一统"历史观。清末盛行的"反满革命论"尽管在短时期内起到了强大的舆论动员效果，却潜藏着一个致命危险，那就是有可能瓦解少数族群对清朝多民族共同体的有效认同，以致民国肇建时期作为新生国体基础的疆域版图陷于分崩离析之时，革命党人所标榜的"反满"革命话语也随即遭到了质疑和否弃。

当民初各派党人忙于争辩如何建构民国政党政治的基本框架时，他们只是关心各自的政党运作与西方设定的民主程序是否合轨合辙，根本无暇顾及在清朝"大一统"格局崩解之后，如何重新规划界定全国疆域这个重要问题。党人行径屡遭时人诟病，大多与此有关。有关"反满论"遭到批评的约略情况，可以举一个例子加以说明：1913 年，清末官僚升允起兵反叛，他在檄文中就明确指出民国党人狭隘种族论的偏颇，其中说，"尝考《左氏》《太史公》及诸载籍，并称中夏、夷狄皆黄帝之裔，是种之同而无所谓外者也。乃今名号时效之，衣冠时袭之，正朔时奉之，婚姻时通之，而曰：'吾推倒君权，将以排外而保种'。何其懵无所知而颜之厚如此也！" [1]

这段文字明显提到了君权作为"主导性虚构"发挥凝聚作用的重要性，与立宪派一直坚持的"虚君共和"观点颇为接近。这就迫使革命党人必须重新考虑其他族群的感受，开始逐步建构起一套非汉民族也同属中华的文化论述。

1　转引自中国历史博物馆编：《郑孝胥日记》第三册，劳祖德整理，第 1470 页。

晚清遗老郑孝胥对于民国政府放弃"大一统"政治理念，同时缺乏疆域治理通盘规划的做法大加抨击。他在日记中表示："中国国土太大，自政府以至国民，于保国之法素不研究，边远之地尤属茫昧。……察其所以至此者，由人事废弛太甚。万里之外，名为领土，实则皆在若亡若存之间。加以强邻迫处，日近一日，渐使天然之形势变迁而成新局。昔之属于中国，今可谓之属于他国。盖主客之形已易，攻守之势亦殊故也。"[1]

郑孝胥在《觇国谈二》一文中则批评："守旧者喜持迂阔无涯涘之论，轻诋一切而无实行之策；趋新者稍窥他国政治而不能贯串，袭其现行之稿本辄欲仿行于国中。二者虽有一虚一实之殊，然于下手施行之真际，实皆茫然无睹则一也。"[2] 尤可注意者，郑孝胥通过此言有把自己刻意划出保守阵营的意图，与后人给他贴上的标签有异。从他发出如此切中肯綮的批评而言，这种身份的自我撇清也许不无道理。

表面而言，革命党人"反满"的激烈程度几可与明代遗民等而观之，比如以下言论就直接套用自明末遗民："南风不竞，恐残山剩水之无多；东门可芜，有秋菊春兰之未沫。"[3] "残山剩水"即为明末遗民对满族统治者染指汉人江山表达愤懑情绪的特定隐喻意象。[4] 甚至出于刺激煽情的考虑，革命党人在词语选择的粗鄙方面更加露

1　中国历史博物馆编：《郑孝胥日记》第三册，劳祖德整理，第1500页。
2　同上书，第1501页。
3　杨笃生：《新湖南》，见张枬、王忍之编：《辛亥革命前十年间时论选集》第一卷（下册），第647页。
4　参见杨念群：《何处是"江南"？：清朝正统观的确立与士林精神世界的变异》，第一章"'残山剩水'之喻与清初士人的'出处'选择"，第21—61页。

骨和不加掩饰。这方面的例子可谓不胜枚举，兹仅举两例为证。

第一个例子是邹容在《革命军》中高呼："吾同胞今日之所谓朝廷、所谓政府、所谓皇帝者，即我畴昔之所谓曰夷，曰蛮，曰戎，曰狄，曰匈奴，曰鞑靼。其部落居于山海关之外，本与我黄帝神明之子孙不同种族者也。"[1]

邹容的表述有两点值得辨析，其一是他使用了几乎与明代遗民相同的鄙视非汉人族群的语言；二是他头脑里"中国"的范围与明代的疆域基本相同，不承认关外属中国之地，这与清朝"大一统"历史观是截然对立的。

第二个例子是另一篇革命檄文《讨满洲檄》中，不但出现"逆胡""虏"等侮辱性称呼，更有"东胡群兽，盗我息壤"[2]这类描述。

尽管如此，在革命党人类似明末遗民的"反满"言论背后，仍染有近代民族主义的色彩，甚至杂糅了不少西方优生学意义上的民族论述。如《释仇满》一文就认为"蛮、貉、羌、狄者，乃犬、羊、狼、鹿之遗种，不可同群"的说法是落后的言论，这些族群不过是进化程度不同，并无贵种贱种之别。[3]又如陈天华的观点就带有明显的优生论腔调："盖政治公例，以多数优等之族，统治少数之劣等族者为顺，以少数之劣等族，统治多数之优等族者为逆故也。"[4]杨笃

---

1 邹容：《革命军》，见张枬、王忍之编：《辛亥革命前十年间时论选集》第一卷（下册），第 663 页。

2 章炳麟：《讨满洲檄》，见张枬、王忍之编：《辛亥革命前十年间时论选集》第二卷（下册），第 713 页。

3 参见《释仇满》，见张枬、王忍之编：《辛亥革命前十年间时论选集》第一卷（下册），第 679 页。

4 陈天华：《绝命书》，见张枬、王忍之编：《辛亥革命前十年间时论选集》第二卷（上册），第 155 页。

生更是把"排满"与排外看作一体之两面，展示了近代民族主义理念的双重政治意向。他说，"内部之吸集力与外部之刺激力相触而生者也，以排满与排外二重之刺激力，进入于汉种之心目"，汉种经过自我力量的凝聚，再通过对非汉民族的提携，而后能集权于亚洲中央政府，以抗御白祸。[1]

无论革命党人的种族论变换了多少装饰花样，使得"反满"思潮貌似具有了区别于"夷夏之辨"的理论样态，然而其关键的内核思维却否认多民族拥有各自的合理位置，同时也间接否定了中央政府对"大一统"疆域的统治权。章太炎心目中的中华民国之疆域仍限于明代的统治范围，比清朝实际治理面积缩窄了许多。

正因为革命党人忽视对清朝多民族疆域"正统性"的继承，才使得中华民国在其肇建时期即遭遇到合法性统治阙失的巨大困境。

立宪派的"同化论"

与革命党的"种族论"不同，其论敌立宪派则素来主张淡化满人与汉人之间的种族界限，强调文化的力量对种族特性的塑造，故可称之为"同化论"。[2]"同化论"表面上与"种族论"相对立，实则仍是"夷夏之辨"历史观的一个变种，甚至没有超过雍正帝在

---

1 杨笃生：《新湖南》，见张枬、王忍之编：《辛亥革命前十年间时论选集》第一卷（下册），第614页。

2 关于"同化论"的观点，可以参见王春霞：《"排满"与民族主义》，北京：社会科学文献出版社，2005年，第196—197页。黄兴涛则认为，梁启超从"中华民族"多元一体的角度较早阐述了多民族共存与疆域形成之间的复杂关系。关于近代"中华民族"观念形成的详细梳理辨析，可参见黄兴涛：《民族自觉与符号认同："中华民族"观念萌生与确立的历史考察》，载《中国社会科学评论》2002年第一卷第一期，第196—218页。

《大义觉迷录》中对清代疆域的拓展与多民族共存之道的认知水平，只不过其表面包装了一层西方舶来的理论外壳。[1] 如杨度在《〈中国新报〉叙》中就认为五族之中，已进入国家社会，而有国民资格者，只有汉人。满蒙回藏四族，还处于宗法社会的阶段，"或为游牧之种人，或为耕稼之族人，而于国民之资格，犹不完全"。[2] 这个层级划分的依据完全出自西人甄克斯的社会进化理论，甄克斯把人类社会划分成蛮夷社会（无主义）、宗法社会（民族主义）和军国社会（国家主义）三个递进阶段。

杨度与革命党人的最大分歧在于，他虽承认满蒙回藏诸族之文化，不能马上进化到汉人的水准，却坚持诸族一旦脱离清帝国的疆域版图而自立出去，各立一小国，而"文化"程度不济，就有可能为西方势力所瓜分侵蚀。他认为，现有的清帝国疆域版图仍应该沿袭满族统治者的基本治理框架，结论是："是非谓满人为君主，则可以统制之，汉人为君主，则不能统制之也。"[3] 其意是说只有满人君主作为多维统治象征才能聚拢如此众多的民族于一统疆域之内，汉人君主因过度囿于"种族论"的狭隘视野，很难具备满人君主那样统摄多民族共同体的能力。

以汉人群体为主的革命党过度热衷于用种族区隔论作为"反

1　雍正帝已初步建立起满汉一体的论说体系，在与曾静的辩论中，他强调无论何种族群人入主大统都是合理的，关键在于其是否具有道德。比如他说："惟有德者乃能顺天，天之所与，又岂因何地之人而有所区别乎！"（《大义觉迷录》卷一，见中国社会科学院历史研究所清史研究室编：《清史资料》第四辑。）说明他基本接受了早期儒教思想中有关种族与文化关系的论述，只不过雍正帝作为满人并不承认汉人拥有更高级的文化和同化满人的能力，这与近代知识人所持有的"同化说"有异。
2　杨度：《〈中国新报〉叙》，见刘晴波主编：《杨度集（一）》，第 207 页。
3　同上，第 209 页。

"满"利器，排斥清朝藩部于未来民国疆域的规划之外，必然会导致国家分裂。有鉴于此，杨度认为"国体"的讨论并非重要的议题，"政体"所采立宪政治的形式才是最重要的步骤。按现在的观点看，在"国体"意义上保留皇帝位置的动议颇类似于现代社会科学对君主作为"主导性虚构"意义的诠释路径。

如略加申论，杨度的观点虽然借助甄克斯的进化观，却并非完全跃出了"夷夏之辨"的旧窠臼，只不过比革命党人更少凸显"种族"区隔的意义，而更加强调"文化"的同化力量。如他认为，中华的"华"字应该从文化上加以定义。杨度在《金铁主义说》中的释读颇为明确：

> 中国云者，以中外别地域之远近也。……中华云者，以华夷别文化之高下也。即此以言，则中华之名词，不仅非一地域之国名，亦且非一血统之种名，乃为一文化之族名。故《春秋》之义，无论同姓之鲁、卫，异姓之齐、宋，非种之楚、越，中国可以退为夷狄，夷狄可以进为中国，专以礼教为标准，而无亲疏之别。其后经数千年混杂数千百人种，而其称中华如故。以此推之，华之所以为华，以文化言，不以血统言，可决知也。故欲知中华民族为何等民族，则于其民族命名之顷，而已含定义于其中。与西人学说拟之，实采合于文化说，而背于血统说。[1]

杨度的这番议论是较为符合近代中华民族形成的大致走向的，

1　杨度：《金铁主义说》，见刘晴波主编：《杨度集（一）》，第372页。

特别是融合而非决然拒斥清季"大一统"历史观，只是在字面考证上并不严谨，故被擅长国学的章太炎抓住予以辩驳。章氏称"华之花为原字，以花为名，其以之形容文化之美，而非以之状态血统之奇，以可于假借会意而得之者也"。[1]章氏以字义训诂驳斥杨度之论，讥其言论为"奢阔"，未尝无学理之据，但在革命党与立宪派辨析"种族"还是"文化"因素决定民族交融大走向的缠斗格局中，未免显得强词夺理，处处落于下风。如章氏仍坚守《春秋》历史书写原意，贱视夷狄为非人，更是拘泥之语，显示出革命党人思维的偏狭性。

从整体氛围而言，清末民初持"同化论"者大有人在。如梁启超就从语言、居地、宗教、血缘等方面观察，得出"彼满洲人实已同化于汉人，而有构成一混同民族之资格者也"这样的结论。[2]又说："吾所主张，则谓满洲与我，不能谓为纯粹的异民族也。"[3]《东方杂志》曾发表一篇名为《息争篇》的文章，其观点与梁启超相近，其中说道，"吾族最富于同化外族之能力，而未尝终为外族所胜。本朝龙兴辽沈，提兵入关，二百年来风俗习惯，几已同化。虽满汉两族之等差，未尽平等，然影响所及，亦已微矣"[4]，由此可见当时舆论之一斑。

如果略作一点概括，种族论和同化论发生争议的关键并非表现在民族主义意义上的"反满"和"容满"的表层问题，也并非聚焦

---

1 太炎（章炳麟）：《中华民国解》，见张枬、王忍之编：《辛亥革命前十年间时论选集》第二卷（下册），第 735 页。

2 梁启超：《申论种族革命与政治革命之得失》，见汤志钧、汤仁泽编：《梁启超全集·第五集·论著五》，第 414 页。

3 同上，第 418 页。

4 蛤笑：《息争篇》，见张枬、王忍之编：《辛亥革命前十年间时论选集》第二卷（上册），第 628 页。

于"君权"还是"民主"的国体之争，其最重要的后果在于是否仍然承认清朝传承下来的"大一统"疆域格局的有效性。

对于"仇满"口号带来的种族论困境，革命党人并非没有觉察，他们在舆论宣传的策略上也逐渐有所调整，如早在"苏报案"发生后，即有人指出满人因为已同化为汉人，之所以拥有"满人"这个称呼"则亦政略上占有特权之一记号焉耳"，"故近日纷纷仇满之论，皆政略之争，而非种族之争也"。[1] 这就等于默认"同化论"亦有道理，只不过出于革命策略的考虑而不得不以"仇满"的激烈排外姿态招摇示众，以作为制造舆论的手段。

"人民主权论"的模糊性

随着局势的演进，革命党人也不得不认真汲取和应对立宪党人的"同化论"思想。一个需要解决的焦点问题是，清帝逊位以后，民国肇建初期重新确立新的统治主体即"人民主权"原则时，革命党人是如何面对清朝的"正统性"思想遗产的。这一时期的历史过渡性质恰恰说明，如果革命党人不放弃清末时期使用过的一些激进政治表述，就很难确立自身的统治合法性。

归纳起来，新政府大体上必须面对三个现实困境：一是"人民主体"的范围如何界定？二是作为统治主体的"人民"居住分布的空间到底如何界定？三是"人民"替代君主掌权后是否同样具有凝聚政治社会文化的象征力量？

---

1 《释仇满》，见张枬、王忍之编：《辛亥革命前十年间时论选集》第一卷（下册），第678页。

关于"人民"具有统治主体性的论述，孙中山在早期文章《支那保全分割合论》中就曾初步加以说明："惟有听之支那国民，因其势顺其情而自立之，再造一新支那而已。"[1]民国成立后，孙中山在《临时大总统宣言书》中则有明确的解释："国家之本，在于人民。合汉、满、蒙、回、藏诸地为一国，即合汉、满、蒙、回、藏诸族为一人。"[2]此段话有两点须略加解读，一是各民族意义上的"人民"，从民为邦本的被动客体，转换成了执掌国家政权的主体。二是合五族为一人是有条件的，那就是承认汉人在文化上的优势地位和"同化"能力，这明显接受了立宪派的"同化论"思想。

从地域上看，合五族为一国的定义就很明确，那就是以十九世纪以前完成省制规划的汉人居住地和蒙、藏、回人及维吾尔人居住的边疆地区合而观之，基本上恢复到了清朝"大一统"时期统治版图的规模。

尽管如此，"人民主体论"仍有若干疑问需要解决：

第一，既然就具体形态而言，"人民"一词具体反映出的都是活生生的族群关系，那么，民国是应该赋予"人民"完全的民族自决权呢，还是中央集权体制下有限的自治权利？或者选择一条走中间路线的"联邦制"折衷方案？

第二，"人民"取代君主成为统治主体后，似乎并不具备清朝君主统摄蒙藏等边远民族地区的多维象征能力，或者说缺乏"主导

1　孙中山：《支那保全分割合论》，见《孙中山全集（1890—1911）》第一卷，北京：中华书局，1981年，第224页。
2　孙中山：《临时大总统宣言书》，见《孙中山全集（1912）》第二卷，北京：中华书局，1982年，第2页。

性虚构"的整合力量。政党代议制似乎是个解决办法，但民初政党缺乏监督机制，遂成为政客角逐谋利的工具。革命党在回答以上问题时有一个曲折变化的过程，其间不断出现摇摆和调整。如孙中山早年即把"人民主权"理解为恢复三代之治，"立尊长所以判曲直，置乡兵所以御盗贼，其他一切共通之利害，皆人民自议之而自理之"。但随之他又认定"共和"就是中央政府驾驭下的联邦制。[1]

第三，日人松本真澄曾指出，在孙中山等革命党人的眼里，民国成立之际，中国的范围扩大至汉满蒙回藏之地，"反满民族论"过渡到五族共和论，再到同化汉人以外四族为汉人的"同化论""单一民族论"，孙中山晚年还提出"弱小民族自觉、自治论"的说法，在国家建设和谋求国际地位等方面与威尔逊的民族自决论相一致，在反对帝国主义方面与列宁的民族自决论相一致。但孙中山在构建中华民族观时对威尔逊与列宁的民族自决论进行了取舍，摒弃了其中的联邦制构想和分离权等内容，新增加了道德的、王道的、亚洲世界主义、反白色人种等与儒家和地区特定历史情境有关的要素。[2]

孙中山等革命党人尽管并没有完全解决"人民主权"如何替代清朝君主的统治象征性来源问题，然而在如何延续清朝"大一统"格局之正统性方面却做出了合理的抉择，对建立多民族共同体认识的逐渐统一适当缓解了民国肇建时期所面临的合法性阙失的困局。

1　《孙逸仙与白浪庵滔天之革命谈》，见张枬、王忍之编：《辛亥革命前十年间时论选集》第一卷（下册），第 750 页。

2　参见［日］松本真澄：《中国民族政策之研究：以清末至 1945 年的"民族论"为中心》，鲁忠慧译，北京：民族出版社，2003 年，第 6、105 页。

清末民初有关科举功能的再争议及其后果

"时文"即"科举":"科举制"被妖魔化的开端

清朝"正统性"之得以成立,在很大程度上依赖于"科举制"的支持。科举制并非如后人所想象的那样,仅仅是一种单纯的考试或教化制度,其最重要的功能是为整个皇权体系训练和选拔经邦治世的人才,为底层民众提供较为均等的受教育机会,鼓励其人生增加向上流动的可能性和希望。科举制基本上可以看作是为整个官僚体系输送血液的大动脉组织,这个组织系统一旦遭到破坏,王朝体系的运转就会迅速接近瘫痪。

少数学者已初步意识到了科举制的多样性作用,如余英时就认为,科举不是单纯的考试制度,它一直在发挥着无形的统合功能,将文化、社会、经济诸领域与政治权力的结构紧密地联系了起来,形成一多面互动的整体。[1]也有学者认为,科举制废除的一个社会政治后果即导致了传统"四民社会"的解体。[2]

就是这样一个起到如此关键作用的制度,在晚清却遭到了猛烈批评。各种抨击科举弊端的言论一直延续到科举被废的那一刻,从未停歇。其中最主要的非议聚焦在对八股"时文"的认识上。但那

1　参见余英时:《中国文化史通释》,北京:生活·读书·新知三联书店,2012年,第205页。

2　参见罗志田:《科举制的废除与四民社会的解体——一个内地乡绅眼中的近代社会变迁》,见《权势转移:近代中国的思想、社会与学术》,武汉:湖北人民出版社,1999年,第161—190页。关于科举制废除前后地方学务的变化情况,可参看沈洁:《废科举后清末乡村学务中的权势转移》,载《史学月刊》2004年第9期,第98—108页。

些批评科举弊端的人却几乎很少质疑"八股文"是否就能代表科举考试的全部内涵，以至于后世形成了一种误解，好像"时文"就是"科举"，或者说"科举"的全部内容就等于"时文"。

其实自北宋以来，批评时文误国的言论便层出不穷。这里无需过多追溯，晚清道咸年间孙鼎臣的议论便可作为代表"上之所以教，下之所以学，惟科举之文而已，道德性命之理，古今治乱之体，朝廷礼乐之制，兵刑、财赋、河渠、边塞之利病，皆以为无与己，而漠不关其心。及夫授之以官，畀之以政，瞢然于中而无以应，则拱手而听胥吏之为"。[1]孙鼎臣所指的"科举之文"即是指"时文""八股"这类文字。因为考试内容完全与"经世致用"无关，所以士人即使当官后也要依靠胥吏这些下层助手的实用技术治国理政。张之洞曾在同治二年（1863）的殿试对策中直接批评八股之弊说："夫所谓儒者，宗法圣贤，博通今古，以之为吏，谁曰不宜。今世士人，殚精毕世，但攻时文，一旦释褐从政，律令且不晓，何论致治戡乱之略哉！"[2]

近代中国在面临西学冲击的强大压力下，更是有人认为"时文"教育与后来的官仕生涯渺不相关。郑观应就说过："中国之士专尚制艺。上以此求，下以此应，将一生有用之精神，尽销磨于八股五言之中，舍是不遑涉猎。迨登第入官而后，上自国计民生，下至人情风俗，及兵、刑、钱、谷等事，非所素习；猝膺民社，措治

---

1 孙鼎臣：《论治二（节录）》，见璩鑫圭编：《中国近代教育史资料汇编·鸦片战争时期教育》，上海：上海教育出版社，2007年，第162页。

2 邓洪波等编著：《中国状元殿试卷大全》下卷，上海：上海教育出版社，2006年，第1947页。

无从，皆因仕、学两岐，以致言行不逮也。"[1]

到了晚清政治改革呼声日高的年代，对于时文弊端的抨击更是在激进士人的口中被推波助澜、逐渐升级，其中最为极端的言论竟然认定八股文必须要为亡国灭种承担责任。康有为就有如下武断的议论："而国弱之故，民愚俗坏，亦由圣教坠于选举、四书亡于八股为之。故国亡于无教，教亡于八股。故八股之文，实为亡国、亡教之大者也。"[2]

《康南海自编年谱》曾经记载了康有为与光绪皇帝的一段对话，其中就把士人攻读八股的危害性直接夸大到了耸人听闻的地步。康有为说，"故台辽之割，不割于朝廷，而割于八股，二万万之款，不赔于朝廷，而赔于八股，胶州、旅大、威海、广州湾之割，不割于朝廷，而割于八股"[3]，八股文要为割地赔款等外交失败负起全部责任。面对光绪帝的质询，这无异于是一种巧妙的激将法式的论辩策略。

唐才常也有类似的看法，他说："悲夫！吾中国之塞智摧权腐心亡种亡教以有今日者，其在斯乎！其在斯乎！"[4]晚清变革论者通过贬抑八股时文的作用，为政治改革的目标呐喊张目，但也逐

1　郑观应：《易言·论考试》，见夏东元编：《郑观应集》，上海：上海人民出版社，1982年，第104页。

2　康有为：《请商定教案法律厘正科举文体听天下乡邑增设文庙谨写〈孔子改制考〉进呈御览以尊圣师而保大教折》（1898年6月19日），见姜义华、张荣华编校：《康有为全集》第四集，第94页。

3　康有为：《康南海自编年谱》，见中国史学会主编：中国近代史资料丛刊《戊戌变法》（四），上海：上海人民出版社，1957年，第146页。

4　唐才常：《时文流毒中国论》，见湖南省哲学社会科学研究所编：《唐才常集》，北京：中华书局，1980年，第161页。

渐丧失了给予科举制度公正评判的理性心态。如此多年累积下来，"时文"等同于"科举"的刻板印象终于在晚清士人的头脑中逐渐成形了。

"时文"之所以备受瞩目，其中一个重要原因是因为科举只重首场，清初黄宗羲早已对此有所察觉，他说："无奈主文者相习成风，去取只在经义。经义又以首篇为主，二场三场，未尝过目。逮夫经义已取，始吊后场以充故事。"[1] 这样就会造成考生"但取科举中选之文，讽诵摹仿，移前缀后，雷同下笔已耳"。[2]

康有为也有同样的观感，他认为科举考试"三场只重首场，故令诸生荒弃群经，惟读四书；谢绝学问，惟事八股。于是二千年之文学，扫地无用，束阁不读矣。渐乃忘为经义，惟以声调为高歌；岂知圣言，几类俳优之曲本"[3]，考生中"而竟有不道司马迁、范仲淹为何代人，汉祖、唐宗为何朝帝者"[4]。参加过考试的钟毓龙说乡试"三场之中，均以首场为重。首场苟中选，二、三场但求无疵，即可通过。八股文时，虽亦有以二场经文之典丽古雅，三场策文之弘通淹博而中式者，然终罕见"。[5]

另外，在较低一级的岁科试中，确实也是以考四书五经题为主，或考六韵诗，没有策问题这一环节，这容易使人误以为科举就

1　黄宗羲：《破邪论·科举》，见《黄宗羲全集》第一册，杭州：浙江古籍出版社，1985年，第205页。

2　同上，第204—205页。

3　康有为：《请废八股试帖楷法试士改用策论折》（1898年6月17日），见姜义华、张荣华编校：《康有为全集》第四集，第79页。

4　同上。

5　钟毓龙：《科场回忆录》，中国人民政治协商会议全国委员会文史资料研究委员会编：《文史资料选辑》第九十四辑，北京：中国文史出版社，1984年，第134页。

是考八股时文，极易把八股等同于"科举"。即使偶尔提到考试中的"策问"环节，也视之为"楷法"之试，没有什么实际内容。如梁启超所言："举人等亦未免习写楷法，以备过承策问之用。当时局危急如此，而天下人士为无用之学如彼。"[1]

明朝为了克服科举只重首场的弊端，有不少士人主张均衡安排各场考试内容，不必向首场注重背诵理学四书的方向倾斜，以削弱八股文的应试分量。这一思路一直延续到了清初，黄宗羲就曾认为只要把体制稍加变通就可求得"真才"：

> 今第一场经义，第二场论、表、判，第三场策五道。经义当依朱子之法，通贯经文，条陈众说，而断以己意，不必如今日分段、破题、对偶敷衍之体。论以观其识见，表以观其绮靡，判当设为甲乙，以观其剖决。策观其通今致用，所陈利害。……如此，则主文者不得专以经义为主，而二场三场为有用，举子亦不敢以空疏应世。会试亦然。此亦急救之术，行之数科后，取朱子之议行之，又何患人才之不出乎！[2]

这个思路鼓励考试经义时考生可以"断以己意"，按照自己的理解答题，不必过度依赖对经书的刻板记忆，而且突出了第二和第三场考试中考生自由发挥通经致用见解的比重，着重考察应试学子个人识见的高低。

---

1 《公车上书请变通科举折》，见汤志钧、汤仁泽编：《梁启超全集·第一集·论著一》，第443页。

2 黄宗羲：《破邪论·科举》，见《黄宗羲全集》第一册，第205—206页。

晚清学人改变科举考试程序的努力

到了晚清时期，舆论更是从均衡设计的思路出发迈向更极端的阶段，不仅企图颠倒经义和时文的应试次序，更是尝试把策问提到第一场，作为科举的核心内容对考生进行测试。张之洞的构想是："将三场先后之序互易之，而又层递取之。大率如府县考复试之法，第一场试以中国史事、国朝政治论五道，此为中学经济。""二场试以时务策五道，专问五洲各国之政、专门之艺。政如各国地理、学校、财赋、兵制、商务、刑律等类；艺如格致、制造、声光化电等类。分门发题考试，此为西学经济，其虽解西法而支离狂悖、显背圣教者斥不取。""三场试四书义两篇，五经义一篇，取其学通而不杂、理纯而不腐者。合校三场均优者始中式。"[1] 其目的"大抵首场先取博学，二场于博学中求通才，三场于通才中求纯正，先博后约，先粗后精，既无迂暗庸陋之才，亦无偏驳狂妄之弊"。[2]

张之洞明说这是采纳了宋人欧阳修的设想。欧阳修曾经提出在科举中首场考试策论的建议，他的设想是："今贡举之失者，患在有司取人先诗赋而后策论，使学者不根经术，不本道理，但能诵诗赋，节抄《六帖》《初学记》之类者，便可剽盗偶俪，以应试格。……今之可变者，知先诗赋为举子之弊，则当重策论。"[3] 即使"比及诗赋，皆是已经策论，粗有学问、理识不致乖诞之人，纵使

1　张之洞：《妥议科举新章折》(光绪二十四年五月十六日)，见苑书义、孙华峰、李秉新主编：《张之洞全集》第二册，石家庄：河北人民出版社，1998年，第1306—1307页。

2　同上。

3　欧阳修：《论更改贡举事件劄子》(庆历四年)，李逸安点校：《欧阳修全集》卷一百四，北京：中华书局，2001年，第1590页。

诗赋不工，亦足以中选矣"。[1]

这段议论拟把策论摆在头场，通过策论筛选出有用人才，再考察其撰写诗赋的能力，这就把唐代所重视的诗赋写作摆在了次要位置。张之洞后来提出的科举改革办法就是以此为依据的。

欧阳修有一段话对此表达得更加明确："今先举策论，则文辞者留心于治乱矣；简其程式，则闳博者得以驰骋矣；问以大义，则执经者不专于记诵矣。故为先策论过落，简诗赋考式、问诸科大义之法，此数者其大要也。"[2]

除欧阳修外，宋代也曾有人提出先试策论的观点，如宋祁就说过："先策论，则文词者留心于治乱矣；简程式，则闳博者得以驰骋矣；问大义，则执经者不专于记诵矣。"[3]

晚清以来，在改科举的制度设计方面，到底是应该颠倒时文与策问之间的次序，还是干脆彻底废除时文，代之以策问，素来存有争议。王先谦曾提出一个解决办法："用四书之题目，易策论之体裁，如宋王安石创始之作，虽废犹不废也。充之子史，以博其趣；推之时务，以观其通。试不一题，本末赅贯，使上下其议论，而求

1　欧阳修：《论更改贡举事件劄子》（庆历四年），见《欧阳修全集》卷一百四，第1591页。

2　欧阳修：《详定贡举条状》（一作《议科场奏状》）（庆历四年），《欧阳修全集》卷一百四，第1594页。

3　宋祁：《上科举议》（庆历四年），王锡爵辑：《历代名臣奏疏》卷五，引自《续修四库全书》编纂委员会编：《续修四库全书·史部·诏令奏议类·四六一》，第594页。甚至到了元代仍有人强调考试时应以策论优先，如有下面的议论："以某愚见，审量时势，必欲急得人材以收实用，莫若以时务对策，直言极谏、切中利病，有经画之略者为首选。何则？试以残宋为言，自渡江以来，以一隅之地偷生百年者，正以多士济济，崇尚议论有用之学故也。"（王恽：《论科举事宜状》，《秋涧先生大全文集》卷第八十九，转引自赵承禧撰、屈文军点校：《宪台通纪（外三种）新点校》，九龙：华夏文化艺术出版社，2006年，第278页。）

才之道备焉。"[1]

王先谦的意思是想用策论偷换四书时文的内容。认为性理之学范围有限，而策论的内容可以无限扩大。"性理之说，有穷者也；经、史、诸子、时务，无穷者也。论无穷之与有穷，固有间矣。"[2]明确表明用策论替代时艺不是因为策论就是根本，而是想借此打破时艺内容空虚无物的现状。因为"况今之时文，决裂横溃，其体已不能自立。昔人谓代圣贤立言者，去之弥远。吾为士人议废此者，专欲啬其精神，优其日力，多读有用之书而已。若夫策论，以存古文之学，则亦不能废也，岂谓与制艺较优绌哉？"[3]

与王先谦、张之洞的温和态度不同，康有为一直执意要彻底废掉八股文考试，完全用策论加以替代。其中一个重要理由是他认为，"八股"就是科举制的核心，只有废掉八股文，才能彻底改变科举的面貌，隐含其后的一个判断是：在原有的科举制度下，虽有策论一场却形同虚设，科举就是被八股文绑架的一个坏制度。

他认为："方今国事艰危，人才乏绝，推原其由，皆因科举仅试八股之故。盖今之八股，例不许用后世书、后世事，美其名为清高雅正，实以文其空疏谫陋。"[4]这段话说得更明确，科举仅以八股为重，其他各场形同虚设。因此，他拒不承认"经义""策问"这两场考试还有什么实际意义："虽有经文五义，皆以短篇虚衍；虽

1　王先谦：《科举论上》，见梅季点校：《王先谦诗文集》卷一，长沙：岳麓书社，2008年，第8—9页。
2　同上。
3　同上。
4　康有为：《请变通科举改八股为策论折（代宋伯鲁作）》（1898年6月17日），见姜义华、张荣华编校：《康有为全集》第四集，第81页。

有问策五道，皆依题字空对。"[1]

康有为在另一篇奏折中又说，"而我自童时至壮年，困之以八股之文，禁其用后世书，以使之不读史书、掌故及当今之务"，乃至于"束之极隘，驱天下出于一途，标之甚高，使清班必由此出。……故至理财无才，治兵无才，守令无才，将相无才，乃至市井无才商，田亩无才农，列肆无才工，晦盲迂谬。西人乃贱吾为无教，藐吾为野蛮，纷纭胁割，予取予求，而莫敢谁何。皆八股之迷误人才有以致之也"。[2]

康有为以自身参加科举的经历，进一步把科举内容限定在了八股文字之上，同时也自然造成一个误解，仿佛科举考试根本没有任何经世的内容，并假设出一个前提，即经过科举考试之人，必然是胸无点墨的庸人，没有任何理财治兵的治世谋略。

康有为的这套科举论述具有极大的导向作用，后人对科举的评价，基本就是基于对"八股"核心作用的评估而展开的，其余各场几乎不在讨论视野之内。即便如此，在同时期有关科举得失的激辩中，仍存在不少与此相异的声音，如张之洞就认为应该彻底废弃的是时文的形式，而不是时文所要彰示的内容，如说："今废时文者，恶八股之纤巧苛琐浮滥，不能阐发圣贤之义理也，非废四书五经也。"[3]同时暗示，科举制中的其他部分考试内容应该继续生效，这

---

1 康有为：《请废八股试帖楷法试士改用策论折》（1898 年 6 月 17 日），见姜义华、张荣华编校：《康有为全集》第四集，第 79 页。

2 康有为：《请废八股以育人才折（代徐致靖作）》（1898 年 6 月 22 日），见姜义华、张荣华编校：《康有为全集》第四集，第 295 页。

3 张之洞：《妥议科举新章折》（光绪二十四年五月十六日），见苑书义、孙华峰、李秉新主编：《张之洞全集》第二册，第 1305 页。

与将科举等同于八股，欲灭之而后快的思路大有区别。

张之洞坚持废除八股时文的形式，保留经文的精义，提升策论的地位，实际上是在肯定而不是否定科举的作用。比如某些人曾明确指出，"本朝名臣出于科举翰林者多矣，安见时文、诗赋、小楷之无益？不知登进贵显限于一途，固不能使贤才必出其中，抑岂能使贤才必不出其中？"[1]针对这类时文能够造就真才的说法，张之洞的回答是："此乃偶然相值，非时文、诗赋、小楷之果足以得人也。且诸名臣之学识、阅历，率皆自通籍任事以后始能大进，然则中年以前，神智精力销磨于考试者不少矣。假使主文者不专以时文、诗赋、小楷为去取，所得名臣不更多乎？"[2]

这意思是说，人材并非时文所造，乃是个人努力的结果。诸多名臣尽管出身科举，也受过八股文的写作熏陶，他们的大部分经历却都是在科举之外习学出来的，八股研习恰恰耗损了他们大部分好时光，这是论证科举其他部类考试未必无用的迂回说法。

废止科举与"中流社会"的崩溃

晚清从"改科举"到"废科举"经过了一个复杂的争议过程，康有为最初在戊戌变法期间就已提出废八股、改试策论的观点。康有为奏折上递后，光绪二十四年（1898）正月初六日的上谕基本接受了他的建议，准备废八股改试策论。但是张之洞上书则称"恐策

---

1 张之洞：《妥议科举新章折》（光绪二十四年五月十六日），见苑书义、孙华峰、李秉新主编：《张之洞全集》第二册，第1309页。
2 同上。这与清初士人的某些议论有相似之处，如魏禧也说过，科举逼使应试之人"非八股不得进"，遂导致"而其才俊者，则于入官之始而后学"。（参见魏禧：《制科策（上）》，见《魏叔子文集》上册，胡守仁、姚品文等校点，第183页。）

论发题或杂采群经字句，或兼采经史他书，界限过宽，则为文者必至漫无遵守，徒骋词华。行之日久，必至不读四书五经原文，背道忘本。此则圣教兴废、中华安危之关，非细故也"。[1]

张之洞的意见是科举改制虽然可以废掉八股的形式，但考试内容却并非要全部用策论取代，而应保留第二场经义的测试，只不过把它置于最后一场而已。这是个比较稳妥保守的想法，与康有为的激进主张有很大区别。他举出欧阳修的例子作为根据，说"欧阳修知谏院时，恶当时举人鄙恶剽盗全不晓事之弊，尝疏请改为三场分试，随场而去之法，每场皆有去留，头场策合格试二场，二场论合格者试三场"。[2] 只不过没明说欧阳修其实主张的是以策论为第一场，实际与康有为的设想更为接近。他还举出朱熹的例子做挡箭牌："朱子之拟兼他科目，犹今之特科经济六门也。欧阳修之欲以策论救诗赋，犹今之欲以中西经济救时文也。"[3]

光绪帝虽然起先准备采纳康有为的建议，改八股为策论，但在收到张之洞奏折后采取折中的办法，仍保留了曾为第一场的经义，只是放在了最后。谕旨称："著照所拟乡、会试仍定为三场：第一场试中国史事、国朝政治论五道。第二场试时务策五道，专问五洲各国之政、专门之艺。第三场试《四书》义两篇、《五经》义一篇。头场按中额十倍录取，二场三倍录取，取者方许试次场，每场发榜一次，三场完竣，如额取中。至学政岁、科两考生、童，亦以此例

1　张之洞：《妥议科举新章折》（光绪二十四年五月十六日），见苑书义、孙华峰、李秉新主编：《张之洞全集》第二册，第 1305 页。

2　张之洞、陈宝箴：《会议科举新章并请酌改诗赋小楷试法疏》，见舒新城编：《近代中国教育史料》，北京：中国人民大学出版社，2012 年，第 540 页。

3　同上。

推之，先试经古一场，专以史论时务策发题，正场试《四书》义、《五经》义各一篇。礼部即通行各省一体遵照。"[1]

按照张之洞的变科举思路，应该比康有为废八股、改策论的激进策略要保守许多，似乎只是想在考试内容上略作调整，形式上基本仍维持原来体制，不予根本更动。可是仅仅过了五年，情况就发生了剧烈变化。

光绪二十九年（1903）二月，袁世凯和张之洞联名奏请递减科举名额，以便为新式学堂教育奠定基础。其陈述的理由是，学校教育应该与科举的选拔人才制度相互衔接，"学校所以培才，科举所以抡才，使科举与学校一贯，则学校将不劝自兴；使学校与科举分途，则学校终有名无实"。[2] 因为一些浮薄少年只从泛览翻译新书中粗略学习些许西方的皮毛知识，就可骗取功名，学堂需要积累读书年限方能进境，所谓"学校之成期有定，必累年而后成材；科举之诡弊相仍，可侥幸而期获售"。[3]

地方士绅因习惯于从基层传统资助科举的机构如宾兴公车组织中提供赞助考生的费用，也不愿意把钱财投入学堂建设。因此袁世凯等人建议"将各项考试取中之额，预计均分，按年递减。学政岁、科试分两科减尽，乡、会试分三科减尽。即以科场递减之额，酌量移作学堂取中之额"，目的是"俾天下士子，舍学堂一途，别

---

1 礼部：《遵议乡、会试详细章程疏》引光绪二十四年（1898）六月初一日"上谕"，见舒新城编：《近代中国教育史料》，第 542 页。

2 袁世凯、张之洞：《奏请递减科举》，见舒新城编：《近代中国教育史料》，第 553—554 页。

3 同上。

无进身之阶"。[1]

这个思路虽然突转激进，但张之洞等人还是寄望于废科之后的学堂能承担起原来科举教化社会的职责，张之洞与张百熙、荣庆在《奏请递减科举注重学堂片》中对此有所表白："议者或虑停罢科举，专重学堂，则士人竞谈西学，中学将无人肯讲。兹臣等现拟各学堂章程，于中学尤为注重。凡中国向有之经学、史学、文学、理学，无不包举靡遗。凡科举之所讲习者，学堂无不优为。"[2]

然而过了两年之后，以直隶总督袁世凯为首的六位封疆大吏却突然联名会奏要求立刻停废科举，联衔的名字中居然包括张之洞。会奏中所陈述的废止科举理由有些耸人听闻，如说："就目前而论，纵使科举立停，学堂遍设，亦必须数十年后，人才始盛。如再迟至十年，甫停科举，学堂有迁延之势，人才非急切可成，又必须二十余年后，始得多士之用。强邻环伺，岂能我待。"[3]

尽管在停废科举后仍规定学堂："定章于各项科学外另立品行一门，用积分法，与各门科学一体核考，同记分数，共分言语、容止、行动、作事、交际、出游六项，随处稽查，第其等差。"[4]但显然新式学堂的教育采取的是日趋专门化的路径，明确以培养人才为目的，而非以进仕官阶为旨归。

由此也可以看出，张之洞等主张废止科举的官僚们最初仅仅看

1　袁世凯、张之洞：《奏请递减科举》，见舒新城编：《近代中国教育史料》，第553—554页。
2　张百熙、荣庆、张之洞：《奏请递减科举注重学堂片》，见舒新城编：《近代中国教育史料》，第555页。
3　《谕立停科举以广学校》，见舒新城编：《近代中国教育史料》，第557页。
4　同上。

出科举制作为一种考试制度所暴露出的缺陷，并试图加以改进，并没有否定科举是一套相互依存的连环保障系统，其中包括考试、教育、中央与基层官僚的选拔、身份分层管理、官僚的上下循环流动等等综合性的机制在同时发生作用。张之洞的思维后来发生了根本性的转变，断定教育的目的不是选拔官僚，而是培养专门人才，"选"与"举"可以相互分开，这明显受到西方教育思想的影响。

正因为如此，他在变科举为学堂的过程中，开始狭隘地认为，只要把科举彻底废除掉，移植其中一部分经义内容于学堂教学之中，就能根本解决科举存在的弊端。他并没有意识到，科举的外延涉及的是一整套官僚选拔制度的兴废问题，学堂教育恰恰不具备原来科举制所拥有的"非教育""非考试"的功能。

六大臣上书导致舆论风向骤变，"改科举"突然变成了"废科举"，这是原来无法预料的变化，也是张之洞心理发生微妙转折的一个证明。他原来聚焦的目标就是把"道""器"分开，汲取西方之"器"而保留中国之"道"。

晚清士人曾经拥有一个共识，只有中国有道，西方有器而无道，仿佛西方器技的先进只是建立在一种简单的强霸逻辑基础之上，而没有合理的人文基础做支撑。这种中西比较论始终是中国保守主义思想的一个重要支柱。可是废科举的主张一旦提出，就意味着张之洞已经面对西方的压迫步步倒退，基本放弃了中国传统制度里政教合一的教化主张，开始全盘接受西方专门化的教育理念。

废止科举不仅是中国数百年教育体制的一大变动，更是中国人才选拔机制的一次重大转折，引起广泛争议也自在情理之中。支持的一方认为，科举制兼有教化和选拔人才的双重功能，其后果是使应试之人常有觊觎官位之心，功利目的太强，不利于专门人才心无旁骛地钻研学问。

1905年《四川官报》上有一篇文章在对比"科举"与"学堂"之别时就说道："科举之为人材也在取，学堂之为人材也在养。故科举之为人材也，在计已成材之人；学堂之为人材也，在计未成材之人。"[1] 所以改科举为学堂与改八股为策论，完全是两种不同的选择，"前之改八股为策论者，改其名也；今之改科举也，改其实也"[2]，因为"八股改而为策论，其意仍在于取士；科举改而为学堂，其意乃在于养士"。[3]

八股改为策论后，并没有影响科举士子的进身之途，科举改为学堂后，毕业的学生虽然仍一度授予秀才举人之名，不过是相当于留学后取得了学士、博士名号，以此指明某人具有何等学问，并非为他日获取官僚身份预做准备。故废科举、兴学堂的本意，"专在培养有学问之人才以为用，并培养虽非政府所用之人亦有学问，而非为专求出身一部分之人改其方法"。[4]

这位作者的结论是，"我乃敢一言以断曰：国家者，以教育为本也；人者，以学问为本也。而用人与为人用，皆在其末。故今之办学堂者，宜营心于教育，而不可偏于有用人之心。今之入学堂

---

1 《论科举废后当研究之事》(录自《时报》)，载《四川官报》1905年第28期，第48页。
2 同上，第49页。
3 同上。
4 同上，第50页。

"天命"如何转移

者，宜究心于学问，而不可入于有求用之心"。[1]

1902 年《新民丛报》上曾发表了一篇题为《科举宜速废论》的文章，作者就担心"旧种人才，犹思倖进，而不肯甘就学堂之范围"[2]，主张速废科举的理由是"以各省学堂，主其事者，皆为科举中人，不去其进身之途，则彼犹挟其进身之学问，以为师范骄人之地，而督抚延聘教习，亦各有前辈资格之见，断不肯降格以求真学之儒。……试问堂中学生，勉习数年，而所得者仍是老辈翰林进士之学问，将来卒业时，于学生有何奇，于国家有何益"，[3]谈到立学堂的目的就是要阻断士子的进仕之路。

这篇文章的立意主旨是说，学堂胜于科举的地方正在于它阻断了"求学"与"进仕"之间的递进联系，只有"科"没有"举"，"求学"未必"致用"，与"求仕"当官更无关系。"科举"为官僚体系输送人才的传统功能从此彻底消失。支持这类观点的人自然不在少数，早在 1901 年就有人对科举的选官职能提出质疑说："夫国家政事，士人不暇过问也，士人但求除去科举之害，而返而求实学。无论为农为工为商为兵，但得一实在归路，并无心于为官也。今国家动以官事为心，岂士之所屑哉？"[4]

这是赞成学堂教育应该把"教化"与"进仕"的功能加以区分的例子。后来又有以下议论说："学校之兴，不仅为政府得官，而

---

1 《论科举废后当研究之事》（录自《时报》），载《四川官报》1905 年第 28 期，第 50 页。
2 《科举宜速废论》（录自星架坡［新加坡］《天南新报》），载《新民丛报》1902 年第 21 期，第 97 页。
3 同上。
4 《开学堂变科举急不可缓说》（五月初二日《新闻报》），载《北京新闻汇报》1901 年 5 月 16 日，第 1007 页。

尤在为社会得专长之士,新政新业之所仰赖也"。[1]

与此相对立,反驳的声音同样不绝于耳。首先有人认为,科举制的废除会影响到人民获得参政权。这个问题的提出与清末发生的民主立宪还是君主立宪的争论有关。民主立宪派认为,民主的实现必须依赖人民最广泛的参与;君主立宪派则认为,人民全部参与政治是不可能的,不仅人民受教育的程度不足,而且不是每个人都具备参政资格。杨度就表示,真正的政治运作必须依赖精英集团,亦指那些受过教育的阶层,这个阶层就是所谓的"中流社会",因为"其社会上一切事业之原动力,常在中流社会"。[2]所以要建立宪政体制只要依靠"中流社会"这部分人就足够了。"故欲论人民程度者,但宜据中流社会之少数者以立论,而不必及于全国多数之人民。"[3]

一个人是否拥有参政权也应该以其是否有为官资格为标准。这个思路其实是按照中国古代科举制的参政模式制定的规则,一般民众只有通过科举制的选拔途径才有机会进入官僚系统。而人民的参政程度亦应该以其是否有能力获得科举制度的肯定加以衡量,正如杨度所云:"以人民程度之所以高,非能自然而高也,实以有参政权而后能高。今世所谓参政权,固指人民参政而言,然人民得为官吏亦不得谓非参政之一种。"[4]

杨度提出"中流社会"的主张乃是基于他对科举制多面功能的

---

1 何鲁:《科举议》,载《长虹月刊》1925年第2期,第1页。
2 《金铁主义说》,见刘晴波主编:《杨度集(一)》,第333页。
3 同上,第334页。
4 同上,第335页。

理解，他对科举制虽然不乏批评，但对其选拔官僚的合理性仍加以肯定。他有一段对科举制作用的全面评价，大致代表着清末大多数人的一种看法，兹照录如下，以见当时舆论之一斑：

> 科举取士之制，固不得谓为文明，然朝廷每岁遣官逐地按临，人人可以赴试，在无学校教育之国，犹幸有此法以为间接之教育，民间得读古人讲学论治之书，以为试文对策之用，虽其所知甚肤陋，或其目的又全在利禄，然其知识已必在封建国民之上。盖可为官吏云云者，自利禄家视之则为取利干禄之门，自功名家视之则为立功建名之会，自道德家视之又为行义达道之方。故此中亦未尝无聚徒讲学、挟策干时，崛起而为名臣贤相者。故人民但有为官吏之权，则政治思想、政治能力，必不甚难发达。[1]

这是在科举制被废除后出现的对其正面作用最为中肯的评价。

当时最重要的争议在于，科举被废以后，学堂只提供专门化教育却不顾及出身是否会严重影响学生的出路，堵塞其进入"中流社会"的渠道，并导致一系列连锁反应。如有人把科举与学堂的功能做出比较后发现，科举可以给考生以相当明确的仕途预期，而学堂只是提供一种学识身份。他说："考科举有官生，而积学之士恒得大魁；考学堂皆平等，而显者之后常列最优等。则科举无凭而可凭，学堂又有凭而不足凭。"[2] 这样就容易造成那些在学堂肄业"自

---

1 《金铁主义说》，见刘晴波主编：《杨度集（一）》，第336页。
2 《科举与学堂之比较》，载《华商联合报》1909年第9期，第1页。

负高才者，又争考优拔，则士之对于科举、学堂，不知其孰为有凭，孰为无凭，而又惴惴焉，深恐其有凭而终至无凭"。[1]

这些话的意思是科举提供明确的官阶出路和仕途设计，学堂教育却只是一纸文凭，无法保证学生的就业机会。其身份的不确定感正是学堂教育无法解决的弊端，即作者所说的"无凭"的感觉。而且学堂教育不可能提供一种类似士绅的身份感。正如陶希圣所言："科举制度是消纳个个士大夫的一个出路，同时又是造成个个士大夫的一个进路。科举不中式的可以做士大夫，非科举出身的也可以做士大夫。不过科举中式的士大夫特别清贵堂皇一点。"[2]

还有人从乡村底层社会民众的选择机会出发，为科举制进行辩护，其议论指出那些依赖科举摆脱贫困之人"自幼而从事于章句，使并此而废之，则乡村之间可以无一人读书，无一人识字，此非熟察下流社会者不能知也。夫我中国今日之所以不救者，正由此下流社会之读书者不多，而识字者希。使今日之下流社会益多不读书、不识字之人，则中国之亡可必矣"。[3]

刘师培也曾断言："学堂之制，便于绅士、富民，贫民鲜蒙其益，远不若科举之公。"[4] 其原因是一旦入公立私立学校，"入校肄业，莫不索费；购书阅报，所费滋多"[5]，导致乡野之民无力入学，

---

1 《科举与学堂之比较》，载《华商联合报》1909 年第 9 期，第 2 页。

2 陶希圣：《科举制度的意义——并涉及士大夫身分成立的基因》，载《春潮》（上海）1929 年第 1 卷第 3 期，第 48 页。

3 杜士珍：《论今日之不可以废科举易服色》，载《新世界学报》1903 年第 12 期，第 13 页。

4 刘师培：《论新政为病民之根》，见万仕国、刘禾校注：《天义·衡报》，北京：中国人民大学出版社，2016 年，第 143 页。

5 同上。

只有富民子弟才有进学机会："多数贫民，因失学之苦，致绝进身之望。无阶级制度之名，具阶级制度之实。"[1]结果必然是："岂非科举之弊，作弊者仅数人，学校之弊，则所在皆然，较科举为尤甚？其因有以为利者，则牧令援之以超升，绅耆因之以敛费，少数新党恃为糊口之资，富室子弟恃为进身之路。不独使昔日之儒生失业已也，即在下之民，亦以兴学之故，增加赋役。既吸其财，并妨其学。"[2]

科举翻案言论的兴起与学堂教育的危机

科举废除多年后，《甲寅》周刊上爆发了一场有关科举制利弊的激烈争论。[3]事情缘由来自一篇署名《科举议》的文章，作者瞿宜颖开始反思废止科举的决定是否有些操之过急，他认为，"晚清群议，主废科举，特虑其与学校相妨，顺时通变，固有其由，因噎废食，抑又已甚"，并在文中列举了科举制的诸多优点。[4]

这种为死去旧制度招魂的论调立刻招致多人批评。其中比较重

---

1 刘师培：《论新政为病民之根》，见万仕国、刘禾校注：《天义·衡报》，第143页。
2 同上。
3 这场争论一直延续至今日，如葛兆光就敏锐地发现，中日韩政治制度的差别大致可以从缺乏类似中国式的科举制运行模式加以考量。日本没有科举，故形不成文士群体及其文化意识形态，也没有形成把王朝权力渗入社会底层的知识官僚。朝鲜虽有科举，但限于两班士人参与，垄断了官僚选拔和经典知识的传授，导致朝鲜上层政治固化在了几十个家族之中，造成社会上下层文化的断裂。（参见葛兆光：《明清科举的新文化史研究》，载《读书》2021年第5期，第3—14页。）艾尔曼也认为中国的科举流动并非何炳棣所估计的那样频繁和广泛，而仍属于"精英内部的有限循环"，但其上下循环流动的范围显然仍大大高于朝鲜的科举制。（参见［美］本杰明·艾尔曼：《晚期帝制中国的科举文化史》，高远致、夏丽丽译，北京：社会科学文献出版社，2021年。）
4 瞿宜颖：《科举议》，载《甲寅》周刊1925年第1卷第2号，第16页。

要的观点认为，中国教化人才的制度向专门化教育目标迈进乃大势所趋。罗敦伟的反驳是"今世论政异乎昔时，古者重在治人，今时重在治事。治人则术可一通，治事则千歧万别"。[1]他举例说："且如铁道管理、清理财政、整理监狱一类之政，更非自文字可测其浅深。今世论学，亦非文字所能效命。如数学也，物理也，化学也，工程学也，电学也，文字纵不明通，无妨学有根柢。即社会科学中，如国际公私法、外交史、政治制度宪法之类，亦非仅凭文字所能阐发。"[2]

范育士紧接其后也撰文批评："吾国旧习，学者重理论而不务实际，尚空谈而不切应用。处今日物质文明竞争之世，凡百学科，各有专才。通文学者，未必长于政治经济；精于工艺制作者，不尽文字皆有可观。倘专以文字核其实学，则技艺专精者难以当选。行见学非所用，用非所学。"[3]

范育士还认为，古人并非没有选拔专门人才的机制，比如"古者明经进士之外，原有诸科，所以待不齐之品汇"。[4]只不过对管理国家政治的人才选拔走的是另外一种路径。这条路径必须通过文字的测试才能达成目的。"政治之为物，本为专习，非尽人所能操弄，自非博通古今之故能抗言尽论。穷理树义者，无由厕身其间。以言取人，道固宜然，实初设科举所以求问政之才，所以使国人之俊异者，得以自进而与闻国政，非但议充官吏。故中式之士，首宜以之处议士之位，次乃以之任官。"[5]

---

1 罗敦伟：《科举》其一，载《甲寅》周刊1925年第1卷第5号，第22页。
2 同上。
3 范育士：《科举》其二，载《甲寅》周刊1925年第1卷第5号，第23页。
4 同上。
5 同上。

范育士坚持科举制不是一种复制拙劣人才的教育制度，其利弊不在于传授的知识是否专门抑或抽象，关键在于科举更是一套选拔国家管理人员的优良机制，对此不应视而不见。范育士的这个观点在科举制是否具有西方民主选举因素的讨论中表现得更为明显。

如果暂时撇开这场争议到底孰是孰非不谈，只对科举废止后学堂转型的实况加以考察，就会发现基层社会中诸多不适应学堂改革的现象纷纷开始出现。有人就警告说："近日，各处学堂凡鼓箧而来者，其趋向所在，大抵冀幸毕业后可以充教员，博奖励，一若所习学科，不过为他日谋生之藉、猎名之津，而于立身之大节，经国之远怀，矫矫自勉者，殊难骤遇。此无论挟苟简之意，科学未能精研，即程度甚优，欲其担荷事任，终不可恃。"[1]

科举废除之后学堂呈现出的乱象，时人有大量描写，徐兆玮就曾记载家乡常熟一带开设学堂的情形说"新旧纷争，士风日坏"，其表现是，"其始谋占宾兴校士公款，而有殴辱学务公所职员之事。……其所办之师范学堂腐败达于极点，学生有轮替听讲者，有经月告假者，有已斥退而复入者，讲堂之上笑语喧哗，总理不敢询，教习不敢诘。"[2]

徐兆玮对比科举废除前后的情况时说："科举勃兴时代，诸老有提倡旧学者居然肄习文史，以为揣摩。己丑迄甲午，在都时同人谈宴，类多彬彬儒雅，今则文史榛芜矣。东西洋游学者一得进身，

1　赵启霖：《请建四川宋四先生祠公牍》，见易孟醇校点：《赵启霖集》，长沙：湖南人民出版社，2012年，第41—42页。
2　徐兆玮：《燕台日记》（光绪三十二年十月初六日［1906年11月21日］），见《徐兆玮日记》第一册，李向东、包岐峰、苏醒等标点，合肥：黄山书社，2013年，第730页。

即尽弃所学，肆口妄谈，毫无根据。试问农、工、商、法科之举人、进士满街皆是，有能撰著一书阐明所得者乎？偶有一人得志，则群思步其后尘，狗苟蝇营，腼然不知羞耻。"[1]

又谈到科举选拔出的京官"多清苦，然食贫自守，无奔竞之习，今则河润愈多，钻营愈亟，人心世道，我为兹惧。科举出身者十有七八知廉耻，留学出身者十有七八忘廉耻，此亦京师风气败坏之一大原因也"。[2]

说到科举改学堂后人文素质急剧降低的情况，徐兆玮引《时报》新闻举例说，某商校教员误把"颛臾"写成"颛叟"，某法政学堂教员将孔子任职的鲁司寇官职误读成鲁司冠，一时传为笑谈。还有人戏撰一联加以讥讽云："孔子为司冠，可怜法政学堂偏要讲二千年前故事；季氏伐颛叟，此等商科教习还不如三家村里先生。"[3]

师范学校的乱象，时人也多有记录。朱峙三就在日记中记载，武汉地区的师范教育"教习缺乏日本文，仅识得片假名、平假名而已"。其中一位姓阮的堂长在东京仅学习了半年，"其空洞之教育学实无用也"。于是感叹，"日本文化贩自欧美，中国则转而贩买之，所得几何耶？"[4]又记载一学堂中名为金华祝的教习，于日本速成师

1　徐兆玮：《棣秋馆日记》（宣统三年六月十二日［1911年7月7日］），见《徐兆玮日记》第二册，李向东、包岐峰、苏醒等标点，第1161页。

2　徐兆玮：《棣秋馆日记》（宣统三年六月二十七日［1911年7月22日］），见《徐兆玮日记》第二册，李向东、包岐峰、苏醒等标点，第1168页。

3　徐兆玮：《虹隐楼日记》（宣统二年十二月十三日［1911年1月13日］），见《徐兆玮日记》第二册，李向东、包岐峰、苏醒等标点，第1142页。

4　朱峙三：《光绪三十一年乙巳日记》（光绪三十一年十月初四日［1905年10月31日］），见《朱峙三日记（1893—1919）》，胡香生辑录，严昌洪编，武汉：华中师范大学出版社，2011年，第171页。

范学校毕业后，"颇会讲解，学问似无根底，以杂事牵引，使听者忘倦，盖迎合学生心理者也"。[1]

姚永概则感叹一帮浮薄少年"看几册译本之书，游日本一年或数月，遂嚣然自谓已足，开报馆，发议论，作一哄之乐而遂已也"。[2]

甚至两湖书院出试题时，题目不知出自何典。如有一题曰"司马温公九分人论"，这道题连监场者和教务长都不知题旨。他描写教务长询及题旨的窘态："众询题旨，彼立思三分钟时乃答云，司马温公这个人，是常见面的，不过九分人难得一点。又思半晌无所言，众人詈之。"[3]

有意思的是，为了响应朝廷科举变学堂的敕令，地方学堂的兴办多由当地士绅自行发起，地方官常常不闻不问。最终士绅的身份也恰恰是因为学堂日益兴盛而被彻底埋葬的。如苏州兴学即由开明士绅发动，私塾废止改为小学堂，因缺乏师资，科举出身的翰林进士们知识积累老派陈旧，无法承担新知的教学，于是地方上就派遣十余位青年到日本学习师范，回来充当小学教师。日本有所谓速成法政学校、师范学校，一年即可毕业，拿一张文凭，回国就可以当上学堂教师。甚至留学日本可以不通日语，日本人可以帮助雇用翻译人员，老师一面讲解，翻译就站在旁边解说。

各地还纷纷设立"师范讲习所"，请日本学习回来的青年教那

---

1 朱峙三：《清光绪三十二年丙午日记》（光绪三十二年十一月初三日［1906年12月18日］），见胡香生辑录，严昌洪编：《朱峙三日记（1893—1919）》，第197页。

2 姚永概：《复缪筱珊编修》（光绪三十年二月［1904年3月］），见《慎宜轩日记（下）》，沈寂等标点，合肥：黄山书社，2010年，第1474页。

3 朱峙三：《清光绪三十二年丙午日记》（光绪三十二年五月初八日［1906年6月1日］），见胡香生辑录，严昌洪编：《朱峙三日记（1893—1919）》，第182页。

第七章 清帝逊位与民初统治合法性的阙失   589

些失业的私塾先生，以便使他们在受训后迅速转业充为新的小学师资。这就闹出了不少笑话。据包天笑回忆，苏州的师范传习所成立以后，原来的私塾先生大多年事已高，年龄多在花甲开外，苍髯白发。从日本学习归来的青年大都不过二十岁左右，从辈分上讲，这些老学生不仅是尊长，甚至要高出两辈。一位青年看了一张传习所报名的单子摇头说自己不能教，问及原因，他说："里面有一位，教过我书的老师，我甚顽劣，他打过我手心，我今却来教他，太难堪了。"主事者无法，只好把这位老先生调到另外一家传习所去了。[1]

类似这种身份错位的事情时有发生，说明在科举变学堂的转型过程中，选官进仕的一路已经被堵死，表面上学堂毕业的学生职业选择趋于多样化，但科举制度原先润育基层人文教化的这部分功能确实在逐步流失。

科举制与西方代议民主制的异同

从前文所述的一些争议可以得知，科举制本身并不能仅仅概括成单纯的教育制度，它还是选官入仕的重要渠道。因此，当科举被改为学堂后，原来所具备的选官职能也随之丧失，这就意味着中国延续数百年的官僚选拔制度被彻底终结，学堂教育从此缩窄为一种职业化的专门技能训练，学生毕业后与官场身份脱节，失去了从政的奋斗目标。如此巨大的转变理所当然会引起巨大争议。

除此之外，还有一种观点也曾引起讨论，即科举制既然包含着"选举"的涵义，那么，它与现代西方国家的民主选举制度之间到

1　包天笑：《钏影楼回忆录》，太原：三晋出版社，2014年，第184页。

底有什么关联呢？或者说两者之间存在着什么样的异同关系呢？

据有些学者的意见，科举制在西方人的眼里早已具备了一种韦伯所说的"消极的民主化"（passive democratization）的迹象。因为科举制自其起始阶段便兼涵一种地方代表性，各地"孝廉"或"进士"往往在政府中为自己地方的利害说话。这当然谈不上是代议制，却不能否认科举制有时也发挥了一点间接的代议功能。[1] 这样的中西对比显得颇为谨慎，生怕有套用西方概念硬性解释中国历史之嫌。

在科举制废止之后不过数年，当年积极主张废除科举的一些改革名流就已流露出反悔之意。梁启超在一篇文章中大谈科举是个好东西，主张恢复其选官的功能。他说：

> 夫科举非恶制也，所恶乎畴昔之科举者，徒以其所试之科，不足致用耳。昔美国用选举官吏之制，不胜其弊，及一八九三年始改用此种试验法，美人颂为政治上一新纪元。而德国、日本行之大效，抑更章章也。世界万国中，行此法最早者莫如我，此法实我先民千年前之一大发明也。自此法行，而我国贵族寒门之阶级永消灭（自唐以后，中国无复门第限人，科举之赐也；吾别有论）；自此法行，而我国民不待劝而竞于学，此法之造于我国也大矣。人方拾吾之唾余以自夸耀，我乃惩末流之敝而因噎以废食，其不智抑甚矣，吾故悍然曰：复科举便。[2]

1　参见余英时：《中国文化史通释》，第 217 页。
2　梁启超：《官制与官规》，见汤志钧、汤仁泽编：《梁启超全集·第七集·论著七》，第 142 页。

在近现代有关科举功用的讨论中，早就有科举近似于西方民主制的说法，如雷震所译保罗·F.克雷西（Paul F. Cressey）撰写的《科举制度在中国文化发展上之影响》一文中就强调科举"富于民主性质"（democratic nature）[1]。

在《甲寅》杂志关于科举制优劣的辩论中，瞿宜颖首先厘清，"科举"具有教化和选举的双重内涵。他说，"况科举二字，本非可恶之名。科者，分科；举者，选举。选举之后，试以文字。科举非他，此之谓也。投票而选，谓曰票选，不闻被以丑戾之称"[2]，表示科举制"涵蕴至精，沿革至富"。[3]瞿宜颖认为："古人定考试之法，盖所以济选举之弊，因相辅以并行。汉制州郡举茂才孝廉，口二十万人以上，岁察一人，四十万以上二人。实类于今时之票选议士，选举以考行。"[4]

科举制具备选举职能的说法在二十世纪四十年代被重新提出，与当时国民政府在政治选举中所呈露的衰败之相密切相关。比如何永佶发表《论中国式的代议制度》一文，文章开首提到"年来的'选灾'起因于我们尚未懂得从前中国的选举代议制度"。所谓"选灾"就特指1948年3月29日至5月1日蒋介石在南京召开的"行宪"国民大会，选举总统、副总统，实现所谓"还政于民"，造成极大混乱。被时人称在天灾、旱灾、水灾、蝗灾、兵灾之上，又有

---

1 保罗·克雷西：《科举制度在中国文化发展上之影响》，雷震译，见刘海峰编：《二十世纪科举研究论文选编》，武汉：武汉大学出版社，2009年，第14页。

2 瞿宜颖：《科举议》，载《甲寅》周刊1925年第1卷第2号，第15—16页。

3 同上。

4 同上。

"选灾"。[1] 为了反省这次选举失败的教训，何永佶建议从古代科举制度中寻找灵感。在他看来，中国的考试制度除了考试官吏之外，还有别的作用，这便是"代议"，即政治上的代议（representation）作用，考试的作用反居次要。

何永佶指出，中国二十多个省，每省都有一定的额度，每个地区的定额不是根据文化程度的高低，而是根据户籍的多寡而定，这一点就带有西方根据人口多寡确定某地代议人员名额的味道。士人中举后马上成为乡村中的领袖人物，公家提供"廪"金资助，可以不耕田或做生意维持生活，主导村里的公益事业解决纠纷，或者和县知事打交道，说不定县知事就是他在同一会试中中举的"同年"。这些人遍布全国，构成庞大的关系网络，比较容易相互沟通。士绅与县知事谈及乡村状况时，凡是村子里的痛苦、愿望、意见、需要及其他事务，都可以经过士绅的沟通上达到县知事一层。每年京师派到各省监考的"学台"，负有巡察民情的责任，县知事说不定就是他的学生，在宴会、拜谒、请安、应酬的活动中，地方舆情就可以直达学台，由学台带到京师，地方情形又可使皇帝知晓。[2]

何氏所设计的科举代议路线图明显带有臆测和想象的性质，不能与科举制的真实情形完全对等衔接。不过经过他的描述，科举制及其衍生而成的士绅阶层在乡间的作用还是很鲜活地浮现出来了。

他有一段话专门比较中国代议与西方代议之间的区别。其中对美国民主的评论可谓一语中的，如说美国式选举是一部很花钱的机器，美国差不多"没有一天没有选举，这选举的竞选费、宣传费、

1　何永佶：《论中国式的代议制度》，载《观察》1948 年第 4 卷第 11 期，第 5 页。
2　参见何永佶：《论中国式的代议制度》，载《观察》1948 年第 4 卷第 11 期，第 6 页。

雇用人员费等是很可观的"。[1]与美国相比，中国是个穷国家，故只能使用穷办法，科举考试制度是不花公家多少钱而能多多少少达到代议目的的一部机器。他把中国与西方代议制的区别比喻为"茶馆"和"俱乐部"，"俱乐部"要交会员费，用"俱乐部"代替"茶馆"相当于与外国人比阔，完全无此必要。[2]

针对科举具有"代议"功能的说法，林志纯反驳说，所谓中国的选举制度，其唯一意义只是统治者选择佐治的人物，和"代议制度"风马牛不相及。因为"新选举是仿效各国代议制度而生的，是西洋货，旧选举是历代取士官人之法，是中国货"。[3]针对考取功名之人大部分没有做官而是在地方上做士绅这个现象，林志纯认为统治者基本上是选多用少，选而未用的，只不过储才备用，不是预拟他们被选拔留在地方上做代议士的。至于清代考取功名的士子大多数得不到官做，是因为科举取士以后，儒吏分为二途，"考取的为儒而不为吏，小官不愿做，大官没分做，那只好闲散在乡，等待机会了。所以科举完全是取士官人的制度，并没有'代议'的作用的"。[4]

对于何永佶视中国为穷国，科举运行下的"代议制"成本较低的说法，吴晗反驳说，从民众负担的角度看，科举制的成本并不低廉。他认为皇家政权征收的实物地役和劳力地租以及商税和多种苛捐杂税非常沉重，并举洪武二十四年（1391）的岁入为例加以说明。

---

1 参见何永佶：《论中国式的代议制度》，载《观察》1948 年第 4 卷第 11 期，第 6 页。
2 参见同上，第 7 页。
3 林志纯：《科举、选举与中国式的民主——与何永佶先生论"中国式的代议制度"》，载《观察》1948 年第 4 卷第 13 期，第 7 页。
4 同上。

吴晗似乎没有意识到，科举的大部分经费是由地方民间机构筹措提供的，如散布各地的族田、学田和宾兴会等组织都是支撑科举制度运行的重要经费来源。吴晗还认为，进士们做了官就心满意足了，既不代也不议，这显然没有把最大多数基层士绅的民间协调作用考虑在内。[1]

　　梁国冠的文章并不同意吴晗把士子与贫民对立起来的价值预设，而是注意到大多数士子都是从平民出身而来。即使得了功名，相当一部分人也是居处乡间，其地位比普通人高，而其家庭仍属于平民或贫农，他们当然仍旧为自己出身的阶层着想。他们向当局发言，如果不是纯粹为个人的事（如交结官府、包揽词讼等），或是为维护皇权（如讦告违禁诗文），自然可以说是代表乡村的平民或贫农发言。而且一般人民知识水准低，对于政治本无兴趣，也可以说没有什么意见，即使有也很少，他们对政治上的意见多唯地方士绅马首是瞻。

　　他的结论是："士子们是人民中的秀杰，他们得了功名，更获得地方人的尊敬、信仰；他们说的话，除了纯粹以个人利益或维护皇权为出发点者外，自然很容易获得地方人的赞同、附和。那末，他们发表的意见（以个人利益及维护皇权为出发点的自然除外）即说是代表地方人的意见，也不为过。"[2]

　　当然，关于科举制到底是否可以被当作一种代议制度的争论不可能得出什么一致的结论。但有一点毋庸置疑，那就是科举制的废

1　参见吴晗：《论所谓"中国式的代议制度"》，载《观察》1948 年第 4 卷第 14 期，第 5—8 页。

2　梁国冠：《科举与代议制度》，载《真善美》月刊（广州）1948 年第 2 期，第 12 页。

除直接导致了士绅阶层的彻底消失，随着科举制的废除，士绅在基层乡村的合法性越来越受到冲击。最后不但士绅阶层趋于消失，就连"绅"这个传统社会中备受尊敬的身份名号，最终也遭到取缔。下面这条材料就记载了基层社会如何清除"士绅"称号的过程。据徐兆玮日记记载，在江苏吴县县行政会议上，一个叫张云搏的人提议，废除"绅"的名称，"以敦品格"。

张云搏认为，公文和报纸中使用绅的名称，"何者为绅，何者为非绅？界限无从分析，似非循名核实之道"。[1]"绅"的名称意义，"表现封建制度之色彩最为浓厚，最古如缙绅则代表世家，明、清如绅衿则代表科举。今世家久废，科举亦停，绅于何有？且自绅字与劣字相属成词，尤使人有无绅不劣之印象，与者固属失礼，受者讵非自弃？"所以要求用"地方公民"这个新名词替代旧式"绅"的称呼。[2]"士绅"消失以后，中国的乡村社会从此缺少了一个沟通上层官僚和底层民众关系的重要中介。

民初思想界对重构"大一统"政教关系的再思考

"政教"关系的解体与近世学人的反省

"政教"关系自宋朝以后成为历代帝王赖以构建"正统性"的手段，经过漫长的历史演变，至清代已臻成熟。传统中国对所谓

1　转引自徐兆玮：《丛书草堂日记》（民国二十三年一月三十一日［1934 年 1 月 31 日］），见《徐兆玮日记》（第五册），第 3704 页。
2　同上。

"政"（政治）与"教"（教化）的认知与西方的"政教关系"完全不同。中国历史上不存在类似西方那样的"宗教"与世俗王权相互对抗渗透的关系格局，"政"的涵义不是指单纯的政府行政职能，还包括思想训导、规范行为等内容，调控的对象上自帝王下至民众；"教"的涵义也迥异于西方宗教威权的思想统摄，不单指教书育人，而是要负责灌输维持社会秩序的道德标准。

传统中国并不存在意识形态这个现代词汇，与之接近的"政教"关系的理想状态是通过道德意识的训练和实施划分并安置知识阶层，如按科举标准来确认各级官僚和地方士绅在不同场域中的位置。在如此安排之下，道德与政治往往发生互渗纠葛的关系，使中国王朝不可能出现如西式"公共领域"和"市民社会"那样上下级截然对峙的冲突状态。[1]

钱穆曾说，西方社会有阶级，无流品，中国社会则有流品，无阶级，这是中西社会结构的一大区别。譬如教书人是一种行业，在衙门里办公做师爷也是一种行业，但行业与行业之间却显分清浊高下。[2]流品高低虽与制度建构形成的地位等差有关，但更多渗透到日常生活中变成一种道德品评的依据，构成了一种无意识的感觉结构。这也是

1　唐文明认为，"文教—国家"与"民族—国家"作为两个不同的建国理念，二者之间存在着极大张力，但并非没有调和的可能。章太炎将两者进行了辩证综合，形成一个既立足于民族主义又超越了民族主义的"民族—文教—国家"（nation-culture-state）的建国理念，这个构想至少在形式上可以理解为以夷夏之辨为基础的传统王道政治的现代转换。（唐文明：《夷夏之辨与现代中国国家建构中的正当性问题》，见《思想史研究》第九辑《中国之为中国：正统与异端之辩》，上海：上海人民出版社，2012年，第161—162页。）

2　参见钱穆：《中国历代政治得失》，北京：生活·读书·新知三联书店，2005年，第112页。

传统王朝获取"正统"资源的文化心理基础。晚清各种改革的实施触及的不仅是物质层面，也同时触及了政教关系与流品观念的变化，特别是科举制的取缔和崩毁，在其中起着至为关键的催化作用。

以往学界讨论科举制的废除均从考试制度和教育体制的更迭入手进行分析，往往变成了教育史专门研究中的一个子项。在我看来，"科举制"实际上是在不同社会层面分配多元社会角色，以承担"政教"职责的系统，远比其担负的教育和考试功能更加复杂和重要。比如朝廷会根据某人的考试水准，分别授予进士、举人和秀才头衔，他们在中央阁部、中层官府和基层社会组织中分别担负着各自的政教责任。

其实，在科举制崩解并转为新式学堂教育后，清末民初的知识人也并非总是把它狭义地理解为考试制度的改变，而是一种整体政教功能的变化。如严复就曾发表意见说："虽然，学堂立矣，办之数年，又未见其效也，则哗然谓科举犹在，以此为梗。故策论之用，不及五年，而自唐宋以来之制科又废，意欲上之取人，下之进身，一切皆由学堂。不佞尝谓此事乃吾国数千年中莫大之举动，言其重要，直无异古之废封建，开阡陌。"[1] 严复意识到，科举制不仅是考试渠道，还是进身之阶，隐含着复杂的政教职能，但擅改为学堂教育之后，是否能重启如科举那样复杂的社会协调作用则是难以预料的。故他才说："造因如此，结果何如，非吾党浅学微识者所敢妄道。"[2]

科举制的塌毁是个渐进的过程，一些地方士绅如刘大鹏就曾记

---

[1] 严复：《论教育与国家之关系》，见张枏、王忍之编：《辛亥革命前十年间时论选集》第二卷（上册），第 367 页。
[2] 同上。

598
"天命"如何转移

录山西先减去晋阳书院的膏火，以后一些费用又被挪用到普设西式学堂之中，引起肄业诸生罢课的事件。[1]进入二十世纪后，不但岁考经常变换地点，岁考人数也是逐年递减。1904年，参加岁考的人数从去年的二十三人减至十八人。新设学堂经费一部分靠公款维持，不足的部分往往靠搜刮民财予以补充，很容易导致"不肖官吏借此渔利，所以民变之害至。学堂学生非但欺虐平民，而且凌侮君父"[2]的局面。1907年太古县立学堂，就在本处起派学捐，"人民嗟怨、无所控告"。[3]刘大鹏还谈及与东里乡育英学堂教习杨谟显议论时事，杨氏居然认为加征加赋引起民变的原因，反而是"民之不仁"，刘大鹏对这种"维新之论"大感惊骇，不由感叹："民间最恶学堂，乃今之设学堂，更为紧逼，则是好人之所恶，恶人之所好。"[4]

我们注意到，刘大鹏抨击学堂之设并非仅从考试或教育层面入手，而是叹惋政教体系之间相互支撑关系的崩解。因为学堂教育逐步剔除了科举系统中的修身修心等道德教化内容，而施之以较为纯粹的科学培训程序，故培养出的人才多趋近于技术人员，即使能为官府输送人才，也属技术官僚。[5]

1　参见刘大鹏：《退想斋日记》，乔志强标注，第58页。

2　同上书，第158页。

3　同上书，第159页。

4　同上书，第180页。

5　清末逐渐在官场中引进西式教育，在各省均普遍设立课吏馆，作为"开官智"的机构。后又改为"法政学堂"，更进一步明确了对官僚进行技术训练的宗旨。课吏馆和法政学堂中的课程设置主要以灌输西方法律与经济思想为主。人伦道德教育被置于非常次要的位置。如1907年法政学堂三年的课表中，人伦道德课程在每周的36课时中只占两小时，其余均为"法学通论""行政法""刑法""商法""国际公法"等课程。到1910年，"人伦道德"课时更被减至每周一个小时，完全形同虚设。（参见徐保安：《清末地方官员学堂教育述论——以课吏馆和法政学堂为中心》，载《近代史研究》2008年第1期，第84—103页。）

刘大鹏的看法十分明确："古人有言：师道立则善人多。今之为师者，以算学教人，以洋人之学为训，其得善人能多焉？否耶？洋人之学专讲利，与吾学大背，趋之若鹜，不知其非，亦良可慨也已。"[1]"政教关系"中的"教化"一层失去维系的理由后，教育变成了训练谋利技巧的基地，如此下去必然导致道德教化体系的解体。故他才有如下感叹："看得眼前一切，均属空虚，无一可以垂之永久，惟所积之德庶可与天地相终始。但德不易积，非有实在功夫则不能也。"[2]

关于学堂教育目的狭窄和缺乏德性支撑的看法，不只是流行于地方士绅之间，如果觉得以上所引言论仍然仅限于基层见识不广的人士，有迂腐之气，那么下面的看法大致可以证明，在新式学堂内部的一些有识之士亦产生了同样的感受。此处可具体举出一例：民初吴宓在清华学堂念书，作为新式学堂的学生却对清华教育体制专门培养技术人才的路线大加抨击，说清华"专务养成外国语娴习之奴隶人才。科学浅显已极，国文尤鄙视不道"。[3]教育目的似乎也是培养毫无道德修养和廉耻之心的诡诈权谋之徒，"而在上位者，其对待学生，略无亲爱之感情，肆行权术。必使其人之名誉心，与自尊自重之心，扫地都尽，然后可得奖饰。是以巧媚伪饰之人，奔走张扬，而当局又复刚愎自用，或评以'小有才，未获君子之大道'，极为确当"。[4]特别是有些学生居然以袁世凯自期，"效颦之行，令

1　刘大鹏：《退想斋日记》，乔志强标注，第 144 页。
2　同上书，第 146 页。
3　吴宓：《吴宓日记（1910—1915）》第一册，吴学昭整理注释，第 495 页。
4　同上。

人齿冷"。吴宓的结论是清华作为"中国首都第一良校，是真大可痛哭者矣"。[1]

吴宓评论中国教育的言论，其寓意并不仅在于其与刘大鹏等乡绅的言论趋于一致，更是他从政教关系解体与如何重建的角度发表了自己的想法。特别是吴宓认为，如果政教关系无法重建起以往的平衡关系，就可能危及政府统治的合法性。如他说假使教育不能提高国民全体的智识与道德，把社会教育与精神教育结合起来，促成民智开明、民德淬发的局面，那么"虽有良法美意，更得人而理，亦无救于危亡"。[2]理由是时人功利心过重，均指望从教育中获得谋官发财的路径，遂致使"社会教育，与文章学问，则嫌其冷淡空疏，谓非能者之事，迄今犹绝响也"。[3]这些话表面上用的是新式语言，其实仍谈的是如何安置政教关系的老话题。

科举制支撑下的政教关系还有一项功能是分层培养道德志士，并予以恰当的分配。一部分输送进官僚系统，使之成为上中层治理技术人员；另一部分则沉潜到乡村底层，成为能够自我规训并教化民众的士绅群体，担负起维系地方秩序的责任，亦有类似"地方自治"的性质。学堂教育训练却抽去了道德教化的底面，而代之以纯粹培养行政与科学技术管理人员为目标，使得近代推行的"地方自治"完全沦落为了一种行政化的管理模式，而不具备传统政教体系制约下的治理意义，这样推行的自治难逃百弊丛生的恶果。

1　吴宓：《吴宓日记（1910—1915）》第一册，吴学昭整理注释，第495页。

2　同上书，第514页。

3　同上。

清末民初对"自治"的想象，与传统乡村组织运行下的自治状态有相当大的距离。民初知识人往往把"自治"理解为补充"官治"的一种地方行政机关，以地方人治地方事，从而间接达到国家行政管理之目的。熊范舆曾解释道："地方自治者，受政府所监督之机关，而非得监督政府者也。"[1]《政闻社宣言书》中也表达了相近的意思："地方团体自治者，国家一种之政治机关也。……就他方面观之，使人民在小团体中，为政治之练习，能唤起其对于政治之兴味，而养成其行于政治上之良习惯。"[2]又如一位笔名攻法子的作者有如下议论："自治之精神，在以国家之公务为地方生存之目的，而以地方之力行之。故自治体者，由地方而言则为地方之行政机关，由国家而言则仍为国家行政机关之一部分也。"[3]

"自治精神"被理解为一种国家行政能力在地方上的表现，却没有任何地方涉及道德教化在培养自治精神方面所应承担的作用，这完全是一种现代政治思维。攻法子也认可士绅就是古代自治的主体，但又觉得他们只有"自然人"之资格，而无"法人"之资格，而且不是政治机关中人，故不具自治体的形态，只有无条件被组织进"地方机关"才能使其具备此资格。

正是因为现代政治机构筛选基层治理技术人员的标准并不包括教化能力这个传统部分，遂造成基层管理人员只具单一行政能力，

1 熊范舆：《国会与地方自治》，见张枬、王忍之编：《辛亥革命前十年间时论选集》第二卷（下册），第 879 页。
2 《政闻社宣言书》，见张枬、王忍之编：《辛亥革命前十年间时论选集》第二卷（下册），第 1061—1062 页。
3 攻法子：《敬告我乡人》，见张枬、王忍之编：《辛亥革命前十年间时论选集》第一卷（下册），第 498 页。

最终诱使大量道德低下的人群得以合法进入士绅行列。刘大鹏对此现象深感忧虑，他说："身为绅士而存所在不思为地方除害，俾乡村人民受其福利，乃竟藉势为恶，婿官殃民，欺贫谄富，则不得为公正绅士矣。民国以来凡为绅士者非劣衿败商，即痞棍恶徒以充，若辈毫无地方观念，亦无国计民生之思想，故婿官殃民之事到处皆然。"[1] 换言之，正是政教关系的崩解致使基层士绅群体发生变质，最终造成了民初基层统治合法性阙失的局面。

"国性" 丧失与 "教养观" 价值的再发现

对政教关系崩解的忧思比较集中体现在遗老的言论中。如在梁济看来，虽然清朝的 "正统性" 随着清帝逊位而逐渐解纽，但是其中遗留下来的一些基本价值要素却非清朝所独有，甚至不是某朝某代所能独占。比如正义、真诚、良心、公道等价值都是 "天理民彝，为圣道所从出者，是吾国固有之性，皆立国之根本也"。[2] 梁济把它们概括为延绵不绝的 "国性"，这些组成 "国性" 的价值要素属于软性的文化品质，往往与现代法规戒律的硬性规条不在同一个层面上，甚至无法明显衡量其遵守和执行的情况，却是历代立国之根本。这些议论貌似迂腐空疏，很容易被视为一个道德保守主义含混性的实例。[3] 然而实际情况则远为复杂。"国性" 的具体体现绝非一种思想上的单一形态，或仅为一种空谈式的无根宣示，而是一套

1　刘大鹏：《退想斋日记》，乔志强标注，第 322 页。
2　梁济：《梁巨川遗书》，黄曙辉编校，第 102—103 页。
3　参见林毓生：《论梁巨川先生的自杀——一个道德保守主义含混性的实例》，见《中国传统的创造性转化》，北京：生活·读书·新知三联书店，1988 年，第 205—226 页。

精密复杂的制度运作体系，这套体系把政治治理（"政"）、思想教化（"教"）与经济举措（"养"）紧密联系在一起，构成一个联动系统。

中国式的"教养观"负责教化与经济运营的关系，"政教观"则为政治运作提供道德支持，两者合而观之即可称之为"政教体系"。政教体系由帝王、官员及地方士绅携手运作才能见效。

清代实施的是督抚制度，乾隆朝以后督抚一层逐渐形成了一个"学者型官僚"阶层，乾隆帝曾屡下谕旨，直接以"教养"的名义督促官僚实施教化，"教养观"经由政治程序确认后成为清朝"正统性"确立的一个重要基础。

"教养观"与"政教观"合一而观，其中一个基本预设是"教化"与"政治""经济"构成相辅相成的紧密关系，一旦三者分离就会导致危机的发生，引发一连串礼教秩序的变动。乾隆帝多次申谕三者必须保持联动状态，对官僚自身的道德修养要求很高，故成为官僚执事的仪轨。

随着清帝逊位，帝王、官僚与士绅构成的"政""教""养"连动体系趋于解体，其最大后果就是，"政""教""养"三者被截然分开，各司其职，相互缺乏关联。科举制瓦解后，学堂教育主要注重谋生手段的培养，即相当于传统政教框架下"养"的一面，中层官僚与底层士绅则难以确认其具体的教化责任和身份。

正是因为清末民初的政治变动使"政"与"教"、"教"与"养"的有序链条脱节失控，道德秩序无法在制度层面合理安置，才一步步迫使梁济这类清末遗老陷于绝望。因为现代教育只注重给学生灌输知识，却并未建立起"新道德"的认知体系，同时又经过一波波的激进运动，不断摧毁着旧道德的基本认知框架，导致知识阶层的痞化。

梁济曾发现，新"智识"的增加往往限于口说，对实际行动的效果未必有所增益，对公益事业也未必有利，反而可能变成谋利的渊薮。维新运动中出现的新名词如义务、团体、公益、改良一旦无法用于"矫风正俗"，就会成为攘利沽名的手段。自强学说也常提优胜、劣败、冒险、进取，却不用于国际竞争，只用于追逐个人权利。结论自然是："论其智识，固不可谓不较从前增益也，而智识自智识，行为自行为，此非新智识之为害也，无旧道德以植其基，故新智识不能附丽以行，则心术不正之咎也。"[1]

在梁济看来，"道德"必须作为"智识"发扬的基础，否则政权就会出现合法性危机，解决危机的思路仍旧以传统"教养观"做底色。具体步骤仍走先修"君德"，次修"官德"，再延伸到民德的更新之路。[2] 理由是地方上搞自治运动，往往限于筹款纳捐，甚至流于打扫街道、张挂路灯等琐事，而忽略教育本身。要使子弟受到良好的教育，必须从督促父兄做起，而父兄教育推本穷源须由官长代为治理。官长凭仗国家名义，有先知先觉的能力，可以导以德礼，震以威灵，消弭忿争仇害之风，隐收和平改革之效。[3]

民就像头发，官就像梳子，"梳理雍塞"之法无外乎是摄政王监国亲临部院演说，学部派人衔命赴各省派察学务，负责发掘乡间兴办实业教育之人才，奖以官职，以"田间朴诚办事之人"，取代

---

1 梁济:《梁巨川遗书》，黄曙辉编校，第 170 页。
2 参见同上书，第 182 页。
3 参见同上书，第 129 页。

官场卑鄙巧伪之人和滑绅乡愿，这属于"言教"。

"身教"则是官员"以品节忠诚相砥砺，处处示人以可钦可敬之实修"。"凡为疆吏县吏者，虽非躬任学务，亦应与民息息相通，当知倾身下士以扶危救亡，勿以与民交言为亵尊失体。"[1] 这一思路与当年乾隆帝督责陈宏谋等封疆大吏寻访民间化民成俗的"教养观"是完全一致的。

清帝逊位后，帝制虽寝，梁济等遗老奉行传统"教养观"的思路并未有根本性的改变，如他批评袁世凯"务以诈率人，奖励奸恶，灭绝天理，至于无存，使圣道一亡，万年不复，是不但亡自身，而真正亡中国"。[2]

我们现在讨论遗老的"政教观""教养观"，颇觉其有冬烘先生的迂阔之处，但从其抨击道德无法在政教系统中获得妥帖安置，从而引发民国初年合法性阙失的批评却又是发人深省的警世之论。即以民初政况而言，现代教育之发展，以推行训练拥有新智识为唯一目标，旧道德在学堂教育中无法定位而渐遭遗弃，"新道德"纯以是否符合富国强兵的现实目标为旨归，遂促使"政""教""养"连锁功能系统趋于分离。民初官场普遍出现遗老所说的言行脱序，奸猾圆融之人大行其道的现象，即与此三者的脱节失序与无法相互整合有关。如何脱此困境，一直是近百年来思想界不断探索的一个课题，当然不能强求民国遗老给出一份令人十分满意的标准答案。

1　梁济：《梁巨川遗书》，黄曙辉编校，第 181 页。
2　同上书，第 241—242 页。

　　　　　　　　　　　　　　　　　"天命"如何转移

结　语

　　民国肇建的目的是砸烂一个旧世界，同时革命党人也乐观地认为，新世界可以自然地在旧有废墟上建立起来，或者说可以不付出任何代价就与旧有王朝的"正统性"决裂，顺利获取新政权的统治合法性。一些后现代论者则热衷打捞记忆碎片，恢复被湮没的历史声音。

　　现代中国的建国之路，其独特性就在于一方面面对西方国家的长期压迫，采取了比较普遍意义上的民族国家的构建形式，但另一方面对内又延续了多民族共存于一个统一体之内的传统凝聚方式，而没有盲目跟随西方民族国家的普遍建构准则，裂变成民族自决的多元并立状态。这说明，民初政治家最终汲取了作为传统王朝"正统性"支柱之一的"大一统"思想精华，最终选择在疆域设定和治理方面达成了一个内外平衡的格局，为民国统治的合法性奠定了较为坚实的传统基础。这恰恰证明，建立新政府的合法性不但不应与传统的"正统性"因素决裂告别，反而应吸收其合理要素，以维持一种历史演进的连续性态势。

　　另一个相反的例子是，民国肇建几乎毫无保留地继承了清末以来改革派破坏传统"政教"体制的激进化思路。科举制不但是一条考试进阶之路，更是在不同层次配置政教治理人才的身份分配制度。它使得经过科举选拔的精英得以相对均匀地分布于社会各个层面，上到官僚下至士绅的区域合理布局，往往能够促成政治治理、经济举措与思想教化之间发生有机的连动关系。

新式学堂的训练主要是引进西方的教育体制，培养出来的学生也大多擅长偏向于掌握西方的各项技术能力，对人才质量的评价也基本依循西式标准，与传统政教体制的教化培养目标完全异质和脱节。这套体制对道德人格的塑造没有系统合理的安排，无法顾及从政人员的道德素质训练，遂造成民初政局的乱象，最终导致民国合法性阙失现象的发生。民初遗老重建道德的呼吁虽有迂腐不合时宜之嫌，但其对政教关系的再思考仍发挥着"无用之用"的警醒作用，值得我们珍视。

余论：政治史研究与中国传统核心观念的当代价值

  "概念史"（conceptual history）无疑是近些年中国学界最为流行的一种历史研究方法。[1] 其核心理念拟通过系统梳理西方概念在中国的传播和流变，从一个新的维度观察中国的现代化演进过程。"概念史"的优势在于让今人了解到日常生活中那些自觉或不自觉地使用着的现代词语，大多具有"西方身世"。只要寻究其繁复的"转译"嬗变轨迹就能明白，中国人的思维方式到底有哪些成分已经为西人所影响和改造。

  然而，当今"概念史"的探讨路径大多受限于"语义学"的比较研究视野，似乎过度关注近代国人观念中受西学影响之"变异"的一面，容易忽略传统概念对中国人思维仍然具有强大支配作用这一历史事实，故难以从贯通的视角出发理解一些尚未发生明显改变的深层历史逻辑。[2]

  在中国政治史研究中，我们经常会遭遇到这样的一个困境，那

---

1 关于概念史的内涵特质及其在中国近代史研究中的意义，可参见黄兴涛：《概念史方法与中国近代史研究》，载《史学月刊》2012 年第 9 期，第 11 页。

2 关于"历史语义学"与"概念史"的关系，请参阅方维规：《什么是概念史》，北京：生活·读书·新知三联书店，2020 年，第 18—22 页。

就是"概念"与"事实"之间并非总是相互对应或准确叠合，而是经常发生一定的错位。一些"概念"表现出某种"虚构"的样态，无法全然与事实相符，却并不意味着没有"真实"的意义。如果无故舍弃对这一层蕴意的追问往往极易造成误解。以"九州""五服""天下"这类中国经典中出现频率颇高的概念为例，如果谁要尝试在地图上标注它们的地理范围，无异于自寻烦恼，陷于徒劳。因为这些"概念"根本无法对应于真实的地理空间。"五服"是观念性模式，标识的是先人想象出来的政治文化秩序，"九州""天下"同样不能套用到具体地理位置上。一些学者用是否符合"事实"真伪的标准去评价这些观念，难免讥讽其"杜撰"和"虚造"。从思想史的角度说，许多所谓"虚造"或者"非真实"的观念其实具有重要的历史意义，它们恰恰是思想史中的"事实"。[1]

如果换一种角度观察，许多表面上属于"思想"范围的"概念"，实际上也蕴涵着某种行动逻辑，不能仅仅停留于对其"思想"性质的解释，而忽略了更为深层的实践意义。比如"统治"这个词，就可区分出"思想"与"行动"两种不同的构造。"思想"层面常常意指一些相对抽象玄虚的概念如"天命""天下"等等。"行动"这一面又可大致分为两类，第一类是具有象征涵义的祭祀体系，这一部分貌似有些不切实用，经常成为深受科学思维训练的学人讥刺的"虚造"对象；另一部分属于与"治理"技术相关的内容，看上去似乎更加明晰具体，比较容易把握，两者是一种"虚"与"实"的相辅相成关系。

---

1 参见唐晓峰：《从混沌到秩序：中国上古地理思想史述论》，北京：中华书局，2010年，第231—232页。

举个例子，皇帝经常挂在嘴边的"天下"二字，与事实上拥有"天下"无关，这只是一种象征性的说法而已。一个王朝并非一定真正占据了整个"天下"，才具有"正统性"。我们说皇帝"坐天下"，只是形容其拥有一统独尊的地位，并不表明他实际拥有类似"天下"这种被想象出来的地理空间。

中国传统的"政治概念"往往决定了皇帝在具体的"统治"过程中采取什么样的行动方略。很难想象中国人不按自己的方式而是按照西方观念采取行动。唐晓峰曾比较美国与中国在地理扩张政策方面的差异性，中国的统治运行方式是由中心向周边扩展，美国则是由东向西推进。"边疆"对于美国人意味着机会、发展，对于中国人却意味着停滞、终结，中国人更没有向边疆以外发展的驱动力。"向心"是华夏文明的文化空间结构，也是中国人的行为趋势。[1]

我们讨论某个中国传统"概念"，必须将其置于具体的历史语境中细加探研，特别需要揭示其"思想"之"虚造"内涵，同时亦须洞察其在"事实"层面体现出来的"行动"逻辑。现代社会科学的过度训练造成当代学人对"思想"与"事实"之间频频出现错位的现象缺乏足够的敏感度。我们需要知晓的是，对民众日常生活的重视同样也是民族国家建立后的思想产物，要想了解古人的思想与行为，不能仅停留在"同情之理解"这一常识性态度之上，而必须更透彻地解析古人在特定时刻使用某个"概念"的历史动因和具体处境。

以下拟选择几个传统核心"概念"做些简略分析，以反省中国

1　参见唐晓峰：《从混沌到秩序：中国上古地理思想史述论》，第 231 页。

近代史学革命所导致的"思想"与"事实"分离现象造成的若干后果，以期昭示传统概念在现代历史转折过程中发挥的延续性作用。

"民众史观"抑或"英雄史观"？

1902 年，梁启超曾写下了一段著名文字："盖从来作史者，皆为朝廷上之君若臣而作，曾无有一书为国民而作者也。其大蔽在不知朝廷与国家之分别，以为舍朝廷外无国家。于是乎有所谓正统、闰统之争论，有所谓鼎革前后之笔法。如欧阳之《新五代史》、朱子之《通鉴纲目》等，今日盗贼，明日圣神，甲也天命，乙也借逆。正如群蛆啄矢，争其甘苦，狙公饲狙，辨其四三，自欺欺人，莫此为甚！"[1] 这是对古代"正统观"较早发出的质疑声音。紧接着梁启超又推究皇家"正统观"占据历史主流书写的病因乃是在于"实由认历史为朝廷所专有物，舍朝廷外无可记载故也。不然，则虽有忌讳于朝廷，而民间之事，其可纪者不亦多多乎，何并此而无也？"。[2]

梁启超的这番话开启了观察中国历史的一种"平民视角"，也彻底扭转了通过精英选择记忆、书写历史的旧式风格。过往的史书在梁启超眼里只不过是"合无数之墓志铭而成者耳"。[3] 梁启超的目的就是要把这一个个帝王与贵族的"墓志铭"转写成平民鲜活的肉

1　梁启超：《新史学》，见汤志钧、汤仁泽编：《梁启超全集·第二集·论著二》，第498 页。
2　同上，第 499 页。
3　参见同上，第 498 页。

身形象与貌似庸常的生活样态。普鲁斯特在《追忆似水年华》中曾写道："我要在作品里描写人们在时间中占有的地位比他们在空间中占有的微不足道的位置重要得多，即便这样做会使他们显得类似怪物。"[1] 梁启超就是要通过描述另一类人群的生活，改变晚清士人对历史空间与时间的认知状态。

安德烈·莫罗亚评价普鲁斯特的主要贡献时说"他教给人们某种回忆过去的方式"[2]，普鲁斯特困惑于我们周围的一切都处于永恒的流逝、销蚀过程之中，"就像空间有几何学一样，时间有心理学"。在时间摧毁了一切的同时，"人类毕生都在与时间抗争"，最常使用的手段就是保存"记忆"。[3]

普鲁斯特当然知道，强行改变历史记忆的规则一度仅是文学的专利，在历史研究中并不合法。但他小说里的主人公所采取的观察世界的态度却与梁启超发起的史界"平民革命"有着极为相似的视角。小说描写主人公的姨妈每天的日常功课："床的那一面贴近窗户，街景尽收眼底。她从早到晚就像波斯王公披阅史册那样地研读贡布雷街头的日常要事，说它日常，其实风味之古老胜似远古史册；尔后，她同弗朗索瓦丝一起对见闻进行评述。"[4] 在姨妈的视界中，没有国王和贵族宫廷里的生活场景，满眼只是街道上的日常琐事。

如果把姨妈观看风景的方式与梁启超观察历史的眼光叠加在一

1　转引自［法］安德烈·莫罗亚：《序》，施康强译，见［法］马塞尔·普鲁斯特：《追忆似水年华》第一卷《在斯万家那边》，李恒基、徐继曾译，南京：译林出版社，2012年，第6页。

2　同上，第7—8页。

3　同上，第6页。

4　［法］马塞尔·普鲁斯特：《追忆似水年华》第一卷《在斯万家那边》，李恒基、徐继曾译，第55页。

起，将会看到一幅什么样的景象呢？有一种可能是"文学"与"史学"的边界会慢慢变得模糊起来。[1]另一种别样的历史"记忆"会随之脱颖而出。

在梁启超眼里，"欲求人群进化之真相，必当合人类全体而比较之，通古今文野之界而观察之"。拾缀复原"全体""古今"记忆的方式就是"凡民间之结集而成一人格之团体者，谓之法团，亦谓之法人。法人者，法律上视之与一个人无异也。一州之州会，一市之市会，乃至一学校、一会馆、一公司，皆统名为法团"。[2]这已经相当接近普鲁斯特笔下"姨妈"日常记忆的眼光了。"姨妈"观看风景的视野换成当下的学术语言就叫"日常生活史"。梁启超的关怀当然不限于此，还包括"外至五洲之全局，上自穷古之石史，下至昨今之新闻"[3]，统统都是书写记忆的好材料。

近代中国历史方法论的转型不是史家个人的发明，而是与其他学科发生激烈碰撞的结晶。梁启超曾经批评旧史家"徒知有史学，而不知史学与他学之关系也。夫地理学也，地质学也，人种学也，人类学也，言语学也，群学也，政治学也，宗教学，法律学也，生计学也，皆与史学有直接之关系。其他如哲学范围所属之伦理学、心理学、论理学、文章学，及天然科学范围所属之天文学、物质学、化学、生理学，其理论亦常与史学有间接之关系，何一而非主

---

1 艾尔曼就曾指出，后现代史学影响下的历史事件与人物的阐述，和"叙事风格"十分相似，结果史学家的心态（例如中国的"褒贬"传统）和疑旨（problematique）很难与小说家的"设局"和"角色刻画"的技巧有所区别。（参见［美］艾尔曼：《经学、政治和宗教：中华帝国晚期常州今文学派研究》，赵刚译，第2页。）
2 梁启超：《新史学》，见汤志钧、汤仁泽编：《梁启超全集·第二集·论著二》，第504页。
3 同上。

观所当凭借者"[1]。粗略一览梁启超罗列出的"史学"与其他学科交叉联姻的图谱，称其为"跨学科研究之父"当不为过誉。

从此之后，"帝王家谱学"之外的经济史、政治史、民众史、社会史、日常生活史、新文化史等等崭新的研究方法纷至沓来，涌入了中国史领域。"眼光向下""区域史研究""底层视角"俨然成为学人时髦的口头禅。传统治史必须关注的核心主题如"正统"的确立与帝王宫廷政治的运作大有被逐出史学门庭的危险。因为"正统"已被定性为"当代君臣自私本国也，又是陋儒误解经义，煽动奴性的产物"[2]，自然被悬置成批判的标靶，似乎已不适合成为史学严肃探究的对象，应该自觉让位于"民众史"这个政治正确的大方向。

"民众史"就是普鲁斯特小说里"姨妈"眼中的世界，在她的眼里，"贡布雷无论家畜还是居民，彼此都认识"，"所以倘若姨妈偶尔发现有一条她不认识的狗走过，她就必定不住地搜索枯肠，把她的推理才能和悠闲的时间全都消耗在这件难以理解的事情上去"[3]。

历史学家一旦步入了"姨妈"的日常生活世界，往往会极大地丰富历史书写的细节，民众生活的基本面相也会逐步展露无遗。当历史记忆化身为无数个生动的琐细碎片时，帝王官僚的身影自然日渐模糊，退隐莫辨。普通人生活纪事里的家长里短，从此构成了任何"事件"发生的必备要素，对其中的体味和琢磨也内化成了一种

1　梁启超：《新史学》，见汤志钧、汤仁泽编：《梁启超全集·第二集·论著二》，第504—505页。
2　同上，第508—509页。今人蒙文通则认为，所谓倡导"正统观"的"正闰论者"，都是"政治民族主义"的表达。（蒙文通：《治学杂语·增补》，见蒙默编：《蒙文通全集》第六册，成都：巴蜀书社，第35页。）
3　［法］马塞尔·普鲁斯特：《追忆似水年华》第一卷《在斯万家那边》，第61页。

"集体无意识"。"新文化史"探秘隐微情境的范围已波及气味与声音，空间与身体，诸如一个老农居所的位置朝向，村庄里一位士绅的阅读与收藏，乡民吃喝的种类与成分，乃至庙碑里的隐秘预言，乞灵拜佛的神签，黄大仙意识流般的"胡言乱语"，甚至香水的弥漫和钟声的扩散等难以捕捉的嗅觉与听觉，都被纳入了史家穷搜极索的范围。

令人颇感诧异的是，就在"进化史学"刚刚施展出强大的声势魅力，"民众史学"正处于众人仰视风随的喧嚣狂欢时刻，1922年12月，梁启超突然发表了一篇题为《什么是文化》的奇特演说。在这篇演讲词中，梁启超绝口不提过去常常挂在嘴边的"进化""因果"这些新词，反而大讲"文化"是一种"共业"，与个人创造出的"别业"有相当之区别。"共业"是佛家术语。在梁启超看来，一切身心活动"都是一刹那一刹那的飞奔过去，随起随灭，毫不停留。但是每活动一次，他的魂影便永远留在宇宙间，不能磨灭。……由此言之，必须人类自由意志选择，且创造出来的东西才算有价值。自由意志所无如之何的东西，我们便没有法子说出他的价值"。[1]

梁启超举出孔子、汉武帝和基督等人做例子，说"他的自由意志怎样的发动和发动方向如何，不惟旁人猜不着，乃至连他自己今天也猜不着明天怎么样，这一秒钟也猜不着后一秒钟怎样，他是绝对不受任何因果律之束缚限制，时时刻刻可以为不断的发动，便时时刻刻可以为不断的创造"。[2]其中明确谈到"文化"创造是个人

---

1 梁启超：《什么是文化》，见汤志钧、汤仁泽编：《梁启超全集·第十六集·演说二》，第6—7页。
2 同上，第8页。

心性的表达，与"因果律"毫无关系。这哪里还能见到丝毫民众生活史的影子，似乎又回归到了传统"英雄史观"的路子上去了。梁启超晚年对"文化"认识立场的转变被认为是对历史研究日益"庸常化""民粹化"的一种反动，可惜在当时并未引起太大反响。

与梁启超当年的感悟相呼应，钱锺书曾经发现中国诗文中普遍存在着"视觉"与"听觉"相映衬的"通感"现象，他引宋祁的名句"红杏枝头春意闹"，说在日常经验里，视觉、听觉、触觉、嗅觉、味觉往往可以彼此打通或交通，眼、耳、舌、鼻、身各个官能的领域可以不分界限。颜色似乎会有温度，声音似乎会有形象，冷暖似乎会有重量，气味似乎会有体质。[1]这种"通感"我以为不仅反映在文学创作中，同样在历史研究中亦时常会发生作用，当代历史学家似应自觉具备此种"通感"意识，否则在观察历史过程时难免会把视野限制于某个局部片段的状态而失去整体感受能力。

目前"社会史""文化史"研究被批评趋于碎片化即出于缺乏"通感"所致。似应当在观察某个局部现象时四面兼顾不同要素之间的关联，因为历史现象表面上所呈现出的"社会""文化"面相，也许是某种更深层的政治表征，反之亦然。[2]

1　参见钱锺书：《通感》，见《七缀集》，北京：生活·读书·新知三联书店，2002年，第64页。

2　一个具体的例子是王笛对成都的研究，表面上似乎属于时髦的"微观社会史"，实则不妨把这些系列研究同样看作是"政治史"研究。如他对"街头文化""茶馆""袍哥"的研究都不只是一种刻意的"局部"，而是"通感"意义上的整体观察。（参见王笛：《街头文化：成都公共空间、下层民众与地方政治（1870—1930）》，李德英、谢继华、邓丽译，北京：中国人民大学出版社，2006年；《茶馆：成都的公共生活和微观世界（1900—1950）》，北京：社会科学文献出版社，2010年；《袍哥：1940年代川西乡村的暴力与秩序》，北京：北京大学出版社，2018年。）

在梁启超发表历史研究"心性论"数十年之后，学界亦开始有人倡导"人生史"的探索方向，以区别于社会史领域中的"日常生活史"。"日常生活史"的观察对象相当于社会科学模式所规定的"群体"，它们在特定学科术语描述的"人生礼仪"和"日常时间"中经历着历史流程。"人生史"的对象则是"非常人"的个体，比较接近古代史书中的"人物志"。"人生史"写作的目的是摆脱近代社会科学总是想把"人生"整合进民族国家秩序这类僵化叙事套路，即使如福柯虽然意识到了"个体"的个性一旦被权力的支配削平，就恰似"庸人"猥集，却仍是从"群体"的角度理解"个人生命史"的反抗意愿，无法对"个体"生命的真实意义做出更有力量的说明。[1]

　　近期有学者为了弥合将上下层组织对立起来进行截然二分的社会史研究弊端，主张采用"日常统治史"的视角，以区别于帝王政治史和面向底层民众的"日常生活史"。"日常统治史"更强调政治权力对群体日常活动的支配状态，只不过这种"支配"并不限于帝王、官僚等所属的上流社会，而是泛化到了更为普通的制度和治理技术之中。[2]即使一些深受人类学方法影响的历史学者，也开始反对不假思索地运用"国家—地方""全国—区域""精英—民众"等一系列二元对立的概念作为分析工具，而是主张区域历史的内在脉络可以视为国家意识形态在地域社会各具特色的表达，国家的历史也可以在区域性的社会经济发展中"全息"地展现出来。[3]

　　除了探照历史的眼光深入民众和底层，持续降格到世俗层面这

<hr />

1　参见王铭铭：《人生史与人类学》，北京：生活・读书・新知三联书店，2010 年。
2　参见侯旭东：《什么是日常统治史》，北京：生活・读书・新知三联书店，2020 年。
3　参见陈春声：《走向历史现场》，载《读书》2006 年第 9 期，第 19—28 页。

个变化外，梁启超提倡新史学的最大影响还在于他主张对史料的选择应采取"价值中立"的科学态度。梁启超认为，古代史观由于为一家一姓之皇权服务，难免沾染上太多的"道德主义"色彩，而且这类"道德"还是出于"私德"而非"公德"，故采用"去道德化"的客观标准才是史学革命的关键步骤。

传统史学与"新史学"的根本分歧在于前者认为道德标准的持守乃是史学的生命之所在，后者则力图经过史料的自然呈现剔除道德化判断，以展现事实的客观性。这场争议一直延续到现在，实际牵扯到了历史观中何为"正"的问题。

撰史要做道德评判，这是传统史家必须恪守的要义，也是"新史学"极力批评舍弃的观点。然而问题在于，道德评判的标准应该设定在哪里？一定必须掌握在士人或某一特定儒家流派的精英群体手中吗？即以宋明儒者恪守"夷夏之辨"及清儒逐渐接受"大一统"理念而论，就很难从道德尺度上定出是非。因为其思想与行为的转移乃是时代因缘演化的结果。我们从饶宗颐的论述中亦可以看出传统史家面临"世变"抉择时的内心紧张，以及难以自我圆融的困境。

饶宗颐在讨论中国"正统观"沿革时，一方面说，"史家眼中对于帝王（统治者）仅视作历史人物看待，其是非得失，均得加以衡量评判，记叙史事而无是非之辨，则何贵乎有史？"并声明此义郑思肖在《心史》中已有发挥。郑思肖正是宋代夷夏之辨论述的极端奉行者。另一方面，饶宗颐又赞赏龚自珍批评夷夏之防的狭隘，而举其"历来持正统论者，每局于夷夏之辨；此在偏安之世则然，若大一统局面下，则地既无疆，天亦无外"。这个观点显然更接近雍正帝的史观，至少类似于被皇家思想训化后的士人对帝王正统的认同态度。饶宗颐显然忽略了清代士人与帝王合谋之一面对史家进行道德判断所构成的影响。[1]

民国建立以来的中国史家或隐或显地均受到"科学主义"方法的影响，他们争先恐后地追寻历史的客观性和真实性。这与清中叶以后兴起的乾嘉实证学风若合符节。以"复古"为"革命"正是梁启超对清代学术的总体评价，也暗含着通过把旧史学披上科学外衣使之时髦化的意图。这对民国时期的治学路径影响颇大。如顾颉刚就曾明确表示，他发起"古史辨运动""自有我的坚定的立足点——在客观上真实认识的古史，并不是仅仅要做翻案文章"[2]。

顾颉刚自认其治史源于三个传统：一是唐以后出现的学术辨伪传统；二是康有为揭示了战国诸子和新代经师的作伪的原因，使人读了不但不信任古史，而且要看出伪史的背景，比辨伪更深一层；三是胡适的西洋史学方法，不但要辨伪，还要去研究伪史的背景和演变线索。

顾氏辨伪的真精神是想打破古史层累伪造的帝王与圣人的传承谱系，用科学方法揭示其真面目。但从史学本义而言，我们更应该关心的不是古史传说的真伪问题，也不是古帝王圣人是否真实存在的问题，而是何以伪史被顺利制造出来，在某个时期能够大行其道，在另一个时代却又寂寥无闻。

伪史制造用于什么目的，为什么越到后来伪造古史的行为越来

1　参见饶宗颐：《中国史学上之正统论》，第78页。
2　顾颉刚：《走在历史的路上——顾颉刚自述》，南京：江苏教育出版社，2005年，第70页。

　　　　　　　　　　　　　　　　　　　　　"天命"如何转移

越少直至消失，其原因何在？例如汉代儒生中流行谶纬之书，制造出许多古代圣人的神迹神话。直至唐代，文人好谈怪力乱神之风并未消歇。[1] 但宋代以后研习谶纬的儒者日渐稀少，直至消失。特别是那些和神启预言有关的历史叙述如"五德终始说"也逐渐失势，不为皇家所用，这到底是什么原因造成的？问题的关键在于，某种历史观是在什么样的状态下被各方利用，而不完全与传说谱系构成的真假问题有关。对伪史客观性的执着辨析恰恰因为太受近代科学观的影响和支配，不一定抓住了历史本身演进的具体脉络。

顾颉刚曾提及他对康有为用今文经学做手段大搞宫廷政治颇感不满，曾表示："我对于今文家的态度总不能佩服。我觉得他们拿辨伪做手段，把改制做目的，是为运用政策而非研究学问。……因为他们的目的只在运用政策作自己的方便，所以虽是极鄙陋的谶纬也要假借了做自己的武器而不肯丢去。因为他们把政策与学问混而为一，所以在学问上也就肯轻易地屈抑自己的理性于怪妄之说的下面。"[2]

顾颉刚没有想到的是，政策与学问混而为一恰恰是儒者参政议政的重要特点，甚至不惜加入荒谬鬼诞的成分，以博取更为强大的精神力量，康有为只不过是这个特点的末世践行者。康有为用谶纬影射时政恰恰是汉唐儒生传统言行风格的再现，孔子改制的历史真相或经书造作的真伪到底如何并非他关注的内容。顾颉刚指责康有为治学夹带诡异怪诞之风，是典型的以科学指针度人，而且度得十

1　参见孙英刚：《神文时代：谶纬、术数与中古政治研究》。
2　顾颉刚：《走在历史的路上——顾颉刚自述》，第 47 页。

分勉强。如何理解儒生的谶纬神话制作与皇权博弈的关系，正是窥探古人史观之原义的一大关键，不可凭今人眼光随意裁断。由于不明此理，顾颉刚才断言夏曾佑在历史教科书中说汉人"凡解经者必兼纬，非纬则无以明经"的说法是"自欺欺人"之论，并不了解夏曾佑的意思是指汉人生活于此神秘氛围之下，谶纬必将发挥其特殊功用，而不是依靠简单的辨伪工作就可以探知其复杂的心灵世界。这都是过多沾染科学主义思维造成的后果。

什么是"统治"？什么是"清朝统治"？

"统治"一词在中国历史研究中无疑是使用最为频繁的概念之一，然何谓"统治"却很少有人做出详细的梳理和解释，故在诠释其义时常常失之笼统。"统治"一词最晚汉代已经出现，丁鸿在上奏时解释"统治"之义云："臣闻古之帝王，统治天下，五载巡狩，至于岱宗，柴祭于天，望秩山川，协时月正日，同斗斛权衡，使人不争。"[1]

在丁鸿的笔下，"统治"至少包含以下三层意思：一是统揽天下秩序；二是祭祀山川天地；三是协调季节的交替，化解冲突，使人间事务趋于均衡有序，达于和谐不争的状态。其中一个核心原则

1 《后汉书》卷三十七《桓荣丁鸿列传》注引《东观记》曰。（北京：中华书局，1973年，第1265页。）其实殷商即有"国之大事，在祀与戎"的观念。张光直从考古的角度发现，青铜的使用并不全在于生产和生活，而是更多用于礼仪祭祀和军事行动。可见"祀"应是帝王优先考虑的一项职责。（参见张光直：《中国青铜时代》，北京：生活·读书·新知三联书店，1999年，第22页。）

　　　　　　　　　　　"天命"如何转移

是，所有相关事务的运作都必须经过帝王的统领才能实现。"统"的最原始义出自《说文解字》，说的是女工用热汤煮熬茧丝，抽绎出统纪的模样，方得以拉抻成丝。侯旭东引申其义指丝的发端部分，统领、统帅之义皆由此而来。[1]

在古代王朝体制之下，这个"统领"无疑只能由帝王充当，而不可能是位居其下的臣僚与普通民众。"帝王"就是贯通诸事的魁首，其肉身形象具有象征符号的义蕴。帝王作为"统领"的外在行为表现就是每年定期循环举行各类繁琐的礼仪祭祀。

首先，帝王通过祭祀典礼表明其发挥着沟通天与地的中介纽带作用，宣示自己是连接宇宙与人间秩序的唯一合法人选。

其次，在太庙中举行的祭祖仪式把帝王塑造成"孝"的典范，喻示其扮演着普天之下君臣父子伦常关系的中枢角色。

最后，京城之外最高规格的祭典在社稷坛举行，这种仪式把帝王建构成一个关联广大社会与地理要素的核心，通过帝王这个"统领"连接整个帝国的疆域，包括有形的外在和无形的内在两个部分。祭祀借助冥冥神灵之力提供特殊的神圣空间，通过反复展演操练形成一套政治运行规则，不但最终指向控驭疆土的至高权力，而且呈现和承载了王朝所依托的抽象等级秩序。[2]大祀把帝王的身体塑造为可供天下瞻仰的世俗神圣形象，祭祀仪式对祭拜空间和动作的安排，包括祝词的诵读、器物的安置、繁复的礼仪站位设计，均为大典表演者生产出特定的位置（positions），这就是"统治"中

1　参见侯旭东：《什么是日常统治史》，第 219 页。

2　参见［美］司徒安：《身体与笔：18 世纪中国作为文本／表演的大祀》，李晋译，北京：北京大学出版社，2014 年，第 2—3 页。

"统"的涵义之所在。[1]

西方思想家马克斯·韦伯则注意到与"统治"最相关的一个概念"卡里斯玛"的使用。"卡里斯玛"（charisma）是指某种人格特质，某些人因具有这种特质而被认为是超凡的，具有超自然的、超人的或至少是特殊的力量或品质。它们具有神圣或至少是表率的特性，某些人因具有这些特质而被当作"领袖"对待。所谓"卡里斯玛支配"即是在被支配者对能够证实其卡里斯玛禀赋的领袖产生一种完全效忠和献身的情感性归依下，赖以成立的支配类型。[2]

中国帝王经常面临的挑战是其"卡里斯玛特质"如何延续和保鲜的问题。因为帝王处理事务是从政治现实出发，其执政魅力也往往与其实际达成的效果直接匹配，帝王必须表现出足够的政绩以证明他是上天宠命的支配者。比如大禹治水的神话就是一种政绩彰显的卡里斯玛式表现。自魔力与英雄精神所呈现出的异常力量是卡里斯玛的动力源，但这个动力源不是永恒存在的：在战争时期，这种卡里斯玛可以通过军事征服加以维持，可是一旦进入和平时期，帝王的个人魅力有时候会出现衰竭迹象，所以他们往往必须通过种种象征仪式的运作维系这种卡里斯玛魔力。

韦伯提出的一个重要观点是，中国皇帝的权力尽管拥有凌驾诸侯之上的封建宗主权，并独占了"祭天"之礼，以区别于诸侯对领地神与列祖列宗的祭祀，但作为天上之神的上帝既可被当作上天本

1　参见［美］司徒安：《身体与笔：18世纪中国作为文本／表演的大祀》，李晋译，第9页。

2　参见［德］马克斯·韦伯：《中国的宗教：儒教与道教》，康乐、简惠美译，桂林：广西师范大学出版社，2010年，第64页。

身，也可被看作是天上之王。这样一来，那些受普遍信仰的神祇，就逐渐具有一种非人格化的特性，这与中东地区的情形恰好相反。中东具人格忄的超俗世创造者同时兼具世界之王的统治者，被抬高到所有泛灵式的半人格神与所有的地方神之上。[1]

中国的"天"并不是一个像耶和华那样的英雄神，由其子民在对外关系上所遭受的非合理命运中来显现出自己的拯救世界的卓越能力，并在战争、胜利、败北、流放与思乡中受到崇拜。平稳安定的内部秩序，只有在一个本质上非人格性的特别是超世俗事物之上的力量（天）的守护下，方能得到最好的保证。[2]

"天"被认为是终极的、至高无上的，并不是超世俗的创世主，而是超神的、非人格的、始终可与自己同一的、永久不灭的存在。这也就是对永恒秩序之妥当性及其不受时间约制之存在的崇奉。非人格的天威，并不向人类"说话"，它是通过地上的统治方式，作为宇宙一部分的自然与传统的稳固秩序，以及所有发生于人身上的事故来启示人类。子民的幸福都是上天满意所昭示出的秩序运行无误，所有灾祸的发生，都是一种神佑的天地和谐受到巫术力量干扰的征兆。[3]没有任何独一无二的神或神格化的英雄或任何神灵是"全知的"或"全能的"，虔敬者遭逢不幸，不过是天命靡常罢了。

既然中国帝王的卡里斯玛更多依赖于一种非人格化的"天意"支配，这就使得其帝王身份拥有神圣与世俗两种身份，但"天子"并不代表一种具体的人格神，而是一种模糊的"天命"，那么与这

1　参见［德］马克斯·韦伯：《中国的宗教：儒教与道教》，康乐、简惠美译，第52页。
2　参见同上书，第58—59页。
3　参见同上书，第61页。

种"天命"关联的紧密程度只有通过各种祭祀上天的仪式反复加以上演，这就是为"统治"而设计出的必备程序，这与西方民众依靠人格神的牧领引导机制大为不同，也是其与西方在"统治"层面的差异之所在。

与帝王的卡里斯玛气质相对应的是，作为皇权意识形态支柱的儒家也大致具备两重身份，即"王者之儒"和"教化之儒"。"王者之儒"可以汉代董仲舒为代表，他常常通过昭示天谴灾异以警示王者，以"神道设教"的形象现身说法。汉儒的目的首先在于通过建构"政治神话"为帝王的正统性提供足够的依据，至于如何具体地把这种皇家正统性与控制民众生活的实践相互结合，则并非他们核心关注的问题，故其运思路径更近于"统治"一层。

宋儒对汉儒进行了一番"去魅化"改造，把对君王的约束从外界的神圣压力转移到了"道德内省"的心理层面，这番转变的一个最终后果就是帝王"神道设教"的色彩被严重弱化了。"格君心"遵循的是由帝王自身的道德修炼推及家国天下秩序，其教化过程主要凭借儒家伦理教条的蕴育和推广。宋儒有意淡化"天命"的神性支持对帝王政治的影响力，使得各种祭祀礼仪只具备了某种文化背景的意义，帝王与民众之间的联系则靠庶民宗族的崛起加以衔接。故儒家对道德训谕的强调更接近于"治理术"而不是一种"统治"策略。

当然，这里言及宋儒影响下的帝王之学强调的是其偏向于"治理"之一面，并非意味着帝王就完全丧失了其"统治"特性，只不过其原来居于中心位置的神道设教构想大多退隐为相对模糊的背景而已，历代帝王仍重视各种祭祀程式的举行及其效用的发挥。如果

　　　　　　　　　　"天命"如何转移

有什么变化，那也是原本属于卡里斯玛层面的统治举措更多与基层治理经验密切结合了起来。[1]

与韦伯对中国式"天"的意义解释有所区别，杨庆堃提出了"天的道德化"命题，"天"即使没有"人格性"，也同样缺乏西方那样的宗教支配性，因为"天"具有一种人间的伦理品格，这是中国"天人合一"思想的重要来源，也使得某些自然现象被赋予了特别的政治意义。"天"象征着富有道德内涵的强大力量，它按照道德原则运行，而这一道德原则强调了人是大千世界整体不可分割的一部分。自然界的异常现象被解释为宇宙道德动力的权威展示，这使"天"成为制约世俗政治体制运行的一种最合适的象征符号。[2]

"天"一旦被赋予了"道德性"，就使得其内涵与人间帝王的言行之间构成了一种呼应关系。上天的表现仿佛具备了自己的喜怒哀乐，"天"的这种拟人化情绪会直接影响和支配帝王的政治行为，成为判定其政绩优劣好坏的外界势力。一旦上天通过旱灾、洪涝、地震、彗星等现象发出警示，帝王就必须迅速检讨自身言行的得失，以举行典礼祭祀或者下罪己诏的形式对上天的要求做出回应，似乎上天据此就能显示对人间生活具有绝对的支配地位，并借此拉近与人类的关系。

然而如果反过来观察，帝王也可以利用"上天"的伦理化表现，达到自己特殊的政治目的，比如通过昭示"天"的拟人情绪变

---

1 关于"王者之儒"与"教化之儒"的演变和转化的一个提纲式"分析"，请参见杨念群：《儒学地域化的近代形态：三大知识群体互动的比较研究》"导论"。
2 参见［美］杨庆堃：《中国社会中的宗教：宗教的现代社会功能及其历史因素之研究》，范丽珠等译，上海：上海人民出版社，2007年，第139—140页。

化，为自己的日常政治行为辩护。换句话说，帝王可以利用"上天"力量作为"统治"工具，与此同时，这种对上天的利用却大大弱化了"天"的宗教品格。人们很难对"天"发生一种持久和坚定的信仰，更不用说终身加以信奉。无论是帝王还是普通民众都只能在某一特定时刻和情境下相信"天"具有支配能力，但在另一种情况下却很容易放弃对"天"的敬畏之情。换句话说，中国的"天人关系"大多建立在功利选择而非坚韧信仰的基础之上，这也是中国与西方相比，难以形成真正宗教信仰体系的原因。[1]

"神道设教"的一个重要功能是把宗教伦理化，变成政治制度的一个组成部分，比如遍布各地的祭祀社稷神、河神、风神、雨神、雷神的各类官祀仪式，变成了地方行政官员的职责。

围绕"神道设教"采取的任何行动都属于一种"统治"策略而非"治理"技术。"治理"偏向于行政乃至身体的控制，而"统治"则更强调精神层面的统摄与感化，包括利用超自然的权威力量，带有一种柔性的技巧，至少是自愿或半强迫的状态。超自然权威统驭

---

1 如有学者指出，中国民间对神、祖先、鬼的崇拜分别对应于人间世界的官员、家族和外人，祭拜范围也分别以庙宇、祠堂和家与社区的边界为中心展开。（参见［美］武雅士主编：《中国社会中的宗教与仪式》，彭泽安、邵铁峰译，郭潇威校，南京：江苏人民出版社，2014年，第137—185页。）与此同时，对神、祖先与鬼的祭拜并不一定遵循原有的等级次序，在某种情况下，对鬼的献祭有可能超过高层次的祖先和神祇。这种观念层面与仪式层面不对称性的发生，有学者认为乃是出自特定的原因，比如社会变迁和地方化等等。（参见王铭铭：《社会人类学与中国研究》，北京：生活·读书·新知三联书店，1997年，第168—169页。）但我以为，民众对这三种崇拜类型的划分和选择更多可能依赖其中某种祭拜对象是否发挥效力这个基本标准。钱锺书则以为，"神""鬼"最初不分尊卑，后来才渐分等级。"神"出身于"鬼"，"鬼"发迹为"神"。人之信事鬼神，常怀二心。（参见钱锺书：《钱锺书集：管锥编（一）》，第306—308页。）

　　　　　　　　　　　　　　　　"天命"如何转移

的是人的灵魂，它们生活在冥界，与西方宗教组织具有较高独立性不同，中国的冥界和神灵等级体系效仿了世俗政府的构成形式，甚至城隍神的官阶也要由皇帝委派，说明一个人对灵魂世界的想象不可能完全摆脱由世俗权威施加的道德秩序的影响。

"神道设教"的一个重要举措是"人格神"的大量涌现和被世俗化的道德要求所控制，最明显的例子是关公崇拜。在一般民众眼里，关公显圣纯粹是一种神性发挥作用的表征，可是最初关公被升格为国家神祇却完全是出于对其儒家"忠义"品格的肯定和弘扬。因为其"忠义"有利于道德秩序的维系，而并非为了彰显其满足百姓各种生活需求的显灵意义。然而也正是在官府与民众对道德伦理信仰与世俗功利信仰各取所需的情况下，"关公"作为人格神才使得双方达成了默契。由此也证明，中国神祇不可能像西方那样完全源自神性，而恰恰是被相当世俗的功利需求打造出来的一种象征符号。

还有一个现象是帝王垄断了对上天的祭祀权，严格划分祀典等级，皇帝成为天人之间的唯一中介。除此之外，帝王又对民间开放其他神祇和祖先崇拜，并通过这种方式贯穿儒家道德礼仪至基层社会。在这种互动关系中，宗教的位置显得有些尴尬。由于宗教并非世俗道德价值的主要来源，当社会行为的某些道德规范发生冲突的时候，宗教团体无法作为一个具有权威性的组织来判定其是非对错，而只能作为佑护儒家道德伦理秩序的补充力量发挥作用。中国宗教将伦理体系和对超自然力量的崇拜融为一体，使得其特质与西方宗教截然不同。由此也决定了中国"统治"与"治理"之间的差异性。

中国国家相对于宗教拥有更为强大的支配性，其原因乃是在于宗教早期发展呈现出分散的形式，过多依赖于与社会制度的结合，而没有发展出具有独立功能和结构的组织系统，以至于在多神教和多神信仰共存的空间里，宗教作为完整组织性力量被大大削弱了。与欧洲大陆的情形正好相反，在宗教改革以前，基督教对大陆拥有统一的控制权，世俗政府则被分割成若干封建诸侯国，经常处于分崩离析的状态。

中国王朝一旦实现了"大一统"，任何宗教都将面临一个完整强大的对手，面对这个统一的世俗政权，各个宗教派别为争夺皇权的宠幸，往往会相互发动战争，朝廷即会利用教派冲突，控制宗教运动的规模或者取缔其组织活动。这也是中国皇权作为"统治"的手段之一。"统治"是从垄断对上天和神灵信仰出发，并使之道德世俗化，以建立自身"正统性"为目的之过程，与"治理"的纯行政技术之间存在着区别。[1]

古代帝王亦重视星象天文的观测及其所表达的王权与上天沟通的象征意义。古人对方位天象的测量并非现代意义的科学活动，而是一种政治信仰的表达仪式，像日景、星度、距离、方位的测定就是与祭祀天地祖先近似的一种彰显"正统性"的"虚拟性"活动。说其带有"虚拟"特征是因为星象分野理论虽属古代帝王承天受命的表征，但到了清代已基本失去了其占星术的神秘功能，天文星象与人间区域的对应在现实生活中也不会发生任何的实际作用。所谓"天垂象，见吉凶"的神秘关联性思维根本无法得到验证，却仍标志着帝王对人间疆域的占有与星象所标识的天文区域具有对应的关

1　参见［美］杨庆堃：《中国社会中的宗教：宗教的现代社会功能与其历史因素之研究》，范丽珠等译，第197—198页。

　　　　　　　　　　　　　"天命"如何转移

系，以昭示王权的世俗统治拥有上天授权的神圣性。所以乾隆帝在《〈大清一统志〉序》中才说，"星野所占，坤舆所载"[1]，分野与疆域的关系被浓缩在一本图册文字之中。

星象分野说的一个重要特点是，天上的二十八宿，十二次是稳定不变的，而地上的区域划分类别却相对繁多，变化不定，需要不断修正。[2] 比如从战国的诸侯分封到秦汉的"大一统"郡县制，再到宋明南北分立的格局，从"封建"变"郡县"，从"夷夏之分"演化为"一统中外"，地上的区域单元范围不断伸缩转移，恰恰反映的是政治地缘模式的变动。帝王选择什么样的"统治"思路，往往会凭借星象分野说折射出来。可以想象，帝王占据土地疆域的范围越辽阔，在星象分野上所表现出的"正统"优势就越显著，这也是清帝为什么要恢复"正统观"中之"大一统"首义的重要思想依据之一。

在平定准噶尔，新疆尽入大清版图之后，乾隆帝发布上谕云："其星辰分野，日月出入，昼夜节气时刻，宜载入《时宪书》，颁赐正朔，其山川道里应详细相度，载入《皇舆全图》，以昭中外一统之盛。"[3]

《时宪书》与《皇舆全图》的编纂是一种纸面上的规划和书写，与疆域一统的征伐实绩并非一回事，然而两者却可相互映衬。没有实际的军事攻略和开疆拓土，就不可能据有广阔的空间土地，这是"大一统"表现出的践履形态，是"实"的一面。同样，各类《一

1　清高宗：《〈大清一统志〉序》，见《御制文初集》卷十《序》，清文渊阁四库全书本。
2　参见唐晓峰：《从混沌到秩序：中国上古地理思想史述论》，第138页。
3　《清高宗实录》卷四九〇，乾隆二十年六月癸丑。

统志》与《时宪书》《皇舆全图》的编纂，则表达的是皇家对"正统性"象征意义的诉求，是相对"虚"的一面。帝王对星象分野的关注因为无法具体实地测量，也没有一定的客观标准，只是一种想象的"概念"而已，其作用与重视祭祀大典一样，乃是希望通过重复性和形式化的"非实用性"操作，增强仪式感，强化皇权统治的神秘色彩。

由此可知，"统治"之"统"常喻君王之事，然而历朝历代之"统"时有变化，不可一概而论。清朝帝王以异族身份入主大统，虽基本承继了前朝汉人的"统治"制度，却在具体执行过程中有所变通和改造，形成了独特的风格。与前朝相比较，清帝必须解决三个有关"统治"的独特议题：第一，如何面对明朝遗留下来的"理学"思想遗产；第二，如何克服宋明"夷夏之辨"带来的种族身份认同困境；第三，如何把满人对"天"的特异理解与汉人的"天命观"相协调，以便为"大一统"的多民族统治格局奠定思想基础；第四，如何克服"祭天"与"祭祖"之间产生的内在张力和矛盾。

清帝建立"大一统"帝国首先遭遇的挑战是，在继承宋明思想遗产的同时，面临两个难以克服的障碍。其一是如何处理"忠"与"孝"之间的内在紧张。在宋明儒家的"五伦"体系中，"家"是"孝"的基础和起点，是由父子、君臣、夫妇、兄弟、朋友等伦际关系支撑起来的一套伦理体系。父子关系中的"孝"乃是一切人伦义务的原点，臣子言行对"忠"的体现，只限于帝王与臣僚之间的关系，其范围比父子关系要狭窄很多。这就使得帝王权力无法延伸渗透到基层普通民众的生活当中，而只能成为父子关系延伸辐射的

　　　　　　　　　　　　"天命"如何转移

第二级对象，故汉人士大夫常出现"忠孝不能两全"的焦虑。

正是有鉴于此，雍正帝对"五伦"关系进行了一番改造，他强行颠倒"父子""君臣"的位置，使得"君臣"关系终于完全涵盖了"父子"关系，而不是"父子"关系推导波及的产物。其改造结果是，"君"变成了所有民众的"父亲"。正如曾静所言，帝王承天受命，理应是天下万物之大兄大母，其尊配天，居于万物之上。父子关系，其尊仅聚于一身之上。所以君臣关系是更广义的父子关系，"臣"指的是全体大清子民，而并非个体官僚。

经此巧妙地思想转换，"忠君"不仅是官僚士人必须切身履行的信条，也是普遍意义上的人伦道德准则。这套说辞显然并非程朱理学家的原意，理学家反而要求"君臣"之间必须始终保持一定的张力关系，甚至士人面对君王应坚守"道统"准则，保持一定的主位优势。因宋明之"士"仍居"师"位，多少保持着"格君心"的权力，君臣关系虽无法对等，士人却仍有与君王博弈对抗的机会与空间。

清代以后，君臣之间的交往被改造成一种命令与服从的高下悬殊关系，甚至卑微到了君不抚民，民亦需毫无怨言地效忠君主的地步。另一方面，清帝通过举办一系列的祭祀礼仪增加本身的神秘感，特别是把"祭天"与"祭祖"仪式合为一体一并举行。"天子"和"孝子"的角色合二为一后，增添了更加神奇的支配力量。清帝既是全体民众的主人，又是承天受命的"天子"，同时还是世俗祖先谱系里的后裔。

清帝把祭天与祭祖合并举行，乃是刻意把自己与世俗意义上的民众祭祖区隔开来，以昭显皇家祭祀的神圣性，同时又与民间普遍的孝道伦理始终保持着若即若离的联系。宋代以后，皇家神秘色彩经过理学家的世俗化处理，一度变成了"道统"的监控对象。明代经过明世宗"大议礼"事件以后，宗族祭祖突破了皇家垄断的束缚，民间私人祭祀日渐普及，然而这种庶民化现象并未削弱皇家祭祖的神圣性，却反而被强化成清帝颠倒"五伦"关系的一种同构性表演。"五伦"秩序重整成为满洲主奴关系进入汉家伦理领地的一个中介管道，带有鲜明的满洲旧俗的"蛮性遗留"痕迹，重新塑造了完全有别于汉人的君臣共处新形象。

清帝统治面临的障碍其二是如何解决满人的种族"身份"认同问题。入关之初，面对明朝士人的激烈抵抗，清朝统治者最忌惮的是在汉人眼里自己曾是"夷狄"，在与汉人进行思想交锋时一度不知如何恰当地洗脱这个污名化称号。最值得分析的一个案例是，多尔衮在给史可法的劝降信里，声称入关是为明讨贼，并非有意夺取大明江山。这种语气分明是在担心满族统治者尚不具备替代明朝的正统资格。史可法在回信中坚称南明福王政权延续了明朝大统之余脉，满族统治者若遵守为明讨贼的承诺，就应继续辅佐新主。史可法特意点明，这符合《春秋》大一统之古义，实际上暗示清朝如不遵《春秋》大义，即与"夷狄"无异，口气显得特别义正辞严。对比双方来往书信之论述逻辑，多尔衮明显处于下风。当然，多尔衮的劝降信亦为汉族文人所作，双方其实是在同一个叙述框架里争辩是非曲直，以至于完全落入了史可法所阐述的经典儒家套路。

康熙帝虽崇尚理学治国，却在如何应对汉人"夷夏之辨"的冲击方面并未形成新的思路。真正的转折点发生在雍正时期，雍正帝再也不遮遮掩掩地否认自己具有"蛮夷"身份，而是反称中国古圣

　　　　　　　　　　"天命"如何转移

人帝王都曾出身于"夷"，只不过诞生地点和方位有所差异而已，就此引申出了"圣人不必出于一地"的结论。这就彻底拆毁了明朝"夷夏之辨"的两大思想支柱，即汉人与满人之间存在不可逾越的种族鸿沟，以及圣人只能诞生于中原文明之地，而不可能现身于北方蛮荒之区。

一旦摆脱了"蛮夷"身份的羁绊，清朝统治者就开始进一步着手解决如何加入中国"正统"这一难题。在汉人书写的历史中，凡属异族统治的朝代都无法归入"正统"序列，最著名的例子就是对元朝地位的贬低。元朝长期被视为"夷狄"掌控的异端政权，无法纳入汉人主导的"正统"谱系。同为异族的满族统治者要想进入"正统"历史脉络，就必须首先为蒙古人的异族身份正名。

雍正帝洗刷被污名化的蒙古人的办法是论证元朝统治自有其特殊的道义性，并非如明朝士人指斥的那般不堪天命佑护。这种道义性建立在元朝对各类分散政权的统合方面，把"大一统"重新设定为一种"正统"来源是清帝为元朝辩护的最重要步骤。

元朝统一疆域的意义在于由此开启了中国由多元多体转向多元一体的进程。蒙古汗国的建立乃至在忽必烈时代转型为元朝，对中国历史的最重要影响是杜绝了中国各地实现分头发展的最后一次可能性。因为只有元朝在短短几十年时间里就彻底改变了历史棋盘上看似无解的分裂死局，先后把西辽、西夏、金、吐蕃与大理、南宋这些分散的政治实体逐一囊括于蒙元帝国之中，从而使复线性的历史演进道路完全终结，而返归一元性的中华世界。在清帝看来，其"大一统"之功绩本应彪炳史册，却因囿于汉人"夷夏之辨"历史观而难入"正统"谱系。清朝统治者要想位居中国"正统"行列，首先必须承认元朝"大一统"的统治风格完全可以合理接续到宋朝历史脉络之中，而不应以其为非汉人政权而逐出历代正统之列。

乾隆帝明确支持杨维桢表述的元朝应该承接宋朝正统而非辽金政权的观点，其背后的真实用意就是为清朝进入汉人主导的"正统"谱系进行意识形态铺垫。只有元朝进入了"正统"历史叙述，同为异族政权的清朝才能具备相似的资格。如果清朝接续的是辽金正统的话，那就完全丧失了与元朝"大一统"的传承关系，反而会落入宋明理学家预先设置的"夷夏之辨"窠臼。[1]

乾隆帝在处理满人身份认同关系时，发明了一个"双轨"并行的思路。他认为，清朝的"正统"应该既接续宋朝理学道统之一面，同时又继承元朝有关"大一统"的思想与实践遗产。只有把宋元两朝的特点全部吸收进"正统"建构的体系，才堪称合璧。因为宋元从统治风格上各有利弊：宋朝发明理学大义，奠定了儒学在意识形态领域至高无上的地位，却因疆域狭小，难成"一统"之局，只能凭借排斥异族维系"正统"之位；元朝虽然实现了疆域"大一统"，却因"德性"未臻圆满而早早败亡。清朝恰恰汲取了两朝统治之长而避其所短。

---

1 吴启讷试图改变学界流行的两分法视角，即将汉族统治者建立的明朝和宋朝视为一体，而将北方民族统治者建立的辽、金、元、清四朝当作与之对立的另一类政权。由此将接续元朝的明朝定义为一个完全与汉人、汉制和汉文化对应的政权。他证明元朝在政治体系上大量使用了汉制，明代都司卫所制度的倡导即源于前元朝官员，类似于元代军官世袭模式。据我的进一步推测，吴启讷是想打破学界专注于"唐宋转型"的日本汉学思路，而提出"元明清"连续演化论来重构史界的整体性论述，这对理解清代统治者如何重构与"元代"的正统联系颇具启发性。（参见吴启讷：《族群政治形态的流变与中国历史的近代转型》，见钟焓主编：《新史学》第十三卷《历史的统一性和多元性》，第24—78页。）

乾隆帝在"承天受命"这一环节的论证上整合以往的思想资源重新加以设计，彰显弘扬了另外一套"天命"逻辑，那就是满人与元朝的蒙古人一样，具有对于"天"的独特解释，即"天命"是强势权力的体现，扶助有势力的"大国"或"大君"才是继承"天命"的表现。这套"天命观"显然与汉人有所不同。乾隆帝一直在思考如何把北方民族对"天"的理解涵摄容纳进儒家的"天命观"，以便构成清朝"正统观"的多元特性。

"尚武"式的强权正义在何种特殊历史情况下能够暂时生效，又在何种情况下会造成败亡结局，元代实现"大一统"的成功经验与失败教训历历在目。元朝所代表的北方"天命观"的确为满族统治者对抗明朝之正统地位提供了独特的思想依据。因为"清"取代"明"犹如"元"取代"宋"，元朝的迅速灭亡与其单纯依赖武力而不重"德性"之培育有关。清朝统治者则充分综合了宋元两朝的经验，刻意摒弃了元朝歧视汉人的霸蛮形象。

清帝汲取元朝之"正统"资源的要点是，清朝虽属于关外崛起的新型帝国，完全不同于汉唐明这类兴起于中国内地的王朝，却照样具备诞生圣王的能力，其取得政权的方式正大光明，不可被黜于"偏统"或"闰统"之列。满洲虽源起于关外，却不必遮遮掩掩地为自己的文化感到自卑，觉得一定处处落后于汉人文明。乾隆帝花费大量精力去编纂《满洲源流考》之类追慕祖源的政书，彰扬满人质朴风气，鼓励满语骑射，其目的无不是在显示满人文化从根源上就与明朝汉人不同，应该与之处于对等地位，接受明代册封不过是韬光养晦之计而已。

据柯娇燕的研究，满洲源起于英雄布库里雍顺，平定了各个氏族内部的派系争斗，成为氏族图腾的化身，建立了"满洲"。"满洲"起源的传说不但把他们的英雄确立为爱新觉罗氏族的化身，而且把这个氏族当作统一满族的象征。乾隆帝正是借助这一起源神话，通过整理和发布一系列文献，强化了爱新觉罗氏在"满洲"的"正统"地位，同时也寻找到了迥异于汉人文明的另一个满洲源头。[1]这种"满洲文明起源论"与汉人文明论相互配合，成为清朝建立多元性"正统观"的强大助力，基本消解了满人因异族身份导致的文化自卑感。

在基本解决了"君臣大义"与"家族孝悌"之间的矛盾，以及满汉之间的身份冲突后，清帝再回过头来处理明清鼎革之际遗留下来的殉节忠臣与降清贰臣的评价问题就表现得游刃有余。

如果按照以往"替明讨贼"的逻辑，满族统治者应该在帮助明朝剿灭闯王余部后不得继续觊觎其政权，否则就与闯王一样有犯上作乱的嫌疑。那么，不但满族统治者是乱臣贼子，而且降清的那些汉人也会同样背负叛逆的骂名。同时，由于殉明的士人大臣属于敌对势力，其事迹虽可歌可泣，也只好讳而不彰，隐而不言。当清帝替代明朝入继大统之后，就必须彻底改变以上的政治评价策略，公开宣称明朝并非亡于流寇之手，满族统治者亦非替明讨贼，而纯粹是因为天命眷顾，满族统治者完全依靠替天行道才最终获取了明代的江山社稷。

自从雍正帝把"君臣大义"提升到了"父母孝道"之上而位列"五伦"之首，以往的各类矛盾冲突统统被化解于无形。明朝忠臣不仅忠于朱氏一家一姓，其不屈的言行更是体现一种带有普遍意义

1　参见［美］司徒安：《身体与笔：18 世纪中国作为文本／表演的大祀》，李晋译，第71—72 页。

　　　　　　　　　　　　　　　　　　"天命"如何转移

的"忠君"气质和正义原则。清帝继明朝君主统治天下，自然应该同样领受普天之下所有民众的忠诚。而那些降清大臣士子在选择投靠新主时虽多属无奈，或仅仅出于权宜之计，从人情世故考量尚可理解。然其叛逆前朝君王之举毕竟与忠义原则相悖，即使忠心耿耿侍奉满洲新主，毕竟大节有亏，故必须列入《贰臣传》以示针砭。这就杜绝了赋予降敌之人以任何道德正当性的借口。这番出奇料理表明忠君乃是绝对的普遍性伦理，表彰纪念明代殉节之臣与警示降清之人均属理所应当，不过是忠君教育的一体两面罢了。

"统治"与"治理"的边界应该设在何处？

"治理"与"统治"密不可分，却又各有自己的语义和实践内涵，两者常常容易被今人混淆。"治理"这个词目前已相当频繁地出现在了各种学术讨论和政府文件之中，诸如"国家治理""地方治理"之类的种种时髦说法几乎变成了人们的口头禅。在西方学界，"治理"（governance）概念及其相关实践也是一个方兴未艾的讨论热点。据学者查证，十五年前，"治理"还是一个相对陌生的概念，可如今在"谷歌学术"网络检索中，"治理"一词几乎和"政治"（politics）、"民主"（democracy）一样常见。[1]

近十年来，"治理"业已成为我国学界的一个研究热点，尤其

---

1 参见［英］H. K. 科尔巴齐：《治理的意义》，见王浦劬、臧雷振编译：《治理理论与实践：经典议题研究新解》，北京：中央编译出版社，2017年，第4页。

是在中国共产党第十八届三中全会提出"推进国家治理体系与治理能力现代化"的改革目标之后，学界对"治理"问题的研究兴趣日趋浓厚。"治理"正逐渐取代以往的"统治""管理"等概念，成为中国政府与学界共同聚焦与推广的政治术语。这是因为，"治理"理论的核心内容是阐述政府妥善处理国家与社会关系的规则与方式，恰好与中国政府强调"维稳"政策与实施"和谐社会"的目标相吻合。[1]

如果从词源的角度观察，"治理"源自希腊语，意为掌控（steer），柏拉图对该词比喻意义上的使用，以及在对话录中对"治理"话题的论证，成为较早阐释"治理"概念的文本，以后发展延伸到拉丁语及其他各种语言文化的表述当中。[2] 经过现代转换，目前对"治理"的一般性定义是：通过机构、权力及协作以分配资源，同时调

1　参见文明超：《"新自由主义"的胜利？》，载《读书》2019 年第 4 期，第 111—117 页。在各类历史研究论著中，"治理"也已经成为焦点词汇，如黄宗智提出了"集权的简约治理"的概念，他把中国的实际治理状况析分为两个方面：一方面是中央高度集权；另一方面是基层极其"简约"的治理。这一想法与其曾经提出过的中央与地方之间存在着"第三领域"的观点相一致。（黄宗智：《重新思考"第三领域"：中国古今国家与社会的二元合一》，载《开放时代》2019 年第 3 期，第 16 页。关于"第三领域"的讨论，参见《中国的"公共领域"与"市民社会"：国家与社会间的第三领域》，见黄宗智主编：《中国研究的范式问题讨论》，北京：社会科学文献出版社，2003 年，第 260—283 页。）又比如在"新革命史"研究领域，最近裴宜理（Elizabeth J. Perry）对中共工作队的研究也被冠以"治理"史的名目。（参见［美］裴宜理：《革命的传统与适应性治理》，载《苏区研究》2019 年第 4 期，第 5—11 页。）然而近期已有学者注意到"治理"一词有被滥用的危险。（参见任剑涛：《奢侈的话语："治理"的中国适用性问题》，载《行政论坛》2021 年第 2 期，第 5—18 页。）

2　柏拉图曾经说过，"当一个国家最像一个人的时候，它是管理得最好的国家"，又说"管理得最好的国家最像各部分痛痒相关的一个有机体"。（参见［古希腊］柏拉图：《理想国》，郭斌和、张竹明译，北京：商务印书馆，1986 年，第 199—200 页。）这也可能是最早谈论"治理"的观点之一。

整或控制社会经济活动的过程。学界往往对"治理"理解的侧重点有所不同，如大多数人关注的是国家或政府行使管理的职能，另一种观点则认为应该更多注意"社会"层面的自治性资源的作用。[1]

意大利政治思想家马基雅维利则坚持，只有"君主"才拥有一个外在超越性位置，而那些治理者的治理实践是多种多样的，都是内在于国家或社会的。这样就形成治理形式的多样性，以及它们相对于国家的内在性（immanence），这些活动的多样性和内在性彻底把它们和君主的超越唯一性区别开来。[2]

马基雅维利所说的"君主"超越性就是"统治性"与"治理术"区别的一个重要标志，与"统治"相区别的"治理术"包括自我治理的艺术，这与道德有关；包括恰当治理家庭的艺术，这属于家政范畴；最后是统治国家的科学，多与政治有关。[3]这种把"治理"当作是一种"家政学"再慢慢推衍到国家统治术的理念，与中国古代"修身、齐家、治国、平天下"的王朝治理递进扩充秩序似乎有异曲同工之妙。在诠释马基雅维利这段话的涵义时，福柯又突出强调了"统治"对"治理"的先导地位，他认为只要统治权是一个主要问题，统治权行使的优先性就还是阻碍治理艺术的根本因素，只要统治制度还是基本制度，主要权力运用还是在行使统治权的范围内进行反思，治理艺术就不可能以一种特殊的自主的方式发展。[4]

---

1 参见臧雷振：《国家治理：研究方法与理论建构》，北京：社会科学文献出版社，2016年，第23页。
2 参见［法］米歇尔·福柯著：《安全、领土与人口：法兰西学院演讲系列（1977—1978）》，钱翰、陈晓径译，上海：上海人民出版社，2010年，第79页。
3 参见同上。
4 参见同上书，第86页。

当代学者对"国家"与"治理"的关系也有比较充分的讨论，在美国人类学家格尔茨看来，"国家"（state），至少蕴含着三个不同的词源学主题：其一，在位置（station）、级别（standing）、等级（rank）、状况（condition）等意义上，表示"地位"（status）即"等级"（estate）；其二，在显赫（splendor）、夸示（display）、尊严（dignity）、风采（presence）等意义上，表示"荣耀"（pomp）即"辉度"（stateliness）；其三，在执政（regnancy）、体制（regime）、支配（dominion）、控制（mastery）等意义上，表示"治理"（governance）即"国家技术"（statecraft）。

对第三层面即"治理"涵义的重视完全是一个现代性的产物，甚至生活在意大利马基雅维利时代的人们都不知道何为"治理"，可是在当代，对"治理"这个概念的过度关注，却遮蔽了我们对高等权威之多重本质的确切理解。如今这一词汇把"治理"的蕴意强行灌输给我们，导致我们看不到权威运作的其他方面。[1]

因此格尔茨提醒我们，从十六世纪西方发展起来的国家主导性理论的解释力是相当有限的，古代文明权威的那些传统维度并不能轻易化约为政治生活中的"支配—服从"概念，但它们仍被抛入了一个附庸、诡秘、虚构和虚饰的未知世界。这种误解认为，象征国家尊严性的那类功能之所以有意义，就在于其能够迎合实效性的作用，因此它们必然扮演着诈术的角色，多少带有狡诈与虚幻的成分，它们被制造出来以便有利于统治的务实性目的。

1　参见［美］克利福德·格尔兹：《尼加拉：十九世纪巴厘剧场国家》，赵丙祥译，王铭铭校，上海：上海人民出版社，1999年，第145—146页。（格尔兹现多译为"格尔茨"）

由神话、勋章、礼仪，直到宫殿、头衔与庆典等组成的政治符号体系都不过仅仅是为了实现潜藏于其下或高蹈于其上的目标的工具而已。[1] 这样的理解，其实就相当于国内史界把政治象征意义大多归结于一种"迷信"形态，或简单概括为封建统治者的诡诈愚民之术，其阐释价值远远弱于对制度运行和王朝"治理技术"的解释是一个道理。

格尔茨恰恰认为，如果想解释一种文化，那么两种途径，两种理解方式必须相辅而行：对作为既定展示物的特定象征形式（一个仪式手势，一个等级性地位）的描述；以及在意义的整体结构中此类形式的情境化，必须被看作是这一结构的组成部分，它们也借助这一结构来定义自身。[2]

如果参照中国的历史进程，我们会发现，如何强化"统治"的神圣性与正当性一直是汉唐帝王关注的一个核心问题。由于王权在异姓之间不断转移，在外力的庇佑之下如何获取承天受命的资格一直是君王瞩目的焦点，而"治理术"的使用则必须围绕依附于这个焦点关怀之下。宋以后基层治理风格所发生的巨大变化，与士大夫的道德意识高度介入并开始改造汉唐帝王的"天命观"有密切关系。

与中国相比，在西欧，"*gouverner*"这个词在十六世纪获得其政治涵义之前，覆盖了一个非常大的语义范围，它的所指意蕴包括：空间的位移；与实际物资相关的运动；给予一个人饮食方面

1　参见［美］克利福德·格尔兹：《尼加拉：十九世纪巴厘剧场国家》，赵丙祥译，王铭铭校，第146页。

2　参见同上书，第123页。

的照顾和对他的拯救；以及命令和开处方的行为等等。它所指的是人们可以施予自己和他人身上的控制，控制身体，也是控制其心灵和行为方式。最后它还可能指从一个人到另一个人的一种交易行为，一种流通过程或者交换过程。在所有这些涵义中，人们从不"*gouverne*"一个国家，从不"*gouverne*"一块领土，从不"*gouverne*"一个政治结构。人们所"*gouverne*"的都是人，个人或者集体的人。[1]

宋代以后似乎也出现了"治理"语义开始从个人转移到群体的趋向，宋儒让帝王相信，只要君主个人拥有了足够的道德修养和扩张能力，就足以统治国家乃至天下。这就是所谓从个人推及群体的"格君心"思路。在宋儒心目中，帝王必须从受天命支配的"政治神话"迷思中摆脱出来，转而更多关注人心教化的效力。阴阳五行与"五德终始"这些带有强烈神秘色彩的观念必须加速退场。这种"去魅化"过程，使得王朝国家与基层社会的治理出现了从"统治"层面脱离出来的机会，宋以后庶民化宗族与士大夫地主阶层的兴起造就了这场转变的重要契机，同时也使得宋代以后的乡村治理带有了某种程度的自主性。

至于"治理术"与国家历史演变到底有何关联，最惹人注目的是福柯对"统治"与"治理术"（*gouvernementalité*）所做出的区分。在福柯法兰西学院的系列演讲中，"*gouvernement*"不断出现——这个词是动词"*gouverner*"（统治、控制、治理）的

1　参见［法］米歇尔·福柯：《安全、领土与人口：法兰西学院演讲系列（1977—1978）》，钱翰、陈晓径译，第 106 页。

　　　　　　　　　　　　　　"天命"如何转移

名词形式，一般译为"政府"，有时也译为"治理"，而较少提及"*souverain*"（君主、统治者）。这说明福柯已经注意到，在十八世纪随着人口增长的加快，"统治"与"治理"本来归于一体的趋势遭到遏制，"君主"的责任越来越让位于政府治理。为了限制国王的权力，人们会说，"国王统治（*règne*），但不治理（*gouverne*）"，政府治理与统治之间的关系翻转了过来，相比主权（*souveraineté*）和帝权（*imperium*）而言，政府治理当属更为基本的层面，对政府治理的认识应从人口安全机制入手进行分析。[1]

"治理"（*gouverner*）与"统治"（*régner*）是不同的东西，也不是"命令"（*commander*）或者"制定法律"，治理不是要成为君主、宗主、领主、法官、将军、地主、师傅或者教师，治理有其特殊之处，应当了解这个概念所包括的权力到底是什么类型。[2]

在福柯看来，十八世纪以前欧洲国家主要是靠国王的规训手段进行统治，而十八世纪以后，随着人口控制理论和手段的不断丰富，逐渐形成了一套与传统帝国规训不一样的政府管理行为。也就是说，至少在福柯的眼里，十八世纪前的"统治"与"治理"是很难加以明确区分的，因为古代君主试图把每一个人的一举一动置于其监视之下，这是一个全景的观念（*panoptique*），理想的君主就在这个全景的中心。[3] 而十八世纪以后政府与治理者处理的是一些整体性特殊现象，这些现象不仅仅限于个人，因此不能按照全景观

1　参见［法］米歇尔·福柯：《安全、领土与人口：法兰西学院演讲系列（1977—1978）》，钱翰、陈晓径译，第 61 页。
2　参见同上书，第 100 页。
3　参见同上书，第 53 页。

念进行处置，这是对集体／个体的关系和社会整体／基本要素的关系进行全面组合与重整，直接可穿透至个人行为的最细微之处，对人口的治理是与统治权的作用完全不同的东西，是两种截然相异的权力布局。[1]

中国古代是否有类似西欧的"统治"与"治理"权截然分离的现象难有定论，但自秦汉至晚清，确实出现过"统治"与"治理"运作并不合辙一致的情形。如汉唐时期，王权是否承受"天命"一直是帝王关注的核心问题，故汉代儒生与方士营造伪经谶纬等"政治神话"的活动一直颇受青睐，各种祥瑞符命之征迭出频现，五德终始、阴阳五行之类的神性宇宙观始终主宰着帝王对周边世界的想象。而自宋代以后，"天命"授受的仪式虽然仍在反复举行，却越来越退却隐身为一种日常背景，并与日渐兴盛的道德教化"治理"技术趋于合一。宋儒提出的正心、诚意、修身、齐家、治国平天下的伦理思路明显是要把那些具有神秘色彩的"统治"象征程序与更加世俗化的人性"治理"观念结合在一起加以运用，对帝王的要求更多集中于"格君心"的道德修为而不是对上天示警的敬畏。

"统治"与"治理"关系的转变取决于多种历史因素，如随着疆域占有面积的不断扩大，运用法理监视每一个体的制度成本越来越高，传统意义上的"统治"所要求的全景式控制目标越来越无法实现，故宋朝以后的基层规训日益依赖柔性的道德教化而不是暴力的刑律监控。这与节约制度成本的考量密切相关。与西欧不同，中

---

1 参见［法］米歇尔·福柯：《安全、领土与人口：法兰西学院演讲系列（1977—1978）》，钱翰、陈晓径译，第53—54页。

　　　　　　　　　　　　　　　　　　"天命"如何转移

国古代帝王关心的不是疆域拓展多么宏阔广大，而是天命授受所赋予的权力是否具有正当性，因为在帝王的眼里，地理疆域的范围可无限伸缩，他们并没有类似西方近代的明确边界意识。

福柯在二十世纪七十年代连续发表文章阐述自己对十八世纪欧洲社会演变的见解，他所关心的这个时段恰好与清朝乾隆时期重叠。十八世纪的欧洲与清朝面临着同样的转型局面，这一时期人口开始迅速增长，给政府决策带来巨大压力，人口逐渐变为欧洲政府监督、分析、干预、调整的对象。一些相应的人口控制技术也被逐步创设出来，其中包括：人口统计、年龄结构指标、对不同预期寿命和死亡率水平的计算、对财富增长和人口增长之间相互关系的研究、刺激结婚和生育的各种手段、教育方式和职业培训的发展，等等。[1]这就是福柯所一再倡导的"生命政治"研究。在福柯眼里，治理（government）的内涵已经发生变化，更趋向于从治安科学的角度体现其技术形式，要使国家强盛，人口问题或许是最活跃的要素。那么，健康、出生率、卫生等因素，就会理所当然地在其中找到各自的重要位置。[2]

十八世纪的清朝与同时期的欧洲同样面临人口增长的巨大压力，治理技术也会产生相应变化，这种变化所导致的政府应对策略当然与欧洲有所区别。比如清廷并非从控制出生率和改善环境卫生

1　参见［法］米歇尔·福柯：《18 世纪的健康政治》，见汪民安编：《什么是批判：福柯文选Ⅱ》，北京：北京大学出版社，2016 年，第 152—153 页。

2　参见［法］米歇尔·福柯：《生命政治的诞生》，见汪民安编：《什么是批判：福柯文选Ⅱ》，第 238—239 页。中国最近也掀起了"治理"研究的热潮，出版了不少著作，比较典型的如周雪光：《中国国家治理的制度逻辑：一个组织学研究》，北京：生活·读书·新知三联书店，2017 年。

入手去解决人口剧增的难题，而是更多地依赖税收制度变革，一条鞭法的实施就是针对人口增减或移动过快采取的一种解决办法。在治理方面，清廷则强调多种经济作物的引进，而非像近代欧洲那样依靠卫生管控的方式减缓人口增长速度。

若搜检中国古典文献，早在《荀子·君道》中就已出现了"治理"这个概念，其中说道"明分职，序事业，材技官能，莫不治理，则公道达而私门塞矣，公义明而私事息矣"。[1]这段话的意思是说"治理"是一种秉公而办的行政技术，与私人事务有着明确的界线，这是与"法制"有关的语义。再看《汉书·赵广汉传》中所言"一切治理，威名流闻"[2]，这条史料更是把"治理"缩解为寻捕盗贼。《汉书》《后汉书》中的一些人物传记如《尹翁归传》《朱博传》《邓寇列传》等都是讲汉代地方官居官治事的政绩，"治理"在这层语义上基本都属"吏事"范围，有褒奖之意。《孔子家语》"贤君"一条中"吾欲使官府治理，为之奈何？"则是指自上而下地进行管制的意思。[3]再看清代文献中的说法："帝王克勤天戒，凡有垂象，皆关治理。"[4]"治理"和天象有关，是帝王的一种统治技术，但这句话中的"治理"与"统治"不完全是一个概念。清代严有禧《漱华随笔·限田》中的一段话则说："蒋德璟出揭驳之：'……由此思之，法非不善，而井田既湮，势固不能行也。'其言颇达治理。"[5]这是在推测处理政事可能会达到什么样的效果。

1　王先谦撰：《荀子集解》卷八《君道篇第十二》，沈啸寰、王星贤点校，第239页。
2　《汉书》卷七十六《赵尹韩张两王传第四十六·赵广汉》，第3200页。
3　王肃注：《孔子家语》卷三，"贤君第十三"，文渊阁四库全书本。
4　王士禛：《池北偶谈》卷二十五《风异》，清文渊阁四库全书本。
5　严有禧：《漱华随笔》卷一《限田》，上海：商务印书馆，1936年，第6页。

　　　　　　　　　　　　　　　　　　　"天命"如何转移

卜宪群以为，"治理"中的"理"字之本义是指攻玉的方法，来自《说文·玉部》："理，治玉也。"以后可引申出三义：一是为正土地疆界；二为职官；三为按照事物规律、道理行事。[1]

自西周瓦解，礼崩乐坏之际，孔子就已开始阐释和区分"统治"和"治理"的差别。在他看来，王者受命于天，以宗族家长的身份统治天下民众。亲情戚谊转化为民胞物与的情怀，这就是王道的基础。天命并非始终注定会落于某个特定王家，如王者失德，天命即可转移，由有德者承受。王者属于天命化身为人间之肉体，是天命的象征，代天命行仁道。王者受命于天构成一个传承谱系，即是"统"，"统"乃是"治"的正当性来源。仁政的实施需王者选择贤能之人量材分工，才能具体落实到"治"的层面。这就是帝王与文官共治天下的传统。[2]

费孝通曾经发现，中国统治模式与西方法理社会区别甚大，是建立在一种礼俗制度基础之上的。[3]这种礼俗制度在上层的表现就是在特定时间段内要举行各种没完没了的礼仪，比如种类繁多的祭天祭地或祭祖的仪式。这些反复规训人体的仪式看上去既枯燥又无趣，在今人看来没有任何实用价值，与"治理"定义中所说的分配资源和控制经济等等具体职能完全不搭界，清朝皇帝却仍然不厌其烦、乐此不疲地反复操演。然而，这种"无用之用"却正是"统治"而非"治理"的特征之一。上层仪式的重复表演一旦渗透降格

---

1 参见卜宪群：《中国古代"治理"探义》，载《政治学研究》2018年第3期，第81—86页。

2 参见许倬云：《我者与他者：中国历史上的内外分际》，北京：生活·读书·新知三联书店，2015年，第14—15页。

3 参见费孝通：《乡土中国》，北京：北京大学出版社，1998年，第48—53页。

到基层社会，就变成了一种不完全借助文字传达的"习俗"，往往通过宗族或乡约等民间组织得以反复强化，构成乡民的身体记忆与伦理行为。从某种意义来说，基层的宗族或者宗教活动有时就是上层祭祀操演的一种"戏仿"。[1]这套由上而下贯通成一体的礼仪制度和言行习惯，并非都属于所谓"治理"的技术范畴，其背后蕴藏着丰富的文化象征意义。

"治理"是一种行政技术，"统治"是为治理提供"正统性"的一套支撑体系。两者构成互补关系，但有主次之分。"治理"作为技术手段应该服从于"正统"原则的制约。

熟悉中国文化特质的人都知道，中国历代王朝对"统治"与"治理"是有意做出区分的。"统治"往往关乎顶层的形象制度设计，不仅包括繁琐的礼仪程序，也包括时间历法、正朔服色等沟通天地人象征意义的细微阐释。这些程式表面看来无聊繁琐，常常充满各种谶纬臆说和祥瑞灾异之辞，[2]却是新兴王朝确立正统性的关键一环，不得怠慢疏忽。与之相配合的则是一系列具体行政控制技术，包括官僚机构的设置、基层公共空间的构建、地方组织与国家

1　参见费孝通：《乡土中国》，第48—53页。

2　汉朝推崇纬学，谶纬之说盛行，纬学最重要的目的就是论述刘汉的政治正统性，因为有大量论述刘氏天命的内容，包括东南王气说。关于两汉政治与正统性构造的关系，请参见陈苏镇：《春秋与"汉道"：两汉政治与政治文化研究》，北京：中华书局，2011年。关于谶纬的起源和作用，请参见钟肇鹏：《谶纬论略》。孙英刚认为，直到唐末五代时期，皇家文献中仍充斥着各种辅佐论证王权正统的天命预言，包括历和历数，黄旗紫盖、金刀之谶、阴阳灾异之论。参见孙英刚：《神文时代：谶纬、术数与中古政治研究》。又参见陈侃理：《儒学、术数与政治：灾异的社会文化史》。这一时期的正统观基本被阴阳五行的神秘论所主导，没有多少后来才占主流的"道德"气息。

行政边界设于何处等制度性安排，均属于广义的"治理"内容。

"统治"和"治理"相区别的关键之处在于，"统治"关涉"正统性"的建立问题，而"治理"只是"正统性"的一种技术延伸和辐射手段。两者有着密切联系但不可随意混淆。一些古代政书在记载史事时就明显区分"统治"与"治理"的内容。如《通典》收录的典章制度就大多围绕政务安排，涉及"经国礼法程制"者纳入，无关者如天文、律历、五行、艺文之类一律未收。可见前者属日常世俗的"治理"范畴，后者则归属"统治"层面的制度礼仪。《通典》视日常政务内容为"事"，"事"即是一种"治理"程序遗留下来的历史记载。马端临《文献通考》自序曾言，太史公"纪传以述理乱兴衰，八书以述典章经制"，同样把"典章经制"纳入了"事"的范畴，同时记史乃是验证"治乱兴衰"之迹，是治理事实的一种表现形态。[1]

侯旭东认为，"事"的产生与目前可见最早的使用均与"统治"有关，随着统治方式的变化，其含义尤其是名词的涵义，不断增益：氏名、官名、职事、文书等等，增添背后都伴随着统治技术的变化；从官吏的增多、分工的细化到文书的大量出现和应用。[2] 我则以为，侯旭东所说的"职事"方面的事务性质更应分属于"治理"层面，与"统治"的内容颇有区别。实际上，中国古代的"纪事"体系对"事"的筛选和记录本身就是"治理"过程的一个有机组成部分。

1　参见侯旭东：《什么是日常统治史》，第180—182页。
2　参见同上书，第171页。

正因如此，早在汉代，"统治"与"治理"之间就已经出现紧张的状况。君权往往代表"统治"一方，官僚则常常站在"治理"角度判断处理问题。两者时常发生冲突，行政系统与专制君权之间的合作与对抗交替上演，屡现尴尬之局。原来作为政治中枢的皇权，一旦失去官僚系统的支持，即不能再拥有"核心"的合法性；反之，官僚系统如果失去君权的信任，也难以发挥其治理的功能。[1]

从"统治"的角度看，宋代以前正统性的建立主要集中在阐释某位皇帝是否应该当政，各种谶纬异说的流行无不与此有关。北宋以后，文人政治兴盛，但军事力量屡弱，导致政教关系的重组与道德意识的复兴、政治变革和疆域维系都一度缺乏强有力的王朝意识形态支持。王安石改革的一个致命缺陷就是过于单纯强调国家力量的统摄作用，其推行政策只重效能而缺乏道德意识和基层礼仪的支持，难免遭到非议，进而造成北宋"统治"和"治理"关系出现严重裂隙。

王安石认为制定决策的目的就是要达到实用的预期目标，政治无外是一种单纯的权力运作，衡量成功的尺度只看结果即已足够，选拔官员的标准也只注重办事效能的高低。而他的对立面如司马光及后来的新儒家程颐、朱熹等人都相信统治与道德密不可分，政治只有确保符合道德原则才有价值，朝廷决策应该建立在礼仪规范的基础之上，任何政策的成功实施必须符合正确的教条，选拔官员也

---

1 参见许倬云：《我者与他者：中国历史上的内外分际》，第 47 页；孔飞力也发现，君权与官僚体系之间时常产生抵牾，导致系统运行出现窒碍的情况。（参见［美］孔飞力：《叫魂：1768 年中国妖术大恐慌》，陈兼、刘昶译，第 232—276 页。）如果换一种表述，这就是"统治"与"治理"之间的矛盾表现。

"天命"如何转移

要视其能否身体力行某些道德准则。[1]

以理学为主导思想的宋代新儒家反复呼吁通过道德内省的训练改变政府的性质和管理方式，他们不厌其烦地主张先从皇帝的道德自我修炼入手，提倡所谓"格君心"。君王首先必须做到正心诚意，然后推己及人地扩大官僚知识群体，再推广到基层民众的日常生活当中。各种制度设计和运作程式只不过是道德自觉的延伸状态而已。

我们可以看到，北宋时期就已经形成了对"统治"和"治理"的差异性理解。王安石坚持政府应该更多考虑为民众的社会福利做点实际工作，他采取的是国家统筹社会的模式，中央自上而下大包大揽，统一配置经济资源，这是一种纯粹的"治理"思路，几乎不考虑皇帝威权的道德性基础到底应该是什么这类比较抽象玄虚的问题。后人就批评王安石"是以治国之道治天下"，因为王安石设置三司条例司，直接越过地方守令发布青苗、保甲之法的指令，没有给予地方足够的政策运筹空间，导致政令贯彻的失败，其教训是"治国之道贵密，治天下之道贵疏"。[2]

司马光则更多地叩问执政者是否必须通过道德规训才能保证政体的合理存在和运行，他坚持道德教化比权谋利益更为重要，共同认可的价值观和道德标准是维系秩序的基础。通过捍卫和遵循道德准则，君主敦促官僚能够以身作则去自觉维持秩序，他们必须按照道德标准而不是权益之计的功利心理采取行动。[3]新儒家倾向于强

1　参见［美］刘子健：《中国转向内在：两宋之际的文化内向》，赵冬梅译、柳立言校，第109页。

2　参见陆世仪：《陆桴亭思辨录辑要》第二册，北京：中华书局，1985年，第123页。

3　参见［美］包弼德：《斯文：唐宋思想的转型》，刘宁译，第256—257页。

调儒家道德思想中内向的一面，注重内省的训练，主张培育深植于个人心中的内在化的道德观念，这是一种更多考虑政权建立是否具有"正统"文化基础的思路。两者经常相互对立。[1]

清朝的大多数文人也延续了宋明以来"格君心"、行仁政的思路，强调"统治"和"治理"的区别关键在于皇帝一人的道德觉悟及其辐射效果，而不完全取决于纯属技术层面的刑名吏治业绩。这方面的例子可谓不胜枚举，如缪彤在《殿试对策》中就说，帝王统御天下的"致治"之本，并不是"慎用人""清吏治"和"均赋税"三项，这些都属"治术"层面。"致治"之本在于"人主之一心"，"致治"之要则是"人主之以一心行仁者是也"。又说"故善治天下者，不恃有驭天下之术，而恃有治吾心之道"，明确把"术"与"道"分出高下之别。[2]

陆陇其在一篇名为《治法论》的文章中，也专门讨论王朝治理中"宽严烦简"的运用尺度与君心之仁的关系，认为前者属于"治术"一层，后者才属于"治道"一端，前者应服从于后者。他说："夫宽严烦简者，治之迹，而非治之本也；治之本，在皇上之一心。"汉唐宋之所以不符合三代之治的境界，就是因为"治道"未纯，那么如果清朝帝王想要超越前代，就必须"以至仁为心而无杂乎偏私，以主敬为心而无入乎怠弛"。[3]这才是宽严烦简治术背后的根本立意。

更有人把"统治"与"治理"的差异上升到"王霸之别"的高

1　参见刘子健：《中国转向内在：两宋之际的文化内向》，赵冬梅译、柳立言校，第141页。

2　缪彤：《殿试对策》，见陈廷敬等编：《皇清文颖》卷二十五，清文渊阁四库全书本。

3　陆陇其：《治法论》，见贺长龄、魏源等编：《清经世文编》上册，卷十一《治体五》，"治法上"，第276页。

度。如俞长城在《王霸辨》一文中就指王霸之辨，辨之于心，"心有诚伪，则治有纯杂"，显然是把"治术"的优劣好坏寄托在了如何锻造纯净而非驳杂的"仁心"之上。只要人君之心已正，一旦推广到天下，礼乐刑政这些"治术"就会"莫不毕举"。与之相反，那些践行霸道之人"本之不图，而规规于法制之末"，做到最好也只不过达于"偏陂驳杂之治"，若等而下之则不免乱亡的命运，这都不是"王道"之所为。只有"心贯万事，而无有不谨，无有不实，则王也"。"王道"的精髓取决于"君心正，则虽节目疏阔，不害其为王；君心不正，则虽治具毕张，不免于为霸"。[1]

从"治理"与"统治"或"正统性"构造有所区别的角度理解清帝的所作所为，可能使我们更容易体味其遭遇心理困境的深层原因。一个明显的例子是，一方面满洲君主需要继承金朝的遗脉，不断强调维护和延续满洲人的习俗，以防止汉人文化的过度影响；一方面他们又必须汲取汉人统治的若干经验，包括模仿国号的设计与官僚制度的安排等。这样就容易给人造成一种误解，好像满人君主一直想利用所谓"满洲特性"建立异质于汉人的统治。事实证明，这种努力即使不能说完全以失败而告终，至少也是收效甚微。其根本原因在于，维持"满洲特性"只不过是"治理"技术的具体举措之一，国号的设定和传承才是"正统性"建立的集中表现。两者虽关系密切，却不可混淆而论。只要进入了中国文化设置的框架制约范围内，那么，"正统性"构造要远远比属于"治理"层面的所谓

---

[1] 俞长城：《王霸辨》，见贺长龄、魏源等编：《清经世文编》上册，卷七《治体一》，"原治上"，第178—179页。

"满洲特性"的维系和发挥更显重要。

例如努尔哈赤和皇太极都曾反复强调满人与金朝女真人的继承关系，警告丢失骑射传统的害处，皇太极甚至指责金朝海陵王过度汉化的政策忽略了老祖宗的旧法。然而就在 1635 年，为了与女真人的历史传承做彻底切割，皇太极宣布禁止使用女真称号，易名为"满洲"，仅过数月，又干脆将国名由"金"改为"清"。在年号的设立上，清朝君主基本上沿袭了"受命于天""德性治国"的汉人王朝的准则和理念，其颁布的四个年号——天命、天聪、崇德、顺治，均参照汉家改元的传统，明显是汉人臣僚的建言所致。皇太极更是屡言"德行"的重要，他指出商纣、周幽王、秦始皇、隋炀帝、金国的完颜亮和明代的万历皇帝都是沉迷女色、贪敛财物、不理朝政、用人无道的失德之君，因此满洲对辽东的征伐就是顺应天意的道德举动。皇太极的这番表白在逻辑上很符合先秦以来得道多助、失道寡助的传统训条。皇太极还援引太公望的例子劝诱关内汉人投诚。入关后多尔衮的功绩也被抬升到了周公的地位予以赞颂，他本人则表现得貌似谦逊退让，实则欣然接受。入城四个月后，以顺治帝名义颁布的敕令，更声称多尔衮平定中原的功绩实际上已超过了周公。[1]

这些对汉人先王形象的"戏仿"正是遵循中国正统性的表现，维护"满洲特性"则不过是"治理"技术的权宜之举，是服从于

---

1 参见［美］戴福士：《走向另一个唐朝或周朝？顺治时期中原人的观点》，见［美］司徒琳主编：《世界时间与东亚时间中的明清变迁（上卷）：从明到清时间的重塑》，赵世玲译，赵世瑜、杜正贞审校，北京：生活·读书·新知三联书店，2009 年，第 93—94 页。

"天命"如何转移

建立新朝正统性需要而存在的，并非立国的根本性要素。[1]

重审"纪纲"的意义

在古代政书和各类文献中，"纪纲"也是频繁出现的一个词，大致可以当作中国政教体系中的一个核心概念，值得略加梳理辨析。[2]

"纪纲"的最基本解释是网罟的纲绳，引申为纲领。这与"统"字的"统领"之意有相通的地方。用于表达政治结构之意者，则有《吕氏春秋·用民》的解释："用民有纪有纲，壹引其纪，万目皆起，壹引其纲，万目皆张。为民纪纲者何也？"[3]

"纪纲"又偶称"纲纪"，在汉代多指王者祭祀之事，《史记·孔子世家》仲尼曰："山川之神足以纲纪天下，其守为神，社稷为公侯，皆属于王者。"[4]司马迁认为"纲纪"专指敬天、祭祀山川等王者之事，《后汉书·张衡列传》李贤注引孔子语时有"山川

---

1 欧立德就曾强调满族统治者入关前采取了既维系金朝的祖宗之法又采纳汉地制度的双重策略，但他没有辨析这种做法其实含有"治理"与"正统性"的微妙差异，所以他才把属于"治理"层面的举措，误当作了满族统治者立国的根本性因素加以强调。(参见欧立德：《这将是谁人之天下？ 17世纪初叶满人对历史进程的描述》，见[美]司徒琳主编：《世界时间与东亚时间中的明清变迁（上卷）：从明到清时间的重塑》，赵世玲译，赵世瑜、杜正贞审校，第42—58页。)

2 "纲纪"的源头可以追溯到三代圣王治理天下的"三代之法"，可分为具体的"制度"和抽象的"纪纲"，后人对此多有解读。(参见王宇：《论永嘉学派与程朱理学在"道""法"关系问题上的认识错位：以陈傅良〈唐制度纪纲〉为个案》，载《浙江社会科学》2021年第2期，第112—117页。)在费孝通的眼里，"其实在我们传统的社会结构里最基本的概念，这个人和人往来所构成的网络中的纪纲，就是一个差序，也就是伦"。(费孝通：《乡土中国》，第28页。)

3 许维遹撰、梁运华整理：《吕氏春秋集释》卷第十九《离俗第七·用民》，北京：中华书局，2017年，第525页。

4 《史记》卷四十七《孔子世家第十七》，第1913页。

之守，足以纪纲天下者，其守为神"[1]的说法。

古人对于大地表面人文形态的理解，充满了神秘性质，故称"神守之国"，后来才慢慢转变为关注人事的"社稷之国"。[2] "纪纲天下"是指王者主持和参与山川祭祀，"封禅"就是天子为代天之官时举行的神道设教仪式，在"天地混一，人神杂糅"的时代，"纪纲"的目的就是协调理顺祭祀事务的头绪。

"纪纲"有时与"治理"的意思相近，《国语·晋语》云："此大夫管仲之所以纪纲齐国，裨辅先君而成霸者也。"管仲所谓"纪纲齐国"的行为即近似于"治理"之义。《汉书·武帝纪》更是把"纪纲"与具体官职联用，如说："二千石官长纪纲人伦，将何以佐联烛幽隐，劝元元，厉蒸庶，崇乡党之训哉？""纪纲"中所蕴涵的治理之义后来有所延续，韩愈就曾说："侍御韩君，前领三县，纪纲三州，奏课常为天下第一。"[3]

汉代以后，"纪纲"指意与"法度"相近。较早文献里有"惟彼陶唐，有此冀方。今失厥道，乱其纪纲，乃底灭亡"。[4]韩愈则有"善计天下者，不视天下之安危，察其纪纲之理乱而已矣"[5]的说法。

宋代士人对于"纪纲"的表述最为细密透彻，如叶适即直言："纪纲、法度，一事也，法度其细也，纪纲其大也。"在叶适看来，"法度"是指一些制度的具体细节，而"纪纲"则指一些根本性的

---

1 《后汉书》卷五十九《张衡列传第四十九》，第 1921 页。

2 参见唐晓峰：《从混沌到秩序：中国上古地理思想史述论》，第 163—170 页。

3 《国语》，尚学锋、夏德靠译注，第 191 页；《汉书》卷六《武帝纪第六》，第 167 页；韩愈：《送水陆运使韩侍御归所治序》，见《昌黎先生文集》卷二十一，宋蜀本。

4 孔安国传、孔颖达疏：《尚书注疏·五子之歌》卷七，清嘉庆二十年南昌府学重刊宋本十三经注疏本。

5 韩愈：《杂说四首》，见《昌黎先生文集》卷十一，宋蜀本。

大原则。"纪纲"应重于"法度",两者相互衔接配置。[1]

"法度"与"纪纲"连用在宋人文字里相当普遍,如孙升说,"故法度纪纲,上下维持,不可有毫厘过失",又云:"岂有朝廷维持纪纲,执守法度,大臣乃依违苟且,不为陛下守法,使朝廷出不全告命,宣示于外?"[2] 王缙在绍兴七年(1137)正月所上奏疏,标题就是《言纪纲法度之不振奏》,"纪纲"与"法度"连用,其中亦言及两者之关系,认为大宋自开基后之所以能延续二百年的基业"诚有法度纪纲以维持之,故上令下从",而绍兴年间之所以出现危机,就是由于"纪纲不正,法度荡然,虽焦劳宵旰,欲以致治,势未能也"。解决的办法是:"愿陛下以振纪纲法度为先。"[3]

在相当多的场合,纪纲主要被当作君王统驭臣下的一种赏罚规矩。如北宋仁宗明道二年(1033),宋绶启奏仁宗,劝其总揽威柄、整顿朝政,其中就历数仁宗"亲政以来,恩赏虽行,议者又云悉出大臣,盖大臣公为朋党,罔冒天聪。朋党相结,其害实甚。或窥测上旨,密令陈奏;或附会己意,以进退人。大臣市恩以招权,小人趋利以售进,此风浸长,有蠹邦政",奏请仁宗聆记宋太宗、真宗之遗言,"思祖宗之训,念王业艰难,整顿纪纲,正在今日"。[4]

在宋绶眼中,整顿纪纲与抑制朋党关系密切,突出的是皇帝赏

1 参见叶适:《纪纲一》,见曾枣庄、刘琳编:《全宋文》第二八五册,卷六四七九,2006年,第263页。

2 孙升:《乞议经历付受官吏之罪以正纪纲奏》,见曾枣庄、刘琳编:《全宋文》第九三册,卷二○一九,第69页。

3 王缙:《言纪纲法度之不振奏》,见曾枣庄、刘琳编:《全宋文》第一四五册,卷三一一八,第59页。

4 宋绶:《乞总揽威柄整顿纪纲奏》,见曾枣庄、刘琳编:《全宋文》第一九册,卷三九九,第255页。

罚严明、重振朝纲的意思。纪纲如网罟，皇帝如控制网络伸缩张弛的渔夫。官员就像分布在网上的一个个纽结，其言行举动均须操控于皇帝之手。王安中引《棫朴》诗曰"勉勉我王，纲纪四方"，又称"盖王者作人而官使之，所以立政立事，而纲纪之正，实自任官始"。帝王"以圣德在御，亦惟先志之承，则纲纪之立久矣"。只不过一些臣子"人怀自便之计，事徇一时之求，则紊陛下之纲纪者，盖未能无也"。故帝王必须裁之以法度，抑止其奔竞之风。[1]

纪纲有时还表现出分职任官的功能，从这个角度看，"以天下之重器，宗社之大业所以维持，岂一人之力哉？""人君"同样应服从纪纲约束，因为"法度纪纲之所在，虽人君且不敢有所私"。[2]大意是，维持政务的有效运行不能全靠皇帝一人，同时也要依赖制度的执行者士大夫阶层，以保证治理渠道的畅通无阻。纪纲还是一种上下必须遵守的文书运转流程，如文书从中书省到门下省，再到尚书省的迁转过程就被认为是"纪纲程式，其密如此"。[3]纪纲是君臣上下共同遵守的制度运行规则，故宋臣时常劝诫人君"必欲杜私谒而存公道，举朝廷之纲纪度法以与臣子共守之，诚国家之福也"。[4]

当然，纪纲最终仍操控于帝王之手，治理之运行流转必须服从于王朝整体统治的实际需要。所谓"在上者正而下举无抢攘之患

---

1 王安中：《乞正纲纪疏》，见曾枣庄、刘琳编：《全宋文》第一四六册，卷三一五五，第294页。

2 孙升：《论安焘除命大臣宜以朝廷法度纪纲为意奏》，见曾枣庄、刘琳编：《全宋文》第九三册，卷二〇二一，第92页。

3 孙觉：《乞议经历付受官吏之罪以正纪纲奏》，见曾枣庄、刘琳编：《全宋文》第七三册，卷一五八四，第12—13页。

4 陈康伯：《君臣共守纪纲法度奏》，见曾枣庄、刘琳编：《全宋文》第一八八册，卷四一四二，第232页。

者，曰纪纲是已"。有人专门把纪纲形容为梳理人脉，说"纪纲者，人之脉也。脉不病，虽疾不害；脉病而肥，良医忧之"。其要诀在于君王主持得法，臣子执行得力，"人主以一身而临天下，舍纪纲何以为治？然纪纲之在天下，人君主之，宰相、侍从挈提之，执法之臣纠正之，中外百执拳拳焉共守之"。

帝王与官僚的关系犹如"纲"与"网"的关系。"纲"是不会朽坏的，唯一可能遭到腐蚀的只有"网绳"，如果能及时修补，止其破损，纪纲就能上下贯通无碍。"譬如网之在纲，孰能保其久而不坏？一绳之腐，一目之缺，随即补之，则大纲固在；听其腐缺，几何不就尽耶？国之纪纲，亦恶能保其不隳？上自人主，下至中外百执，随坏而补，则与日惟新，谓之未尝坏可也。"[1]

在帝王的主导下，臣子们运用察缺补隙的技术一扫弥缝之恶习，才能保证制度的正常运转。杜绝"隳损纪纲"之习的办法当然也包括畏惧"清议"之言。近侍之臣，应该"知无不言，为无不力，无所顾忌，以公家为心，以清议为畏"，消除士大夫处理朝政时所抱有的苟且态度。[2]这也是朝廷"正风俗"的一项重要内容。所谓"国家元气全在风俗，风俗之本，实系纪纲"。[3]"内廷"与"外廷"的"治理"是互为表里的，"内廷知公议可畏，不私其有，使外廷得以与闻；外廷以公道自任，不敢阿私，使内廷有所顾忌"。不可"各分畛域，私立藩篱"，否则就是"交坏其纪纲"。纪纲"施

1 陈造：《正纲纪札子》，见曾枣庄、刘琳编：《全宋文》第二五六册，卷五七五一，第106页。

2 同上，第108页。

3 楼纶：《论风俗纪纲奏》，见曾枣庄、刘琳编：《全宋文》第二五六册，卷五九三一，第234页。

于朝廷，则为国政；行乎宫闱，则为家政"，两者互为表里。[1]

宋儒还从纪纲得失的角度评点唐朝政局之得失，认为"唐世之法，大凡严于治人臣，而简于人主之一身；偏于四境，而不及于其家；州闾乡井断断然施之实政，而朝廷宗庙之上所谓礼乐者则皆虚文也"。[2]反思的是唐代善治外而不善治内，导致纪纲失衡的教训。这也是宋儒一贯提倡的先"正心"，再推延至"齐家""治国平天下"的理学基本思路。

宋人以为，唐朝在内地设置藩镇，犯了"内外皆坚"的错误，这种政区规划使生活在内地的人们没有安全感。宋朝为了避免重蹈唐朝之弊，反其道而行之，发明"内外皆柔"之术。这种做法虽能自安，却又缺乏对北方异族侵扰的抵抗能力。宋代鼓励文人领军，"诸将不能自奋于一战者，权任轻而法制密，从中制外，而有所不行也"[3]。维系天下纪纲的常道是"固外者宜坚，安内者宜柔"，如果是"使外亦如内之柔，不可为也"，内与外皆采"柔性策略"难免会遭失败。[4]可见，纪纲如何贯彻实际关系到宋朝的整体"国是"，而不是某项具体策略的简单实施与应用。

到了清代，士人对纪纲的理解慢慢出现了一些变化，特别是西方频繁入侵，导致时局大变，对纪纲的认识亦随之发生相应改变。

---

1 袁燮：《论扶纪纲以充内帑疏》，见曾枣庄、刘琳编：《全宋文》第二八一册，卷六三六九，第106页。

2 陈傅良：《唐制度纪纲如何论》，见曾枣庄、刘琳编：《全宋文》第二六八册，卷六〇四八，第131—132页。

3 叶适：《纪纲二》，见曾枣庄、刘琳编：《全宋文》第二八五册，卷六四七九，第265页。

4 同上。

值得深思的是，清代士人延续纪纲古义之解读者仍大有人在，只是针对清朝的具体情况进行了调整。如顺治十八年状元马世俊就从"天下一统"的角度出发，建议把"满汉一家"的理念升格为清朝的"纪纲"，明确视其为国家的根本大政方针。他仍把"纪纲""法度"并列而称，表示"纪纲法度治则吏治以肃，民俗以淳，文德于焉"。这句话表面看来无甚新意，实际其精义主要集中在对满汉关系的论述中。在殿试策的最后，马世俊提出，"今天下遐迩倾心，车书同轨，而犹分满人汉人之名，恐亦非全盛之世所宜也"，极力主张"诚能尽捐满汉之形迹，莫不精白一心，以成至治"。[1] 这是从纪纲角度论证"大一统"之合理性的代表性文字。

清初魏禧就称"国家必正纪纲，纲纪不立，则其败也"。具体到世俗人事，他举例说"妻妾嫡庶长幼，无纪必败"。对"人伦"等级秩序的合理安排也是遵循纪纲古义的表现。[2] 李棠阶在《条陈时政疏》中则直陈"国之所以立在纪纲，纪纲之所以振在赏罚。赏罚者，人君鼓舞天下之大权，必赏一人而天下劝，罚一人而天下惩，而后纪纲森然，中外之大小臣工皆有所遵守敬畏而罔敢踰越"。[3] 晚清一些封疆大吏更是把纪纲之义与具体治理的成败得失对照而观。张之洞曾上《请整饬治理疏》，通篇都在讨论如何去除山西政事、经济和社会中存在的弊端，最后断定这些弊病之产生完全在于"近年大吏纪纲

---

1 马世俊：《殿试对策》，见贺长龄、魏源等编：《清经世文编》上册，卷七《治体一》，"原治上"，第193页。
2 魏禧：《释左传》，见贺长龄、魏源等编：《清经世文编》上册，卷七《治体一》，"原治上"，第189页。
3 李棠阶：《条陈时政疏》，见葛士濬辑：《皇朝经世文续编》卷十一《治体二》，清光绪石印本。

不立，赏罚无章"，恳请皇帝发布谕旨督导牧令吏员尽责职守。[1]

清代对纪纲的解释不出前人藩篱的证据还有士绅在制定基层宗族家法时，亦常以纪纲、法度并列而论，有一种说法称"家矩"就应等同于纪纲、法度。有一篇文字云"纪纲法度"就是指"家人妇子无失其伦焉而已，耕桑蚕绩无失其业焉而已，吉凶宾嘉无失其仪焉而已"。这是从"家规"角度诠释"纪纲"语义，讲究的还是如何维系基层社会秩序。这篇文字紧接着又说："是虽一家之纪纲法度哉，而所谓移于官与施诸治国平天下者，准是而已。"[2]从纪纲角度观察，"家"与"国"具备某种同构性，这是单从"治理"角度立论。

十九世纪出现了一批介绍西方政治体制的书籍，里面也偶尔出现"纪纲"这个词，却比附的仍是"王权"古义，《泰西新史揽要》谈到毕士麦辅佐德皇，就称其"尤必须先使普王独掌其纪纲，故同一尊王也"。[3]

还有一种对纪纲的理解，认为它属于"道"的范畴，其中也包括诸如"仁""德"等较为隐性的内容；"法度"则应归于"刑政"等"治术"，属于显性的表现，两者互为补充。"德"是"道""礼"，"政"是"法""刑"，纪纲应偏于"道"的一面。[4]陈澧解释"纪纲"亦比较接近"教化"之义。他引顾亭林语云："治乱之关必在人心风俗，而所以转移人心整顿风俗，则教化纪纲为不可阙矣。"[5]

---

1 张之洞：《请整饬治理疏》，见葛士濬辑：《皇朝经世文续编》卷十三《治体四》，清光绪石印本。

2 蔡衍鎤：《〈蔡氏家矩〉序》，见《操斋集·文部》卷七《序》，清康熙刻本。

3 《泰西新史揽要》卷十六《英国》，光绪二十二年上海广学会刻本。

4 参见蔡衍鎤：《上仪封张先生牍》，见《操斋集·文部》卷十三《牍》，清康熙刻本。

5 陈澧：《东塾读书记》卷三，清光绪刻本。

晚清学界受西方影响，把纪纲归于"法学"一科，基本剔除了其中道德教化的涵义，而视之为现代"治术"之一种。如有论者说"道科意重化民，法科则事在治国也。不但刑名为法，即邦国之纪纲，君臣之节义，莫不为法所范围，以至邻国交涉，人民通商，亦无不为法所维系，是以法学分为四项：曰刑名，曰通商，曰纪纲，曰公法"。作者明确认定"任内治者必须通纪纲，使外邦者必须谙公法"。[1] "纪纲"与"刑名""公法"并置而论，虽语义模糊笼统，大意仍是指传统的对内治理手段，与"通商""外交"等对外事务有明显区别。

　　面对与太平天国鏖战的另一种历史情境，"纪纲"诠释的内涵进一步发生变化，基本被缩小到指称某类军务事宜的范围。例如，胡林翼上疏讨论湖北兵政吏治，就针对湖北招募兵勇"先招兵而并不择将"的做法，批评其"譬之振衣者不提其领，结网者不挈其纲"，是典型的"纪纲不立，是非不明"。[2] 又如蔡锷在摘录曾国藩的言论时，也说"治军之要，尤在赏罚严明，煦煦为仁，足以隳军纪而误国事，此尽人所皆知者。近年军队风气，纪纲大弛，赏罚之宽严，每不中程"[3]，完全把"纪纲"看作是"治军"的赏罚规则，是与宽以待人的"仁心"相对峙的一个概念。

　　另有一个例子是，"纪纲"代表在军旅中实施"礼法"，严格区分上下等级界线，储大文引司马光语论严定"阶级"秩序，批评唐

1　丁韪良：《西学考略》卷下，清光绪九年同文馆本。
2　胡林翼：《敬陈湖北兵政吏治疏》，见《清经世文续编》卷十六《吏政一》，清光绪石印本。
3　蔡锷：《曾胡治兵语录》，民国六年本。

末藩镇割据就源自军旅内"上凌下替，无复纲纪"，于是才引发五代天下大乱，生民涂炭的后果，故急需申明"阶级之法"。[1]

"纲纪"语义在晚清之嬗变虽一度受到时局变化与西方概念的影响，其内容多有歧变，但基本意思并没有与传统古义发生根本断裂，仍然秉持着与"统治"和"治理"相关的诸多蕴意。

"地方自治"何以无法在中国基层存活？

由前文初步梳理可知，"统治""治理""纲纪"等这些传统概念在强调王朝自上而下进行控制方面具有高度的一致性，而且特别突出帝王在其中的统领支配作用。晚清以来，受西风东渐和革命思潮的影响，舆论界逐渐萌生出一股自下而上力图摆脱皇权控制的"地方自治"风潮。

关于"自治"概念的产生源流，学界大致分成两派意见：一派意见认为所谓"自治"概念的产生与实践完全是西方冲击下的现代产物，是批判中国传统专制思想与集权体制的连带结果。另外一种意见则借用西方的"市民社会"与"公共领域"理论，致力于发现和揭示中国内部固有的现代性因素，并试图证明中国现代性的发生并非西方输入的结果，而是由中国内部的历史因素蕴育而成。[2]

如果检视中国"自治"之古义，大致包含着以下几层意思：其

1　参见储大文：《阶级》，见贺长龄、魏源等编：《清经世文编》中册，卷七十《兵政一》，"兵制上"，第 1760 页。

2　关于"市民社会"与"公共领域"理论在中国史研究中的应用方面的讨论，参见黄宗智主编：《中国研究的范式问题讨论》，特别是其中两篇文章，［美］罗威廉：《晚清帝国的"市民社会"问题》（第 172—195 页）及黄宗智：《中国的"公共领域"与"市民社会"？：国家与社会间的第三领域》（第 260—287 页）。

一是近似"无为"之意，如《尹文子·大道上》："法用则反道，道用则无为而自治。"[1]《淮南子·诠言训》亦云："君子脩行而使善无名，布施而使仁无章。故士行善而不知善之所由来，民赡利而不知利之所由出，故无为而自治。"[2]这两条比较早出的史料，"自治"与"无为"都是并称。《尹文子》中所云"自治"颇显道家意味，表达的是一种自在自为而不强行做事的道理。"法"是带有强制性的规则，"道"是一种束手不为的状态。《淮南子》对"自治"的理解表达了反对儒家积极入世的态度，秉持的是清静超脱的处事方式。

在大多数中国历史情境中，要想维持这种所谓"无为"生活状态，往往只有在得到帝王允许的情况下才有可能。揆诸文献，一般论者均把地方里长、乡约、族正看作是县治的补充和延伸，如生活在十八世纪的张望所理解的"乡治"就是："里有长，乡有约，族有正，择其贤而才者授之，然后县令之耳目股肱备也。县令勤于上，约与正与长奉于下，政令有与行矣，威惠有与遍矣。"然后，在此基础上推而广之就构成了整个王朝的治理大势。因为"一乡如此，他乡可知也；一县如此，他县可知也。岂非乡治而国治，国治而天下治乎？"[3]

费孝通有一个洞见，他认为政府与国家组织握有干预社会的"横暴权力"，与基层组织以契约为目的的"同意权力"相互冲突。一般情况下，皇帝会力求"无为"，所谓"养民"就是"无为政治"的体现。费孝通曾经有一个著名论断："乡土社会里的权力结构，虽则名义上可以说是'专制''独裁'，但是除了自己不想持续的末

---

1 《尹文子》，清文渊阁四库全书本。
2 《淮南子》下册，第十四卷《诠言训》，陈广忠译注，第 812 页。
3 张望：《乡治》，见贺长龄、魏源等编：《清经世文编》上册，卷二十三《吏政九》，"守令下"，第 592 页。

代皇帝之外，在人民实际生活上看，是松弛和微弱的，是挂名的，是无为的。"[1]

费孝通的这个结论有两点可以商榷：一是"无为政治"的边界在任何朝代都不是一种常态的不变设计，是否放任或消除"无为"的权力始终牢牢控制在皇帝手里，普通百姓大多无缘享用；二是"养民"只是权宜考量，不是终极原则，与普通民众是否生活在"无为"状态不是一回事。因为"同意权力"的范围尺度并非掌握在老百姓手里，只不过是帝王自上而下所操控的集权政治在基层社会的延伸形式，故"无为政治"并不能当作"乡村自治"的同义词。据此断定"专制""独裁"在乡村只具"挂名"的意味，显然过于乐观，此"无为"非彼"无为"。费孝通后来又发展出基层治理"双轨制"理论，以及后人概括的"皇权不下县"之判断均来自对"无为"的误解。

刘铮云发现，清代基层社会存在着双层治理模式。王朝延续了明代"为政役民"的思想，通过里甲、保甲和乡约系统发挥催督钱粮和科派差役的功能，同时也试图强化乡村保甲体系，加强基层治安，但天高皇帝远，在如何落实里甲和保甲规条方面，清廷并无强制规范和要求。

与之相比，反而是州县等地方官对于如何科派里保甲长与乡约以掠取资源的兴趣，远大于催督粮务与缉盗安良的关怀。这就导致县级科派的差务要远高于朝廷加予的负担，即使是本来负责教化德育的乡约也常常难以免除各类杂项差役。在此情况下，乡地保甲长常常成为州县政府在地方上的代理人，他们在数量以及和基层社会

1　费孝通：《乡土中国》，第 63 页。

的接触程度上都要高于州县衙门的佐贰官，在乡村治理上理应占据更加举足轻重的地位。这就提醒我们需要进一步辨析清廷对地方的控制权仅仅达于州县一级的说法。[1]

在这双重体制的管压之下，乡村民间很难发展出所谓真正的"自治"组织，杜赞奇（Prasenjit Duara）在对华北农村的研究中把基层社会组织区分为"赢利型经济"与"保护型经济"两种类型，前者为朝廷督办钱粮力役事务；后者代表乡民意愿说话，为其争取尽可能多的权益。在大多数情况下，基层里甲、保甲、乡约人员无疑更多受制于州县官的驱使，尽管他们也许不时从这种相互依赖中获取好处。[2]

有学者则发现清代县级佐贰官经常会被派往县级以下的地区设置行署执行公务，以此证明皇权不下县论断的片面性。[3]但与佐贰官相比，负担县级日常公务的保甲乡约治理常态才是国家权力对乡村渗透的深入程度以及基层社会缺乏真正"自治"的最佳证据。

"自治"古义还有两层意思：其一是指自行处置和管理。《史记·陈涉世家》云："诸将徇地，至，令之不是者，系而罪之，以苛察为忠，其所不善者，弗下吏，辄自治之。"《汉书·南粤传》："服领以南，王自治之。"《新唐书·黑水靺鞨传》："离为数十部，酋各自治。"宋李纲《上道君太上皇帝封事》："杜牧所谓上策莫如

1　参见刘铮云：《乡地保甲与州县科派：清代的基层社会治理》，见《档案中的历史：清代政治与社会》，北京：北京师范大学出版社，2017年，第84—126页。

2　参见［美］杜赞奇：《文化、权力与国家：1900—1942年的华北农村》，王福明译，南京：江苏人民出版社，1994年，第37页。

3　参见胡恒：《皇权不下县？：清代县辖政区与基层社会治理》，北京：北京师范大学出版社，2015年。

自治，而以浪战为下策者，诚为知言。"[1] 在这几条史料中，《史记》叙述的是将领自行处理吏事，《汉书》《新唐书》讲的是地方蛮王的自我管理。李纲所言"自治"则有避战守成之意，与管理无关。这倒是与宋儒对"自治"的理解颇为吻合。

这就引出了其二，宋儒谈"自治"往往与自我道德修行有关，如程颐在《辞免西京国子监教授表》一文中说："伏念臣才识迂疏，学术肤浅，自治不足，焉能教人。"[2] 明代高启《白田耕舍记》亦云："取圣贤之书而读之，求所以自治之道。"[3] 这两条讲"自治"的材料仅涉及儒者的个人修养。其中程颐的意思是，"个人"修为不够，就不足以把道德伦理原则扩展到众人之中，更是与群体意义上的"自治"无关。由此可见，"自治"古义或与帝王官僚的治世风格有关，或者仅仅言及纯粹的个人修养，基本与民间组织的自我管理无涉，也与民众是否拥有参与政治的权利等现代民主问题无甚关联。

"地方自治"成为热议话题常常与现代中国的形成密切联系在一起。"自治"被认为是西方式民主进程中不可或缺的组成部分，是与国家上层制度建设相对应的底层变革的必经步骤，故而为清末民初知识人所竞相效法。各种"自治"构想如"联邦制""联省自治""地方共和国"等方案层出不穷地纷纷涌现出来。以往学界多以此为据，判定晚清知识人只不过是西方制度亦步亦趋的模仿和追

1　《史记》卷四十八《陈涉世家第十八》，第 1960 页；《汉书》卷九十五《西南夷两粤朝鲜传第六十五》，第 3850 页；《新唐书》卷二百一十九《列传第一百四十四·北狄》，第 6177 页；李纲：《上道君太上皇帝封事》，见《宋丞相李忠定公奏议》卷之三，明正德刻本。

2　程颐：《辞免西京国子监教授表》，见《伊川文集》，收入《二程文集》卷七，清文渊阁四库全书本。

3　高启：《白田耕舍记》，见《高太史凫藻集》卷一，四部丛刊景明正统刊本。

随者。只有少数学者对此判断提出异议，孔飞力就提出，面对嘉庆以后的危机，十九世纪中国的改革先行者已经意识到了政治参与的扩大如何与国家权力及其合法性加强的目标协调起来的问题，而无须等到西方思想的冲击。这才是晚清的"根本性议程"或"建制议程"（constitutional agenda），这个"根本性议程"主张更多受过教育的文人精英参与政府事务。这种看法本身与民主并无关系，也与由西方经验所造就的其他体制无关。这套"政治参与"逻辑出自晚清知识人对时局衰败之象的直接反应，如人口长期快速增长，官场腐败的滋生与难以遏制，官员职位的稀缺与太平天国以后科举士子大量增加形成的制度压力，等等。[1]

这就意味着晚清知识人面临西方挑战时，其主要的应对手段不是更多地吸收西方的思想资源，而是来自其从小接受的传统"经世"思想的熏陶和训育。例如魏源虽然主张士人精英更广泛地参与政治，承担起变革的责任，其理由与维护个人利益、建立类似西方的正义秩序和法制体系无关，根本目的还是为了增强清政府现存行政制度运作的有效性。魏源在呼吁给知识精英更广泛的政治参与权利时，反而一再将之与强化国家权力而非限制国家权力联系起来，这与西方的民主建制原则恰好背道而驰。[2]

更为关键的是，魏源虽然提出士人广泛参与政治的构想，却又把广大的"生员"即那些科举制的底层参与者排除在外，他心目中具有参政资格的"文人中流"身份均在举人以上，这就把大量乡村

1　参见［美］孔飞力：《中国现代国家的起源》，陈兼、陈之宏译，北京：生活·读书·新知三联书店，2013年，第2—4页。
2　参见同上书，第42—43页。

士绅排挤了出去。[1]

与魏源有所不同，另一位被誉为晚清改革先驱的冯桂芬提出了一个更为激进的变革方案。他建议六部九卿和各省知府以上的官职，均由官僚机构中的广大公职人员提名举荐，甚至要求下层官员每年都提出六部九卿的候选人，提名推举地方官员的权力应当分布得更为广泛，包括基层的士绅生员和年长者。可是当光绪帝下诏要求京官们传阅批注冯桂芬的著作《校邠庐抗议》时，却在"政治参与"这个问题上遭到了普遍反对和批评。这些敌对意见的主要观点是，一旦放任处于较低位置的精英阶层拥有评鉴甄选上层官员的权力，就难以抑制其从私人利益出发做出有害于官员公正选拔和任命的举动。此类批评虽然并没有解决即使不由底层士绅荐举，也不一定能保证原有推选程序的公正性这个老问题，但他们的批评姿态至少占据了一个道德制高点，那就是防止"朋党"乱政的发生。

这场风波提示我们，无论是保守还是激进的任何一方，对晚明"朋党"政治的危害性及清初铲除党争的历史记忆仍然在塑造着晚清改革者的思维路径，这次关于官员选拔方式的争议与西方的民主变革思想并无联系。晚明波及数省的地方讲学运动曾经掀起了广泛的政治抗议热潮，事实证明，这些抗议一部分确实出于对王朝兴衰命运的真正关切。然而不少讲学言论仍难免给人以谋取某个集团特殊利益的不良印象。东林党人引发的大规模"党争"和复社对科举程序与结果的操控早已成为党派谋取私利的话柄，不断引起清初帝

1　这与后来杨度的主张颇有差异，杨度亦认为无论专制国、立宪国，其社会上一切事业源动力，常在"中流社会"，这个"中流社会"就是科举制培养出来的全部"士人"阶层，当然也包括"生员在内"。（参见杨度：《金铁主义说》，见《杨度集（一）》，第333—336页。）

王与士人的高度警觉和批判。直到雍正帝亲自撰写《御制朋党论》，以皇帝的意志对晚明士林集会游学活动严加取缔，才最终标志着晚明自由讲学之风彻底终结。《御制朋党论》的批评基调虽针对的是上层官僚的结党营私与相互掣肘招致政局紊乱，但其深层用意是间接指斥民间文人结盟谋取私利的危害性。这番来自最顶层的清算阴影一直笼罩在大多数官僚士绅的心头，哪怕他们相互站在各自的对立面，成为论辩对手，也往往共享着同一个思辨逻辑，大多担忧的全是如何有效规避结党营私、追求一己之利这类道德指控。

即使到了十九世纪末，在西方各种宪政和"地方自治"思想不断输入中国的情况下，这种担忧似乎并未消失反而更加强烈。晚清士人的脑海里，总是挥之不去地方绅衿把持乡里、为害民间的刻板印象，特别在经历太平天国战争后，民间士绅势力迅速崛起，更固化了这种思维导向。朝廷官僚们对非官方中介势力的不信任感从此愈加根深蒂固，以致他们根本没有能力将地方公议选举与劣绅豪横的恶行区别开来。至于那些本来作为基层社会"细胞"的宗族网络，更有可能被想象成豪绅巨族刁民生监啸聚闹事的异端场所。[1]

中国传统的"治理"观念使得公共利益的合理存在端赖中央权威和相关机构的保护，而不受约束追求个人私利的言行之所以会到处泛滥，大多会被归因于派系斗争。一些打着讲学议政名义的民间结社聚会有可能助长谋求私利的欲望，从而对公共利益构成损害。只有经过以皇帝为首的上层统治集团由上往下地加以管控监督，才能有效遏制私欲的蔓延，这就使得本来拥有道义诉求的各类讲学和

1　参见［美］孔飞力：《中国现代国家的起源》，陈兼、陈之宏译，第 61 页。

集会活动，往往极易被预先假设为抱有自私谋利的负面动机，从而不断遭到打压和取缔。由此我们应该明白，所谓"自治""无为"的生活状态大都只能在帝王确认对国家政治安稳无法构成威胁的前提下，才能短暂地存活一段时间，却根本形成不了一种"常态"的生存模式。易言之，所谓"无为""自治"只不过是帝王偶尔恩赐默许的结果，他们并非真正愿意纵容地方社会和民间组织拥有自主发展的空间。这也是费孝通解读"无为政治"背后的深意之所在。

一些具有相当前卫意识的政治改革鼓吹者，也时常受到这一传统意识的制约和羁绊。他们似乎确信，任何"政治参与"并非为某个党派、阶层或个人获取特殊利益，而是为了进一步提高中央王朝的统治能力。当清朝灭亡并转型为现代国家以后，一些旧式官僚或士人虽然表面已经被贴上了现代知识分子的新标签，但骨子里却仍然延续着清末残留下来的富国强兵之梦。这也就是为什么在晚清的混乱政局中，谁有能力使国家变得富裕强大，谁就有资格获得知识界倾力拥护的真实原因。对"政治权威"的崇拜已经内化到了晚清至民初知识分子的骨髓与血液之中，凝固成无法清除的"思想基因"。建立相对独立于中央集权的"地方自治"只是当代知识人试图把自己不切实际的梦想附体于近代变革人物的一次不成功的尝试罢了。"地方自治"梦想的破灭与"个人主义"在中国曾短暂出现又迅速夭折的命运具有惊人的相似性。[1]

1　沟口雄三指出，在中国儒家为主导的传统观念体系中，"个人"不具备独立价值，只有在与公共事务发生关系时，"个人"的意义才能以群体中一分子的面目显现出来。在中国的"个人"生活中，与"公"的正面意义相比，"私"只具负面意义。（参见［日］沟口雄三：《中国的公与私·公私》，郑静译，北京：生活·读书·新知三联书店，2011年，第10—38页。）

主要参考文献

一、史料

《白沙子》，陈献章著，四部丛刊三编景明嘉靖刻本。

《昌黎先生文集》，韩愈著，宋蜀本。

《陈邦彦诗文集校注》，陈邦彦著，王传龙校注，广州：广东人民出版社，2018 年。

《春秋传》，胡安国纂，四部丛刊续编景宋本。

《春秋大全》，胡广等撰，清文渊阁四库全书本。

《春秋繁露义证》，苏舆撰，钟哲点校，北京：中华书局，2015 年。

《春秋公羊传注疏》，何休解诂，徐彦疏，刁小龙整理，上海：上海古籍出版社，
2014 年。

《春秋经传辨疑》，童品撰，清文渊阁四库全书本。

《春秋质疑》，杨于庭撰，清文渊阁四库全书本。

《春秋左传正义》，杜预注、孔颖达疏，清嘉庆二十年南昌府学重刊宋本十三经注
疏本。

《徂徕文集》，石介著，清张位钞本。

《大学衍义补》，丘濬撰，林冠群、周济夫校点，北京：京华出版社，1999 年。

《丁文远集》，丁绍轼著，明天启刻本。

《东莱先生音注唐鉴》，范祖禹撰，吕祖谦注，明弘治刻本。

《读书札记》，徐问撰，清文渊阁四库全书本。

《杜清献公集》，杜范著，清钞本。

《二程集》，程颢、程颐著，王孝鱼点校，北京：中华书局，2004 年。

《附释音礼记注疏》，孔颖达等撰，清嘉庆二十年南昌府学重刊宋本十三经注疏本。

《附释音周礼注疏》，郑玄注、贾公彦疏，清嘉庆二十年南昌府学重刊宋本十三经
    注疏本。

《高太史凫藻集》，高启著，四部丛刊景明正统刊本。

《高子遗书》，高攀龙著，清文渊阁四库全书本。

《攻媿集》，楼钥著，清武英殿聚珍版丛书本。

《古今合璧事类备要后集》，谢维新辑，清文渊阁四库全书本。

《古今游名山记》，何镗辑，明嘉靖四十四年庐陵吴炳刻本。

《古文集成》，工霆震编，清文渊阁四库全书本。

《管子》，四部丛刊景宋本。

《广志绎》，王士性撰，吕景琳点校，北京：中华书局，1981 年。

《癸辛杂识别集》，周密著，清文渊阁四库全书本。

《国朝文类》，苏天爵编，见《日本宫内厅书陵部藏宋元版汉籍选刊》编委会编：
    《日本宫内厅书陵部藏宋元版汉籍选刊》第 169 册，上海：上海古籍出版社，
    2012 年。

《国语》，尚学锋、夏德靠译注，北京：中华书局，2007 年。

《汉书》，北京：中华书局，1962 年。

《后村先生大全集》，刘克庄著，四部丛刊景旧钞本。

《后汉书》，北京：中华书局，1965 年。

《后山居士文集》，陈师道著，宋刻本。

《华阳集》，张纲著，四部丛刊三编景明本。

《淮南子》，陈广忠译注，北京：中华书局，2012 年。

《皇明经世文编》，陈子龙等辑，见《四库禁毁书丛刊》编纂委员会编：《四库禁

毁书丛刊》集部，第二二册，北京：北京出版社，1997 年。

《晦庵先生朱文公文集》，朱熹撰，四部丛刊景明嘉靖本。

《建炎以来朝野杂记》，李心传著，清武英殿聚珍版丛书本。

《金栗斋先生文集》，金瑶著，明万历刻本。

《金文靖集》，金幼孜著，清文渊阁四库全书本。

《近思录集解》，叶采集解，程水龙校注，北京：中华书局，2020 年。

《敬事草》，沈一贯著，明刻本。

《静虚斋惜阴录》，顾应祥著，明刻本。

《来恩堂草》，姚舜牧著，明刻本。

《类编皇朝大事记讲义 类编皇朝中兴大事记讲义》，吕中撰，张其凡、白晓霞整
　　理，上海：上海人民出版社，2014 年。

《历代名臣奏疏》，王锡爵辑，见《续修四库全书》编纂委员会编：《续修四库全
　　书·史部·诏令奏议类·四六一》，上海：上海古籍出版社，2002 年。

《历代名臣奏议》，杨士奇等编，清文渊阁四库全书本。

《留青日札》，田艺蘅撰，朱碧莲点校，上海：上海古籍出版社，1992 年。

《陆游集》，陆游著，北京：中华书局，1976 年。

《论衡校释（附刘盼遂集解）》，王充著、黄晖撰，北京：中华书局，2017 年。

《论学绳尺》，魏天应编选、林子长笺解，清文渊阁四库全书本。

《毛襄懋先生别集》，毛伯温著，清乾隆三十七年毛仲愈等刻毛襄懋先生集本。

《梅溪先生文集》，王十朋著，四部丛刊景明正统刻本。

《梅野集》，徐元杰著，清文渊阁四库全书本。

《蒙斋集》，袁甫著，清文渊阁四库全书本。

《明太祖实录》，台北："中研院"历史语言研究所校印本，1962 年。

《明文在》，薛熙纂，清康熙三十二年古渌水园刻本。

《倪石陵书》，倪朴著，见四川大学古籍所编：《宋集珍本丛刊》第 59 册，北京：

线装书局，2004 年。

《欧阳修全集》，李逸安点校，北京：中华书局，2001 年。

《平斋文集》，洪咨夔著，四部丛刊续编景宋钞本。

《全宋文》，曾枣庄、刘琳主编，上海：上海辞书出版社；合肥：安徽教育出版
社，2006 年。

《群书会元截江网》，清文渊阁四库全书本。

《群书考索续集》，章如愚编，清文渊阁四库全书本。

《尚书注疏》，孔安国传、孔颖达疏，清嘉庆二十年南昌府学重刊宋本十三经注疏本。

《诗集传》，朱熹集撰，赵长征点校，北京：中华书局，2018 年。

《诗义集说》，孙鼎编，南京：江苏古籍出版社，1988 年。

《石洞集》，叶春及著，清文渊阁四库全书本。

《史记》，北京：中华书局，1982 年。

《四书章句集注》，朱熹撰，徐德明校点，上海：上海古籍出版社，2001 年。

《宋朝诸臣奏议》，赵汝愚编，北京大学中国中古史研究中心校点整理，上海：上
海古籍出版社，1999 年。

《宋史》，北京：中华书局，1985 年。

《宋文选》，清文渊阁四库全书本。

《宋婺州本三苏先生文粹》，苏洵、苏轼、苏辙撰，上海：上海古籍出版社，2017 年。

《宋学士文集》，宋濂著，四部丛刊景明正德刊本。

《隋书》，北京：中华书局，1997 年。

《王忠文集》，王祎著，清文渊阁四库全书本。

《文敏集》，杨荣著，清文渊阁四库全书本。

《文溪集》，李昂英著，清粤十三家集本。

《五杂俎》，谢肇淛著，明万历四十四年潘膺祉如韦馆刻本。

《西湖二集》，周清源著，明崇祯刊本。

"天命"如何转移

《宪台通纪（外三种）新点校》，赵承禧撰、屈文军点校，九龙：华夏文化艺术出版社，2006年。

《絜斋家塾书钞》，袁燮撰，清文渊阁四库全书本。

《新刊名臣碑传琬琰之集》，杜大珪编，宋刻元明递修本。

《新唐书》，北京：中华书局，1975年。

《新吾吕先生实政录》，吕坤撰，明万历二十六年赵文炳刻本。

《逊志斋集》，方孝孺著，四部丛刊景明本。

《盐铁论》，桓宽撰，四部丛刊景明嘉靖本。

《伊川易传》，程颐撰，元刻本。

《贻安堂集》，李春芳著，明万历十七年李戴刻本。

《禹贡集解》，傅寅撰，见李勇先主编：《禹贡集成》第一册，《中国历史地理文献辑刊》第一编，上海：上海交通大学出版社，2009年。

《禹贡指南》，毛晃著，见李勇先主编：《禹贡集成》第一册，《中国历史地理文献辑刊》第一编，上海：上海交通大学出版社，2009年。

《御定小学集注》，朱熹撰，陈选注，清文渊阁四库全书本。

《元史》，北京：中华书局，1976年。

《越峤书》，李文凤编，明蓝格钞本。

《张载集》，张载著，北京：中华书局，章锡琛点校，1978年。

《贞观政要》，吴兢撰、戈直集论，四部丛刊续编景明成化刻本。

《周易本义》，朱熹撰，宋咸淳刻本。

《朱子语类》，黎靖德辑，明成化九年陈炜刻本。

《资治通鉴》，北京：中华书局，1956年。

《宗伯集》，冯琦著，明万历刻本。

《宗泽集》，宗泽著，杭州：浙江古籍出版社，1984年。

《保甲书辑要》，徐栋、丁日昌辑，同治十年刊本。

（乾隆）《博罗县志》，陈裔虞纂修，乾隆二十八年刻本。

《操斋集》，蔡衍鎤著，清康熙刻本。

（顺治）《潮州府志》，吴颖纂修，清顺治刻本。

《陈文恭公手札节要》，陈宏谋撰，清同治七年刻本。

《池北偶谈》，王士禛撰，清文渊阁四库全书本。

《春明梦余录》，孙承泽著，王剑英点校，北京：北京出版社，2018 年。

《春秋公羊经何氏释例》，刘逢禄，郑任钊校点，北京：北京大学出版社，2012 年。

《春秋正辞》，庄存与撰，清味经斋遗书本。

《大义觉迷录》，见中国社会科学院历史研究所清史研究室编：《清史资料》第四
　　辑，北京：中华书局，1983 年。

《得一录》，余治撰，同治八年苏城得见斋刊本。

《东塾读书记》，陈澧著，清光绪刻本。

《读通鉴论》，王夫之撰，北京：中华书局，1975 年。

（同治）《番禺县志》，史澄纂，李福泰等修，同治十年刻本。

《福惠全书》，黄六鸿撰，见《官箴书集成》编纂委员会编《官箴书集成》第三
　　册，合肥：黄山书社，1997 年。

《陔余丛考》，赵翼著，栾保群、吕宗力校点，石家庄：河北人民出版社，1990 年。

《古今图书集成》，陈梦雷等原辑、蒋廷锡等重辑，第三十三册，北京：中华书局；
　　成都：巴蜀书社，1986 年。

《顾亭林文选》，顾炎武撰，华忱之校注，成都：四川人民出版社，1998 年。

《国朝宫史续编》，庆桂纂，清嘉庆十一年内府钞本。

钱汉章等呈文：《海宁州乡约所征信录》，光绪年间刻本。

《韩非子集解》，王先慎撰，钟哲点校，北京：中华书局，1998 年。

（雍正）《合肥县志》，赵良墅修、田实发纂，清雍正八年刻本。

《贺长龄集·贺熙龄集》，贺长龄、贺熙龄撰，雷树德校点，长沙：岳麓书社，
　　2010 年。

《恒岳志》，蔡永华、张崇德纂修，清顺治十八年刻本。

（乾隆）《湖南通志》，陈宏谋等修，清乾隆二十二年刻本。

《皇朝经世文续编》，葛士濬辑，清光绪石印本。

《皇朝文献通考》，张廷玉等撰，清文渊阁四库全书本。

《皇清文颖》，张廷玉等编，清文渊阁四库全书本。

《皇清文颖续编》，董诰辑，清嘉庆武英殿刻本。

《黄宗羲全集》，杭州：浙江古籍出版社，1985 年。

（光绪）《嘉应州志》，温仲和纂，吴宗焯等修，清光绪二十四年刊本。

（光绪）《江阴县志》，卢思诚等修、季念诒等纂，光绪四年刊本。

朱绵：《金学士国史循吏传稿一》，戊辰三月思贻堂刻本。

《经学历史》，皮锡瑞著，周予同注释，北京：中华书局，1959 年。

《经学通论》，皮锡瑞著，吴仰湘点校，北京：中华书局，2017 年。

《居官寡过录》，盘峤野人辑，见《官箴书集成》编纂委员会编：《官箴书集成》
　　第五册，合肥：黄山书社，1997 年。

《刘礼部集》，刘逢禄著，清道光十年思误斋刻本。

《六世班禅朝觐档案选编》，中国第一历史档案馆、中国藏学研究中心合编，北
　　京：中国藏学出版社，1996 年。

《陆桴亭思辨录辑要》，陆世仪撰，北京：中华书局，1985 年。

《明清山西碑刻资料选（续一）》，张正明、科大卫、王勇红主编，太原：山西古
　　籍出版社，2007 年。

《明清以来苏州社会史碑刻集》，王国平、唐力行主编，苏州：苏州大学出版社，
　　1998 年。

《明清之际温州史料集》，陈光熙编，上海：上海社会科学院出版社，2005 年。

《穆堂初稿》，李绂著，见《续修四库全书》编纂委员会编：《续修四库全书·集部·别集类·一四二二》，上海：上海古籍出版社，2002 年。

（康熙）《宁乡县志》，吕履恒等纂修，康熙四十一年刻本。

《培远堂偶存稿》，陈宏谋著，见《清代诗文集汇编》编纂委员会编：《清代诗文集汇编》第二八〇—二八一册，上海：上海古籍出版社，2010 年。

《平平言》，方大湜撰，见《官箴书集成》编纂委员会编；《官箴书集成》第七册，合肥：黄山书社，1997 年。

《评鉴阐要》，刘统勋编，清文渊阁四库全书本。

《曝书亭集》，朱彝尊著，四部丛刊景清康熙本。

《切问斋集》，陆耀辑著，清乾隆五十七年晖吉堂刻本。

《切问斋文钞》，陆耀辑，《清代经世文全编》第一册，来新夏主编，北京：学苑出版社，2010 年。

《钦定春秋传说汇纂》，王掞等纂，清文渊阁四库全书本。

《钦定大清会典图》，刘启端等纂，清光绪石印本。

《钦定国子监志》，梁国治等撰，《景印文渊阁四库全书》第六〇〇册，台北：商务印书馆，1986 年。

《钦定日下旧闻考》，于敏中等纂，清文渊阁四库全书本。

《钦定学政全书》，素尔讷纂，清乾隆三十九年武英殿刻本。

《清初五世达赖喇嘛档案史料选编》，中国第一历史档案馆、中国藏学研究中心合编，北京：中国藏学出版社，1998 年。

《清经世文编》，贺长龄、魏源等编，北京：中华书局，1992 年。

《清人文集地理类汇编》，谭其骧主编，杭州：浙江人民出版社，1986 年。

《清实录》，北京：中华书局，1985 年影印本。

《清史列传》第十九册，王锺翰点校，北京：中华书局，1987 年。

《清吟堂全集》，高士奇著，见《清代诗文集汇编》编纂委员会编：《清代诗文集汇编》第一六六册，上海：上海古籍出版社，2010 年。

《清政府与喇嘛教·附清代喇嘛教碑刻录》，张羽新著，拉萨：西藏人民出版社，
　　1988 年。

《清朱九江先生次琦年谱》，简朝亮编，台北：商务印书馆，1978 年。

《日讲春秋解义》，库勒纳等撰，清摛藻堂四库全书荟要本、清文渊阁四库全书本。

《日知荟说》，清高宗撰，清文渊阁四库全书本。

《日知录集释》，顾炎武撰，黄汝成集释，长沙：岳麓书社，1994 年。

《三藩纪事本末》，杨陆荣撰，吴翊如点校，北京：中华书局，1985 年。

《删后文集》，陈梓著，清嘉庆二十年胡氏敬义堂刻本。

《邵阳县乡土志》，上官廉等修、姚炳奎纂，台北：成文出版社，1970 年。

《世经堂初集》，徐旭旦著，见《清代诗文集汇编》编纂委员会编：《清代诗文集
　　汇编》第一九七册，上海：上海古籍出版社，2010 年。

《守默斋杂著》，何应祺著，见《清代诗文集汇编》编纂委员会编：《清代诗文集
　　汇编》第七一八册，上海：上海古籍出版社，2010 年。

《漱华随笔》，严有禧著，上海：商务印书馆，1936 年。

《朔方备乘》，何秋涛撰，清光绪刻本。

《谈浙》，许瑶光纂辑，见中国史学会主编：《中国近代史资料丛刊·太平天国》
　　第六册，上海：神州国光社，1952 年。

《汤斌集》，汤斌著，范志亭、范哲辑校，郑州：中州古籍出版社，2003 年。

《唐宋元名表》，胡松编，清文渊阁四库全书本。

《亭林文集》，顾炎武著，四部丛刊景清康熙本。

《图民录》，袁守定撰，见《官箴书集成》编纂委员会编；《官箴书集成》第五册，
　　合肥：黄山书社，1997 年。

《晚清文选》，郑振铎编，上海：上海书店出版社，1987 年。

《王先谦诗文集》，梅季点校，长沙：岳麓书社，2008 年。

《王壮武公遗集（年谱·禀牍）》，罗正钧、王诗正编，新北：文海出版社，1966年。

《王壮武公遗集（日记·杂著·练勇刍言）》，王诗正编，新北：文海出版社，
　　1968年。

《魏叔子文集》，魏禧著，胡守仁、姚品文等校点，北京：中华书局，2003年。

《魏源全集》，《魏源全集》编辑委员会编校，长沙：岳麓书社，2004年。

《五世达赖喇嘛进京记（续）》，陈庆英、马林译注，载《中国藏学》1992年第4期。

《五种遗规》，陈宏谋撰，北京：线装书局，2015年。

《西藏奏疏》，孟保撰，清道光刻本。

《西域图志校注》，钟兴麒、王豪、韩慧校注，乌鲁木齐：新疆人民出版社，2002年。

（光绪）《湘潭县志》，陈嘉榆修、王闿运撰，清光绪十五年刻本。

《小仓山房外集》，袁枚著，清乾隆刻增修本。

《校邠庐抗议》，冯桂芬著，上海：上海书店出版社，2002年。

（道光）《新会县志》，黄培芳纂，林星章等修，道光二十一年刻本。

《续增求治管见》，戴肇辰撰，见《官箴书集成》编纂委员会编：《官箴书集成》
　　第八册，合肥：黄山书社，1997年。

《荀子集解》，王先谦撰，沈啸寰、王星贤点校，北京：中华书局，1988年。

《杨园先生全集》，张履祥撰，陈祖武点校，北京：中华书局，2002年。

《养一斋文集》，李兆洛著，清道光二十三年活字本。

《于清端公政书》，于成龙撰，新北：文海出版社，1976年。

《御制诗四集》，清高宗著，清文渊阁四库全书本。

《御制文初集》，清高宗著，清文渊阁四库全书本。

《御制文二集》，清高宗著，清义渊阁四库全书本。

《御制文余集》，清高宗著，清文渊阁四库全书本。

《御纂春秋直解》，清高宗纂，清摛藻堂四库全书荟要本。

（雍正）《云南通志》，鄂尔泰等监修，清文渊阁四库全书本。

“天命”如何转移

《赵翼全集》，赵翼撰，曹光甫校点，南京：凤凰出版社，2009 年。

《中国状元殿试卷大全》，邓洪波等编著，上海：上海教育出版社，2006 年。

《中西纪事》，夏燮著，清同治刻本。

《左宗棠全集》，上海：上海书店出版社，1986 年。

《北京新闻汇报》，1901 年 5 月 16 日。

《长虹月刊》，1925 年第 2 期。

《出使英法义比四国日记》，薛福成撰，长沙：岳麓书社，1985 年。

《钏影楼回忆录》，包天笑著，太原：三晋出版社，2014 年。

《春潮》（上海），1929 年第 1 卷第 3 期。

《春秋左传注》，杨伯峻编著，北京：中华书局，2018 年。

（民国）《大埔县志》，温廷敬纂，刘织超等修，民国三十二年铅印本。

（民国）《东莞县志》，叶觉迈修、陈伯陶纂，民国十年铅印本。

《法意》，孟德斯鸠原本，严复译，上海：商务印书馆，1904 年。

（宣统）《番禺县续志》，梁鼎芬修、丁仁长纂，民国二十年重印本。

（民国）《佛山忠义乡志》，佛山市图书馆整理、冼宝榦纂，长沙：岳麓书社，
　　　2017 年。

《观察》，1948 年第 4 卷第 11、13、14 期。

《华商联合报》，1909 年第 9 期。

《黄遵宪全集》，陈铮编，北京：中华书局，2005 年。

《甲寅》周刊，1925 年第 1 卷第 2—5 号。

《近代中国教育史料》，舒新城编，北京：中国人民大学出版社，2012 年。

《康有为全集》，姜义华、张荣华编校，北京：中国人民大学出版社，2007 年。

《科场回忆录》，钟毓龙著，见中国人民政治协商会议全国委员会文史资料研究委
　　　员会编：《文史资料选辑》第九十四辑，北京：中国文史出版社，1984 年。

《历代正统论百篇：饶宗颐〈国史上之正统论〉史料部分增补》，陈福康辑录、整理、标点，北京：商务印书馆，2020 年。

《梁巨川遗书》，梁济撰，黄曙辉编校，上海：华东师范大学出版社，2008 年。

《梁启超全集》，汤志钧、汤仁泽编，北京：中国人民大学出版社，2018 年。

（宣统）《南海县志》，郑葵等修，桂坫纂，宣统二年刊本。

《慎宜轩日记》，姚永概撰，沈寂等标点，合肥：黄山书社，2010 年。

《世载堂杂忆》，刘成禺著，沈阳：辽宁教育出版社，1997 年。

（民国）《顺德县志》，周朝槐纂、周之贞等修，民国十八年刻本。

《四川官报》，1905 年第 28 期。

《孙中山全集（1890—1911）》，北京：中华书局，1981 年。

《孙中山全集（1912）》，北京：中华书局，1982 年。

《泰西新史揽要》，蔡尔康述，光绪二十二年上海广学会刻本。

《唐才常集》，湖南省哲学社会科学研究所编，北京：中华书局，1980 年。

《弢园文新编》，王韬著，李天纲编校，上海：中西书局，2012 年。

《天义·衡报》，万仕国、刘禾校注，北京：中国人民大学出版社，2016 年。

《桐乡劳先生遗稿》，劳乃宣撰，1927 年桐乡卢氏校勘本。

《退想斋日记》，刘大鹏撰，乔志强标注，太原：山西人民出版社，1990 年。

《吴宓日记（1910—1915）》，吴学昭整理注释，北京：生活·读书·新知三联书店，1998 年。

《西学考略》，丁韪良撰，清光绪九年同文馆本。

《辛亥革命前十年间时论选集》第一卷，张枬、王忍之编，北京：生活·读书·新知三联书店，1960 年。

《辛亥革命前十年间时论选集》第二卷，张枬、王忍之编，北京：生活·读书·新知三联书店，1963 年。

《辛亥革命前十年间时论选集》第三卷，张枬、王忍之编：北京：生活·读书·新

"天命"如何转移

知三联书店，1977年。

《辛亥革命史资料新编》，章开沅、罗福惠、严昌洪主编，武汉：湖北人民出版
社，2006年。

《新民丛报》，1902年第21期。

《新世界学报》，1903年第12期。

《徐兆玮日记》，徐兆玮撰，李向东、包岐峰、苏醒等标点，合肥：黄山书社，2013年。

《杨度集》，刘晴波主编，长沙：湖南人民出版社，2008年。

《一山文存》，章梫著，上海刘承幹嘉业堂民国七年刻本。

《曾胡治兵语录》，蔡锷编，民国六年本。

《张荫棠奏牍》，吴丰培编著，《清季筹藏奏牍（三）》，高雄：学海出版社，2016年。

《张之洞全集》，苑书义、孙华峰、李秉新主编，石家庄：河北人民出版社，1998年。

《章太炎选集》，朱维铮、姜义华编注，上海：上海人民出版社，1981年。

《赵启霖集》，易孟醇校点，长沙：湖南人民出版社，2012年。

《真善美》月刊（广州），1948年第2期。

《郑观应集》，夏东元编，上海：上海人民出版社，1982年。

《郑孝胥日记》，中国历史博物馆编，劳祖德整理，北京：中华书局，1993年。

《治平通议》，陈虬著，见《续修四库全书》编纂委员会编：《续修四库全书·子
部·儒家类·九五二》，上海：上海古籍出版社，2002年。

《中国近代教育史资料汇编·鸦片战争时期教育》，璩鑫圭编，上海：上海教育出
版社，2007年。

《中国近代史资料丛刊·戊戌变法》，中国史学会主编，上海：上海人民出版社，
1957年。

《中国史学上之正统论》（资料部分），饶宗颐著，上海：上海远东出版社，199年。

《朱峙三日记（1893—1919）》，朱峙三撰，胡香生辑录，严昌洪编，武汉：华中
师范大学出版社，2011年。

二、著作

艾瑞卡·福特等编：《8—15世纪中西部西藏的历史、文化与艺术》，北京：中国藏学出版社，2015年。

陈恒、王刘纯、牛贯杰主编：《新史学》第十六辑《前近代清朝与奥斯曼帝国的比较研究》，郑州：大象出版社，2016年。

陈苏镇：《春秋与"汉道"：两汉政治与政治文化研究》，北京：中华书局，2011年。

陈寅恪：《唐代政治史述论稿》，上海：上海古籍出版社，1997年。

仇鹿鸣：《长安与河北之间：中晚唐的政治与文化》，北京：北京师范大学出版社，2018年。

戴逸：《乾隆帝及其时代》，北京：中国人民大学出版社，2018年。

杜家骥：《八旗与清朝政治论稿》，北京：人民出版社，2008年。

段自成：《清代北方官办乡约研究》，北京：中国社会科学出版社，2009年。

方维规：《什么是概念史》，北京：生活·读书·新知三联书店，2020年。

方震华：《权力结构与文化认同：唐宋之际的文武关系（875—1063）》，北京：社会科学文献出版社，2019年。

费孝通：《乡土中国》，北京：北京大学出版社，1998年。

费孝通主编：《中华民族多元一体格局》，北京：中央民族大学出版社，1999年。

高全喜：《立宪时刻：论〈清帝逊位诏书〉》，桂林：广西师范大学出版社，2011年。

葛兆光：《宅兹中国：重建有关"中国"的历史论述》，北京：中华书局，2011年。

贡布嘉著，罗桑旦增译：《汉区佛教源流记》，北京：中国藏学出版社，2005年。

顾诚：《隐匿的疆土：卫所制度与明帝国》，北京：光明日报出版社，201年。

顾颉刚：《秦汉的方士与儒生》，上海：上海古籍出版社，1998年。

顾颉刚：《走在历史的路上——顾颉刚自述》，南京：江苏教育出版社，2005年。

关立行、关立言：《春秋时期鲁国历法研究》，北京：电子工业出版社，2007 年。

哈斯巴根：《清初满蒙关系演变研究》，北京：北京大学出版社，2016 年。

侯旭东：《什么是日常统治史》，北京：生活·读书·新知三联书店，2020 年。

胡恒：《皇权不下县？：清代县辖政区与基层社会治理》，北京：北京师范大学出版社，2015 年。

黄进兴：《李绂与清代陆王学派》，南京：江苏教育出版社，2010 年。

黄进兴：《优入圣域：权力、信仰与正当性》，北京：中华书局，2010 年。

黄兴涛：《重塑中华：近代中国"中华民族"观念研究》，北京：北京师范大学出版社，2017 年。

雷家骥：《中国古代史学观念史》，北京：北京师范大学出版社，2018 年。

李泽厚：《中国古代思想史论》，北京：人民文学出版社，2021 年。

林聪舜：《儒学与汉帝国意识形态》，上海：上海人民出版社，2017 年。

林鹄：《南望：辽前期政治史》，北京：生活·读书·新知三联书店，2018 年。

林毓生：《中国传统的创造性转化》，北京：生活·读书·新知三联书店，1988 年。

林毓生：《中国意识的危机："五四"时期激烈的反传统主义》，贵阳：贵州人民出版社，1988 年。

刘伯骥：《广东书院制度沿革》，长沙：商务印书馆，1939 年。

刘凤云、刘文鹏编：《清朝的国家认同——"新清史"研究与争鸣》，北京：中国人民大学出版社，2010 年。

刘浦江：《正统与华夷：中国传统政治文化研究》，北京：中华书局，2017 年。

刘永华：《礼仪下乡：明代以降闽西四保的礼仪变革与社会转型》，北京：生活·读书·新知三联书店，2019 年。

刘铮云：《档案中的历史：清代政治与社会》，北京：北京师范大学出版社，2017 年。

刘志伟：《贡赋体制与市场：明清社会经济史论稿》，北京：中华书局，2019 年。

刘志伟：《在国家与社会之间：明清广东地区里甲赋役制度与乡村社会》，北京：中国人民大学出版社，2010 年。

罗文华：《龙袍与袈裟：清宫藏传佛教文化考察》，北京：紫禁城出版社，2005 年。

罗新：《有所不为的反叛者：批判、怀疑与想象力》，上海：三联书店，2019 年。

罗志田：《权势转移：近代中国的思想、社会与学术》，武汉：湖北人民出版社，1999 年。

钱穆：《中国历代政治得失》，北京：生活·读书·新知三联书店，2005 年。

钱锺书：《七缀集》，北京：生活·读书·新知三联书店，2002 年。

钱锺书：《钱锺书集：管锥编》，北京：生活·读书·新知三联书店，2007 年。

钱锺书：《谈艺录》，北京：生活·读书·新知三联书店，2008 年。

邱靖嘉：《天地之间：天文分野的历史学研究》，北京：中华书局，2020 年。

饶宗颐：《中国史学上之正统论》，上海：上海远东出版社，1996 年。

沈卫荣：《大元史与新清史——以元代和清代西藏和藏传佛教研究为中心》，上海：上海古籍出版社，2019 年。

沈卫荣：《西藏历史和佛教的语文学研究》，上海：上海古籍出版社，2010 年。

松巴堪布·益西班觉著，蒲文成、才让译：《松巴佛教史》，兰州：甘肃民族出版社，2013 年。

孙歌：《我们为什么要谈东亚：状况中的政治与历史》，北京：生活·读书·新知三联书店，2011 年。

孙英刚：《神文时代：谶纬、术数与中古政治研究》，上海：上海古籍出版社，2014 年。

唐晓峰：《从混沌到秩序：中国上古地理思想史述论》，北京：中华书局，2010 年。

汪晖：《现代中国思想的兴起》，北京：生活·读书·新知三联书店，2008 年。

汪荣祖主编：《清帝国性质的再商榷：回应新清史》，桃园：中央大学出版中心，2014 年。

王春霞：《"排满"与民族主义》，北京：社会科学文献出版社，2005年。

王笛：《茶馆：成都的公共生活和微观世界（1900—1950）》，北京：社会科学文献出版社，2010年。

王笛：《袍哥：1940年代川西乡村的暴力与秩序》，北京：北京大学出版社，2018年。

王尔敏：《中国近代思想史论》，北京：社会科学文献出版社，2003年。

王汎森：《权力的毛细管作用：清代的思想、学术与心态》，台北：联经出版公司，2013年。

王汎森：《中国近代思想与学术的系谱》，台北：联经出版公司，2003年。

王柯：《从"天下"国家到民族国家：历史中国的认知与实践》，上海：上海人民出版社，2020年。

王明珂：《反思史学与史学反思：文本与表征分析》，上海：上海人民出版社，2016年。

王明珂：《华夏边缘：历史记忆与族群认同》，北京：社会科学文献出版社，2006年。

王铭铭：《人生史与人类学》，北京：生活·读书·新知三联书店，2010年。

王铭铭：《社会人类学与中国研究》，北京：生活·读书·新知三联书店，1997年。

王守常、汪晖、陈平原主编：《学人》第11辑，南京：江苏文艺出版社，1997年。

韦兵：《完整的天下经验：宋辽夏金元之间的互动》，北京：北京师范大学出版社，2019年。

闻钧天：《中国保甲制度》，上海：商务印书馆，1936年。

萧启庆：《内北国而外中国：蒙元史研究》，北京：中华书局，2007年。

辛德勇：《建元与改元：西汉新莽年号研究》，北京：中华书局，2013年。

邢义田：《天下一家：皇帝、官僚与社会》，北京：中华书局，2011年。

许宏：《何以中国：公元前2000年的中原图景》，北京：生活·读书·新知三联书店，2016年。

许倬云：《说中国：一个不断变化的复杂共同体》，桂林：广西师范大学出版社，2015年。

许倬云：《万古江河：中国历史文化的转折与开展》，上海：上海文艺出版社，2006年。

许倬云：《我者与他者：中国历史上的内外分际》，北京：生活·读书·新知三联书店，2015年。

薛梦潇：《早期中国的月令与"政治时间"》，上海：上海古籍出版社，2018年。

牙含章编著：《班禅额尔德尼传》，拉萨：西藏人民出版社，1987年。

阎步克：《乐师与史官：传统政治文化与政治制度论集》，北京：生活·读书·新知三联书店，2001年。

阎步克：《士大夫政治演生史稿》，北京：北京大学出版社，1996年。

杨开道：《中国乡约制度》，北京：商务印书馆，2015年。

杨立华：《一本与生生：理一元论纲要》，北京：生活·读书·新知三联书店，2018年。

杨立华：《中国哲学十五讲》，北京：北京大学出版社，2019年。

杨念群：《"感觉主义"的谱系：新史学十年的反思之旅》，北京：北京大学出版社，2012年。

杨念群：《何处是"江南"？：清朝正统观的确立与士林精神世界的变异》，北京：生活·读书·新知三联书店，2017年。

杨念群：《儒学地域化的近代形态：三大知识群体互动的比较研究》，北京：生活·读书·新知三联书店，1997年。

杨品优：《科举会社、州县官绅与区域社会：清代民国江西宾兴会的社会史研究》，北京：中国社会科学出版社，2018年。

杨向奎：《大一统与儒家思想》，北京：北京出版社，2011年。

姚大力：《追寻"我们"的根源：中国历史上的民族与国家意识》，北京：生活·读书·新知三联书店，2018年。

叶高树：《清朝前期的文化政策》，新北：稻乡出版社，2002年。

余英时：《士与中国文化》，上海：上海人民出版社，1987年。

余英时：《宋明理学与政治文化》，桂林：广西师范大学出版社，2006年。

余英时：《中国文化史通释》，北京：生活·读书·新知三联书店，2012年。

臧雷振：《国家治理：研究方法与理论建构》，北京：社会科学文献出版社，
2016年。

张光直：《中国青铜时代》，北京：生活·读书·新知三联书店，1999年。

张寿安：《十八世纪礼学考证的思想活力：礼教论争与礼秩重省》，北京：北京大
学出版社，2005年。

张艺曦：《阳明学的乡里实践：以明中晚期江西吉水、安福两县为例》，北京：北
京师范大学出版社，2013年。

张永江：《清代藩部研究：以政治变迁为中心》，哈尔滨：黑龙江教育出版社，
2014年。

章毅：《理学、士绅和宗族：宋明时期徽州的文化与社会》，新界：香港中文大学
出版社，2013年。

章永乐：《旧邦新造：1911—1917》，北京：北京大学出版社，2011年。

赵汀阳：《天下的当代性：世界秩序的实践与想象》，北京：中信出版社，2016年。

赵园：《制度·言论·心态：〈明清之际士大夫研究〉续编》，北京：北京大学出
版社，2015年。

郑振满：《明清福建家族组织与社会变迁》，北京：中国人民大学出版社，2009年。

钟焓：《清朝史的基本特征再探究——以对北美"新清史"观点的反思为中心》，
北京：中央民族大学出版社，2018年。

钟焓主编：《新史学》第十三卷《历史的统一性和多元性》，北京：社会科学文献
出版社，2020年。

钟肇鹏:《谶纬论略》,沈阳:辽宁教育出版社,1991 年。

周明之:《近代中国的文化危机:清遗老的精神世界》,济南:山东大学出版社,
2009 年。

周雪光:《中国国家治理的制度逻辑:一个组织学研究》,北京:生活·读书·新
知三联书店,2017 年。

周予同原著、朱维铮编校:《群经通论》,上海:上海人民出版社,2012 年。

周振鹤:《中国历史政治地理十六讲》,北京:中华书局,2013 年。

朱鸿林:《孔庙从祀与乡约》,北京:生活·读书·新知三联书店,2015 年。

朱鸿林:《儒者思想与出处》,北京:生活·读书·新知三联书店,2015 年。

朱维铮编:《周予同经学史论著选集》,上海:上海人民出版社,1983 年。

阿里夫·德里克著,王宁等译:《后革命氛围》,北京:中国社会科学出版社,
1999 年。

艾尔曼著,赵刚译:《经学、政治和宗族——中华帝国晚期常州今文学派研究》,
南京:江苏人民出版社,1998 年。

艾森斯塔得,S. N. 著,阎步克译:《帝国的政治体系》,贵阳:贵州人民出版社,
1992 年。

柏拉图著,郭斌和、张竹明译:《理想国》,北京:商务印书馆,1986 年。

包弼德著,刘宁译:《斯文:唐宋思想的转型》,南京:江苏人民出版社,2001 年。

包弼德著,王昌伟译:《历史上的理学》,杭州:浙江大学出版社,2009 年。

卜正民著,陈时龙译:《明代的社会与国家》,合肥:黄山书社,2009 年。

戴仁柱著,刘晓译:《十三世纪中国政治与文化危机》,北京:中国广播电视出版
社,2003 年。

东亚研究所编,韩润堂等译,孙毓棠校订:《异民族统治中国史》,北京:商务印
书馆,1964 年。

杜维明著，曹幼华、单丁译：《儒家思想新论：创造性转换的自我》，南京：江苏人民出版社，1996年。

杜赞奇著，王福明译：《文化、权力与国家：1900—1942年的华北农村》，南京：江苏人民出版社，1994年。

渡边信一郎著，徐冲译：《中国古代的王权与天下秩序：从日中比较史的视角出发》，北京：中华书局，2008年。

冯客著，杨立华译：《近代中国之种族观念》，南京：江苏人民出版社，1999年。

宫崎市定著，宋宇航译：《科举》，杭州：浙江大学出版社，2018年。

沟口雄三著，龚颖、赵士林等译：《中国思想史——宋代至近代》，北京：生活·读书·新知三联书店，2014年。

沟口雄三著，郑静译：《中国的公与私·公私》，北京：生活·读书·新知三联书店，2011年。

何伟亚著，邓常春译：《怀柔远人：马嘎尔尼使华的中英礼仪冲突》，北京：社会科学文献出版社，2002年。

黄宇和著，区鉷译：《两广总督叶名琛》，北京：中华书局，1984年。

科大卫著，曾宪冠译：《明清社会和礼仪》，北京：北京师范大学出版社，2013年。

克利福德·格尔兹著，赵丙祥译，王铭铭校：《尼加拉：十九世纪巴厘剧场国家》，上海：上海人民出版社，1999年。

孔飞力著，陈兼、陈之宏译：《中国现代国家的起源》，北京：生活·读书·新知三联书店，2013年。

孔飞力著，陈兼、刘昶译：《叫魂：1768年中国妖术大恐慌》，北京：生活·读书·新知三联书店，2012年。

孔飞力著，谢亮生、杨品泉、谢思炜译：《中华帝国晚期的叛乱及其敌人：1796—1864年的军事化与社会结构》，北京：中国社会科学出版社，1990年。

林·亨特著，汪珍珠译：《法国大革命中的政治、文化和阶级》，上海：华东师范大学出版社，2011 年。

刘俊文主编，黄约瑟译：《日本学者研究中国史论著选译·第一卷·通论》，北京：中华书局，1992 年。

刘子健著，赵冬梅译、柳立言校：《中国转向内在：两宋之际的文化内向》，南京：江苏人民出版社，2002 年。

罗杰·夏蒂埃著，洪庆明译：《法国大革命的文化起源》，南京：译林出版社，2015 年。

罗友枝著，周卫平译：《清代宫廷社会史》，北京：中国人民大学出版社，2009 年。

马克斯·韦伯著，康乐、简惠美译：《中国的宗教：儒教与道教》，桂林：广西师范大学出版社，2010 年。

马克斯·韦伯著，钱永祥、林振贤等译：《学术与政治》，桂林：广西师范大学出版社，2004 年。

马克斯·韦伯著，阎克文译：《经济与社会（第一卷）》，上海：上海人民出版社，2010 年。

梅尔清著，朱修春译：《清初扬州文化》，上海：复旦大学出版社，2004 年。

米歇尔·福柯著，钱翰、陈晓径译：《安全、领土与人口：法兰西学院演讲系列（1977—1978）》，上海：上海人民出版社，2010 年。

司徒安著，李晋译：《身体与笔：18 世纪中国作为文本／表演的大祀》，北京：北京大学出版社，2014 年。

司徒琳主编，赵世玲译，赵世瑜、杜正贞审校：《世界时间与东亚时间中的明清变迁（上卷）：从明到清时间的重塑》，北京：生活·读书·新知三联书店，2009 年。

寺地遵著，刘静贞、李今芸译：《南宋初期政治史研究》，上海：复旦大学出版社，2016 年。

松本真澄著，鲁忠慧译：《中国民族政策之研究：以清末至 1945 年的"民族论"

为中心》，北京：民族出版社，2003 年。

宋怡明著，钟逸明译：《被统治的艺术》，北京：中国华侨出版社，2019 年。

谭凯著，殷守甫译：《肇造区夏：宋代中国与东亚国际秩序的建立》，北京：社会
　　科学文献出版社，2020 年。

王笛著，李德英、谢继华、邓丽译：《街头文化：成都公共空间、下层民众与地
　　方政治（1870—1930）》，北京：中国人民大学出版社，2006 年。

王国斌著，李伯重、连玲玲译：《转变的中国——历史变迁与欧洲经验的局限》，
　　南京：江苏人民出版社，1998 年。

卫周安著，董建中等译：《清代战争文化》，北京：中国人民大学出版社，2020 年。

巫鸿著，李清泉、郑岩等译：《中国古代艺术与建筑中的“纪念碑性”》，上海：
　　上海人民出版社，2009 年。

武雅士主编，彭泽安、邵铁峰译，郭潇威校：《中国社会中的宗教与仪式》，南
　　京：江苏人民出版社，2014 年。

西摩·马丁·李普塞特著，张绍宗译，沈澄如、张华青校：《政治人：政治的社
　　会基础》，上海：上海人民出版社，2011 年。

萧公权著，张皓、张升译：《中国乡村：19 世纪的帝国控制》，北京：九州出版
　　社，2018 年。

杨庆堃著，范丽珠等译：《中国社会中的宗教：宗教的现代社会功能及其历史因
　　素之研究》，上海：上海人民出版社，2007 年。

尤尔根·哈贝马斯著，陈学明译：《合法性危机》，台北：时报文化出版有限公
　　司，1994 年。

余定国著，姜道章译：《中国地图学史》，北京：北京大学出版社，2006 年。

张勉治著，董建中译：《马背上的朝廷：巡幸与清朝统治的建构（1680—1785）》，
　　南京：江苏人民出版社，2019 年。

三、论文

安海燕：《作为"转轮王"和"文殊菩萨"的清帝——兼论乾隆帝与藏传佛教的关系》，载《清史研究》，2020 年第 2 期。

安子昂：《藏传佛教与清朝国家关系研究的回望与反思》，见达力扎布主编：《中国边疆民族研究（第十辑）》，北京：中央民族大学出版社，2016 年。

安子昂：《清代藏传佛教的王朝化》，中国人民大学 2019 年博士论文。

卜宪群：《中国古代"治理"探义》，载《政治学研究》，2018 年第 3 期。

蔡名哲：《满洲人的淳朴从何谈起：一个研究概念的探讨》，载《成大历史学报》，2015 年第 49 号。

常建华：《清代宗族"保甲乡约化"的开端——雍正朝族正制出现过程新考》，载《河北学刊》，2008 年第 6 期。

陈春声：《走向历史现场》，载《读书》，2006 年第 9 期。

陈侃理：《秦汉的颁朔与改正朔》，见余欣主编：《中古时代的礼仪、宗教与制度》，上海：上海古籍出版社，2012 年。

陈柯云：《略论明清徽州的乡约》，载《中国史研究》，1990 年第 4 期。

邓国光：《康熙与乾隆的"皇极"汉宋义的抉择及其实践：清代帝王经学初探》，见彭林编：《清代经学与文化》，北京：北京大学出版社，2005 年。

甘德星：《"正统"之源：满洲入关前后王权思想之发展与蒙藏转轮王观念之关系考辩》，见汪荣祖、林冠群主编：《民族认同与文化融合》，嘉义：中正大学台湾人文研究中心，2006 年。

高王凌：《18 世纪经世学派》，载《史林》，2007 年第 1 期。

郭沫若：《先秦天道观之进展》，见《青铜时代》，收入《郭沫若全集·历史编》第一卷，北京：人民文学出版社，1982 年。

韩东育：《清朝对"非汉世界"的"大中华"表达：从〈大义觉迷录〉到〈清帝逊位诏书〉》，载《中国边疆史地研究》，2014 年第 4 期。

韩明士：《陆九渊，书院与乡村社会问题》，见田浩编：《宋代思想史论》，杨立华、吴艳红等译，姜长苏等校，北京：社会科学文献出版社，2003 年。

胡厚宣：《论五方观念及"中国"称谓之起源》，见《甲骨学商史论丛初集》，《民国丛书》编辑委员会编：《民国丛书》第一编第八十二册，上海：上海书店出版社，1989 年。

胡适：《说儒》，载《"中研院"历史语言研究所集刊》，1932 年第 4 本第 3 分。

黄克武：《理学与经世——清初〈切问斋文钞〉学术立场之分析》，载《"中研院"近代史研究所集刊》第 16 期，1987 年 6 月。

黄兴涛：《概念史方法与中国近代史研究》，载《史学月刊》，2012 年第 9 期。

黄兴涛：《民族自觉与符号认同："中华民族"观念萌生与确立的历史考察》，载《中国社会科学评论》，2002 年第 1 卷第 1 期。

黄兴涛：《清代满人的"中国认同"》，载《清史研究》，2011 年第 1 期。

黄宗智：《重新思考"第三领域"：中国古今国家与社会的二元合一》，载《开放时代》，2019 年第 3 期。

惠男：《礼仪与权威认知：乾隆帝画像与瞻礼、金瓶掣签制度的改革》，载《清史研究》，2021 年第 1 期。

金方廷：《近 30 年来西方汉学学者关于中国古代"大一统"的争讼》，载《东方学刊》，2020 年第 4 期。

李宸、方雷：《礼序政治："大一统"叙事的回归与重构》，载《开放时代》，2021 年第 2 期。

李春圆：《"大元"国号新考——兼论元代蒙汉政治文化交流》，载《历史研究》，2019 年第 6 期。

李纪祥：《再现"大九州"——"〈春秋〉邹氏学"与"中国居中"之经学前景图像建构》，载《文史哲》，2020 年第 5 期。

李文治：《明代宗族制的体现形式及其基层政权作用——论封建所有制是宗法宗

族制发展变化的最终根源》，载《中国经济史研究》，1988 年第 1 期。

刘凤云：《十八世纪的"技术官僚"》，载《清史研究》，2010 年第 2 期。

刘广京、周启荣：《皇朝经世文编关于"经世之学"的埋论》，载《"中研院"近代史研究所集刊》第 15 期（上），1986 年 6 月。

吕文利：《试论俺答汗对意识形态的选择》，载《学习与探索》，2017 年第 5 期。

罗新慧：《春秋时期天命观念的演变》，载《中国社会科学》，2020 年第 12 期。

罗志田：《夷夏之辨的开放与封闭》，载《中国文化》，1996 年第 14 期。

马戎：《理解民族关系的新思路——少数族群问题的"去政治化"》，载《北京大学学报（哲学社会科学版）》，2004 年第 6 期。

马子木：《乾隆朝初通巴达克山考——兼论准噶尔遗产与清朝中亚外交之初建》，载《"中研院"历史语言研究所集刊》，2017 年第 88 本第 2 分。

马子木、乌云毕力格：《"同文之治"：清朝多语文政治文化的构拟与实践》，载《民族研究》，2017 年第 4 期。

缪全吉：《章学诚议立志乘科的经世思想探索》，见"中研院"近代史研究所编：《近世中国经世思想研讨会论文集》，台北：商务印书馆，1984 年。

祁美琴、马晓丹：《"汉与非汉"二元划分的概念陷阱和逻辑悖论》，载《中央社会主义学院学报》，2020 年第 1 期。

邱靖嘉：《"普天之下"：传统天文分野说中的世界图景与政治涵义》，载《中国史研究》，2017 年第 3 期。

任锋：《治体、制度与国势：吕中〈宋大事记讲义〉引论》，载《天府新论》，2018 年第 6 期。

任剑涛：《奢侈的话语："治理"的中国适用性问题》，载《行政论坛》，2021 年第 2 期。

邵丹：《故土与边疆：满洲民族与国家认同里的东北》，载《清史研究》，2011 年第 1 期。

沈洁：《废科举后清末乡村学务中的权势转移》，载《史学月刊》，2004 年第 9 期。

史全生：《史贻直与雍正年间的宣谕化导》，载《历史档案》，2010 年第 1 期。

孙逊：《包容神圣：清朝皇帝的文殊形象与藏传佛教的臣服——正统性传承中主导性虚构的凝聚力作用》，载《西藏研究》，2013 年第 3 期。

孙英刚：《转轮王与皇帝：佛教对中古君主概念的影响》，载《社会科学战线》，2014 年第 1 期。

索文清：《一九〇八年第十三世达赖喇嘛晋京朝觐考》，载《历史研究》，2002 年第 3 期。

谭其骧：《历史上的中国和中国历代疆域》，载《中国边疆史地研究》，1991 年第 1 期。

唐文明：《夷夏之辨与现代中国国家建构中的正当性问题》，见《思想史研究》第九辑《中国之为中国：正统与异端之辩》，上海：上海人民出版社，2012 年。

王思治：《宗族制度浅论》，见中国社会科学院历史研究所清史研究室编：《清史论丛》第四辑，北京：中华书局，1982 年。

王宇：《论永嘉学派与程朱理学在"道""法"关系问题上的认识错位：以陈傅良〈唐制度纪纲〉为个案》，载《浙江社会科学》，2021 年第 2 期。

文明超：《"新自由主义"的胜利？》，载《读书》，2019 年第 4 期。

吴恩荣：《国家礼制视域下的清代满洲祭礼之源起与流变》，载《清史研究》，2019 年第 3 期。

吴菲：《清末关于十三世达赖喇嘛地位问题的讨论：以其 1904—1910 年间的活动为中心》，中国人民大学清史研究所 2019 年硕士论文。

吴晓龙、陶学荣、陶睿：《乡约与明代乡村社会治理——以〈醒世姻缘传〉为例》，载《甘肃社会科学》，2006 年第 5 期。

萧敏如：《从"满汉"到"中西"：1644—1861 清代〈春秋〉学华夷观研究》，台湾大学博士论文，2008 年。

徐保安：《清末地方官员学堂教育述论——以课吏馆和法政学堂为中心》，载《近代史研究》，2008 年第 1 期。

杨念群：《"文质"之辩与中国历史观之构造》，载《史林》，2009 年第 5 期。

杨天雪：《明成祖召请大乘法王史事考》，载《中国藏学》，2020 年第 1 期。

杨勇：《"罢黜百家，独尊儒术"的历史考察——以"六艺之科"与"孔子之术"的分合为中心》，载《文史哲》，2019 年第 6 期。

尹钛：《帝国与多样性的治理》，载《读书》，2019 年第 2 期。

袁钟岘：《自〈禹贡〉至两汉对于异民族之观念》，载《禹贡》，1934 年第 3 期。

扎洛：《十三世达赖喇嘛晋京期间的礼仪与奏事权之争新探：民族国家建构视角》，载《近代史研究》，2019 年第 2 期。

赵刚：《早期全球化背景下盛清多民族帝国的大一统话语重构——以〈皇朝文献通考·舆地考、四裔考、象纬考〉的几个问题为中心》，见杨念群主编：《新史学》第五卷《清史研究的新境》，北京：中华书局，2011 年。

郑亦芳：《清代团练的组织与功能——湖南、两江、两广地区之比较研究》，见《中国近代现代史论集》编辑委员会编：《中国近代现代史论集》第二十八编《区域研究（下）》，台北：商务印书馆，1986 年。

钟焓：《北族王朝没有中国意识吗——以非汉文史料为中心的考察》，载《中国社会科学评价》，2018 年第 2 期。

钟焓：《简析明帝国的内亚性：以与清朝的类比为中心》，载《中国史研究动态》，2016 年第 5 期。

钟焓：《清代"西藏佛教世界"范围问题再探——以满人与藏传佛教的关系为中心》，见高翔主编：《中国历史研究院集刊》创刊号，北京：社会科学文献出版社，2020 年。

庄兴亮、黄涛：《明中叶毁"淫祠"行动中的思想因素——以魏校欲罢祀陈献章于乡贤祠为例》，见常建华主编：《中国社会历史评论》第二十一卷，天津：天津古籍出版社，2018 年。

安部健夫撰，宋文杰译：《中国人的天下观念——政治思想史试论》，见周伟洲主编：《西北民族论丛》第十五辑，北京：社会科学文献出版社，2017 年。

包弼德：《唐宋转型的反思》，见刘东主编：《中国学术》第三辑，北京：商务印书馆，2000 年。

保罗·克雷西：《科举制度在中国文化发展上之影响》，雷震译，见刘海峰编：《二十世纪科举研究论文选编》，武汉：武汉大学出版社，2009 年。

村上信明：《试论清朝满、汉文档案在有关记载上的特征及其规范——以有关乾隆时期清朝官员与藏传佛教大活佛的会见礼仪档案为例》，见中国社会科学院近代史研究所政治史研究室编：《清代满汉关系研究》，北京：社会科学文献出版社，2011 年。

达尔迈耶撰，张绍良译：《儒学与公共空间——五伦外出现一种新关系？》，见曾亦、唐文明主编：《中国之为中国：正统与异端之争辩》，收入《思想史研究》第九辑，上海：上海人民出版社，2012 年。

H. K. 科尔巴齐：《治理的意义》，见王浦劬、臧雷振编译：《治理理论与实践：经典议题研究新解》，北京：中央编译出版社，2017 年。

米歇尔·福柯：《18 世纪的健康政治》，见汪民安编：《什么是批判：福柯文选 Ⅱ》，北京：北京大学出版社，2016 年。

欧立德撰，华立译：《清代满洲人的民族主体意识与满洲人的中国统治》，载《清史研究》，2002 年第 4 期。

裴宜理：《革命的传统与适应性治理》，载《苏区研究》，2019 年第 4 期。

寺田浩明：《明清法律秩序中"约"的性质》，见王亚新、梁治平编，王亚新等译：《明清时期的民事审判与民间契约》，北京：法律出版社，1998 年。

魏特夫：《中国社会史——辽（907—1125）：总论》，见王承礼主编：《辽金契丹女真史译文集（第一集）》，长春：吉林文史出版社，1990 年。

四、英文资料

Barish, Daniel, "Han Chinese, Manchu, and Western Spaces: The Changing façade of Imperial Education in Qing Beijing," in *Frontiers of History in China*, Vol. 14, No.2, 2019.

Chu, Raymond W. & William G. Saywell, *Career Patterns in the Ch'ing Dynasty: The Office of Governor-General*, Center for Chinese Studies, University of Michigan, 1984.

Crossley, Pamela, *A Translucent Mirror: History and Identity in Qing Imperial Ideology*, Berkeley: University of California Press, 1999.

Liang, Yong, "A Textual Study of the Myth of Manchu Origin," in *Frontiers of History in China*, Vol. 16, No. 1, 2021.

Mair, Victor H., "Language and Ideology in the Written Popularizations of the Sacred Edict", in David Johnson, Andrew J.Nathan, and Evelyn S. Rawski eds., *Popular Culture in Late Imperial China*, Berkley :University of California Press, 1985.

Millward, J. A. *et al.*, eds., *New Qing Imperial History: The Making of Inner Asian Empire at Qing Chengde*, London: Routledge Curzon, 2004.

Zhao, Gang, "Reinventing China: Imperial Qing Ideology and the Rise of Modern Chinese National Identity in the Early Twentieth Century," in *Modern China*, Vol. 32, No. 1, 2006.

"天命" 如何转移

后 记

　　本书的写作接续了 2010 年出版的《何处是"江南"？：清朝正统观的确立与士林精神世界的变异》一书的思路，与之有所区别的地方在于，《何处是"江南"？》主要关注的是清朝帝王与江南士林的互动关系，其核心目的是要阐释满族统治者入关以后如何面对江南士人留下的文化遗产，并通过收编和改造传统夷夏观念，进而建立其统治正当秩序的过程。在清朝早期帝王的眼里，"江南"更像是一个文化隐喻，也是其与汉人知识群体展开思想博弈的特定地域符号。"江南"犹如一座戏剧舞台，双方均在其上扮演各自的历史角色，焕生出不同的政治空间想象力。

　　本书的写作缘起则更加强调清朝统治者既批判性地汲取了以往儒家道统的思想资源，同时也注意融汇多族群历史文化要素，展现的是更为复杂多变的"大一统"观形成轨迹，同时特别揭橥"大一统"观与延绵数千年的"正统观"之间的互动连带关系。"大一统"不仅是一种落在纸面上的思想形态，也是开疆拓土的军事征伐和从上往下的基层治理过程。因此，本书与《何处是"江南"？》的论题虽有交叉重叠之处，却试图更加清晰细致地勾勒出清朝建立其特殊"正统性"的全息图景。

书中部分章节曾经发表在《学人》《清史研究》《近代史研究》《中国人民大学学报》《清华大学学报》《史学理论研究》《河北学刊》《新史学》等刊物上，收入本书后均对以往文字进行了大量增补和修订，在观点和叙述方面希望尽力达到文脉贯通的效果。

本书的第三章曾以《清朝"正统性"再认识：超越"汉化论""内亚论"的新视角》为题发表于《清史研究》，编辑部同仁及中国人民大学清史研究所曾就此文专门召开过一次小型工作坊，黄兴涛、夏明方、祁美琴、胡祥雨、刘文鹏、安海燕、朱浒、曹新宇、曹雯、胡恒、马子木对本文的修改提出了很中肯的批评意见。2019年11月，经张广生教授邀请，我又以《清朝的"二元理政模式"》为题在中国人民大学明德思想史论坛及吴玉章学术沙龙上发表演讲，特别感谢刘小枫、沈卫荣和宋洪兵的评论，小枫教授还专门撰写了《中国"大一统"的历史形态》一文予以商榷，对本章的修改尤有帮助。2020年12月，彭丰文研究员邀请我在中国社会科学院民族学与人类学研究所主办的民族发展及民族史论坛上就本书绪论发表演讲，感谢民族学与人类学研究所各位朋友的分享与批评。此外，孙江、李恭忠、李里峰、肖永明等朋友曾分别邀请我在学衡研究院和岳麓书院阐述本书的部分思考，博士生孟尧、王科杰在史料核查方面出力甚多，在此一并致谢。

本书的写作经历了一个漫长过程，从第一篇论文的发表（即本书第五章的一部分）到最后一章的完成，时间跨度长达二十多年，把不同时期的文章整合成一部内容完整连贯的学术著作无疑是个巨大挑战，难免会出现文字表述的扞格与观点衔接的不畅。为了保证本书得以高质量面世，世纪文景的章颖莹编辑为此付出了大量心

　　　　　　　　　　"天命"如何转移

血，她不仅细致核检全书的注释出处，务求做到准确无误，而且仔细斟酌行文逻辑，提出了多处修改建议，对她的辛勤工作，我必须在此表达特别的感激之情。

杨念群

2022 年 2 月 10 日

文景

社 科 新 知　文 艺 新 潮

Horizon

"天命"如何转移：清朝"大一统"观的形成与实践
杨念群　著

出 品 人：姚映然
策划编辑：章颖莹
责任编辑：章颖莹
营销编辑：胡珍珍
封扉设计：东合社·安宁

出　　品：北京世纪文景文化传播有限责任公司
　　　　　（北京朝阳区东土城路8号林达大厦A座4A　100013）
出版发行：上海人民出版社
印　　刷：山东临沂新华印刷物流集团有限责任公司
制　　版：南京展望文化发展有限公司

开　本：890mm×1240mm　1/32
印　张：22.25　字　数：450,000　插　页：2
2022年9月第1版　2023年1月第2次印刷
定　价：128.00元
ISBN：978−7−208−17290−6 / K·3129

图书在版编目（CIP）数据

"天命"如何转移：清朝"大一统"观的形成与实
践 / 杨念群著. —上海：上海人民出版社，2021
ISBN 978−7−208−17290−6

Ⅰ.①天… Ⅱ.①杨… Ⅲ.①中国历史—研究—清代
Ⅳ.①K207

中国版本图书馆CIP数据核字（2021）第168277号

本书如有印装错误，请致电本社更换　010−52187586